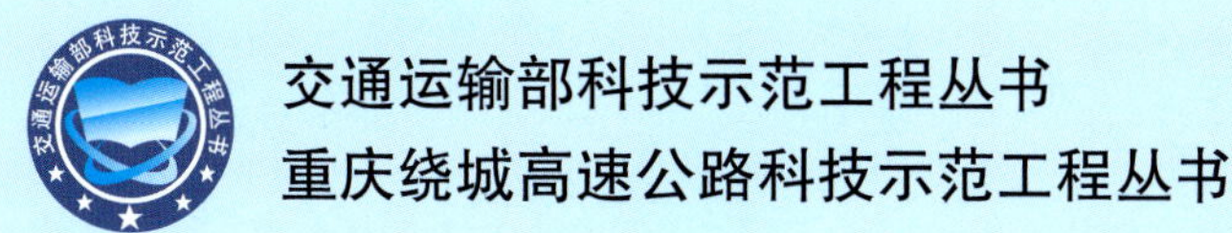

山区高速公路交通安全保障与运营节能技术

何　川　唐伯明　张　琦　高海龙　周　健　耿　波　编著

内 容 提 要

本书是《重庆绕城高速公路科技示范工程丛书》中的一本。全部共分六篇，主要内容包括：高速公路安全运行控制管理技术、路侧振动带技术、桥梁船撞设计及预警技术、公路隧道火灾防治技术、山区高速公路隧道节能型照明及供配电系统、公路隧道智能联动控制技术。

本书可供交通行业的科研人员、管理人员、工程技术人员等学习和参考。

图书在版编目（CIP）数据

山区高速公路交通安全保障与运营节能技术 / 何川等编著.——北京：人民交通出版社, 2013.7

ISBN 978-7-114-10480-0

Ⅰ.①山… Ⅱ.①何… Ⅲ.①山区道路—高速公路—交通运输安全—安全管理②山区道路—高速公路—节能—技术 Ⅳ.①U491.4

中国版本图书馆CIP数据核字（2013）第056289号

交通运输部科技示范工程丛书
重庆绕城高速公路科技示范工程丛书
书　　名：山区高速公路交通安全保障与运营节能技术
著 作 者：何　川　唐伯明　张　琦　高海龙　周　健　耿　波
责任编辑：韩亚楠　尤晓暐　崔　建
出版发行：人民交通出版社
地　　址：（100011）北京市朝阳区安定门外外馆斜街3号
网　　址：http://www.ccpress.com.cn
销售电话：（010）59757973
总 经 销：人民交通出版社发行部
经　　销：各地新华书店
印　　刷：北京盛通印刷股份有限公司
开　　本：880×1230　1/16
印　　张：29.25
字　　数：810千
版　　次：2013年7月　第1版
印　　次：2013年7月　第1次印刷
书　　号：ISBN 978-7-114-10480-0
定　　价：187.00元

《重庆绕城高速公路科技示范工程丛书》编委会

参　编　单　位

重庆市交通委员会

重庆高速公路集团有限公司

招商局重庆交通科研设计院有限公司

重庆交通大学

四川省交通运输厅公路规划勘察设计研究院

西南交通大学

中铁大桥局集团武汉桥梁科学研究院

江苏省交通科学研究院有限公司

交通运输部公路科学研究院

前言

preface

按照“十二五”规划，2015年我国将基本完成国家8.6万公里高速公路网建设。我国是一个多山的国度，大部分高速公路位于山区，桥隧比例大，沿线气候环境复杂，高速公路交通安全和运营能耗问题日益突出。为此，广大公路交通科技工作者从新技术、新理念、创新管理等方面进行积极探索和研究，以改善提高道路安全性，降低事故率，降低运营能耗。

“安全、节能、快捷”一直是高速公路建设和管理的目标。超速驾驶、疏忽驾驶是引发高速公路交通事故的主要因素；桥梁撞击、隧道火灾是高速公路重特大安全事故防治的关键；隧道照明、供电系统是高速公路节能的主要对象；隧道智能控制系统的研究与应用是提高隧道舒适性和安全性的重要平台。本书针对以上高速公路安全保障和节能减排的关键问题，较为全面系统地阐述了高速公路车速管理技术、路面振动警示技术、桥梁防船舶撞击技术、隧道火灾防治技术、隧道照明与供电节能技术、隧道智能联动控制技术等方面的新理念和新方法。书中提出的理论、方法和技术均已在重庆绕城高速公路工程中得以应用和实践，具有创新性、较强的实用性和可操作性。

本书吸取借鉴了国内外相关研究文献资料，综合凝结了重庆高速公路集团有限公司、招商局重庆交通科研设计院有限公司、西南交通大学、重庆交通大学、交通运输部公路科学研究院、重庆市港航管理局等单位专家、学者的大量科研成果，在此向他们表示由衷的感谢。

重庆绕城高速公路是2007年度交通运输部和重庆市科委科技示范工程。在项目的实施和本书的撰写过程中，得到了交通运输部科技司、西部交通建设科技项目管理中心、重庆市科委的倾心关怀和支持，得到了项目承担单位的大力帮助和指导，项目其他参加人员为此付出了辛勤的劳动，在此，一并表示深切的谢意。

由于作者学识水平有限，书中难免有错误、疏漏及不足之处，请各位读者不吝批评指正！

作　者

2013年5月

目录

contents

第一篇　高速公路安全运行控制管理技术

第二篇　路侧振动带技术

率，对道路上行驶车辆规定的管理车速，其包含最高行车速度限制和最低行车速度限制。限制速度具有法律效率，是交通警察执法的依据，也是分析交通事故原因常用的一个指标。我国道路交通安全法对道路限速有较明确的规定。

6. 速度差

速度差的概念一般有以下三种：

（1）相邻路段 v_{85} 的差值。它表征的是相邻路段的一致性和安全性，调查一般选取断面速度为调查变量。

（2）各个路段的 v_{85} 与设计速度的差值。它表征的是整体道路指标的均衡性。

（3）速度调查样本的均方差。它一般用来表征某一断面速度分布的均匀性。速度均匀性（速度方差）必须是在某种特定的服务水平下（如交通量）才具有意义。速度调查样本的速度可为地点速度、行驶速度。

在速度管理工作中，比较常用的是前两个概念。重要的一点是，在设计阶段的运行速度通常是指自由流状态下，即车速普遍较高的情况。因而设计阶段的速度差也就是自由流状态下的速度差。运营阶段的安全评价，会采用有一定交通量的速度分布，但是当交通量达到一定数值以后，速度差就不具备表征线形一致性的功能，而是受交通量的影响为主。

7. 行驶速度

行驶速度是车辆行驶在道路上某一区间的距离与行驶时间（即行程时间中扣除因阻滞而产生的停车时间）的比值。行驶速度是衡量道路服务质量、估算路段通行能力及延误的主要参数。

8. 行程速度

行程速度也称区间速度，是车辆行驶在道路某一区间的距离与行程时间的比值。行程时间包括行驶时间和中途受阻时的停车时间。行程速度是评价道路行车通畅程度与分析车辆发生延误原因的重要指标。

9. 期望速度

期望速度是车辆在不受或基本不受其他车辆约束的条件下，驾驶人所希望达到的最高“安全”车速。一般而言，期望车速与道路等级、交通条件、车辆性能、驾驶人的性格及技术水平、承运任务的急缓等相关。当驾驶人感觉行驶过程中的车辆速度低于期望车速一定数值时，便有改变其车速的意图。

10. 营运车速

营运车速是指营运车辆在运输路线上的周转速度，即车辆行驶距离与运营时间的比值。例如公共汽车的运营时间包括行驶时间、停车延误时间、停靠站等待时间、起终点调头时间和发车间隔时间。营运车速是衡量运输企业管理水平和运输效率的重要指标。

11. 建议速度

建议速度是指推荐的安全行驶速度，用来提醒驾驶人通过弯道或其他受限制的道路路段时最大的行驶速度。建议速度应与适当的警告标志配合同时使用。建议速度属警告性标志，并非强制执行，在道路非危险路段但线形指标接近低限的点段（诸如小半径曲线路段）常设立相应的建议速度标志。

二、速度管理的相关理论

1. 速度伤害理论

速度伤害“Speed Kill”理论是根据能量守恒定律得出，一些学者认为较高速度会相应减少驾驶人对危险情况的反应时间，降低车辆的横向稳定性，从而直接或者间接导致事故发生或增加事故严重性。该理论的基本公式表示如下：

$$e=0.5av^2 \tag{1-1-1}$$

式中：a——减加速度，该值越大，e 值也越大，释放出的能量也越高；

v——车辆速度，该值越大，说明车辆的动能越大；

e——在一定时间内车辆释放出来的能量。

从以上关系式可知，车辆的速度越大，在发生碰撞事故时，要求急剧消耗的能量就越大，减加速度值也越大，对车辆和人的伤害也越严重。

2. 速度差伤害理论

1964 年英国学者 Solomon 首先提出变化伤害“Variance Kills”理论，后来很多学者研究也发现速度均方差与事故率之间存在着关系。Solomon 分析乡村公路数据发现，事故随着车流的速度差增大而增大，亿英里事故率与速度均值离差之间存在“U”形曲线关系，如图 1-1-1 和式（1-1-2）所示。

$$I=10^{0.000602\Delta v^2-0.006675\Delta v-5.15} \tag{1-1-2}$$

式中：I—— 亿英里事故率，次 / 亿英里；

Δv—— 车速与平均车速离差，mile/h。

3. 安全—速度—运输效率

安全—速度—运输效率之间也存在一定关系，按照速度伤害“Speed Kill”理论，行车速度提高会造成事故发生可能性和严重性增加，道路的运输效率会提高；行车速度降低，车辆行驶的安全系数增高，道路的运输效率降低。两者之间近似存在如图 1-1-2 所示趋势。

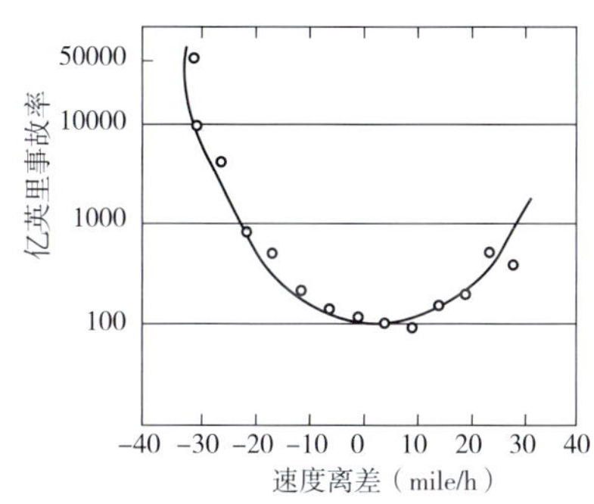

图 1-1-1　速度均值离差与亿英里事故率间的关系

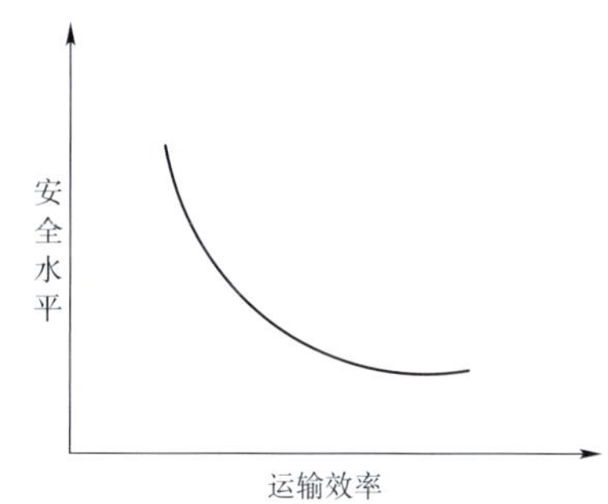

图 1-1-2　安全水平与运输效率趋势图

1984 年，美国联邦公路局组织研究发现，与 1973 相比，1982 年机动车限速为 55mph 以下，在同样的公路上额外花费了 10 亿小时。1973 年正好是 NMSL 限速法案实施的前一年。此外，还发现低速增加了道路使用者的额外旅行时间，但同时也减少了事故的发生，尤其是恶性交通事故的发生。为了量化安全—速度—运输效率之间的关系，研究人员将旅行时间与避免严重伤害进行了对比。研究发现，在限速 55mph 的条件下，平均每个人（避免伤害、死亡的人）额外花费的时间相当于被挽救的生命节约的时间。尽管用生命与时间来对比毫无意义，但这样一项研究却给分析安全—速度—运输效率之间的关系，采用合适的限速数值，平衡运输时效和交通安全之间的关系提供了思路。

4. 机动车速度与能源消耗、污染之间关系

机动车速度与燃料消耗之间存在类似凹型或是凸型曲线关系。

Vincen（1980）提出以下模型：

$$f_c=a+bv_c+cv_c^2 \tag{1-1-3}$$

式中：v_c——稳定的巡航速度，km/h；

f_c——在稳定巡航速度下，每千米消耗汽油量，mL/km；

a、b、c——模型参数。

1983 年美国学者 Akcelik 标定模型参数为：a= 170 mL/km；b= –4.55 mL·h/km^2；c= 0.049 mL·h^2/km^3。

1981 年 Post et al. 提出以下模型：

$$f_c=b_1+b_2/v_c+b_3v_c^2 \quad (1\text{-}1\text{-}4)$$

参数同上，经过标定：b_1=15.9 mL/km；b_2 =2520 mL·h/km^2；b_3=0.00792 mL·h^2/km^3。

美国学者 Akcelik 与 Bayley 提出了较全面的公式模式：

$$f=K_1+K_2v+K_3v^3+\left|K_4av+K_5a^2v\right| \quad (1\text{-}1\text{-}5)$$

式中：f——瞬时的能量消耗，mL/s；

v——瞬时速度，km/h；

a——瞬时的加速度（$a>0$），km·h^{-1}·s^{-1}；

K_1——参数，每分钟出油量，mL/s；

K_2——参数，表示克服的滚动阻力的燃料消耗；

K_3——参数，表示克服的空气阻力的燃料消耗；

K_4、K_5——参数，与加速度所引起的燃料消耗有关。

随着机动车设计水平的提高，整体上车辆的经济速度在逐渐提高，但模型结构和形式基本没有变化。

机动车速度很明显跟机动车尾气排放有着直接的关系。根据当前的模型研究成果，车辆在走走停停、速度很低的行驶状态下，排放的 VOC、影响臭氧物质和 CO 等污染物质要比自由流、高行驶速度状态多很多。

机动车速度增加，能源消耗增大，CO 和 VOC 排放量也增加。但是具体在某一速度值时能排放多少污染物，目前还没有清晰的研究定论。

当行车速度低于自由流速度时，NO_x 和影响臭氧的物质会增加，但具体在速度多少时开始增加及增加的幅度有多大并不能确定。下式为英国道路交通实验室使用的计算路网汽车尾气排放的公式：

$$\mathrm{HC(ppm)}=1.8\mathrm{CO(ppm)}\cdot R+4.0$$

$$\mathrm{NO_x(ppm)}=\mathrm{CO(ppm)}\cdot R+0.1 \quad (1\text{-}1\text{-}6)$$

式中：R——在既定平均机动车速度下，污染物排放量与一氧化碳的比率，其取值见表 1-1-1。

不同平均速度下 *R* 取值 表 1-1-1

速度（km/h）	NO_x（ppm）	HC（ppm）
20	0.035	0.205
30	0.05	0.24
40	0.07	0.26
50	0.085	0.28
60	0.105	0.29
70	0.12	0.305

高速行驶状况下，机动车速度很明显与机动车运动产生的车辆噪声有着直接的关系。由于车辆噪声的产生与道路类型、路面材料、路基结构、交通量、车辆构造、轮胎构造、车辆速度等因素相关，目前为止尚无车辆噪声与速度直接相关的定量研究成果。但随着机动车行驶速度越高，噪声增加的幅度越强劲，这是一个不争的事实。所以，在居住区和对噪声敏感的学校、医院等区域必然应实行严格

的速度管理。在这些区域，采取严格的限速措施和配合交通宁静等工程措施进行速度管理，其主要目的则是对居住环境的严格保护和对交通安全的有效保障。

5. 交通流参数与交通事故关系

1）交通流量与交通事故之间关系

根据调查，高速公路中事故次数是随着交通流量的增加而增多的。因此在分析它们之间的函数关系时，以线性函数关系和非线性函数关系来分析。非线性关系主要分析事故次数百万车公里之间呈现二次函数关系和指数关系。

（1）事故次数与百万车公里之间的线性函数关系

由于当百万车公里为零的时候，事故次数也为零，如图 1-1-3 所示。所以线性函数关系模型为：

$$y=ax \tag{1-1-7}$$

按照模型结果进行回归，回归结果为：

$$y=2.2451x(R^2=0.8667) \tag{1-1-8}$$

（2）事故次数与百万车公里之间的二次函数关系

从图 1-1-4 所示的事故次数与百万车公里之间的散点图可看出，它们之间函数关系应是二次曲线的右半支，并且到车辆为零时事故应该为零，所以模型结构为：

$$y=ax^2+bx \tag{1-1-9}$$

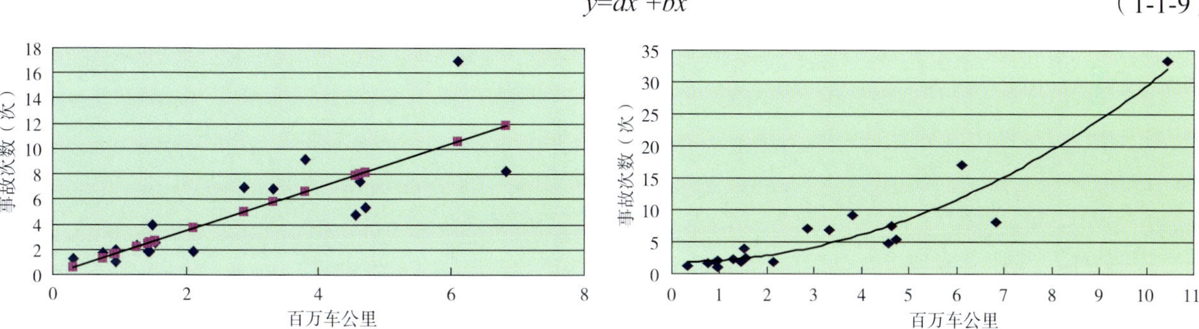

图 1-1-3 事故次数与百万车公里之间的线性关系图

图 1-1-4 事故次数与百万车公里之间的二次函数关系图

按照该模型结构，进行回归得到事故次数与百万车公里之间的二次函数关系模型为：

$$y=0.2069x^2+0.8216x(R^2=0.9303) \tag{1-1-10}$$

（3）事故次数与百万车公里之间的指数函数关系

事故次数与百万车公里之间是指数函数关系时，百万车公里为零时，事故次数也是零，如图 1-1-5 所示。所以事故次数与百万车公里之间的模型结构为：

$$y=ae^{bx}+c \tag{1-1-11}$$

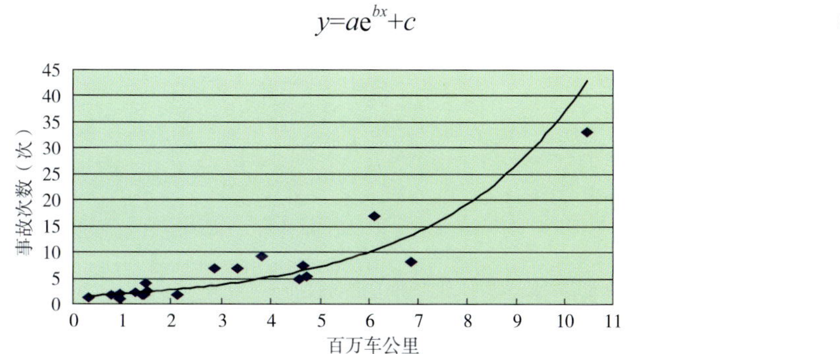

图 1-1-5 事故次数与百万车公里之间的指数函数关系图

按照该模型结构，进行回归得到事故次数与百万车公里之间的指数函数关系模型为：

$$y=5.4811e^{0.1754x}-5.4811\ (R^2=0.8766) \tag{1-1-12}$$

将事故次数和百万车公里之间的函数关系汇总列于表 1-1-2。从回归相关因子看，事故次数与百万车公里之间线性函数关系和非线性函数关系都很高；但从结果看，更近似是非线性函数关系，非线性关系以二次函数关系的相关系数最大。

事故次数与百万车公里之间关系模型　　表 1-1-2

序　号	事故次数与百万车公里之间关系模型	R^2
1	$y=2.2451x$	0.8667
2	$y=0.2069x^2+0.8216x$	0.9303
3	$y=5.4811e^{0.1754x}-5.4811$	0.8766

2）交通流速度与交通事故之间关系

根据目前国内外关于交通流速度与交通事故之间关系的研究结果，车辆速度与交通事故之间没有明显的关系。

在分析车辆速度与交通事故之间关系研究中，选用了车辆平均速度、v_{15}、v_{50} 和 v_{85} 速度值。分析过程采用了积差相关分析和等级相关分析，相关程度用相关系数 γ 表示，相关程度的判断标准见表 1-1-3。

相关系数 γ 与相关程度　　表 1-1-3

γ	相关程度	γ	相关程度
0~±0.10	无相关	±0.50~±0.80	显著相关
±0.10~±0.30	微相关	±0.80~±1.00	高度相关
±0.30~±0.50	实相关		

积差相关分析方法如下：

$$\gamma_{xy}=\frac{\Sigma xy}{NS_xS_y} \tag{1-1-13}$$

式中：γ_{xy}——x 和 y 两个数列之间的相关系数。

S_x、S_y——分别为 x、y 两个数列的标准差；

N——成对量数的次数。

$$\begin{aligned} x&=X-\bar{x} \\ y&=Y-\bar{y} \end{aligned} \tag{1-1-14}$$

由成对的量数组成两个数列，但每对数量在各自数列的等级不同。等级相关分析方法利用量在数列中的等级位置来分析两个数列的相关程度。

$$\gamma_p=\frac{6\Sigma D^2}{N(N^2-1)} \tag{1-1-15}$$

式中：γ_p——等级相关系数；

D——X 与 Y 量数等级的差数；

N——总对数。

（1）车辆平均速度与交通事故次数相关程度分析

车辆平均速度与交通事故次数之间散点图，如图 1-1-6 所示。从图上可看出车辆平均速度与事故次数之间没有明显的关系趋势。

积差相关分析相关系数为：

$$\gamma_{平均}=0.0917 \tag{1-1-16}$$

等级相关分析相关系数为：

$$\gamma_{p\,平均}=0.0010 \quad (1\text{-}1\text{-}17)$$

（2）v_{15} 与交通事故次数相关程度分析

v_{15} 与交通事故次数散点图，如图 1-1-7 所示。从图上可看出车辆平均速度与事故次数之间没有明显的关系趋势。

积差相关分析相关系数为：

$$\gamma_{v15}=0.1411 \quad (1\text{-}1\text{-}18)$$

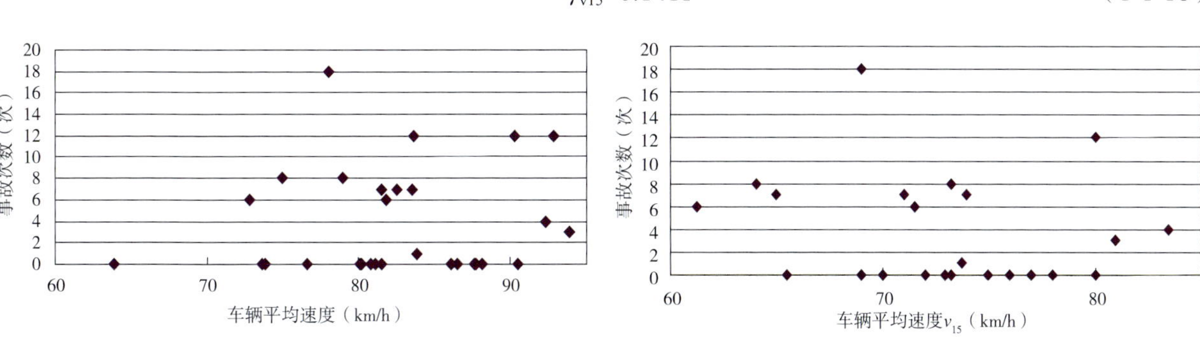

图 1-1-6　平均速度与事故次数之间的散点图　　图 1-1-7　v_{15} 与事故次数之间的散点图

等级相关分析相关系数为：

$$\gamma_{p15}=0.0025 \quad (1\text{-}1\text{-}19)$$

（3）v_{50} 与交通事故次数相关程度分析

v_{50} 与交通事故次数散点图，如图 1-1-8 所示。从图上可看出车辆平均速度与事故次数之间没有明显的关系趋势。

积差相关分析相关系数为：

$$\gamma_{v50}=0.0285 \quad (1\text{-}1\text{-}20)$$

等级相关分析相关系数为：

$$\gamma_{p50}=0.0012 \quad (1\text{-}1\text{-}21)$$

（4）v_{85} 与交通事故次数相关程度分析

v_{85} 与交通事故次数散点图，如图 1-1-9 所示。从图上可看出车辆平均速度与事故次数之间没有明显的关系趋势。

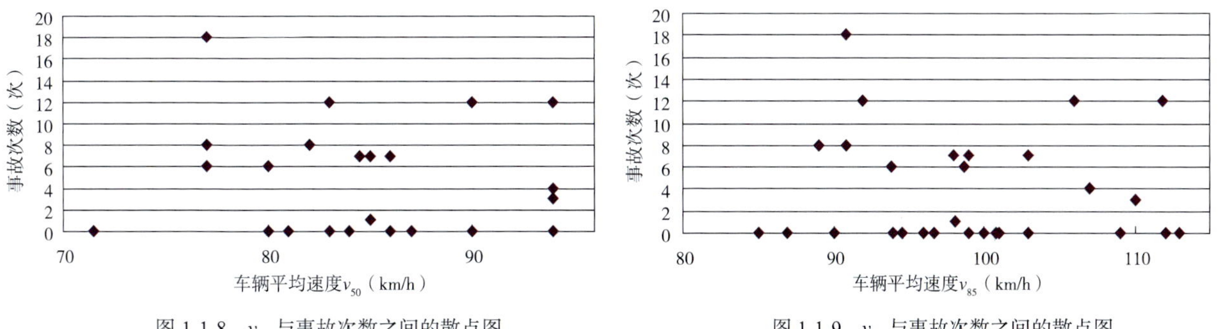

图 1-1-8　v_{50} 与事故次数之间的散点图　　图 1-1-9　v_{85} 与事故次数之间的散点图

积差相关分析相关系数为：

$$\gamma_{v15}=-0.0725 \quad (1\text{-}1\text{-}22)$$

等级相关分析相关系数为：

$$\gamma_{p85}=0.0013 \quad (1\text{-}1\text{-}23)$$

速度值与事故之间相关分析结果汇总见表 1-1-4。

速度值与事故之间相关分析结果　　表 1-1-4

速度特征值	积差相关系数	等级相关系数
平均速度	0.0917	0.0010
v_{15}	0.1411	0.0025
v_{50}	0.0285	0.0012
v_{85}	0.0725	0.0013

从速度特征值与事故之间的相关系数看，速度与事故次数之间没有明显的事故关系。车辆行驶速度的增加，不会明显地促使道路交通事故的增加。

6. 高速公路超速率模型

探究一下超速的引起原因，无非从两个方面考虑：一是设定限速标志的监督强制性；二是驾驶人实时的期望驾驶速度。第一个方面主要表现在限速标志及为了保障限速的强制性而设置的一些监控设施，如摄像机等。当没有附属设施监控驾驶人行驶速度时，通常会根据其自身所判断的期望速度和限制速度值来调节行驶速度值，此时的驾驶人超速情况具有代表性。第二个方面是驾驶人会根据道路线形情况实时判断出自己的期望速度，然后根据限速的监督强制性来确定自身车辆行驶速度。

从上面的分析可知，在没有附属监控设施的情况下，驾驶人超速情况具有代表性，此时驾驶超速与道路线形有很大的关系。本节研究在平纵线形变化情况下分析驾驶人超速情况。

此外，车型不相同，超速情况也不会相同，小型车超速的情况要比大型车严重。超速情况还要区分车型，客车的机动性能总体上要好于货车，当限速达到一定程度后，货车的超速情况通常很少，因此，对研究货车超速情况意义不大。

1）限速 80km/h 时高速公路车辆与道路线形之间的关系

将不同道路线形时的超速数据绘制散点图，根据散点图的趋势情况分析超速与道路线形之间的关系。

设置限速标志为 80km/h 时，客车、货车的超速情况与道路纵坡、道路平面线形之间的散点图，如图 1-1-10 和图 1-1-11 所示。

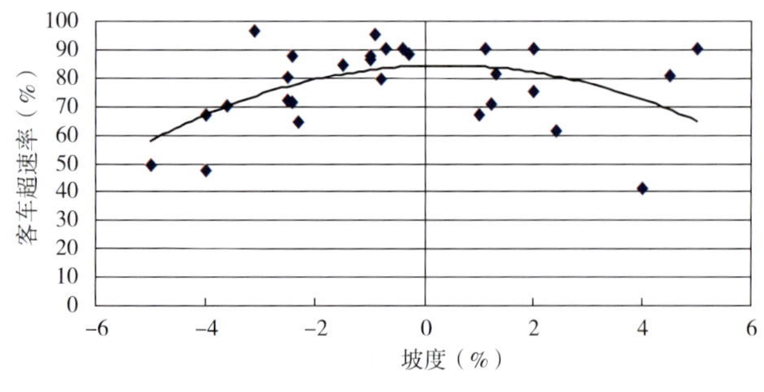

图 1-1-10　客车超速率与道路纵坡之间的函数关系

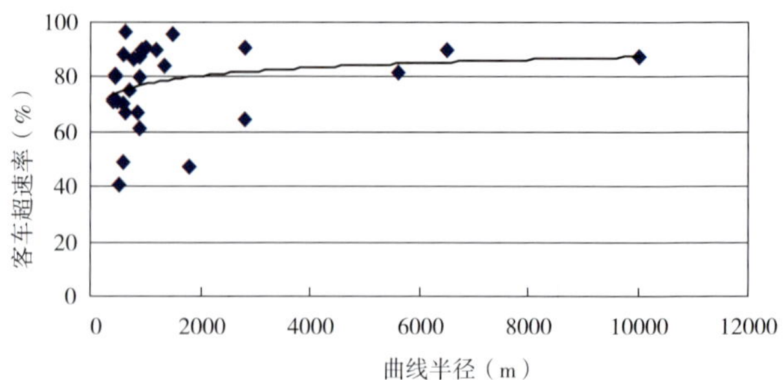

图 1-1-11　客车超速率与平面线形之间的函数关系

从客车超速率随竖曲线的变化趋势看，客车超速率变化形式呈二次抛物线形式变化。

从客车超速率和曲线半径之间的散点图可看出，随着曲线半径的增大，客车超速率也增大，但增大到一定程度，客车超速率随着平曲线半径的变化稳定下来。

按照客车超速率与平曲线和竖曲线的变化趋势，构建客车超速率与平曲线半径、竖曲线中纵坡因素之间的关系模型如下：

$$y=a\ln r+bt^2 \quad (1\text{-}1\text{-}24)$$

通过回归，得到：

$$y=0.1174\ln r-0.0054t^2 \quad (R^2=0.9831) \quad (1\text{-}1\text{-}25)$$

式中：y——超速率，%；

r——平曲线半径，m；

t——100 倍的纵坡度值。

同样分析出货车超速率与竖曲线和纵坡段之间的关系模型，得到式（1-1-26）的结果。

$$y=0.0251\ln r-0.00425t^2 \quad (R^2=0.7373) \quad (1\text{-}1\text{-}26)$$

式中：r——平曲线半径；

t——100 倍的纵坡度值。

2）限速 100km/h 时高速公路车辆与道路线形之间的关系

同样，绘制平曲线半径，纵坡度与客车超速之间散点图，如图 1-1-12 和图 1-1-13 所示。从散点图与超速率看，超速率与平曲线半径之间还是存在 log 函数关系，纵坡度与超速率之间呈现开口向下的抛物线形状。

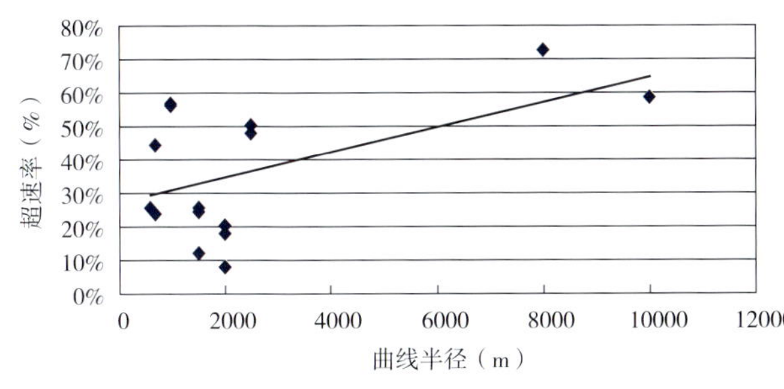

图 1-1-12　平曲线与超速率之间的关系

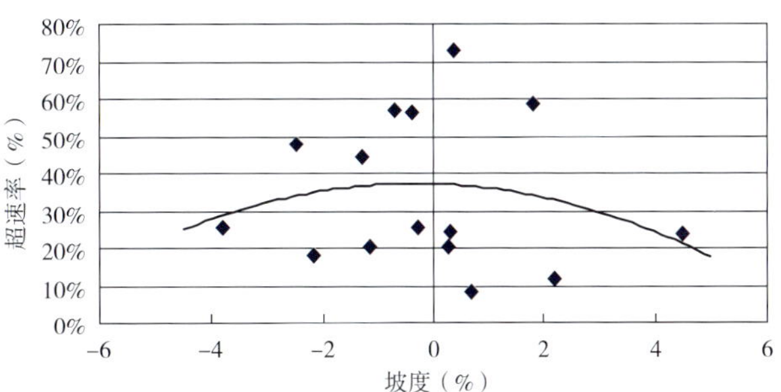

图 1-1-13　纵坡与超速率之间的关系

建立客车超速率和平曲线半径、竖曲线中纵坡因素之间的关系模型如下：

$$y=a\ln r+bt^2 \quad (1\text{-}1\text{-}27)$$

通过回归，得出限速 100km/h 的条件下，超速率与竖曲线、平曲线之间的关系式如下：

$$y=0.0437\ln r-0.00431t^2 \quad (R^2=0.9109) \quad (1\text{-}1\text{-}28)$$

式中：r——平曲线半径，m；

t——100 倍的纵坡度值。

在限速 80km/h 和限速 100km/h 条件下，客车超速率、货车超速率与道路线形之间的关系模型汇总于表 1-1-5 中。

客车和货车超速率模型　　表 1-1-5

限　速	客车超速率模型	R^2	货车超速率模型	R^2
80	$y=0.1174\ln r-0.0054t^2$	0.9831	$y=0.025\ln r-0.00425t^2$	0.7373
100	$y=0.0437\ln r-0.0043t^2$	0.9109	—	

通过该超速率模型，可分析得出高速公路上不同线形组合路段客车、货车的超速率，进而为设定限速值，提供参考。

7. 高速公路 v_{85} 速度预测模型

高速公路行车道较宽，路侧路肩对车辆的行车影响甚微，驾驶人在高速公路上行驶，车辆行驶速度几乎不受路侧道路环境影响，主要受道路平纵线形影响。平曲线形主要是平曲线半径，纵断面线形主要是纵坡度。单向两个行车道的道路线形，v_{85} 等数据，高速公路平曲线半径与 v_{85} 的散点关系如图 1-1-14 所示。

从平曲线半径与 v_{85} 的散点图看出，平曲线半径与 v_{85} 之间存在 log 对数关系。纵坡度与速度之间存在二次函数关系，但它们之间关系不明显。如图 1-1-15 所示。

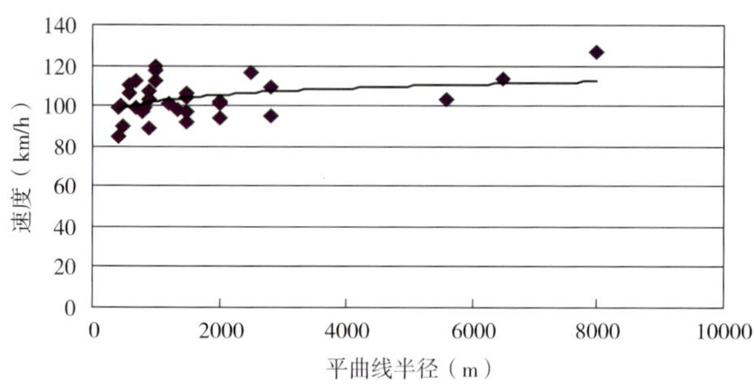

图 1-1-14　高速公路平曲线半径与 v_{85} 的散点图

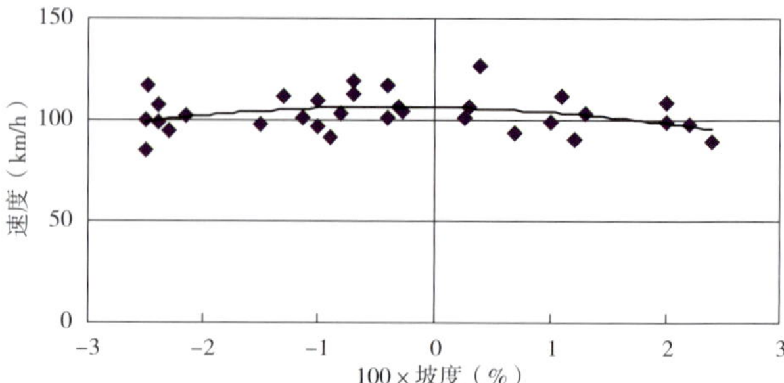

图 1-1-15　平曲线半径与 v_{85} 之间存在的 log（对数）函数关系

针对单向双车道高速公路，建立起式（1-1-29）所示的平曲线、纵坡度与 v_{85} 速度之间的模型如下：

$$y=a\ln r+bt^2 \tag{1-1-29}$$

由于随着平曲线半径的变大，平曲线半径对车辆的行驶速度影响变小。所以在建立平曲线半径与 v_{85} 速度之间的关系没有意义。在具体模型分析时，选择平曲线半径小于 1500m、大于 400m 数据作为模型分析的依据，最终分析得到平曲线半径、纵坡度与 v_{85} 速度之间的模型为：

$$v_{85}=15.54\ln r-0.1555t^2 \quad (100 \leqslant r \leqslant 1500,\ -6 \leqslant t \leqslant 6) \tag{1-1-30}$$

式中：r——平曲线半径，m。

t——100 倍的纵坡度。

对于小客车有：

$$v_{85}=\begin{cases}17.82\ln r-2.17 & (100 \leqslant r \leqslant 1500) \\ 128 & (r>1500\text{，或直线段})\end{cases} \tag{1-1-31}$$

式中：r——平曲线半径，m。

对于混合交通组成，当平曲线半径大于 1500m 时，平曲线半径对 v_{85} 速度影响变小，而纵坡度对 v_{85} 影响也很小。所以当平曲线半径大于 1500m，选择均值 115km/h 作为 v_{85} 速度值。对于小客车，直线段的小客车 v_{85} 为 128km/h。

8. v_{85} 限速方法有效性验证

v_{85} 限速方法是一个工程技术方法，很好地考虑了运输效率和安全之间的关系，适合于在高速公路段限速时采用。采用该方法确定限速值时，可按照如下两个步骤进行：

①确定在自由流条件下的第 85% 位车速，以该车速值作为限速的基础值。

②在确定出限速的基础值后，考虑道路线形、道路交通事故、地理环境特征，对基础值进行修正。

v_{85} 限速方法是国外使用时间最长的限速方法，之所以能够长时间使用，是因为该方法具有显著的优点：一是保障了绝大多数人按照自己判断速度行驶，只是对一少部分人进行速度限制；二是采用 v_{85} 进行限速时，车辆速度差最小，事故率最少，很好地处理了运输效率和运输安全之间的关系。

运行速度差小，车辆行驶速度均衡，发生事故的概率最小。为验证 v_{85} 限速方法对我国的适用性，在一些典型高速公路上进行了大量的速度调查。调查分为两个部分：一部分数据是限速 80km/h 条件下的速度数据；另一部分是限速 100km/h 条件下的速度数据。

将调查的速度数据和速度标准差绘制成散点图，得到图 1-1-16 和图 1-1-17 的结果。从图中可看出，在限速 80km/h 条件下，车辆的运行速度越高，速度的标准差越大。在限速 100km/h 条件下，车辆的运行速度越高，速度的标准差越大。在特殊、条件受限地段速度变小，速度标准差也变小。

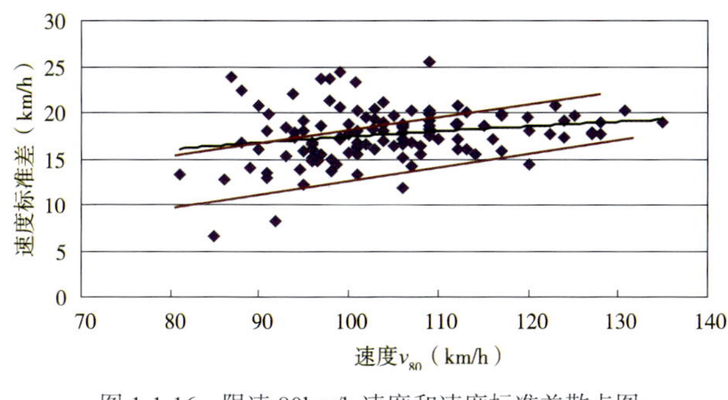

图 1-1-16　限速 80km/h 速度和速度标准差散点图

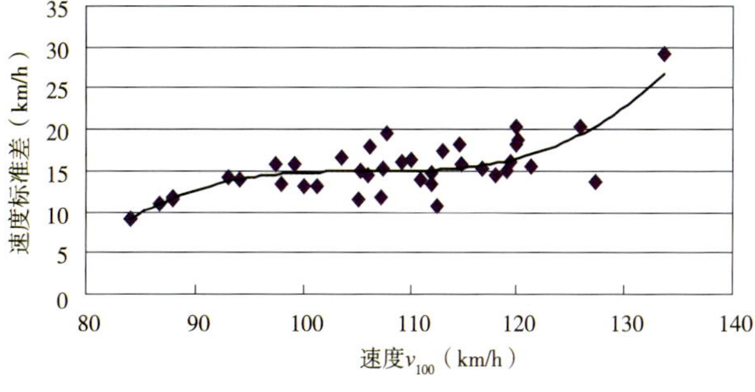

图 1-1-17　限速 100km/h 速度和速度标准差散点图

第二节　限速值确定方法

一、影响限速值确定的因素

1. 交通安全

交通安全是影响确定限速数值的一个很重要的因素。速度伤害“Speed Kill”理论认为速度是事故发生的致因因素，此外还有其他因素与速度共同作用于事故的发生，如：酒精、药物对驾驶的影响；安全带的使用；年龄和对待驾驶危险的态度；驾驶人的驾驶经验等。当速度低时，驾驶人具有足够的反应、操作时间来完成适当的驾驶操作，但速度越高，尤其在上述因素共同作用下，驾驶人完成操作时间就相对不足，出现事故危险的可能性就大大增加。

在给定的道路上，限制速度、驾驶选择速度和安全之间的关系是比较复杂的，如图 1-1-18 所示。设定一个合适的限制速度时，第一步骤应该考虑影响事故发生的可能性和严重性。限速值和强制政策会影响驾驶人的速度选择，也会影响驾驶人驾驶路径选择。驾驶人根据路段的限速值和强制政策，选择行驶速度，行驶速度又影响事故发生的可能性和严重性。而长期的事故与速度关系记录，将会影响速度限制和相关法律政策的变化。

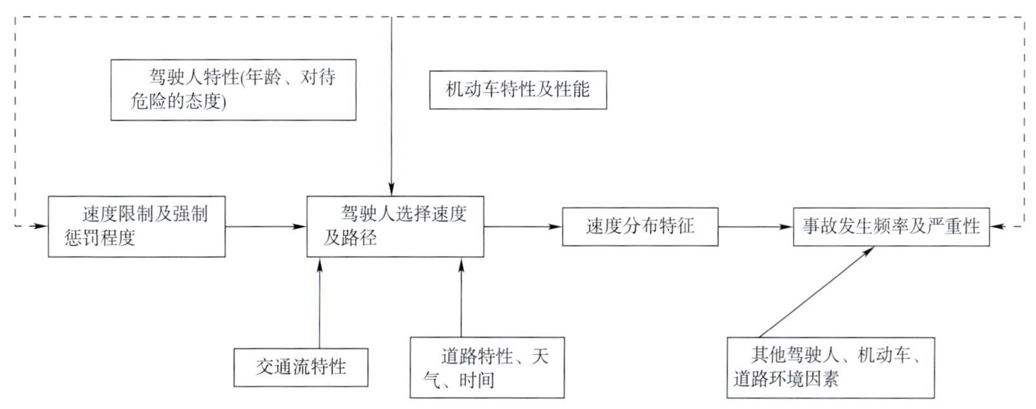

图 1-1-18　驾驶人行车速度选择变化图

2. 道路类别和功能

道路类别和功能与限制速度之间也存在关系。城市道路与公路类别不同，城市道路中交叉口、停

车场、非机动车、行人等比较多，对交通流影响比较大，很难形成稳定的交通流，在这种情况下限速值不应过高。而对公路而言，影响公路行车的因素与城市道路有很大的不同，没有那么多交叉口，行人也很少，能形成较稳定的车流，所以限制速度相对比城市道路较高。

道路功能与速度管理有着直接的相关性，不同功能的道路其限制速度值也不一样，国外限速值的确定很大程度上取决于道路功能。干线道路（如高速公路、干线公路，城市快速道路和主干路等）起到通道运输作用，运输时效要求高，其限速速度值应高于集散道路（如三级公路，城市次干道路和支路等）。道路通过乡镇、村庄等居住区和对噪声敏感的学校、医院等区域时，则必然应实行严格的速度管理。

3. 驾驶人对危险的认知

驾驶人对道路危险的认知影响着驾驶人的速度选择。在没有设置限速的条件下，驾驶人不是把车开得更快，而是根据其对道路、交通条件及路侧环境等预期的危险因素综合判断后，确定自身适宜的行车速度。在一定条件下，这个速度比较客观地反映了交通通行条件。所以驾驶人对道路危险的认知，在没有设置限速条件下的实际行驶速度也是影响设置限速值的一个重要参考因素。目前，国内外学者倾向于采用第85%位车速 v_{85} 作为限速值初始参考值，认为 v_{85} 车速作为运行速度是安全的、合理的速度，能较好符合大多数驾驶人的意愿。其中一个主要原因是：研究结果表明驾驶人在一定程度上所选择的行车速度客观地反映了道路实际的交通通行条件。

4. 特殊路段和路侧环境

公路上存在一些特殊路段，如隧道、窄桥、急弯、长下坡路段、穿村路段等；城市道路存在大量交叉口、分流、合流汇合点等，这些路段较易发生事故，影响行车速度，限速值一般应小于其他地段。路侧较危险的路段行车速度也不应过高，过高的行车速度易造成车辆冲出路侧，发生严重交通事故。

5. 交通流量

交通流量的不同，影响着驾驶人选择行车速度。低流量条件下，行车速度普遍高；当不受其他因素影响时，限制速度一般会偏高。交通流量与事故发生可能性也存在关系，在一定流量范围内，交通事故为随着流量的增加而呈非线性增长的函数关系。

6. 天气和时段

同样的限速值，在不同天气条件下，会出现适合和不适合限制速度情况。比如，一条道路天气良好，视距通透，限速120km/h是完全可以的，但在阴雨天或者是路段上起雾时，道路能见度降低或路面变滑，这样的限速值就难以保障行车安全。一些路段在白天和夜间采取的限速数值也可不一样，夜间驾驶人的视距、视野受到影响，速度过快会对危险情况判断不足，造成事故发生的可能性增高。

7. 法律与政策

确定的限速数值，应遵守我国法律和相关政策的规定，《道路交通安全法》及实施条例关于限速有着明确的规定，限速值应该在这些规定下确定。我国道路最高限速值为120km/h。因而不论是否设置了限速标志，在道路上行驶的小型汽车最高车速不得超过每小时120km。我国限速标志的最高数值只能是120km/h，除德国没有明确规定最高限速值外，世界上大多数国家的最高限速值也是120km/h左右。我国《道路交通安全法实施条例》规定在高速公路上行驶的小型载客汽车最高车速不得超过每小时120km，其他机动车不得超过每小时100km，摩托车不得超过每小时80km。确定限速方案时，还应考虑运输安全与运输效率之间的平衡点、驾驶人的满足情况等。

8. 居住环境的要求

机动车行驶产生的让人难以忍受的车辆噪声直接影响了路侧居民的生活质量。机动车行驶速度越高，噪声增加的幅度越强劲。所以，在居住区和对噪声敏感的学校、医院等区域必然应实行严格的速

度管理。在这些区域，往往采取严格的限速措施和配合工程措施进行速度管理。限速值的确定主要以满足居民对居住环境的质量需求和保障交通安全为主。

二、现有限速值确定方法

综合国内外速度管理研究，从限速发展历史上可以找出一些具有代表性的限速值确定方法。有些方法理论性较强，但实用性较差，如下面介绍的最优限速法。目前世界各国广泛采用的是法定限速方法和工程技术方法。法定限速方法是依据法律法规的规定确定某路段的最高限速值或最低行驶速度限制，其具有强制性。工程技术方法是依相关技术规范，结合具体情况采用技术方法确定的某路段的具体限速值或建议行车速度。其中，具体的限速值一般低于或等于法定的最高限速值，其同样具有强制性；但建议行车速度一般应低于法定的最高限速值，其仅具有警告、提示的意义。该建议行车速度，标志明确警告和告知驾驶人前方道路状况发生变化，要求驾驶人应依具体路况和自身技术状况采取合适的车速通过前方路段，避免因车速过高导致交通意外事故。

目前，发达国家都趋向于在交通安全法等法律法规框架内，寻求交通安全、运输效益和路侧居民生活质量等的综合平衡。针对实际路况，采取对局部路段设置严格的管理限速标志（执法依据），但对大多数路段设置提示前方路况发生变化，更具人性化、警告性、提示性的建议速度标志的方法。

1. 最优限速法

早在20世纪60年代美国学者Oppenlander提出了机动车运行速度最优限速法，这种方法认为驾驶人选择的驾驶速度不考虑对其他人员的危害。例如，个人以较高的速度驾驶，事故发生的严重性大大增大，直接增加了燃料的消耗和更多废气物质的排放，间接增加了个人或者其他道路使用者所承担的费用。个人选择的最优速度与整个社会的最优速度是不一致的。

Oppenlander把以下4类费用作为确定最优速度的因素：①机动车运行成本；②旅行时间；③事故；④服务（如舒适和方便性）。通过研究机动车在各种类型道路上不同交通条件和交通类型来绘制费用曲线，进而求解费用曲线的最低点，求得最优速度，并将其作为确定限速值的依据。这种方法最适合确定针对不同等级道路总体限速值，也可针对每一条道路的实际交通条件来计算限速区的限速值。

这种方法在理论上很吸引人，但从来没有应用到实际工作中。问题之一是进行效益-费用比分析时，关键变量很难准确地通过量化形式表示出来，大量工作只是集中在机动车行驶效率与死亡率、伤亡率之间的评估上，在评估结果上大家难以形成一致的意见，因而现阶段难以获得实际工程应用。但这一理论方法不失为解决速度管理问题的一种好思路。

2. 法定限速方法

法定限速方法是依据法律法规的规定，确定某路段限速标志的最高限速值或对高速公路的最低行驶速度限制，其具有强制性。目前我国《道路交通安全法》中有关限速的具体条款规定就属于法定限速值。

美国历史上曾实行过两次典型的法定限速管理。第一次是第二次世界大战期间，为减少民用汽油的使用量，法律规定全国道路限速值为56km/h（35mile/h）；第二次是1973年能源危机时期，为了减少对石油的依赖性，保障美国社会经济发展，美国国会颁布了NMSL法案，将限制速度提高到88km/h（55mile/h）。当时的研究表明，88km/h为该时期机动车的经济速度。

法令限速在发达国家已有很长的历史，许多地方政府通过法令在当地道路上进行限速管理。近一段以来，居民普遍关注居住区的噪声和安全问题，尤其是紧邻干线公路的居住区，限速问题再次引起政府的重视，不得不实行低速限制，并配合其他的工程措施来管理通过住宅区的车辆行驶速度。这导致了法律法规和技术规范的进一步调整，从而也使交通宁静等先进的管理理念和工程技术产生，并得

到了广泛应用。

法定限制速度概念是一个较复杂的法律和政策措施，其力求通过政策取得道路交通安全、运输效率与居住区的生活质量的平衡。因而法定限速往往可能过于粗略，不适合实际路况，如美国 NMSL 法案就被认为不适合于不同实际道路具体线形和交通条件的公路速度限制。因而，法定限制速度，需阶段性地根据不同时期各国的具体状况进行调整。

3. 工程技术方法

在欧美等发达国家，确定限速区域限速值主要采用工程技术方法。该方法要求收集大量数据，通过进一步分析来确定一个适宜的限制速度值。所需收集的数据包括交通组成中占优势车种的速度、事故数据、交通量、道路线形和道路路侧状况等。具体操作时，v_{85} 位车速是常用的确定限速水平的数值。即通过调查、计算等手段获得 v_{85} 值，以此作为最初的限速参考值，然后综合考虑道路线形、事故情况等因素，最终确定速度限制值。

采用 v_{85} 作为限速参考值，可使大部分驾驶人在车辆运行中能够安全地把握、判断其速度；而且85%位限速值也符合国外法律宗旨，即在实际执行中只有 15%的驾驶人必须降低行驶速度，接受法律限速制约，民众反映较小。另外，一些学者研究发现采用 v_{85} 速度进行限速，可使道路交通安全得到保障和满足驾驶人对行程时间的心理期望。v_{85} 速度一般是观测自由流条件下的地点速度资料，通过进一步分析计算地点速度累计频率分布的第 85%值后获取。

美国研究人员通过观测统计发现，在 10mile/h①（16km/h）最大车速概率分布区间（10 mile pace）内包含了绝大部分（70%）以上的车速值。该区间的上限值与 v_{85} 速度值相差无几，两者作为限速值设定基础是一致的，如图 1-1-19 和图 1-1-20 所示。研究还发现，车速位于该区间的车辆累积频率越大，车辆速度的离散性越小。因而美国部分州的限速指南也将该区间上限值作为限速值的主要参考依据。

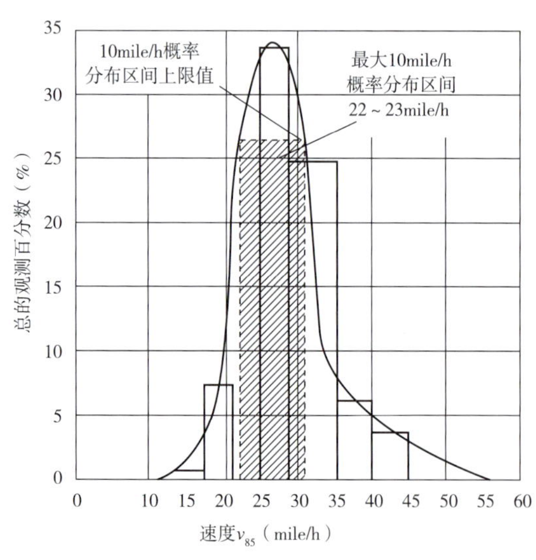

图 1-1-19　速度分布直方图及典型的“Bell”拟和曲线

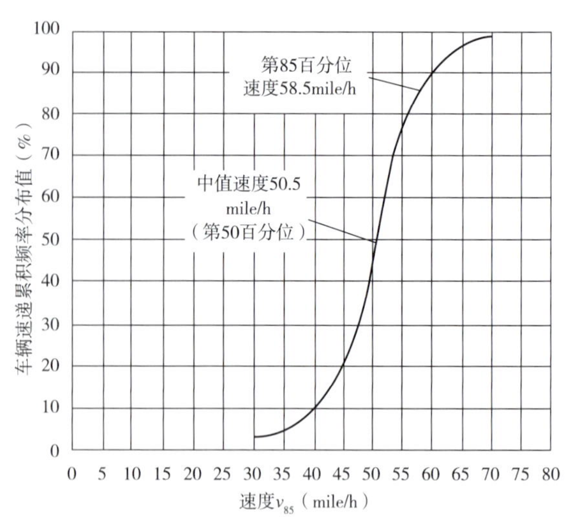

图 1-1-20　速度累积频率分布的“S”形曲线

英国、加拿大、澳大利亚等多数国家采取的限速基本原则和美国相似，即在 v_{85} 速度值的基础上，综合考虑道路条件、历史事故记录等适当上浮或折减。各国学者基本上均接受 Solomon 关于事故与速度关系的论证，即事故与速度差的关系呈 U 形曲线。车辆在以平均速度一个标准差范围内行驶时，事故率较低；平均速度加上 10mile/h 附近位置（接近 v_{85} 速度），事故率最低（图 1-1-21）。而且，这些国家的车速分布非常相似，即约 70% 的车辆运行速度集中在 10mile/h 最大车速概率分布区间。

① 1mile ≈ 16km。

工程技术方法，需要结合具体的工程项目来分析，通过大量道路安全运行速度控制管理、限速标志设置和安全评价研究等工作积累，确定限速数值。比较适合我国国情的工程技术方法主要分为以下5个步骤。

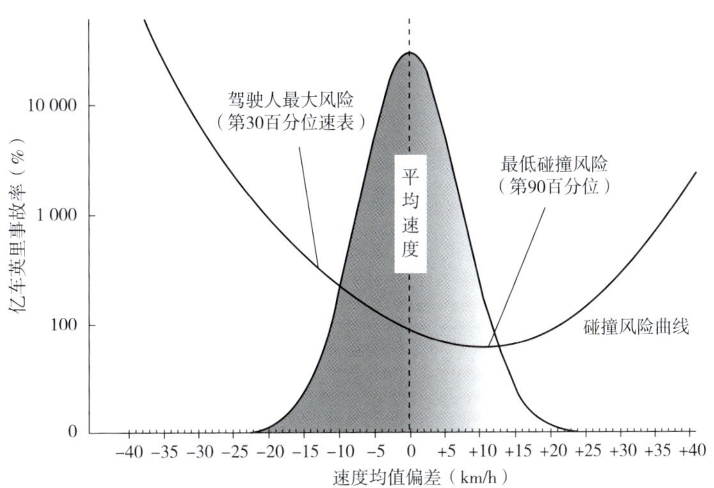

图 1-1-21　速度均值偏差与亿车英里事故率间的关系

（1）收集限速路段资料

首先，需收集限速路段资料，分析确定限速路段所处地形特征、线形条件、气候及周围环境特点，确定路段的交通条件及交通组成。

地形特征是指路段所处地形属于平原区还是山岭区，平原地区公路线形相对要好，平曲线半径较大，而且路侧的危险程度也相对较低。山岭地区，由于受建造成本、山岭地形影响，平曲线半径较小，路侧情况较平原地区危险。线形条件是指公路的平曲线半径的大小及纵坡度和纵坡长度（竖曲线特点）等。气候是指限速路段在一年四季中受雨、雪、雾的影响程度，如影响比较严重，在公路限速中应考虑雨、雪、雾影响下的限速问题。周围环境主要指周围建筑物的特征、横穿公路行人是否多、小型交叉口是否多等内容。

路段的交通条件及交通组成调查的目的，是要确定该公路主要服务对象是以客运为主还是以货运为主。当小客车加上客车所占比例大于60%时，则该公路以客运为主；小客车加上客车所占比例小于40%时，则该公路以货运为主；小客车加上客车所占比例大于等于40%且小于等于60%时，则该公路按客货运输并重处理。路段的交通条件及交通组成不同，相应的路段限速方案也应有所侧重。已运营公路通过现场调查可获得交通组成，表1-1-6是某公路交通组成车型划分标准。未开通公路交通组成，可参考公路建设可行性研究报告中预测分析的交通组成部分内容来确定。

车型划分标准　　表 1-1-6

标　准	载　客		载　货
	客座≤20	客座>20	
车型	小客车	客车	货车

（2）v_{85} 计算

v_{85} 计算分为已运营公路和未开通公路两种情况。

①已运营公路

首先，应实地观测，调查获得相关资料。当公路长度大于等于100km，可考虑将公路按照所处地形特点（指平原区和山岭区两种区别情况）划分成两段或多段，但每一段的长度要求大于等于50km。

公路的长度小于 100km 时，可不将路段划分。

在每一段上选择至少 10 处典型直线段和 10 处典型曲线段作为 v_{85} 车速的调查点。直线段调查点应选在直线段中点或稍后处，直线长度要在 200m 以上。曲线段应选择曲线半径不同路段，曲线半径从小向大排序，调查点选择曲线的中点或稍后。调查车辆行驶速度的车型为小客车、客车与货车。调查车型的比例应与交通组成调查统计结果一致。每一处调查样本在 100 个以上。

v_{85} 车速调查应选择在自由交通流情况下进行。自由交通流的判断标准为车头间距大于等于 50m，高速公路在 100m 以上。调查时应尽量保持隐蔽，即在不对驾驶人的正常行车造成干扰的条件下进行。

将每一个调查点调查所得的车辆地点速度从小到大排序，绘制车辆的地点车速累积频率分布图。选择排在第 85% 位的车辆速度作为 v_{85} 车速。

通过上述方法，计算 20 个以上调查点处的 v_{85} 车速，将各调查点的 v_{85} 车速平均值作为最终要计算的 v_{85} 车速。将各调查点处的 v_{85} 车速分别减去最终计算的 v_{85} 车速值得到各点相应的差值 Δv，如 Δv 的绝对值大于 10km/h，要求寻找原因，如为调查过程中人为原因，应重新调查该点的地点速度及计算 v_{85}。否则应将公路中与 Δv 的绝对值大于 10km/h 的调查路段处的线形特征相同的路段挑选出来，作为局部限速路段，即将其作为特殊路段处理。

②未开通公路

未开通公路 v_{85} 车速，应按照设计文件资料中的路线设计参数和特征值，依照相关技术规范和计算模型测算。当公路的长度大于等于 100km 时，同样考虑将公路按照所处地形特点划分成两段或多段。公路的长度小于 100km 时，可不考虑限速段划分。每一个限速段按照平曲线、纵坡特征进一步划分成多个平纵段，选择平曲线半径小于等于 3000m 的平曲线段，作为 v_{85} 速度值计算段。可按式（1-1-32）计算每个平纵段的运行速度，再将计算出来的运行速度取平均值，该平均值作为预测的 v_{85} 速度值。

$$v_{85}=15.54\ln r-0.1555t^2 \quad (100 \leqslant r \leqslant 1500，-6 \leqslant t \leqslant 6) \tag{1-1-32}$$

式中：r——平曲线半径，m；

t——100 倍的纵坡度。

当平曲线半径大于 1500m 时，平曲线半径对 v_{85} 速度影响变小，而纵坡度对 v_{85} 影响也很小。此时，选择均值 115km/h 作为 v_{85} 速度值。

（3）确定限速初始值

按步骤（2）确定 v_{85} 速度后，还需考虑我国道路交通安全法以及公路限速管理习惯，进而确定某条道路或路段的限速初始值。《道路交通安全法》要求，高速公路最高限制速度为 120km/h，最低限制速度为 60km/h。高速公路限速管理中，以限速 80km/h、90km/h、100km/h、110km/h、120km/h 为常见数值，将这些限速值与 v_{85} 速度比较，该值减去 v_{85} 为负值，且绝对值为最小，这个值可作为限速初始值 v_0。

（4）限速初始值检查与修正

通过运行速度调查确定限速初始值后，还需要进行道路线形指标、设计速度、道路交通事故发生情况及路侧环境因素等几方面的核查，以保障最终确定的限速值的可行性。

①道路线形指标核查

道路线形指标核查主要是考虑在通常交通条件下，平曲线处车辆是否会出现由于超高不足引起侧翻、侧滑等交通事故，以及是否存在较大的长大下坡，影响机动车运行。检查平曲线处速度的要求时，采用以下公式来反算车辆的最高行驶速度。

$$v=\sqrt{127(\mu+i_h)\cdot R} \tag{1-1-33}$$

式中：v——推算行车速度，km/h；

μ——横向力系数，取值见表 1-1-7；

i_h——路线超高横坡度；

R——平曲线半径，m。

μ 值 取 值　　表 1-1-7

取值情况	考虑冰雪路面	干燥路面	考虑旅行舒适
μ	0.2	0.4	0.11

将道路曲线路段中 i_h、R 数值代入公式，在 μ 分别取值为 0.2、0.11 时，计算 v 值，并分别用 $v_{0.2}$、$v_{0.11}$ 代表。将 $v_{0.2}$、$v_{0.11}$ 与限速初始值 v_0 作比较。如果 $v_{0.2} < v_0$，将与 R 值相同的曲线段挑选出来，其中相邻两个平曲线段间距小于 500m，合并成一个曲线段。如果挑选出曲线段总长度大于 5%的公路总长度，需要调低限速初始值 v_0，直至该总长度小于 5%的公路总长度为止。最后选择 $v_{0.2} < v_0$ 中，平曲线半径为 R 的曲线段选择作为局部限速路段（该路段的限速值见局部路段限速值确定方法）。

$v_{0.2}$ 与 v_0 比较后，进行 $v_{0.11}$ 值与 v_0 比较。如果 $v_{0.11} < v_0$，将与 R 值相同的曲线段挑选出来，其中相邻两个平曲线段间距小于 500m，合并成一个曲线段。如果挑选出曲线段总长度大于 10%的公路总长度，需要调低限速初始值 v_0，直至该总长度小于 10%的公路总长度为止。最后选择 $v_{0.11} < v_0$ 中，平曲线半径为 R 的曲线段选择作为局部限速路段（该路段的限速值见局部路段限速值确定方法）。

②考虑设计速度与实际运行速度差的影响

设计速度减去限速初始值 v_0 的绝对值大于 20km/h 时，选择设计速度值 +20 km/h 作为限速值。设计速度减去限速初始值 v_0 小于或等于 20km/h 时，原限速初始值 v_0 保持不变。

③考虑道路交通事故

如为已经运营的公路，应进行交通事故和事故多发段原因分析，将事故多发段标记出来作为特殊路段，以便进行工程措施处理，保障公路通行安全。根据事故多发点原因分析结果采取相应的工程措施，并考虑将事故多发段作为局部限速路段。

（5）确定全线限速值及局部限速路段

经过上述 4 个步骤后，即可确定全线或分段后的最终限速值，线形核查 $v_{0.11} < v_0$ 中与 R 相同的曲线段、$v_{0.2} < v_0$ 中与 R 相同的曲线段、事故多发段作为局部限速路段。

4. *专家系统方法*

由于限速过程中所考虑影响因素较多，不同等级、类型道路所涉及影响因素不同，因而确定限速值的方法较为复杂。随着计算机技术的发展，研究机构尝试将限速值确定方法模块化，方便使用者操作、计算，进行速度管理的计算辅助工具也应运而生。

澳大利亚道路研究局开发了一种专家软件系统，这种专家系统方法考虑了速度管理研究中的相关因素。该系统通过以下 5 个步骤实现。

①输入限速区域的环境特征（城市道路、公路）；

②车行道、路边等因素（车道宽度、车道数量）；

③基于①、②计算出一个最优的速度；

④通过特殊区域、其他因素修改最终的限速区域、限速值；

⑤计算 85%位车辆速度 v_{85}，与限速值对比验算进行核查，最终输出限速区域的限速值。

专家系统实质是在特定领域能够模拟专家思考过程来解决复杂问题的计算机程序。澳大利亚道路研究委员会（ARRB）研发了称为 XLIMITS 系列的专家系统，系统整合了道路管理机构进行限速计算的复杂决策过程，考虑的因素主要包括现有限速、运行速度、土地使用、通达性、道路设计参数、事故等。系统流程如图 1-1-22 所示。

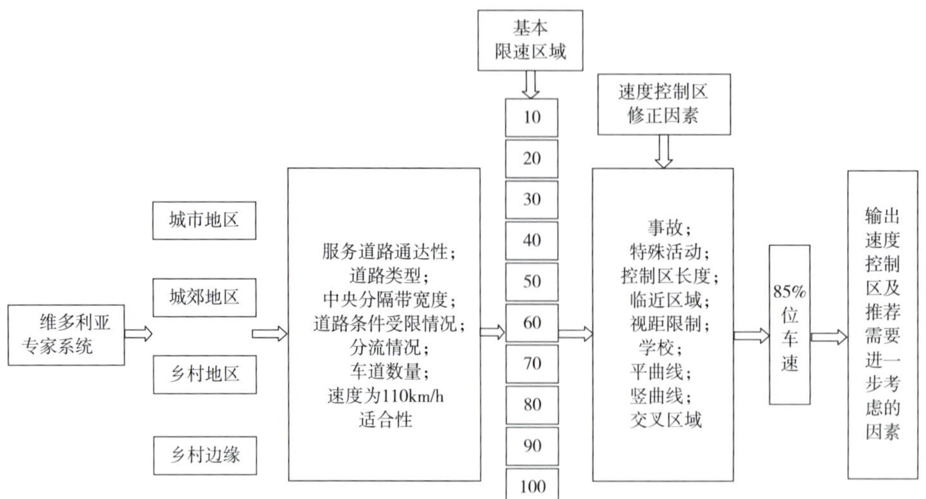

图 1-1-22　维多利亚专家系统结构图

第二章　限速方案及其优化

第一节　限速方案

依据限速方案实施需考虑因素的特性，将目前常用的限速方案划分为以下几个类别。

一、按照空间划分

1. 分段限速

分段限速是相对道路全线统一限速而言，顾名思义是将道路全线或道路中较长路段划分成若干的路段单元，每个路段单元依据各自线形、交通量、历史事故等因素采取不同的限速值。全线限速是整条道路或较长路段采用单一的限速值，而分路段限速则可以看作是全线限速的一个细化，每个小的路段单元实施不同的限速值。每个小的路段单元在确定限速值大小时，所考虑的因素与全线限速是类似的。

（1）优点：不同路段限速值符合本路段线形、交通流、历史事故等因素所反映的行车条件，可充分利用道路行驶条件，满足驾驶人驾驶需求。

（2）缺点：各限速路段的划分是一项十分困难的工作，目前尚无定量方法或严格的准则可以参照，在划分时通常需要开展详细车速调查、事故分析、线形指标与标准的符合性检验等技术工作，并结合工程技术人员的经验来确定。

（3）适用性：路线里程较长，部分路段因受地形条件限制而选用较低的设计速度或较低的技术等级，或部分路段的事故情况较为严重、部分路段的桥隧结构物较为集中，尤其是长大隧道，都可以考虑选用分段限速。

2. 分车道限速

分车道限速是指在不同车道采用不同限速值的限速方法，支撑结构通常采用门架式，车道上方正对的限速标志标明了该车道的限速值，并可辅以在路面上施画文字标记的方式，如图 1-2-1 所示。

a)

b)

图 1-2-1　分车道限速

（1）优点：减小同一车道车辆间的速度差（离散性），减少车辆变换车道操作，改善交通流的运

行，有助于提高车辆运行的安全性和提高道路的通行能力。

（2）缺点：不同车道限速值不同，但曲线处的超高却相同，如果某个车道的限速值偏高或偏低，则可能出现欠超高或过超高的现象，会带来一定安全隐患；每个车道的限速值应该是一个范围而不是单一的确定值，不可简单设置，常需动态调节。因此，限速方案的确定较为复杂，需要考虑交通量水平、车道数、车辆速度分布比例等因素。

（3）适用性：适用于交通量较大的单向三车道以上城市快速干道和城际间高速公路。当同一车道的速度非常离散时，或者说快车与慢车在同一车道混行时，需要考虑进行分车道限速。

3. 施工区限速

施工区限速是指道路养护作业或改扩建导致某路段须实行速度管理措施，以保障施工养护作业区的安全，属于特殊路段限速问题。由于施工作业将占用部分车道，车道数量减少，车流密度增大，在一定程度上影响了车辆安全通行和施工养护区作业人员的生命安全，因此施工养护区常为一个特殊的限速路段，应参照相关规范进行防护、诱导交通和限速管理。

4. 建筑区限速

当道路穿过建筑区域，尤其是校区、住宅区、商业区等行人交通流量较大的地区时，较高的行车速度会对行人造成严重的危害和破坏住宅区的生活环境，因而近年来发达国家常把建筑区域作为特殊限速区域进行处置，区域限速理论和相应的工程限速措施也应运而生。

二、按照时间划分

1. 分时段限速

分时段限速是指在不同的时间段实施不同的限速标准。较为常见的做法是按照白天和夜间划分时段，美国一些州在某些类型的道路上采用了这一限速方法。夜间视认性差，统计结果表明夜间相对于白天而言事故率更高，事故严重性更大。然而夜间交通量较少，驾驶人通常不愿意在夜间降低车速。因此，仍需要进一步的研究，以确定分时段限速的效果。目前，国内尚无此方面成功的应用案例。

伴随科学技术的发展，能够反映行车条件（如交通流状况、路面状况、能见度、交通事件与事故情况）的可变限速系统正得到越来越广泛的应用。目前，国内道路路侧设置了一定量的可变限速标志，标志除显示限制速度值外，还显示其他多方面的信息。但可变限速系统存在以下两个问题：一是限速值常常为操作员人工主观设定，而不是一个反映客观行车条件的自动调节体系；二是是否具有执法效力存在争议。

2. 分气候限速

由于不良天气条件（如雨、雪、雾）给行车安全带来了较大不利影响，基于此国内很多道路除规定了常规的限速外（良好天气条件下），还给出了不良天气条件下的限速值，限速值的确定主要依据工程技术人员的经验。图 1-2-2 是特殊天气条件下的限速标志的设置实例。

3. 分车型限速

分车型限速是指根据交通流运行特点、车辆运行安全和交通安全管理需要，对不同车型实施不同的限速值。图 1-2-3 为国内某道路上设置的限速标志，标志指明“小客车最高限速 120km/h，货车最高限速 90km/h，最低限速为 60km/h”。大客车限速是多少呢？限速标志虽没有给出，但《道路交通安全法实施条例》第七十八条明确规定“道路上行驶的小型载客汽车最高车速不得超过每小时 120km，其他机动车不得超过每小时 100km”，这说明除小客车以外的其他客车最高限速为 100km/h。

美国一些州已经采用了分车型限速的方法，以适应客车和重型卡车不同的运行特性，欧洲自 1994 年起就广泛应用这一做法。目前国外通常按客车和大型货车（重型卡车及拖挂车）划分车型。

（1）优点：考虑了不同车型车辆间的性能差异，有助于改善特定类型车辆的安全运行状况。

（2）缺点：车型分类的不确定性和多样性往往是实施分车型限速的主要障碍。如图 1-2-3 所示，限速车型是按小客车和货车划分的，但 9 座以上的客车的限速是多少？对《道路交通安全法》不是十分了解的驾驶人可能会无意违章。如果车型按客车和货车来划分，虽然车型覆盖较全，但小型载客汽车和其他载客汽车的限速又没有很好的区分。

（3）适用性：某种车型车辆事故状况突出，从限速角度进行管理，可减少事故发生率。

图 1-2-2　分天气限速

图 1-2-3　分车型限速

三、其他限速方案

1. 可变限速

随着科学技术的发展，能够反映行车条件（如交通流状况、路面状况、能见度、交通事件与事故情况）的可变限速系统正得到越来越广泛的应用。国内道路可变限速标志的主要问题如上所述。

2. 建议限速

图 1-2-4 所示黑黄标志为美国用于建议驾驶人在特定情况下的舒适行驶速度。它和警告标志一起使用。例如，在蜿蜒的公路上行驶时，弯道警告标志和建议速度标志一起使用，更好地体现了和谐交通的管理理念。

图 1-2-4　美国弯道处建议限速标志

建议限速标志仅推荐安全的行驶速度，用来提醒驾驶人通过前方弯道或其他特殊的道路条件下推荐的最大行驶速度。建议速度并非强制执行，在道路上非危险路段但线形指标接近较低限的点段（如指标略低于一般平曲线半径值的路段），设立相应的建议速度标志是比较好的速度管理方法。图 1-2-5 为我国某高速公路上所使用的建议速度限速。

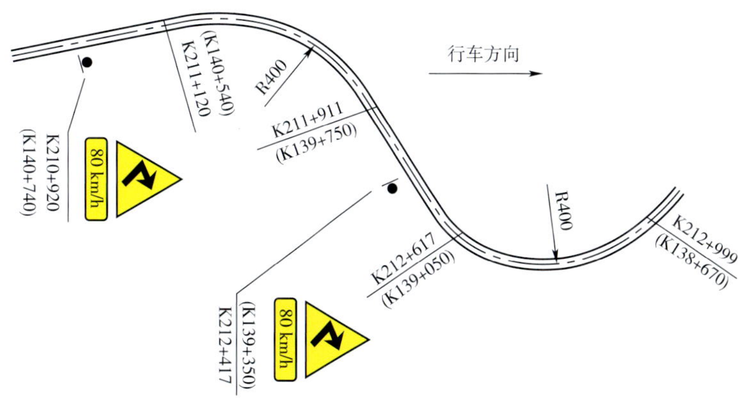

注：括号内桩号为实际桩号，括号外桩号为施工桩号

图 1-2-5　建议限速示例

交通工程师设置建议速度标志的目的，是为了帮助驾驶人在危险点（如弯道、交叉口、出口匝道、陡坡等）选择安全车速。危险点的车速应该比一般管理限速值或者已设置的全路段管理限速值略低，即驾驶人在任何情况下都必须在合理、谨慎的速度下行驶。研究表明，建议速度对驾驶人特别是熟悉该道路的驾驶人的实际行驶速度有小到中等的影响，对不熟悉该道路的驾驶人的实际行驶速度有中等的影响。不遵守设置的建议速度标志的一个主要原因是建议速度标志设置不切实际，如限速值比较低，或设置位置不当等。

第二节　限速方案优化

一、限速方案优化需考虑的因素

1. 道路交通相关法规

在确定最终限速方案时，应考虑我国《道路交通安全法》及实施条例中关于道路限速的规定。道路最高限速值不能超过 120km/h，高速公路最低限速不能低于 60km/h。在道路上行驶的小型载客汽车最高车速不得超过 120km/h，其他机动车不得超过 100km/h，摩托车不得超过 80km/h。此外确定限速方案时，还要考虑运输安全与运输效率之间的平衡点、社会公众的满意度等情况。

2. 交通组成及其车速特点

交通组成影响着交通流的运行特点，不同车型交通运行特点不一样，所以在确定限速方案时要考虑交通组成及其车速特点。交通组成中车型有小客车、客车和货车 3 种。分析该公路服务的主要车型是属于客车、客货还是货车（该车型分析部分见 v_{85} 限速值确定方法）。限速时应分析参考小客车、客车和货车的 v_{85} 车速，该分析可作为分车道、分车型限速的依据。当大型货车所占的比例大于 40%时，可考虑采用分车型限速，一般可把大型货车的限速值与小客车限速值相差 20km/h。针对单向 3 个及 3 个行车道以上的道路，可采用分车型、分车道结合使用的限速方案。

3. 空间因素

影响限速方案选择的空间因素，包括道路长度及道路行车道数量。道路长度大于等于 100km，可根据全线限速方法判断是否实行分段限速。一般单向两个行车道不宜设置分车道限速，而当单向行车道数量大于等于 3 个时，可考虑选用分车道限速。行车方向内侧车道为高限速值车道，外车道为低限速值车道。相邻两个车道限速值相差 20km/h 以上或为零。

4. 时间因素

分时间段限速主要是基于以下 3 种情况：第一种是道路交通事故中，夜间发生的事故占据总事故比例较大，可考虑采用分黑天、白天限速方式；第二种是恶劣天气条件，如果全年中气候影响车辆行驶比较严重，比如雨、雪、雾影响行车时间比较多，需考虑分天气条件限速；第三种是交通流量变化，交通流量随时间变化较大，应考虑分时段限速。

二、限速方案优化步骤

由于道路限速方案较多，使用条件也不相同，而且不同的方案实施后效果也不一样；所以在确定限速方案时，需进行优化处理，根据众多因素，确定一个合适的限速方案。

交通管理与控制中，道路交通空间控制级别要高于时间控制级别，时间控制级别要高于车型控制级别。限速方案优化步骤如下。

1. 空间限速

在空间范围内考虑限速方案时，首先可从是否实施分段限速着手。在确定路段合理限速值时，路段间限速值相差较大。为了能反映实际交通通行条件，可采用分段设置限速值形式。实施分段限速也是有要求条件的，如：根据道路线形、道路所处地理位置、事故发生情况、交通流量中的一个因素或是几个因素确定路段需要分段限速；相邻不同限速段总长度要求大于30km，否则要合并限速段，限速值以低限速值为准；连续分段限速中，平均每100km限速分段点不应多于4点，否则要对分段点进行适当合并，合并原则以低限速值为准等。其次考虑是否可以实行分车道限速。原则上单向行车道大于等于3个行车道时，可实行分车道限速。单向两个车道原则上不宜采用分车道限速方案。

2. 时间限速

时间范围内实行分时间限速是由于不同时间交通流量不同、不同时间所造成的事故发生率及事故严重性不同。在分空间限速的基础上，考虑分时间限速的可行性。当道路交通事故中，夜间发生的事故占据总事故的60%以上，可采用分黑夜、白天限速方式；在恶劣天气条件，如果全年中气候影响车辆行驶比较严重，比如雨、雪、雾的影响行车时间超过40%以上，应考虑分天气条件限速。

3. 车型限速

当大型货车所占的比例大于40%时，应考虑采用分车型限速。一般大型货车的限速值低于小客车限速值20km/h以上。

表1-2-1为限速方案优化表，根据表中内容，可判选限速方案。表中，L表示道路限速路段的长度；M表示道路单向行车道数量；CM表示道路夜间发生交通事故占事故总数百分比；T表示道路全年中受雨、雪、雾等天气因素影响的时间所占百分比；TZ表示道路交通组成中大货车所占百分比。

表中限速方案与影响因素之间的对应关系由强到弱分成4个等级：宜、可、不宜、不可。“宜”表示由影响因素判断选择该限速方案较好；“可”表示由影响因素判断选择该限速方案是可以的；“不宜”表示由影响因素判断选择该限速方案不适合采用；“不可”表示由影响因素判断选择该限速方案不能采用。

限速方案优化　　表1-2-1

判选条件	空间因素				时间因素				车辆因素	
	$L \geqslant 100$	$L<100$	$M \geqslant 3$	$M<3$	CM ≥ 80%	CM<80%	$T \geqslant 40\%$	$T<40\%$	TZ ≥ 40%	TZ<40%
分段限速	宜	不宜	—	—	—	—	—	—	—	—
分车道限速	—	—	宜	不宜	—	—	—	—	—	—
分黑夜、白天限速	—	—	—	—	宜	不宜	—	—	—	—
分天气限速	—	—	—	—	—	—	宜	可	—	—
分车型限速	—	—	—	—	—	—	—	—	可	不可

将道路中影响限速方案选择的因素按照表1-2-1中参数要求计算后，即可判断选择道路主线限速方案。如果经过判断选择出多个限速方案，按照“分段限速 > 分车道限速 > 分白天、黑夜限速 > 分天气限速 > 分车型限速”级别依次递减的顺序选择限速方案。限速方案可以组合形成综合限速方案，但综合限速方案中单个限速方案不能多于3个。

有的限速方案之间不可以组合，可以组合成综合限速方案，见表1-2-2。表中，“+”表示在综合限速方案中两个方案可同时出现；“×”表示在综合限速方案中两个方案不可以同时出现，必须舍去一个。

限速方案组合对应　　表 1-2-2

方　案	分段限速	分车道限速	分黑天、白天限速	分天气限速	分车型限速
分段限速	—	+	+	+	+
分车道限速	+	—	+	+	+
分黑夜、白天限速	+	+	—	×	×
分天气限速	+	+	×	—	×
分车型限速	+	+ +	×	×	—

三、限速方案优化案例

某山区高速公路全长 L 为 246km，设计速度为 80km/h，单向行车道数 M 为 2 个，一型和二型车（主要为小客车）占到 89.2%，大货车所占比例 TZ 约为 10.8%，夜间发生道路交通事故 TW 值为 60%。现采取全线限速 80km/h、隧道等部分路段限速 60km/h 或 40km/h 的速度管理措施，社会反映强烈。利用工程技术方法经过全线调研和计算等工作后，得如表 1-2-3 所示的限速方案优化结果。

限速方案优化结果　　表 1-2-3

因素 方案	空间因素		时间因素	车型因素
	$L=246$m	$M=2$ 道	CM = 60%	TZ = 10%
分段限速	宜	—	—	—
分车道限速	—	不宜	—	—
分黑夜、白天限速	—	—	不宜	—
分天气限速	—	—	—	—
分车型限速	—	—	—	不可

从表 1-2-3 中可看出，该高速公路适合采用分段限速。根据在各个典型路段调查获得的 v_{85} 速度值为：A1 段 v_{85} 为 104km/h、A2 段 v_{85} 为 116km/h、A3 段 v_{85} 为 106km/h。

该高速公路没有长下坡路段，但存在隧道路段。综合其他因素，最终确定的该高速公路限速方案为：分段限速，A2 段限速 110km/h，A1 和 A3 段限速 100km/h；隧道等部分路段分别视情况采用建议限速或管理限速，限速值为 90km/h 或 80km/h。

第三章　速度管理技术措施

速度管理方面的法律条文及限速标志，对驾驶人在实际驾驶时控制其车辆行车速度具有一定的局限性，对特定的地点、区域和时间而言，驾驶人并非严格按照限速标志的规定行车。为了达到较好的限速效果，采用工程措施、管理措施、智能技术措施等多种限速管理措施进行综合控制是必要的。

第一节　工程措施

一、路面物理设施

为了能够更好地达到控制车辆速度的目的，除了设置限速标志这一强制性标志以外，与其相配套的还有减速垄、彩色路面、错觉标线、薄层铺装、振动标线以及减速标线等配套的速度管理设施。这些设施的综合使用，能够有效地提醒或强制驾驶人减速，对控制车辆的速度和达到速度管理的目的具有很好的作用。

1. 减速垄

减速垄为抗老化、抗紫外线、抗冲击、抗高压的橡胶制品，通常用于交通量小的低等级公路、城市次要道路及支路、收费站收费车道前等。其属于强制物理减速，减速效果明显，但对高速行驶的车辆损害较大，故不适用于行驶速度高的道路路段，如交通量较大的干线公路。如图 1-3-1 为设置在收费站前的减速垄。

2. 振动标线

振动标线是目前国际上发达国家使用比较普遍的高新技术产品，白黄两色反光标线有振动提醒、减速、防滑、雨夜反光的作用。在驾驶人因疲劳打瞌睡使汽车偏离车道时会产生共振、摇晃，并伴有轮胎与标线产生的刺耳共鸣声，使驾驶人惊醒，从而起到安全提示作用。振动标线如图 1-3-2 所示。

图 1-3-1　收费站前设置减速垄

图 1-3-2　路面设置振动标线

日本北海道地区，就振动标线对车速、交通事故所产生的作用进行调查，振动标线使用前后汽车行驶速度的调查结果见表 1-3-1，振动标线使用前后交通事故变化状况（时间为 5 个月）见表 1-3-2。

弯路转弯前与转弯后的速度降低率　　表 1 -3-1

时间 类别	白天（%）	夜晚（%）
使用前	43.5	50.0
使用后	73.5	78.3

事故变化情况　　表 1-3-2

事故类型	减少率（%）	备注
人身事故数	52.1	—
财产损失事故	36.6	—
死亡事故	77.0	使用前 13 人，使用后 3 人

3. 减速标线

减速标线是在公路上常见的减速设施，通常用于弯道、收费站前和匝道出入口等需要减速的地方，如图 1-3-3 所示。对于减速标线的效果，现在还没有明确的研究成果，就三福高速公路驾驶人问卷调查显示，绝大多数驾驶人熟悉减速标线，并且表示通过减速标线时会采取减速措施。

4. 薄层铺装

薄层铺装可达到防止车轮打滑，增强车辆运行制动减速效果，提高安全性的目的。其采用热熔型等防滑铺路材料使路面彩色化，从视觉上给予驾驶人刺激，并优化了环境。目前主要用于急弯地带、长大坡道、十字路口及其他需进行速度控制的路段。其有 6 大特点：

①有效改善道路交通，丰富的色彩，使道路更美观，标识更醒目，行车更安全；

②形成的突起面层，使车辆通过瞬间产生轻快振动，提醒驾驶人减速行驶；

③通过加入耐磨抗滑颗粒等特殊工艺，使硬质骨材表面形成突起，提高减速和防滑效果；

④通过涂料中预混玻璃微珠，或在表面散布玻璃微珠，使其在夜间具有良好的视认性；

⑤施工简单，干燥速度快，大幅度减少封闭交通的时间；

⑥耐久性好。

薄层铺装近几年在日本、韩国、中国、欧洲等获得广泛使用，薄层铺装的效果还缺乏系统研究，但使用薄层铺装后交通死亡事故、重伤事故减少是显而易见的。如图 1-3-4 所示。

图 1-3-3　路面设置减速标线

图 1-3-4　路面设置薄层铺装

对北京市郊国道 G108、G109 部分路段，采用薄层铺装的效果进行跟踪评价的结果显示，薄层铺装使汽车制动点处速度平均提高了 5km，制动点速度离散程度降低，制动行为中最高速度降低，制动

点位置比使用薄层铺装前平均滞后约 10m。由此可见，薄层铺装能起到减速的作用。

5. 彩色路面

现阶段有两种常用的彩色路面：一是浅色，利用一种高反射的浅色集料来改善路面亮度和光的反射性；另一种是在沥青混合物中加入颜料或者人工合成的有色混合物来产生不同的路面颜色。如图 1-3-5 所示。

图 1-3-5　彩色路面

彩色路面 20 世纪 70 年代开始在日本东京使用，现世界各地都能看到彩色路面。早期主要用其区分不同的行车车道，如区分人行道与行车道、自行车道与行车道等。彩色路面的使用，一方面可以起到美观的效果，另一方面可以对驾驶人产生视觉上的冲击，起到提醒和增强对行人及自行车骑行人等弱势交通者的保护作用，从而提高道路行车的安全性。但目前彩色路面都用于城市道路和近郊公路，其作为速度控制手段的效果需进一步评估。

6. 错视觉标线

错视觉标线是一种利用视觉错觉以促使车辆减速，从而达到减少交通事故目的的新型标线。当驾驶人行驶在铺有错视觉标线的路段时，从心理上感觉道路越走越窄，视觉上感觉前方将是一条狭窄的道路，由于这种强烈的视觉冲击，驾驶人会不由自主地刹车减速。同时由于它是一种特殊具有强烈色彩的标线，无论前方路况如何，都会引起驾驶人的心理反应和心理防备，使驾驶人减速行车，保证行车安全。如图 1-3-6 所示。

a)

b)

c)

图 1-3-6　错视觉标线

图 1-3-7 是在北京 G109 国道应用的立体错视觉减速标线。立体错视觉标线施画到道路上要注意尺寸大小，在保证其效果的同时，应留出足够的车道宽度，以免引发驾驶人紧急制动，造成交通事故。

二、路侧电子设施

1. 雷达与激光测速器

雷达与激光测速器是采用雷达波和光波测量车辆行驶速度的电子装置，通常被安装在交叉口、事故多发路段，用以监视驾驶人超速等违章行为。对治理驾驶人超速行为，减少交通事故发生及降低其严重性有着重要作用。在我国普遍被应用在道路监控中，成为交通警察执法的有力工具，实施强制性强，对控制车辆行驶速度效果明显。

美国学者 Teed and Migletz 于 1993 年评价了控制区雷达探测器对驾驶人的作用，在安装雷达探测器的速度控制区，机动车的平均速度大都会有不同程度的减少，尤其是超过限制速度值 10mile/h 以上的车辆减少了 30%~50%。Streff 于 1995 年也进行了同样的研究。高速公路车辆行驶速度减少很显著，尤其对于高速行驶的货车效果更为明显。

澳大利亚学者 Rogerson 在墨尔本市检验了超速抓拍系统对机动车速度、事故严重性和事故率所产生的作用。经过调查统计，发现使用速度超速抓拍系统可以有效地减少伤亡事故发生率，但对于减少事故严重程度作用不是很明显。此外还发现，超速数值超过 15km/h 的机动车比例明显减少，大多数机动车保持在允许值 60~75km/h 速度区间内，车流比较稳定，车流的平均速度没有什么变化。

挪威学者 Elvik 于 1997 年对比分析了超速抓拍系统事故变化情况，发现试验区伤害事故下降了 26%（试验区原存在较高的事故率和事故密度）。研究发现超速抓拍系统在澳大利亚、英格兰、德国、瑞典、荷兰、挪威等国平均减少了 17%的伤害事故发生。

2. 速度反馈系统

速度反馈系统是通过雷达波实时反馈通行车辆行驶速度的装置，车辆行驶到测速区，速度反馈系统就会显示该车辆的行驶速度。速度反馈系统结合安装的限速标志，可以很好的提示驾驶人是否超速，促使驾驶人遵守限速标志行驶，如图 1-3-8 所示。

图 1-3-7　北京 G109 国道设置的错视觉减速标线

图 1-3-8　速度反馈系统

国外学者所做的一些研究可作为评价速度反馈系统有效性的参考依据。美国学者 Casey and Lund 于 1990 年发现速度反馈系统有效减少了车辆的平均行驶速度；Perrillo 于 1997 年发现在临近速度反馈系统的区域，车辆行驶速度减少 3~5 km/h；英国学者 Hamalainen and Hassel 于 1990 年描述了在英格兰速度反馈系统的实施情况，路段设置速度反馈系统后，速度降低较显著，平均速度降低了 10km，同时还发现，交通事故发生率也相应降低。

美国学者 Dart and Hunter 于 1976 年评价了速度反馈系统、速度检测器、固定的巡逻车和模拟警察 4 种速度控制技术，研究发现，速度反馈系统在降低交通流平均车速方面，效果较其他几种方式差。

3. 黄闪灯

道路上设置黄闪灯可提示过往车辆谨慎慢行，注意前方车辆和行人，保障行车安全。据调查，黄闪灯能较好地引起驾驶人的注意，在交叉路口、事故多发路段前设置黄闪灯，对减少道路交通事故效果明显。没有设置信号控制的交叉口，如夜间交叉口照明条件不好、交叉口有行人通过或是交叉口事故发生较多时，都应设置黄闪灯。黄闪灯可和减速让行标志、停车让行标志配合使用。近年来，利用太阳能供电的黄闪灯获得了广泛的应用。

4. 道口标柱

在较小的支路口处，设置涂有反光材料的道口标柱，目的在于标清小交叉口的位置，可给主路上行车尤其是夜间行车的驾驶人有效的提示作用。这种支路小交叉路口车辆很少，不具备信号控制条件，交通管理主要采用停让控制。

第二节　管理措施与智能技术措施

工程措施是从驾驶人对预期行车危险的判断来达到降低行车速度的目的，适合的工程措施能达到较好的速度控制效果。管理措施则从驾驶人心理和提高其素质及认识来达到降低行车速度的目的，适合的管理措施可发挥较好的速度控制效果。管理措施主要是宣传、教育、法规建设及执法。

一、宣传与教育

通过对驾驶人进行宣传和教育，增强驾驶人对高速行车危险的认识性，从根本上杜绝危险驾驶行为的发生，这是进行宣传、教育的初衷。道路交通事故的发生是由多因素所致，从国内外道路交通事故发生原因统计分析看，人的原因是最主要的因素。所以通过宣传、教育改变驾驶人对待交通安全的态度及改进不良驾驶行为，对提高道路交通安全水平至关重要。宣传、教育，应针对不同人群、不同地点进行，保障活动的针对性，需要较长周期方可见效，是一个慢功出细活的方法。

我国政府相关部门自 2006~2008 年在全国实施了“保护生命，平安出行”交通安全宣传教育工程，其工作目标是通过 3 年的努力，形成省（市）、县二级宣传、公安、教育行政、司法行政、安全监管部门齐抓共管的交通安全宣传工作机制，逐步实现交通安全宣传组织社会化、宣传工作制度化、宣传形式多样化、宣传内容系统化；普及交通安全法规和安全常识，使广大驾驶人、中小学生、城乡居民的交通法治观念和安全意识明显增强，城乡居民交通安全出行守法率明显提高；使无证驾驶、疲劳驾驶、超速、超载、酒后驾驶、低速载货汽车和拖拉机载人等严重违法行为明显减少，重特大道路交通事故高发势头得到有效遏制，道路交通万车死亡率有较明显下降。

驾驶人驾驶技能及道德修养培训是教育工作的重中之重，驾驶人的素质及性格对驾驶活动有直接的影响。驾驶人要掌握熟练的驾驶技能必须有坚强的优良性格特征；冷静、沉着、果断的良好性格特征使驾驶人在遇到复杂、危险或意外情况时，不会惊慌失措，从而做出恰当处理。加强对驾驶人道德修养及良好性格品质的培养，培养驾驶人保持沉着冷静、宽容大度、正直诚实、自信果断、谦虚进取的性格品质，消除不良的交通心理。

驾驶人培训教育，主要包括两方面的内容：一是对驾驶人进行机动车行驶速度法定标准、超速行驶的危害以及超速行驶的法律责任等内容的培训，提高其安全意识。二是速度判断能力的培训。主要是分析驾驶人主观判断车速的能力的影响因素，以帮助其正确感知行车速度；加强驾驶人速度感知能力的训练，提高速度判断准确性。驾驶人对车速的判断能力因人而异，但可以通过一定的训练手段来提高车速判断能力。外界景物的清晰度、后退速度、风声大小等指标有明显差别，能否察觉和辨别这

种差别，就要依靠经验和训练。

二、法规建设与执法力度

目前，《中华人民共和国道路交通安全法》及其实施条例，对各种道路上的不同车辆规定了相应的限速标准；省级立法机构也相应制订了一批的地方法规。但是，目前我国的限速标准还没有真正做到将速度、效益、安全很好地结合，还存在一定缺陷及缺乏科学性。

严厉查处机动车超速行驶交通违法行为是预防超速行驶的最有效手段。加大对超速行驶的查处力度，应以公开方式告诉驾驶人道路路段的限速标准。有的省道路管理部门在控制车辆超速上，采用发放通行卡计算收费站之间的行程时间的方法来完成。这种方法的好处是避免了直接在现场进行速度测量，节省了人力和物力，使车辆的行驶速度总体保持在限制速度以下，有效地制止一些车辆的超速行为，经过前后措施对比，交通事故有明显降低。

三、智能技术措施

计算机技术、通信技术、电子技术等应用到交通领域，极大地促进了交通领域智能技术 ITS 的发展，智能交通系统对解决安全问题具有重要作用。据国外一项调查显示，ITS 可把重特大交通事故的发生率降低 40%。目前，ITS 系统的很多功能仍不能确定是否适合驾驶人的驾驶行为，比如危险补偿及大规模使用的适合性；其次，ITS 的功能目标在过去主要被认为是提高道路交通管理水平（交通流和通达性）和驾驶舒适性，并没有强调道路交通安全，甚至忽略了道路交通安全。尽管从目前的发展形式看，ITS 服务目的有着很大的不确定性，但将来 ITS 在提高道路交通安全水平方面的效益已引起国际范围交通业界的高度重视。

ITS 技术为速度管理和改变驾驶人的驾驶行为提供了解决问题的多元化途径。如速度协助技术能够完成传统交通安全措施和惩罚措施不能完成的任务，它能给驾驶人及时传递限速信息，并对超过速度限制的驾驶人在任何时间、任何地点警告。这个系统能够给驾驶人提供清楚的、舒适的、传统方法不能达到的功能。初步的调研成果表明，该系统更能对驾驶人驾驶行为和解决道路交通安全问题有良好作用。汽车正在逐渐安装新的速度辅助技术系统（如 ACC：Adaptive Cruise Control），可使警察对车辆运行速度在任何时间进行检查，电子拍照识别系统（EVI）可帮助警察对超速车辆进行惩罚。另外，机动车内行车速度监视及行车距离记录系统；驾驶人行车速度信用及超速罚款追查记录系统；机动车行车速度评价系统等新的速度管理技术，正逐步获得应用。

巡航控制系统 ACC 产生的初衷，是为了能更适合不同道路环境下的行驶并期待交通流一致。初步调研表明，ACC 在道路安全行驶方面具有较大成效，但还需持续进行大规模试验以进一步验证。智能速度辅助技术系统 ISA（Intelligent Speed Assistance）使用一个内置在机动车内的标准地图，地图中道路速度限制状态已经被编码，并与定位系统 GPS 相结合。系统基于环境和机动车信息之间传递实现诱导功能，机动车从周围环境接受期望、法定的速度限制信息，然后通过显示屏传递给驾驶人，其在安全方面的作用也逐步显现。ISA 系统非常明显的一个功能是可警告驾驶人什么时候超过限制速度，这样驾驶人就可决定是否调整车辆的行驶速度。从目前关于不同类型的 ISA 系统研究结果看，ISA 系统可以有效地减少车辆的行驶速度，通过该系统对车辆行驶速度的影响，期望会减少 60% 交通死亡事故。一项研究指出，ISA 还可增强驾驶人的注意力，增加驾驶人的预期安全。

第二篇

路侧振动带技术

第一章　公路路侧振动带的发展概述

第一节　路侧振动带发展与类型

一、路侧振动带技术的发展

疲劳驾驶、疏忽驾驶，引发的单车掉线事故（Run-Off-Road 事故，简称 ROR 事故）是高速公路交通事故的主要类型之一。

在国外，美国睡眠协会和联邦公路管理局对驾驶人调查表明，在被调研的驾驶人当中：① 1/3 的驾驶人在驾车时打过盹；② 12% 的打盹人，为此而发生了交通事故；③超过 50% 的驾驶人是处于疲劳驾驶状态；④在每年所发生的交通事故中，因掉线而发生的单车交通事故占总事故量的 1/3；⑤掉线的原因 93% 为疲劳驾驶。通过对 1994 年全美发生 37280 起造成死亡的交通事故的分析，其中由于掉线而引起的有 11126 起，达到 29.8%，接近于 1/3。

路侧振动带是安装在行车道路肩（边缘）上的一种纵向构造物，一般为锯齿状，主要通过汽车行驶于其表面时所产生的振动和噪声来警示那些疏于驾驶的驾驶人注意行车安全。对于有中央分隔带的公路，路侧振动带也可设置在中央分隔带的两侧以及路肩上。路侧振动带技术是预防和减少 ROR 事故的有效手段。美国是最早使用路侧振动带的国家之一，其在美国的使用可以分为 3 个时期。

（1）萌芽期（20 世纪 50 年代）

最早使用路侧振动带是 1955 年，在美国新泽西州一条公园道路上使用，铺设了 25km 路侧振动带。当时的路侧振动带是在水泥路面上人为地制造一系列波浪状构造物，当车辆行驶在上面时会产生振动和噪声。通过实践应用，证明该路侧振动带有着非常好的安全效应，但是此种路侧振动带施工非常不便利，需要在水泥路面施工过程中来完成。

（2）发展期（20 世纪 60 ~70 年代末）

从 20 世纪 60 年代起，在上述波浪状路侧振动带的基础上，各种不同类型的路侧振动带出现在公路上。而且每个州的路侧振动带类型都不一样，有成型式、障碍式以及辊压式多种类型。由于大量的文献报道，路侧振动带能很大程度地降低 ROR 事故，所以路侧振动带于 20 世纪 60 年代在美国经历了一个迅速发展期。到 20 世纪 60 年代末，路侧振动带的使用场合也从洲际公路延伸到了许多双车道的乡村公路，该时期的路肩振动带主要以障碍式、辊压式振动带为主。

（3）成熟期（20 世纪 80~90 年代）

由于当时路侧振动带设计、施工缺乏规范的指导，路侧振动带的铺设引来了自行车爱好者的抗议。美国自行车协会曾通过詹姆斯议员向议会提出议案，路侧振动带的布设给自行车使用者造成了很大的安全隐患。为了解决这一问题，由美国联邦公路局牵头，由各州交通厅参与的关于路侧振动带的设计、施工、布设指南就应运而生。切削式路肩振动带成了这一时期的代表类型，切削式路肩振动带具有施工便利、警示效果好等优点。

二、路侧振动带的主要类型

国外使用的路侧振动带基本类型有 4 种，分别为切削式（milled-in）、辊压式（rolled-in）、成型式（formed）、障碍式（raised），如图 2-1-1 所示。

a)切削式振动带

b)辊压式振动带

c)成型式振动带

d)障碍式振动带

图 2-1-1　4 种典型的路侧振动带

1. 切削式

用直径为 600mm 的旋转刀锯，通过切削或研磨的方法在路表面形成一排呈锯齿状的弧形凹槽，槽深 13mm，宽 180mm（平行于行车道方向），长 400mm（垂直于行车道方向），相邻两个凹槽中心之间的距离为 300mm，凹槽偏离行车道边缘线的距离为 100~300mm。

2. 辊压式

通常用焊有金属管或金属带条的碾压辊在热态沥青表面上进行碾压，使路肩表面形成具有金属管或金属带条外观形状的凹槽，凹槽一般深 25mm，宽 50~64mm（平行于行车道方向），长 450~900mm（垂直于行车道方向）。相邻两个凹槽中心之间的距离为 200mm，凹槽偏离行车道边缘线的距离为 150~300mm。

3. 成型式

在刚施工完的水泥混凝土路肩上，用一种外观呈波浪状的钢板压入水泥混凝土表面，形成连续凹槽，槽深 25mm，宽 50~64mm（平行于行车道方向），长 400~900mm（垂直于行车道方向）。凹槽可以是不间断的连续形式，但通常槽纹由 5~7 组组成，每间隔 15m 布置一组。凹槽偏离行车道边缘线的距离为 300mm。

4. 障碍式

障碍式路肩振动带有多种产品，安装方法也多样。其主要用塑料、水泥、陶瓷或其他固体块，按

照一定的间距布置在路肩上，由于其高出路肩的表面，形成振动带。凸块的高度（呈露在路肩表面以上部分）为 6~13mm，宽度和间距变化范围较大。

尽管路肩振动带有 4 种形式，但切削式具有良好的效果因而作为首选。当在居民区路段确需考虑不能容忍切削式所发出的噪声时，才考虑其他形式的路侧振动带。

我国常用的路侧振动带形式主要有切削式振动带、陶瓷道钉式振动带以及热熔型振动带 3 种类型。

第二节　路侧振动带的作用及适用范围

疲劳驾驶、疏忽驾驶，引发的事故是近年来我国高速公路交通事故的主要类型之一，路侧振动带技术是预防和减少 ROR 事故的有效手段。路侧振动带的使用能大幅度降低因疲劳驾驶、疏忽驾驶等原因而引起的 ROR 事故，可以大大降低高速公路上路侧事故发生率。

路侧振动带的适用范围广泛。根据国内外调研，主要得出了以下结论。

（1）路侧振动带在美国使用非常普遍，85%的州都铺设路侧振动带，路侧振动带的使用范围，已经从州级高速公路延伸到了普通的双车道乡村公路，设置位置也从路侧延伸到了临时中央分隔带，功能也在悄然发生改变；而目前国内仅处于起步阶段，应用范围也局限于高速公路，仍有很大的推广应用空间。

（2）切削式路侧振动带，由于警示效果强烈、造价低廉、施工方便、经久耐用，是一种有广阔应用前景，值得国内大力推广的路侧振动带类型。

（3）不同类型的路侧振动带，对车辆的警示效果各不相同，小轿车对噪声警示较为敏感，而货车对振动警示较为敏感。

（4）路侧振动带的选型和使用，要考虑路肩使用状况、路肩铺面厚度、路肩宽度、交通量、使用场合以及所在地的气候条件。

（5）对于切削式路肩振动带的使用，有人担心会诱发路肩道面的损坏，通过国外应用研究以及国内应用来看，这种担心不足为惧，相反，它所带来的安全效益远比道面破坏所产生的损坏损失大得多。

第二章　路侧振动带的汽车动力学仿真分析

第一节　路侧振动带试验的 ADAMS 建模

一、三种代表车型建模

1. ADAMS 简介

ADAMS(Automatic Dynamic Analysis of Mechanical System) 软件，是由美国机械动力公司开发的最优秀机械系统动态仿真软件，是世界上最具权威性的、使用范围最广的机械动力学分析软件。用户使用 ADAMS 软件，可以自动生成任意复杂系统的多体动力学数学化虚拟样机模型，能为用户提供从产品概念设计、方案论证、详细设计，到产品方案修改、优化、试验规划，甚至故障诊断各阶段、全方位、高精度的仿真计算分析结果，从而到达缩短产品开发周期、降低开发成本、提高产品质量及竞争力的目的。

ADAMS，一方面是机械系统动态仿真软件的应用软件，用户可以运用该软件非常方便的虚拟样机进行静力学、运动学和动力学分析；另一方面，又是机械系统动态仿真分析开发工具，其开发性的程序结构和多种接口，可以为特殊行业用户进行特殊机械系统动态仿真分析的二次开发工具平台。ADAMS 软件具有以下几个特点。

（1）在多个通用求解器的基础上，提供丰富的样本库和专用模块。

（2）实现 CAD/CAM/CAE/CACE/ 设计的一体化。

（3）提供实体动画显示干涉检测功能及强大的后处理功能。

（4）根据工程应用实际，提供功能齐全的工程分析与优化设计功能。

使用 ADAMS 建立虚拟样机非常容易。通过交互的图像界面和丰富的仿真单元库，用户快速地建立系统的模型。ADAMS 与先进的 CAD 软件以及 CAE 软件可以通过计算机图像交换格式文件相互交换以保持数据的一致性。ADAMS 软件支持并行工程环境，节约大量的时间和经费。利用 ADAMS 软件建立参数化模型可以进行设计研究、试验设计和优化分析，为系统参数优化提供了一种高效开发工具。

2. 车辆系统动力学模型的假设

汽车是一个复杂的多自由度“质量—刚度—阻尼”振动系统，既包括离散质量振动系统，也包括连续质量振动系统。从理论上讲，自由度取得越多也就越近似于实际系统。但与此同时所要测定的有关参数也就越多。由于测试设备及手段的局限性，产生的测量误差会给计算结果带来较大误差，而且在计算过程中所产生的累积分子误差也会比较大。另外随着系统自由度的增多，计算工作量自然会极大地提高，即使有了现代的高性能计算机，也不允许自由度无限制地增多。建立仿真模型是将汽车系统作一定程度的简化，使之以数学模型的形式来体现。对模型作适当的简化，也有利于提高计算速度和抓住问题的本质。

根据路侧振动带的安装环境及条件和研究需要，车辆动力学模型作如下假设。

（1）车辆右车轮行驶在路侧振动带上，左车轮行驶在平直路面上。而汽车沿水平直线方向行驶。

（2）假设车架为刚体，其质量与车身质量统一认为是重载质量，这样车辆就没有了扭转振动。

（3）除路侧振动带外，其他道路路面都是绝对平直的，所以对整个车辆来说外激励只有路侧振动带。

（4）假设车辆轮胎始终与路面保持接触，无脱离路面。

基于以上假设，这模型建立过程中，车身质量讨论平顺性时主要考虑侧仰、垂直和俯仰 3 个自由度，以及 4 个车轮质量有 4 个自由度，共 7 个自由度。

本节利用 ADAMS/View 分别建立前后悬架、车身和轮胎等子系统模型，并最终建立整车的仿真模型。

3. 原车的现场测量

在建立代表车型动力学仿真模型之前，对于车辆的轴距、轮距、转向系、车轮直径等需要进行现场测量，获得相关参数。图 2-2-1~ 图 2-2-3 为现场对三种代表车型的建模参数测量。

a)

b)

图 2-2-1　铁马车建模参数测量

a)

b)

图 2-2-2　骏铃车建模参数测量

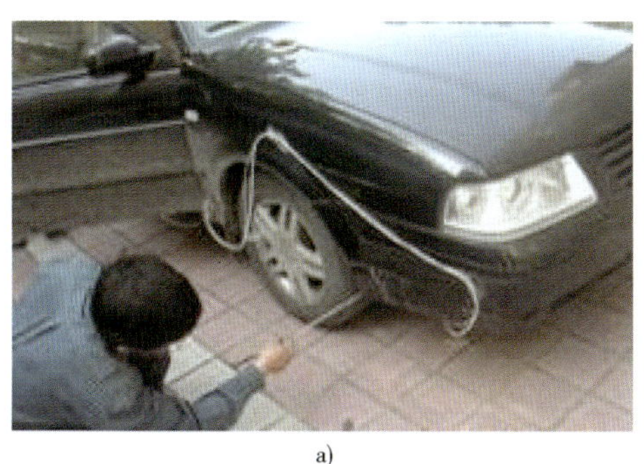

a)

b)

图 2-2-3　桑塔纳 3000 建模参数测量

4. 整车模型的建立

以铁马车为例，阐述整车模型的建立过程。一辆完整的汽车，应该包括：悬架、转向系统、传动

系统、发动机，以及轮胎、车轮、驾驶室、车身等主要部分。考虑到研究的实际需要以及计算效率，在建立整车模型时，对一些不影响仿真试验或对仿真试验的影响较小的因素进行了简化处理。下面是铁马车模型的创建过程，包含了对各个系统的简化处理。

（1）前悬架模型

铁马车前悬为钢板弹簧，本次分析中用弹簧模拟钢板弹簧，如图 2-2-4 所示。

（2）后悬架模型

铁马车后悬架采用 4 块钢板弹簧纵置，分析中同样采用弹簧模拟钢板弹簧，如图 2-2-5 所示。

（3）轮胎模型

轮胎的影响，对汽车的行驶稳定性、平顺性至关重要，本次分析选择实际轮胎模型，轮胎模型如下图 2-2-6 所示。

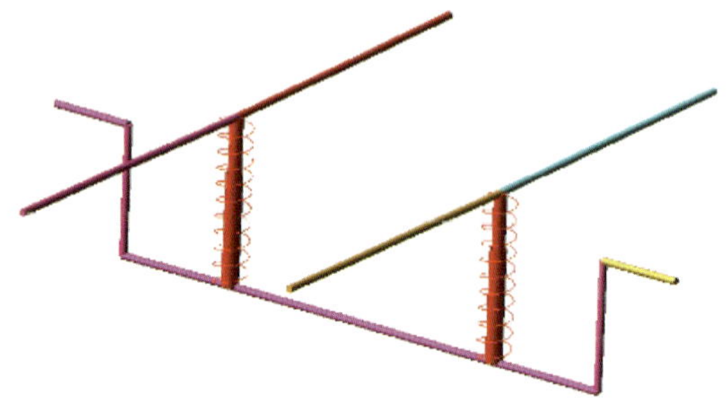

图 2-2-4　前悬架模型

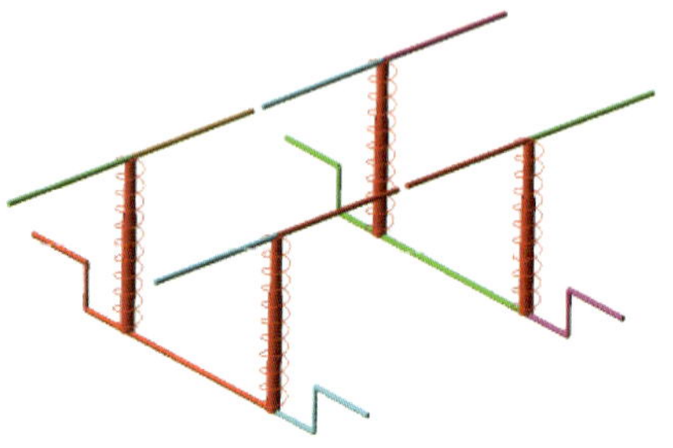

图 2-2-5　后悬架模型

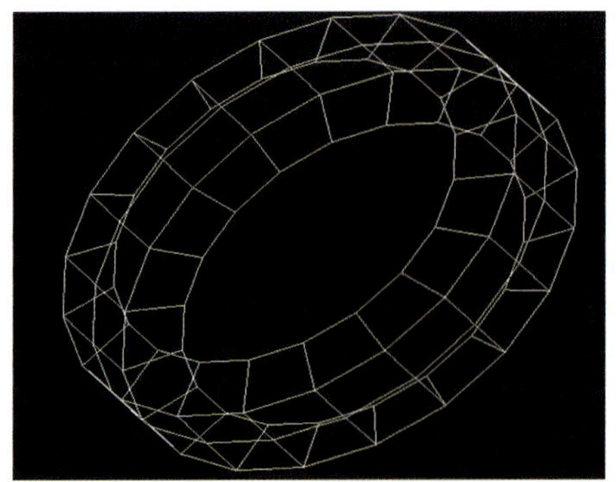

图 2-2-6　轮胎模型

（4）整车模型

在仿真试验中，忽略空气对车辆表面的作用，因此车辆轮廓不作特别的要求。利用 ADAMS/View 模块中的建模可以完成车辆轮廓模型（图 2-2-7）。图 2-2-8 为铁马车仿真模拟的动力学模型。

图 2-2-7　铁马车轮廓模型

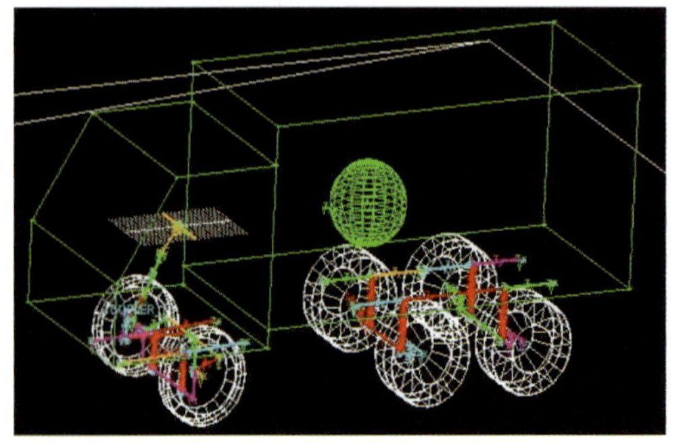

图 2-2-8　铁马车仿真动力学模型

同理可以得到骏铃中型车以及桑塔纳 3000 小型车的轮廓模型和动力学仿真模型，如图 2-2-9~ 图 2-2-12 所示。

图 2-2-9　骏铃车轮廓模型

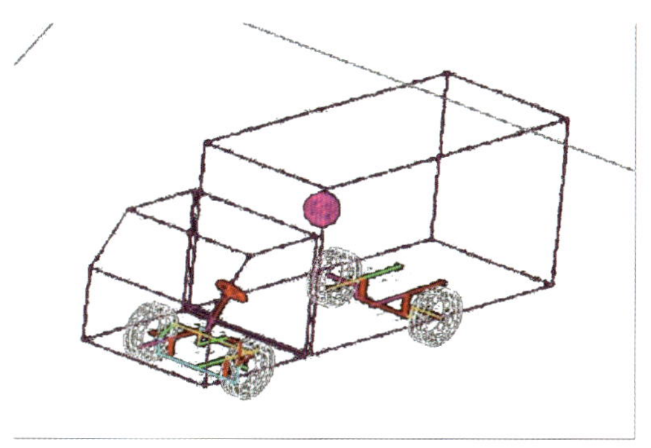

图 2-2-10　骏铃车仿真动力学模型

图 2-2-11　桑塔纳 3000 轮廓模型

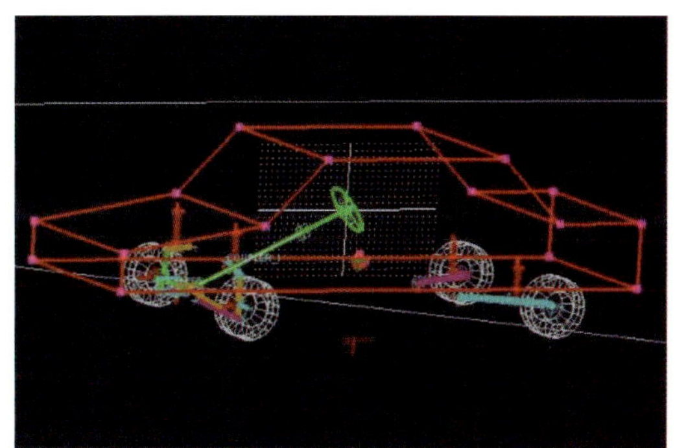

图 2-2-12　桑塔纳 3000 仿真动力学模型

二、三种路面谱建模

1. 山区高速公路路侧振动带的选型

欧美国家在高速公路上应用路侧振动带，从时间排列先后有辊压式振动带、成型式振动带、障碍式振动带和切削式振动带。

辊压式振动带，用焊有金属管或金属带条的碾压辊，在热态沥青表面上进行碾压，使路肩表面形成具有金属管或金属带条外观形状的凹槽成辊压式振动带；成型式振动带是在刚施工完的水泥混凝土路肩上，用一种外观呈波浪状的钢板模具压入水泥混凝土表面而形成的一组连续凹槽式振动带；障碍式振动带是用塑料、水泥、陶瓷或其他固体块按照一定间距布置在路肩上而形成的振动带。切削式振动带是用直径为 600mm 的旋转刀锯，通过切削或研磨的方法，在路表面铣刨而成的一排呈锯齿状的弧形凹槽。

以上 4 种类型振动带适用场合不同，施工工艺各异。辊压式振动带，适合新建沥青路面，辊压成型效果取决于沥青混合料的温度，过高过低的温度都不利于辊压凹槽的形成，由于辊压时对沥青混合料温度要求严格，工艺较为复杂，而且辊压成型后不利于路肩的压实作业，成型质量不易把握。成型式振动带，适合新建水泥混凝土路面，在初凝至终凝阶段选择合适时机进行成型，时机把握不当影响成型效果，工艺也较为复杂，　成型质量不易把握。障碍式振动带，适用于已经成型的沥青路面和水泥路面，对道面亦无任何要求，工艺简单，成型质量易于把握。切削式振动带，适用已经成型的沥青路面和水泥路面，对道面无任何要求，工艺简单，成型质量易于把握。

从以上分析可以得出，除了切削式振动带和障碍式振动带对道面无任何要求，成型质量易于把握

外，成型式和辊压式振动带都要求在建设过程中选择恰当时机进行成型，施工工艺较为复杂，成型质量不易把握。在重庆地区，不建议使用辊压式振动带和成型式振动带。此外，重庆气候条件（无冰雪）和山区地形特点（桥隧多），为障碍式振动带的使用创造了条件，尤其是 4 英寸（in）[①]陶瓷道钉价格低廉，施工方便，强度高，耐久性好，视线诱导效果好，不破坏桥面，车辆行驶能产生很强的警示噪声和振动效果，可以在桥隧路段使用。

综合上述分析，无论从使用警示效果、使用条件、施工便利性以及成本角度考虑，切削式振动带和障碍式振动带是山区高速公路路侧振动带的首选。为此，在仿真模拟试验中，也仅对切削式振动带、陶瓷道钉式振动带以及热熔型振动带三种类型的振动带进行动力学仿真模拟。

2. 三种路侧振动带的路面谱模型

路侧振动带虚拟模型与实际路侧振动带的吻合程度，直接影响着仿真模拟试验结果的精确度。ADAMS 软件中的路面谱模型都是由基本的三角单元拼凑而成。路侧振动带虚拟模型也是通过三角形单元构成。三角形单元由空间三个节点组成。定义三角形单元的三个空间节点坐标，就可以确定路侧振动带虚拟模型中的三角形单元的大小。三角单元越多振动带虚拟模型越接近实际振动带。路面谱数据文件所包含的内容有：路面谱在 X、Y、Z 方向上的比例（X-SCALE、Y-SCALE、Z-SCALE）均为 1 : 1 : 1；路面谱的位置原点（ORIGIN）为大地坐标系（0，0，0）；路面谱向上的方向（UP）为：0.0，0.0，1.0，即指向 Z 轴为正；路面谱的节点（NODES）需要输入节点的数量和各节点的坐标；路面谱的元素（ELEMENT）需要输入构成地面元素的数量、构成每个三角形元素的三个节点。通过 C^{++} 软件平台，实现路面谱的算法。所生成的切削式振动带路面谱、陶瓷道钉振动带路面谱以及热熔式振动带路面谱，分别如图 2-2-13~ 图 2-2-15 所示，振动带路面谱可以随设计要素值的改变而调整。

a)切削式路侧振动带虚拟模型

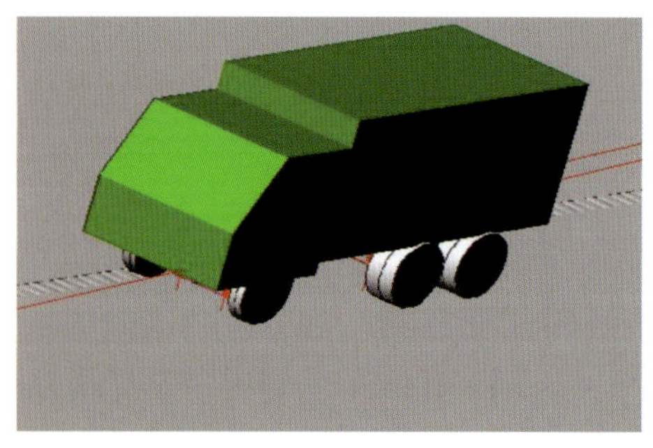

b)铁马车仿真模实景图

图 2-2-13　切削式振动带路面谱

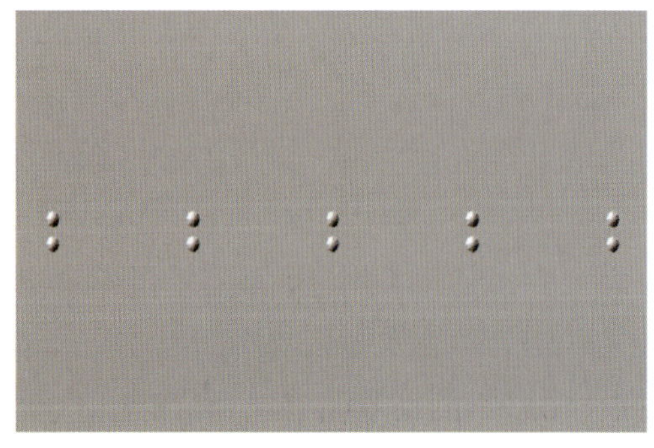

a)陶瓷道钉式路侧振动带虚拟模型

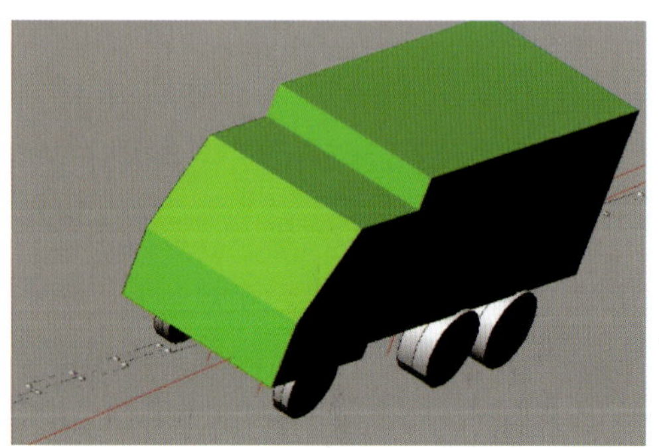

b)铁马车仿真模实景图

图 2-2-14　陶瓷道钉式振动带路面谱

① 1in=2.54cm;

a)热熔式式路侧振动带虚拟模型

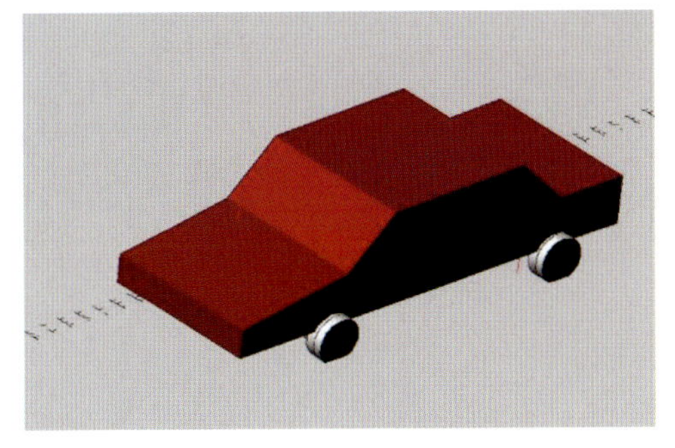

b)桑塔纳3000仿真模实景图

图 2-2-15　热熔式振动带路面谱

3. 车辆振动微分方程的建立与求解

（1）微分方程建立

当车辆振动系统的力学模型建立之后，正确地建立描述系统振动的动力学方程就成为首要任务。根据研究的不同需要，可以利用不同的力学原理来建立运动方程。建立运动方程要全面反映车身的垂直振动、纵向角振动及侧向角振动，并把路面通过各车轮将不平激振传递给车身这一特点反映出来，就应将车辆简化为三维整车模型。该模型以 4 个车轮所受的路面激励作为整车的振动输入，并将轮距、左右车轮所受路面激励的差异以及车身的侧倾对车身振动的影响考虑进来，这就比较真实地反映了车辆振动的实际状况。

车辆平顺性模型的 7 个自由度分别是车身垂直方向自由度 z、俯仰自由度 φ、侧仰自由度 θ，以及 4 个车轮垂直方向自由度 z_{t1}、z_{t2}、z_{t3}、z_{t4}，在 4 个车轮路面不平度输入 q_1、q_2、q_3、q_4 的作用下，其振动微分方程为：

$$MZ''+CZ'+KZ=K_tQ \tag{2-2-1}$$

式中：$Z=(z,\varphi,\theta,z_{t1},z_{t2},z_{t3},z_{t4})^T$；

$Q=(q_1、q_2、q_3、q_4)^T$；

$$M=\begin{bmatrix} m_s & 0 & 0 & 0 & 0 & 0 & 0 \\ 0 & I_Y & 0 & 0 & 0 & 0 & 0 \\ 0 & 0 & I_x & 0 & 0 & 0 & 0 \\ 0 & 0 & 0 & m_{t1} & 0 & 0 & 0 \\ 0 & 0 & 0 & 0 & m_{t2} & 0 & 0 \\ 0 & 0 & 0 & 0 & 0 & m_{t3} & 0 \\ 0 & 0 & 0 & 0 & 0 & 0 & m_{t4} \end{bmatrix}$$

$$C=\begin{bmatrix} c_1+c_2+c_3+c_4 & -l_1c_1+l_2c_2-l_1c_3+l_2c_4 & -l_3c_1-l_3c_2+l_4c_3+l_4c_4 & -c_1 & -c_2 & -c_3 & -c_4 \\ -l_1c_1+l_2c_2-l_1c_3+l_2c_4 & l_1^2c_1+l_2^2c_2-l_1^2c_3+l_2^2c_4 & l_1l_3c_1+l_2l_3c_2-l_1l_4^2c_3+l_2l_4c_4 & l_1c_1 & l_2c_2 & l_1c_3 & -l_2c_4 \\ -l_3c_1-l_3c_2+l_4c_3+l_4c_4 & l_1l_3c_1+l_2l_3c_2-l_1l_4\ c_3+l_2l_4c_4 & l_3^2c_1+l_3^2c_2-l_4^2c_3+l_4^2c_4 & l_3c_1 & l_3c_2 & -l_4c_3 & -l_4c_4 \\ -c_1 & -l_1c_1 & l_3c_1 & c_1+c_{t1} & 0 & 0 & 0 \\ -c_2 & -l_2c_2 & l_3c_2 & 0 & c_{12}+c_{t2} & 0 & 0 \\ -c_3 & l_1c_3 & -l_4c_3 & 0 & 0 & c_3+c_{t3} & 0 \\ -c_4 & -l_2c_4 & -l_4c_4 & 0 & 0 & 0 & c_4+c_{t4} \end{bmatrix}$$

$$C_t=\begin{bmatrix}0&0&0&0\\0&0&0&0\\0&0&0&0\\c_{t1}&0&0&0\\0&c_{t2}&0&0\\0&0&c_{t3}&0\\0&0&0&c_{t4}\end{bmatrix}\qquad K_t=\begin{bmatrix}0&0&0&0\\0&0&0&0\\0&0&0&0\\k_{t1}&0&0&0\\0&k_{t2}&0&0\\0&0&k_{t3}&0\\0&0&0&k_{t4}\end{bmatrix}$$

式中：m——汽车质量；

θ——绕 x 轴转角；

φ——绕 y 轴转角；

z——车身沿 z 轴位移；

z_{t1}、z_{t2}、z_{t3}、z_{t4}——4 个车轮的 z 轴方向位移；

q_1、q_2、q_3、q_4——4 个车轮的路面不平度输入；

I_y——绕 y 轴转动惯量；

I_x——绕 x 轴转动惯量；

m_{t1}、m_{t2}、m_{t3}、m_{t4}——4 个车轮质量；

c_1、c_2、c_3、c_4——4 处悬架的阻尼系数；

c_{t1}、c_{t2}、c_{t3}、c_{t4}——4 个车轮的刚度系数；

l_1——前轮到质心距离；

l_2——后轮到质心距离；

l_3——前轴到质心距离；

l_4——后轴到质心距离。

（2）微分方程求解

微分方程（2-2-1）的求解，可以利用 ADAMS/Solver。ADAMS/Solver 求解器是求解机械系统运动和动力学问题的程序，使用 Euler-Lagrange 方法自动生成运动学方程。该软件自动形成机械系统模型的动力学方程，提供静力学、运动学和动力学的求解结果。ADAMS/Solver 有各种建模和求解选项，以便精确有效地解决各种工程应用问题。它可以对刚体和弹性体进行仿真研究。为了进行有限元分析和控制系统研究，除了满足用户输出位移、速度、加速度和力等的要求外，还可以输出用户自己定义的数据。可以通过运动副、运动激励、高副接触、用户定义的子程序等添加不同的约束，同时可以求解运动副之间的作用力和反作用力，或施加单点外力。ADAMS/Solve 支持变步长和定步长积分，并提供大量的求解参数选项供用户进一步调试解算器，以改进求解的效率和精度；也支持使用子程序，定制用户自己的解算程序。完成样机分析的准备工作以后，ADAMS/View 程序可以自动地调用 ADAMS/Solver 模块，求解样机模型的静力学、运动学或动力学问题，完成仿真分析以后再自动地返回 ADAMS/View 操作界面。因此，一般用户可以将 ADAMS/Solver 的操作视为一个“黑匣子”，只需熟悉 ADAMS/View 的操作，即可完成建模和整个分析过程。通过 4 个车轮路面不平度 q_1、q_2、q_3、q_4 以及不同的车速输入，可以求解车身振动加速度。

第二节 路侧振动带试验方案设计与施工测试

一、方案设计

为了检验 3 种代表车型动力学仿真模型的可信度，针对 3 种不同类型的路侧振动带，参考国内外相关研究及应用成果，考虑现场施工及测试的工作量，切削式振动带共设计了 6 组方案，见表 2-2-1 和图 2-2-16 所示；陶瓷道钉振动带设计了 3 组方案，见表 2-2-2 和图 2-2-17 所示；热熔型振动带设计了 4 组方案，见表 2-2-3 和图 2-2-18 所示。

切削式振动带现场施工方案　　表 2-2-1

类型编号	设计要素取值（mm）				
	长度 a	宽度 b	净距 d	深度 c	偏距
类型 1	400	143	182	8	0
类型 2	400	152	173	9	100
类型 3	400	160	165	10	150
类型 4	400	168	157	11	200
类型 5	400	175	150	12	300
类型 6	400	182	143	13	300

注：切削轮的半径为 325mm。

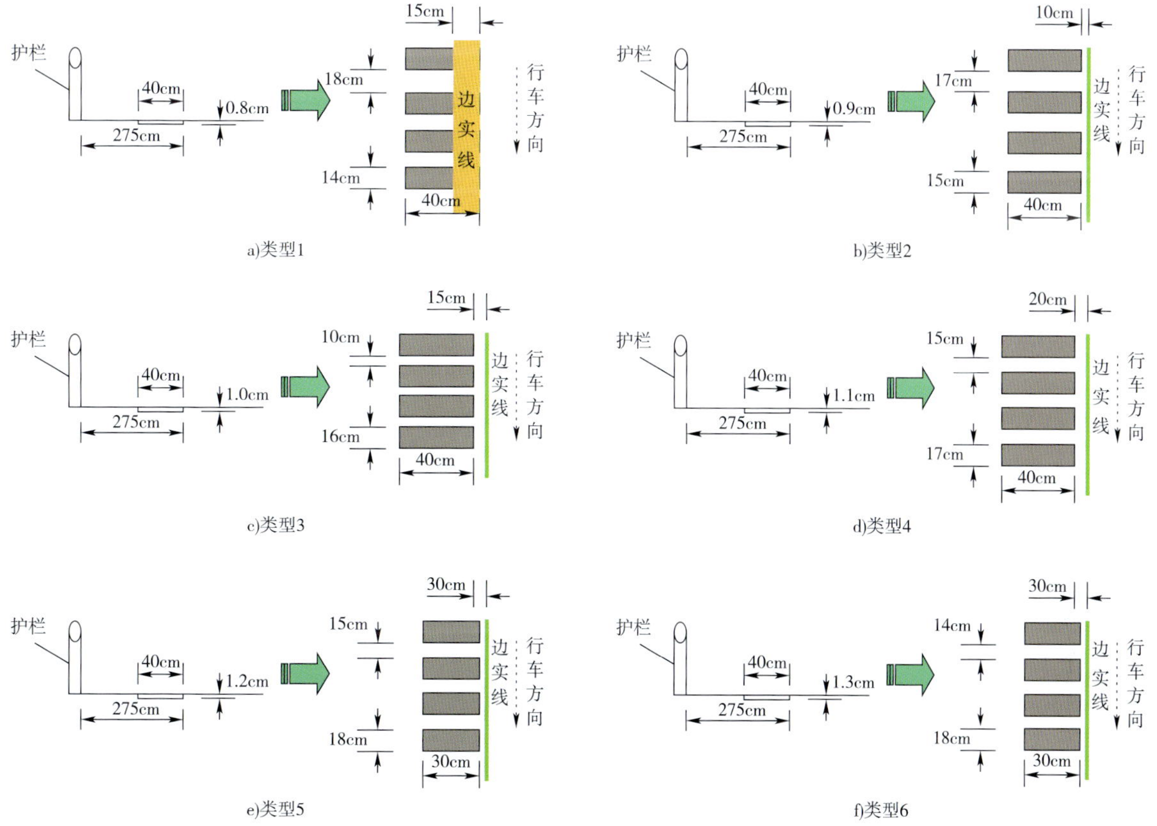

图 2-2-16　切削式振动带方案设计图

陶瓷道钉式振动带现场施工方案 表 2-2-2

类型编号	设计要素取值(mm)				
	直径	净距 b	排距 a	高度 c	偏距
类型 1	100	100	1100	20	0
类型 2	100	100	2200	20	100
类型 3	100	100	3000	20	200

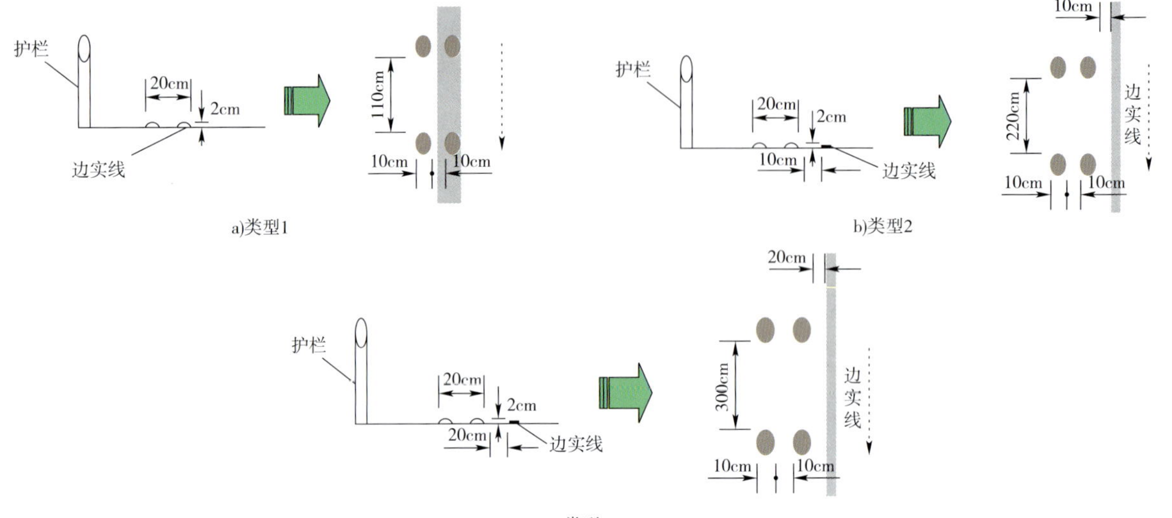

图 2-2-17 陶瓷道钉式振动带方案设计图

热熔式振动带现场施工方案 表 2-2-3

类型编号	设计要素取值(mm)				
	宽度 f	排距 e	高度 c	尺寸	偏距
类型 1	200	150	8	40×40	0
类型 2	200	180	8	40×40	0
类型 3	200	210	8	40×40	0
类型 4	200	250	8	40×40	0

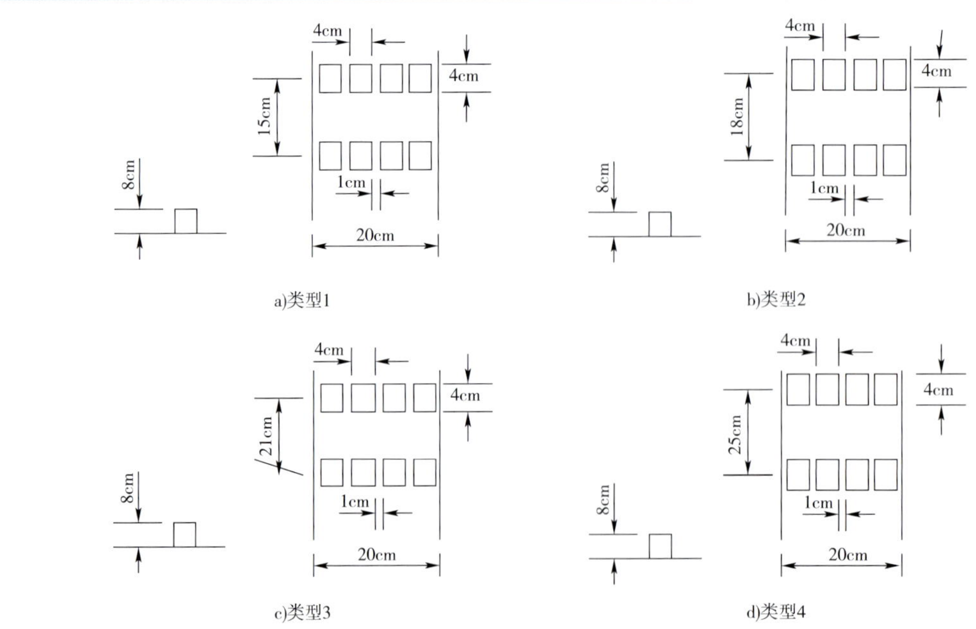

图 2-2-18 热熔式振动带现场施工方案设计图

二、现场施工及测试

1. 现场施工

根据研究的需要，选定渝武路 K0+620（渝武路起点）至 K9+845（马鞍石嘉陵江大桥）作为试验测试路段。2007 年 12 月 13 日至 16 日在渝武高速公路 K0+000 至 K5+678 路段出城方向进行了陶瓷道钉振动带的施工（图 2-2-19）；在 K9+478 至 K9+518 进行了热熔式振动带的施工（图 2-2-20）。2008 年 3 月 7 日至 3 月 8 日进行了切削式振动带的施工（图 2-2-21）。

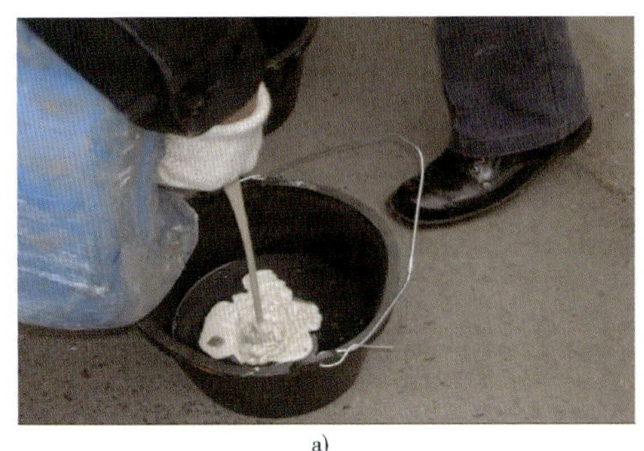
a)

b)

图 2-2-19　陶瓷道钉振动带施工

a)

b)

图 2-2-20　热熔式振动带施工

a)

b)

图 2-2-21　切削式振动带施工

2. 现场测试

（1）测试速度选择

疲劳状态下的驾驶人，在驾驶车辆时，往往都是选择低挡位的速度。通过对重庆市近年来事故资料的分析结果以及 ROR 事故现场办公民警提供的资料，都表明了 ROR 事故车辆速度较低。图 2-2-22 为渝武高速马鞍石大桥 2006 年发生的一起 ROR 事故，据办案民警介绍，重型卡车的驾驶人由于长时间的行驶，已经处于昏睡状态，车辆偏离行车道与马鞍石大桥护栏发生碰撞。从车辆与桥护栏的碰撞损坏情况，可以判断当时车辆速度大约在 30km/h。图 2-2-23 为渝涪高速 2005 年发生的一起 ROR 事故，发生事故的时间为凌晨 2 点左右，中型货车驾驶人由于疲劳未注意到前方路肩上停放的车辆，与重型货车尾部进行碰撞，最终造成一人死亡的重大事故。通过对车辆碰撞变形的情况分析，当时中型货车行驶的速度大约为 50km/h。大量的数据都表明了由于疲劳而造成的车辆偏离行车道时，重型货车速度大部分分布在 50~60km/h，小客车速度分布在 70~85km/h。

图 2-2-22　渝武高速 ROR 事故现场图

图 2-2-23　渝涪高速 ROR 事故现场图

根据以上调查，测试车速对于铁马车取为 60km/h；对于骏铃车取为 70km/h；对于桑塔纳 3000 取为 80km/h。

（2）测试工况设计

测试工况设计见表 2-2-4~ 表 2-2-6，共 39 种试验测试工况。

模拟及试验测试工况设计表 1（桑塔纳 3000）　　表 2-2-4

振动带类型	工况编号	类型编号	车速 (km/h)	加速度均方根值 (m/s^2)						备注
				车轴位置仿真模拟值			实际测试值			
				1 次	2 次	3 次	车轴	地板	座椅	
切削式	1	类型 1	80	3.985	3.671	2.984	*	*	*	
	2	类型 2	80	4.137	3.924	3.131	3.550	1.243	0.441	
	3	类型 3	80	4.358	4.165	3.517	3.765	1.286	0.394	
	4	类型 4	80	4.674	4.385	3.741	3.781	1.328	0.600	
	5	类型 5	80	4.982	4.672	3.981	3.694	1.499	0.904	
	6	类型 6	80	5.284	4.926	4.161	3.972	1.252	0.323	
陶瓷式	7	类型 1	80	—	—	13.871	14.511	1.563	0.833	
	8	类型 2	80	—	—	12.034	11.833	1.799	1.082	
	9	类型 3	80	—	—	9.274	7.251	1.453	0.521	
热熔式	10	类型 1	80	—	—	5.823	6.186	1.216	0.464	
	11	类型 2	80	—	—	4.989	4.624	1.274	0.387	
	12	类型 3	80	—	—	4.225	4.262	1.132	0.396	
	13	类型 4	80	—	—	3.421	3.834	0.985	0.412	

注：* 为现场测试时未采集到数据。

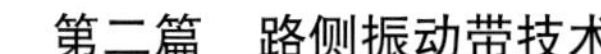

模拟及试验测试工况设计表 2（骏铃车）　　表 2-2-5

振动带类型	工况编号	类型编号	车速 (km/h)	加速度均方根值 (m/s^2)						备　注
				车轴位置仿真模拟值			实际测试值			
				1 次	2 次	3 次	车轴	地板	座椅	
切削式	1	类型 1	70	3.254	3.068	3.842	*	*	*	
	2	类型 2	70	3.825	3.546	4.523	5.180	1.745	0.721	
	3	类型 3	70	4.461	4.105	4.954	5.391	1.672	0.705	
	4	类型 4	70	5.065	4.674	5.489	6.104	1.933	0.987	
	5	类型 5	70	5.684	5.321	6.025	5.617	1.798	0.884	
	6	类型 6	70	6.351	6.032	6.987	7.449	1.827	1.199	
陶瓷式	7	类型 1	70	—	—	15.486	17.309	3.457	1.702	
	8	类型 2	70	—	—	14.652	15.095	2.839	1.980	
	9	类型 3	70	—	—	12.543	13.821	2.720	1.621	
热熔式	10	类型 1	70	—	—	3.634	3.429	1.892	0.896	
	11	类型 2	70	—	—	3.245	3.547	1.801	0.726	
	12	类型 3	70	—	—	3.036	3.025	1.659	0.632	
	13	类型 4	70	—	—	2.983	2.658	1.420	0.589	

模拟及试验测试工况设计表 3（铁马车）　　表 2-2-6

振动带类型	工况编号	类型编号	车速 (km/h)	加速度均方根值 (m/s^2)						备　注
				车轴位置仿真模拟值			实际测试值			
				1 次	2 次	3 次	车轴	地板	座椅	
切削式	1	类型 1	60	0.438	0.732	1.241	*	*	*	
	2	类型 2	60	0.687	0.987	1.332	1.626	1.378	0.450	
	3	类型 3	60	1.032	1.325	1.689	1.960	1.244	0.704	
	4	类型 4	60	1.321	1.624	1.834	2.181	1.407	0.819	
	5	类型 5	60	1.465	1.733	1.965	2.031	1.581	0.839	
	6	类型 6	60	1.864	2.015	2.268	1.994	1.149	0.973	
陶瓷式	7	类型 1	60	—	—	5.246	6.244	1.868	1.118	
	8	类型 2	60	—	—	4.523	4.204	1.697	1.140	
	9	类型 3	60	—	—	3.874	2.861	1.423	0.954	
热熔式	10	类型 1	60	—	—	1.801	1.853	1.279	0.765	
	11	类型 2	60	—	—	1.662	1.567	1.326	0.564	
	12	类型 3	60	—	—	1.526	1.623	1.421	0.498	
	13	类型 4	60	—	—	1.324	1.415	1.264	0.421	

（3）警示效果测试指标与测试方法

振动带依靠车辆行驶时产生的噪声和振动，通过驾驶人的感觉和触觉来获得警示。噪声警示可以通过测试驾驶室内噪声值来评价，振动警示可以通过测试驾驶人座椅振动加速度和车地板位置的振动加速度来评价。

座椅加速度值受车型和车况影响很大，车型车况不同，减振弹簧的减振效果以及座椅减振性能差异很大。因此，对于振动带设计来讲，直接用座椅振动加速度或车地板位置振动加速度来评价不同类型、不同方案振动带的振动警示效果并不合理。为了尽量减少减振装置对评价的影响，可以测试车辆车轴位置的振动加速度。

因此，警示效果测试指标包括：驾驶人耳边噪声值、座椅位置的振动加速度值、车地板位置振动加速度值、车轴位置振动加速度值等 4 个。采用的测试仪器见表 2-2-7。

测试仪器一览表　　表 2-2-7

序　号	设备名称	测量范围	测试精度	数　量	备　注
1	多通道数据采集处理机	0.01~300V	0.1%	1	德国 IMC 公司生产
2	电容式加速度计	0~2g	1%	3	
3	声级计	≤ 150dB	± 0.1dB	4	
4	FAMOS 数据分析软件	—	—	1	IMC 公司配套产品

3 种车型的振动加速度值测定位置选定在前车轴紧挨右轮的轮毂梁上以及驾驶人所处的车地板位置，噪声选择驾驶人右耳根位置，如图 2-2-24~ 图 2-2-29 所示。

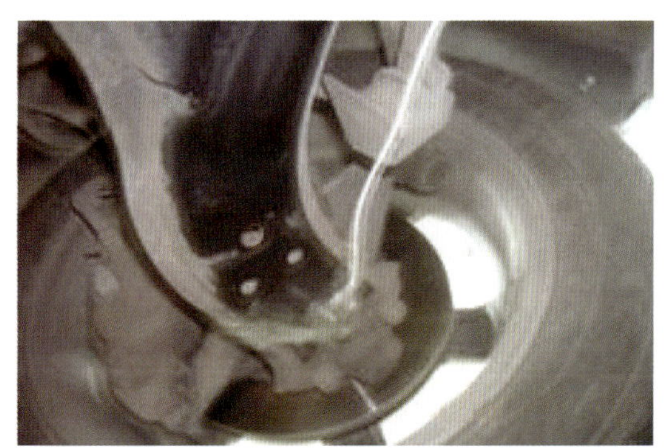

图 2-2-24　桑塔纳 3000 加速度测试点位

图 2-2-25　桑塔纳 3000 噪声测试点位

图 2-2-26　骏铃车振动加速度测试点位

图 2-2-27　骏铃车振动噪声测试点位

图 2-2-28 骏铃车振动加速度测试点位

图 2-2-29 骏铃车振动噪声测试点位

（4）测试数据处理方法

①噪声数据处理

人耳对高频声音，特别对于 1~5kHz 的声音比较敏感，而对低频声音，特别是对 100Hz 以下的可听声不敏感，且频率越低越不敏感。也就是说，声压级相同的声音由于频率不同所产生的主观感觉不一样。为了使声音的客观量度和人耳听觉主观感觉接近，在测量声音的仪器上一般都装置了对频率计权网络。它对所接受的声音按频带设一定的衰减来模拟人耳的听觉特性。通常采用 A 计权来模拟人耳听觉的感应，因此选取 A 计权的声级作为评价噪声警示效果的指标。

室内噪声数据的采集采用德国 imc 集成测控有限公司研发生产的 CL 型数据采集系统，如图 2-2-30 和图 2-2-31 所示。

图 2-2-30 CL 型数据采集系统

图 2-2-31 CL 数据采集系统接口

噪声数据采集以后，利用 CL 型数据采集系统附带的数据分析软件 FAMOS 5.0（Fast Analysis & Monitoring Of Signal）对数据进行分析。根据实测噪声曲线图（图 2-2-32），截取有效部分计算测试数据的均方根值（RMS），即实测噪声值。

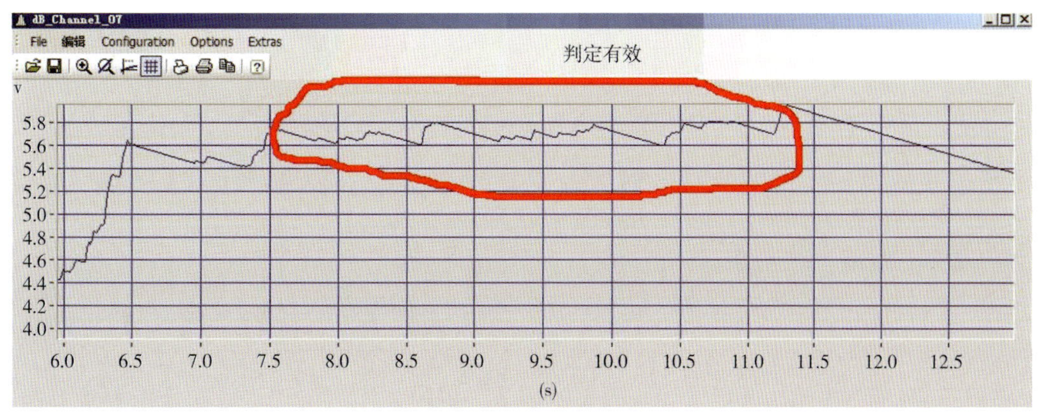

图 2-2-32 噪声曲线图

②振动加速度数据处理

振动加速度的信号数据处理通过 FAMOS 5.0 来分析处理。根据实测振动加速度曲线图（图 2-2-33），截取有效部分（图 2-2-34）计算测试数据的均方根值（RMS），即实测振动加速度均方根值。

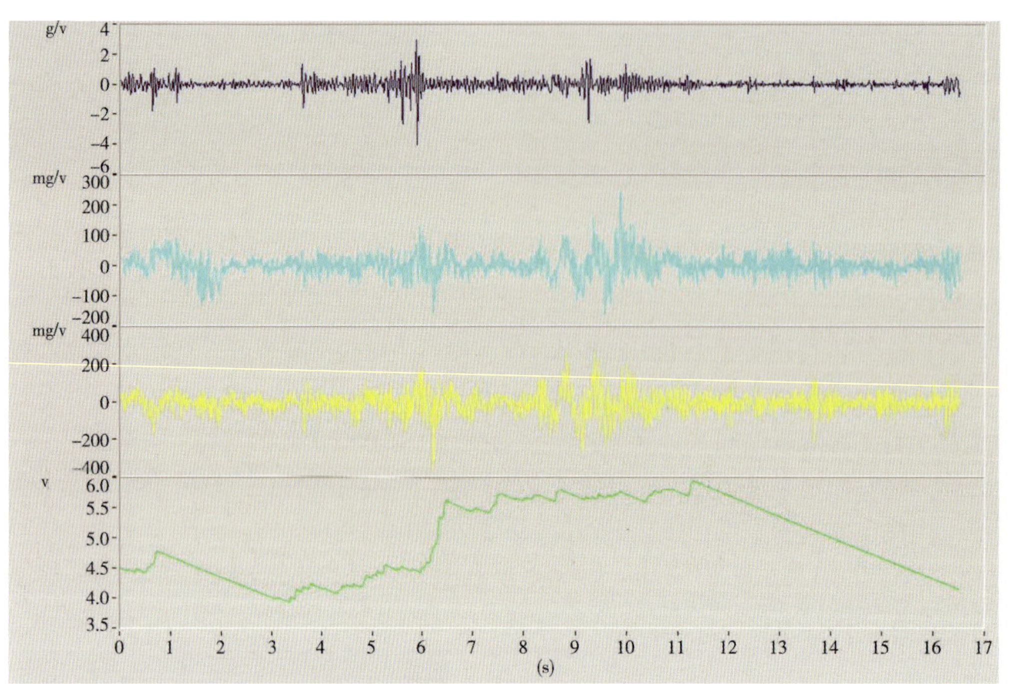

图 2-2-33　车轴、地板、座椅三处振动加速度曲线及车内噪声采集曲线

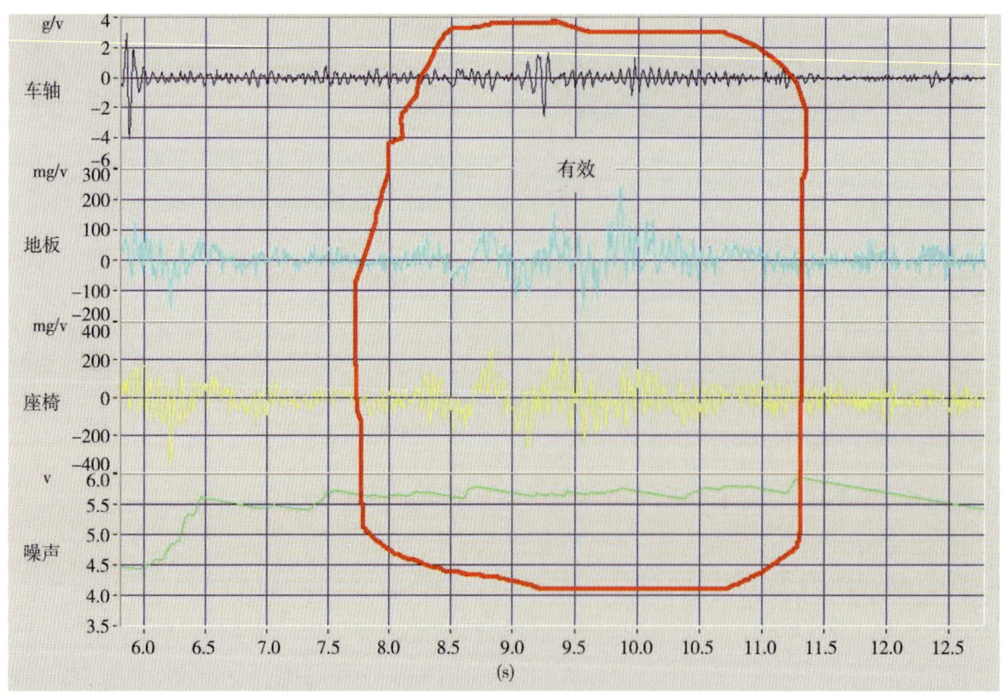

图 2-2-34　局部放大并找出有效数据区间

（5）实车现场测试

2008 年 3 月 24 日，3 种代表车型按照表 2-2-8~ 表 2-2-10 的工况设计进行了现场测试（图 2-2-35），测试结果见表 2-2-8~ 表 2-2-10 加速度均方根值实际测试值栏。

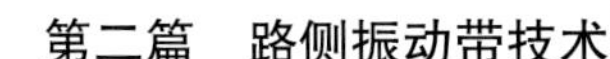

模拟及试验测试工况设计表 1（桑塔纳 3000）　　表 2-2-8

振动带类型	工况编号	类型编号	车速(km/h)	加速度均方根值 (m/s²)						备注
				车轴位置仿真模拟值			实际测试值			
				1 次	2 次	3 次	车轴	地板	座椅	
切削式	1	类型 1	80	3.985	3.671	2.984	*	*	*	
	2	类型 2	80	4.137	3.924	3.131	3.550	1.243	0.441	
	3	类型 3	80	4.358	4.165	3.517	3.765	1.286	0.394	
	4	类型 4	80	4.674	4.385	3.741	3.781	1.328	0.600	
	5	类型 5	80	4.982	4.672	3.981	3.694	1.499	0.904	
	6	类型 6	80	5.284	4.926	4.161	3.972	1.252	0.323	
陶瓷式	7	类型 1	80	—	—	13.871	14.511	1.563	0.833	
	8	类型 2	80	—	—	12.034	11.833	1.799	1.082	
	9	类型 3	80	—	—	9.274	7.251	1.453	0.521	
热熔式	10	类型 1	80	—	—	5.823	6.186	1.216	0.464	
	11	类型 2	80	—	—	4.989	4.624	1.274	0.387	
	12	类型 3	80	—	—	4.225	4.262	1.132	0.396	
	13	类型 4	80	—	—	3.421	3.834	0.985	0.412	

注：* 为现场测试时未采集到数据。

模拟及试验测试工况设计表 2（骏铃车）　　表 2-2-9

振动带类型	工况编号	类型编号	车速(km/h)	加速度均方根值 (m/s²)						备注
				车轴位置仿真模拟值			实际测试值			
				1 次	2 次	3 次	车轴	地板	座椅	
切削式	1	类型 1	70	3.254	3.068	3.842	*	*	*	
	2	类型 2	70	3.825	3.546	4.523	5.180	1.745	0.721	
	3	类型 3	70	4.461	4.105	4.954	5.391	1.672	0.705	
	4	类型 4	70	5.065	4.674	5.489	6.104	1.933	0.987	
	5	类型 5	70	5.684	5.321	6.025	5.617	1.798	0.884	
	6	类型 6	70	6.351	6.032	6.987	7.449	1.827	1.199	
陶瓷式	7	类型 1	70	—	—	15.486	17.309	3.457	1.702	
	8	类型 2	70	—	—	14.652	15.095	2.839	1.980	
	9	类型 3	70	—	—	12.543	13.821	2.720	1.621	
热熔式	10	类型 1	70	—	—	3.634	3.429	1.892	0.896	
	11	类型 2	70	—	—	3.245	3.547	1.801	0.726	
	12	类型 3	70	—	—	3.036	3.025	1.659	0.632	
	13	类型 4	70	—	—	2.983	2.658	1.420	0.589	

模拟及试验测试工况设计表 3（铁马车）　　表 2-2-10

振动带类型	工况编号	类型编号	车速 (km/h)	加速度均方根值 (m/s^2)						备注
				车轴位置仿真模拟值			实际测试值			
				1 次	2 次	3 次	车轴	地板	座椅	
切削式	1	类型 1	60	0.438	0.732	1.241	*	*	*	
	2	类型 2	60	0.687	0.987	1.332	1.626	1.378	0.450	
	3	类型 3	60	1.032	1.325	1.689	1.960	1.244	0.704	
	4	类型 4	60	1.321	1.624	1.834	2.181	1.407	0.819	
	5	类型 5	60	1.465	1.733	1.965	2.031	1.581	0.839	
	6	类型 6	60	1.864	2.015	2.268	1.994	1.149	0.973	
陶瓷式	7	类型 1	60	—	—	5.246	6.244	1.868	1.118	
	8	类型 2	60	—	—	4.523	4.204	1.697	1.140	
	9	类型 3	60	—	—	3.874	2.861	1.423	0.954	
热熔式	10	类型 1	60	—	—	1.801	1.853	1.279	0.765	
	11	类型 2	60	—	—	1.662	1.567	1.326	0.564	
	12	类型 3	60	—	—	1.526	1.623	1.421	0.498	
	13	类型 4	60	—	—	1.324	1.415	1.264	0.421	

a)

b)

c)

d)

图 2-2-35　现场测试

三、模拟仿真及数据处理

为了便于仿真模型的校核，模拟仿真工况同上述表 2-2-8~ 表 2-2-10 实际的施工测试工况。

1. 模拟仿真数据采集

车辆的运行速度，可以通过对车辆后轮胎施加转矩来实现。以铁马车为例，对铁马车后轮胎施加“step”函数来控制轮胎转速。函数表达式为：

“-step(time, 0, 0, 5, 0)*1d-step(time, 5, 0, 10, 1813.4)*1d”

该函数的物理意义为：在前 5s 后轮胎转数保持为零，从第 5s 到第 10s 轮胎转数从零匀加速到 1813.4 圈 /s。10s 后停止对铁马车的加速，保持轮胎转数不变。

图 2-2-36 和图 2-2-37 为车辆仿真过程速度历程图中，小客车在 0~3s 时加速度为零。3~10 时以恒定加速度行驶。当速度到达 85km/h 后，保持该速度匀速行驶，并以该速度冲击路侧振动带。重型货车 0~5s 时加速度为零。5~10s 时以恒定加速度行驶。当速度到达 60km/h 后。保持该速度匀速行驶，并以该速度冲击路侧振动带。

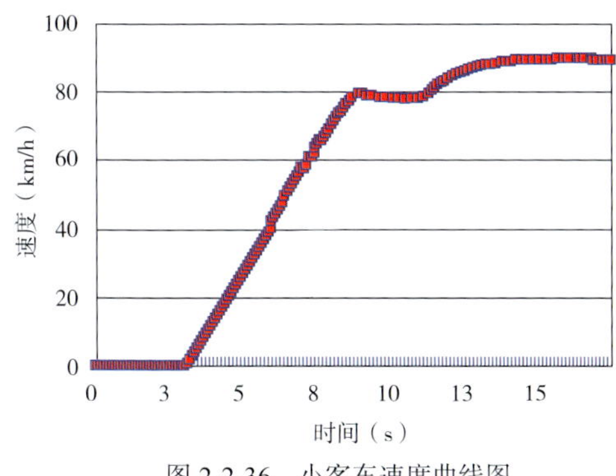

图 2-2-36　小客车速度曲线图

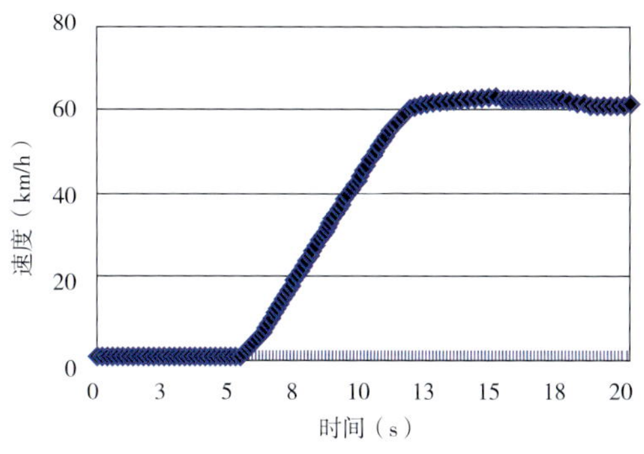

图 2-2-37　重型货车速度曲线图

由于 ADAMS 无法实现车辆噪声模拟，在模拟过程中仅采集振动加速度值，统一取用车轴上的振动加速度用于动力仿真模型的校正。

数据采集以车轴竖向振动加速度值（曲线），对每一段加速度信号曲线按式（2-2-2）进行谱处理取均方根值作为评价指标。

$$a_w = \sqrt{\frac{1}{T}\int_0^T a^2(t)\mathrm{d}t} \tag{2-2-2}$$

式中：a_w——加速度均方根值；

a——加速度值（$\mathrm{m/s^2}$）；

T——振动持续时间。

2. 模拟仿真数据处理

通过 ADAMS/Solver 模块成功进行了仿真试验后，可以通过调用后处理模块 ADAMS/PostProcessor，对仿真试验进行分析。ADAMS / PostProcessor 模块具有相当强的后处理功能，用来输出高性能的动画和各种数据曲线。该模块还可以进行曲线编辑和数字信号处理等，使用户可以方便快捷地观察、研究 ADAMS 的仿真结果；并可以对仿真结果结果曲线进行各种编辑。

仿真结果的处理分为两步：首先，将车辆行驶在振动带上对应的振动加速度曲线，从加速度曲线上截取下来；然后，对截取而来的每一段信号曲线，按照实际用途作相应的数据统计处理，对加速度取均方根值。

图 2-2-38、图 2-2-39 为桑塔纳 3000 在切削式振动带上行驶时得到的振动模拟曲线。图 2-2-40、图 2-2-41 为铁马车在陶瓷道钉振动带上行驶时得到的振动模拟曲线。

按照设计工况，将模拟所得到的结果列于表 2-2-8~ 表 2-2-10 加速度均方根值 (m/s^2) 车轴位置仿真模拟值。次数 1、次数 2 以及次数 3 为对仿真模型进行 3 次校核所得到的模拟结果。

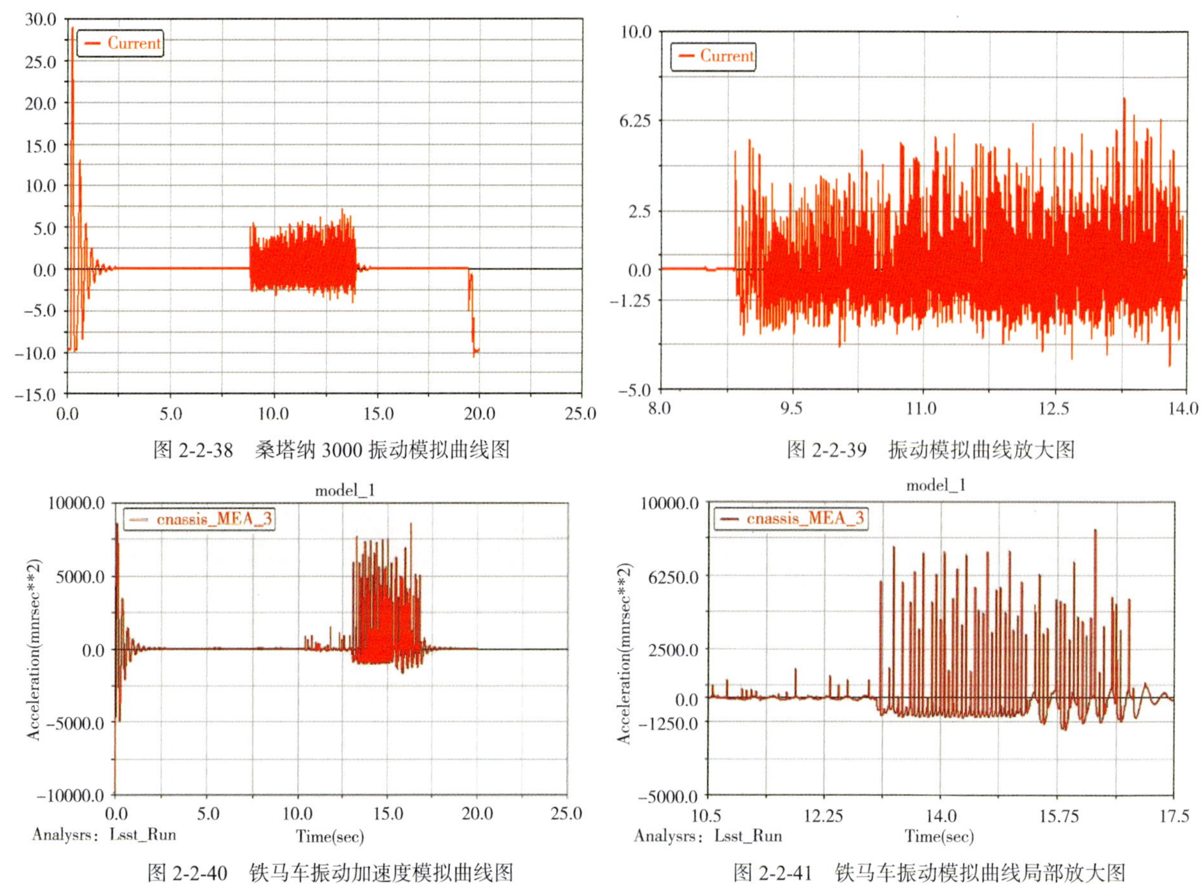

图 2-2-38　桑塔纳 3000 振动模拟曲线图

图 2-2-39　振动模拟曲线放大图

图 2-2-40　铁马车振动加速度模拟曲线图

图 2-2-41　铁马车振动模拟曲线局部放大图

四、仿真模型的校验

1. 仿真模型校验方法

为了检验 3 种代表车型动力学仿真模型的可信度，针对 3 种不同类型的路侧振动带，以现场测试数据为依据，通过不断修正代表车型仿真模型的弹簧系数，然后进行模拟，利用灰关联分析法比较模拟结果及变化趋势与实际测试结果之间的关系，进而确定模型模拟结果的可信度。

灰色关联分析是定量的比较或描述系统之间或系统中各因素之间，在发展过程中随时间而相对变化的情况。即分析时间（指标）序列曲线的几何形状，用它们变化的大小、方向与速度等的接近程度，来衡量它们之间关联性大小。如果两比较序列的变化态势基本一致或相似，其同步变化程度较高，即可以认为两者关联程度较大；反之，两者关联程度较小，这种用于度量系统之间关联性大小的尺度，称为关联度。如果关联度越大（即越接近 1），则表示序列与参考序列越接近，在系列的比较序列中为较优序列。

2. 仿真模型校验过程

以切削式振动带上桑塔纳 3000 为例，模拟仿真动力学模型 3 次校核的过程如下。

（1）第一次校核

①原始数据处理

桑塔纳 3000 前弹簧刚度系数初始值取为 129.8N/mm，模拟后得到第 1 次模拟仿真数据（表 2-2-8）。原始数据必须处理才能进行灰关联分析，对振动加速度进行极差处理。极差公式如下：

$$X' = \frac{X - X_{\min}}{X_{\max} - X_{\min}} \tag{2-2-3}$$

桑塔纳 3000 实测振动加速度均方根值原始资料为 a_{w1}，模拟振动加速度均方根值 a_{w2}，则有：

$$a_{w1} = [3.550, 3.765, 3.781, 3.694, 3.972]$$
$$a_{w2} = [4.137, 4.358, 4.674, 4.982, 5.284]$$

对振动加速度极差处理后得到了新序列：

$$a_{w1} = [0, 0.509, 0.547, 0.341, 1]$$
$$a_{w2} = [0, 0.317, 0.079, 0.395, 0]$$

②确定母序列和子序列

以试验测试数据为加速度均方根值母序列，仿真模型加速度均方根值为子序列。计算每一个点上的母序列和子序列差的绝对值 $\Delta_{oi}(n)$，即 $\Delta_{oi}(n) = a_{w2}(n) - a_{w1}(n)$。从计算结果中取出绝对值最大的 $\Delta_{\max}$，最小的 $\Delta_{\min}$。

$$L_{oi}(n) = \frac{\Delta_{\max} + \Delta_{\min}}{\Delta_{oi}(n) + \Delta_{\max}} \tag{2-2-4}$$

③求关联系数

$$r_{oi} = \frac{1}{n}\sum_{j=1}^{n} L_{oi}(n_j) \tag{2-2-5}$$

经计算求得桑塔纳 3000 实测结果与模拟结果灰色关联度为 0.778。根据灰关联精度等级表 2-2-11 可知，关联度处于基本合格水平，说明桑塔纳 3000 动力仿真模型还需要进一步校核，应尽量满足“好”要求，基本达到“合格要求”。

灰关联精度等级　　表 2-2-11

灰关联精度等级	*P*(小误差概率)	*E*(相对误差)	*K*(关联度)	*C*
好	＞0.95	0.01	0.90	＜0.35
合格	＞0.8	0.05	0.80	＜0.5
勉强	＞0.7	0.10	0.70	＜0.45
不合格	≤0.7	0.10	0.60	≥0.65

（2）第二次校核

修改桑塔纳 3000 前弹簧刚度系数 129.8N/mm 为 160.0N/mm，第 2 次进行仿真模拟。按照第一次校核中所述方法计算灰关联度系数为 0.785，对照表 2-2-11 要求，偏小，仍需进一步校核。

（3）第三次校核

调整前弹簧刚度系数为 220.0N/mm，第 3 次进行仿真模拟，按照上述方法计算灰关联度系数为 0.839，对照表 2-2-11 要求，达到合格水平，第 3 次修正后桑塔纳 3000 动力学仿真模型的模拟结果基本可信。

3 次校核过程中模拟值与实测值关系曲线如图 2-2-42 所示。

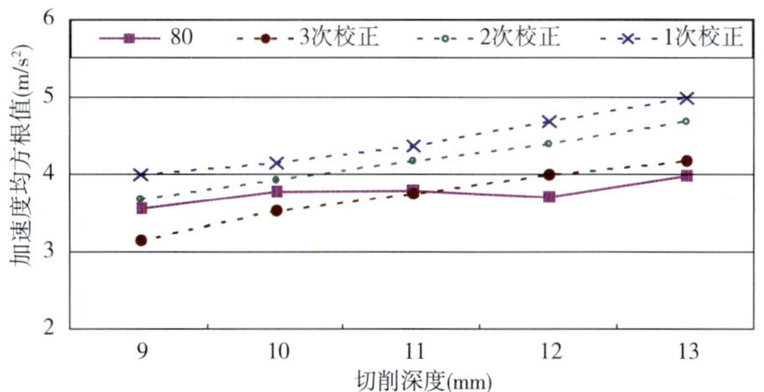

图 2-2-42　桑塔纳 3000 三次模型校核后，模拟值曲线与实测值曲线关系图

用 3 次校核后的桑塔纳 3000 模型，分别模拟仿真陶瓷道钉振动带和热熔式振动带，得到车轴位置的振动加速度均方根值，并利用灰色关联分析法计算得到灰关联系数分别为 0.833、0.836，达到合格水平，从侧面印证了 3 次修正后桑塔纳 3000 仿真模型模拟的数据基本可信。图 2-2-43、图 2-2-44 分别为陶瓷道钉振动带和热熔式振动带模拟值曲线与实测值曲线关系图。

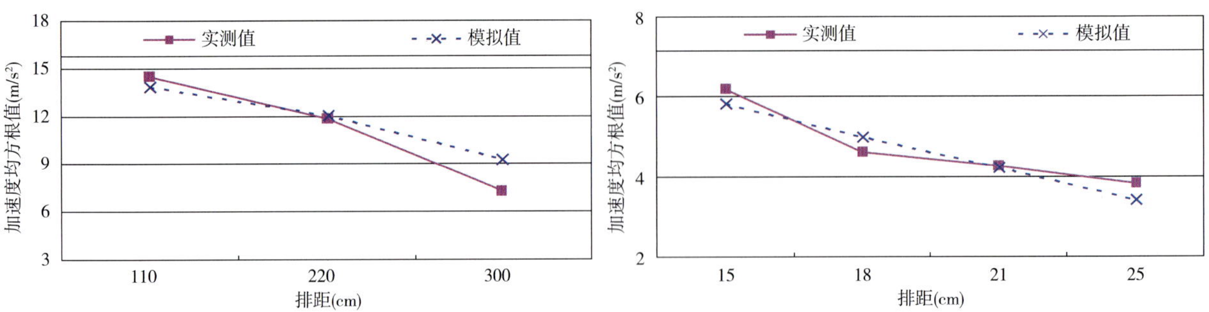

图 2-2-43　桑塔纳 3000 陶瓷道钉振动带模拟曲线与实测值线关系图 图 2-2-44　桑塔纳 3000 热熔式振动带模拟曲线与实测值线关系图

同理，按照上述步骤，可以完成骏铃以及铁马车动力仿真模型的校核。骏铃车 3 次校核的灰色关联系数分别为 0.828、0.843、0.860。铁马车 3 次校核的灰色关联系数为 0.759、0.770、0.801。图 2-2-45 及图 2-2-46 分别为模拟曲线与实测曲线的关系图。

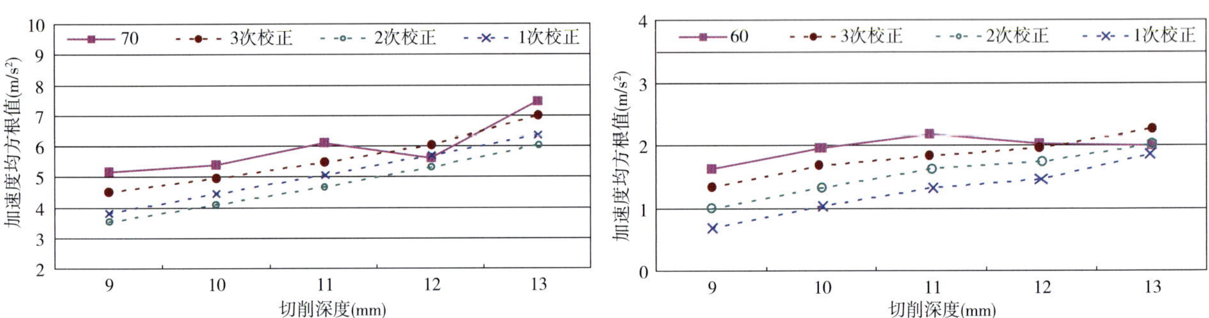

图 2-2-45　骏铃车切削式振动带模拟曲线与实测值线关系图　　图 2-2-46　铁马车切削式振动带模拟曲线与实测值线关系图

根据修正后的仿真模型模拟陶瓷道钉与热熔式振动带车轴加速度均方根值，与实际测试值进行比较（图 2-2-47~ 图 2-2-50），灰色关联系数都比较高（0.73~0.83），除铁马车仿真模型在热熔式路侧振动带上模拟结果与实际测试结果比较灰色关联系数为 0.73 以外，其余均在 0.8 附近，说明校正后的仿真模型是可信的。

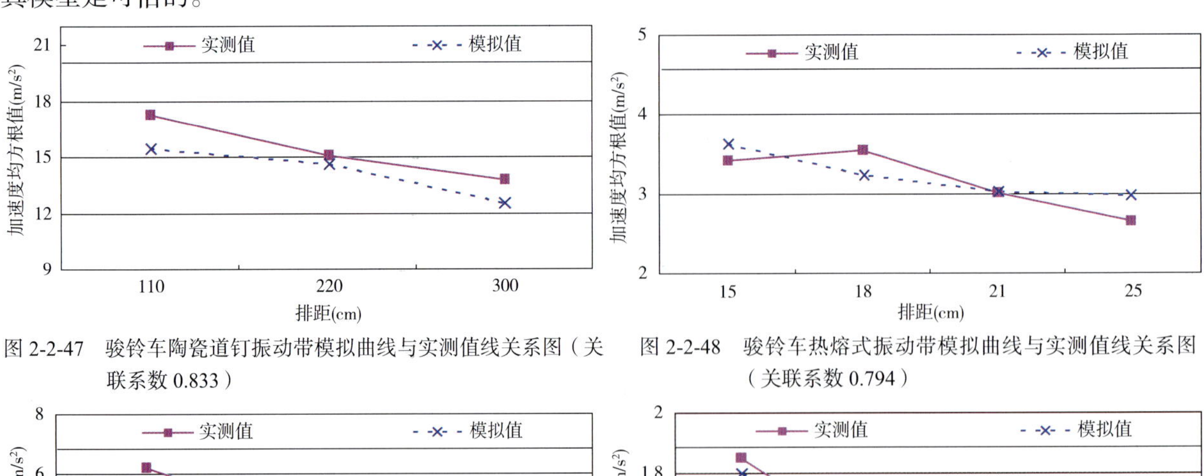

图 2-2-47　骏铃车陶瓷道钉振动带模拟曲线与实测值线关系图（关联系数 0.833）

图 2-2-48　骏铃车热熔式振动带模拟曲线与实测值线关系图（关联系数 0.794）

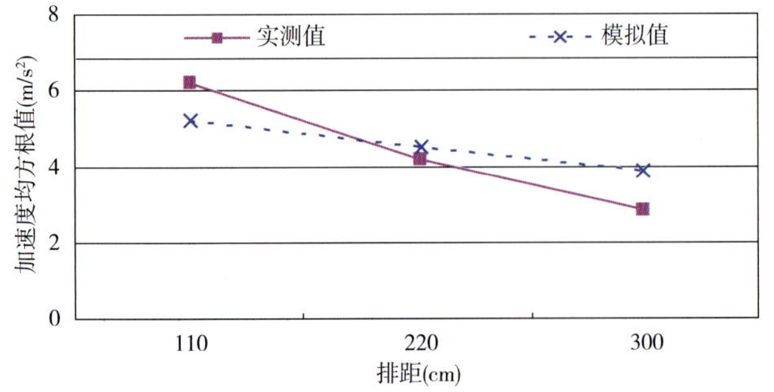

图 2-2-49　铁马车陶瓷道钉振动带模拟曲线与实测值线关系图（关联系数 0.830）

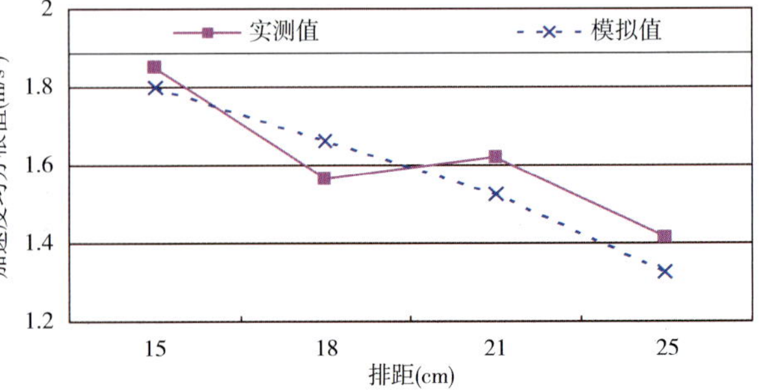

图 2-2-50　铁马车热熔式振动带模拟曲线与实测值线关系图（关联系数 0.728）

通过以上3种代表车型的校核，对比模拟数据和实测数据，灰色关联系数基本上能达到0.8左右，说明仿真模型的趋势规律与实际测试的趋势规律是同步的。通过调整弹簧系数值的大小，使仿真模型的模拟值与实测值大致处于能够接受的误差范围。模型校核以后，模拟代表车型在陶瓷道钉及热熔式上行驶时所产生的振动加速度值，并与实测进行关联性比较分析，灰关联系数也都在0.8左右，足以说明校正后的仿真模型可以接受，模拟的振动加速度数据基本反映了实际情况。校正后的模型为后续振动带振动警示规律的深入研究提供了基础。

第三章　路侧振动带的安全性和噪声干扰评价

第一节　路侧振动带安全性评价

一、安全性评价内容与方法

路侧振动带的安全性评价主要包含车辆操纵稳定性评价和车辆机件强度评价。

1. 车辆操纵稳定性评价

车辆操纵稳定性的评价错综复杂，关于车辆操纵稳定性的评价指标迄今为止还没有找出一个公认客观定量评价操纵稳定性的好方法。汽车方向盘力矩是考察驾驶人操纵负担一个重要评价指标，可以间接反映驾驶人驾驶负荷大小。驾驶过程中，方向盘力矩过大，驾驶人转向困难，影响行车安全性。

目前，有关车辆操纵稳定性试验都是基于车辆自身操纵性能评价为基础，以一定设计工况条件下对不同车辆操纵性能进行横向对比为目的，而基于外在干扰的车辆操纵稳定性评价方法和标准目前还没有，这给振动带安全性评价带来了实际操作上的困难。一般情况下，当车辆偏离正常行车道，驶入路侧振动带时，振动带与轮胎产生的振动激励相当于给车辆转向系一个阶跃转角输入。通过分析转向盘的瞬态响应特性，即转向盘力矩最大值可以大致判断出车辆操纵稳定性情况。为此，参考《汽车操纵稳定性试验方法——转向轻便性试验》(GB/T 6323.5 — 1994)，可以将转向盘测力计固定在转向盘上，预先设定一个转向盘角度，然后车辆以一定速度碾压路侧振动带。通过测力计测试出驾驶人按预定角度转向时转向盘上最大力矩值 M_{max}，并与没有振动带时的最大转向力矩值进行对比，结合驾驶人主观感受对车辆行驶于振动带上的操纵稳定性进行综合评价。

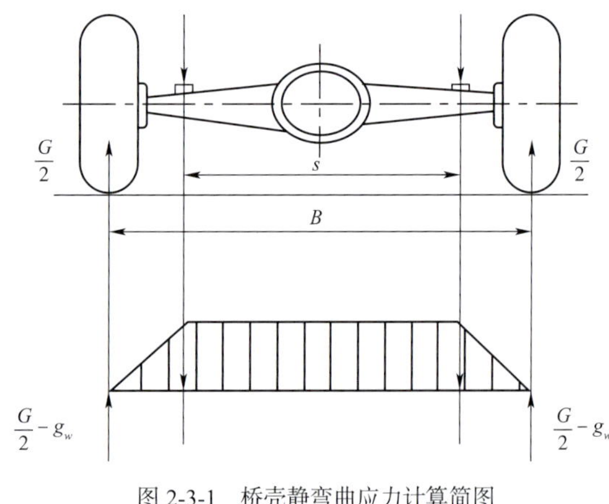

图 2-3-1　桥壳静弯曲应力计算简图

2. 车辆机件强度评价

车辆通过路侧振动带时，不仅会影响到车辆的操纵稳定性，如果振动带设计不合理，还有可能由于冲击力太大致使车辆车桥存在断裂的危险。这里将车桥所受应力作为安全性评价指标。首先，对车辆静止状态下，桥壳静止弯曲应力进行计算，如图 2-3-1 所示。由于桥壳危险断裂面通常在钢板弹簧座附近，根据材料力学的一般原理，最大弯矩为：

$$M=\left(\frac{G}{2}-g_{w}\right)\times\frac{B-S}{2} \qquad (2\text{-}3\text{-}1)$$

式中：G——车辆静止于水平路面时驱动桥给地面的载荷，N；

g_w——车轮的重力，N；

B——驱动车轮轮距，m；

S——驱动桥壳上两钢板弹簧座中心间的距离，m。

钢板弹簧座处的静弯曲应力σ_{wj}为：

$$\sigma_{wj}=\frac{M}{W_v} \tag{2-3-2}$$

式中：W_v——钢板弹簧座附近危险断面处桥壳的垂向弯曲截面系数。

桥壳在动载荷下的弯曲应力为：

$$\sigma_{wd}=k_d\times\sigma_{wj} \tag{2-3-3}$$

式中：k_d——动载荷系数。

通过在钢板弹簧座附近粘贴应变片，直接测试桥壳在动载荷下的弯曲应力σ_{wd}，以σ_{wd}来判断车辆车桥的强度。一般钢材的抗拉强度低限值为540MPa，当$\sigma_{wd}\geqslant$ 540MPa时，则可认为车辆车桥部件强度有断裂的危险。

二、安全性评价结果

1. 汽车操纵稳定性

对铁马车和桑塔纳3000进行了转向盘力矩测试试验。见表2-3-1、表2-3-2和图2-3-2、图2-3-3所示。通过试验得到如下结论。

驾驶人操控感受分级　　表2-3-1

感受级别	感受描述	感受级别	感受描述
A	操控轻便，操控阻力感知不明显	C	操控一般，操控阻力感知很明显
B	操控轻便，操控阻力感知较明显	D	操控困难，操控阻力感知很明显

（1）铁马车在3个代表车速下于不同类型振动带上测试的转向盘最大力矩值增量为0~7.7，其中切削式为0~3，陶瓷式为4~8，热熔式为0~1.4。根据驾驶人的现场驾驶感受调查，切削式、热熔式振动带对驾驶人转向盘操控性没有影响；陶瓷3型对驾驶人转向盘的操控性没有影响；陶瓷1型和陶瓷2型振动带能令驾驶人较明显地感知操控阻力，但操控仍然轻便，对安全性没有影响。

（2）桑塔那3000在3个代表车速下于不同类型振动带上测试方向盘最大力矩值增量为0~3.5，其中切削式为0~1.3，陶瓷式为1~3.2，热熔式为0~0.5。根据驾驶人现场驾驶感受调查，切削1型至切削5型、陶瓷3型以及热熔型振动带对驾驶人转向盘操控性没有影响；切削6型、陶瓷1型、陶瓷2型振动带能令驾驶人较明显地感知操控阻力，但操控仍然轻便，对安全性没有影响。

桑塔纳3000转向盘实测力矩及驾驶人操控感受　　表2-3-2

振动带类型	测试车速（km/h），转向盘实测力矩（MPa）								
	60			80			100		
	背景值	实测值	感受	背景值	实测值	感受	背景值	实测值	感受
切削1型	2.46	3.52	A	2.51	3.29	A	2.27	2.53	A
切削2型	2.46	3.43	A	2.51	3.34	A	2.27	2.78	A
切削3型	2.46	3.51	A	2.51	3.20	A	2.27	2.61	A
切削4型	2.46	3.87	A	2.51	3.34	A	2.27	2.97	A
切削5型	2.46	3.68	A	2.51	3.50	A	2.27	3.24	A
切削6型	2.46	3.75	B	2.51	3.42	B	2.27	3.16	B
陶瓷1型	2.46	5.64	B	2.51	5.28	B	2.27	4.49	B
陶瓷2型	2.46	4.82	B	2.51	4.57	B	2.27	4.26	B

续上表

振动带类型	测试车速（km/h），转向盘实测力矩（MPa）								
	60			80			100		
	背景值	实测值	感受	背景值	实测值	感受	背景值	实测值	感受
陶瓷 3 型	2.46	4.26	A	2.51	4.28	A	2.27	3.85	A
热熔 1 型	2.46	2.37	A	2.51	2.61	A	2.27	2.45	A
热熔 2 型	2.46	2.49	A	2.51	2.75	A	2.27	2.36	A
热熔 3 型	2.46	2.21	A	2.51	2.62	A	2.27	2.87	A
热熔 4 型	2.46	2.19	A	2.51	2.14	A	2.27	2.31	A

图 2-3-2　陶瓷道钉车道分隔线

图 2-3-3　陶瓷道钉振动带

2. 车辆机件强度

两种车型在不同类型振动带上以不同测试车速行驶时实测车轴冲击应力最大值见表 2-3-3 和表 2-3-4。分析表中结果，可以得到：

（1）铁马车在 3 个代表车速下于不同类型振动带上测试的车轴最大应力冲击值增量为 25~77MPa，其中切削式为 50~65MPa，陶瓷式为 64~77MPa，热熔式为 28~38MPa。实测最大冲击应力为 115MPa，一般钢材的抗拉强度低限值为 540MPa，实际产生的冲击应力值远远小于极限值，不会对车轴产生冲击破坏。

（2）桑塔纳 3000 在 3 个代表车速下于不同类型振动带上测试的车轴最大应力冲击值增量为 20~50MPa，其中切削式为 33~39MPa，陶瓷式为 45~60MPa，热熔式为 20~25MPa。实测最大冲击应力为 85MPa，一般钢材的抗拉强度低限值为 540MPa，实际产生的冲击应力值远远小于极限值，不会对车轴产生冲击破坏。

铁马车实测车轴冲击应力最大值　　表 2-3-3

振动带类型	测试车速（km/h），车轴冲击应力（MPa）					
	40		60		80	
	背景值	实测值	背景值	实测值	背景值	实测值
切削 1 型	42.6	101.8	38.7	97.2	35.1	87.3
切削 2 型	42.6	99.1	38.7	95.4	35.1	88.2
切削 3 型	42.6	98.2	38.7	98.1	35.1	91.7

续上表

振动带类型	测试车速（km/h），车轴冲击应力（MPa）					
	40		60		80	
	背景值	实测值	背景值	实测值	背景值	实测值
切削 4 型	42.6	102.3	38.7	92.7	35.1	93.9
切削 5 型	42.6	99.8	38.7	96.2	35.1	92.6
切削 6 型	42.6	103.1	38.7	98.9	35.1	98.7
陶瓷 1 型	42.6	119.8	38.7	115.4	35.1	110.4
陶瓷 2 型	42.6	110.5	38.7	112.6	35.1	106.4
陶瓷 3 型	42.6	107.5	38.7	105.8	35.1	102.8
热熔 1 型	42.6	75.2	38.7	72.1	35.1	75.2
热熔 2 型	42.6	68.4	38.7	76.1	35.1	73.4
热熔 3 型	42.6	62.3	38.7	78.1	35.1	69.7
热熔 4 型	42.6	73.4	38.7	72.5	35.1	64.3

桑塔纳 3000 实测车轴冲击应力最大值　　表 2-3-4

振动带类型	测试车速（km/h），车轴冲击应力（MPa）					
	60		80		100	
	背景值	实测值	背景值	实测值	背景值	实测值
切削 1 型	31.4	68.6	27.6	62.2	26.8	57.0
切削 2 型	31.4	65.2	27.6	63.9	26.8	52.2
切削 3 型	31.4	67.8	27.6	64.7	26.8	58.4
切削 4 型	31.4	69.2	27.6	66.1	26.8	56.5
切削 5 型	31.4	68.3	27.6	65.6	26.8	60.8
切削 6 型	31.4	68.0	27.6	67.4	26.8	63.7
陶瓷 1 型	31.4	81.3	27.6	85.4	26.8	72.8
陶瓷 2 型	31.4	79.8	27.6	78.7	26.8	76.7
陶瓷 3 型	31.4	85.4	27.6	75.1	26.8	73.4
热熔 1 型	31.4	56.6	27.6	52.6	26.8	45.6
热熔 2 型	31.4	53.7	27.6	50.7	26.8	42.7
热熔 3 型	31.4	49.5	27.6	53..2	26.8	45.9
热熔 4 型	31.4	51.8	27.6	49.4	26.8	38.7

第二节　路侧振动带噪声干扰分析

一、噪声干扰评价指标及测试方法

噪声干扰是指车辆碾压振动带时所产生的警示噪声对高速公路沿线居民区的干扰。参考《声环境质量标准》(GB 3096—2008)，采用声级计测得的噪声值直接进行评价。

根据《声环境质量标准》(GB 3096—2008)，声环境功能区分为5种类型，其中高速公路沿线为4类声环境功能区中的a类。对于4a类区域，《声环境质量标准》规定白天的噪声限值为70dB(A)，夜间噪声限值为55dB(A)。

噪声干扰测试方案如图2-3-4所示。测试过程中，与路线垂直方向分别布置4个测点(*A*、*B*、*C*、*D*)，测点*A*位于路肩护栏位置，测点*B*位于30m开外，测点*C*位于50m开外，测点*D*位于100m开外，记录各个测点噪声的背景值和各车型在振动带测试过程中噪声的最大值，如图2-3-5所示。

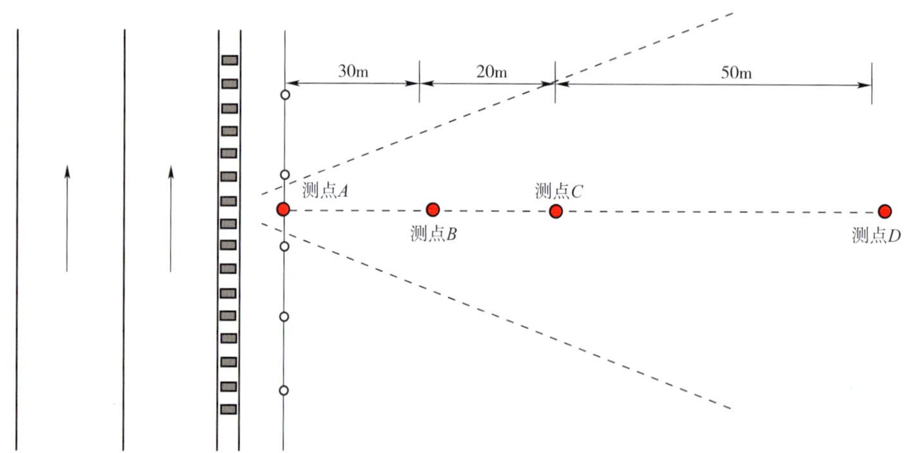

图2-3-4　噪声测点布置示意图

a)

b)

c)

图2-3-5　路侧噪声测试

二、噪声干扰结果分析

通过测试（表 2-3-5、表 2-3-6），得到图 2-3-6、图 2-3-7 的结果，分析这些结果可以得出以下规律：

（1）车辆没有碾压上振动带时，高速公路路肩位置的背景噪声变化幅值为 60~90dB（A），平均为 75~80dB（A）水平；车辆碾压振动带后，路肩位置的噪声增量不大，平均增量 4dB（A）左右，因此路侧振动带的布设对高速公路沿线居民的噪声干扰与没有布设路侧振动带时基本上没有太大差别。

（2）噪声的大小随着距离的增大会逐渐衰减，但衰减幅度不大，30m 测点位置平均衰减量为 2.5%~3%，50m 测点位置平均衰减量为 3%~4%，100m 测点位置平均衰减量为 6%~7%。按照白天 70 dB（A）的环保标准，高速公路沿线 100m 范围内（不考虑地形等隔声屏障的影响）要达到噪声环保要求比较困难，完全取决于高速公路实际通行所产生的交通噪声，振动带影响不大。

铁马车实测时各测点噪声值　　表 2-3-5

振动带类型	实测噪声值 dB（A）				
	背景值	测点 *A*	测点 *B*	测点 *C*	测点 *D*
切削 1 型	71.7	73.2	70.7	67.2	64.5
切削 2 型	66.4	68.4	67.1	68.1	64.8
切削 3 型	62.5	66.3	63.3	61.2	56.2
切削 4 型	72.3	75.3	73.3	70.6	66.4
切削 5 型	84.3	88.6	84.6	81.1	77.4
切削 6 型	81..8	84.8	79.9	76.2	71.8
陶瓷 1 型	87.3	86.5	84.5	82.7	77.6
陶瓷 2 型	80.1	84.7	81.6	78.6	72.0
陶瓷 3 型	79.5	82.3	79.3	77.5	73.4
热熔 1 型	80.5	85.2	83.9	79.6	76.1
热熔 2 型	81.7	83.1	80.1	77.7	72.4
热熔 3 型	79.8	84.7	80.1	74.1	68.4
热熔 4 型	77.2	80.9	80.1	71.9	71.0

注：测试车速取 80km/h，背景值是指没有碾压振动带时高速公路通车情况下路肩位置的噪声值。

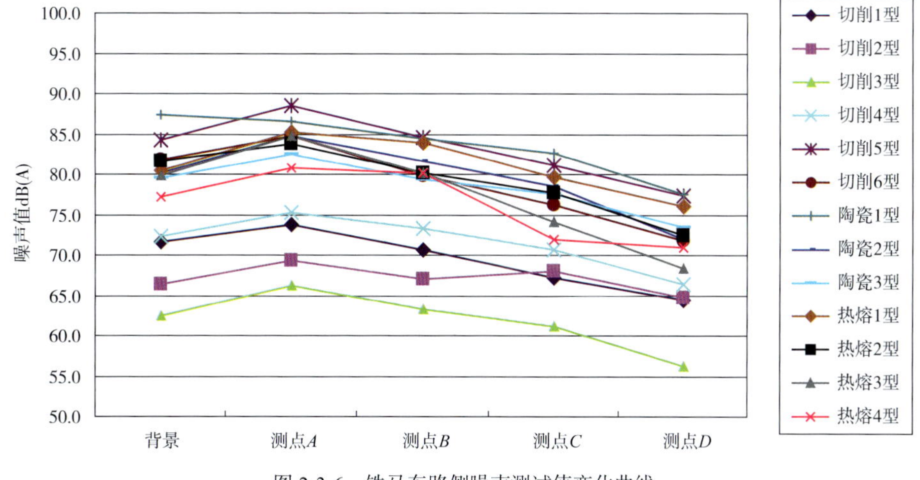

图 2-3-6　铁马车路侧噪声测试值变化曲线

桑塔纳 3000 实测时各测点噪声值　　表 2-3-6

振动带类型	实测噪声值 dB（A）				
	背景值	测点 *A*	测点 *B*	测点 *C*	测点 *D*
切削 1 型	68.0	73.2	70.6	68.2	64.1
切削 2 型	78.8	83.2	78.4	75.3	70.8
切削 3 型	75.5	86.3	82.5	80.4	75.9
切削 4 型	78.5	89.4	84.2	83.4	80.5
切削 5 型	75.7	81.8	79.6	76.8	71.6
切削 6 型	73.6	81.5	80.2	78.4	72.9
陶瓷 1 型	75.4	79.6	72.6	70.6	68.1
陶瓷 2 型	74.8	81.5	75.9	71.2	68.4
陶瓷 3 型	76.7	78.2	77.5	76.8	72.9
热熔 1 型	77.2	83.2	78.4	71.4	67.1
热熔 2 型	73.6	81.9	78.1	72.8	68.0
热熔 3 型	70.6	76.6	73.2	69.6	70.7
热熔 4 型	71.6	78.1	73.4	70.2	67.5

注：测试车速取 100km/h，背景值是指没有碾压振动带时高速公路通车情况下路肩位置的噪声值。

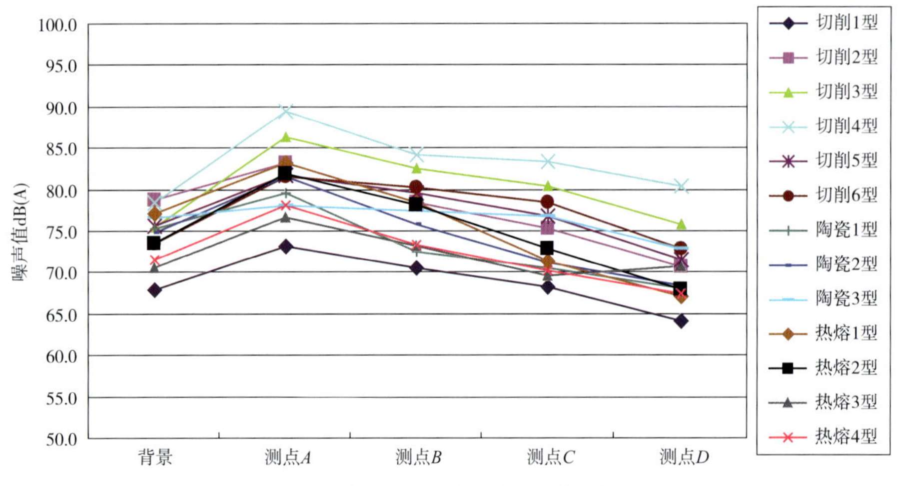

图 2-3-7　桑塔纳 3000 路侧噪声测试值变化曲线

第三节　噪声警示与振动警示关系

由于仿真模型无法模拟仿真车辆在振动带上行驶时所产生的警示噪声，而噪声警示在振动带警示效果中与振动警示具有重要作用。警示噪声的来源受多因素影响，主要包括：路面的平整度、发动机自身噪声、车速、振动带的类型、尺寸和布局，在这几大因素中，影响最大的为振动带的尺寸和布局，其次为发动机噪声，尤其是大型货车。为了合理反映振动带对噪声警示效果的影响，在上述试验测试中，测试了车辆以测试车速正常行驶时的噪声背景值以及行驶于不同类型振动带上的实际噪声值，用噪声增量评价每一种类型振动带的噪声警示效果，并把噪声值与振动带车轴振动模拟值进行曲线拟合，以合理地描述噪声与车轴振动之间的关系。

表 2-3-7~ 表 2-3-9 为桑塔纳 3000、骏铃车以及铁马车在 3 种类型振动带上测得的噪声值（关闭车

窗），由于车轴振动加速度值与实测值灰关联性很强，可以建立车轴振动加速度模拟值与实际测试噪声增量值之间的关系，如图 2-3-8~ 图 2-3-10 所示。由图可见，车轴振动加速度模拟值与实际测试噪声增量值之间具有很好的相关性，随着振动加速度值的增大，噪声增量呈线性递增关系。

车轴振动加速度模拟值与噪声增量实测值相关性分析（桑塔纳 3000）　　表 2-3-7

振动带类型	工况编号	类型编号	车速 (km/h)	车轴位置加速度均方根仿真模拟值 (m/s^2)	噪声测试值（dB）		
					背景值	实测值	噪声增量
切削式	1	类型 1	80	2.984	74.7	*	*
	2	类型 2	80	3.131	74.7	79.2	4.50
	3	类型 3	80	3.517	74.7	82.3	7.60
	4	类型 4	80	3.741	74.7	84.0	9.30
	5	类型 5	80	3.981	74.7	88.0	13.3
	6	类型 6	80	4.161	74.7	89.5	14.8
陶瓷式	7	类型 1	80	13.871	74.7	83.5	8.80
	8	类型 2	80	12.034	74.7	82.6	7.90
	9	类型 3	80	9.274	74.7	81.6	6.90
热熔式	10	类型 1	80	5.823	74.7	82.1	7.40
	11	类型 2	80	4.989	74.7	81.0	6.30
	12	类型 3	80	4.225	74.7	80.9	6.20
	13	类型 4	80	3.421	74.7	80.3	5.60

车轴振动加速度模拟值与噪声增量实测值相关性分析（骏铃车）　　表 2-3-8

振动带类型	工况编号	类型编号	车速 (km/h)	车轴位置加速度均方根仿真模拟值 (m/s^2)	噪声测试值（dB）		
					背景值	实测值	噪声增量
切削式	1	类型 1	70	3.842	77.4	*	*
	2	类型 2	70	4.523	77.4	79.1	1.70
	3	类型 3	70	4.954	77.4	78.2	0.80
	4	类型 4	70	5.489	77.4	79.8	2.40
	5	类型 5	70	6.025	77.4	79.6	2.20
	6	类型 6	70	6.987	77.4	81.6	4.20
陶瓷式	7	类型 1	70	15.486	77.4	82.4	5.00
	8	类型 2	70	14.652	77.4	81.1	3.70
	9	类型 3	70	12.543	77.4	80.5	3.10
热熔式	10	类型 1	70	3.634	77.4	82.5	5.1
	11	类型 2	70	3.245	77.4	81.9	4.5
	12	类型 3	70	3.036	77.4	81.3	3.9
	13	类型 4	70	2.983	77.4	80.2	2.8

车轴振动加速度模拟值与噪声增量实测值相关性分析（铁马车） 表 2-3-9

振动带类型	工况编号	类型编号	车速(km/h)	车轴位置加速度均方根仿真模拟值 (m/s²)	噪声测试值(dB)		
					背景值	实测值	噪声增量
切削式	1	类型 1	60	1.241	80.4	*	*
	2	类型 2	60	1.332	80.4	83.4	3.00
	3	类型 3	60	1.689	80.4	84.2	3.80
	4	类型 4	60	1.834	80.4	84.5	4.10
	5	类型 5	60	1.965	80.4	85.1	4.70
	6	类型 6	60	2.268	80.4	87.3	6.90
陶瓷式	7	类型 1	60	5.246	80.4	84.7	4.30
	8	类型 2	60	4.523	80.4	83.4	3.00
	9	类型 3	60	3.874	80.4	82.1	1.70
热熔式	10	类型 1	60	1.801	80.4	84.5	4.10
	11	类型 2	60	1.662	80.4	83.2	2.80
	12	类型 3	60	1.526	80.4	81.9	1.50
	13	类型 4	60	1.324	80.4	81.3	0.90

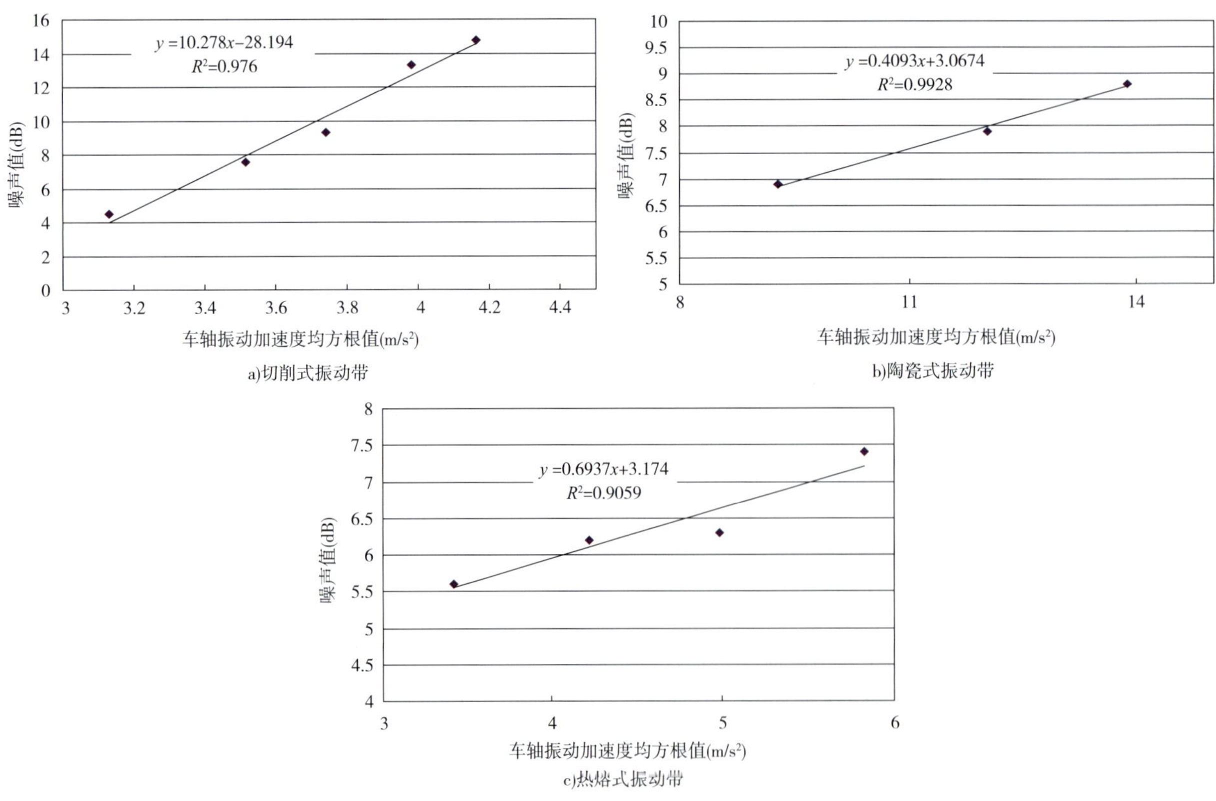

图 2-3-8 桑塔纳 3000 噪声实测值与车轴振动加速度模拟值拟合曲线

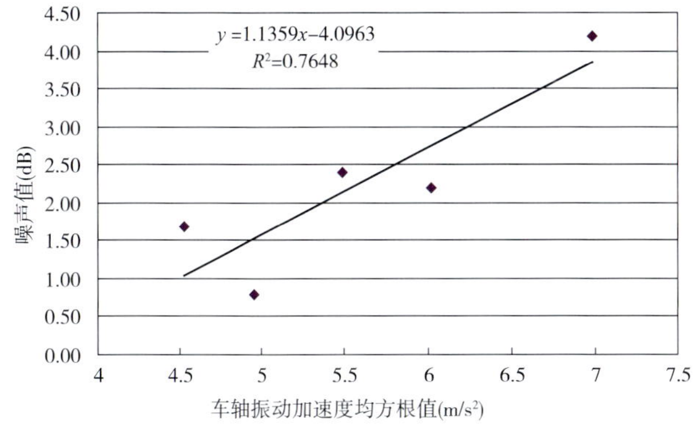

$y = 1.1359x - 4.0963$
$R^2 = 0.7648$

噪声值(dB)

车轴振动加速度均方根值(m/s²)

a)切削式振动带

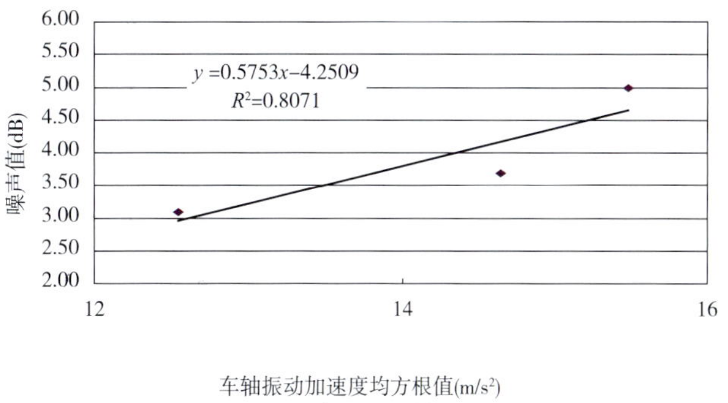

$y = 0.5753x - 4.2509$
$R^2 = 0.8071$

噪声值(dB)

车轴振动加速度均方根值(m/s²)

b)陶瓷式振动带

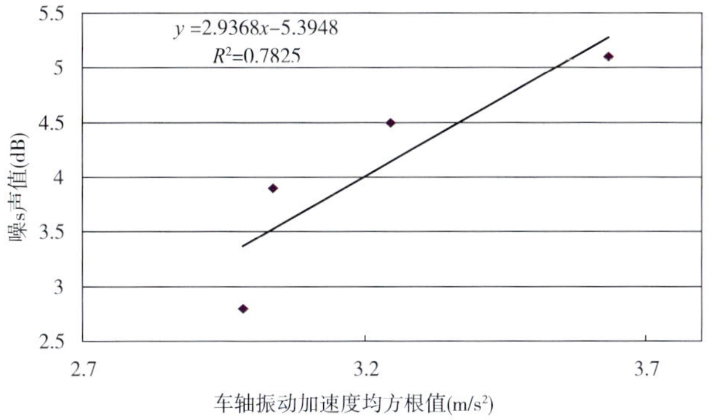

$y = 2.9368x - 5.3948$
$R^2 = 0.7825$

噪s声值(dB)

车轴振动加速度均方根值(m/s²)

c)热熔式振动带

图 2-3-9　骏铃车噪声实测值与车轴振动加速度模拟值拟合曲线

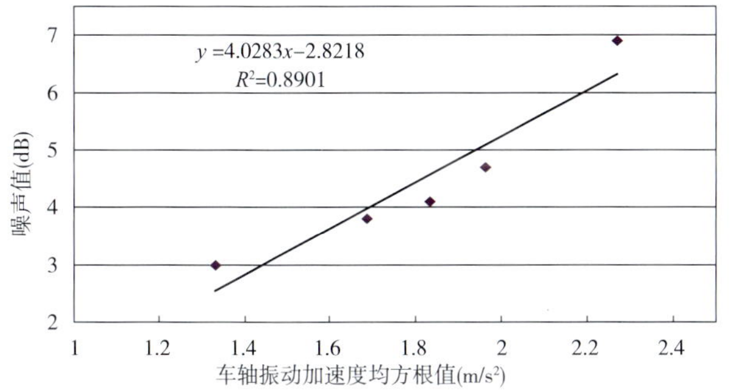

$y = 4.0283x - 2.8218$
$R^2 = 0.8901$

噪声值(dB)

车轴振动加速度均方根值(m/s²)

a)切削式振动带

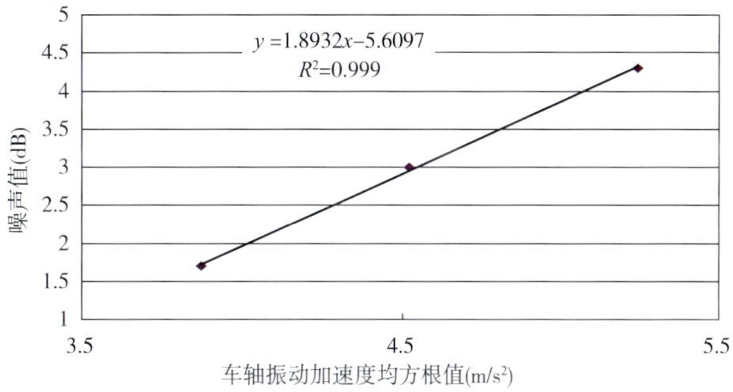

$y = 1.8932x - 5.6097$
$R^2 = 0.999$

噪声值(dB)

车轴振动加速度均方根值(m/s²)

b)陶瓷式振动带

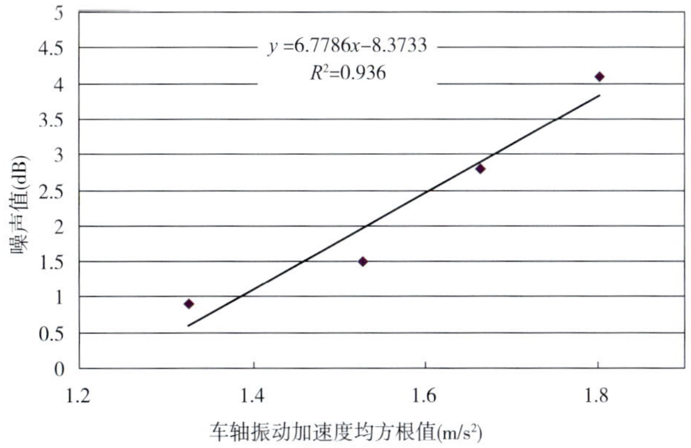

$y = 6.7786x - 8.3733$
$R^2 = 0.936$

噪声值(dB)

车轴振动加速度均方根值(m/s²)

c)热熔式振动带

图 2-3-10　铁马车噪声实测值与车轴振动加速度模拟值拟合曲线

根据以上分析，除了骏铃车噪声增量与模拟车轴振动加速度之间相关性稍差外，桑塔纳 3000 与铁马车相关性很高，噪声增量与模拟车轴振动加速度之间基本呈线性递增关系，这为后续振动带尺寸设计及平面布过程中的噪声预测提供了依据。

第四章　路侧振动带警示效果评价

第一节　振动带警示效果的评价标准

一、振动警示效果评价标准

振动警示效果的评价，即对车辆平顺性进行评价。国际上对车辆平顺性的评价经历了三个阶段。第一阶段为 20 世纪 70 年代，第一次出版了车辆平顺性的评价方法——《人承受全身振动的评价指南》（ISO2631）。第二阶段为 1970~1985 年，该阶段主要对《人承受全身振动的评价指南》（ISO2631）不断补充、修正。车辆平顺性的评价以短时间简谐振动实验为基础。第三阶段为 1985 至今，为了评价长时间作用下的随机振动和多点、多轴向输入振动环境，对人体的影响时，能与主观感觉更好地符合。在通过一系列试验测试的基础上，于 1997 年出版《人承受全身振动的评价——第一部分：一般要求》（ISO2631 — 1：1997（E））。

车辆驶过路侧振动带时，不仅车辆本身会产生剧烈的振动，同时坐在车辆座椅上的驾驶人也会产生相应的振动，相比普通公路路面不平度引起的车辆振动，路侧振动带产生的振动有以下特征：

（1）振动持续时间短。车辆由于路面不平度所引起的振动是一个随机过程。在对行驶在普通公路上的车辆进行平顺性评价时，都采用一个较长的统计时间。路侧振动带所产生的振动警示作用，主要是提示疲劳状态的驾驶人，驾驶人一旦从昏睡状态醒觉过来，就会将车辆开回正常行车道。因此，由振动带引起的振动持续时间较短。

（2）振动幅度大。振动带是人为的在路面上制造不平度。因此，车辆在普通公路行驶由于路面不平度所引起的振动远小于路侧振动带引起的振动。

选取驾驶人座椅上车轴竖向加速度均方根值作为振动警示效果评价指标。一般情况下，总是希望车轴竖向加速度大，这样驾驶人座椅上的竖向加速度就比较大，所产生的警示效果将会更好。通过对《人承受全身振动的评价——第一部分：一般要求》（ISO2631—1：1997（E））平顺性评价标准以及驾驶人实验过程中对振动带所产生振动的主观感觉，以座椅位置的竖向加速度均方根值建立了路侧振动带振动警示效果评判标准，并对振动警示效果进行了分级，见表 2-4-1。

基于座椅位置振动加速度的振动警示评判标准　　表 2-4-1

座椅加速度均方根值（m/s^2）	人的主观感觉	振动警示效果等级
<0.30	没有不舒适	Ⅰ级
0.30~0.60	有一点不舒适	Ⅱ级
0.60~0.90	不舒适	Ⅲ级
0.90~1.20	相当不舒适	Ⅳ级
>1.20	很不舒适	Ⅴ级

但在振动带实际尺寸设计及平面布局过程中，动力学仿真模型车轴位置的振动加速度均方根值，

由于尽量排除了不同类型车辆由于减振装置不同而导致的差异，实际模拟的值为车轴位置的加速度均方根值。为了评价振动带的设计合理性，必须在以上评价标准的基础上，提出一个基于车轴位置加速度均方根值的评价标准。在此，引入一个减振系数 ξ 的概念。

减振系数 ξ 是指车辆在振动带上行驶时，座椅位置加速度均方根值与车轴位置加速度均方根值的比值。计算公式如下：

$$\xi=\frac{1}{n}\sum_{i=1}^{n}\frac{a_i}{a'_i} \tag{2-4-1}$$

式中：n——各种振动带的设计类型数；

a_i——座椅位置测得的加速度均方根值；

a'_i——车轴位置测得的加速度均方根值。

根据实际测试，可以分别计算得到桑塔纳 3000 在切削式振动带上的减振系数为 0.14，在陶瓷道钉上的减振系数为 0.07，在热熔式上的减振系数为 0.09；骏铃车在切削式振动带上的减振系数为 0.15，在陶瓷道钉上的减振系数为 0.12，在热熔式上的减振系数为 0.22；铁马车在切削式振动带上的减振系数为 0.38，在陶瓷道钉上的减振系数为 0.26，在热熔式上的减振系数为 0.34。

根据以上减振系数，可以计算得到不同类型振动带基于车轴位置竖向加速度均方根值的振动警示评价标准，见表 2-4-2~ 表 2-4-4。

基于车轴位置振动加速度的振动警示评判标准（桑塔纳 3000）　表 2-4-2

车轴加速度均方根值（m/s^2）			人的主观感觉	振动警示效果等级
切削式	热熔式	陶瓷式		
<2.1	<3.3	<4.3	没有不舒适	Ⅰ级
2.1~3.5	3.3~6.7	4.3~8.6	有一点不舒适	Ⅱ级
3.5~5.3	6.7~10.0	8.6~12.9	不舒适	Ⅲ级
5.3~7.0	10.0~13.3	12.9~17.0	相当不舒适	Ⅳ级
>7.0	>13.3	>17.0	很不舒适	Ⅴ级

基于车轴位置振动加速度的振动警示评判标准（骏铃车）　表 2-4-3

车轴加速度均方根值（m/s^2）			人的主观感觉	振动警示效果等级
切削式	热熔式	陶瓷式		
<2.0	<1.4	<2.5	没有不舒适	Ⅰ级
2.0~4.0	1.4~2.7	2.5~5.0	有一点不舒适	Ⅱ级
4.0~6.0	2.7~4.1	5.0~7.5	不舒适	Ⅲ级
6.0~8.0	4.1~5.5	7.5~10.0	相当不舒适	Ⅳ级
>8.0	>5.5	>10.0	很不舒适	Ⅴ级

基于车轴位置振动加速度的振动警示评判标准（铁马车）　表 2-4-4

车轴加速度均方根值（m/s^2）			人的主观感觉	振动警示效果等级
切削式	热熔式	陶瓷式		
<0.8	<0.9	<1.2	没有不舒适	Ⅰ级
0.8~1.6	0.9~1.8	1.2~2.3	有一点不舒适	Ⅱ级
1.6~2.4	1.8~2.6	2.3~3.5	不舒适	Ⅲ级
2.4~3.2	2.6~3.5	3.5~4.6	相当不舒适	Ⅳ级
>3.2	>3.5	>4.6	很不舒适	Ⅴ级

从以上振动警示效果评判标准可以看出，车型不同，减振效果也不同。对于桑塔纳 3000，车辆减振效果好，即使车轴承受较大的冲击和颠簸，反映到驾驶人座椅位置的振动和颠簸要弱很多。因此，若以小车为设计车型，振动带的评价标准中的振动加速度值要高一点。而对于减振性能较差的铁马车，由于采用减振弹簧，效果比桑塔纳 3000 要差很多，车轴较小的冲击和振动能够轻易地反应到驾驶人座椅处，从驾驶人感觉角度出发，其所能够承受的车轴振动加速度值要小，所以振动带的评价标准中的振动加速度值要低。此外，振动带类型不同，对车辆产生振动的机理有所差异，切削式振动带为凹置式，陶瓷道钉和热熔型为突起式，且高度不同，达到同样的警示效果对应车轴的振动加速度均方根值不同。

二、噪声效果评价标准

噪声警示是振动带两种警示途径之一。人耳对高频声音，特别对于 1~5kHz 的声音比较敏感，而对低频声音，特别是对 100Hz 以下的可听声不敏感，且频率越低越不敏感。也就是说，声压级相同的声音，由于频率不同所产生的主观感觉不一样。为了使声音的客观量度和人耳听觉主观感觉接近，在测量声音的仪器上一般都装置了对频率计权网络。它对所接受的声音按频带设一定的衰减来模拟人耳的听觉特性。通常采用 A 计权来模拟人耳听觉的感应。因此选取 A 计权的声级作为评价噪声警示效果的指标。

国外学者通过大量的试验提出了噪声警示标准。美国学者 Outcault 提出：噪声变化 1dB（A）人耳是感觉不出来，噪声变化 3 dB（A）是人耳能分辨出来的阈值，增加 6 dB（A）人耳能很轻易的分辨，增加 10dB（A）给人耳的感觉就是两倍的大，增加 20dB（A）给人耳的感觉就是 4 倍的大。Myer and Walton（2002）认为正常人只有在很理想的环境下才能分辨 1dB（A）噪声的变化，同时认为噪声变化 3dB（A）是一般人能感觉到的阈值，同时指出增加 4dB（A）足以警示那些处于疲劳状态的驾驶人。

结合路侧振动带的噪声警示试验，Elefteriadou et al.（2000）提出，在正常的公路行驶，车内噪声增加 4dB（A）才能起到警示处于疲劳状态的驾驶人，并且噪声至少要持续了 0.35s 才能保证驾驶人觉醒。路侧振动带能增加 10~15dB（A）最佳，噪声增加值超过 15dB（A），会给驾驶人带来不利的影响，可能会造成短时间的惊吓，而导致交通事故。因此，噪声警示的效果与以下因素有关：①背景噪声，如驾驶人在车辆的噪声；②人体的精神状态；③人体个性的差别；④车辆的行驶速度。

国产汽车与进口汽车发动机性能差别较大。一般情况下国产汽车发动机消声效果差，重型货车尤为突出，重型货车以 60km/h 行驶在高速公路室内噪声维持在 80~82dB（A）。根据桑塔纳 3000、骏铃以及铁马车噪声测试结果、背景噪声和驾驶人主观感受，提出以 70 dB（A）和 80 dB（A）为背景噪声的振动带噪声警示评判标准，并将警示效果分为表 2-4-5 的 4 个级别。

噪声警示评判标准　　表 2-4-5

背景噪声 dB（A）	振动带所增加的噪声值｛ΔdB（A）｝	警示效果等级
70（小客车）	＜4	Ⅰ级
	4~10	Ⅱ级
	10~15	Ⅲ级
	＞15	Ⅳ级
80（货车）	＜6	Ⅰ级
	6~12	Ⅱ级
	12~17	Ⅲ级
	＞17	Ⅳ级

注：Ⅰ级警示效果一般，Ⅱ级警示效果较好，Ⅲ级警示效果最佳，Ⅳ级瞬间增大分贝过大。

第二节 设计要素变化对警示效果的影响

一、陶瓷道钉振动带设计要素变化对警示效果的影响

1. 铁马车影响规律分析

根据模拟铁马车在陶瓷道钉上以 60km/h 设计车速行驶时的仿真结果，可以获得振动警示与噪声警示随着陶瓷道钉的排距以及净距变化的影响规律，如图 2-4-1 所示。

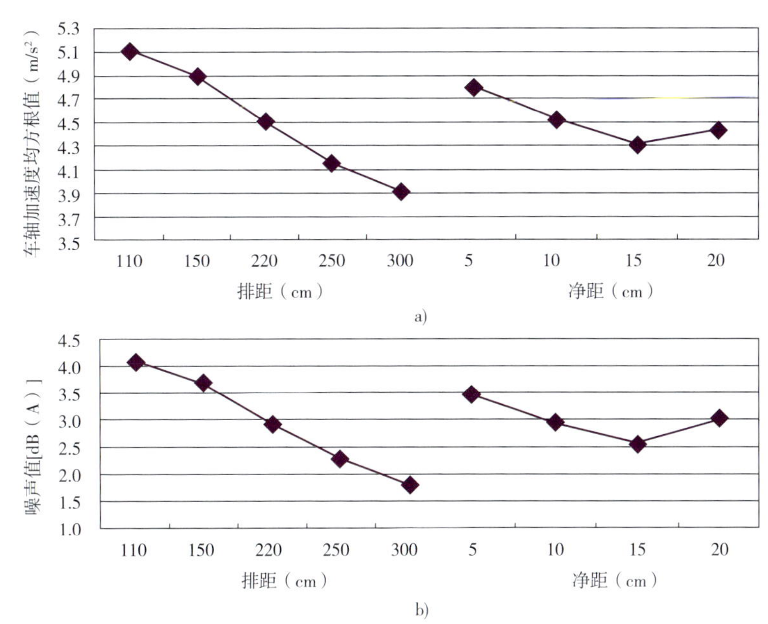

图 2-4-1 陶瓷道钉设计要素变化对噪声警示作用的影响规律（铁马车）

分析图 2-4-1 可以看出：

（1）陶瓷道钉排距对铁马车的振动警示以及噪声警示影响最大，净距影响较小。

（2）根据铁马车警示效果判断标准，振动警示效果很强烈，处于四级至五级水平，噪声警示效果很差，仅为一级水平，振动警示为主，噪声警示为辅。

（3）如果以重型货车作为振动带设计车型，陶瓷道钉振动带的设计要素推荐为：排距 a 设计为 300cm，净距 b 设计为 10cm。

2. 桑塔纳 3000 影响规律分析

根据模拟桑塔纳 3000 在陶瓷道钉上以 80km/h 设计车速行驶时的仿真结果，可以获得振动警示与噪声警示随着陶瓷道钉的排距以及净距变化的影响规律，如图 2-4-2 所示。

分析图 2-4-2 可以看出：

（1）陶瓷道钉排距对桑塔纳 3000 的振动警示以及噪声警示影响最大，净距影响较小。

（2）根据桑塔纳 3000 警示效果判断标准，振动警示效果强烈，处于三级至四级警示水平，噪声警示效果适中，处于二级水平，振动警示为主，噪声警示为辅。

（3）如果以桑塔纳 3000 作为振动带设计车型，陶瓷道钉振动带的设计要素推荐为：排距 a 设计为 300cm，净距 b 设计为 10cm。

3. 骏铃车影响规律分析

根据模拟骏铃车在陶瓷道钉上以 70km/h 设计车速行驶时的仿真结果，可以获得振动警示与噪声警示随着陶瓷道钉的排距以及净距变化的影响规律，如图 2-4-3 所示。

分析图 2-4-3 可以看出：

（1）陶瓷道钉排距对骏铃车的振动警示以及噪声警示影响最大，净距影响较小。

（2）根据骏铃车警示效果判断标准，振动警示效果很强烈，处于五级警示水平，噪声警示效果适中，处于一级至二级水平，振动警示为主，噪声警示为辅。

（3）如果以骏铃车作为振动带设计车型，陶瓷道钉振动带的设计要素推荐为：排距 a 设计为 300cm，净距 b 设计为 10cm。

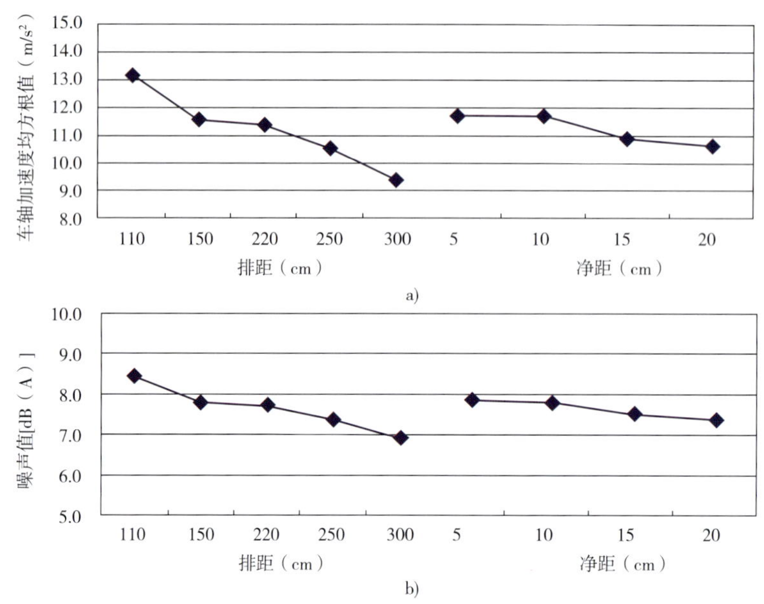

图 2-4-2　陶瓷道钉设计要素变化对噪声警示作用的影响规律（桑塔纳 3000）

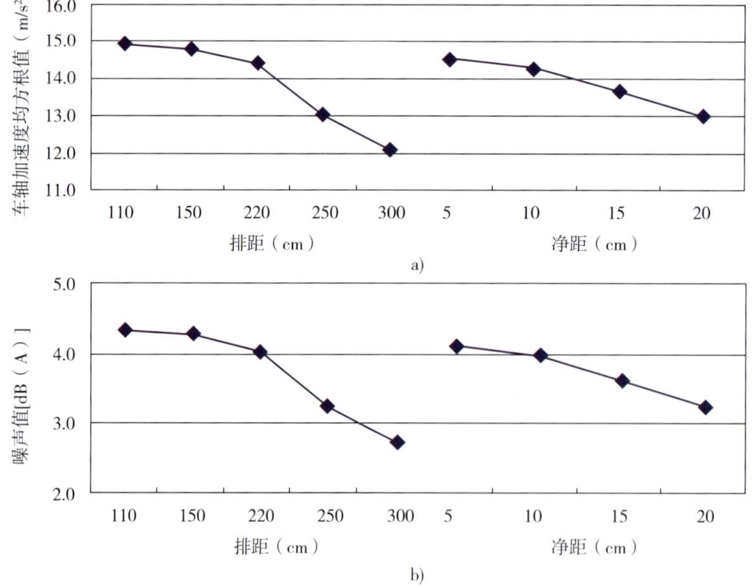

图 2-4-3　陶瓷道钉设计要素变化对噪声警示作用的影响规律（骏铃车）

二、切削式振动带设计要素变化对警示效果的影响

1. 铁马车影响规律分析

根据模拟铁马车在切削式振动带上以 60km/h 设计车速行驶时的仿真结果，可以获得振动警示与

噪声警示随着切削式振动带设计要素变化的影响规律，如图 2-4-4 所示。

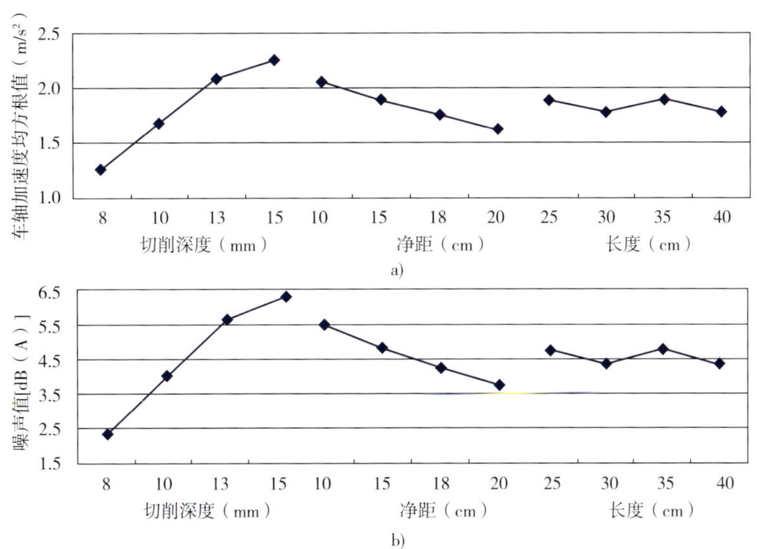

图 2-4-4 切削式设计要素变化对噪声警示作用的影响规律（铁马车）

分析图 2-4-4 可以看出：

（1）切削深度以及净距对铁马车的振动警示以及噪声警示影响最大，长度影响较小。

（2）根据铁马车警示效果判断标准，振动警示效果一般，处于三级水平，噪声警示效果一般，处于一级警示水平，振动警示为主，噪声警示为辅。

（3）如果以重型货车作为振动带设计车型，切削式振动带的设计要素推荐为：切削深度 c 设计为 15mm，净距 d 设计为 10~15cm，宽度设计为 30~40cm。

2. 桑塔纳 3000 影响规律分析

根据模拟桑塔纳 3000 在切削式振动带上以 80km/h 设计车速行驶时的仿真结果，可以获得振动警示与噪声警示随着切削式振动带设计要素变化的影响规律，如图 2-4-5 所示。

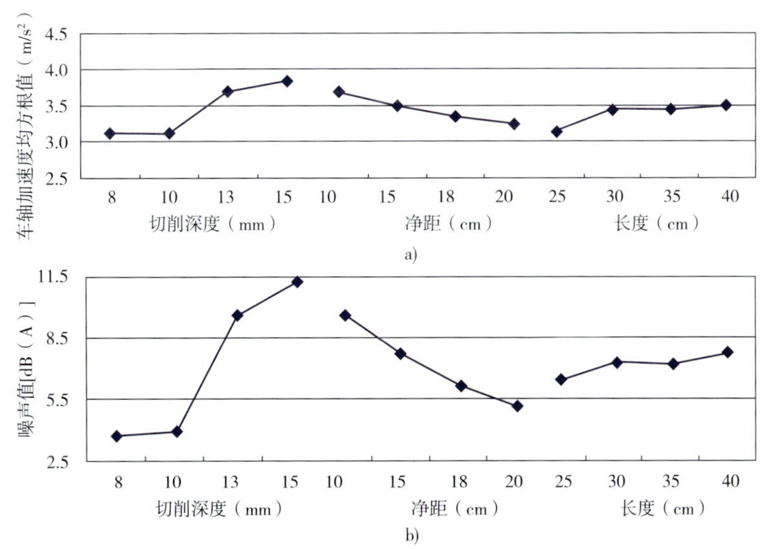

图 2-4-5 切削式设计要素变化对噪声警示作用的影响规律（桑塔纳 3000）

分析图 2-4-5 可以看出：

（1）切削深度、净距对桑塔纳 3000 振动警示以及噪声警示影响最大，长度影响较小。

（2）根据桑塔纳 3000 警示效果判断标准，振动警示效果较强烈，处于三级至四级水平，噪声随切削深度的增大呈大幅提高，当切削深度达到 13mm 时，噪声警示效果非常明显，处于三级警示水平，振动警示与噪声警示共同影响。

（3）如果以桑塔纳 3000 作为振动带设计车型，切削式振动带的设计要素推荐为：切削深度 c 设计为 13mm，净距 d 设计为 10~15cm，宽度设计为 30~40cm。

3. 骏铃车影响规律分析

根据模拟骏铃车在切削式振动带上以 70km/h 设计车速行驶时的仿真结果，可以获得振动警示与噪声警示随着切削式振动带设计要素变化的影响规律，如图 2-4-6 所示。

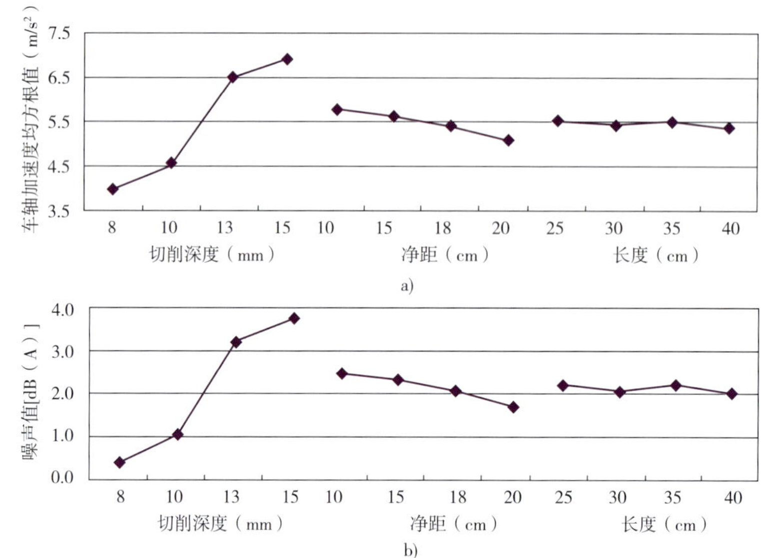

图 2-4-6　切削式设计要素变化对噪声警示作用的影响规律（骏铃车）

分析图 2-4-6 可以看出：

（1）切削深度对骏铃振动警示以及噪声警示影响最大，净距和长度影响较小。

（2）根据骏铃警示效果判断标准，振动警示效果较强烈，处于三级水平，噪声警示较弱，处于一级警示水平，振动警示为主，噪声警示为辅。

（3）如果以骏铃作为振动带设计车型，切削式振动带的设计要素推荐为：切削深度 c 设计为 13mm，净距 d 设计为 10~15cm，宽度设计为 30~40cm。

三、热熔式振动带设计要素变化对警示效果的影响

1. 铁马车影响规律分析

根据模拟铁马车在切削式振动带上以 60km/h 设计车速行驶时的仿真结果，可以获得振动警示与噪声警示随着热熔式振动带设计要素变化的影响规律，如图 2-4-7 所示。

分析图 2-4-7 可以看出：

（1）三个设计要素对于重型铁马货车来讲，振动警示效果总体比较弱，凸块的高度对铁马车的振动警示影响最大，平面尺寸和排距影响较小。

（2）根据铁马车警示效果判断标准，振动警示效果一般，处于二级水平，噪声警示效果一般，处于一级警示水平，振动警示与噪声警示均不明显。

（3）如果以重型货车作为振动带设计车型，不推荐使用热熔式路侧振动带。

2. 桑塔纳 3000 影响规律分析

根据模拟桑塔纳 3000 在热熔式振动带上以 80km/h 设计车速行驶时的仿真结果，可以获得振动警示与噪声警示随着热熔式振动带设计要素变化的影响规律，如图 2-4-8 所示。

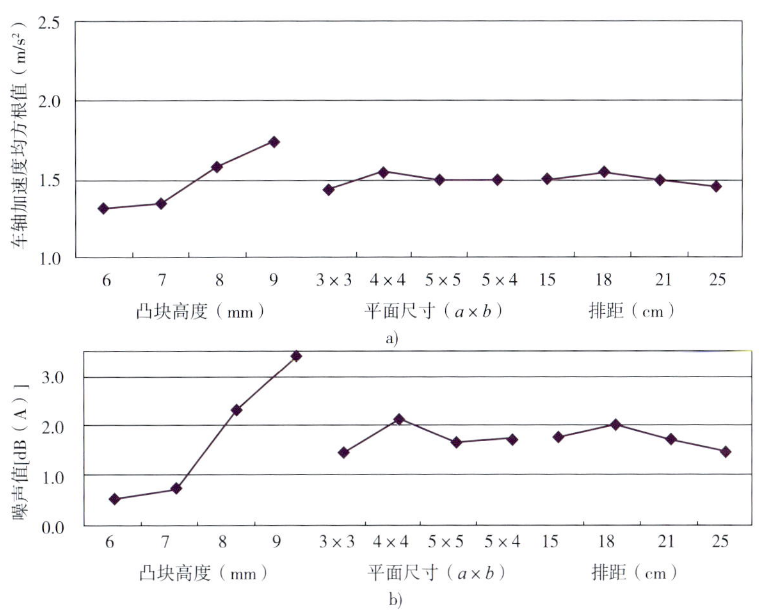

图 2-4-7 热熔式设计要素变化对噪声警示作用的影响规律（铁马车）

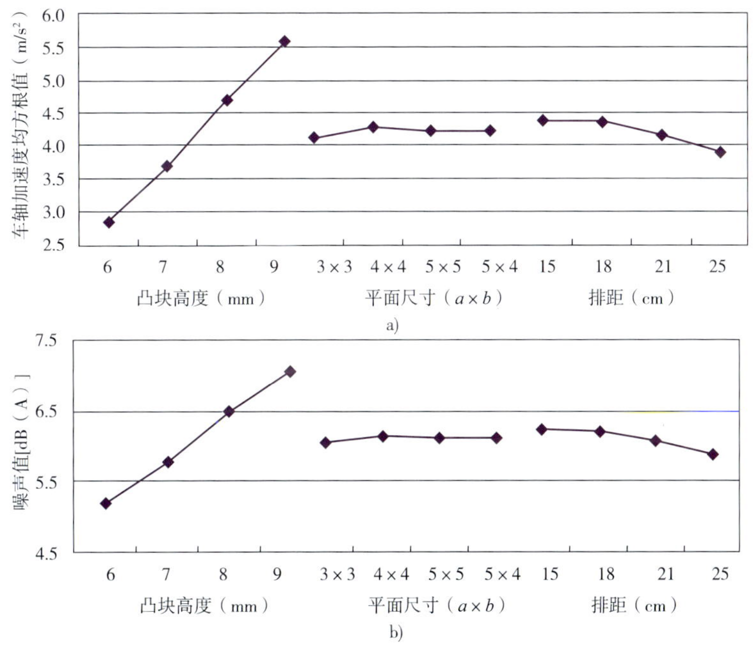

图 2-4-8 热熔式设计要素变化对噪声警示作用的影响规律（桑塔纳 3000）

分析图 2-4-8 可以看出：

（1）热熔式振动带凸块的高度对小轿车振动警示和噪声警示影响最大，凸块的平面尺寸影响较小，随着排距的增大振动警示效果和噪声警示效果逐渐减弱。

（2）根据桑塔纳 3000 警示效果判断标准，振动警示效果较强烈，处于二级警示水平，噪声随凸块的增大呈大幅提高，噪声警示效果比较明显，处于二级警示水平，振动警示与噪声警示共同作用影响。

（3）如果以桑塔纳 3000 作为振动带设计车型，热熔式振动带的设计要素推荐为：凸块高度 c 设计为 8~9mm，凸块平面尺寸 $a \times b$ 可取为 3cm × 3 cm 或 4 cm × 4 cm，凸块排距取为 15~18cm。

3. 骏铃车影响规律分析

根据模拟骏铃车在热熔振动带上以 70km/h 设计车速行驶时的仿真结果，可以获得振动警示与噪声警示随着热熔式振动带设计要素变化的影响规律，如图 2-4-9 所示。

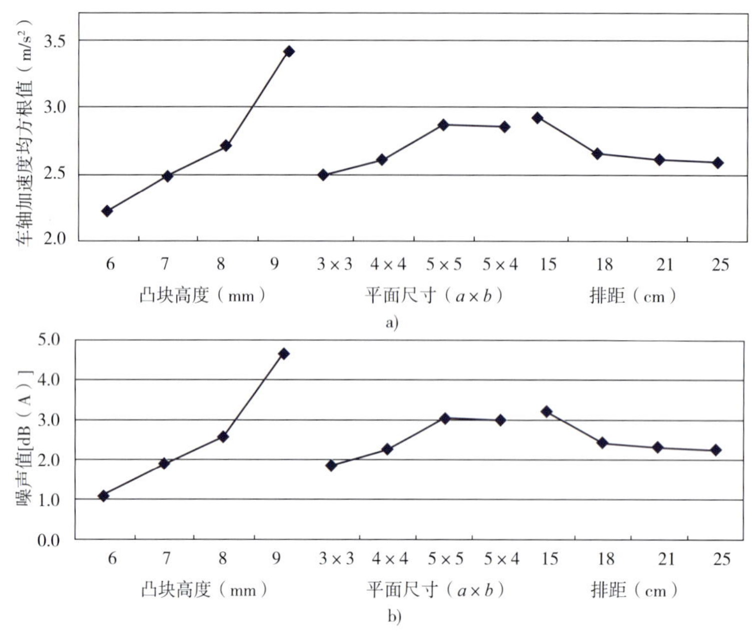

图 2-4-9　热熔式设计要素变化对噪声警示作用的影响规律（骏铃）

分析图 2-4-9 可以看出：

（1）热熔式振动带凸块的高度对骏铃振动警示以及噪声警示影响最大，而凸块的平面尺寸和排距影响较小。

（2）根据骏铃警示效果判断标准，振动警示效果一般，二级警示水平，噪声警示较弱，处于一级警示水平，振动警示与噪声警示效果一般。

（3）如果以骏铃作为振动带设计车型，不推荐使用热熔式振动带。

噪声增量值与车轴加速度均方根值的关系模型，见表 2-4-6。

噪声增量值与车轴加速度均方根值的关系模型　　表 2-4-6

试验车型	振动带类型	
	切削式振动带	热熔式振动带
桑塔纳 3000	y=10.278x−28.194 R^2=0.976	y =0.6937x+ 3.1740 R^2=0.9059
骏铃车	y=1.1359x−4.0963 R^2=0.7648	y=2.9368x−5.3948 R^2=0.7825
铁马车	y=4.0283x−2.8218 R^2=0.8901	y=6.7786x−8.3733 R^2=0.9360
试验车型	陶瓷式振动带	
桑塔纳 3000	y=0.4093x+3.0674　R^2=0.9928	
骏铃车	y=0.5753x−4.2509　R^2=0.8071	
铁马车	y=1.8932x−5.6097　R^2=0.9990	

注：式中 x 为车轴振动加速度均方根模拟值 (m/s²)，y 为噪声增量预测值［dB（A）］。

第五章　路侧振动带设计方法和流程

第一节　振动带主要尺寸设计

一、设计车型及振动带类型选择

振动带的警示是通过振动警示和噪声警示达到警示效果。但不同类型的振动带对于不同类型的车辆，振动和噪声所起的作用有主次之分，有的是振动占主导，有的是噪声占主导，有的是两者兼有，见表 2-5-1。

各类型振动带警示效果　　　　表 2-5-1

振动带类型	桑塔纳 3000		骏铃车		铁马车	
	振动警示	噪声警示	振动警示	噪声警示	振动警示	噪声警示
切削式振动带	◎	●	◎	○	◎	○
热熔式振动带	◎	●	◎	○	○	○
陶瓷道钉振动带	●	◎	●	◎	●	○

注：●表示警示效果好，◎表示警示效果一般，○表示警示效果弱。

对于以铁马车、骏铃车为代表的货车车型，尤其是大型货车，由于自身发动机噪声原因，背景噪声很大，噪声警示效果不明显，唯有通过振动警示方能达到效果。对于以桑塔纳 3000 为代表车型的小客车，由于密闭性好，背景噪声小，噪声警示效果明显比振动警示强。因此对于振动带的设计，设计车型的选定直接影响振动带类型的选择。

根据研究所选定的三类代表车型，设计车型可以分为两类：第一类为小客车，第二类为大型货车。如果高速公路交通量中小客车占据绝大比例，则以小客车为设计车型，优先选择切削式振动带，反之，优先选择陶瓷道钉振动带。

由于切削式振动带需要对铺装层进行浅层切削处理，对于桥梁、隧道等道面铺装比较薄的路段，可以选用陶瓷道钉振动带。陶瓷道钉振动带采用外黏式施工法，对道面不产生破坏。

二、振动带分级设计

1. 切削式振动带

振动带设计尺寸的改变会导致警示效果产生变化。根据桑塔纳 3000 在切削式振动带上行驶时设计要素变化与警示效果（噪声增量以及车轴位置加速度均方根值）的变化规律，可以将切削式振动带的警示级别分成 3 级，各级别的警示效果和设计要素建议值见表 2-5-2。分级的目的在于用户可以根据不同场合和具体对切削式振动带加以选择。

切削式振动带分级设计　　表 2-5-2

警示级别	警示指标		警示效果	设计要素建议值	
	噪声增量[dB（A）]	车轴振动加速度均方根值（m/s^2）		切削深度 c（mm）	净距 d（mm）
1 级	≤ 4	≤ 3.2	一般	≤ 10	≥ 18
2 级	4~9	3.2~3.8	良	10~13	15~18
3 级	＞ 9	＞ 3.8	优	＞ 13	＜ 15

2. 热熔式振动带

振动带设计尺寸的改变会导致警示效果产生变化。根据桑塔纳 3000 在热熔式振动带上行驶时设计要素变化与警示效果（噪声增量以及车轴位置加速度均方根值）的变化规律，可以将热熔式振动带的警示级别分成 3 级，各级别的警示效果和设计要素建议值见表 2-5-3。分级的目的在于用户可以根据不同场合和具体对热熔式振动带加以选择。

热熔式振动带分级设计　　表 2-5-3

警示级别	警示指标		警示效果	设计要素建议值		
	噪声增量[dB（A）]	车轴振动加速度均方根值（m/s^2）		凸块高度 c（mm）	凸块尺寸（$a \times b$）（cm）	排距（cm）
1 级	≤ 4	≤ 2.2	一般	≤ 6	3 × 3	18
2 级	4~6	2.2~4.5	良	6~8	4 × 4	16/17
3 级	＞ 6	＞ 4.5	优	＞ 8	4 × 4	15

3. 陶瓷式振动带

陶瓷道钉设计尺寸的改变会导致警示效果产生变化。根据铁马车在陶瓷振动带上行驶时设计要素变化与警示效果（噪声增量以及车轴位置加速度均方根值）的变化规律，可以将陶瓷式振动带的警示级别分成 3 级，各级别的警示效果和设计要素建议值见表 2-5-4。分级的目的在于用户可以根据不同场合和具体要求对陶瓷式振动带加以选择。

陶瓷式振动带分级设计　　表 2-5-4

警示级别	警示指标		警示效果	设计要素建议值	
	噪声增量[dB（A）]	车轴振动加速度均方根值（m/s^2）		排距 a（m）	净距 b（cm）
1 级	≤ 1	≤ 2	一般	4~5	10~15
2 级	1~2	2~4	良	3~4	10
3 级	2~4	＞ 4	优	2~3	10

4. 分级设计适用条件

不同形式振动带分级设计的适用条件，见表 2-5-5~ 表 2-5-7。

切削式振动带分级设计适用条件　　表 2-5-5

分　级	适　用　条　件
1 级	对噪声有限制要求的路段
2 级	除桥梁、隧道以外的一般路段
3 级	疲劳、疏忽驾驶交通事故高发的长直路段

注：长直路段包括平直路段、直线下坡路段、直线上坡路段，长度以 1km 为判断标准。

热熔式振动带分级设计适用条件　　表 2-5-6

分　级	适　用　条　件
1 级	对噪声有限制要求的路段
2 级	含桥梁、隧道在内的一般路段
3 级	疲劳、疏忽驾驶交通事故高发的长直路段

陶瓷式振动带分级设计适用条件　　表 2-5-7

分　级	适　用　条　件
1 级	对噪声有限制要求的路段、桥隧衔接路段
2 级	一般路段、桥隧衔接路段
3 级	疲劳、疏忽驾驶交通事故高发的长直路段、桥梁路段、隧道进出口路段

第二节　振动带布设宽度和布置偏距

一、振动带布设宽度

切削式路侧振动带和陶瓷道钉式路侧振动带，其设计尺寸及平面布局相关设计要素分别如图 2-5-1 和图 2-5-2 所示。

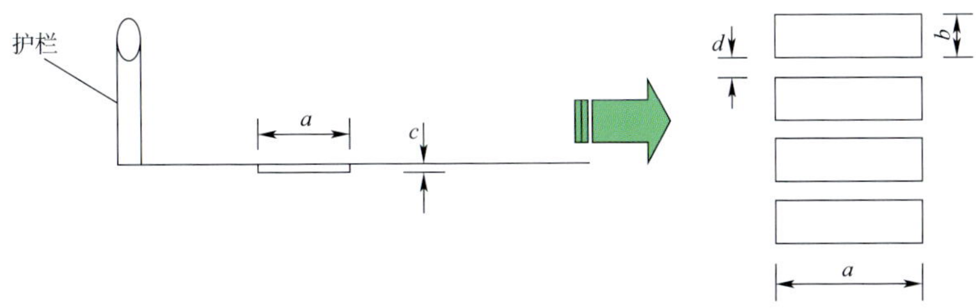

设计要素	*a*	*d*	*c*	*b*
字符含义	振动带长度	振动带净距	振动带深度	振动带宽度

图 2-5-1　切削式振动带布置图

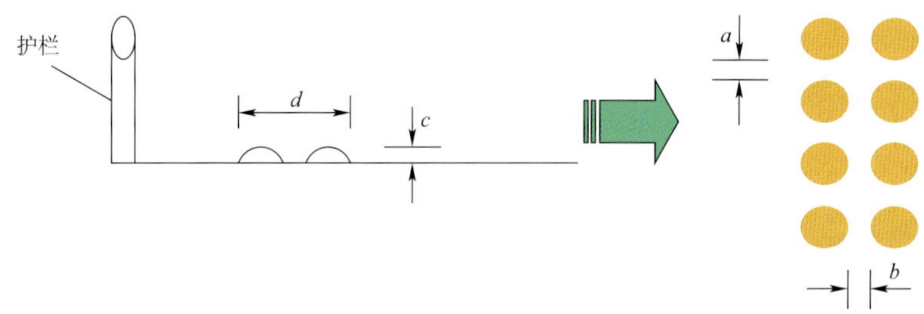

设计要素	a	b	c	d
字符含义	陶瓷道钉排距	陶瓷道钉净距	陶瓷道钉高度	陶瓷道钉宽度

图 2-5-2　陶瓷道钉振动带布置图

振动带的布置宽度是指垂直于行车方向的长度。对于切削式振动带而言是指图 2-5-1 中的 a 值，对于陶瓷道钉式振动带是指图 2-5-2 中的 d 值。从以上分析可以看出，动带的长度对振动带所产生警示效果没有太大影响，但是振动带的长度决定了振动、噪声警示持续的时间。根据 Elefteriadou.et.al（2000）的研究结论，增加 4dB（A）或以上的噪声要让处于疲劳状态的驾驶人能够醒过来，噪声持续的时间最少要 0.35s。因此，我们可以通过以下的方法来确定振动带最小长度。根据对重庆高速公路实际发生的多宗 ROR 事故现场分析结果，处于疲劳驾驶状态的车辆一般以 3° 左右的角度与边实线相切的方式偏离行车道，车辆驶离行车道的速度为 50~80km/h。如图 2-5-3 所示。驾驶人由于疲劳等原因，车辆以与行车道成 3° 从 A 点开始驶出，当到达 B 点时，驾驶人从昏睡状态醒觉过来。可以通过式（2-5-1）求得路侧振动带最小宽度：

$$a \geqslant v \times t \times \sin\theta \qquad (2\text{-}5\text{-}1)$$

式中：a——路侧振动带长度，m；

v——车辆偏离行车道时速度，m/s；

t——车辆振动持续时间，s；

θ——车辆偏离行车道角度，(°)。

考虑最不利情况，车辆偏离行车道时速度按 80km/h 计算，驾驶人从昏睡状态醒过来时间取 0.35s，将 v=22.2m/s，t=0.35s，按 3° 的偏离角代入式（2-5-1），可得振动带的长度 a 最小取值应为 40cm。考虑到实际车辆行驶于振动带上产生的噪声通常情况下要比 4dB（A）大，而且加上突然振动的刺激影响，清醒的时间用不到 0.35s，因此，上述值可以适当折减，但最少不得低于 30cm。

图 2-5-3　振动带最小长度计算示意图

二、振动带布置偏距

振动带的布置偏距是指振动带布置位置远离车行道边实线的距离，如图 2-5-4 中的 C 值。

偏距的合理取定需要考虑两个方面的因素：一是对车辆能否起到足够的警示作用；二是考虑高速公路一旦发生紧急事件，救援车辆借道路肩行驶时对车辆的干扰情况或日常养护车辆能否正常通行。

对于第一个因素，有两种比较极端的情况：其一，偏距 C 值取得非常小，甚至为负数（如振动带布置在行车道内），对车辆起警示效果的目的达到了，但由于振动带离行车道太近，致使行车道车辆在正

常驾驶状态下增大碾压振动带的概率，影响车辆行驶，即“干扰过度现象”。其二，偏距值 C 取得太大，一旦发生疲劳驾驶、疏忽驾驶事件时，振动带难以及时起到警示作用，减少了驾驶人进一步采取避险措施的时间和空间，即“干扰不足现象”。

对于第二个因素，即使路肩上设置了振动带，也要保证紧急情况下救援车辆能够在路肩上正常行驶或保证日常养护车辆能够借道路肩行驶，满足日常养护作业需要。

振动带的偏距取值原则是：在保证振动带警示效果的前提下，尽量满足紧急救援和养护车辆正常通行需要。

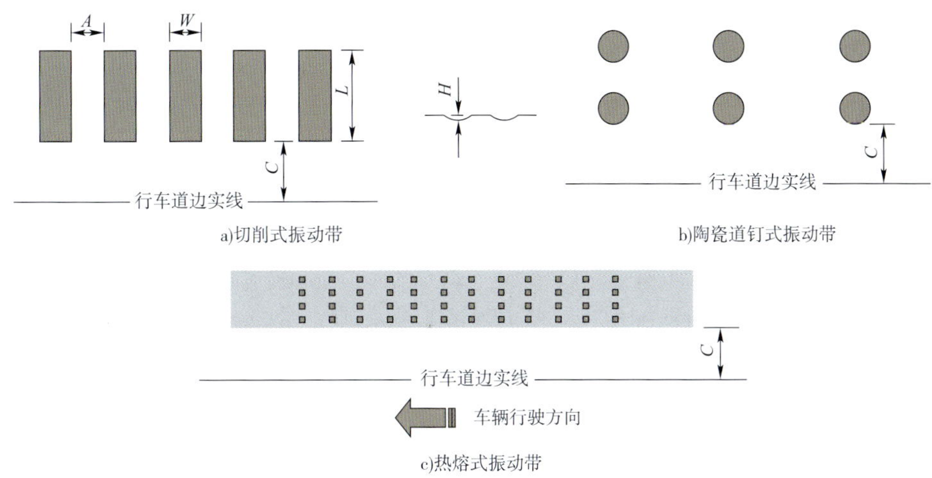

图 2-5-4　路侧振动带布置偏距示意图

1. 考虑路肩车辆通行情况下的偏距取值

根据《公路路线设计规范》(JTG D20—2006)，我国高速公路右侧路肩的宽度根据设计车速不同为 1.25~3.75m，见表 2-5-8。

我国高速公路路肩宽度　　表 2-5-8

设计车速(km/h)	硬路肩(m)		土路肩(m)		路肩宽度(m)
	一般值	最小值	一般值	最小值	
120	3 或 3.5	3	0.75	0.75	3.25~3.75
100	3	2.5	0.75	0.75	2.75~3.75
80	2.5	1.5	0.75	0.75	1.25~2.75

图 2-5-5 为高速公路常见的日常养护车辆，其车辆净宽 1.6m，考虑行驶时的两侧净空，正常行驶的宽度一般为 2.2m。为此，可根据路肩宽度和车辆通行的最小宽度以及振动带的布设宽度，并考虑警示效果，建议的振动带偏距值见表 2-5-9。

图 2-5-5　日常养护车辆

2. 不考虑路肩车辆通行情况下的偏距取值

如果路肩不考虑日常养护车辆通行，偏距的取值主要取决于振动带的警示效果，可参考表 2-5-10 的偏距建议值。

路肩通车情况下振动带布置偏距建议取值 表 2-5-9

路肩宽度（cm）	铺设振动带后余宽（cm）			建议偏距值（cm）		
	振动带 30cm	振动带 35cm	振动带 40cm	振动带 30cm	振动带 35cm	振动带 40cm
375	120	115	110	30	30	30
370	115	110	105	30	30	30
365	110	105	100	30	30	30
360	105	100	95	30	30	20
355	100	95	90	30	20	20
350	95	90	85	20	20	20
345	90	85	80	20	20	20
340	85	80	75	20	20	20
335	80	75	70	20	20	20
330	75	70	65	20	20	20
325	70	65	60	20	20	20
320	65	60	55	20	20	20
315	60	55	50	20	20	20
310	55	50	45	20	20	10
305	50	45	40	20	10	10
300	45	40	35	10	10	10
295	40	35	30	10	10	10
290	35	30	25	10	10	10
285	30	25	20	10	10	10
280	25	20	15	10	10	10
275	20	15	10	10	10	10
270	15	10	5	10	10	0
265	10	5	0	10	0	0
260	5	0	余宽不足	0	0	—
255	0	余宽不足	余宽不足	0	—	—
250	0	余宽不足	余宽不足	0	—	—

注：路肩宽度为路肩全宽扣除波形护栏安装后的宽度（扣除 50cm）。余宽不足可以通过减少振动带的长度来达到要求，但振动带的最小长度不得低于 30cm。

路肩不通车情况下振动带布置偏距建议取值　　表 2-5-10

路肩宽度（cm）	铺设振动带后余宽（cm）			建议偏距值（cm）		
	振动带 30cm	振动带 35cm	振动带 40cm	振动带 30cm	振动带 35cm	振动带 40cm
375	345	340	335	30	30	30
370	340	335	330	30	30	30
365	335	330	325	30	30	30
360	330	325	320	30	30	30
355	325	320	315	30	30	30
350	320	315	310	30	30	30
345	315	310	305	30	30	30
340	310	305	300	30	30	30
335	305	300	295	30	30	20
330	300	295	290	30	20	20
325	295	290	285	20	20	20
320	290	285	280	20	20	20
315	285	280	275	20	20	20
310	280	275	270	20	20	20
305	275	270	265	20	20	20
300	270	265	260	20	20	20
295	265	260	255	20	20	20
290	260	255	250	20	20	20
285	255	250	245	20	20	20
280	250	245	240	20	20	20
275	245	240	235	20	20	20
270	240	235	230	20	20	20
265	235	230	225	20	20	20
260	230	225	220	20	20	20
255	225	220	215	20	20	20
250	220	215	210	20	20	20
245	215	210	205	20	20	20
240	210	205	200	20	20	20
235	205	200	195	20	20	15
230	200	195	190	20	15	15
225	195	190	185	15	15	15
220	190	185	180	15	15	15
215	185	180	175	15	15	15

续上表

路肩宽度（cm）	铺设振动带后余宽（cm）			建议偏距值（cm）		
	振动带 30cm	振动带 35cm	振动带 40cm	振动带 30cm	振动带 35cm	振动带 40cm
210	180	175	170	15	15	15
205	175	170	165	15	15	15
200	170	165	160	15	15	15
195	165	160	155	15	15	15
190	160	155	150	15	15	15
185	155	150	145	15	15	15
180	150	145	140	15	15	15
175	145	140	135	15	15	15
170	140	135	130	15	15	15
165	135	130	125	15	15	15
160	130	125	120	15	15	15
155	125	120	115	15	15	15
150	120	115	110	15	15	15
145	115	110	105	15	15	15
140	110	105	100	15	15	15
135	105	100	95	15	15	15
130	100	95	90	15	15	15
125	95	90	85	15	15	15

注：路肩宽度为路肩全宽扣除波形护栏安装后的宽度（扣除 50cm）。

第三节　振动带视觉诱导与特殊路段的布置

一、视觉诱导及其作用

不同波长的光能能引起人眼不同的颜色感觉，人眼对不同波长光的感受性不同。物理学家测量了人眼对等能光谱不同波长光的感受性后发现，眼睛对光谱 555nm 黄绿色光感受性最高。若将光谱 555nm 的光谱感受性定为 1.00，可求出人眼对其他波长与 555nm 波长光的感受性之比值，得到视觉光谱感受性曲线，简称视觉曲线，如图 2-5-6 所示。

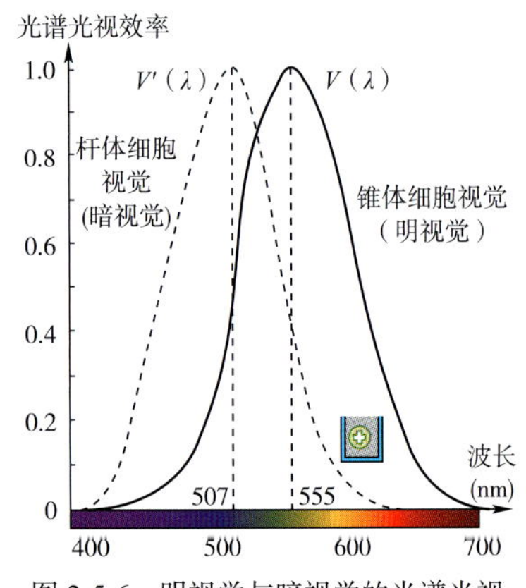

图 2-5-6　明视觉与暗视觉的光谱光视效率曲线

从图 2-5-6 可以看出，在夜晚（暗视觉），波长为 475~525nm 范围内以蓝色和绿色光光视效率最高（> 0.8）；在白天（明视觉），波长为 525~580nm 范围内以绿色和黄色光光视效率最高（> 0.8）。

振动带的主要功能为警示处于疲劳驾驶、疏忽驾驶状态下的车辆返回正常行驶路线，为事后被动预防，其基于事前主动预防的视觉诱导功能并未发挥出来。一般来讲，在正常驾驶过程中，通过视觉诱导，可让驾驶人提前预知振动带的存在而操控车辆不碾压上去，达到行车

安全的目的，这就是振动带视觉诱导功能，属于事前主动预防。如何达到主动预防，振动带的可视性至关重要。通过色彩或者夜间反光材料的合理使用，可以大大提高振动带的可视性（光视效率），增大振动带的视觉诱导功能，达到事前主动预防目的。

二、振动带视觉诱导色彩选择

1. 切削式振动带

切削式振动带的视觉诱导分白天和夜晚两种情况。目前国内切削式振动带施工完成后并未对其行车诱导功能进行挖掘，在灰黑背景的沥青路面上开挖的浅层凹槽，仍然为灰黑色，与背景色属于同一色系，缺乏对比度，驾驶人难以辨别，等车辆碾压上去后才发现路肩上设置了振动带。

白天的诱导功能可以通过在切削式振动带凹槽之间的净距位置涂刷条状彩漆来实现。彩漆色彩的选择在符合国家相关规范要求的前提下，以提高与沥青路面灰黑色背景的对比度和光视效率为原则。根据图 2-5-7 可知，可以采用光视效率较高的橙黄色标线漆，涂刷间距可按行车道分隔线 2~3 倍要求进行（每次涂刷 6m 长，间距 12 至 18m），线宽与振动的长度相同。

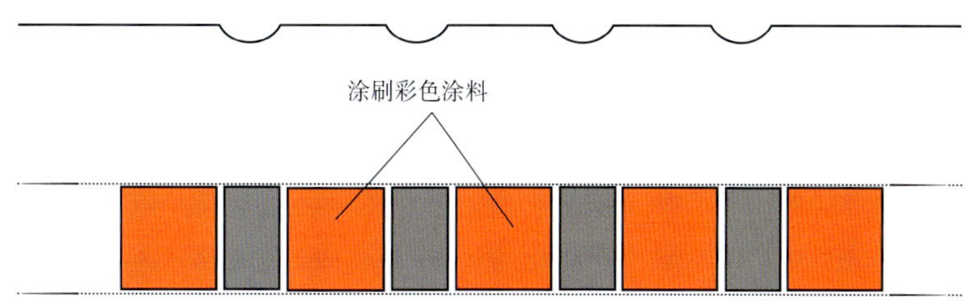

图 2-5-7　切削式振动带白天视觉诱导图

夜间的视觉诱导功能可以通过在切削式振动带凹槽内涂刷彩色反光材料来实现，反光材料的色彩依据图 2-5-8 可以选用草绿色，反光凹槽的间距可以参照边实线反光道钉 2~3 倍的间距执行。

2. 热熔式振动带

热熔式振动带的视觉诱导通过两个方面来实现：一是选择合适的涂料颜色。目前用得最多的是白色和橙黄色，从白天视觉诱导效果来看，橙黄色为首选，其次为白色；二是在涂料里面添加反光玻璃珠，可以加强夜间行车诱导。

3. 陶瓷道钉振动带

陶瓷道钉为成品材料，采用外黏式施工法。由于陶瓷道钉为凸起状，即使不进行外观色彩处理，也具备较好的可视性。根据图 2-5-9 可知，具备条件时，陶瓷道钉外观色彩应该优先考虑采用草绿色，其次为橙黄色和白色。

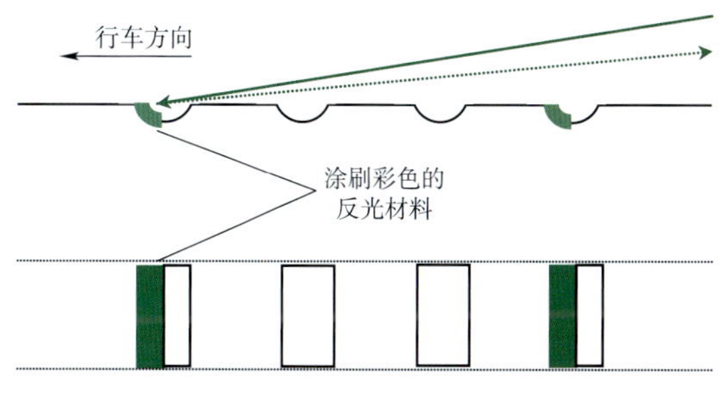

图 2-5-8　切削式振动带夜间视觉诱导图

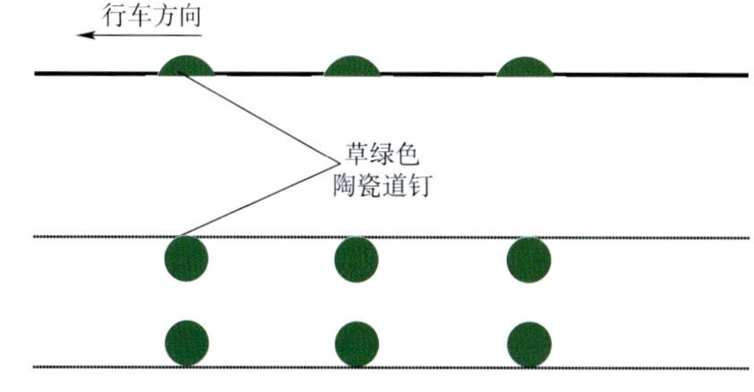

图 2-5-9　陶瓷道钉振动带视觉诱导图

三、特殊路段的振动带布置

振动带整体布局是指不同方案振动带布置衔接和特征点位振动带布置。特征点位主要包括桥梁路

段、隧道路段、加速车道和减速车道。

1. 振动带衔接过渡段布置

在一些特殊路段，由于受地形的限制或设置条件的改变，必须设置不同方案的路侧振动带。不同方案振动带由于布局位置有所差异，为了防止在驾驶人行车过程中振动带位置产生局部跳跃性变化，不同布局位置的振动带之间必须要有一个衔接过渡段，过渡段长度不小于 30m。

2. 加减速车道振动带布置

振动带不宜在加减速车道区域内设置。为保证车辆能顺利进出加减速车道，防止部分车辆进出时可能带来的颠簸和不适，由行车道进入减速车道前，宜空留 15m 长度不设置振动带，由加速车道进入行车道后，宜空留 15m 长度不设置振动带。加减速车道路段振动带布置如图 2-5-10~ 图 2-5-13 所示。

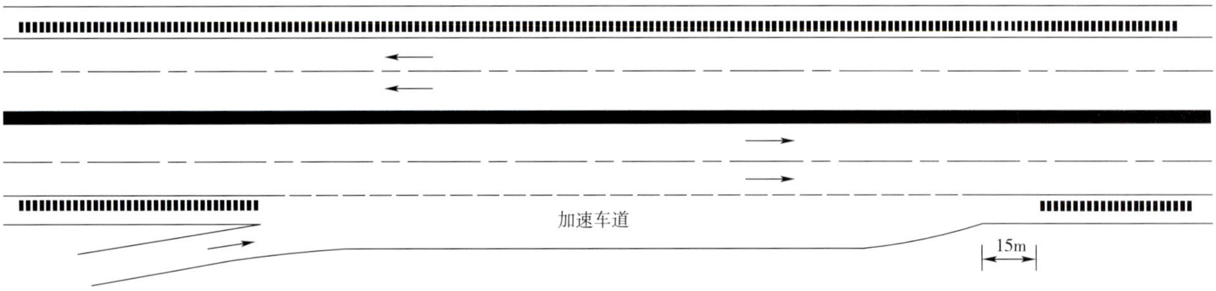

图 2-5-10　加速车道振动带布局图（切削式振动带）

图 2-5-11　加速车道振动带布局图（陶瓷道钉式振动带）

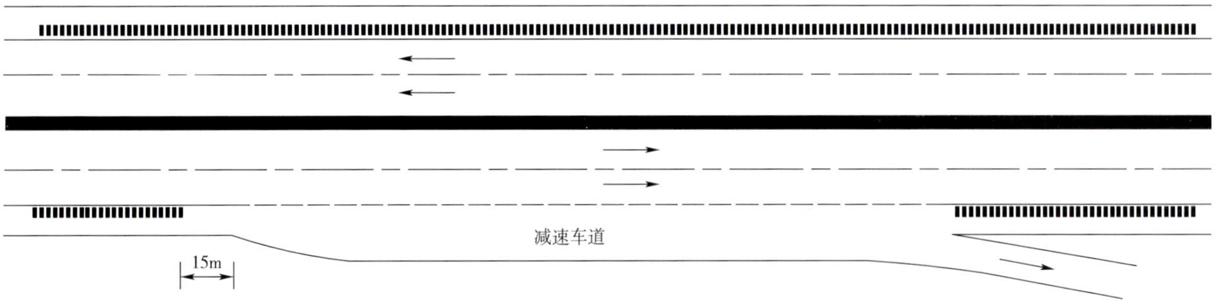

图 2-5-12 减速车道振动带布局图（切削式振动带）

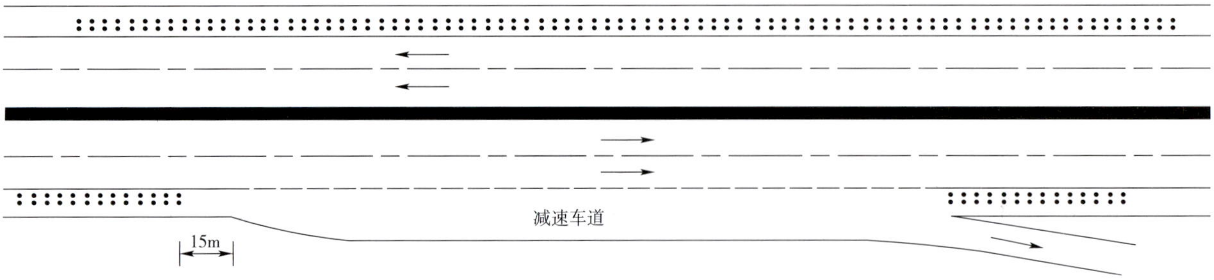

图 2-5-13 减速车道振动带布局图（陶瓷道钉振动带）

3. 桥梁路段振动带布置

桥梁路段振动带布置如图 2-5-14 所示。桥梁路段振动带宜采用陶瓷道钉振动带。为了保证驾驶人行驶于桥梁上视觉范围内振动带适应性和一定的延续性，对于长度 200m 以上的桥梁，宜在进入桥梁之前 80m 范围内（按 100km/h 行驶速度下 3s 的行驶距离进行计算）提前设置陶瓷道钉振动带；在离开桥梁之后 40m 范围内（按 100km/h 行驶速度下 1.5s 的行驶距离进行计算）继续设置陶瓷道钉振动带。对于长度在 100~200m 的桥梁，以上过渡段长度折半计算；对于长度在 100m 以下的桥梁，不设置过渡段。

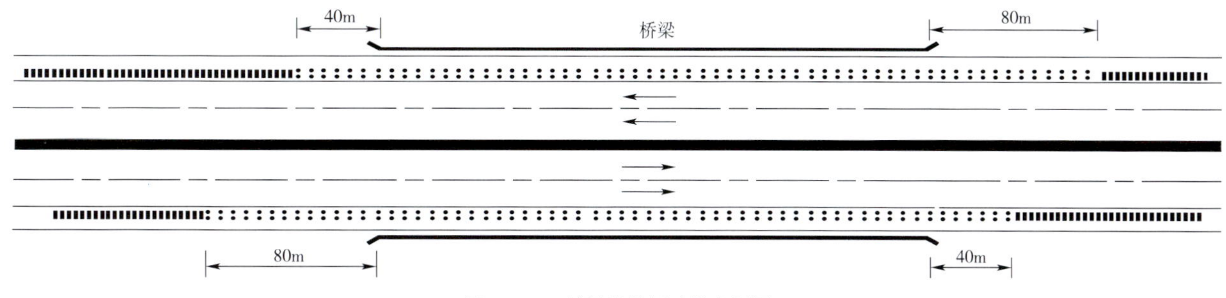

图 2-5-14　桥梁路段振动带布局图

4. 隧道进出口振动带布置

在隧道进出口位置，由于道路突然变窄，驾驶人由于疲劳、疏忽等原因常导致事故发生，如撞击隧道端墙、撞隧道壁等，隧道进出口成为事故高发地段。在隧道进出口，可以通过设置颜色比较醒目的路侧振动带来及时提醒驾驶人注意路况的变化，提高隧道进出口位置交通安全。路侧振动带布设宜在进入隧道前 80m 范围内（按 100km/h 行驶速度下 3s 的行驶距离进行计算），在离开隧道之后 40m 范围内（按 100km/h 行驶速度下 1.5s 的行驶距离进行计算）进行布设，如图 2-5-15 所示。隧道路段进出口振动带宜采用陶瓷道钉式振动带。隧道内由于受路肩的限制，不宜设置路侧振动带。

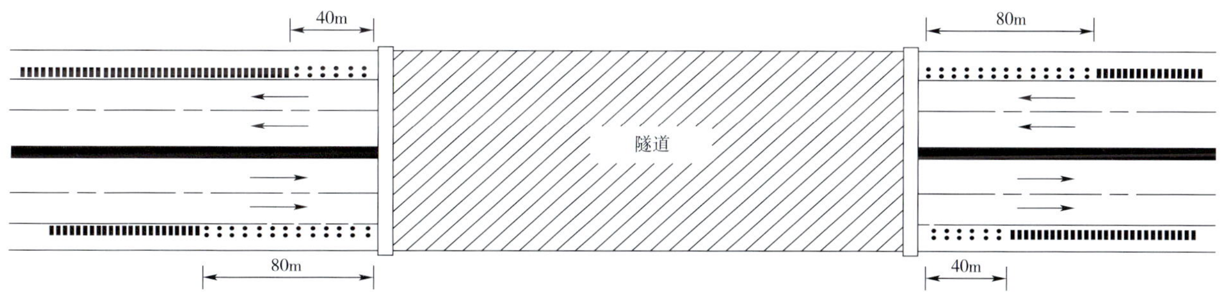

图 2-5-15　隧道路段振动带布局图

5. 桥隧衔接路段振动带布置

对于山区高速公路，桥隧数量多，切削式振动带和陶瓷道钉振动带的合理衔接至关重要。振动带的衔接在保证警示效果前提下，类型转换不应过于频繁。长度 100m 以上的桥梁，如果与隧道衔接段的长度低于 500m，衔接段上宜采用陶瓷道钉振动带；长度 50~100m 的桥梁，如果与隧道衔接段的长度低于 300m，衔接段上宜采用陶瓷道钉振动带；长度 50m 以下的桥梁，如果与隧道衔接段的长度低于 100m，衔接段上宜采用陶瓷道钉振动带。

6. 交叉口振动带布置

交叉口范围内（含立交和平交）不设置路侧振动带。在驶入交叉口之前 50m 范围内不设置路侧振动带，在驶出交叉口之后 50m 范围内不设置路侧振动带。

第四节　路侧振动带设计流程

路侧振动带设计流程，如图 2-5-16 所示。

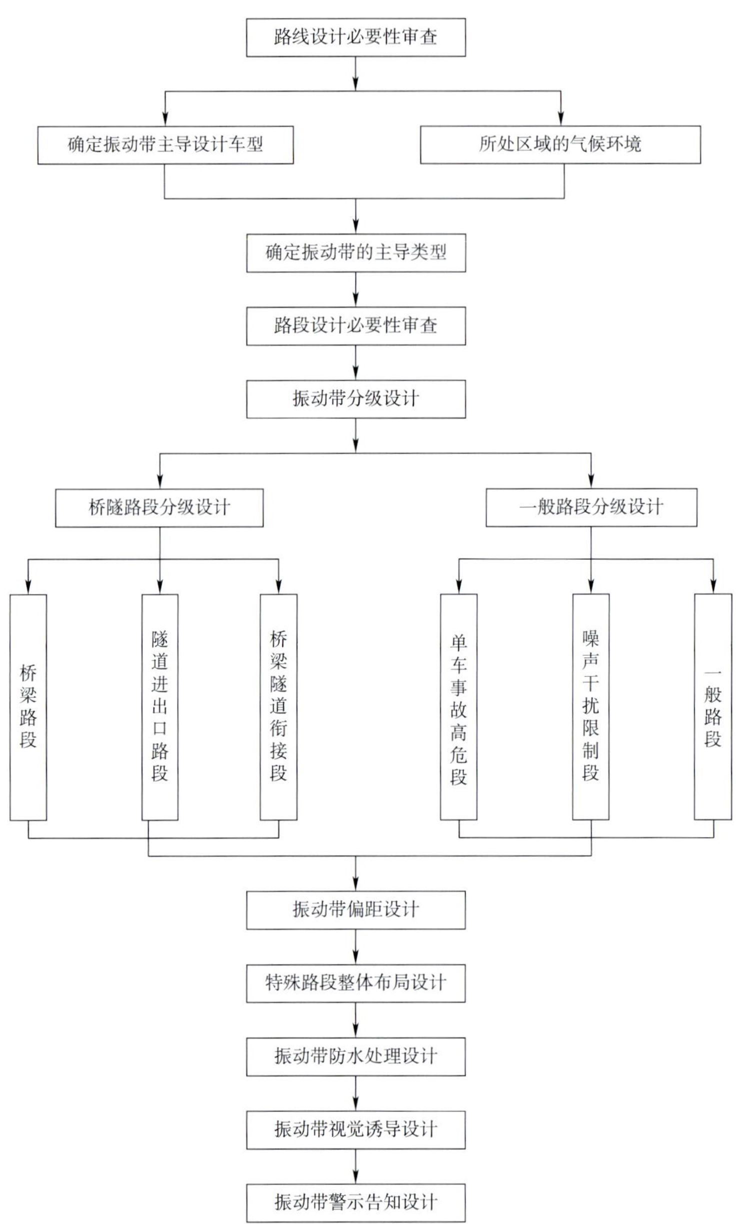

图 2-5-16　路侧振动带设计流程图

一、路线设计必要性审查

路线设计必要性审查，是审查全线有无设置振动带的必要，可通过交通事故资料的调查分析确定。交通事故可收集近 1~2 年高速公路上发生的资料，重点调查以单车事故为特征的路侧交通事故，主要有：撞击路侧护栏事故，翻入路侧边沟事故，撞击路侧养护人员或养护车辆事故，撞击路侧临时停放的车辆或下车行人事故，路侧翻车事故等。调查的项目，包括事故发生的时间、车型、原因、伤亡人数、路段特征，以明确设置振动带的必要性，见表 2-5-11。

路侧振动带设置必要性建议　　表 2-5-11

单车事故数量占据事故总数量的比例	路侧振动带设置建议
＜20%	可以考虑设置
20%~40%	建议设置
40%~60%	强烈建议设置
≥60%	必须设置

二、振动带设计车型和类型选择

振动带设计车型和类型选择，可以通过调查高速公路近 1~2 年以来交通量的变化情况，以及货车和小客车比例的变化情况予以确定，见表 2-5-12。

根据高速公路货车比例确定振动带设计车型　　表 2-5-12

货车占据高速公路交通量的比例	建议振动带的设计车型	建议振动带的类型
＜20%	小客车	切削式振动带，热熔式振动带
20%~40%	小客车、货车	切削式为主，陶瓷式为辅
＞40%	货车	陶瓷式为主，切削式为辅

注：货车主要包括中型货车及重型货车。

气候类型主要指是否存在季节性积雪气候，若有，为便于铲雪作业需要，建议选用切削式振动带，不宜采用陶瓷道钉式振动带。

三、路段设计必要性审查

路段设计必要性审查是指在局部路段，由于存在大中修以及道面破损等原因可能不能设置路侧振动带。路段设计必要性调查通过两个方面来确定：第一，大中修任务安排调查，主要调查半年内是否存在大中修计划安排，如果有，则建议放弃设置振动带，待大中修完成后再择机实施。第二，路肩道面破损现状调查，主要评价现在的路肩状态是否符合设置振动带的条件，如表 2-5-13。

沥青路面路肩表面破损状况及路侧振动带设置建议　　表 2-5-13

每 100m 长路肩表面裂缝面积与路肩面积比	有否伴有松散或破损现象	
	有	无
＜20%	设置	设置
20%~50%	不设置	设置
＞50%	不设置	不设置

注：每 100m 长路肩表面裂缝面积与路肩面积比，是指 100m 范围内存在明显裂缝的大致面积与路肩总面积的比。

四、振动带分级设计

1. 桥隧路段的分级设计

（1）桥梁路段的分级设计

桥梁上由于铺装较薄，一般不设置会对桥面铺装产生物理破坏的切削式振动带。陶瓷道钉由于采

用外黏式施工法，可以避免道面破坏。桥梁一般处于跨越大江大河路段，一旦发生事故，事故的烈度会比较大，故按照陶瓷道钉振动带 3 级警示水平进行设计。

（2）隧道进出口路段分级设计

隧道进出口为事故高发区，尤其是进口处，由于路基变窄，车辆行驶条件和环境发生急剧变化，常常导致重特大交通事故的发生。因此，在隧道进出口区域，选择陶瓷道钉振动带并按 3 级警示水平进行设计。

（3）桥隧衔接路段分级设计

桥隧衔接路段如果衔接段设计的为陶瓷道钉，可按陶瓷道钉振动带 2 级警示水平进行设计。

2. 一般路段分级设计

（1）单车事故高危路段分级设计

高速公路上，超过 1km 长度的长直路段（平直路段、直线下坡路段、直线上坡路段）是单车事故的高发路段，应予以重点关注，振动带的设计级别应该保持在 3 级警示设计水平。

（2）考虑噪声干扰路段分级设计

根据沿线片区住户与高速公路路肩的距离、是否有噪声隔离设施或噪声隔离的天然物障来确定振动带的分级设计水平，见表 2-5-14。

考虑沿线片区居民噪声干扰路侧振动带设置建议 表 2-5-14

与高速公路路肩边缘的距离（m）	有无噪声隔离设施或噪声隔离天然物障	
	有	无
< 50	切削 1 级或陶瓷 2 级	陶瓷 1 级
50~100	不考虑噪声影响	陶瓷 2 级
≥ 100	不考虑噪声影响	不考虑噪声影响

注：①片区居民是指成小区状或带状沿高速公路两侧分布的居民区，不包括零星散装分布的住户；
②切削 1 级是指警示级别为 1 级的切削式振动带，陶瓷 1 级是指警示级别为 1 级的陶瓷式振动带。

（3）一般常规路段分级设计

一般常规路段是指不存在上述说明情况的路段，可按照振动带 2 级警示水平进行设计。

第六章　路侧振动带实施效果评价

第一节　ROR 事故特征分析

重庆市近年来，汽车保有量急剧上升，从 1999 年的 24.9 万辆，已经增加到 2002 年的 35.8 万辆，并开始进入爆发性增长期。同时随着重庆市路桥收费政策的调整和城区路桥收费的取消，汽车保有量及公路车流量按每年 15% 的速度继续增长，至 2010 年重庆市汽车保有量将达到 109.5 万辆。随着高速公路总里程的不断增长，以及私家车数量的增多，因疲劳而引发的交通事故越来越多，尤其是以撞击护栏、冲撞路肩静止车辆类事故最为典型。

通过对重庆市"一环五射"5 条高速公路 ROR 事故资料的调查分析，可以得出重庆高速公路 ROR 事故的一般分布规律。

一、ROR 事故车型分布规律

图 2-6-1 为重庆高速公路 ROR 事故车型分布图。由图中结果可见：在重庆高速所发生的 ROR 事故中，小客车占据绝大部分，比例达到 50%~70%，这除了小客车占据车流量较大比例的原因以外，众多新手上路也是 ROR 事故的诱因之一；其次为货车，占据的比例达到 30%~40%。对于渝黔路、渝涪路、内环路，由于日常行驶的多为小客车，货车相对较少，所以在 ROR 事故占据的比例上，基本上是 2:1 的比例关系；而对于成渝路，由于是重庆与成都的陆路走廊，承担起两大经济区的几乎所有货运和客运任务，货车比例较多，因此在 ROR 事故中小客车比例略有下降，而货运车辆比例略有上升。

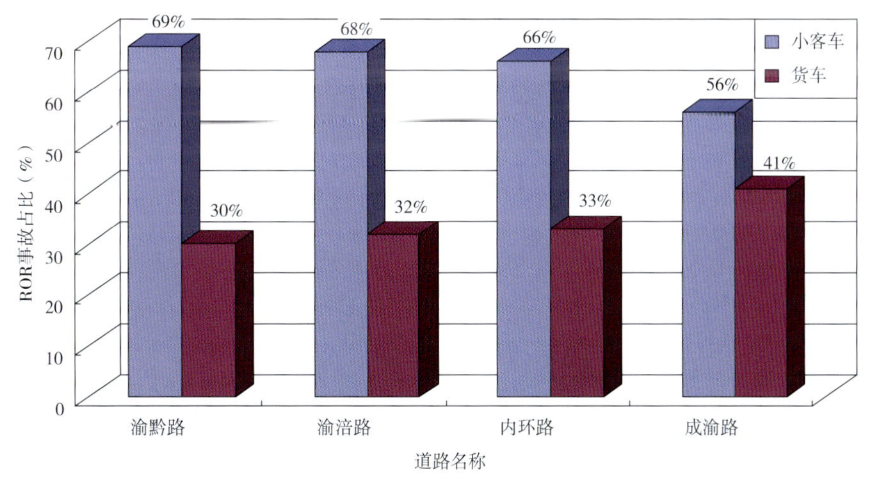

图 2-6-1　重庆高速公路 ROR 事故车型分布图

从以上分析中，可以得出两个结论：一是小客车及货车是重庆高速 ROR 事故的主要肇事车辆，尤其是小客车；二是 ROR 事故的肇事车型与每一条高速公路的交通量、客货运输的比例有很大关系。随着境内外高速公路的逐渐联网，大量货运车辆日夜驰骋在高速公路上，ROR 事故中货运车辆的比例将迅速上升。

二、ROR 事故路段分布

图 2-6-2~ 图 2-6-4 分别为渝黔路、渝涪路、成渝路 ROR 事故路段类型统计图，内环路由于事故资料的不完整未能进行统计。由图可以看出，平直路段是最容易发生 ROR 事故的路段类型，比例达到所有路段类型的 70%~80%；其次为弯道及下坡路段，占据 10%~20%；隧道也是 ROR 事故比较容易发生的路段类型。

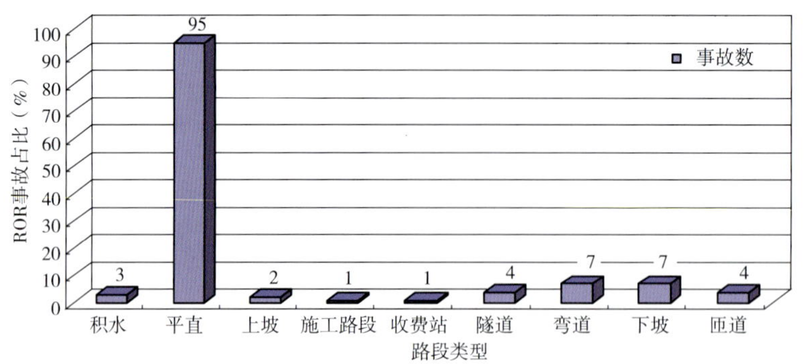

图 2-6-2　渝黔高速 ROR 事故路段类型分布图

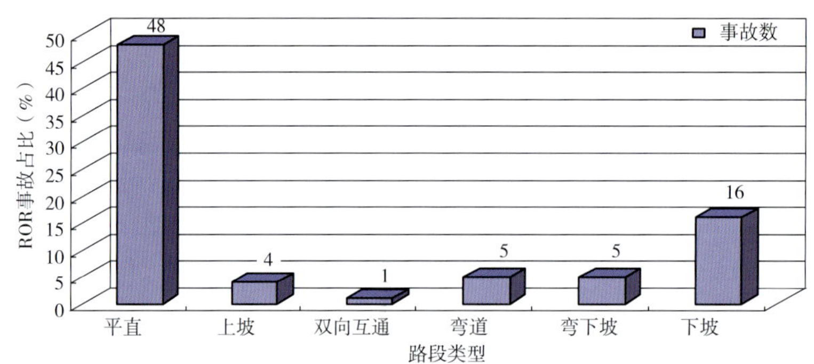

图 2-6-3　渝涪高速 ROR 事故路段分布图

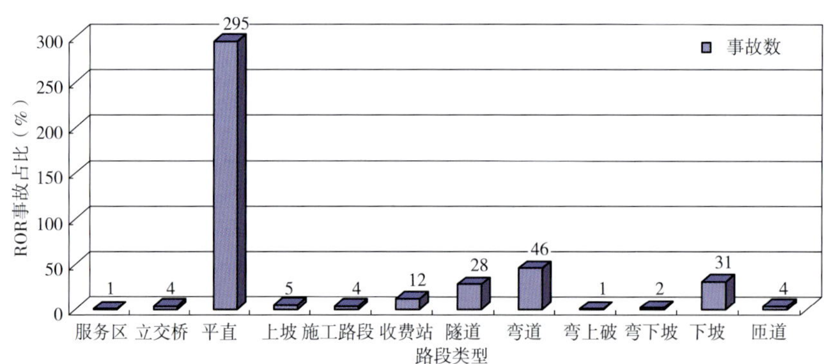

图 2-6-4　成渝高速 ROR 事故车型路段分布图

三、ROR 事故时间分布

图 2-6-5~ 图 2-6-9 分别为渝黔路、渝涪路、内环路、成渝路以及渝武路 ROR 事故时段分布统计图。由图可以看出，上午 9:00~10:00、下午 3:00~4:00 是 ROR 事故的高发时段。这两个时段是驾驶人驾车出行相对较为疲劳的两个时段，按照一般人的生活出行规律，上午 8:00 及下午 2:00 驾车出行的概率最大，经过 1~2h 驾驶后（驾驶距离 80~150km），人体生理处于一个疲劳状态，视觉、触觉及大脑的反应能力变得缓慢、迟钝，由于疲劳而产生的三分之二秒左右的“微睡眠”期增多，影响驾驶人的警觉性和对问题的处理能力。而凌晨 2:00~5:00 ROR 事故反而不多，这主要是该时段行

驶于高速公路上的车辆不多，基本上以货运车辆为主的缘故，但一旦发生 ROR 事故，后果比白天要严重得多。

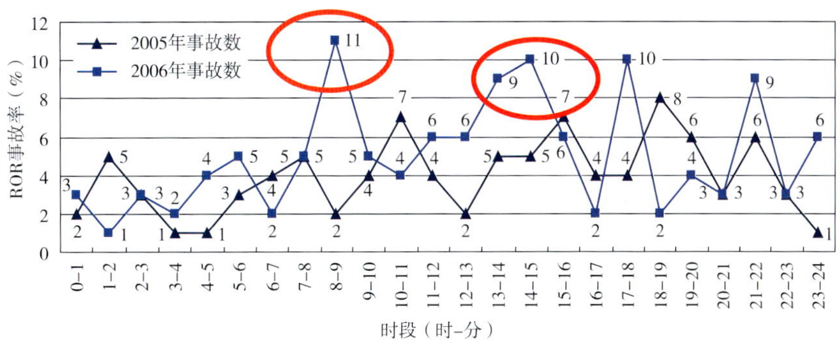

图 2-6-5　渝黔路 ROR 事故时间分布图

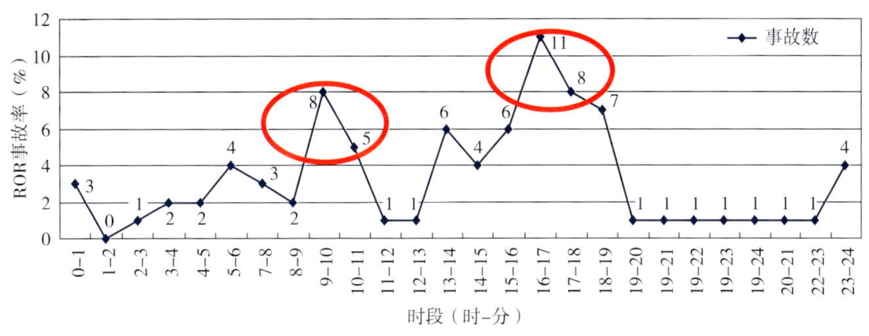

图 2-6-6　渝涪路 ROR 事故时段分布图

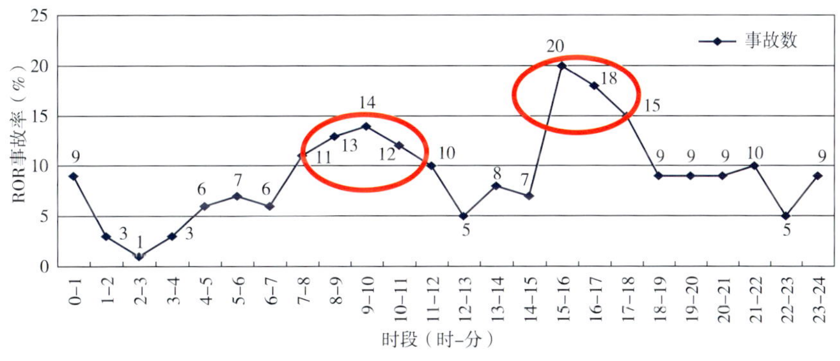

图 2-6-7　内环路 ROR 事故时段分布图

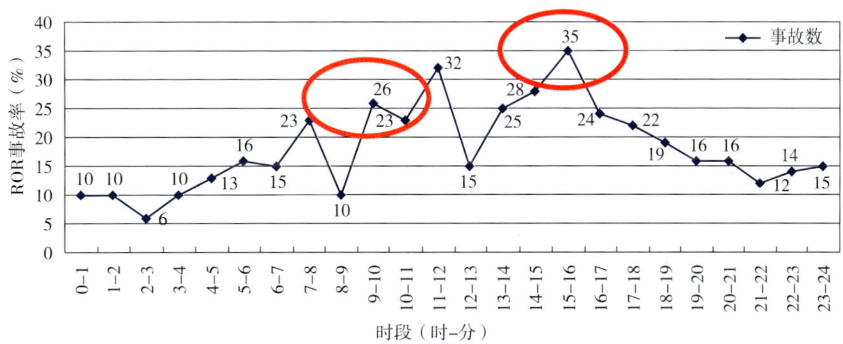

图 2-6-8　成渝路 ROR 事故时段分布图

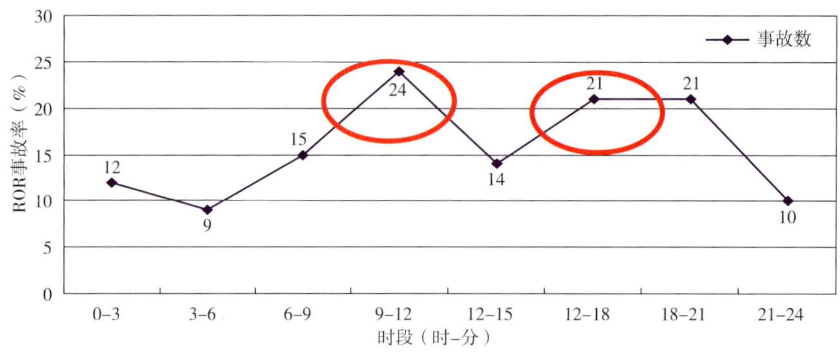

图 2-6-9　渝武路 ROR 事故时段分布图

四、ROR 事故天气分布

图 2-6-10~ 图 2-6-13 分别为渝黔路、渝涪路、内环路及成渝路 ROR 事故天气分布统计图。晴、雨天气是 ROR 事故多发的天气类型，尤为是晴天事故最多，这除了晴天日数多的原因以外，还有以下两个方面的原因：第一，从生理角度出发，长时间在强光下行车容易使人感觉疲劳，导致注意力难以集中；第二，晴天行车，路况及视线都处于最佳状态，驾驶人容易放松警惕，掉以轻心，故更易导致 ROR 事故发生。其次，雨天 ROR 事故也不少，除了雨天日数多的原因以外，由于重庆高速公路大部分采用密级配沥青混凝土做表面层，在某些排水不畅的路段，雨水不能及时从路面排除，车辆驶过时产生飞雾，能见度降低，致使车辆极易产生碰撞护栏的 ROR 事故。雾天 ROR 事故反而不多，主要是因为：第一，大雾天气主要出现在冬季，天气日数比例少；第二，虽然雾天能见度相对较低，但往往能集中驾驶人的注意力，提高驾驶人行车安全的重视程度，通常情况，雾天行车驾驶人会降低速度，加强对前方事物的观察，因此反而不容易发生 ROR 事故。

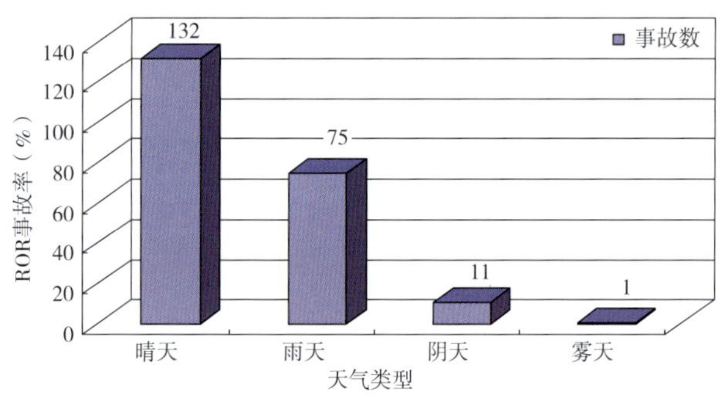

图 2-6-10　渝黔路 ROR 事故天气分布图

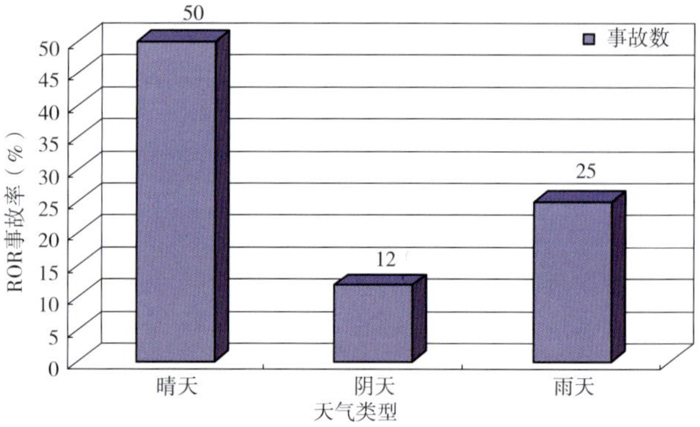

图 2-6-11　渝涪路 ROR 事故天气分布图

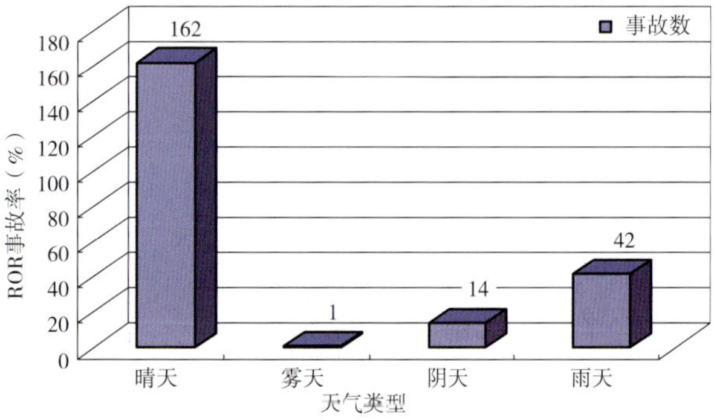

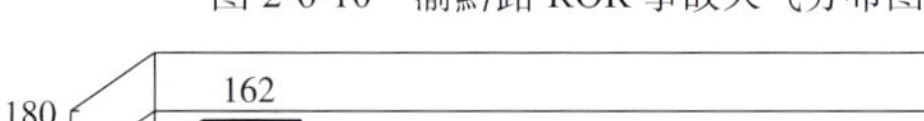

图 2-6-12　内环路 ROR 事故天气分布图

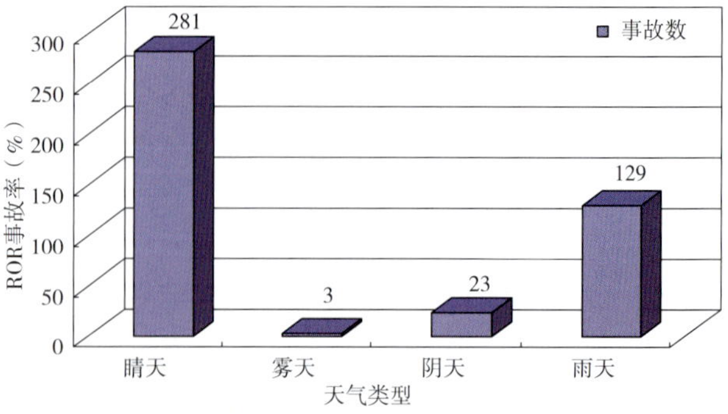

图 2-6-13　成渝路 ROR 事故天气分布图

第二节 依托工程实施效果评价

一、路侧振动带设置原则

从上述统计资料可以看到，疲劳驾车是任何一位驾驶人都曾发生或可能发生的驾驶行为。重庆山沟纵横，桥隧众多，阴雨天气多，这些客观的现实条件，在一定程度上不利于行车安全。因此，在重庆高速公路全路段上，尽早布设振动带，可以有效缓解 ROR 事故的发生，降低行车风险，提高道路行车安全水平。当条件有限时，可以参考 ROR 事故多发地段鉴别结果表，并结合重庆高速公路行政执法总队的统计资料，综合选定 ROR 事故多发路段，采取分步骤、分阶段、轻重缓急的原则逐步推行。在分步骤、分阶段、轻重缓急布设振动带时，宜参考以下原则。

（1）总体上，在驾驶人注意力易分散、驾驶单调、容易疲倦的高速通行的路段上，以及曾由于驾驶人因注意力分散、瞌睡、疲倦而发生过车祸的任何路段上，都应铺设路侧振动带。

（2）路侧振动带，应在道路的右路肩均匀铺设，在某些特定的环境下，如分离式路基，只要路肩具备一定宽度，也可在道路的两侧铺设。

（3）在某些危险路段，如接近窄桥、路面变窄区（如隧道进口）、在撞击缓冲器的前面、路肩接近水泥柱等，均应考虑铺设路侧振动带。

（4）在铺设路侧振动带之前，应考虑路肩的自身条件，沥青混凝土路肩至少应有 60mm 的厚度；若是多层结构，其表层厚度不能低于 25mm，现存的路肩如果已变形或破碎，则不提倡进行振动带的铺设。

（5）若现存的路肩使用寿命低于 3 年，通常不考虑铺设路侧振动带。

（6）振动带的类型选择及平面布局应根据高速公路的实际情况，参照事故资料统计分析结果，并结合实践调研结果综合确定；对于振动带的细部设计，应采用计算机理论模拟与现场试验相结合的方法综合确定，同时考虑噪声及振动对周边环境的影响。

二、效果评价

通过调查，选择重庆渝武高速公路 K3~K13 路段设置路侧振动带。实施效果的评价采用 ROR 事故减少量以及现场问卷调查两种方法综合评价。

具体的评价指标，包括：ROR 事故减少量、直接财产损失减少量、人员伤亡减少量、驾驶人认可率、执法队员认可率等 5 个方面。

路侧振动带的评价，一般采用工程实施后每年的事故统计资料进行分析，一般以 6~8 个月的数据为最小单位，统计数据的周期越长，其评价的效果越好。

1. ROR 事故减少数量对比

表 2-6-1 为依托工程段路侧振动带设置前后的 ROR 事故统计结果。由此可以看出，路侧振动带设置以后，ROR 事故的发生率大大降低，与 2006 年、2007 年同期相比，分别下降了 91.6%、96%。

渝武高速公路路侧振动带设置前后效果对比　　表 2-6-1

统计时间（年·月）	里程桩号	设置情况	ROR事故统计(次)	ROR减少量(次)	减少率(%)
2006年1月~8月	K3~K13	未设	24	22	91.6%
2007年1月~8月	K3~K13	未设	50	48	96%
2008年1月~8月	K3~K13	设置	2	—	—

2. 伤亡人数以及财产损失对比

由于 ROR 事故大部分为一般轻微事故，且路侧振动带设置里程比较少，评价周期也很短，截至目前为止，尚未发现有人员死亡的 ROR 事故。但根据重庆市 2006~2008 年 3 年事故损失统计情况（2006 年高速公路造成的直接经济损失 2850.3 万元，造成损失事故数 3374 起；2007 年高速公路造成的直接经济损失 3853.7 万元，造成损失事故数 4111 起；2008 年截止目前高速公路造成的直接经济损失 2465.5 万元，造成损失事故数 3196 起）来计算，平均每起事故平均损失 8583 元。根据表 2-6-1 的分析数据，如果按上述每起事故的平均损失计算，设置路侧振动带后，因 ROR 事故得到有效遏制，而减少的直接经济损失与 2006 年、2007 年同期相比，分别为 18.9 万元、41.2 万元。设置路侧振动带的成本为 10 万元，大规模推广应用后成本还可降低 30%~50%，效益成本比分别达到 1.9:1、4.1:1。路侧振动带是一项低成本、高收益的交通安全技术。

3. 驾驶人认可度

2008 年 10 月 14 日，在高速公路行政执法支队四大队的协助下，对过往渝武高速公路的驾驶人进行了有关实施效果的问卷调查，调查对象主要集中于经常过往渝武路的驾驶人，问卷设计如图 2-6-14 所示。

重庆地区路侧振动带应用问卷调查（驾驶员版）

说明 驾驶人同志您好！首先非常感谢您参与我们的问卷调查！路侧振动带是我市从国外引进的一项专门针对疲劳驾车、注意力分散等，预防行车脱离车道冲出路侧的安全防护措施。目前仅在渝武高速上进行了试点，现在通过问卷形式广泛听取广大驾驶人朋友的反馈意见。请你根据自己的情况，客观真实地填写本问卷，您的意见和建议对于改善振动带的布置、推广其应用、全面提升重庆地区高速公路的行车安全性是非常重要的！

以下问题，请您在认为符合的选项上打“√”，答案唯一；在“________”处请简要填写。正常完成本调查问卷的时间在 1～3 分钟。

基本信息

1. 您的性别：①男 ②女
2. 您的年龄：____________
3. 您的驾龄：①1~3 年 ②3~5 年 ③5~10 年 ④10 年以上
4. 所驾车型：①轿车/小客车/小货车 ②中型客车/中型货车 ③大客车/大货车 ④其他______

专项问题

5. 您在驾驶中是否有车轮压上振动带的亲身体验？
①从来没有 ②偶尔 ③经常
6. 您认为振动带的警示效果是否明显，对于提醒司机及时修正行车方向的作用如何？
①毫无作用 ②有效果但不够 ③效果理想 ④效果太过头了让人害怕
7. 在铺设了路侧振动带的路段，您的驾驶感受是：
①反而更不安全了 ②比以前要让人放心些了 ③很安全很放心
8. 您认为是否有必要尽快在全市的高速公路上推广路侧振动带？
①没必要 ②有一定的必要 ③非常有必要
9. 您的一些其他相关意见或建议（选填）：

____

____

____

再次感谢您的合作！

图 2-6-14 驾驶人问卷设计表

实际发放问卷 53 份，实收有效问卷 52 份，统计分析结果如图 2-6-15~ 图 2-6-20 所示。分析调查结果可以得出如下结论。

（1）85% 的受访者偶尔碾压路侧振动带，说明机动车在正常驾驶情况下碾压路侧振动带的概率较小。

（2）认为路侧振动带实施后，对预防 ROR 事故效果理想的占受访者 90%，认为有效但不明显的占受访者 4%，认为效果过头的占受访者 4%，认为毫无作用的为 0。由此说明，路侧振动带的实际效果已经得到驾驶人的广泛认可。

（3）在路侧振动带实施以后行车安全感调查中，认为很安全的占受访者 25%，认为比以前更安全的占受访者 71%，认为无效的占受访者 2%，认为更不安全的占受访者 2%。调查数据说明，实施路侧振动带以后，驾驶人对路侧振动带带来的安全感认可度达到 96%，效果很明显。

（4）在路侧振动带设置必要性调查中，认为非常有必要的占受访者 48%，认为有一定必要的占受访者 50%，认为没有必要的仅占受访者 2%。调查数据说明，98% 的驾驶人认为安装路侧振动带是有必要的。

以上分析结果表明，路侧振动带的设置得到了广大驾驶人的认可，设置路侧振动带以后，驾驶人的安全感获得了明显提高，98% 的驾驶人认为设置路侧振动带是必要的。

4. 执法队员认可度

2008 年 10 月 14 日，在高速公路行政执法支队四大队对渝武高速公路执勤人员进行了有关实施效果的问卷调查，从交通安全专业管理的角度来审视路侧振动带的实际效果，问卷设计如图 2-6-21 所示。

实际发放问卷 28 份，实收有效问卷 28 份，统计分析结果如图 2-6-22~ 图 2-6-26。分析调查结果可以得出如下结论。

（1）92% 的执法人员执法时间在 3 年以上，从交通安全管理者的角度具有代表性。

（2）路侧振动带在预防 ROR 事故方面，认为有明显效果的占受访者 64%，效果不明显的占受访者 36%，认为没有效果的为 0。由此说明，路侧振动带的实际效果已经得到大部分执法队员的认可。

（3）在路侧振动带警示效果调查中，认为警示效果理想的占受访者 29%，警示效果过大的占受访者 21%，认为警示效果不够理想的占受访者 50%，认为没有警示效果的为 0。调查数据说明，实施路侧振动带以后，在警示效果方面有一半执法人员认为警示效果还不够，但认为没有警示效果的为 0，在警示效果大小方面存在一定分歧。

（4）在所推荐的 3 种路侧振动带类型中，切削式路侧振动带接受度最高，达到 46%；其次为陶瓷式路侧振动带，达到 29%；热熔式路侧振动带接受度最低，占受访者 25% 的比例。

（5）在路侧振动带设置必要性调查中，认为非常有必要的占受访者 29%，认为有一定必要的占受访者 71%，认为没有必要的为 0。调查数据说明，100% 的驾驶人认为安装路侧振动带是有必要的。

以上分析结果表明，路侧振动带的设置和实际效果得到了大部分执法队员的认可，切削式路侧振动带接受度最高，100% 的执法队员认为设置路侧振动带是必要的。

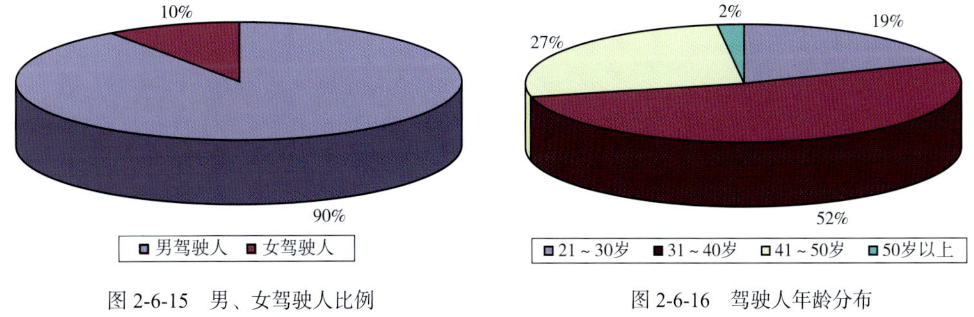

图 2-6-15 男、女驾驶人比例

图 2-6-16 驾驶人年龄分布

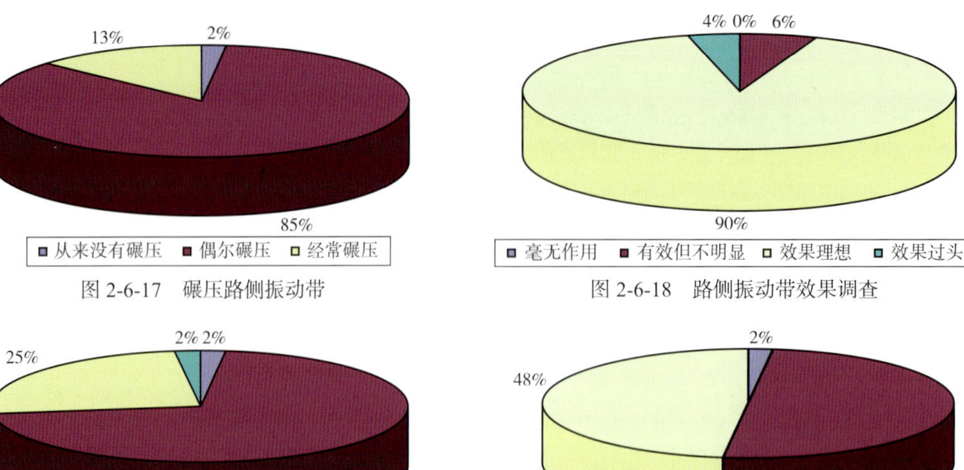

图 2-6-17 碾压路侧振动带

图 2-6-18 路侧振动带效果调查

图 2-6-19 安全感调查

图 2-6-20 路侧振动带设置必要性调查

重庆地区路侧振动带应用问卷调查（执法队员版）

说明 执法队员您好！首先非常感谢您抽出宝贵的工作时间参与我们的问卷调查！路侧振动带是我市从国外引进的一项专门针对疲劳驾车、注意力分散等，预防单车掉线事故的安全防护措施。目前仅在渝武高速北环起始端 13 公里内进行了试点，现在通过问卷形式广泛听取广大执法队员朋友的反馈意见。请你根据自己的情况，客观真实地填写本问卷。作为身处重庆高速交通第一线且经过专业训练的执法者，您的意见和建议对于改善振动带的布置、推广其应用、全面提升重庆地区高速公路的行车安全性是至关重要！

以下问题，请您在认为符合的选项上打"✓"，答案唯一；在"________"处请简要填写。正常完成本调查问卷的时间在 1～3 分钟。

基本信息

1. 您的性别：①男　② 女
2. 您的年龄：____________
3. 您的执法龄：①1~3 年　②3~5 年　③5~10 年　④10 年以上

专项问题

4. 您是否有在渝武高速 K2~K13 路段执法的经历？
   ①没有　②偶尔　③长期
5. 结合您的执法经验，您认为渝武高速上铺设了路侧振动带，对于降低因疲劳驾驶等造成的单车掉线事故的发生，效果是否明显？
   ①没有效果　②有效果但不明显　③有明显的改善作用
6. 您自己有驾驶压上振动带的亲身体验吗？如果有，您直观感觉其警示效果如何？
   ①毫无作用　②有效果但不够　③效果理想　④效果大过头了让人害怕
7. 以下是在试验路上已铺设的三类振动带，结合您的经验和认识，您认为，效果最好、最值得推广的是____，最不好的是_____。

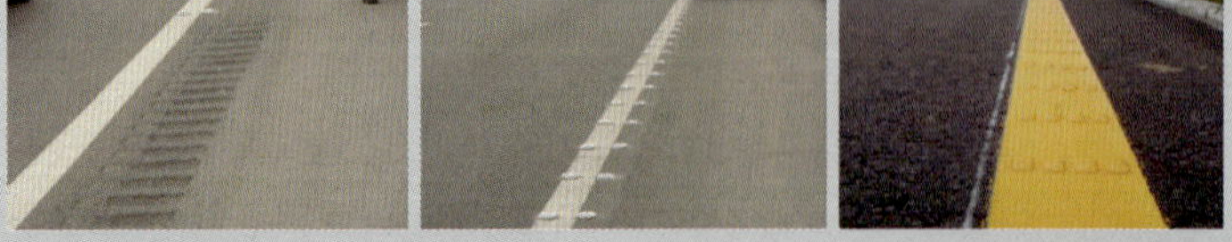

①切削式振动带　②陶瓷道钉式振动带　③热熔标线振动带

8. 您认为是否有必要尽快在全市的高速公路上推广路侧振动带？
   ①没必要　②有一定的必要　③非常有必要

再次感谢您的合作！

图 2-6-21 执法队员问卷设计表

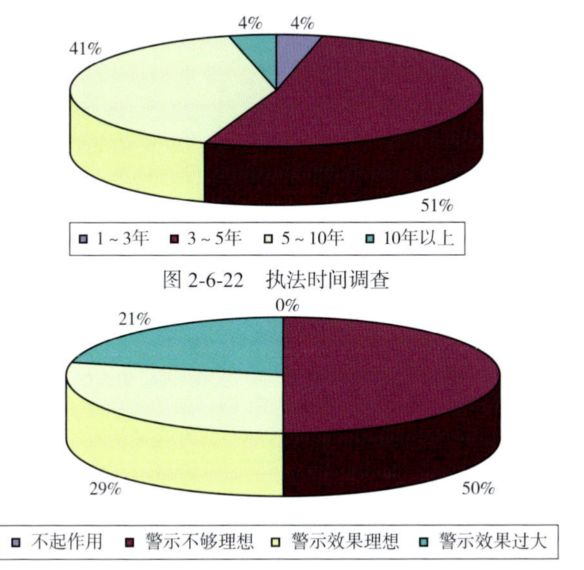

图 2-6-22　执法时间调查

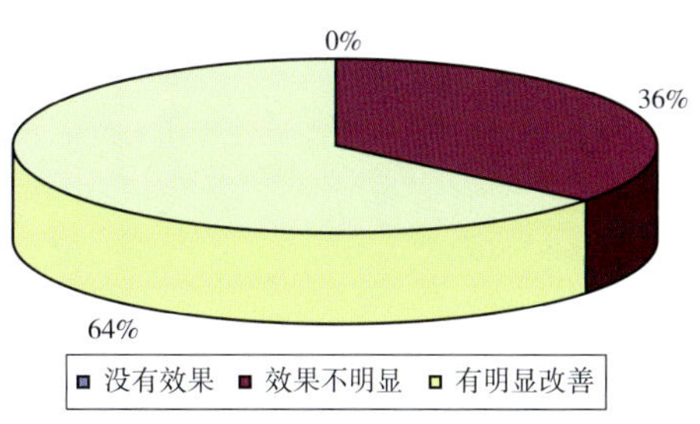

图 2-6-23　预防 ROR 效果调查

图 2-6-24　警示效果调查

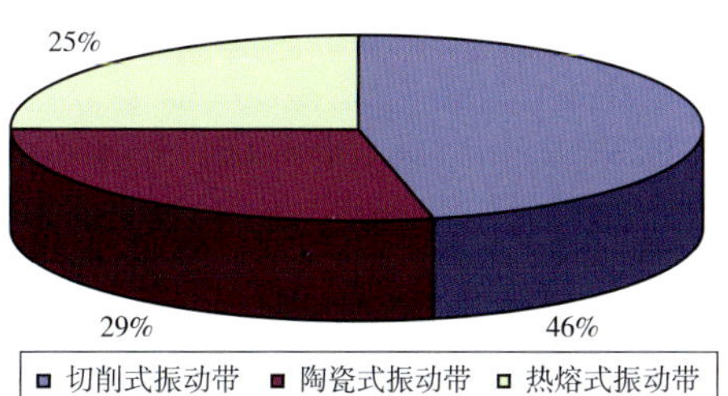

图 2-6-25　3 种类型振动带接受度调查

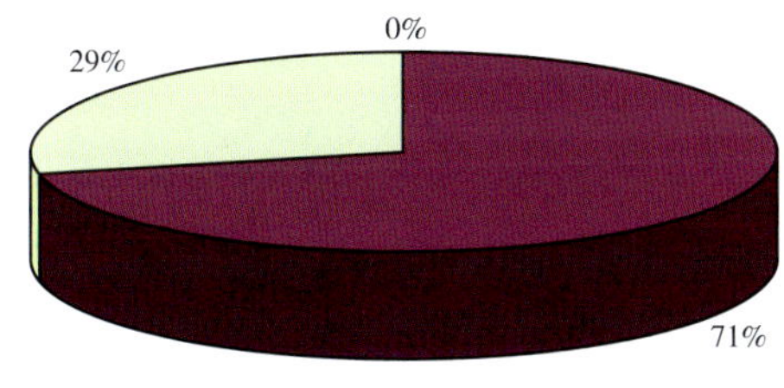

图 2-6-26　振动带设置必要性

参 考 文 献

[1] 吴德华，方守恩. 基于道路安全的路肩振动带设计标准 [J]. 山东交通科技，2004 (3).

[2] 王忠仁. 路侧安全设施设计——美国加州路侧安全实践的启示 [J]. 上海公路，2006 (4).

[3] 刘利花，张金喜. 高速公路不良天气交通事故分析 [J]. 道路交通与安全，2006 (8).

[4] 李长城. 我国双车道等级公路路侧事故规律统计分析 [J]. 技术与方法，2006 (8).

[5] 李富勇. 高速公路交通安全设施系统评价研究 [D]. 长安大学硕士学位论文，2006.

[6] 何勇，张建军. 我国高速公路交通安全问题分析与对策 [J]. 交通世界，2005 (12).

[7] 钟连德，孙小端，贺玉龙，等. 中国高速公路事故特点及分布规律研究 [J]. 道路交通与安全，2007 (8).

[8] 秦利燕，邵春福. 济青高速公路交通事故成因分析 [J]. 山东交通学院学报，2003 (9).

[9] 杨莉，黄开宇. 高速公路交通安全事故调查及思考 [J]. 湖南交通科技，2005 (3).

[10] 施建国，姚远，侯振海，等. 杭州高速公路交通事故流行病学特点分析 [J]. 中国安全科学学报，2007 (11).

[11] 路峰，姜文龙，马社强. 交通事故多发点段排查方法 [J]. 长安大学学报，2003 (1).

[12] 孙显彬. 疲劳驾驶的脑电特性研究 [R]. 北京理工大学机械与车辆工程学院，2006.

[13] 刘秀，王长君，何庆. 疲劳驾驶交通事故的特点分析与预防 [J]. 中国安全生产科学技术，2008 (2).

[14] 张灵聪，王正国，尹志勇，等. 疲劳驾驶与交通事故的预防 [J]. 中华创伤杂志，2003 (9).

[15] 黄忠昌，杨路廷. 高速公路增设路面振动带可行性分析 [J]. 交通建设与管理，2007 (10).

[16] 诸葛赛珍. 铣刨式隆声带在交通工程中的应用研究 [J]. 施工技术，2007 (6).

[17] 胡永彪，孟五洲，马鹏宇，等. 路面隆声带铣刨技术与设备的发展 [J]. 筑路机械与施工机械化，2008 (5).

[18] 陈涛，潘学政，方锐，等. 路肩隆声带应用安全性试验研究 [J]. 公路，2006 (11).

[19] 陈萌三，魏朗. 公路强制控速安全措施研究 [J]. 公路交通科技，2005 (10).

[20] 张巍汉. 山区高速公路交通工程设计的技术特点 [J]. 公路交通科技，2003 (1).

[21] 吴德华，方守恩. 路侧安全对策分析 [J]. 交通科技，2004 (5).

[22] 张志国. 注重路侧安全提高道路的容错能力 [J]. 内蒙古科学与技术，2006 (3).

[23] 房明，卢艳坤. 振动带合理尺寸的研究 [J]. 北方交通，2007 (6).

[24] 许源，朱顺应，彭武雄，等. 基于汽车动力学的振动减速带设置间距研究 [J]. 交通科技，2008 (1).

[25] 马香娟. 高速公路路侧护栏优化设计研究 [D]. 长安大学硕士学位论文，2006.

[26] 重庆交通大学. 重庆高速公路 ROR 事故调研报告 [R]. 重庆交通大学，2007.

[27] 邓聚龙. 灰色系统理论教程 [M]. 武汉：华中理工大学出版社，1990.

[28] 中华人民共和国行业标准.GB /T 24725—2009 突起路标 [S]. 北京：计划出版社，1999.

[29] 中华人民共和国行业标准.JTJ 074—1994 高速公路交通安全设施设计规范 [S]. 北京：人民

交通出版社，1994.

［30］杜利民 . 道路标线材料应用［M］. 北京：人民交通出版社，2005.

［31］中华人民共和国行业标准 .GB/T 13441—1992 人体全身振动环境的测量规范［S］. 北京 : 科学出版社，1992.

［32］刘运通 . 道路交通安全指南［M］. 北京：人民交通出版社，2001.

［33］张韦华 . 高等级公路强制控速设施开发研究［R］. 长安大学，2004.

［34］赵秋芳 . 基于 ADAMS 的汽车操纵稳定性仿真试验初步研究［D］. 大连理工大学硕士学位论文，2006.

［35］陈涛，魏朗，余强，等 . 路肩隆声带的车辆方向稳定性模拟计算 . 第七届世界华人交通运输学术大会论文集，2007.

［36］阳风生 . 基于 DirectX 的汽车平顺性虚拟实验研究［D］. 合肥工业大学硕士学位论文，2006.

［37］沈晓安 . 汽车行驶平顺性建模及其仿真研究［D］. 浙江工业大学硕士论文，2005.

［38］邓利波 . 汽车振动乘坐舒适性的评价方法研究［D］. 浙江工业大学硕士论文，2005.

［39］赵丽杰 . 重庆市高速公路管理模式研究［J］. 重庆交通学院学报，2006（3）.

［40］裴玉龙，王炜 . 道路交通事故成因及预防对策［M］. 北京 : 科学出版社，2002.

［41］郑建荣 .ADAMS 虚拟样机技术入门与提高［M］. 北京 : 机械工业出版社，2006.

［42］吴光强 . 汽车理论［M］. 北京 : 人民交通出版社，2007.

［43］杜玲玲 , 杨继宏 . 道路交通标线涂料的性能要求和检测［J］. 中国涂料，2007（7）.

第三篇

桥梁船撞设计及预警技术

第一章　绪　论

第一节　船撞桥事故综述

一、桥梁事故简述

桥梁建造于复杂的自然和人为环境中，经受各种外部作用，因此桥梁损毁事故时有发生。根据D.W.Smith 对 1847~1975 年世界各地发生的 143 例桥梁垮塌事故原因的统计，由于船舶撞击导致的各类大型桥梁垮塌事故占据垮塌总数的第三位 [1]。图 3-1-1 和图 3-1-2 给出了 105 例吊桥和 177 例钢桥的诱发垮塌原因。从这些调查资料看出，船撞导致的桥梁垮塌是桥梁工程结构面临的一个重要的安全问题。

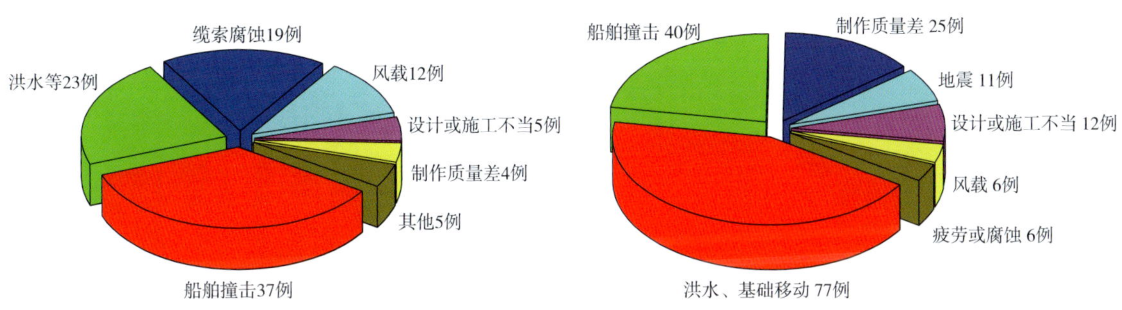

图 3-1-1　105 例吊桥的垮塌原因　　图 3-1-2　177 例钢桥的垮塌原因

通过对国内外桥梁倒塌事故进行了资料收集和统计，对于收集到的桥梁事故资料按年代和类型进行了区分，具体做法是以 1950 年为时间分界点，区分为现代桥梁和近代桥梁；以是否跨越航道区分为航道桥梁和陆地桥梁（此处陆地桥梁特指非跨越航道的桥梁）。图 3-1-3~ 图 3-1-8 中的桥梁倒塌事故资料即按上述两个原则分别进行统计分析。

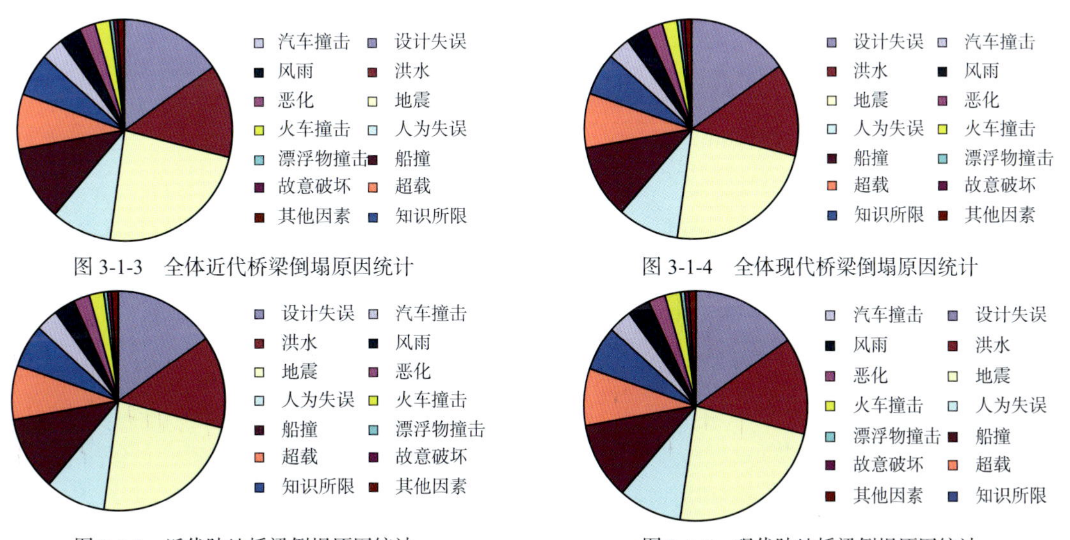

图 3-1-3　全体近代桥梁倒塌原因统计　　图 3-1-4　全体现代桥梁倒塌原因统计

图 3-1-5　近代陆地桥梁倒塌原因统计　　图 3-1-6　现代陆地桥梁倒塌原因统计

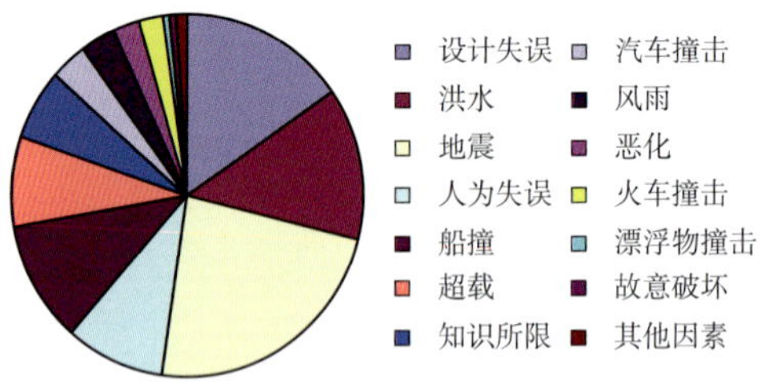

图 3-1-7　近代航道桥梁倒塌原因统计

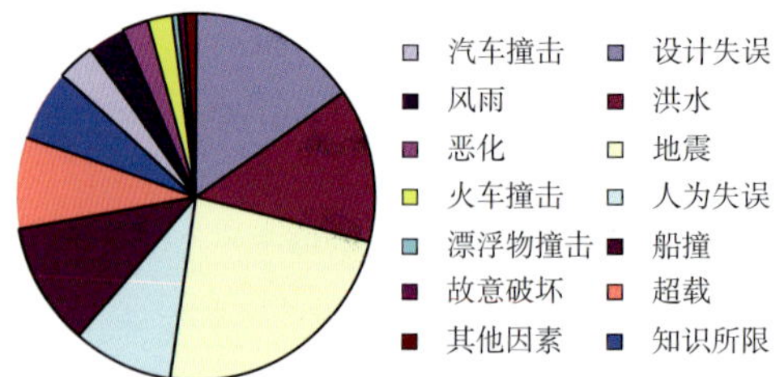

图 3-1-18　现代航道桥梁倒塌原因统计

二、国外典型船撞桥事故示例

自 20 世纪 60 年代以来，世界各地航道桥梁受船舶撞击而倒塌或严重破坏的事件时有发生。

澳大利亚霍巴特德温特河塔斯曼桥建成于 1964 年。1975 年 1 月 5 日，7200t 的依拉瓦纳轮撞在两个未设防的桥墩上，撞击角度较小。发生事故的原因是船舶操纵设备失灵。碰撞发生后，桥梁的三跨上部结构坠水，两个桥墩完全被撞毁，依拉瓦纳轮沉没，20 人死亡，如图 3-1-9 所示。

美国佛罗里达州旧阳光大桥（Sunshine Skyway Bridge）全长约 6840m，横跨坦帕湾（Tampa Bay）入口。1981 年 5 月 9 日，一艘 19734t 的空载散装货轮撞垮了一个主墩，桥墩的 4 根桩完全破坏，三跨上部结构垮塌，死亡人数约 35 人，如图 3-1-10 所示。

图 3-1-9　塔斯曼桥船撞事故

图 3-1-10　阳光大桥船撞事故

瑞典哥德堡群岛阿尔摩桥是瑞典工程界的一项重要工程，于 1960 年建成通车。该桥系哥德堡群岛与大陆联结工程的一部分，全长约 532m。主跨为跨度 278m 的直径 31.75cm 钢管拱。1980 年 1 月，一艘数千吨的荷兰货轮碰撞大桥钢管拱基座，致使钢管拱倒塌，上部结构坍落在货轮上，死亡 10 人，如图 3-1-11 所示。

1993 年，美国亚拉巴马州莫比尔附近横跨贝尤卡诺特（Bayou Carot）的 CSX 铁路大桥，被一个因大雾而误驶入侧航道的拖驳船队严重撞击，桥梁结构产生巨大位移。几分钟后，一列旅客列车从桥上驶过，大桥即刻坍塌，列车出轨，47 人丧生，如图 3-1-12 所示。

2002 年 5 月 26 日，美国俄克拉荷马州阿肯色河公路桥，由于船长突发疾病，拖轮失去控制，顶着两艘空驳船与该桥碰撞。阿肯色河公路桥坍塌，17 辆汽车坠河，17 人死亡，如图 3-1-13 所示。该事故严重阻碍了横穿俄克拉荷马的 40 号州际高速公路，直到 6 个月后才得以重新开放。

2007 年 11 月 7 日，“中远釜山”号货轮在驶进旧金山海湾时撞上桥梁，虽然大桥没有被撞坏，但货轮的船身被撕开一条 30m 长的裂缝，22 万升的重油泄漏进旧金山湾区，如图 3-1-14 所示。

2005 年 3 月 3 日下午，3 120t 集装箱货轮 Karen Danielsen 撞击大贝尔特西桥，如图 3-1-15 所示。

美国弗吉尼亚州的切萨皮克湾隧道桥，于 1964 年建成，全桥长 28km。由于设计时未考虑船舶对桥墩的撞击作用，该桥在建成后遭受的多次船舶撞击事故中受损严重。1967 年的碰撞事故中，大桥

1 跨垮塌，5 跨严重破坏；1970 年的碰撞事故中，5 跨垮塌，另有 5 跨严重破坏；1972 年碰撞时，2 跨垮塌，另有 5 跨严重破坏[1]。

图 3-1-11　阿尔摩桥船撞事故

图 3-1-12　卡诺特桥船撞事故

图 3-1-13　阿肯色桥船撞事故

图 3-1-14　旧金山海湾桥船撞事故

1975 年 12 月 26 日，新西明斯特的弗雷泽河开启桥，受到由于大风而走锚的 700m 长的斯威夫特亲王号轮船的撞击，致使 130m 长的桥跨结构垮塌[3]。

1977 年 9 月 10 日，瑞典歌德堡港的廷斯塔特桥受到 1 600t 的轮船撞击后，导致桥跨一端坠入水中[1]。

1983 年 6 月，“亚历山大·苏瓦洛夫”号客轮在乌里扬诺夫斯克伏尔加河上通过一座铁路桥时，由于船长粗心大意，误驶入大桥侧跨，结果由于通航净空不够，导致该船的甲板室与桥梁的上部结构相撞，176 人丧生[2]。

1984 年 6 月 5 日，一艘客船与伏尔加河铁路桥相撞，使桥梁倒塌。正在通过该桥的一列客车 4 节车厢落水，死亡人数达 240 多人，这也是死亡人数最多的一次船撞桥事故[1]。

图 3-1-15　大贝尔特西桥船撞事故

2001 年 9 月 16 日，美国南部德克萨斯州最长的跨海大桥“伊莎贝拉皇后大桥”被一艘拖轮撕开一道长达 72m 的缺口，两个桥拱垮塌，5 辆汽车落水，4 人死亡，通信设施遭到严重破坏[3]。

2002 年 8 月，俄罗斯一艘满载燃料油的油轮与一大桥相撞，导致油料泄漏，造成了环境污染[3]。

国外统计资料表明，自 1960~2008 年，国外因船舶撞击而导致桥梁垮塌或严重破坏的事故达 33 起，平均每年约有一座大型桥梁因船舶撞击而倒毁或遭受严重破坏。

三、我国船撞桥事故

江苏省江都市樊川镇东汇大桥为三跨水泥桥面拱桥，跨径组合 50m + 50 m + 50 m，主要起联络两岸人行交通作用。2004 年 5 月 26 日夜，该桥西侧桥墩遭受一铁驳船队中最后一艘驳船的撞击，导致上部桥面坍落并压住了肇事驳船，严重影响了交通和河流的通航，如图 3-1-16 所示。

2004 年 9 月，京杭大运河苏州段横塘亭子桥被货船撞毁，大桥坍塌后还压住了两艘货船，使得京杭大运河苏州段交通受阻，如图 3-1-17 所示。

图 3-1-16　东汇大桥船撞事故

图 3-1-17　横塘亭子桥船撞事故

2007 年 8 月 29 日中午 12 点 45 分左右，两艘船在昆山市区大洋桥水域行驶时，一艘因避让不及撞上桥墩，致西面半幅桥面发生坍塌，桥面砸到肇事船头的驾驶舱上，死亡 2 人，伤 1 人，如图 3-1-18 所示。

2008 年 6 月 14 日凌晨 4 时 30 分，河北省黄骅运通海运有限公司的“骅通 15”船空载从南海九江驶往珠海斗门，途经新会虎跳门水道劳劳溪入口处，船舶失控碰撞连腰大桥，船舶左舷横压桥梁，造成桥梁护栏 2m 左右受损，事故船舶的船头轻微受损，部分通信线路损坏。受冲击力影响，大桥桥面移位达 50cm。肇事货船船头严重变形，如图 3-1-19 所示。据了解，肇事货船从西江虎跳门水道顺流而下，准备经斗门出珠江口，但由于昨日西江出现汛情，水流急，货船被水流带入劳龙虎水道，失控撞上连腰大桥，船上无人员伤亡。

图 3-1-18　大洋桥船撞事故

图 3-1-19　连腰大桥船撞事故

2005 年 1 月 18 日中午 11 时 15 分，苏盐城货 92108 从松江驶至龙华铁路 1 号桥，由于河水涨潮速度太快，船被卡在桥下。13 时 35 分，桥东北侧一角被船只巨大的上浮力顶起，13 时 45 分，另外一角也发生崩裂，整个桥面东侧被顶起约 30° 角，铁轨枕木螺口上强行拔离，被损铁轨长约 70m。15 时 30 分，铁驳船因积水过多向西发生倾斜，翻入河内，船顶与桥梁脱离，如图 3-1-20 所示。

2006 年 8 月 11 日 12 时左右，潮位 1.8m，新加坡籍货轮 BITUMAN EXPRESS 船从浙江嘉兴乍浦二期码头附近海域（距大桥下游约 1 海里和码头前沿约 1.5 海里处）走锚失控后，船舶右舷顺流撞击杭州湾跨海大桥中引桥和北航道桥南高墩区结合部位 B26、B27、C01 等混凝土承台、墩身及箱

梁结构物，其位于船艏的驾驶台及其桅杆撞击大桥箱梁并卡在梁下，直至当日 14 时 25 分才被海事组织的施救船只拖离事故现场。该毁损事件已造成大桥部分结构物毁损。如图 3-1-21 所示。2006 年 8 月 11 日 12 时左右，新加坡籍货轮由于涨潮作用走锚失控，货轮的右舷顺流撞击了杭州湾跨海大桥中引桥和北航道桥南高墩区结合部位，货轮的驾驶台及其桅杆也因撞击大桥箱梁后卡在梁下。该次事故造成经济损失高达 1 000 万元。

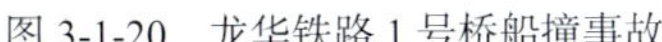

图 3-1-20　龙华铁路 1 号桥船撞事故

图 3-1-21　杭州湾跨海大桥船撞事故

2007 年 6 月 15 日 5 时 15 分左右，广东佛山市南海区九江大桥遭运砂船“南桂机 035”撞击，造成九江大桥 3 个桥墩倒塌，其所承桥面约 200m 坍塌，正在桥上行驶的 4 辆汽车（共有架乘人员 7 名）及 2 名大桥施工人员当场坠入江中，致使 8 人死亡，一名架乘人员下落不明。如图 3-1-22 所示。广东省海事局对事故进行调查后认定：事故的主要原因是“南桂机 035”船在航行中遇到浓雾，船长安全意识淡薄，盲目冒险航行，判断严重错误，应急措施不当。

a)

b)

图 3-1-22　九江大桥船撞事故

2008 年 3 月 27 日凌晨 4 时许，浙江台州路桥船务有限公司所属“勤丰 128”轮在航行至在建的浙江宁波金塘大桥时，船舶桅杆与该桥面发生碰撞，桥面箱梁塌落，压在“勤丰 128”轮驾驶台上，船上 20 名船员，16 人获救，4 人失踪。如图 3-1-23 所示。

“勤丰 128”轮错误设计航线是导致事故发生的重要原因。调查显示，大桥主通航孔已于 2007 年 2 月 1 日启用，本航次中，“勤丰 128”轮设计的计划航线偏离主通航孔近 1 海里，选择通过非主通航孔。

原因是“勤丰 128”轮在没有完全掌握金塘大桥通航条件的情况下，盲目冒险航行。造成盲目航行的有两种可能：一是该轮临近大桥时错误判断大桥桥面高度，误认为可以安全通过；二是误认为该桥段未铺设箱梁，并且严重疏于瞭望，未发现已铺设的箱梁，以为本轮可以从两桥墩之间安全通过。这也是我国有史以来最严重的一次船撞桥事故。

2008年1月1日清晨5时多，一只安徽霍邱籍货船沿通吕运河行至海门市境内的国强大桥下时撞到桥梁上，货船被卡在桥下。被撞后的大桥两侧龙骨脱落，桥面仅靠货船支撑。据了解，被撞后的大桥几近报废，为确保短时内通航，海门有关部门决定对大桥进行定向爆破拆除。如图3-1-24所示。

图3-1-23　金塘大桥船撞事故

图3-1-24　国强大桥船撞事故

2008年8月17日上午11时许，一艘满载3 000t小麦的货船在停靠东莞穗丰食品有限公司码头时，不慎一头撞到麻涌大桥上，近20m桥栏杆被撞烂，路灯也被撞倾斜。所幸当时大桥上没有人经过，事故中没有造成人员伤亡。事故原因是，肇事货船掉转船头时没有勾住锚链，涨潮时迅速漂移撞向大桥。如图3-1-25所示。

a)

b)

图3-1-25　麻涌大桥船撞事故

2008年10月28日下午2时10分左右，一艘安徽籍空载货船和一个射阳船队同时经过高邮市汉留镇四异村境内的三阳河时，空载货船驾驶舱顶撞上四异大桥拱顶，长达130多米的大桥瞬间被撞塌，断桥同时压住两艘大船，两船内各有一名船员受伤。如图3-1-26所示。

武汉长江大桥自1957年建成以来，被撞70余次，其中除3次因桥下净空不足造成船舶撞击上部钢梁外，其余均为撞击桥墩。直接经济损失超过百万的有10起。从北岸汉阳向南岸的5号至8号桥墩位于航道附近，被撞次数最多。尤其是5号墩，共被撞14次，其中最严重的一次在墩身上留下0.15m的凹痕。

南京长江大桥自1968年建成通车以来，共发生大的碰撞事故28起，其中船队25起，单船3起。且事故主要发生在洪水期，占事故总数的64%。

黄石长江大桥仅1993、1994两年时间就连续发生19起船撞桥事故。

1998年9月，浙江龙港大桥被一艘载有280t甲苯的油轮撞击，导致4人死亡，交通中断4个月，修复费用达800多万元。

1999 年 7 月，四川涪江一艘满载乘客的渡轮因舵机失灵而失控撞桥，导致渡轮倾覆，死亡 20 余人。

1998~2005 年，重庆白沙沱大桥共发生 9 起严重的船撞桥事故。最严重的一次发生在 1998 年 9 月 4 日，该桥遭重庆市武隆县航运公司所属的武航 512 船队撞击，事故造成武航 512 和武航 4-2 驳沉没，一人失踪。

2003 年 8 月，安徽朝阳路淮河大桥遭驳船撞击，薄壁桥墩局部破坏，混凝土内部钢筋外露，驳船也受到严重破坏。

2004 年 8 月，杭州渔临关大桥被两艘货船撞击，导致桥梁坍塌。

a)

b)

图 3-1-26　四异大桥船撞事故

四、船撞桥事故总体趋势

根据国际航海协会常务会议 PIANC 第 19 工作组的统计结果 [4]，自 1960 年以来，世界上损失超过 10 万美元的船撞桥年平均事故率如图 3-1-27 所示，图中所示为 10 年平均事故率。从图中看出，1975 年的年平均事故率约为 1 次 / 年，而到了 1990 年，年平均事故率就增长到了约 2 次 / 年，而且随时间的增长年事故率仍处于不断上升的趋势。此外，国际桥梁结构工程学会（IABSE）通过对 1960~1993 年国际上 29 起船舶碰撞桥梁重大事故的研究发现，尽管科技的进步使船舶的装备水平、安全监督管理水平以及桥梁的建设与管理水平等有了长足的进步，但船撞桥事故历年来仍不断发生，并且 20 世纪 80 年代以后的事故次数并未有减少的趋势，甚至还呈增长态势。在我国，根据戴彤宇对我国内河桥梁的统计结果 [5]，事故数仍呈上升趋势。

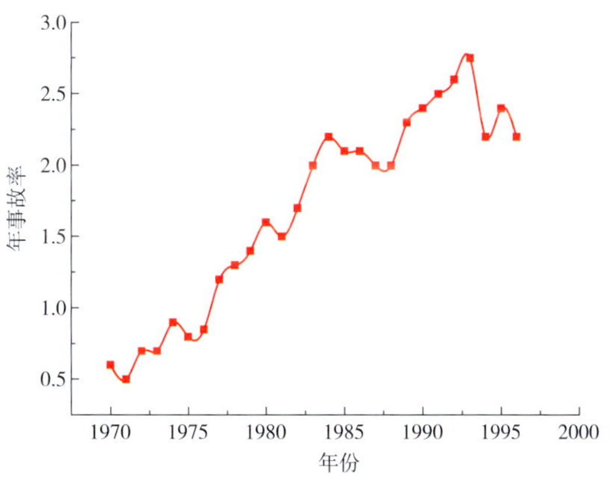

图 3-1-27　世界船撞桥年平均事故率（损失超过 10 万美元）

从以上统计结果可以看出，在世界范围内，船撞桥事故的发生率仍在呈不断上升的趋势。同时，从不断发生的船撞桥事故我们也可以看出，无论我们采取何种措施，要想完全杜绝船撞桥事故的发生也是不可能的，而且船撞桥事故不同于一般的交通事故，一旦发生通常是后果严重。且近年来随着我国道路交通和航运事业的发展，桥梁日益增多，船舶吨位日益增大，船舶航速也越来越快，这将给桥梁的安全带来新的问题。所有这些情况都在提醒我们，应该对船桥碰撞问题加以足够的重视，并积极采取相应对策，化解风险。

第二节　桥梁船撞设计及防撞对策的现状与趋势

一、桥梁船撞研究的历史沿革

船撞桥问题的系统研究始于1978年，美国发生了多起船舶撞毁桥梁的恶性事故之后，美国政府和马里兰大学土木工程系签订了一项研究合同[6]，专门研究桥梁及桥墩的防撞保护系统，并出版了一部概括已有的技术成果，并向设计者推荐有关设计标准的参考书籍，这是世界上首次对此课题的系统研究。1983年6月，在丹麦大带海峡固定式跨海工程的背景下，国际桥梁与结构工程学会在丹麦的哥本哈根举行"船只与桥梁和近海结构的碰撞"国际学术讨论会[7]。这是关于这个题目的第一次研讨会，研讨会的一部分为船舶碰撞桥梁和近海建筑物的事故报告，会上提出建议，建立一个船舶碰撞桥梁事故的国际数据库，主要内容是自1960年以来世界范围发生的船撞桥事故。1980年后，一些技术咨询公司和研究机构，包括开普公司(CAP-Consult)、茂盛公司(Maunsell & Partners)、科威公司(Cowi Consult)、摩吉斯基公司(Modjeski & Masters)等，先后对丹麦大带桥、澳大利亚塔斯曼桥、美国的阳光大桥、直布罗陀海峡大桥以及路易斯安那州水道上的桥墩开展了船撞桥问题的专项研究，并取得了一些重要的研究成果[8]。

1980年发生的美国原阳光大桥船撞倒塌事件，促进了对跨越通航水域桥梁安全的重视，之后美国11个州和美国联邦公路局共同投资开展了一个研究项目，美国Moffat and Nichlo工程师事务所的诺特(Knott. M. A)等人参加了研究工作，并陆续有成果发表。这项研究工作最显著的成果就是在此基础上，于1991年形成了美国第一部《公路桥梁船舶碰撞设计指南》[9]。这是第一部比较完整的并得到应用的桥梁船撞设计技术文件。目前该指南的有关内容已被改写进《美国公路桥梁设计规范》[10]的有关章节，成为桥梁工程师进行桥梁防撞设计的实用性规范。1991年，IABSE在列宁格勒召开了一次年会。在会上，IABSE接受了由拉森(O. D. Larsen)主笔撰写的"Ship Collision with Bridge"，即《船舶碰撞桥梁——船舶交通与桥梁结构间的相互影响》(综述与指南)，文中对船撞桥研究的已有成果进行了系统的归纳和总结。该文作为IABSE的文件[11]于1993年正式发表，系统地论述了在桥梁初步规划及具体设计时船舶撞击风险及防撞设计问题，从而进一步推动了船撞桥问题的研究工作。之后，欧洲一些国家也相继对桥梁的船撞问题制定了一些技术标准或规范。

1995年国际海协会常务会议PIANC(Permanent International Association of Navigation Congresses)工作小组成立，专门研究船撞桥的问题，参加国有比利时、法国、德国、日本、西班牙、瑞典、英国、美国和荷兰9个。成立该工作小组的建议是在1990年日本大阪召开的第27届PIANC会议上提出的，之后在1994年2月9日召开的一次会议上，通过了小组名单并正式开始工作。小组成员由9个国家的11位专家组成，由荷兰的曼奈(Manen. S. E)担任负责人。工作小组主要工作就是对所有可航水道即内陆水道、港口入口和海峡的桥梁、各种类型的桥、各种船舶进行研究；对所有可能发生碰撞的桥梁组成部分(如桥墩、上部建筑)进行研究。该小组经过5年的工作，到2000年，已经建立了一个包括151起船撞桥事故的数据库[12]，并对相关问题进行了研究分析。

在建立船撞桥事故数据库的基础上，该小组还进行了进一步的研究工作。通过对事故有关资料的分析，对桥墩位置、桥墩保护装置、航道有效宽度及其变化、船舶航迹、船舶操纵等问题进行了研究，对基本碰撞概率及对某些特定环境因素和保护措施的修正、碰撞机理以及经济性等方面也做了部分研究工作。该小组还总结了目前各国船撞桥研究的情况以及减少碰撞措施的研究情况，对安全准则进行了分析，并对进一步的研究提出了建议。1998年，国际桥梁界再次开会专题讨论船撞桥问题，共发表

论文 20 篇[13]。

在我国，对船撞桥问题的研究从 20 世纪 80 年代末期开始。从黄石长江大桥[14]开始，我国相关技术部门和技术人员逐步认识到了船舶撞击对跨航道桥梁的安全的重要性。之后结合重大跨航道桥梁工程的建设（如苏通长江大桥[15]、湛江海湾大桥、上海长江大桥、杭州湾大桥、东海大桥等），开展了逐步深入的研究工作。

2006 年，考虑到三峡大坝改变了三峡库区的通航环境，交通部西部科技项目办公室编列了西部项目“三峡库区桥梁船撞发生规律、防撞措施和设计指南研究”。2007 年 6 月 15 日，广东省佛山市九江大桥被采砂船撞倒，引起了全社会的广泛关注，同时对技术管理部门和技术工作者产生了巨大的推力。桥梁船撞安全得到了更加广泛的重视。之后交通部、科技部在国家的层面上编列了多个技术研究项目（如交通部西部项目“西部地区内河桥梁船撞设防标准与设计指南研究”、“863”），开展桥梁船撞安全设计理论、方法和技术的研究。

我国已开展的桥梁船撞研究涉及以下几个方面：①桥梁防船撞设施。结合具体的桥梁工程项目开展[14-15]；②桥梁船撞事故统计和分析；③桥梁设计船撞力。在参考了国外的相应研究成果，并进行了一些补充研究之后，提出了我国公路桥梁设计船撞力的参考值；④ VTS 系统。在交通部规划研究院所作的长江干线船舶交通管理系统 (VTS) 总体建设方案论证。此外针对大型江海桥梁工程（如苏通大桥、湛江海湾大桥等），研究独立或与既有船舶交通管理系统相结合的桥梁船撞管理。

二、桥梁船撞设计规范及标准的现状与趋势

1991 年，美国道路工程师协会（AASHTO）编写了美国的《公路桥梁船撞设计指南》[15]，专门针对美国的内河桥梁提出了基于风险的船撞设计技术标准和设计方法，内容涵盖了设计船舶的确定、碰撞概率分析、碰撞力的计算、船舶破损长度的计算、防撞保护系统设计等。1994 年，该指南的核心条款又写入了美国《公路桥梁设计规范》[12]。1996 年，美国铁路工程师协会（AREA）出版了《铁路桥梁防撞保护系统设计规范》。在欧洲，1997 出版了欧洲统一规范第一卷（Eurocode 1）第 2.7 分册，指导桥梁船撞设计。此外，国外针对某些重要桥梁还专门制定了专用的设计技术标准，如 1978 年开普公司为丹麦大带桥专门研制了船舶碰撞荷载标准；1991 年，奥尔逊、弗莱德逊等人又对丹麦大带海连接线上的桥梁进行了比较方案的风险评估，并拟定了船撞荷载标准；1995 年，丹麦瑞典合营的奥立桑连接线咨询公司对跨越丹麦与瑞典间的奥立桑海峡大桥进行了船舶碰撞概率模型的研究。在这些专题研究的基础上还形成了专用技术标准。

在我国，2004 年颁布的《公路桥涵设计通用规范》将船舶分为轮船和内河驳船两类，分别根据航道等级列表给出了设计船舶撞击力。1999 年颁布的《铁路桥涵设计基本规范》（TB 10002.1—99）中，给出了设计船舶撞击力的计算公式。表 3-1-1 列出了我国桥梁规范与美、欧规范的概要比较。

从设计思想上看，美国桥梁船撞设计规范全面采用了基于风险的设计思想。欧洲船撞设计规范虽然考虑到了严重的桥梁船撞是风险事件，在编写规范时也考虑到了失效频率的问题，但这种考虑是隐含的，因而也是非常粗糙的。美国的船撞桥设计指南明确规定了设计的目标倒塌频率（对于一般桥梁取 10^{-3}，对于重要桥梁取 10^{-4}），欧洲规范未对一个事故作用规定任何年频率，但参照了 ISO 的 DP10252（“由于人类活动导致的事故作用”）中的相应条款，目标倒塌频率约为 10^{-4}。同时，欧美的规范都对桥梁结构的重要性进行了分类，如美国的设计指南将桥梁结构区分为重要桥梁和普通桥梁，同时对桥梁各部件的重要性进行了区分，倘若不引起桥梁结构的整体失效，允许由事故作用引起的局部失效。对于局部失效和整体失效的这一区分是强制性的，以便区分常规设计和风险事件作用设计的本质不同。

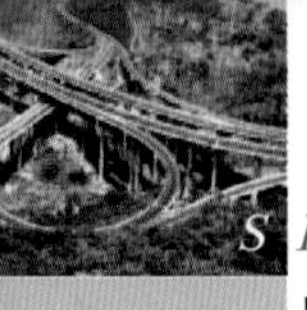

概括地说，美国规范都将船撞事件处理为风险事件，根据可接受风险的水平来指导桥梁的船撞设计；我国规范则是将船撞事件处理为偶然作用，根据航道和通航船舶情况给定设防船撞力。比较而言，我国桥梁船撞设计还没有形成一个系统的设计思想。

从设计实践看，对于船撞问题，美国 AASHTO 的《公路桥梁设计规范》[10] 中关于船撞设计的技术规定，方法明确，应用简单，因而在国际上广泛应用。很多国家航道桥梁的船撞设计都采用了美国 AASHTO 的《公路桥梁设计规范》中的方法。我国的情况也是如此。但国外规范毕竟有许多不符合我国实际情况的因素存在，如通航船舶的特征，可接受的风险水平等。其对我国内河航道桥梁船撞设计的适用性并没有得到论证，给我国桥梁的船撞设计带来很大的困扰。

有鉴于此，交通运输部正在着手编制我国的《公路桥梁船撞设计指南》，重庆和广东的地方性设计指南也在编写中。

中、美、欧规范船撞桥条款的简要比较 表 3-1-1

项目	中国公路桥梁规范	欧洲统一规范	美国桥梁设计规范
设计思想	基础不失效	基础等主要构件不失效	基础等主要构件不失效
设计方法	确定性的	确定性的，但隐含风险（目标倒塌频率），约为 10^{-4}	方法Ⅰ：半确定性的，适用浅水桥梁； 方法Ⅱ：指定目标频率法，年目标倒塌频率取 0.001（普通桥梁）；0.0001（重要桥梁）。适用少量桥墩可能遭受船舶撞击的一般水深桥梁； 方法Ⅲ：投资效益分析。适用深水处有桥墩和很多桥墩可能遭受船舶撞击的桥梁；适用于因船舶撞击而需要加固的桥梁
适用范围	内河桥梁	内河桥梁和跨海桥梁	内河桥梁
船舶撞击撞力	驳船：表格形式给出 轮船：表格形式给出 塔楼撞击力：无	按式$v\sqrt{km}$计算	驳船：$P=f(\alpha_B)$ 轮船：$P=0.122\sqrt{DWT}\cdot V$ 塔楼撞击力：$P_{up}=\beta\cdot P$
力学计算方法	静力方法	静力方法	静力方法
设防船舶撞击力	驳船：表格形式给出 轮船：表格形式给出 塔楼撞击力：无	驳船：无 轮船：表格形式给出 塔楼撞击力：无	方法Ⅰ：按式$P=f(\alpha_B)$计算 方法Ⅱ：概率分析得到 方法Ⅲ：投资效益分析得到
总体评价	基于确定性静力设计理论。但严重的桥梁船撞是发生概率很低的风险事件，该规范没有明确地给出处理这样的桥梁外部作用的方法	隐含考虑了船撞的风险性质，但在设计中表现为确定性形式。船撞力的确定方法过于简化。计算模型采用静力方法，不能考虑撞击的动力效应，结构计算过于粗糙	全面引入风险分析方法，适合处理桥梁船撞这类发生概率小且后果严重的桥梁外部作用。方法系统，但一些具体规定存在不足，需要进一步的研究和完善。方法Ⅲ实际可操作性不强。计算模型采用静力方法，不能考虑撞击的动力效应，结构计算过于粗糙

第二章　基于风险的桥梁船撞设计

第一节　桥梁船撞概率计算

一、现有桥梁船撞概率计算模型评述

船桥碰撞概率的研究最初起始于船船碰撞概率的研究。1974 年，Macduff 在评估船舶交通事故时，以船—船相碰的统计结果为基础，计算出了船舶相互碰撞的理论概率，Fujii 在 1971 年和 1974 年的工作中，也采用了统计的方法对日本几条海峡中的船舶搁浅统计进行了研究，并列出了失控概率。这两项研究的共同之处在于都假设船舶杂乱地分布在水道内，且失控概率均出自这种自然状态的假设，一旦假设了一种更接近现实情况的分布，那么这种概率估算就要作相应的改变。但无论预测哪种条件下的碰撞或搁浅概率，这个独到的分布假设仍然是比较实用的。这两项工作也为以后船桥碰撞的研究打下了基础，之后国内外也形成了一系列的概率计算模型和方法，最为典型的有以下几种：

（1）AASHTO 规范模型；

（2）KUNZI 模型；

（3）欧洲规范模型。

下面分别介绍一下上述几种模型。

1. AASHTO 规范模型

1980 年，国际桥梁协会建议的桥梁船舶撞击的期望次数计算方法为：

$$\begin{gathered} \nu(T)=\sum_{i=1}^{m}\nu_i(T) \\ \nu_i(T)=N_i\cdot P_{\mathrm{A},i}\cdot P_{\mathrm{G},i} \end{gathered} \tag{3-2-1}$$

式中：T——设计考虑的年限，通常取一年；

N_i——T 年内通过桥梁某一类别 i 的船只的数量；

$\nu(T)$——T 年内桥梁遭受碰撞的期望数；

$\nu_i(T)$——T 年内第 i 类船舶撞击桥梁的期望数；

$P_{\mathrm{A},i}$——船舶航行发生异常，并对桥梁产生可能撞击威胁的概率，称为偏航概率；

$P_{\mathrm{G},i}$——一个条件概率，描述在桥区航行异常的船舶撞击到桥梁的概率，称为几何概率。

当地的 P_{A} 可以通过对桥梁区域内船舶事故的观测资料的分析来确定。一般情况下，缺乏足够的资料，因此多数情况下采用船舶搁浅和船舶与船舶碰撞的资料来确定 P_{A} 的值。

自 20 世纪 70 年代以来，相关人员对 P_{A} 的取值进行了较多的研究。Fujii 和 MacDuff 在这方面进行基本的研究工作，其他人的研究多是以此两人的研究工作为基础。一些研究结果则是根据特定水道的搁浅或碰撞的统计资料。

当为某一特定水道进行 P_{A} 值评估时，或对不同水道的 P_{A} 值进行比较时，应当考虑到一系列的影响因素。这些可能的影响因素主要是能见度、风、水流、冰、船型、船只的尺寸和速度、船只装载情况、船只标准和船只装备、船上领航员、交通密度、碰撞目标的可检测性、航标、折弯航道、航道跨

度、VTS 系统等。这些因素影响的研究还很不深入，一些研究结果之间互相矛盾，可能与分析的具体情况及所分析数据的完整性有关。

式（3-2-1）被 1991 年 AASHTO 编制的《公路桥梁船撞设计指南》所采用。后来该指南的主要内容编入 AASHTO 的《桥梁设计规范》（2005 版），沿用至今。在 AASHTO 的《桥梁设计规范》（2005 版）中，偏航概率 P_A 按下式进行计算：

$$P_A = B_R \times R_B \times R_C \times R_{XC} \times R_D \tag{3-2-2}$$

式中，B_R、R_B、R_C、R_{XC}、R_D 分别为偏航基准概率、桥位修正系数、平行水流修正系数、横流修正系数和船舶交通密度修正系数。

根据一些美国水道的历史事故资料，对于轮船：$B_R = 0.6 \times 10^{-4}$，对于货船：$B_R = 1.2 \times 10^{-4}$；桥位修正系数 R_B 根据桥梁地位置以及桥梁与航道的角度估算。

直线区域：位于直线航道水域中的桥梁：

$$R_B=1.0 \tag{3-2-3a}$$

过渡区域：对于处于过渡水域的桥梁，R_B 可由下式计算：

$$R_B = 1 + \frac{\theta}{90^\circ} \tag{3-2-3b}$$

式中：θ——弯角或转角。

转向区域：对于处于转向区域的桥梁，R_B 可由下式计算：

$$R_B = 1 + \frac{\theta}{45^\circ} \tag{3-2-3c}$$

与水道内航线平行作用的水流的修正系数 R_C 应取为：

$$R_C = \left(1 + \frac{V_C}{10}\right) \tag{3-2-4}$$

式中：V_C——平行于航线的水速分量。

垂直于船只航行方向的横向水流的修正系数 R_{XC} 应取为：

$$R_{XC} = \left(1 + V_{XC}\right) \tag{3-2-5}$$

式中：V_{XC}——垂直于航线的水速分量。

船只交通密度修正系数 R_D，可由在水道中的桥梁的直接相邻区的交通密度水平来确定低交通密度，$R_D = 1.0$，船只在贴近桥梁处彼此很少相会，通过或赶超；中等交通密度 R_D =1.3，船只在贴近桥梁处彼此有时相会，通过或赶超；高交通密度 R_D =1.6，船只在贴近桥梁处彼此经常相会，通过或赶超。

几何碰撞概率最早由日本学者藤井弥平提出，假定航道内的船只是平均分布的，忽略了桥墩在航道中的位置对碰撞概率的影响，得到的结果较粗略。后来，随着研究工作的进一步深入，发现以航道中心线为对称轴，船只的横向分布可以近似合理地用正态分布描述，如图 3-2-1 和图 3-2-2 所示。几何概率 P_G 即为图 3-2-1 中阴影部分的面积。

正态分布的模型参数（均值和标准差）可以在实际水道上直接用雷达观测获得，否则可以参照情况类似河道（海峡）的观测资料确定。

2. KUNZI 模型

1998 年，德国的昆兹（C.N.Kunz）根据船撞桥事故发生前船与桥墩的相互位置为基础，建议了一个具有两随机参数的船桥碰撞概率计算模型。第一个随机变量是船舶的偏航角度 ϕ，是指船舶航行方向与预订的航线方向之间的角度，如图 3-2-3 所示。第二个参数是停止距离参数 x。对指定的桥梁和某一型船舶，综合船舶机械性能、吨位、平均航速、外形尺寸、驾驶人平均素质、桥位处水流特性和桥梁外形尺寸等众多影响因素，认为避让桥梁障碍部件所需的最小足够距离 s 是一个正态随机变量。

ϕ 和 s 受很多独立的因素的影响，根据中心极限定理，可假定其为正态分布的随机变量，即

$$f(\phi)=\frac{1}{\sqrt{2\pi}\sigma}\exp\left\{\frac{(\phi-\mu)^2}{2\sigma^2}\right\} \tag{3-2-6}$$

$$f_S(\phi)=\frac{1}{\sqrt{2\pi}\sigma_S}\exp\left\{\frac{(s-\mu_S)^2}{2\sigma_S^2}\right\} \tag{3-2-7}$$

通过计算 F_ϕ 和 F_s（对每一个船舶航运线的位置），就可以计算出沿着航行跨径，船舶撞击指定物体或绕过指定物体或在撞击发生前被停止的概率。此概率模型与船舶相对桥墩的位置有关。概率模型的数学表达式为：

$$P_{\text{collison}}(T)=nT\int\lambda(s)W_1(s)W_2(s)\mathrm{d}s \tag{3-2-8}$$

式中：$P_{\text{collison}}(T)$——在指定时间 T 内至少发生一次撞击的概率；

n——在 T 内通航船只的数目；

$W_1(s)=F_\phi(\phi_1)-F_\phi(\phi_2)$——一条撞击航迹的概率；

$W_2(s)=1-F_x(s)$——撞击前事故未得到制止的概率；

$\lambda(s)$——船舶每航行单位距离发生失效的概率。

3. 欧洲规范模型

1997 年，欧洲在其统一规范（Eurocode）第一卷（Eurocode 1）第 2.7 分册中，提出了基于失效路径的积分算法，用于计算船桥碰撞的概率，如图 3-2-4 所示。

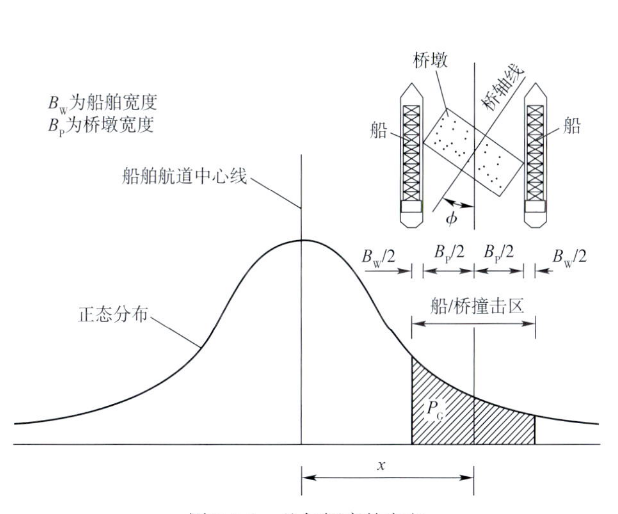

图 3-2-1　几何概率的定义

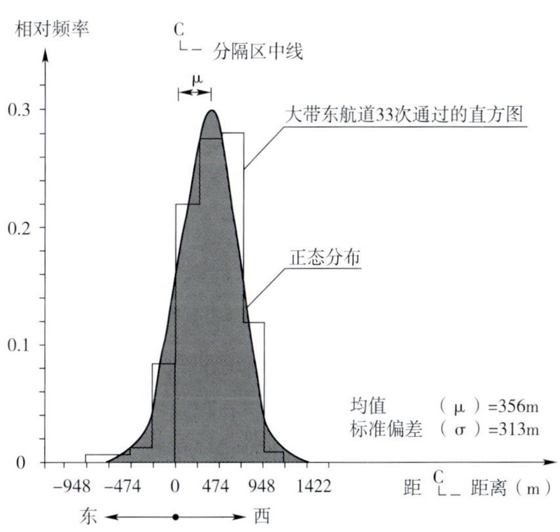

图 3-2-2　丹麦大带船舶航迹桥雷达观测结果

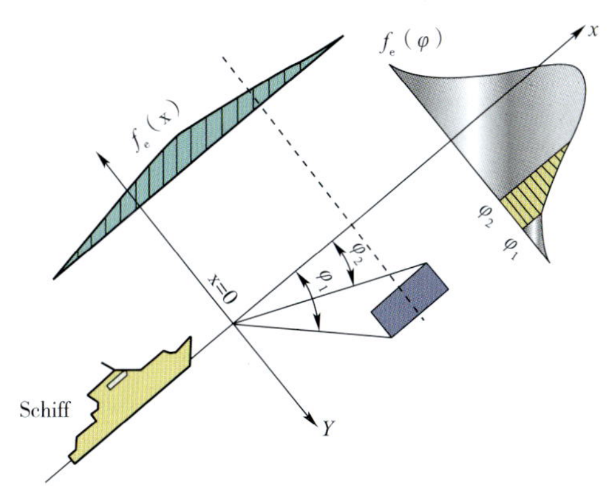

图 3-2-3　KUNZI 船桥碰撞概率模型

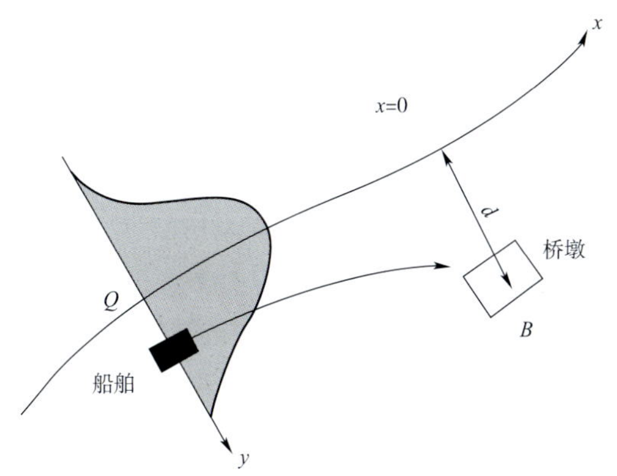

图 3-2-4　欧洲规范船桥碰撞概率模型

在该方法中，引入一个坐标系（x，y），x 轴沿航道的中心线，y 轴代表船舶距航道中心线的横向距离。潜在的被撞结构物即桥墩位于（0，d）处。由于航行错误和机械故障等导致的船舶与桥墩的碰撞被模拟为一个非均匀的泊松过程，已知该泊松过程的密度为$\lambda(x)$，则在时间 T 内的碰撞概率表达式为：

$$P_c(T)=nTP_{na}\iint\lambda(x)P_c(x,y)f_s(y)\mathrm{d}x\mathrm{d}y \tag{3-2-9}$$

式中：P_{na}——由于人员干预仍不可避免撞桥的概率；

$\lambda(x)$——船舶单位航行距离的失误概率，可参照事故资料来确定；

$P_c(x,y)$——给定初始位置（x，y）下的碰撞条件概率；

$f_s(y)$——y 方向船舶初始位置的分布。

此外，还有茂盛公司为英国主要桥梁提出的船撞桥概率模型、佩德森（Petersen）为丹麦大带桥提出的船桥碰撞概率模型。

AASHTO 模型是目前应用最广泛的船桥碰撞概率计算模型，原因在于其方法完善，应用也相对简单，实用性较强。AASHTO 模型计算碰撞概率的基本思路可以理解为：首先确定船舶的误航概率 P_A，即由于各种原因导致船舶没有正常航行的概率，然后乘以船舶由于误航而处于图 3-2-4 中船桥撞击区的概率，即几何概率 P_G。显然 AASHTO 模型中关于几何概率的定义意味着，船舶一旦驶入船桥撞击区，这种状态就会一直维持到发生事故。确定 P_A 最合理的方法是进行长期的事故统计，在缺乏统计资料的前提下，AASHTO 给出了 P_A 的估算经验公式，但并未包括诸如风、能见度条件、助航设备等影响因素的影响。

实际上，大多数情况下，船舶在航行中一旦驶入危险区域，会采取一些措施（如减速、调整航向等）来避免碰撞，并不一定就撞上桥墩。从这个意义上说，KUNZI 模型和欧洲规范模型似乎更能反映出事故的发生过程和发生机理。

KUNZI 模型和欧洲规范模型的计算思路基本相似。欧洲规范模型考虑了船舶在桥区的横向分布（又称几何分布，下同）、所处位置对事故的影响以及单位航程事故率的变化，理论推导方面较为严谨，但由于在计算 P_c（x,y）时缺乏较为合理的定量表达方式，因此其还只是一个理论上的表述。KUNZI 模型则进一步明确了 P_c（x,y）的计算方法，提出了偏航角和停船距离两个随机变量，并给出了相应的计算公式，但 KUNZI 模型只是针对船舶的单条航迹给出了碰撞概率的计算方法，而在实际中，船舶在横向上存在一定的航迹分布，不同航迹线上的船舶按 KUNZI 模型计算出的碰撞概率是不同的，要想得到真实的碰撞概率，还要将 KUNZI 模型的计算结果在船舶的横向分布上进行积分。因此，KUNZI 模型与欧洲规范模型相比，既有其表达具体的一面，但同时又忽视了实际中船舶的横向分布，对计算结果造成了一定的偏差。

在模型参数方面，经过比较上述船撞概率计算模型可以发现，最具代表性的模型有 AASHTO 规范模型和 KUNZI 模型两种。其中，AASHTO 模型计算公式为经验公式，且其中的参数大多为统计型参数，参数取值是根据美国内河的统计数据而来，能否直接用于我国的内河桥梁船撞设计尚存疑问。而 KUNZI 模型则提供了理论推导相对较为完善的计算模型，只是模型参数的确定尚需根据实际情况而定，如船舶的偏航角度、船舶的横向航迹分布和船舶的停船距离分布。这些参数可以根据具体河流通航情况进行观测而定。表 3-2-1 列出了 AASHTO 模型和 KUNZI 模型所需参数的情况。

从表 3-2-1 看出，AASHTO 模型需要 10 个参数，KUNZI 模型需要 9 个参数，两个模型在参数个数的需求方面基本一致。AASHTO 模型所需参数包括桥梁、水流和船舶三个方面的数据，而 KUNZI 模型只需桥梁和船舶两个方面的数据，水流的数据是通过船舶的偏航角来反映的。在参数的取值方面，AASHTO 模型中所需的各种修正系数主要是通过对美国内河船舶事故统计得出的，而 KUNZI 模型中

有关船舶的参数确定至今只给出了建议值和参考值，具体应用时还需根据实际情况来观测确定。

AASHTO 模型和 KUNZI 模型所需参数 表 3-2-1

模 型 参 数		AASHTO 模型	KUNZI 模型
桥梁参数	桥位修正系数	√	
	桥墩位置	√	√
	桥墩顺桥向长	√	√
	桥墩横桥向长		√
水流参数	平行水流修正系数	√	
	横流修正系数	√	
船舶参数	船舶宽度	√	
	船舶偏航基准概率	√	
	船舶交通密度修正系数	√	
	船舶航迹横向（几何）分布均值	√	√
	船舶航迹横向（几何）分布方差	√	
	船舶偏航角均值		√
	船舶偏航角方差		√
	船舶停船距离均值		√
	船舶停船距离方差		√
	船舶单位航程事故率		√
共 计		10	9

KUNZI 模型则从船舶的航行过程入手，采用一个有序积分来计算碰撞概率，实际意义较 AASHTO 模型更为明确，不足之处在于忽略了船舶的横向分布。

再者，上述所有模型都没有反映出水位变化对碰撞概率的影响，即在计算过程中，无论采用高水位时桥墩处的水深还是低水位时桥墩处的水深，其计算出的碰撞概率是相同的，这与实际情况是不符的。当水位较高时，桥墩处的水深也会较深，这时吃水深的大型船舶有撞到该墩的可能性，但当水位较低时，桥墩处的水深就有可能不满足吃水深的大型船舶的需求，因此该类船舶这时就有可能撞不到桥墩，因此在计算碰撞概率时，就应该根据船舶吃水和墩处水深的情况有选择性地滤去某些船舶的影响。合理的做法是首先计算出不同水位下的年碰撞频率，然后再根据不同水位出现的频率对各个年碰撞频率进行加权求和，这样才能得到合理的桥墩的年碰撞频率。

二、概率参数积分路径模型

通过上述的对比分析发现，如果采用 AASHTO 规范模型的思路，就需要针对我国内河船舶事故的具体情况做大量的数据统计工作，而目前我国在这方面开展的工作还是比较有限的。而 KUNZI 模型则提供了一套较完备的数学模型的研究思路，并且参数确定方面较 AASHTO 模型中大量的经验系数来说相对简单，因此本书针对 KUNZI 模型中的不足之处，提出了三概率参数积分路径模型。三概率参数积分路径模型具有以下两个特点：

（1）考虑了水位变化频率对碰撞概率的影响，即对于某一计算水位下的碰撞频率还应乘上该水位出现的年频率，然后根据水位情况加权求和，使计算方法更加符合实际情况。

（2）在 KUNZI 模型的基础上，增加一项积分来考虑船舶横向分布（几何分布）对碰撞概率的影响，使模型的理论推导更加符合实际情况。

1. 水位变化的影响

通常情况下，无论内河还是海峡海湾在一年中其水位变化都会呈现一定的规律性，也就是说，某一水位在每年出现的频率基本是不变的，为了更好地描述这种规律性，建议利用月份对水位的出现频率进行定量描述，见表 3-2-2 和图 3-2-5。这样每一水位出现的年频率则为一定值 1/12，中间值可以内插得到。

每月的水位值

表 3-2-2

月份	水位（m）	月份	水位（m）
1	1.16	7	6.30
2	0.54	8	5.18
3	1.40	9	4.55
4	2.71	10	3.93
5	3.59	11	2.51
6	4.87	12	2.79

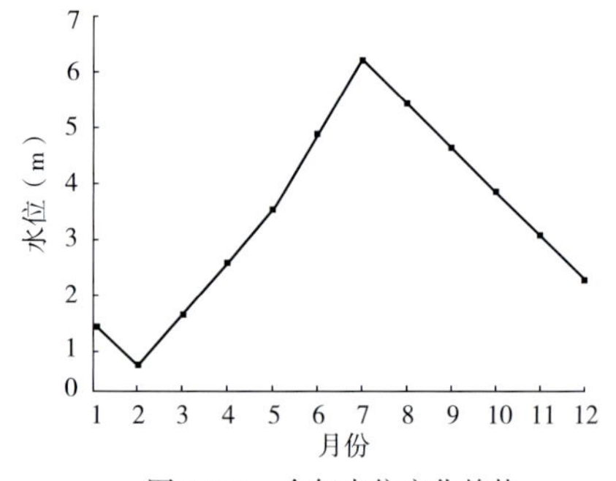

图 3-2-5　全年水位变化趋势

这样，桥梁的年碰撞概率可以用下式表示：

$$P_c = \sum_{i=1}^{n} \alpha_i P_{wi} \tag{3-2-10}$$

式中：P_c——总的年碰撞频率；

α_i——第 i 种水位出现的频率；

P_{wi}——第 i 种水位下的年碰撞频率。

2. 航迹横向（几何）分布的影响

为了考虑船舶航迹横向（几何）分布对碰撞概率的影响，本书建议的三概率参数积分路径模型如图 3-2-6 所示，船舶自原点航行到桥墩处的距离为 D，也即积分路径长度为 D，D 可取≥ $\mu_s+3\sigma_s$（后面还将详细说明），μ_s 为停船距离均值，σ_s 为停船距离标准差。(X,Y) 为船舶在航行过程中的积分坐标。

经三概率参数积分路径模型积分式为：

$$P_{wi} = \sum_{j=1}^{n} N_j \int_{\mu_x-3\sigma_x}^{\mu_x+3\sigma_x} f(x) \int_0^D \lambda(s)\,[1-F(s)] \int_{\theta_1}^{\theta_2} f(\theta)\,\mathrm{d}\theta\,\mathrm{d}y\,\mathrm{d}x \tag{3-2-11}$$

式中：P_{wi}——第 i 种水位下的年碰撞频率；

N_j——按船舶分类方法第 j 种船舶的年通航量，艘次；

$f(x)$——航迹横向分布（几何分布）密度函数；

$\lambda(s)$——船舶单位航行距离的失误概率；

$F(s)$——停住船的概率；

$f(\theta)$——船舶偏航角分布密度函数；

$W_1(s)$——一条撞击航迹的概率，$W_1(s)=F_\varphi(\varphi_1)-F_\varphi(\varphi_2)$；

$W_2(s)$——撞击前事故未得到制止的概率，$W_2(s)=1-F_x(s)$；

μ_x——船舶的航迹横向分布（几何分布）均值；

σ_x——船舶的航迹横向分布（几何分布）标准差。

$f(x)$、$f(\theta)$、$F(s)$ 分别如下：

$$f(x)=\frac{1}{\sqrt{2\pi}\sigma_x}e^{-\frac{(x-\mu_x)^2}{2\sigma_x^2}} \tag{3-2-12}$$

$$f(\theta)=\frac{1}{\sqrt{2\pi}\sigma_\theta}e^{-\frac{(\theta-\mu_\theta)^2}{2\sigma_\theta^2}} \tag{3-2-13}$$

$$f(s)=\frac{1}{\sqrt{2\pi}\sigma_s}e^{-\frac{(s-\mu_s)^2}{2\sigma_s^2}} \tag{3-2-14}$$

$$F(s)=\int_{\mu_s-3\sigma_s}^{s}f(s)\mathrm{d}s \tag{3-2-15}$$

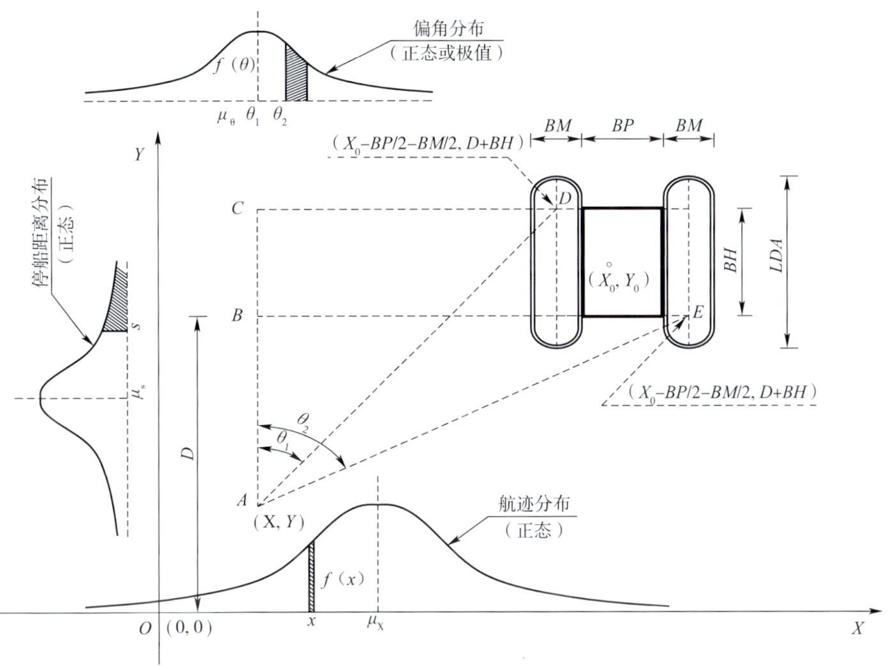

图 3-2-6　三概率参数积分路径模型计算图示

根据船舶航迹所处的横向位置不同，如图 3-2-7 所示，可分三种情况来确定 KUNZI 模型中的积分上下限 θ_1、θ_2，具体如下：

①当船舶位于图中 A 区时，即当 X 小于 $X_0-\frac{BP}{2}-\frac{BM}{2}$ 时：

$$\tan\theta_1=\frac{X_0-\frac{BP}{2}-\frac{BM}{2}-X}{D-Y+BH}$$

$$\tan\theta_2=\frac{X_0+\frac{BP}{2}+\frac{BM}{2}-X}{D-Y} \tag{3-2-16}$$

②当船舶位于图中 B 区时，即当 $X_0-\frac{BP}{2}-\frac{BM}{2}$ 小于 X 小于 $X_0+\frac{BP}{2}+\frac{BM}{2}$ 时：

$$\tan\theta_1=\frac{X_0-\dfrac{BP}{2}-\dfrac{BM}{2}-X}{D-Y}$$

$$\tan\theta_2=\frac{X_0+\dfrac{BP}{2}+\dfrac{BM}{2}-X}{D-Y} \qquad (3\text{-}2\text{-}17)$$

③当船舶位于图中 C 区时，即当 X 大于 $X_0+\dfrac{BP}{2}+\dfrac{BM}{2}$ 时：

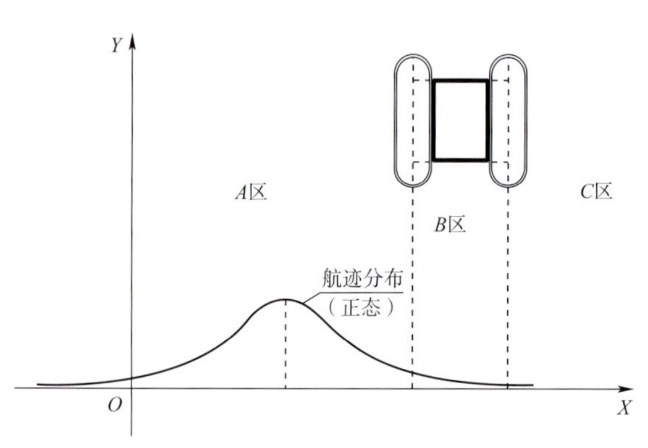

图 3-2-7　不同积分上下限的区间划分

$$\tan\theta_1=\frac{X-X_0-\dfrac{B_P}{2}-\dfrac{B_M}{2}}{D-Y+BH}$$

$$\tan\theta_2=\frac{X-X_0+\dfrac{B_P}{2}+\dfrac{B_M}{2}}{D-Y} \qquad (3\text{-}2\text{-}18)$$

式中：X——航迹的横向分布坐标；

X_0——桥墩的 X 轴坐标；

B_{P}——桥墩宽度；

B_{M}——船舶宽度。

需要说明的是，船舶的偏航角分布可根据实际的观测资料取为正态分布或者极值 I 型分布。而且，利用该模型，对于矩形桥墩，我们还可以通过调整积分上下限 θ_1、θ_2 的取值，来分别得到船舶撞击桥墩长边与短边的概率。

3. 模型所需参数及其参数的获取

在三概率参数积分路径模型里面，所需要的参数见表 3-2-3。其中，桥梁参数可通过桥梁设计资料得到，船舶参数中的船舶宽度可由前述的船舶分类方法得到。

需要通过实际观测确定的模型参数包括：船舶航迹横向（几何）分布均值、船舶航迹横向（几何）分布标准差、船舶偏航角均值、船舶偏航角标准差。目前，在船舶的航迹横向分布概率模型方面，国内外大都采用正态分布来描述，但对于正态分布的参数取值却差别较大；在船舶的偏航角度概率模型方面，国内外尚无实际的观测资料可用，大都采用假设的正态分布模型，且均值存在较大的争议。因此，对于某一具体桥梁，如果有条件可以进行实际观测，以获取更加符合工程实际的数据。第五节以三峡库区三座跨江大桥为观测实例，详细说明该部分数据的收集和统计工作。如果其他地区的桥梁无实际观测数据可用，本书提供的统计结果也可起到参考作用。

三概率参数积分路径模型所需参数　　表 3-2-3

编　号	船舶参数	编　号	船舶参数
1	船舶宽度	4	船舶偏航角均值
2	船舶航迹均值	5	船舶偏航角方差
3	船舶航迹方差	6	船舶停船距离均值
7	船舶停船距离方差	9 10	桥墩位置 桥墩顺桥向长
8	船舶单位航程事故率	11	桥墩横桥向长

此外，所需参数还包括：船舶停船距离均值、船舶停船距离标准差和船舶单位航程事故率。船舶的停船距离是由船型和水流速度决定的，最好能根据专门的试验数据来进行统计确定，如无实测数据可用，KUNZI 模型建议，对于大型船舶，停船距离均值约为 550m，标准差约为 60m，并建议根据航海专家的意见确定不同尺度船舶的停船距离均值和标准差。对于船舶单位航程的事故率，可预先收集桥区上下游一定范围内的船舶事故数，然后除以每年的总船舶数以及航道总长度便可得到船舶单位航程的事故率。由于不同的航段，航道的通航状况也不尽相同，因此船舶事故率也会有所差别，本书建议对不同河段的桥梁，最好能进行历年船舶事故的统计，以确定船舶单位航程的事故率。

4. 模型相关参数分析

为了说明三概率参数积分路径模型中各参数对计算结果的影响，如积分路径长度、船舶航迹横向分布均值、分布标准差、偏航角均值、偏航角标准差等，本节将以一个理想化的模型来进行计算验证，计算图示如图 3-2-8 所示。计算采用的船舶长度为 200m，宽度为 30m，停船距离均值取 600m，标准差取 60m，年通航量为 15000 艘次。

图 3-2-9 表示出了各墩及全桥碰撞频率随积分路径长度的变化趋势图。从图中可以看出，当积分路径约为 800m 时，碰撞概率基本不再发生变化，这时积分路径长度约为 m_s+3s_s，m_s 为停船距离均值，s_s 为停船距离标准差。因此，在计算时，为了提高计算效率，积分路径长度在取值上应尽量小一些，但为了保证计算精度，其值不应小于 m_s+3s_s。

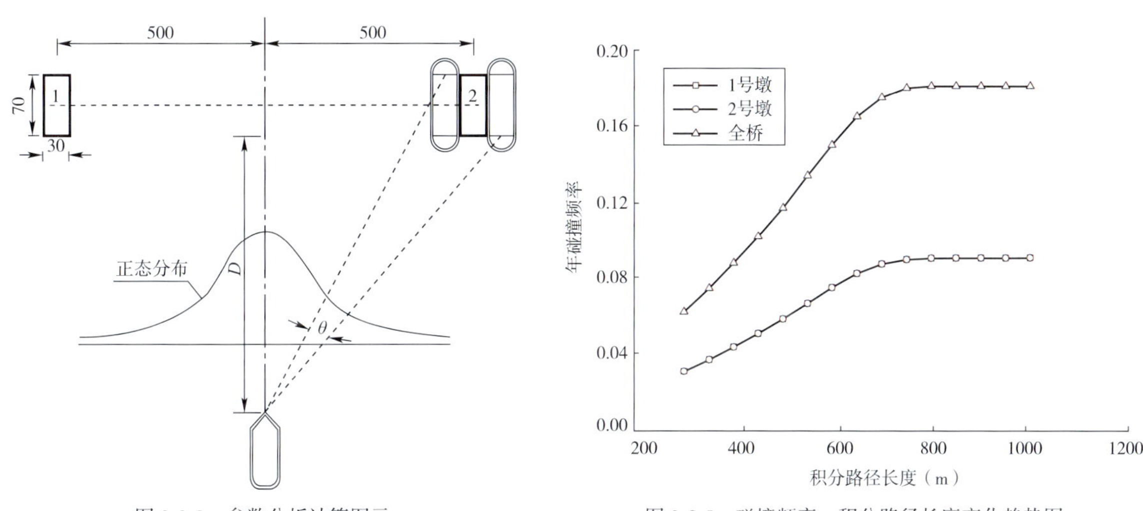

图 3-2-8　参数分析计算图示

图 3-2-9　碰撞频率—积分路径长度变化趋势图

图 3-2-10 为各墩及全桥碰撞频率随偏航角分布变化的趋势图，此时船舶航迹分布的均值取 0，即航道中心线，标准差取 200。从图 3-2-10a) 看出，当船舶偏航角分布的标准差一定（取 10°），均值逐渐增大时，1、2 号墩及全桥的年碰撞频率会先增大后减小，其峰值出现的位置与航道宽度和积分过程中积分路径长度的比值有关，当峰值出现时，此时从船舶的角度看，桥墩正好位于偏航角分布的均值位置。从图 3-2-10b) 看出，当船舶偏航角分布的均值一定（取 0°），标准差逐渐增大时，1、2 号墩及全桥的年碰撞频率也会呈现先增大后减小的趋势，不同的是，峰值出现的位置与前述情形不同，此时峰值出现的位置与夹角范围（即图 3-2-8 中桥墩所占的角度 θ）有关。

综上所述，采用三概率参数积分路径模型进行计算时，积分路径长度不应小于 $\mu_s+3\sigma_s$。当其他参数一定时，碰撞概率会分别随航迹分布均值、航迹分布标准差、偏航角分布均值、偏航角分布标准差的变化而呈现出不同的变化趋势，这就要求我们在实际的工程应用时，应对参数的取值进行必要的研究工作，以保证计算结果的合理性。

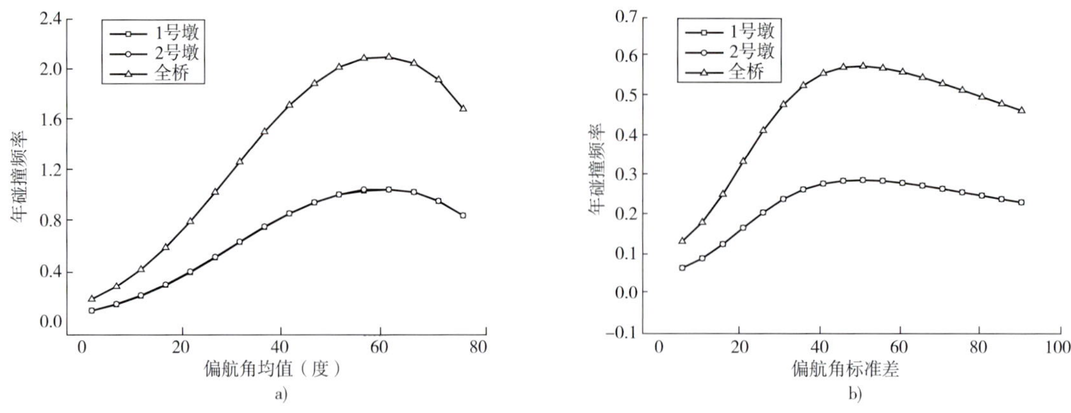

图 3-2-10 碰撞频率—偏航角分布变化趋势图

三、助航系统对桥梁船撞概率的修正

桥梁的助航系统主要包括导航标的设置、船舶航行定线的设置、VTS 系统的应用等，这些措施的应用都将对减少船桥碰撞事故的发生起到积极的预防作用。由于我国对于各类导助航系统在减少船桥碰撞事故的发生方面缺少较为系统的统计数据，因此本书主要以 VTS 和船舶航行定线制为主，简单讨论一下其在降低桥梁船撞风险作用方面的定量描述。

VTS 作为现代的水上交通安全管理手段，是水上安全的动态管理中心，其功能主要以信息服务和助航服务为主。随着我国 VTS 建设的逐步加强和管理的日臻完善，VTS 在船舶交通管理中所发挥的作用也日渐明显。VTS 除能有效提高航道通航能力和船舶的营运效率外，还能明显改善船舶的交通秩序，减少重、特大交通事故的发生。

船舶航行定线是指用法律规定或推荐形式指定船舶在水上某一区域行进所要遵循或采取的航线、航路或通航分道，以此来规范船舶的航行路线，避免碰撞事故的发生。

在减少船桥碰撞事故的发生频率方面，1998 年，Fujii 曾提出一个有 VTS 系统的条件下，船舶与桥梁碰撞造成的损伤大于等于 r 的频率的计算式：

$$F(r)=\sum_i\sum_j\sum_k C_{ijk}H_{ijk}(r)P_{ij}G_{ijk}T_{ij} \tag{3-2-19}$$

式中：$F(r)$——损伤率大于或等于 r 的事故频率；

T_{ij}——通航量；

G_{ijk}——航道因子；

P_{ij}——发生概率，受通航量、水文、气象条件等环境因素的影响；

H_{ijk}——损伤函数，相当于 AASHTO 规范中的倒塌概率曲线；

C_{ijk}——航道管理因子。

对于我国的助航系统在降低船桥碰撞事故的发生频率方面，可以参考 Fujii 的思想，在船桥碰撞概率方面引入一个修正系数 C_a，用以修正由于桥区加装了助航系统而使船舶撞击桥梁频率减少的幅度，即：

$$P_c^a=C_a\cdot P_c \tag{3-2-20}$$

式中：P_c^a——加装助航措施后桥梁的年碰撞概率；

C_a——助航措施修正系数；

P_c——未加装助航措施时桥梁的年碰撞频率。

因此，解决问题的关键是要确定助航措施修正系数 C_a。

VTS方面，根据有关统计资料，吴淞海事处的VTS开通以来的10年里，VTS覆盖区内的事故数下降率18%~33%，详见表3-2-4。1998年，沿海和长江VTS接受船舶报告69万艘次，为船舶提供信息服务16781次，纠正船舶违章5078艘次，使船舶交通秩序明显好转，重、特大交通事故发生率呈下降趋势，如大连港的船舶违章由VTS开通前的年均1200起，下降到年均36起。

上海吴淞口VTS覆盖区事故统计　　表3-2-4

年　代(年)	重大事故	大事故	一般事故
1992	21	20	24
1993	22	21	23
1994	19	15	19
1995	15	13	17
2000	18	12	13
2001	15	20	23
2002	6	10	20
VTS开通前年平均	21	19	22
VTS开通后年平均	14	14	18
事故下降率	0.33	0.26	0.18

船舶航行定线制方面，上海段船舶定线制规定实施后，事故下降率为36.25%；长江江苏段从2003年7月定线制实施到今年6月，一年内仅发生一般以上事故61起，同比减少31.5%；碰撞事故29件，同比减少39.6%；沉船54艘，同比减少15.6%。

从以上统计数据可以看出，实施VTS和船舶定线制以后，船舶的事故率均较以前下降大约30%，对于船撞桥事故为了考虑桥区助航措施对船桥碰撞概率的影响，可以取C_a=0.7。

第二节　桥梁船撞倒塌概率

一、概述

倒塌概率是桥梁在一定尺度船舶撞击下发生倒塌的概率，与船舶撞击力和桥梁结构的自身特性有关，如撞击的速度、撞击的角度、撞击的位置、结构的形式等。

美国AASHTO规范[1]为了给出桥梁结构被撞以后的安全状态，提出了以抗力与撞击力比值为基础的倒塌概率曲线，如图3-2-11所示。从图中看出，如果桥墩或上部结构的抗冲击力大于设计船只的碰撞冲击力，则桥梁的倒塌概率为零；如果桥墩或上部结构的抗冲击力处于设计船只碰撞力的10%~100%范围，则桥梁倒塌概率在0.0~0.1范围内呈线性变化；如果桥墩或上部结构的抗冲击力小于船只碰撞力的10%，则桥梁倒塌概率在0.1~1.0之间呈线性变化。利用这条曲线进行桥梁的倒塌概率评估无疑会带来很大的方便，是目前应用最为广泛的一种模型。但需要说明的是，美国AASHTO给出的倒塌概率曲线，是根据Fujii（1978）[2]利用日本船只在海上碰撞的历史上的损坏数据所做的研究提出的，由于有关桥梁损坏的数据较少，因此桥墩的损坏完全基于轮船的损坏资料，

而并非是在研究了影响桥梁安全状况的各种因素后提出的。

此外，欧洲规范 Eurocode 1 第 2.7 分册[3] 给出了利用可靠度对桥梁结构遭受船舶撞击后的失效概率进行计算的思想，但由于该方法对船舶撞击力与桥梁抗力的关系并没有做更为具体的说明，只是提供了一种思路，因此其实用性不强。

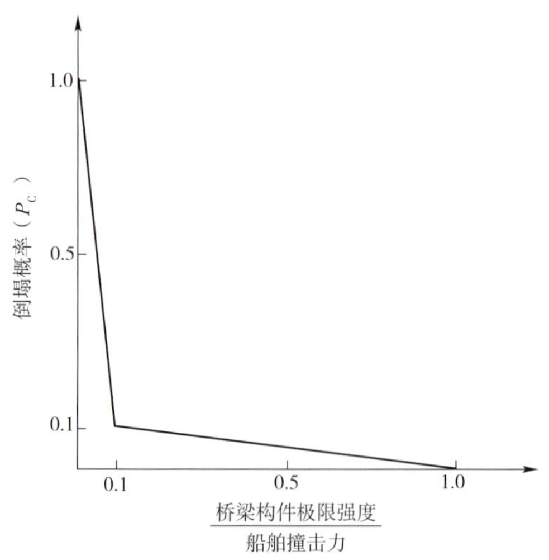

图 3-2-11 倒塌概率分布（AASHTO 2005）

德国的 KUNZI[4] 教授曾建议对船舶碰撞荷载的分布函数进行研究，丹麦的 Pedersen[5] 建议从能量的角度研究，但没有对影响桥梁船撞安全状态的各种因素进行过细致的工作。因此，为了更好地描述桥梁遭受船舶撞击后的安全状态，本章将从研究各影响因素的角度展开研究，主要包括以下内容：

（1）对影响船撞力的各种因素进行细致研究，提出各个影响参数的概率模型，并通过船撞力简化计算公式利用 Monte-Carlo 方法得到船撞力的概率分布；提出防撞设施对船撞力影响的修正系数。

（2）利用 Monte-Carlo 方法研究结构响应和构件断面的概率分布。

（3）利用可靠度方法计算结构体系遭受船舶撞击后的撞损概率。

桥梁船舶撞损概率计算的基本思路如图 3-2-12 所示。

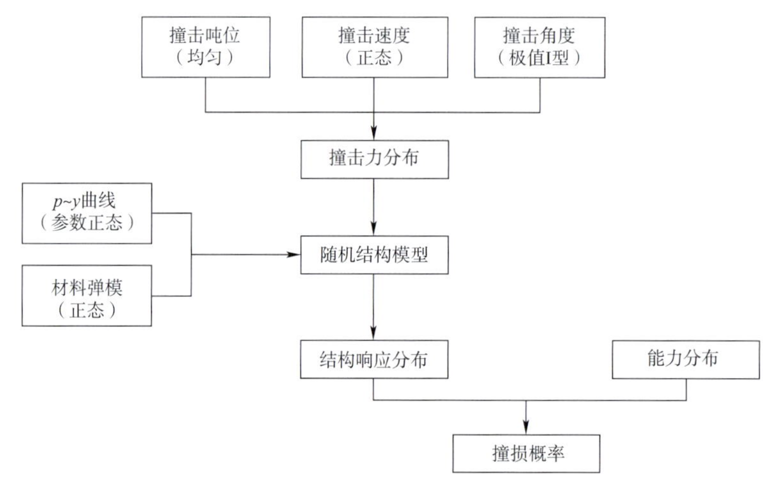

图 3-2-12 桥梁船撞安全状态评估流程图

二、船撞力的概率特性

以上对影响船撞力大小的因素进行了研究，主要包括撞击吨位、撞击速度和撞击角度，其他因素如承台厚度、承台半径、船头高度等都可以根据实际工程进行确定。同时提出了影响因素的随机模拟方式，为了进一步研究船撞力的概率特性，此处选择了以下 5 种工况进行随机模拟，见表 3-2-5，船撞力公式取用陈诚公式。

通过利用编制的计算机程序对以上 5 种工况的船撞力进行随机模拟，分别得到了总船撞力、横桥向船撞力和顺桥向船撞力的分布情况。由于在桥梁设计时，通常根据横桥向船撞力和顺桥向船撞力进

行设计，而顺桥向船撞力又往往是根据横桥向船撞力进行确定，如我国《公路桥涵设计通用规范》[6]中规定，对于内河船舶的顺桥向撞击力取为横桥向撞击力的 75%，而海轮的顺桥向撞击力取为横桥向撞击力的 50%。因此，这里我们将重点研究横桥向的船撞力分布，计算机随机模拟得到的横桥向船撞力分布如图 3-2-13 所示。

船撞力随机模拟工况　　表 3-2-5

工　况	撞击吨位	撞击速度（m/s）	撞击速度变异系数	撞击角度（°）	撞击角度变异系数
1	1000~2000	3.0	0.25	12	0.40
2	3000~5000	4.0	0.30	15	0.30
3	5000~8000	4.5	0.20	13	0.20
4	10000~20000	3.5	0.30	10	0.25
5	30000~50000	4.0	0.15	14	0.30

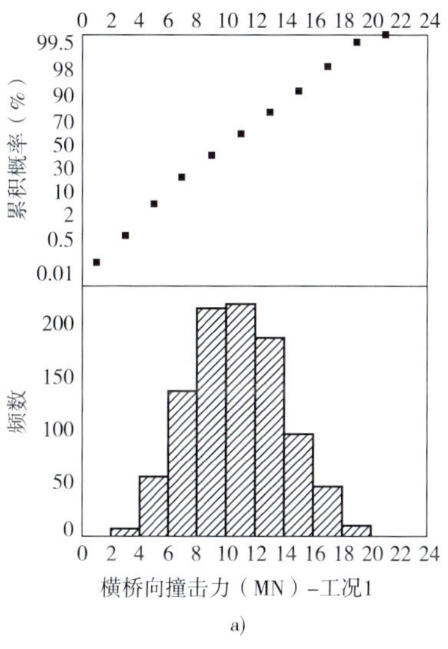

a)

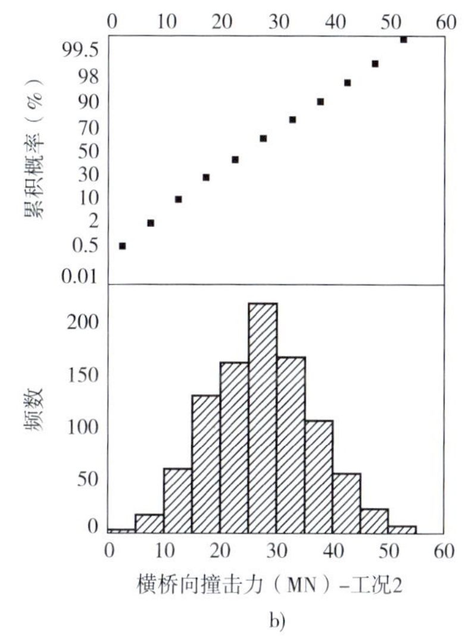

b)

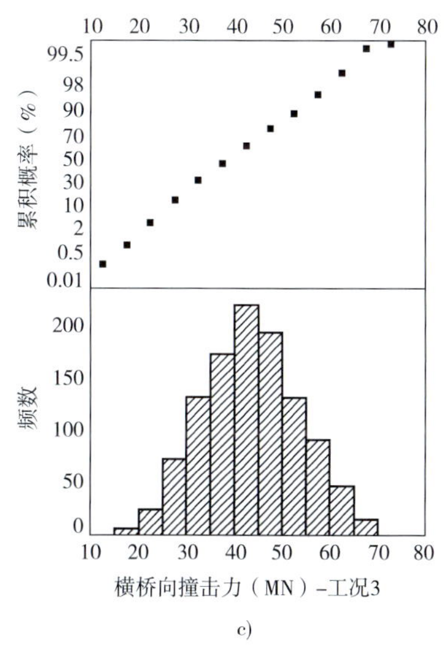

c)

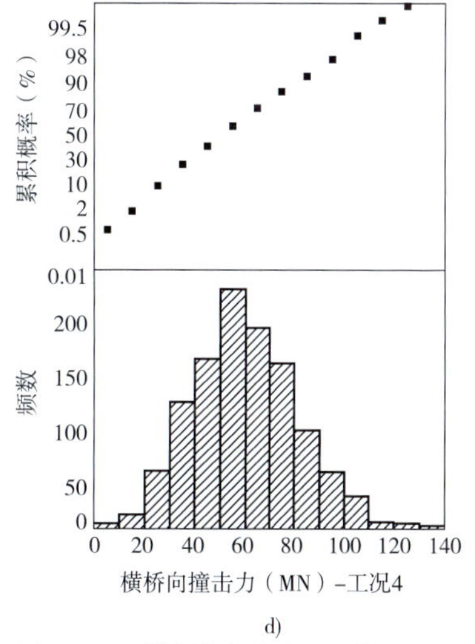

d)

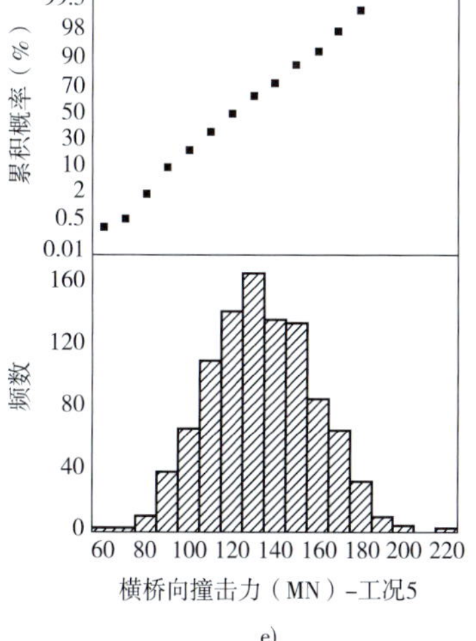

e)

图 3-2-13　横桥向船撞力随机模拟结果

采用 χ^2（卡方）检验方法对其进行了拟合优度检验，结果见表 3-2-6。

横桥向船撞力分布检验结果　　表 3-2-6

工　况	假设分布	均值 μ（MN）	标准差 σ	变异系数 C_v	统计量	临界值	结　论
1	N	10.78	3.24	0.30	10.873	14.067	接受
2	N	27.34	9.18	0.34	6.251	15.507	接受
3	N	43.50	10.01	0.23	9.053	16.919	接受
4	N	59.96	20.52	0.34	15.704	16.919	接受
5	N	128.75	23.96	0.19	14.322	18.307	接受

注：表中 N 表示正态分布。

从上表可看出，5 种工况下，横桥向船撞力对于正态分布检验均接受，因此横桥向船撞力可采用正态分布来描述。但其变异系数并不稳定，5 种工况下的变异系数在 0.19~0.34 之间变化，这是因为船撞力变异系数的大小不仅取决于撞击吨位的区间大小，还取决于撞击速度和撞击角度的变异性，在实际应用时其变异系数可根据实际船舶吨位和航速等参数进行模拟确定。

同时，总船撞力、横桥向船撞力和纵桥向船撞力的统计结果分别列于表 3-2-7 和表 3-2-8。

从表 3-2-7 看出，横桥向船撞力约占总船撞力大小的 95% 以上，顺桥向船撞力约占总撞击力的 25% 左右，这主要是由撞击角度来决定的。5 种工况下，顺桥向撞击力约占横桥向撞击力的 20% ~30%，而我国《公路桥涵设计通用规范》中规定，对于内河船舶的顺桥向撞击力取为横桥向撞击力的 75%，而海轮的顺桥向撞击力取为横桥向撞击力的 50%。因此在实际应用时，其横桥向撞击力可按实际模拟结果确定其均值和标准差，而对于顺桥向撞击力如按实际模拟结果取值则与规范相比偏小，因此顺桥向船撞力不按模拟结果取值，可按规范分别取作横桥向撞击力的 75%（内河船舶）和 50%（海轮），或根据实际研究进行确定。

船撞力随机模拟结果——均值　　表 3-2-7

工　况	总船撞力（MN）	横桥向船撞力（MN）	顺桥向船撞力（MN）	横 / 总	顺 / 总	顺 / 横
1	11.05	10.78	2.28	0.98	0.21	0.21
2	28.37	27.34	7.28	0.96	0.26	0.27
3	44.68	43.50	10.01	0.97	0.22	0.23
4	60.94	59.96	10.54	0.98	0.17	0.18
5	132.98	128.75	31.94	0.97	0.24	0.25

船撞力随机模拟结果——均值、标准差、变异系数　　表 3-2-8

工　况	总船撞力（MN）			横桥向船撞力（MN）			顺桥向船撞力（MN）		
	均　值	标准差	变异系数	均　值	标准差	变异系数	均　值	标准差	变异系数
1	11.05	3.32	0.30	10.78	3.24	0.30	2.28	1.16	0.51
2	28.37	9.51	0.34	27.34	9.18	0.34	7.28	3.31	0.45
3	44.68	10.28	0.23	43.50	10.01	0.23	10.01	3.05	0.30
4	60.94	20.87	0.34	59.96	20.52	0.34	10.54	4.58	0.44
5	132.98	24.68	0.19	128.75	23.96	0.19	31.94	11.11	0.35
均　值			0.28			0.28			0.41

表 3-2-8 中，总船撞力与横桥向船撞力的变异系数基本一致，而顺桥向船撞力的变异系数较大。如无实际资料用以确定变异系数时，横桥向船撞力的变异系数可取 0.3。

综上所述，对于船撞力的概率取值，横桥向船撞力可采用正态分布描述，其均值和标准差可通过数值随机模拟来进行确定，如无实际资料可用时其变异系数可取 0.3；顺桥向船撞力可根据横桥向船撞力进行取值，对于每一样本值可按规范分别取作横桥向撞击力的 75%（内河船舶）和 50%（海轮）或根据实际研究进行确定，因此顺桥向船撞力也服从正态分布，其变异系数约为 0.3。

三、桥梁构件能力的概率描述

1. 抗弯能力的计算方法

钢筋混凝土构件的抗弯能力可通过弯矩—曲率（M-φ）曲线关系确定，即核心混凝土应变达到极限压应变或纵向钢筋达到极限拉应变值。截面 M-φ 曲线，可采用条带法（图 3-2-14）计算，在分析时一般做以下假定：

（1）平截面假定——假定变形前为平面的截面，变形后仍保持为平面。

（2）假定剪切变形的影响可以忽略不计。

（3）假定钢筋和混凝土之间的黏结滑移可以忽略不计。

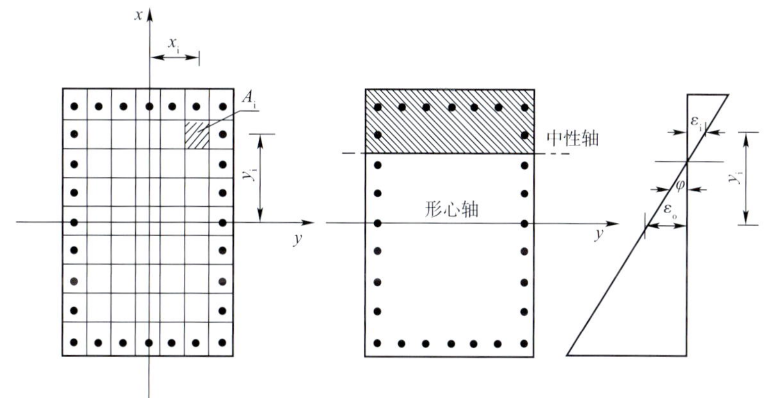

图 3-2-14　条带法计算简图

计算 M-φ 曲线有两种方法，即逐级加载法和逐级加曲率法。采用逐级加载法的主要问题是每改变一次荷载，截面曲率和应变都要同时改变，而且加载到最大弯矩之后，曲线进入软化段，很难确定相应的曲率和应变，所以一般采用逐级加变形法，关于具体的计算过程这里就不再赘述了，可参考文献。

构件截面的抗弯能力主要包括屈服弯矩和极限弯矩两种表述方式，本书为了对构件能力进行偏保守的取值，采用的是截面的屈服弯矩。一般情况下截面的屈服条件是：$\sigma_{st}=f_{sy}$（少筋构件和小轴压比），$\varepsilon_{cmax}=\varepsilon_{co}$（超筋构件和大轴压比）。其中，$\sigma_{st}$、$f_{sy}$ 分别为受拉钢筋的应力和屈服强度；ε_{cmax} 为受压区混凝土的最大压应变；ε_{co} 为应力—应变曲线上应力最大点对应的应变。

2. 抗剪能力的计算方法

钢筋混凝土截面的抗剪强度计算可以采用 Priestley 等人提出的公式，其抗剪强度 V_n 由三个部分组成：①混凝土提供的剪切强度 V_c；②轴向力提供的剪切强度 V_p；③横向箍筋提供的剪切强度 V_s。

具体公式如下：

$$V_n=V_c+V_p+V_s \tag{3-2-21}$$

下面分别简要介绍三部分抗剪强度的具体计算方法。

（1）混凝土提供的剪切强度 V_c

$$V_c = 0.8A_c k\sqrt{f_c'} \tag{3-2-22}$$

式中：A_c——墩柱的截面积；

f_c'——混凝土的圆柱体抗压强度；

k——混凝土剪切强度随构件的延性水平而变化的曲线，可以偏保守地根据图 3-2-15 进行取值。

（2）轴向力提供的剪切强度 V_p

$$V_p = P\tan\alpha = \frac{D-c}{2a}P \tag{3-2-23}$$

其中，P 为轴向力，压为正、拉为负；对于悬臂墩柱，α 为墩柱轴向力作用点和塑性铰区截面受压中心连线与墩柱轴线的夹角，而对于两端受反向弯矩的墩柱（反弯墩柱），α 为墩顶和墩底受压中心连线与墩柱轴线的夹角，如图 3-2-16 所示；D 为截面的高度或直径；c 为受压区高度；对于悬臂墩柱，$\alpha=H$，对于两端受反向弯矩的墩柱，$\alpha=H/2$。

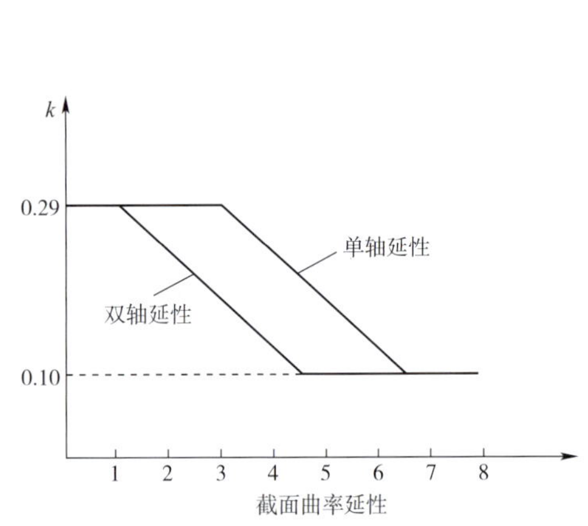

图 3-2-15 混凝土剪切强度随延性的变化

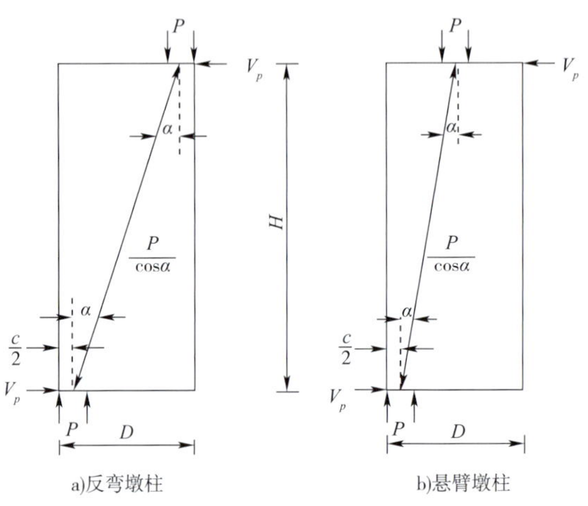

图 3-2-16 轴力对墩柱剪切强度的贡献

（3）横向箍筋提供的剪切强度 V_s

$$V_s = \begin{cases} \dfrac{\pi}{2}\dfrac{A_{sp}f_y D'}{S}\cot 30^\circ & \text{（圆形截面）} \\ \dfrac{A_v f_y D'}{S}\cot 30^\circ & \text{（矩形截面）} \end{cases} \tag{3-2-24}$$

式中：D'——核心混凝土在剪力方向的尺寸（周边箍筋中心到中心的距离）；

A_{sp}——单层螺旋箍筋的截面积；

A_v——剪力作用方向上单层箍筋的总截面积；

f_y——箍筋的屈服强度；

S——箍筋的纵向间距。

四、桥梁船撞失效概率的计算方法

1. 桥梁船撞失效计算模式

根据目前的船撞事故统计，桥梁船撞破坏绝大多数发生在桥墩，而且在一次事故中船舶碰撞的桥墩数目一般为一个。这样可以将可能遭受船舶撞击的桥梁构件看成是一个串联体系，即任何一个构件受到撞击而发生破坏（或倒塌）都意味着桥梁整体的破坏。这样桥梁船撞失效概率的计算可以采用串联模式，如图 3-2-17 所示。

设 E_i 表示构件的失效事件，则一个串联体系的失效概率可写为：

$$P_f = P\left(E_1 \cup E_2 \cup \cdots \cup E_m\right) = P\left(\bigcup_{i=1}^{m}\left(g_i(X) \leqslant 0\right)\right) \tag{3-2-25}$$

图 3-2-17　串联体系示意图

若各个失效事件之间是互相独立的，则串联体系的失效概率则为各个事件的失效概率之和。

2. 失效概率计算的 Ditlevsen 窄界限估计方法

单一极限状态失效概率的计算可以采用一次二阶矩方法、JC 法、矩法等得到深入研究和普遍认可的方法。系统可靠度则可以采用 Ditlevsen 的窄界限估计方法。

设结构体系的 n 个事件为 E_i（i=1,2,…n），按事件可靠度的大小由小到大排序，则体系可靠度的窄界限范围为：

$$P(E_1)+\max\left\{\sum_{i=2}^{n}\left[P(E_i)-\sum_{j=1}^{i-1}P(E_iE_j)\right];0\right\} \leqslant P_f \leqslant \sum_{i=1}^{n}P(E_i)-\sum_{i=2}^{n}\max_{j\leqslant i}P(E_iE_j) \tag{3-2-26}$$

式中，$P(E_iE_j)$ 为共同事件 E_iE_j 的概率，当所有随机变量都是正态分布且相关系数$\rho_{ij} \geqslant 0$时，由事件 i、j 的可靠指标 β_i 和 β_j 有：

$$\max\left[P(A),\ P(B)\right] \leqslant P\left[E_iE_j\right] \leqslant P(A)+P(B) \tag{3-2-27}$$

式中：

$$\begin{cases} P(A)=\Phi(-\beta_i)\cdot\Phi\left(-\dfrac{\beta_j-\rho_{ij}\cdot\beta_i}{1-\rho_{ij}^2}\right) \\ P(B)=\Phi(-\beta_j)\cdot\Phi\left(-\dfrac{\beta_i-\rho_{ij}\cdot\beta_j}{1-\rho_{ij}^2}\right) \end{cases} \tag{3-2-28}$$

在具体计算时，需先求出 $P(A)$ 和 $P(B)$，然后用 $P(A)+P(B)$ 代替式（3-2-26）左边的 $P(E_iE_j)$，用 $\max[P(A),\ P(B)]$ 代替式（3-2-26）右边的 $P(E_iE_j)$ 来作近似计算。一般说来，当 $\rho \leqslant 0.6$ 时，可以得出很窄的失效概率范围。

经过上述方法简化后的计算公式为：

$$\begin{aligned} &P(E_1)+\max\left\{\sum_{i=2}^{n}\left[P(E_i)-\sum_{j=1}^{i-1}\left(P(A)+P(B)\right)\right]0\right\} \leqslant P_f \\ &\leqslant \sum_{i=1}^{n}P(E_i)-\sum_{i=2}^{n}\max_{j\leqslant i}\left[\max\left(P(A),\ P(B)\right)\right] \end{aligned} \tag{3-2-29}$$

五、算例

此处以上面第三部分桩的顺桥向反应和能力为例，简单介绍一下桩基在顺桥向船撞力作用下的可靠度计算。

通过前面的计算，这里我们将桩的顺桥向响应和能力以及计算结果列于表 3-2-9。

由于桩在船撞力作用下的响应以及自身的能力通过前面的统计研究，二者均服从正态分布，根据极限状态方程，对于这种情况我们可以采用常规的一次二阶矩方法进行求解。

通过一次二阶矩法得到的弯曲破坏模式和剪切破坏模式下的单桩可靠度分别为 3.56 和 1.53，说明桩此时更容易发生剪切破坏，其失效概率分别为 1.9×10^{-4} 和 6.3×10^{-2}，如果假定这两种破坏模式相互独立，那么单桩的失效概率为：

$$P_f = 1-(1-P_f^M)\times(1-P_f^Q) = 1-(1-1.9\times10^{-4})\times(1-6.3\times10^{-2}) = 6.32\times10^{-2}$$

若为群桩，如包括 5 根桩，由于 5 根桩的失效概率均相同，因此整个桩基的可靠度，根据相应公式进行计算，若假定其相关系数为 0.5，其失效概率应为 2.39×10^{-2}。

单桩在顺桥向船撞力作用下的可靠度及失效概率计算　　表 3-2-9

项　目	顺桥向响应		能　力		可靠度	失效概率	单桩失效概率
	均　值	标准差	均　值	标准差			
弯矩 M	4237	1104	9661	1051	3.56	1.90E−04	6.32E−02
剪力 Q	1101	320	1661	178	1.53	6.30E−02	

同理，我们可以计算墩柱在顺桥向船撞力作用下的失效概率，然后将墩柱与桩的失效概率进行相加便为整个结构体系在顺桥向船撞力作用下的失效概率。

对于横桥向船撞力作用下的结构体系的失效概率其计算思路同上。

第三章　桥梁船撞预警技术

第一节　船桥碰撞预警计算方法

一、船桥碰撞预警计算重要概念

1. 船桥碰撞危险度

船桥碰撞危险度（Collision Risk Index，简写 CRI）是一个模糊的概念，是船桥之间发生碰撞可能性大小的度量，取值范围为 0~1 。CRI=0，说明没有碰撞危险，即使桥墩就在附近也无需顾忌它的存在，比如正横后的桥墩或驶过让清的桥墩等；CRI=1，说明单凭本船无论采取怎样的避让行动都无法避免和桥墩发生碰撞；CRI 取其他值，则说明了船与桥可能发生碰撞危险的程度。

2. 最近会遇距离（DCPA）和最近会遇时间（TCPA）

船舶通过桥区水域，船舶与桥墩的相互关系，可以作为平面运动来处理，因此，参考坐标系可以采用平面坐标系。通常以本船作为原点 O，船首向为取向基准，向上定向 000°，并循航行习惯用法，按顺时针方向取向，右正横是 90°，下方是 180°，左正横是 270°，当船舶进入桥区水域后，桥墩的相对方位和相对位置在平面坐标系就可以标绘出来。如图 3-3-1 所示。

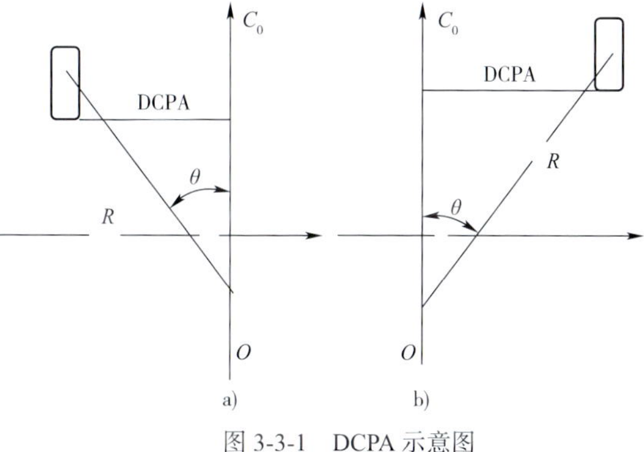

图 3-3-1　DCPA 示意图

若船舶的航向、速度分别表示为 C_0 和 v_0，桥墩相对于本船的距离、方位分别表示为 R 和 θ，则船与桥墩交会的最近会遇距离（DCPA）和最近会遇时间（TCPA）为：

$$\mathrm{DCPA} = \pm R\sin R\theta \tag{3-3-1}$$

式中“+”、“–”号选择：桥墩在本船的右舷，用“+”号；桥墩在本船的左舷，用“–”号。

$$\mathrm{TCPA} = \frac{60R\cos\theta}{v_0} \tag{3-3-2}$$

最近会遇距离（DCPA）和最近会遇时间（TCPA）是估计碰撞态势的两个基本参数，反映了船碰桥发生的可能性和紧迫性。分析碰撞态势的目的，是判定船舶是否对桥墩构成碰撞危险，以便决定在必要时采取正确的措施，避免船碰桥。

注意：DCPA 有正负之分，桥墩位于相对航迹线的左边时，DCPA 为“正”，位于相对航迹线的右边时，DCPA 为“负”。

3. 最小安全会遇距离（DSPA）

最小安全会遇距离（Distance of the Safe Point of Approach 简写 DSPA）是考虑周围航行环境和船舶状态，驾驶人认为使船舶能够安全通过通航桥孔的船与桥墩的最小会遇距离，本计算中取 DSPA 为两倍船宽 $2b$（b 为船宽）。

4. 注意距离（Dattend）

注意距离 (Dattend) 表示距离桥墩太远，普遍认为没有任何碰撞危险的到桥墩距离的下界，此时系统开始检测船舶数据做必要计算。

5. 直航临界距离（Dstrcrit）

直航临界距离（Dstrcrit）表示船舶保向航行到桥墩的距离，此时必须保证 DCPA ≥ DSPA。根据三峡库区航标设定情况及专家咨询意见直航临界距离取值如下：

汛期（7~9 月）：下行船队取 4 L，单船取 3 L；上行船队取 3 L，单船取 2 L。

库区（非汛期）：下行船队取 3.5 L，单船取 2.5 L；上行船队取 2.5 L，单船取 2 L。

6. 行动距离（Dact）

行动距离（Dact）表示当船舶进入桥区后开始转向时到直航临界距离的距离。

7. 航向改变率临界值（Critical CoRat）

航向改变率临界值表示本船转向避让时，为了使船舶能够在最小安全会遇距离上通过，应该采取避碰行动时的航向改变率 (CoRat) 的取值，用 Critical CoRat 表示。

8. 航速改变率临界值（Critical SpRat）

航速改变率临界值表示本船变速避让时，为了使船能够在最小安全会遇距离上通过，采取变速避让时航速改变率（SpRat）的取值。

9. 驶过让清距离 D_s

驶过让清距离 D_s 表示上下行船舶安全驶过桥墩的距离。根据不同种类船舶在不同水位期及专家咨询意见，取值如下：

汛期（7~9 月）：下行船队、单船都取 1L；上行船队取 2.5 L，单船取 2 L。

库区（非汛期）：下行船队、单船都取 1 L；上行船队取 2 L，单船取 2 L。

10. 几个特殊距离的意义

根据内河船舶通过桥区的航行特点，把船舶通过桥区的过程分为几个阶段：

（1）无危险阶段。即船舶与同行桥孔桥墩的距离大于注意距离时，此时认为不存在船桥碰撞危险，但监控系统此时开始监测船舶的各项数据。

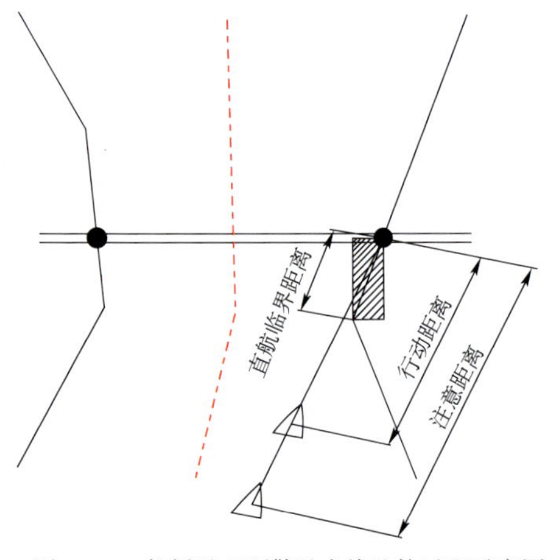

图 3-3-2　船桥避碰预警及在线监控过程示意图

（2）转向阶段。即船舶处于行动距离至直航临界距离之间时，此时船舶必须调整航向使其能够在安全区域通过。

（3）直航阶段。船舶与桥墩距离小于直航临界距离时，必须保持航向尽快通过通航桥孔，直至超过 D_s 时才算安全通过。

几个特殊距离如图 3-3-2 所示。

船舶转向阶段在船桥避碰中是一个很重要的阶段，对于不同类型的船舶，已经当时的客观环境条件，船舶最晚的转向点各有不同，因此下文提供了关于行动距离的详细算法。对于能够通过桥墩的安全范围，也受到很多因素的影响，如船舶、航道、桥墩尺度、天气以及船舶的上行或下行。因此在确定直航临界距离时需要同时确定船舶通过通航孔的 DSPA 以及上行下行时船舶到桥梁纵剖面的距离。

二、船桥碰撞预警计算流程

船撞预警的计算流程如图 3-3-3 所示。

其中，C 为到达 Dstrcrit 时的航向，应该与桥的轴线垂直。

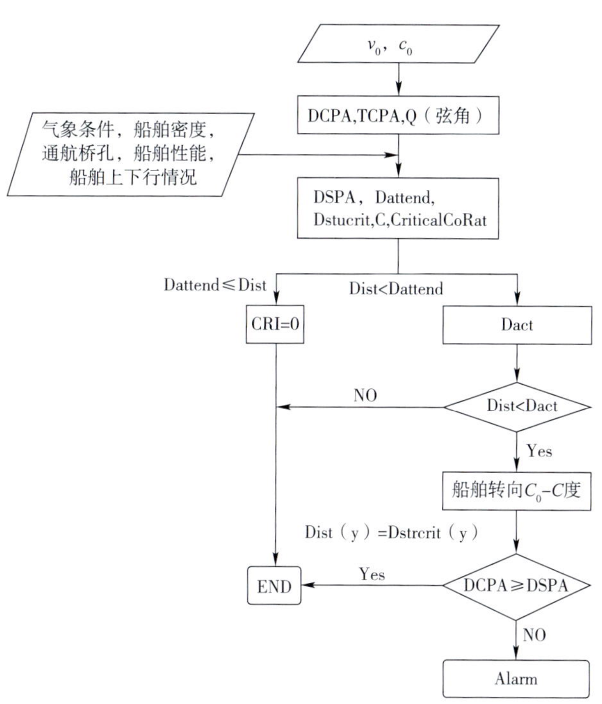

图 3-3-3 船桥碰撞预警计算流程

三、船桥碰撞预警求解过程

1. 航向改变率临界值（Critical CoRat）的确定

设 U 和 V 是两个有限的论域：

$$U=\{u_1,u_2,u_3,u_4,u_5,u_6\}$$
$$V=\{v_1,v_2,v_3,v_4,v_5\} \tag{3-3-3}$$

其中，U 为评判因素集合，即影响航向改变率临界值的因素集合，V 为评判结果集合，即航向改变率临界值的可能取值。

U 定义为：u_1= 航速，u_2= 与点 Dstrcrit 的相对方位，u_3= 船舶密度，u_4= 通航桥孔宽度，u_5= 气象条件，u_6= 船舶尺度。

V 定义为：v_1=2.5，v_2=5，v_3=7.5，v_4=10，v_5=17.5，v_i 的单位都是“度 /0.1km”。

对单一评判因素 u_i 的评判结果可用 V 上的一个模糊集：

$$(\mu_{i1}/v_1,\mu_{i2}/v_2,\mu_{i3}/v_3,\mu_{i4}/v_4,\mu_{i5}/v_5) \tag{3-3-4}$$

$$0\leqslant\mu_{ij}\leqslant1,\quad \sum_{j=1}^{5}\mu_{ij}=1 \qquad (i=1,2,\cdots,6;j=1,2,\cdots,5)$$

来表示。这样，就得到了评判矩阵 E：

$$E=\begin{bmatrix}\mu_{11}&\mu_{12}&\mu_{13}&\mu_{14}&\mu_{15}\\\mu_{21}&\mu_{22}&\mu_{23}&\mu_{24}&\mu_{25}\\\mu_{31}&\mu_{32}&\mu_{33}&\mu_{34}&\mu_{35}\\\mu_{41}&\mu_{42}&\mu_{43}&\mu_{44}&\mu_{45}\\\mu_{51}&\mu_{52}&\mu_{53}&\mu_{54}&\mu_{55}\\\mu_{61}&\mu_{62}&\mu_{63}&\mu_{64}&\mu_{65}\end{bmatrix} \tag{3-3-5}$$

各评判因素的权重用 U 上的一个模糊向量：

$$X=(x_1,x_2,x_3,x_4,x_5,x_6)\quad \sum_{i=1}^{6}x_i=1,x_i\geqslant 0\qquad (i=1,2,\ldots,6)\tag{3-3-6}$$

表示，那么，综合评判结果为：$Y=X\cdot E$，是 V 上的模糊集。

最后，取 Max（y_i）为最佳决策方案。

（1）评判矩阵 E 的确定

① μ_{1j} 的确定

当 0km/h ≤ V_{01} < 5km/h 时　（0，0，0，0.1，0.9）

当 5km/h ≤ V_{01} < 15km/h 时　（0，0，0.1，0.8，0.1）

当 15km/h ≤ V_{01} < 25km/h 时　（0，0.2，0.6，0.2，0）

当 25km/h ≤ V_{01} < 35km/h 时　（0.2，0.6，0.2，0，0）

当 35km/h ≤ V_{01} < 45km/h 时　（0.1，0.8，0.1，0，0）

当 45km/h ≤ V_{01} 时　（0.9，0.1，0，0，0）

② μ_{2j} 的确定

当 -10° ≤ Q < 10°时　（0.5，0.4，0.1，0，0）

当 10° ≤ Q < 30°时　（0.1，0.4，0.3，0.2，0）

当 30° ≤ Q < 60°时　（0，0.2，0.3，0.4，0.1）

当 60° ≤ Q < 90°时　（0，0，0.1，0.4，0.5）

当 90° ≤ Q < 112°时　（0.5，0.4，0.1，0，0）

当 112° ≤ Q < 248°时　（0，0，0，0.1，0.9）

当 248° ≤ Q < 270°时　（0.1，0.4，0.4，0.1，0）

当 270° ≤ Q < 320°时　（0，0，0，0.2，0.8）

当 320° ≤ Q < 350°时　（0，0.1，0.4，0.4，0.1）

③ μ_{3j} 的确定

船舶密度小时　（0，0.1，0.2，0.3，0.4）

船舶密度一般时　（0.1，0.2，0.4，0.2，0.1）

船舶密度大时　（0.4，0.3，0.2，0.1，0）

④ μ_{4j} 的确定

大于 400m　（0.4，0.3，0.2，0.1，0）

300~400m　（0，0.3，0.4，0.3，0）

小于 300m　（0，0.1，0.2，0.3，0.4）

⑤ μ_{5j} 的确定

气象条件好时　（0，0.1，0.2，0.3，0.4）

气象条件一般时　（0.1，0.2，0.4，0.2，0.1）

气象条件差时　（0.4，0.3，0.2，0.1，0）

⑥ μ_{6j} 的确定

当 L < 30m 时　（0，0.1，0.2，0.3，0.4）

当 30m ≤ L < 60m 时　（0.1，0.2，0.3，0.3，0.1）

当 60m ≤ L < 120m 时　（0.1，0.3，0.3，0.2，0.1）

当 120m ≤ L 时　（0.4，0.3，0.2，0.1，0）

（2）评判因素的权重 X 的确定

X=（0.35，0.4，0.1，0.05，0.05，0.05）

2. 注意距离（Dattend）的确定

设 U 和 V 是两个有限的论域：

$$U=\{u_1,u_2,u_3,u_4\},\ V=\{v_1,v_2,v_3,v_4\} \tag{3-3-7}$$

其中，U 为评判因素集合，即影响最小安全会遇距离的因素集合，V 为评判结果集合，即最小安全会遇距离的可能取值。

U 定义为：u_1= 船舶密度，u_2= 气象条件，u_3= 通航桥孔宽度，u_4= 船舶性能。

V 定义为：v_1=1，v_2=1.5，v_3=2，v_4=2.5，v_i 的单位都是“千米”。

对单一评判因素 u_i 的评判结果可用 V 上的一个模糊集

$$(\mu_{i1}/v_1,\mu_{i2}/v_2,\mu_{i3}/v_3,\mu_{i4}/v_4) \tag{3-3-8}$$

$$0\leqslant\mu_{ij}\leqslant1,\quad \sum_{j=1}^{4}\mu_{ij}=1\quad (i=1,2,3,4;j=1,2,3,4)$$

来表示。这样，就得到了评判矩阵 E：

$$E=\begin{bmatrix}\mu_{11} & \mu_{12} & \mu_{13} & \mu_{14}\\ \mu_{21} & \mu_{22} & \mu_{23} & \mu_{24}\\ \mu_{31} & \mu_{32} & \mu_{33} & \mu_{34}\\ \mu_{41} & \mu_{42} & \mu_{43} & \mu_{44}\end{bmatrix} \tag{3-3-9}$$

各评判因素的权重用 U 上的一个模糊向量。

$$X=(x_1,x_2,x_3,x_4)\quad \sum_{i=1}^{4}x_i=1,x_i\geqslant0\qquad (i=1,\ 2,\ 3,\ 4) \tag{3-3-10}$$

表示，那么，综合评判结果为 $Y=X\cdot E$，是 V 上的模糊集。

最后，取 Max（y_i）为最佳决策方案。

（1）评判矩阵 E 的确定

① μ_{1j} 的确定：

船舶密度小时　（0.0，0.1，0.4，0.5）

船舶密度一般时　（0.2，0.3，0.3，0.2）

船舶密度大时　（0.5，0.4，0.1，0.0）

② μ_{2j} 的确定：

气象条件好时　（0.5，0.4，0.1，0.0）

气象条件一般时　（0.2，0.3，0.3，0.2）

气象条件差时　（0.0，0.1，0.4，0.5）

③ μ_{3j} 的确定：

大于 400m　（0.1，0.2，0.3，0.4）

300~400m　（0.2，0.3，0.3，0.2）

小于 300m　（0.4，0.3，0.2，0.1）

④ μ_{4j} 的确定：

船舶性能好时　（0.4，0.3，0.2，0.1）

船舶性能一般时　（0.2，0.3，0.3，0.2）

船舶性能差时　（0.1，0.2，0.3，0.4）

（2）评判因素的权重 X 的确定

X=（0.4，0.4，0.1，0.1）

3. 直航临界距离（Dstrcrit）的确定

（1）汛期

下行船队：$\text{Dstrcrit}=\sqrt{(2b)^2+(4L)^2}$

下行单船：$\text{Dstrcrit}=\sqrt{(2b)^2+(3L)^2}$

上行船队：$\text{Dstrcrit}=\sqrt{(2b)^2+(3L)^2}$

上行单船：$\text{Dstrcrit}=\sqrt{(2b)^2+(2L)^2}$

（2）库区（非汛期）

下行船队：$\text{Dstrcrit}=\sqrt{(2b)^2+(3.5L)^2}$

下行单船：$\text{Dstrcrit}=\sqrt{(2b)^2+(2.5L)^2}$

上行船队：$\text{Dstrcrit}=\sqrt{(2b)^2+(2.5L)^2}$

上行单船：$\text{Dstrcrit}=\sqrt{(2b)^2+(2L)^2}$

4. 驶过让请距离（D_s）的确定

驶过让清距离（D_s）表示上下行船舶安全驶过桥墩的距离。根据不同种类船舶在不同水位期及专家咨询意见，取值如下：

汛期（7~9 月）：下行船队、单船都取 1L；上行船队取 2.5L，单船取 2L。

库区（非汛期）：下行船队、单船都取 1L；上行船队取 2L，单船取 2L。

（1）汛期

下行船队（单船）：$D_s=\sqrt{(2b)^2+L^2}$

上行船队：$D_s=\sqrt{(2b)^2+(2.5L)^2}$

上行单船：$D_s=\sqrt{(2b)^2+(2L)^2}$

（2）库区（非汛期）

下行船队（单船）：$D_s=\sqrt{(2b)^2+L^2}$

上行船队（单船）：$D_s=\sqrt{(2b)^2+(2L)^2}$

5. Dact 的确定

$$\text{Dact}=\frac{C_0-C}{\text{Critical CoRat}}$$

四、船桥碰撞预警结果

船舶航行至直航阶段，即当船舶所在位置的 X 坐标与 Dstrcrit 的 X 坐标相同时，比较此时的 DCPA 与 DSPA。

当 DCPA ≥ DSPA 时，船舶可以安全通过。

当 DCPA<DSPA 时，船舶与桥梁存在碰撞危险。

第二节　三峡库区船桥预警及在线监控系统设计分析

一、总体设计

1. 需求规定

本系统的主要输入输出项目是在网关服务器上传信息，WEB 服务器下发信息之间进行信息交互，应用程序在信息的处理上遵循严格的通信协议，进行解析，保证信息格式是正确的，保证信息的实时

性，以确保信息在传输过程中的正确性。

2. 运行环境

（1）服务器相关硬件

Windows 环境：IBM PC SERVER 服务器一台，包括 XEON3.0GCPU 一个、2GECC 内存、SCSI 硬盘一个等硬件配置。

AIX 环境：IBM 小型机 P630，双 CPU：Xeon2*1.2GHz Power4+，内存：4G，硬盘 2*36.4G。

数据库服务器运行环境：IBM 小型机 P650，双 CPU：2*1.45GHz Power4+，内存：8G，硬盘 2*36.4G。

地理信息系统软件：MapXtreme v4.7。

（2）服务器相关软件

操作系统：AIX 5.1/Windows 2000 Server/Linux Advance3.0。

平台运行环境：IBM WebSphere5.1 或更高版本。

平台数据库：IBM DB2 V8.1 或更高。

平台开发工具：IBM WebSphere Studio Application Developer 。

(Windows)5.1.2、Jbuilder2005 及其他。

（3）客户端相关硬件

普通、商用 PC，支持访问互联网。

（4）客户端相关软件

Windows 操作系统、Linux 操作系统等支持图形化界面的操作系统，IE6.0 浏览网页工具，JRE1.4 以上 JAVA 环境运行工具。

3. 基本设计概念和处理流程

（1）基本设计概念

①网关和 WEB 服务器传输过来的信息都是通过 TCP/IP 协议进行的，应用程序和二者之间通过建立 SOKCET 连接，进行信息通信，SOCKET 连接是认为可信的、安全的。在这里采用的是 JAVA NIO SOCKET 技术，采用非阻塞方式进行处理。由于通信量很大，为保证信息不阻塞且快速响应，另外数据还要入库，所以采用多线程（线程池）处理模式。

②通过多线程将信息的接收、处理和发送分开进行。如网关传递的信息是通过专门的 SOCKET 监听线程进行接收，然后交给线程池进行处理，要入库的信息提交给数据操作线程专门写库，发送信息通过调用 SOCKET 线程传递给网关，这样可以有效减少数据阻塞，以保证信息的实时性。线程的数量可以通过配置文件进行改动，以保证可以随时调整系统性能。

③相邻船只信息只针对宜昌到三抛河以内的船舶进行下发，在终端上可以看到附近其他船只的信息。

实现原理：计算宜昌和三抛河段两点在同一纬度的直线距离，按 10km 为一段进行划分，总共分为 56 段。对于在该区域内的船舶在系统初始化时，按经度有序状态加载到各个对应的江段中，当收到船舶位置信息后，更新该船的江段信息，并通过折半比较法确定该船所在江段内距该船在 3km 以内的船，然后判断距该点 3km 的经度是否在该船的相邻江段内，若在则对该相邻江段内的船也进行折半比较法确定距该船在 3km 以内的船舶信息，最后将这些确定的船舶位置信息下发。

④船桥预警信息针对船驶入监控桥区后经过后台程序对其目前行进状态进行判断，是否处于报警区域或者有驶入报警区域的可能，在后台和终端上可以看到报警状态。

⑤由于船舶位置信息历史表数据量大，因此采用了周期性建表维护的方式。即每个月分成 3 段，1

日至 10 日，包括 1 日和 10 日，为第 1 段；11 日至 20 日，包括 11 日和 20 日，为第 2 段；21 日至月底为第 3 段；每个月 3 张表，数据库表名按月份和段数加以区分，实时地进行对库表操作。每半年对数据库进行一次人工维护，进行数据备份。

（2）处理流程

应用程序子系统是整个系统数据处理的中心，它负责解析和处理船载终端与监控中心及航运企业监控调度中心之间交互的信息，处理流程如图 3-3-4 所示。

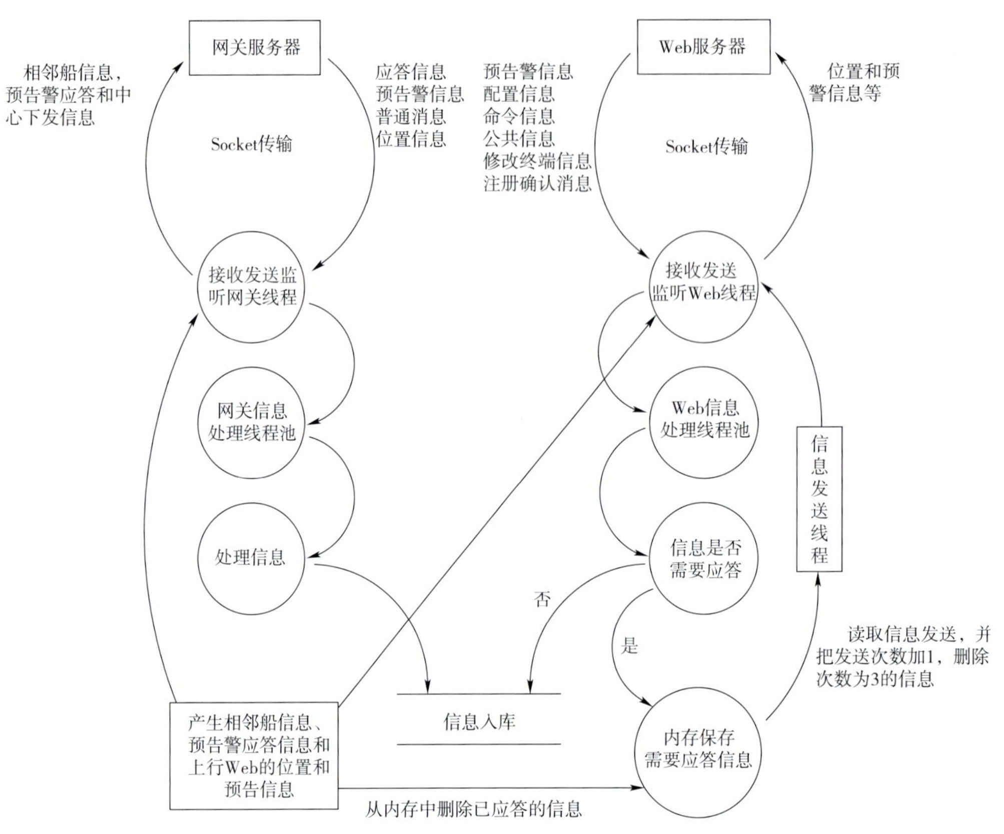

图 3-3-4　系统数据处理流程图

4. 结构

系统结构如图 3-3-5 所示。

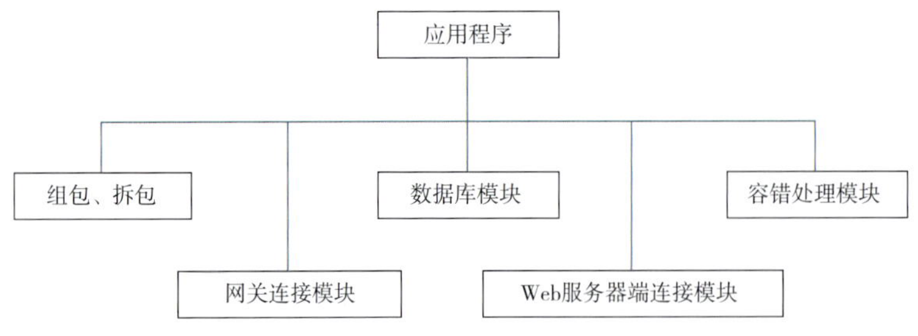

图 3-3-5　系统结构图

（1）组包、拆包

对网关和 Web 服务器传送过来的信息进行拆组包操作。从网关和Web 服务器收到的信息都是以“*”开始和“^”结束的，具体参见《三峡库区船桥碰撞预警及在线监控系统通信协议》以及《应用程序与网关和 Web 服务器之间的通信协议》的规定，而从二者收到的信息可能存在以下现象：不足一个完整消息（部分消息）、刚好一个完整消息、一个以上的完整消息、一个或者一个以上的完整消息 + 部

分消息。对于不足一个的完整消息必须保留，和下次或者上次的不完整消息进行组包操作；而对于一个以上的消息，必须进行拆包操作。判断开始的标志是不是“*”号，不是则寻找第一个“*”号并删除前面的消息；寻找结束标志“#”号，不存在就等待下一个包组合寻找；存在时，组合为一条完整消息。具体实现时，必须为每一个连接设置一个缓冲区保存不完整的消息，以和下一次的消息进行组合，以保证信息的完整性和正确性。

（2）数据库模块

数据库接口采用第三方的数据库连接池，通过该连接池取得与数据库的连接，并执行系统中所有与数据库有关的操作，负责整个系统数据的写库功能。

（3）容错处理模块

主要负责程序中的异常处理，并负责调用自动重连。

（4）网关连接模块

主要负责接收和处理网关发送的信息。通过 IP 地址和端口号建立与网关的通信连接，并实时监听该通道，在收到信息后首先调用拆包组包模块取得完整信息数组，将该数组传递给处理网关信息的线程池。该线程池负责判断完整的信息的类型完成相应的处理。具体信息的处理如下：

①终端注册信息的处理。针对每个终端都必须先发注册信息，应用程序收到终端注册信息后，通过查询终端注册表，确认该终端是否合法，并反馈信息到网关，以确定是否建立与该终端的连接。

②位置信息的处理。收到终端的位置信息后调用位置信息处理方法，应用程序首先将该信息插入船舶历史位置信息表，然后判断该信息是否最新位置信息，以确定是否更新船舶最新位置信息表，并将该信息分发给终端江段维护线程，以保证终端在江段中的有序性，然后调用 Web 服务器连接模块将该船的位置信息上传给 Web 服务器，最后调用相邻船生成方法发送相邻船位置信息。

③预告警信息的处理。收到终端的预告警信息后调用预告警信息处理方法，应用程序首先根据该船所属企业和所在江段，将该条信息生成多条信息，写到预告警信息表中，并下发给该船对应的应答信息，然后按特定格式发送给 Web 服务器连接模块，最后调用位置信息处理方法，处理相关位置信息，处理同位置信息的处理。

④普通信息的处理。收到终端的普通信息后，调用普通信息处理方法，将该信息写入到普通信息表中，然后调用位置信息处理方法，处理相关位置信息，处理同位置信息的处理。

⑤应答信息的处理。收到终端的应答信息后，调用应答信息处理方法，首先确定应答信息的类型，然后更新下发信息库中对应信息的应答标志位，并调用 Web 服务器连接模块的方法，移除掉保存在内存中的下发源消息。

（5）Web 服务器端连接模块

主要负责接收和处理 Web 服务器发送的信息。通过 IP 地址和端口号建立与网关的通信连接，并实时监听该通道，在收到信息后首先调用拆包组包模块取得完整信息数组，将该数组传递给处理网关信息的线程池。该线程池负责判断完整的信息的类型完成相应的处理。具体信息的处理如下：

①注册信息。应用程序与 Web 服务器的连接，首先由应用程序发送注册信息到 Web 服务器，收到 Web 服务器的应答信息后，应用程序确认与 Web 服务器的连接建立成功。

②中心下发信息。中心下发信息包括命令信息、公共信息、告警信息和配置信息，而这些信息由分为需要应答信息和不需要应答信息。应用程序收到 Web 下发的信息后，首先确定信息是否需要应答，不应答的直接写库，并删除信息；需要应答的首先写库，然后将信息以特定对象形式保存到内存中，由下发信息线程每 10s 发送 1 次，并将该对象的发送次数加 1，在次数达到 3 次后，从内存中删除。

③修改终端信息。修改终端信息包括修改终端名称、修改终端电话和删除24h未上传信息的船舶。应用程序收到信息后，根据信息的类型，对保存终端信息的内存变量进行修改，以保证该内存变量的准确性，对修改终端电话信息，要调用网关连接模块发送给网关。

二、接口设计

1. 用户接口

启动应用程序命令：在Linux的终端控制台中输入命令运行应用程序。

2. 外部接口

应用程序连接网关服务器的同时，连接Web服务器。

应用程序与网关系统的关系：网关是应用程序的服务器端，应用程序为客户端，二者之间按TCP/IP方式通过Socket通道进行数据传输。

应用程序与Web系统的关系：Web是应用程序的服务器端，应用程序为客户端，二者之间按TCP/IP方式通过Socket通道进行数据传输。

3. 内部接口

应用程序系统分为网关连接模块、Web连接模块、数据库连接模块、拆包组包及数据解析模块、配置信息和系统运行主模块。网关连接模块主要实现应用程序与网关相连，Web连接模块主要实现应用程序与Web相连，数据连接模块主要实现应用程序与数据库的连接，拆包组包及数据解析模块实现数据的处理操作，配置信息和系统运行主模块控制整个系统模块的联系。

三、运行设计

1. 运行模块组合

运行模块组合见表3-3-1~表3-3-4。

运行模块组合（1） 表3-3-1

运行控制	调用模块
与网关进行信息交互	网关连接模块
历经顺序和支持软件	
网关服务器上传数据→网关连接模块接受信息→信心处理→入库/发送给Web服务器	

运行模块组合（2） 表3-3-2

运行控制	调用模块
与Web服务器信息交互	Web连接模块
历经顺序和支持软件	
Web服务器→接收Web服务器信息→信息处理→不需要应答的入库/需要应答的发送到Web服务器	

运行模块组合（3） 表3-3-3

运行控制	调用模块
与数据库信息交互	数据库连接模块
历经顺序和支持软件	
应用程序接收信息→信息处理→入库	

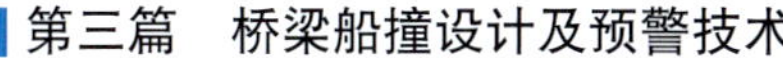

运行模块组合（4）　　表 3-3-4

运行控制	调用模块
拆包组包及数据解析	拆包组包及数据解析模块
历经顺序和支持软件	
应用程序接收（网关和 Web）信息→拆包、组包→数据解析	

2. 运行控制

运行控制见表 3-3-5。

运　行　控　制　　表 3-3-5

序　号	运行控制	方　式	操作步骤
1	接收网关上传数据	系统自动	接收网关商传数据→数据分析处理→入库操作 / 上传给 Web 服务器
2	接收 Web 服务器下发信息	系统自动	接收 Web 服务器信息→按协议拆分数据→校验数据有效信息→入库操作

四、系统数据结构设计

1. 逻辑结构设计要点

给出本系统内所使用的每个数据结构的名称、标识符以及它们之中每个数据项、记录、文卷和系统的标识、定义、长度及它们之间的层次的或表格的相互关系。详见《三峡库区船桥碰撞预警及在线监控系统数据库 ERWIN 图》。

2. 物理结构设计要点

物理结构设计要点见表 3-3-6。

物理结构设计要点　　表 3-3-6

编　号	逻辑标识	物理标识	存储介质	记录标识
1	终端注册信息	Gps_ClientUser	硬盘	Gps_ClientUser
2	下发信息	Gps_SendMsg	硬盘	Gps_SendMsg
3	下发信息历史	Gps_SendHistoryMsg	硬盘	Gps_SendHistoryMsg
4	报警信息	Gps_BjMsg	硬盘	Gps_BjMsg
5	公共信息	Gps_RecMsg	硬盘	Gps_RecMsg
6	船舶动态位置	Gps_DynamicPosition	硬盘	Gps_DynamicPosition
7	船舶最新位置	Gps_Nowposition	硬盘	Gps_Nowposition
8	终端配置信息	Gps_ClientInfo	硬盘	Gps_ClientInfo
9	危险区域	Gps_Jbqy	硬盘	Gps_Jbqy
10	危险区域历史	Gps_JbqyHistory	硬盘	Gps_JbqyHistory
11	应答信息	Gps_responsion	硬盘	Gps_responsion
12	部门	Gps_bm	硬盘	Gps_bm
13	数据字典	Gps_sjzd	硬盘	Gps_sjzd
14	数据字典内容	Gps_sjzdnr	硬盘	Gps_sjzdnr

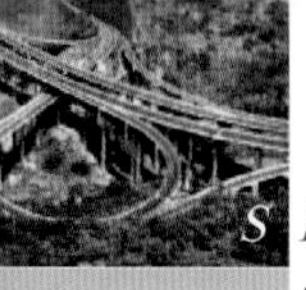

续上表

编号	逻辑标识	物理标识	存储介质	记录标识
15	江图分段信息	Gps_Dtfd	硬盘	Gps_Dtfd
16	信息日志	Gps_MsgLog	硬盘	Gps_MsgLog
17	告警信息树	Gps_AlertInfo	硬盘	Gps_AlertInfo

3. 数据结构与程序的关系

数据结构与程序的关系见表3-3-7。

数据结构与程序的关系　表3-3-7

关系 程序 / 数据结构	相邻船信息	下行各类信息	上行各类信息
终端注册信息	U	U	U
下发信息	—	U	—
下发信息历史	—	U	—
报警信息	—	U	U
公共信息	—	U	U
船舶动态位置	U	U	U
船舶最新位置	U	U	U
终端配置信息	U	U	U
危险区域	—	U	U
危险区域历史	—	U	U
应答信息	—	U	—
部门	U	U	U
数据字典	U	U	U
数据字典内容	U	U	U
江图分段信息	U	—	U
信息日志	—	U	—
告警信息树	—	U	—

五、系统出错处理设计

1. 出错信息

当后台输出显示：与网关连接失败，则说明与网关的通信出现故障；当后台输出显示：与Web连接失败，则说明与Web服务器通信出现故障。

2. 补救措施

后备技术：建立双机热备系统，在运行系统出现问题后，能够自动切换到另一台服务器继续运行。

六、系统维护设计

为保证系统的正常运行，定期每个月重新启动网关程序，并把网关程序自动记录的日志备份出来，供技术人员进行分析，以确定系统是否还存在其他问题。

第三节　三峡库区船桥预警及在线监控系统软件需求分析

一、需求分析

1. 产品描述

三峡库区船桥碰撞预警及在线监控系统包括船载 GPS 终端、通信网关、应用程序、Web 服务模块。各个模块独立完成一定的任务，同时互相之间有着数据通信和接口约定。如图 3-3-6 所示。

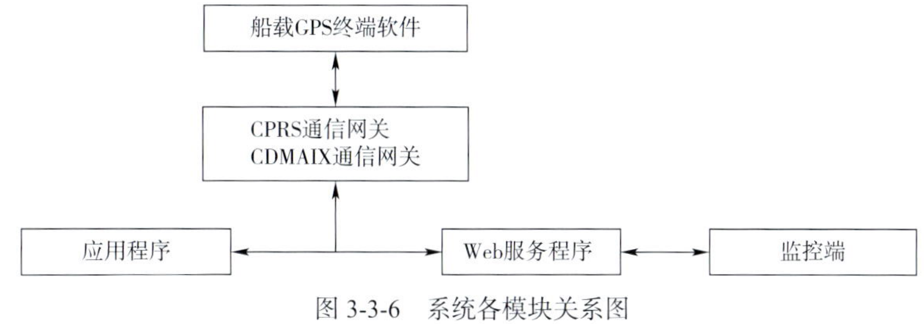

图 3-3-6　系统各模块关系图

2. 产品功能

（1）助航型船载终端软件功能

通过与通信网关交互，向三峡库区船桥碰撞预警及在线监控系统提供船舶监控所需的 GPS 信息、预警信息及其他相关信息，以及接收由管理部门和船舶运输企业下发给船舶的调度信息、水文、天气、预报警等信息。

（2）通信网关系统的主要功能（表 3-3-8）

通信网关系统的主要功能　　表 3-3-8

编　号	功能模块	功能说明
1	船载终端通信模块	主要负责和船舶终端在 CDMA1X 数据网络进行信息交互
2	应用程序通信模块	主要负责将船载终端上传的数据传递给应用程序，并从应用程序接收监控端下发的信息
3	Web 程序通信模块	负责接收监控端下发的信息

（3）应用程序的主要功能

从总体来看应用程序分为网关连接模块、Web 服务器端连接模块、数据库模块、容错处理模块和拆包组包模块。

网关连接模块主要用来和网关进行信息交互，处理从网关收到的信息，并调用数据库模块保存信息；下发产生的相关信息和 Web 服务器下发的相关信息。

Web 服务器连接模块，主要用来和 Web 服务器进行信息交互，处理并发送 Web 服务器传输的信息；上传终端的位置信息和报警信息到 Web 服务器。

数据库模块是应用程序中所有和数据库打交道的处理模块，该模块负责对消息的入库和出库操作、终端的信息读取操作等。

容错处理模块：主要负责以上三者模块中的异常处理，并负责调用自动重连。

拆包组包模块主要负责应用程序从网关及 Web 服务器出接收信息的拆分和组合，以保证信息的完整性和正确性。

（4）Web 服务模块的主要功能

Web 服务模块提供给监控用户一个操作界面，监控用户可以通过它看到终端船舶、电子江图、船桥碰撞报警状态等信息，直观地掌握各船舶的动态位置信息、可以接收和查看船舶发来的各类告警信息及普通信息、可以进行船舶轨迹回放；可以对船舶下发各类报警信息和普通信息、下发船舶就近搜救信息、设置危险区域、船桥报警区域和限制区域等；进行各类基础数据管理；报表输出等。Web 服务模块包括通信服务、Web 服务、地图服务和监控端小程序 4 个部分。通信服务主要处理监控用户同船载 GPS 终端之间的信息交换，Web 服务主要负责用户界面展示，地图服务主要由地图引擎将电子江图操作参数转化为相应的地图数据流，监控端小程序负责在用户端展示电子江图、船舶位置、船舶状态、船舶报警状态信息，并提供各种监控管理的操作界面。

3. 用户特点

本系统最终用户为港航管理部门、航运企业、船舶、货主、中介商等，操作人员、维护人员的教育水平和对信息技术的了解程度参差不齐，本软件的预期使用频度较高。

二、数据库

在功能需求中标识的信息类别有上行信息库、下行信息库、船舶动态位置库、危险区域库、船载 GPS 终端库、单位库等。

本系统对数据库的访问频率非常高，特别是动态位置库，会不断地将实时的船舶位置写入数据库。

对数据库的并发访问能力要好，不能有过多的锁等待，应最大限度地避免死锁。

要求实时运行库实现双机热备份；对于基础型数据表，每日备份到存储设备；对于动态位置表，至少一个星期作一次整库备份。所有备份都要异地保存。

1. 原始数据描述

（1）静态数据。主要有船舶名称、所属企业、船长、吃水、总功率、总吨位、型宽、满载排水量、最大载货量、型深、载客数、桥梁通航净高、航孔净宽、航道宽度、流向与桥轴线法向夹角、航道弯曲度、航标情况、年标准风天数、不正常水流等。

（2）动态数据。主要有交通密度、实时航速、实时航向、风向、流速、能见度、风向与桥轴线夹角、流向与桥轴线法向夹角等。

2. 数据流向图

数据流向如图 3-3-7 所示。

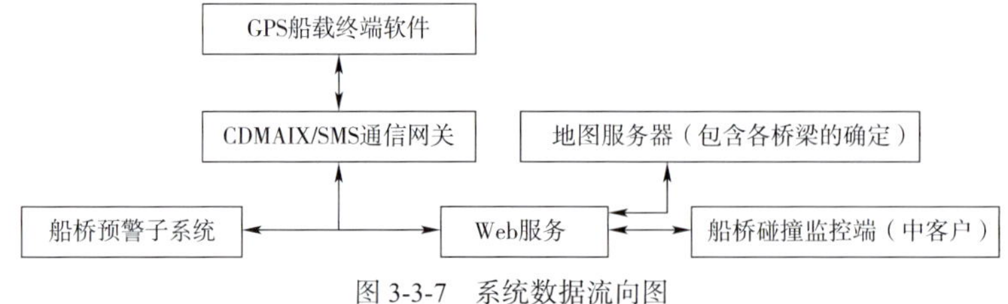

图 3-3-7　系统数据流向图

三、系统详细设计

1. 定义

本文档将会使用数据流图来描绘系统的逻辑模型，描绘信息在系统中流动和处理的情况。其各个

符号意义说明如下：

正方形（或立方形）：表示数据的源点或终点，即指外部实体。如图 3-3-8 所示。

圆形：表示变换数据的处理。如图 3-3-9 所示。

两条平行线：表示数据存储。如图 3-3-10 所示。

箭头：表示数据流，即特定数据的流动方向。如图 3-3-11 所示。

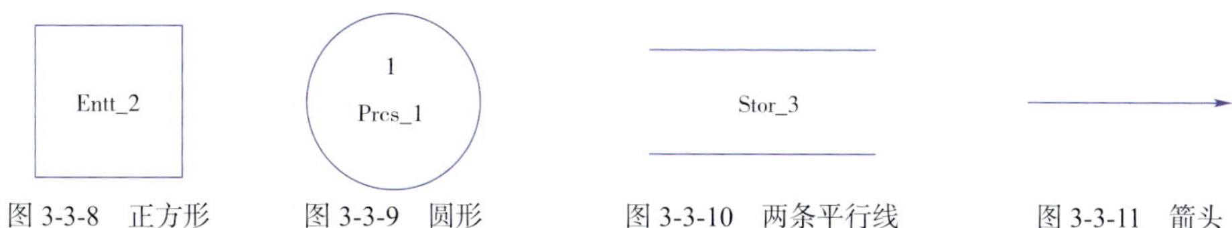

图 3-3-8　正方形　　图 3-3-9　圆形　　图 3-3-10　两条平行线　　图 3-3-11　箭头

（1）用户

泛指系统服务的对象，包括港航管理部门、航运企业、船舶、货主、中介商等。

（2）全球卫星定位系统（Global Position System，简写 GPS）

它是由美国研制的导航、授时和定位系统。它由空中卫星、地面跟踪监测站、地面卫星数据注入站、地面数据处理中心和数据通讯网络等部分组成。用户只需购买 GPS 接收机，就可享受免费的导航、授时和定位服务。GPS 提供两种服务：标准定位服务（SPS）定位精度为 25m 左右和精密定位服务（PPS）定位精度为 10m 左右。GPS 技术可广泛应用于定位导航、资源勘察、大地测量、科学研究等领域。

（3）地理信息系统（Geographical Information System，简写 GIS）

它是利用计算机图形学，数据库技术等来管理地理空间数据的计算机系统，用以管理描述物体位置关系的坐标信息、描述物体空间关系的拓扑信息以及描述物体属性特征的人文信息等，方便用户对这些信息的采集、处理、传输、存储、查询检索、分析和应用。GIS 的核心是电子地图，对所有信息的描述都直观地显示在电子地图上，一般以矢量地图作为表现形式，可以很容易地对其进行放大、缩小、漫游等操作。电子地图以其精度（如 1 ∶ 10000）和图层数据的丰富程度来确定其价值。

（4）数字蜂窝电话系统 GSM

数字蜂窝电话系统是目前国内覆盖范围最广的移动无线通信系统。

（5）通用分组无线业务（General Packet Radio Service，GPRS）

GPRS 是在现有的 GSM 系统上发展出来的一种新的分组数据承载业务。与原有的 GSM 比较，GPRS 在数据业务的承载和支持上具有非常明显的优势。主要表现在：更有效地利用无线网络信道资源，特别适合突发性、频繁的小流量数据传输；支持的数据传输的速率更高，理论峰值达 115kbps；计费方式更加灵活，可以支持按数据流量来进行计费；GPRS 还能支持在进行数据传输的同时进行语音通话等。

（6）CDMA（Code Division Multiple Access）

CDMA 技术的原理是基于扩频技术，即将需传送的具有一定信号带宽信息数据，用一个带宽远大于信号带宽的高速伪随机码进行调制，使原数据信号的带宽被扩展，再经载波调制并发送出去。接收端使用完全相同的伪随机码，与接收的带宽信号作相关处理，把宽带信号换成原信息数据的窄带信号即解扩，以实现信息通信。

（7）CDMA1X

它是中国联通在完善优化 CDMA 网络建设过程中推出的第 2.75 代通信技术。其传输速度可以达到 153.6K，从而实现高速互联网接入，音乐、图像数据下载等先进应用服务，为消费者真正带来多彩

多姿的通信享受。

（8）船桥碰撞预警

它是指船舶上下行经过三峡库区桥梁时，针对不同类型的船舶及不同的桥梁产生报警区域图例，当船舶处于或产生可能进入报警区域的趋势时，实时进行报警，起到预防和减少船桥碰撞的风险的作用。

2. 程序系统的结构

程序系统结构如图 3-3-12 所示。

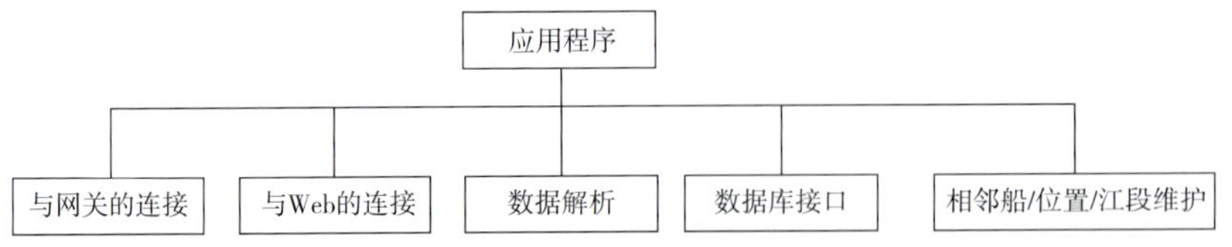

图 3-3-12 程序系统结构图

各个模块的名称及所包含的程序见表 3-3-9。

模块名称及包含的程序 表 3-3-9

模块名称	包含程序	模块名称	包含程序
系统运行主模块	AppClient.java	数据解析模块	Instruction.java
与网关连接模块	ClientReadSocket.java Uppacket.java ThreadPoolManager.java ProcessInfoThread.java	数据库接口	db_Connection.java db_Operation.java
与 Web 连接模块	SocketServlet.java Uppacket.java ReceiveWebMsgPool.java ProcessSendMsgThread.java	相邻船及位置信息，江段维护	Staticfun.java ClientSortThread.java RecMsg.java

3. 系统运行主模块设计说明

（1）程序描述

此程序是应用程序入口，是应用程序的核心控制部分，它主要负责：系统参数的初始化，数据库连接初始化，启动终端江段维护线程，启动定时更改表名和创建表线程，初始化处理 Web 服务器下传信息线程池，初始化 Web 服务器处理信息的线程，初始化处理网关上传信息线程池，初始化网关上传信息处理线程，启动与网关的通信线程，启动与 Web 服务器的通信线程等，从而调动整个程序运行。

（2）功能

主要功能是从配置文件读取信息，进行系统初始化配置，并启动运行整个系统。如图 3-3-13 所示。

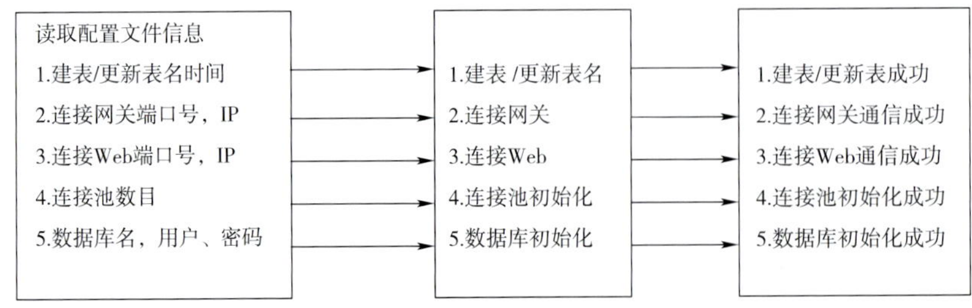

图 3-3-13 程序功能图

（3）性能

系统启动时间：<5s。

（4）输入项

系统参数初始化，对应用程序连接数据库用到的数据库名、用户名、密码，连接网关通道的端口号、IP 地址，连接 Web 服务器通道的端口号、IP 地址，连接网关线程池数，连接 Web 线程池数，以及其他参数，从配置文件中取出。

（5）输出项

利用从配置文件中取出的各种参数值，依次启动各个连接和通信。将配置文件中取得的线程池数赋值给启动线程池的方法进行线程池的初始化，将配置文件中取得的连接通道的端口号、IP 地址赋值给连接网关和 Web 服务器的方法进行通道的初始化等。

（6）流程逻辑

程序流程如图 3-3-14 所示，完成了整个系统的启动工作。

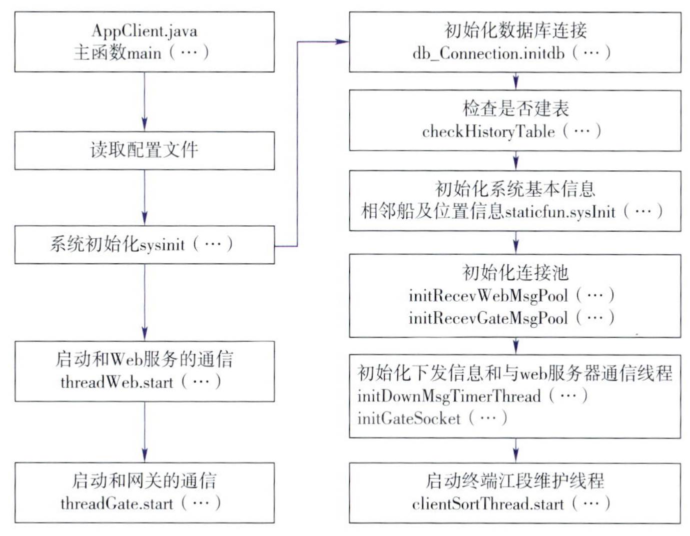

图 3-3-14　程序逻辑图

（7）注释设计

在本程序中安排的注释如下：

加在模块首部的注释：用 /**/ 添加注释，说明程序的作者、编写日期和用途。

加在各分支点处的注释：用 /**/ 添加注释，说明程序的转向和方法的用途，参数的来源。

对各变量的功能、范围、缺省条件等所加的注释：用 // 添加注释，说明变量的范围与作用。

对使用的逻辑所加的注释：用 /**/ 添加注释，说明程序的设计思想与作用。

4. 与网关的通信

（1）程序描述

应用程序与网关的通信，主要由 ClientReadSocket.java、Uppacket.java、ThreadPoolManager.java、ProcessInfoThread.java 几个类来实现。它们负责与网关建立连接，接收来自网关的信息，并进行了拆包组包处理，获得一个完整的信息。

①ClientReadSocket.java：根据网关的端口号，IP 建立与网关的连接通道，启动线程进行对通道信息的监听，接收通道信息，进行拆包组包处理，处理后的信息传给线程池。

②Uppacket.java：接收通道信息，进行拆包、组包处理，获得一个完整的信息。

③ThreadPoolManager.java：建立一个连接池，并启动，接收传过来并处理过的命令信息，分配

给某个线程对象进行信息处理。

④ProcessInfoThread.java：根据线程池所分配的信息，调用信息解析类，进行信息具体类型解析处理。

（2）功能（图 3-3-15）

图 3-3-15　与网关通信功能图

根据网关端口号、IP，建立连接网关的通道，如果建立不成功，则继续连接；如果成功，则接收网关信息进行拆包、组包，得到一个完整的信息，传给线程池，线程池分配给具体线程进行信息处理。

（3）性能

①建立连接如果不成功，间隔 2s，进行再次连接。

②网关线程池处理的信息量在 5000 条船。

③拆包、组包，要求产生一条完整的信息进行处理，保证信息的完整性和合法性。

（4）输入项

①接收主程序传过来的端口号，进行网关连接。

②接收与网关通道的信息进行信息拆包、组包处理。

③接收主程序传过来的线程池数目，建立处理线程数目。

（5）输出项

①连接与通道通信成功。

②得到完整合法的信息。

③分配给具体线程，进行信息解析。

（6）流程逻辑

网关通信流程逻辑图如图 3-3-16 所示。

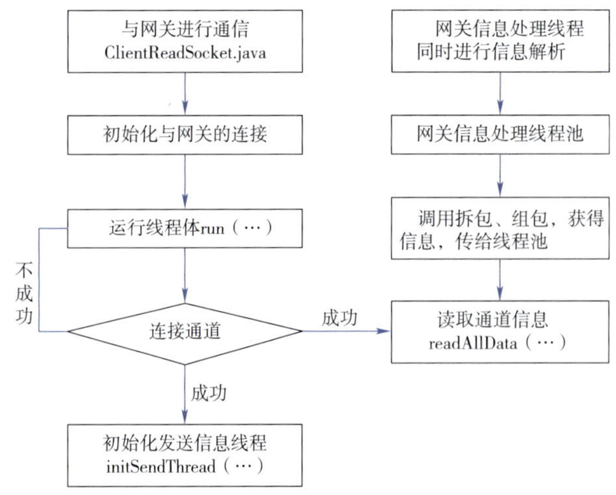

图 3-3-16　网关通信流程逻辑图

（7）注释设计

在本程序中安排的注释如下：

加在模块首部的注释：用 /**/ 添加注释，说明程序的作者、编写日期和用途。

加在各分支点处的注释：用 /**/ 添加注释，说明程序的转向和方法的用途，参数的来源。

对各变量的功能、范围、缺省条件等所加的注释：用 // 添加注释，说明变量的范围与作用。

对使用的逻辑所加的注释：用 /**/ 添加注释，说明程序的设计思想与作用。

5. 与 Web 服务器的通信

（1）程序描述

应用程序与 Web 服务器的通信和应用程序与网关的通信基本相同，主要由 SocketServlet.java、Uppacket.java、ReceiveWebMsgPool.java、ProcessSendMsgThread.java 几个类来实现。它们负责与网关建立连接，接收来自网关的信息，并进行了拆包、组包处理，获得一个完整的信息。

①SocketServlet.java：根据 Web 的端口号，IP 建立与 Web 的连接通道，启动线程进行对通道信息的监听，接收通道信息，进行拆包、组包处理，处理后的信息传给线程池。

②Uppacket.java：接收通道信息，进行拆包、组包处理，获得一个完整的信息。

③ReceiveWebMsgPool.java：建立一个连接池，并启动，接收传过来并处理过的命令信息，分配给某个线程对象进行信息处理。

④ProcessSendMsgThread.java：根据线程池所分配的信息，进行信息解析处理。

（2）功能

根据 Web 端口号、IP，建立连接 Web 的通道，如果建立不成功，则继续连接；如果成功，则接收 Web 信息进行拆包、组包，得到一个完整的信息，传给线程池，线程池分配给具体线程进行信息处理。如图 3-3-17 所示。

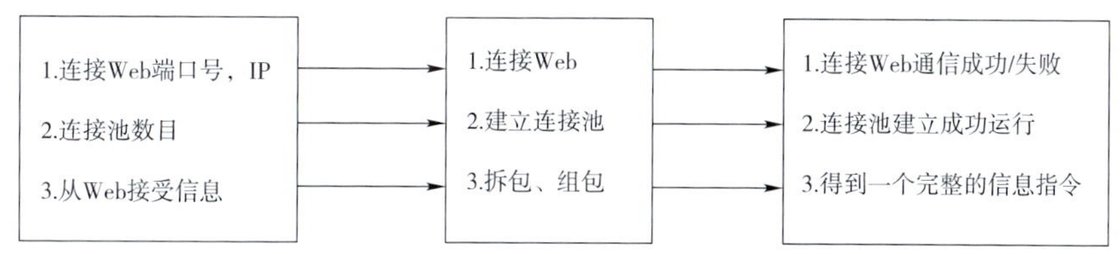

图 3-3-17　与 Web 服务器通信功能图

（3）性能

①建立连接如果不成功，间隔 2s，进行再次连接。

②网关线程池处理的 5000 艘船的信息。

③拆包、组包，要求产生一条完整的信息进行处理，保证信息的完整性和合法性。

（4）输入项

①接收主程序传过来的端口号，进行 Web 连接。

②接收与 Web 通道的信息进行信息拆包、组包处理。

③接收主程序传过来的线程池数目，建立处理线程数目。

（5）输出项

①连接与通道通信成功。

②得到完整合法的信息。

③分配给具体线程，进行信息解析。

（6）流程逻辑

与 Web 服务器通信流程逻辑图，如图 3-3-18 所示。

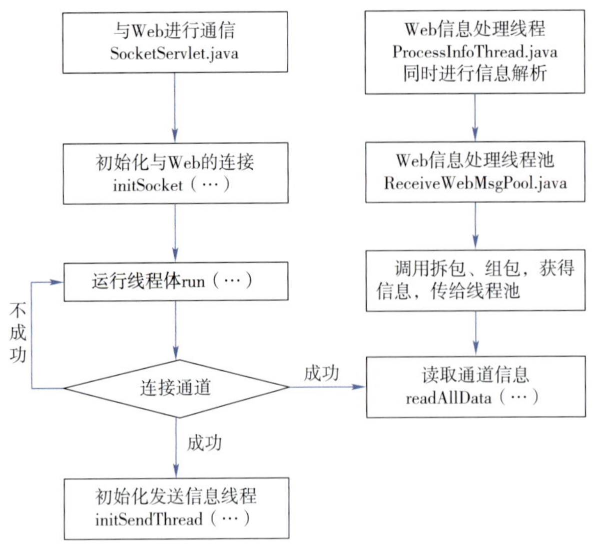

图 3-3-18　与 Web 服务器通信流程逻辑图

（7）注释设计

在本程序中安排的注释如下：

加在模块首部的注释：用 /**/ 添加注释，说明程序的作者、编写日期和用途。

加在各分支点处的注释：用 /**/ 添加注释，说明程序的转向和方法的用途，参数的来源。

对各变量的功能、范围、缺省条件等所加的注释：用 // 添加注释，说明变量的范围与作用。

对使用的逻辑所加的注释：用 /**/ 添加注释，说明程序的设计思想与作用。

6. 数据解析

（1）程序描述

信息解析是数据处理的核心部分，主要是根据协议对信息进行分类处理，系统实现这一功能的主要由 Instruction.java 来实现的，它主要负责网关信息的处理（与 Web 通信的信息解析方式与此相同，后面不做解释）。

（2）功能

主要功能是从配置文件读取信息，进行系统初始化配置，并启动运行整个系统，如图 3-3-19 所示。

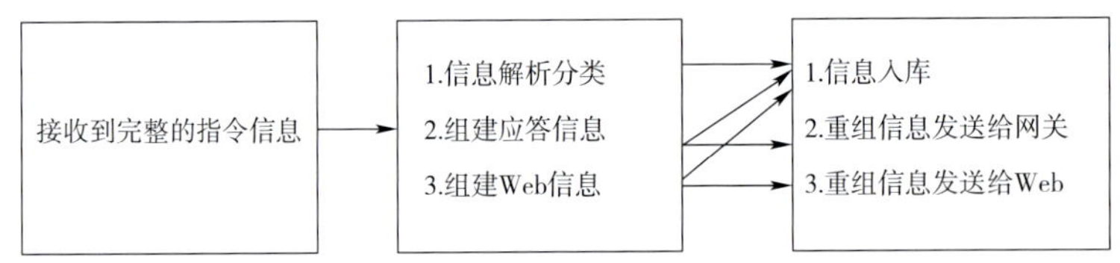

图 3-3-19　数据解析功能图

（3）性能

对信息的处理量满足在 5000 艘船。

（4）输入项

输入项见表 3-3-10。

输　入　项　　　　表 3-3-10

名　称	标　识	数据类型	格　式
网关信息	msg	String	parseInstruction（String msg）

（5）输出项

输出项见表 3-3-11。

输　出　项　　　　表 3-3-11

名　称	标　识	数据类型	格　式
应答信息	UE	String	UE00X……X+GPS 数据 UE01X……X+GPS 数据 UE02XY……Y UE03XY……Y UE04 UE05 UE06YYMMDDNNNN UE07 UE08XL……L
消息入库	sqlStr	String	baseFun.execSql（strSql）
生成上传 Web 消息	sendRes	String	SocketServlet.sendUpMsgThread

（6）流程逻辑

数据解析流程逻辑图如图 3-3-20 所示。

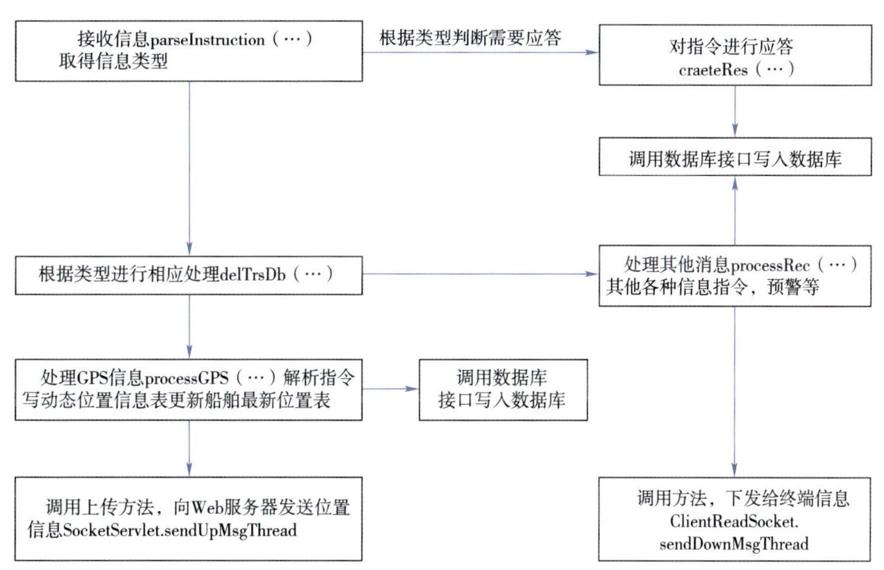

图 3-3-20　数据解析流程逻辑图

（7）注释设计

在本程序中安排的注释如下：

加在模块首部的注释：用 /**/ 添加注释，说明程序的作者、编写日期和用途。

加在各分支点处的注释：用 /**/ 添加注释，说明程序的转向和方法的用途，参数的来源。

对各变量的功能、范围、缺省条件等所加的注释：用 // 添加注释，说明变量的范围与作用。

对使用的逻辑所加的注释：用 /**/ 添加注释，说明程序的设计思想与作用。

7. 数据库接口

（1）程序描述

应用程序所有对库操作都是通过它来完成的，主要由 db_Connection.java 和 db_Operation.java 两个类实现。

①db_Connection.java：主要是与数据库建立连接，有两种方式：一种是通过连接池获取，一种是通过直接连接实现。

②db_Operation.java：主要是通过 SQL 语句对库进行操作，并返回结果集。

（2）功能

主要实现连接数据库，执行 SQL 语句，返回结果集，如图 3-3-21 所示。

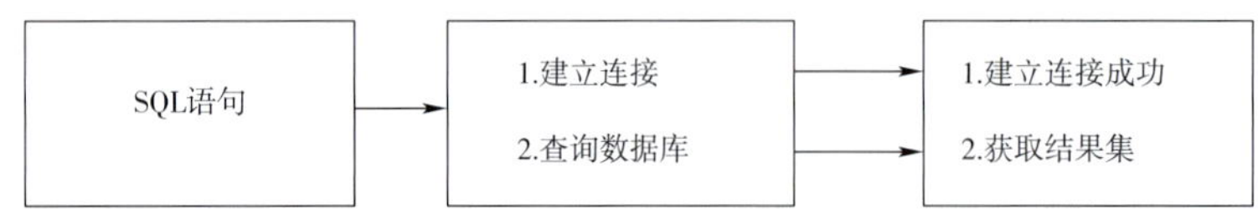

图 3-3-21 数据库接口功能图

（3）性能

对数据库操作每次 <5s。

（4）输入项

输入项见表 3-3-12。

输 入 项 表 3-3-12

名 称	标 识	数据类型	格 式
建立连接	conn	Connection	conn=dataSource.getConnection（ ）
执行查询 SQL	sqlStr	String	execSelect（String sqlString）
执行修改 SQL	sqlStr	String	execSql（String[] sqlStr） execSql（String[] sqlStr）

（5）输出项

输出项见表 3-3-13。

输 出 项 表 3-3-13

名 称	标 识	数据类型	格 式
建立连接	conn	Connection	建立连接成功
执行查询 SQL	resultSet	ResultSet	execSelect（String sqlString）
执行修改 SQL	boolean	Boolean	execSql（String[] sqlStr） execSql（String[] sqlStr）

（6）流程逻辑

数据库接口流程逻辑图，如图 3-3-22 所示。

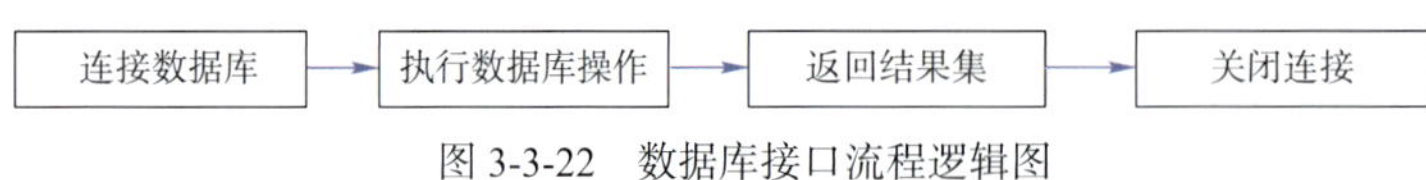

图 3-3-22 数据库接口流程逻辑图

（7）注释设计

在本程序中安排的注释如下：

加在模块首部的注释：用 /**/ 添加注释，说明程序的作者、编写日期和用途。

加在各分支点处的注释：用 /**/ 添加注释，说明程序的转向和方法的用途，参数的来源。

对各变量的功能、范围、缺省条件等所加的注释：用 // 添加注释，说明变量的范围与作用。

对使用的逻辑所加的注释：用 /**/ 添加注释，说明程序的设计思想与作用。

8. 相邻船信息和船舶位置信息

（1）程序描述

相邻船及位置信息是系统主要功能之一，它更新和处理船舶位置信息，并给在江段范围内的每条船发送相邻船信息。根据船舶经纬度，判断是否在江段范围。并且判断是否是最新位置，是最新位置信息，则更新数据库，主要涉及有 Staticfun.java、ClientSortThread.java 和 RecMsg.java 。

（2）功能（图 3-3-23）

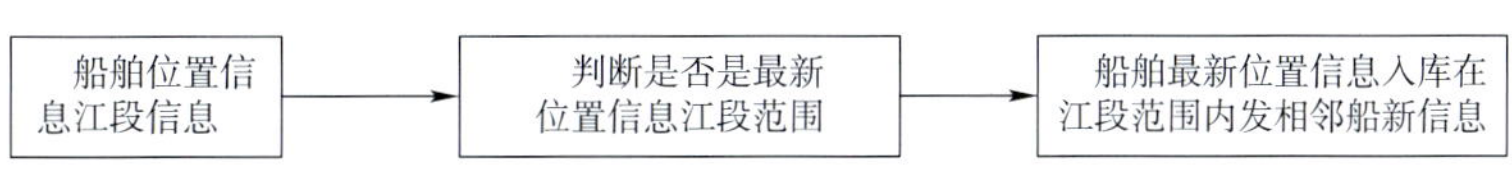

图 3-3-23　位置信息功能图

收到终端的位置信息后调用位置信息处理方法，应用程序首先将该信息插入船舶历史位置信息表，然后判断该信息是否最新位置信息，以确定是否更新船舶最新位置信息表，并将该信息分发给终端江段维护线程，以保证终端在江段中的有序性，然后调用 Web 服务器连接模块将该船的位置信息上传给 Web 服务器，最后调用相邻船生成方法发送相邻船位置信息。

（3）性能

对经纬度要求精确到小数点后面 4 位。

（4）输入项

输入项见表 3-3-14。

输　入　项　　表 3-3-14

名　称	标　识	数据类型	格　式
船舶位置信息	经度：latitude 纬度：longitude 船舶 ID: clientID	经度：double 纬度：double 船舶 ID: String	getPosition（String clientID, double latitude, double longitude）
江段范围	最小经度：minlongitude 最大经度：maxlongitude	经度：double 纬度：double	minlongitude =105.78659944312243 maxlongitude =111.34998492432892

（5）输出项

输出项见表 3-3-15。

输　出　项　　表 3-3-15

名　称	标　识	数据类型	格　式
船舶位置信息	msgStr	String	W02 W03 W04 W05 W07
江段范围	最小经度：minlongitude 最大经度：maxlongitude	经度：double 纬度：double	入库

（6）流程逻辑

位置信息流程逻辑图，如图 3-3-24 所示。

（7）注释设计

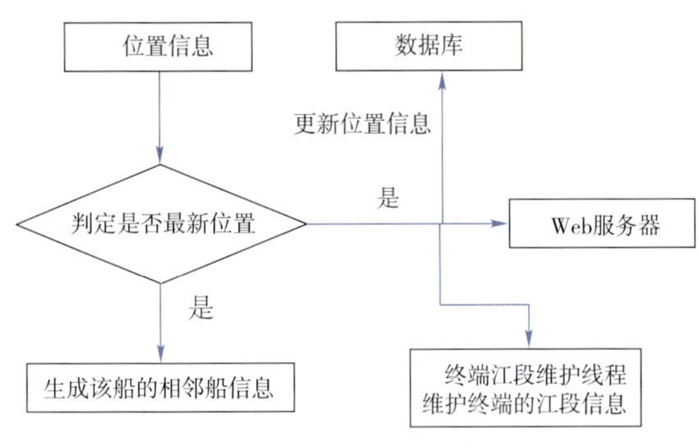

图 3-3-24　位置信息流程逻辑图

在本程序中安排的注释如下：

加在模块首部的注释：用 /**/ 添加注释，说明程序的作者、编写日期和用途。

加在各分支点处的注释：用 /**/ 添加注释，说明程序的转向和方法的用途，参数的来源。

对各变量的功能、范围、缺省条件等所加的注释：用 // 添加注释，说明变量的范围与作用。

对使用的逻辑所加的注释：用 /**/ 添加注释，说明程序的设计思想与作用。

第四节　系统功能界面介绍

一、基于 IBM AIX 和基于 J2EE

在基于 AIX 的三峡库区船桥碰撞预警及在线监控平台的设计中，遵照现有管理监控系统开发标准的要求，并注重使软件模块化且具有通用性，采用先进的技术开发体系 JAVA+XML、安全稳定的系统平台 IBM Web Sphere，以及应用广泛的 MapInfo MapXtreme 地图服务、保证强大的处理能力和大信息量的数据挖掘能力，保证三峡库区船桥碰撞预警及在线监控平台能够良好运转，同时具有强大的持续扩展能力。系统中采用多层服务器结构，即客户端、Web 服务器、应用服务器和数据库服务器。系统开发采用统一规划设计—分模块开发—系统集成的研究开发方式，强调系统的操作性、扩展性。不仅满足了现阶段三峡库区船桥碰撞预警及在线监控的需要，而且考虑到企业应用升级、发展的需求。其分布式、模块化的结构既可以在单一服务器上运行，也可以扩充到多台服务器上，满足三峡库区船桥碰撞预警及在线监控变化和发展需求。

二、胖客户端的地图展示

本系统不仅提供 MapInfo MapXtreme 所描述的胖客户端来进行船舶监控、船桥碰撞监控及轨迹回放的地图数据请求，而且针对在频繁和大量请求地图数据会出现地图服务器响应延时严重甚至出现不响应提出本地存放地图数据，在本地生成、渲染地图，把集中的数据服务分散从而降低服务器的压力，提高用户等待相应的时间，但同时又带来一个难题，地图数据的加密存储和访问以保护用户资源，我们开发了本地的地图引擎可支持对地图数据加密存储基访问，这样提供了我们自创的胖客户端，可以彻底解决对地图数据频繁访问的延时，并保护用户资源且符合国家有关 84 坐标系地图民用的安全规定。典型的地图展示如图 3-3-25 所示。

三、船舶避碰

系统另一创新就是船舶避碰预警。应用程序保存用户设定的避碰预警段的所有船舶的位置信息，在有船舶在这一区域航行时，应用程序就会产生相邻船舶的信息并发送给该船载终端，船载终端收到信息后就会在地图上显示相邻船舶，并在一定范围内时进行预警，提示驾驶人注意避让。

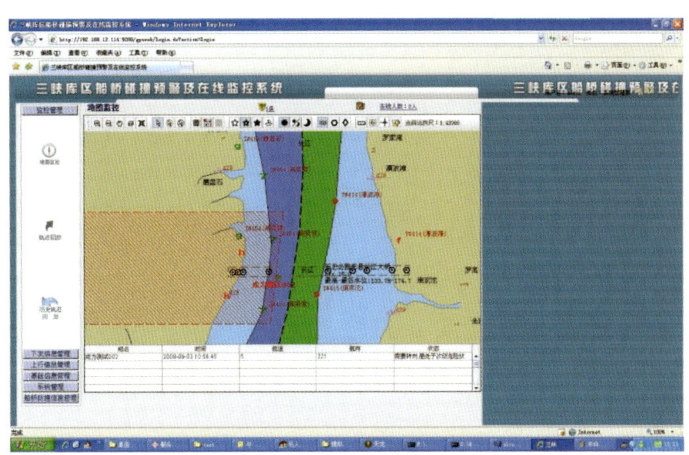

图 3-3-25　典型地图展示

四、推荐航路

监控人员可通过船舶轨迹回放方式制作船舶的推荐航路信息，然后通过系统下发给船载终端，终端在收到该信息后，会议图形方式显示在用户的电子江图上，有利于船舶的航行安全，为船舶的航行提供参考。

五、目标多轨迹回放

本系统可实现选定区域内所有船舶的行驶轨迹的回放，为事故分析、调查取证提供参考依据。

六、区域自动预警

提供船舶在浅水区、禁航区等多种预警服务。船舶一旦进入禁航区域，船载终端进行语音预警，同时船载终端将自动向监控中心报警，监控中心便以语音或文字提示驾驶人员。

七、船桥碰撞预警及在线监控

船桥碰撞预警是指船舶上下行经过三峡库区桥梁时，针对不同类型的船舶及不同的桥梁产生报警区域图例，当船舶处于或产生可能进入报警区域的趋势时，或者船舶一旦有进入危险报警区域或者有驶向桥墩的趋势，监控中心可通过胖客户端界面实时查看船舶航行状态实时进行报警，船舶终端同时进行预警提示，起到预防和减少船桥碰撞的风险的作用。

第五节　系统在江津观音岩长江大桥的应用

一、江津观音岩长江大桥概况

重庆绕城高速公路是国家高速公路网（简称“7918”网）西部开发省际公路通道的重要路段，也是交通部首批 12 条典型示范路中唯一的绕城公路项目（交公路发〔2004〕172 号），对完善重庆市“二环八射”干线公路网布局，满足本地区交通量快速增长，实现重庆市“半小时主城区，一小时经济圈，八小时大重庆”战略目标，尽快把重庆建设成为长江上游经济中心，具有极其重要的战略意义。

重庆绕城高速公路上的控制性工程江津观音岩长江大桥，该桥主桥为双索面钢—混凝土叠合梁斜拉桥，是我国首座跨长江叠合梁斜拉桥，其桥面宽度是全国同类型桥梁中最宽的，全桥总长 1172m，概算投资约 4.83 亿元，双向六车道，建设工期为 30 个月。斜拉索呈扇形布置，索距在主梁上为 12m，主桥长 879m，主跨 436m，桥跨布置为 35.5m+186m+436m+186m+35.5m，桥面宽度为 36.20m，主梁的截面形式为肋板梁，索塔采用菱型桥塔，设两道横系梁将桥塔分为上塔柱、中塔柱和下塔柱三部分。江津观音岩长江大桥桥型如图 3-3-26 所示。

图 3-3-26　江津观音岩长江大桥

二、桥区现场测试

1. 测试任务

本次测试任务包括系统测试（数据交互）、功能测试（功能要求测试）和界面测试（软件与用户的交互测试）。

2. 测试目的

（1）功能性测试。测试系统的功能模块是否满足要求。

（2）界面实现测试。测试界面的友好性、可操作性。

3. 考核指标

考核指标见表 3-3-16。

考 核 指 标　　表 3-3-16

项　目	描　述	相关因素
功能性	系统功能是否完善，是否覆盖所有需求	正确性
模块化	程序是否有高度独立的模块结构	灵活性，重用性
系统性	服务端与客户端交互的数据是否完整、正确	完整性，正确性
可操作性	操作和与之相关的方法是否得当	有效性，安全性
界面友好性	软件操作的简洁，易懂及可视性等要求	可维护，可操作性

4. 测试的内容

本次测试内容包括：监控软件的中心监控管理、分中心监控管理、下行信息管理、上行信息管理、基础信息管理、系统管理和报表 7 大模块的测试，以及应用程序、通信网关的功能测试。应用程序与通信网关的测试是通过监控软件与船载终端的交互来测试验证的。

（1）系统管理测试（表 3-3-17）

系统管理测试　　表 3-3-17

子模块名称	模块功能	测试操作	预期结果	测试结果
数据字典	维护系统中各模块间通用的数据或者用来生成下拉列表的数据	增加一条信息，增加成功后，修改刚增加的信息，删除刚增加的信息	可以增加、修改、删除数据字典内容	和预期结果一致
用户管理	用来管理系统用户	（1）录入用户信息，以增加一个新用户，修改该用户信息； （2）给用户分配角色权限，以该用户登录，查看用户具有的权限是否符合角色； （3）删除该用户； （4）查询相应的用户	可以增加、修改、删除用户信息，并可以给用户指定角色，以确定用户的权限，可以查询出对应条件的用户信息	和预期结果一致
角色权限	用来给系统角色分配系统操作权限，以用来给系统用户分配对应的角色	（1）录入新的系统角色，以增加一个新的系统角色； （2）修改系统角色信息，并给系统角色分配相应的权限	可以增加、修改系统角色，并可以修改角色对应的权限，以具有修改的角色的用户登录，查看用户是否具有修改后的角色对应的权限	和预期结果一致

（2）基础信息管理测试（表 3-3-18）

基础信息管理测试　　表 3-3-18

子模块名称	模块功能	测试操作	预期结果	测试结果
监控中心	用来维护各个监控中心的基础信息	（1）录入新的监控中心的基础信息； （2）修改监控中心的信息； （3）查询相应的监控中心信息	可以增加、修改监控中心基础信息，并可以依据条件查询出对应的监控中心信息	和预期结果一致
终端信息	用来维护船载终端及船载终端对应船舶的信息	（1）录入新的船载终端的基础信息，以增加一条新的终端信息； （2）修改、删除该终端信息，查询相应的船载终端信息	可以增加、修改、删除终端信息，并可以依据条件查询出对应的终端信息	和预期结果一致
区域设置	用来审批、解除、下发危险区域信息和限制区域信息	（1）通过中心监控管理中的区域设置功能设置一个新的区域信息； （2）通过区域设置模块对新增的区域进行审批； （3）将该区域下发给船载终端，船载收到该信息后会回应相应信息； （4）下发解除危险区域信息到船载终端； （5）删除区域信息	（1）可以查看到中心监控管理中设置的区域信息，并可以对该区域进行审批； （2）将该区域信息下发到船载终端，且收到船载终端的回应信息； （3）下发解除信息到船载终端，船载终端删除区域，中心删除区域信息	和预期结果一致
桥梁信息	用来查看航线桥梁的参数设置情况	（1）录入新增加的桥梁信息； （2）修改新增加的桥梁信息； （3）删除桥梁信息； （4）依据条件查询相应的桥梁信息	可以增加、修改、删除和查询桥梁信息	和预期结果一致
航道信息	用来查看航道区域的参数设置情况	（1）录入新增加的航道信息； （2）修改新增加的航道信息； （3）删除航道信息； （4）依据条件查询相应的航道信息	可以增加、修改、删除和查询航道信息	和预期结果一致

（3）中心监控管理测试（表 3-3-19）

中心监控管理测试　　表 3-3-19

子模块名称	模块功能	测试操作	预期结果	测试结果
地图监控	实现对装有船载 GPS 终端的船舶的监控，并可以对电子江图进行操作，且具有下发信息管理中常用到的下发信息管理	（1）通过该监控界面查看船舶的运行情况； （2）对电子江图进行放大、缩小、移动、测距操作； （3）按照船名和船载终端编号搜索船舶，按照地名和公里数搜索江图的位置； （4）通过选择对象选择工具，选择船舶，并通过右键进行下发信息、追踪船舶，且下发信息针对具有的各种信息进行下发； （5）通过搜救工具下发船舶搜救信息和进行区域下发功能； （6）设置区域信息； （7）制作推荐航路； （8）重置地图，恢复监控页面的初始页面； （9）加入船桥防撞监控界面，船进入监控时显示出危险区域范围； （10）加入船桥防撞预警算法，船进入桥区危险区域报警； （11）根据忠县长江大桥实测预案具体项目进行测试	（1）可通过监控界面监控船舶的运行情况； （2）放大、缩小、移动、测距操作正常； （3）可以根据终端编号、船舶名称搜索船舶；可以通过地名和公里数搜索江图具体位置； （4）通过对象选择工具选择船舶，并可下发信息，设置追踪，查看船舶信息； （5）通过搜救工具可以下发船舶搜救信息，并可通过该工具对区域内的船下发信息； （6）可以设置危险区域和限制区域； （7）可以生成推荐航路的 MIF 文件； （8）可以通过重置工具，恢复到初始监控页面； （9）可以显示出危险区域范围，红色标注； （10）可以在进入危险区域后报警	和预期结果一致
轨迹回放	实现对装有船载 GPS 终端船舶航行的轨迹进行回放，其访问的轨迹数据存储在当前运行的数据库中	（1）对电子江图进行放大、缩小、移动、测距操作； （2）对单船进行轨迹回放； （3）选择区域，对区域内的船舶进行轨迹回放； （4）在轨迹回放过程中，进行暂停，前进，后退，停止等操作，并调整轨迹播放的速度和控制轨迹线的显示； （5）对进入监控桥区范围的船舶进行轨迹回放，显示正确的报警区域； （6）对未到危险区域，危险区域内，危险区域外，驶过危险区域显示正确的船舶状态文字信息	（1）放大、缩小、移动、测距操作正常； （2）针对单船可以进行轨迹回放； （3）可以设定一个区域，并对在设定时间内经过的该区域的所有船的轨迹进行回放； （4）可以进行暂停、前进、后退、调整播放速度，控制轨迹线的显示等操作； （5）可以对进入监控桥区范围的船舶进行轨迹回放，显示正确的报警区域； （6）可以对未到危险区域，危险区域内，危险区域外，驶过危险区域显示正确的船舶状态文字信息	和预期结果一致

（4）下行信息管理测试（表 3-3-20）

下行信息管理测试　　表 3-3-20

子模块名称	模块功能	测试操作	预期结果	测试结果
命令信息	下发控制指令给船载终端	（1）下发请求通话信息； （2）下发一次点名信息； （3）下发设置等时回传信息； （4）下发等距回传信息； （5）根据报警状态危险度下发报警信息	（1）可以拨打终端电话； （2）终端针对一次点名回应终端状态信息； （3）终端按照设置的时间间隔回传位置信息； （4）终端按照设置的距离间隔回传位置信息； （5）可以根据报警状态危险度下发正确报警文字信息	和预期结果一致
公共信息	下发通知、天气预报、水位等汉字信息到船载终端	下发汉字信息	终端收到信息	和预期结果一致
船桥碰撞预警报警信息	下发船桥碰撞预警报警信息到终端	下发汉字信息	终端收到信息	和预期结果一致
告警信息	下发红色和黄色两种级别的警报信息到船载终端	（1）下发红色告警信息； （2）下发黄色预警信息	（1）终端收到红色告警信息并回应相应的应答信息； （2）终端收到黄色预警信息并回应相应的应答信息	和预期结果一致
告警配置信息	设置终端的警报内容	（1）下发红色告警配置信息； （2）下发黄色预警配置信息	（1）终端响应红色告警配置信息； （2）终端响应黄色预警配置信息	和预期结果一致
配置信息	下发改变和读取终端设置的指令到船载终端	（1）下发读取终端厂商配置信息； （2）下发读取终端参数信息； （3）下发读取船舶名称信息； （4）下发设置船舶名称信息； （5）下发配置中心 IP 信息； （6）下发配置中心特服号码信息； （7）下发终端厂商配置信息； （8）下发推荐航路配置信息； （9）下发 FTP 配置信息； （10）下发电话号码配置信息	（1）终端回应终端厂商配置信息； （2）终端回应终端参数信息； （3）终端回应船舶名称； （4）终端回应配置的船舶名称； （5）终端连到新的通信网关系统； （6）终端改变中心特服号码； （7）终端改变终端厂商配置信息； （8）终端回应推荐航路设置信息； （9）终端回应 FTP 配置信息； （10）终端回应电话号码配置信息	和预期结果一致

（5）上行信息管理测试（表 3-3-21）

上行信息管理测试　表 3-3-21

子模块名称	模块功能	测试操作	预期结果	测试结果
应答信息	查看船载终端对中心下发的需要终端响应的响应信息	（1）双击一条应答信息，将应答信息码解析成文字信息； （2）输入条件查询相应的信息	（1）正确显示文字信息； （2）显示对应查询条件的应答信息	和预期结果一致
告警信息	查看船载终端上传给中心的红色和黄色警报信息	（1）查看终端上传的红色告警信息； （2）查看终端上传的黄色预警信息； （3）输入条件查询相应的信息	（1）正确显示红色告警信息内容； （2）正确显示黄色预警信息内容； （3）显示查询条件对应的信息	和预期结果一致

（6）实测（表 3-3-22）

实测项目和结果　表 3-3-22

子模块名称	测试项目	预期结果	测试结果
地图监控及轨迹回放	测试在船舶未进桥区情况下是否出现报警的情况且船舶当前状态是否显示正常	是否不显示船舶	和预期结果一致
	测试船舶在上行及下行进入桥区后，是否在电子地图上画出防撞报警区域	画出危险区域	和预期结果一致
	在船舶未进入该危险区域的情况下是否出现报警的情况且船舶当前状态是否显示正确	地图上完成定位	和预期结果一致
	测试上行和下行在电子地图上是否能同时画出两个防撞报警区域	同时画出上下行桥区	条件不足未测试
	测试在上行及下行接近防撞报警区域后并有碰撞趋势时在电子地图上是否有对应报警信息	有次级危险的提示	和预期结果一致
	测试在上行及下行进入防撞报警区域后在电子地图上是否有对应报警信息	有最高级危险提示	和预期结果一致
	测试在上行及下行驶出防撞报警区域后在电子地图上是否有对应状态信息和是否有报警的情况	驶过桥区提示	和预期结果一致
	测试船舶在开始监控桥区范围内正常行驶时在电子地图上石头有正常的信息提示	提示正常航行	和预期结果一致

（7）辅助功能测试（表 3-3-23）

辅助功能测试和结果　　表 3-3-23

子模块名称	模块功能	测试操作	预期结果	测试结果
在线用户	查看当前使用系统的用户，用户使用的监控系统类型，用户的 IP 地址	点击在线用户数，查看使用系统的用户，使用系统的类型，用户的 IP 地址	能够显示在线用户数，用户名称，用户使用的系统类型，用户的 IP 地址	和预期结果一致
修改密码	为保障用户账号安全而设置，用户在登录系统后能修改登录账户的密码	输入新的密码，更新密码，重新启动系统，输入新密码登录	修改密码后的账户，使用新的密码成功登录到系统	和预期结果一致
使用手册	为方便用户使用本系统，让用户可以了解系统的使用方法而提供的系统使用手册	点击操作手册的超链接，查看使用手册	用户可以查看系统提供使用手册	和预期结果一致
警报处理	快速查看终端上传的警报信息，且红色警报信息和区域警报信息伴有声音警报，可将处理意见保存并消除警报	（1）用终端上传红色告警信息，监控端输入处理意见，消除该红色告警信息； （2）用终端上传黄色预警信息，监控端输入处理意见，消除该条黄色预警信息； （3）用终端上传区域警报信息，监控端输入处理意见，消除该条区域警报信息	（1）收到终端上传的红色告警信息，并发出声音警报，监控端输入处理意见并消除了告警信息，消除了声音； （2）收到终端上传红色警报信息，监控端输入处理意见消除该条警报信息； （3）收到终端上传的区域警报信息，并发出区域报警声音，监控端输入处理意见并消除了告警信息，消除了声音	和预期结果一致
公共信息处理	快速查看终端上传的载客载货信息，并消除信息在该功能中的显示	（1）用终端上传载客信息，监控端查看并消除该条信息； （2）用终端上传载货信息，监控端查看并消除该条信息	（1）收到终端上传的载客信息，可以查看并消除该条信息； （2）收到终端上传的载货信息，可以查看并消除该条信息	和预期结果一致

（8）对通信网关的测试

通信网关主要负责船载终端和监控软件的信息交互，以上对监控系统的测试也对通信网关进行了基本测试，证明网关的信息交互是正确的。网关方面的测试，主要包括短信功能测试、安全性测试和性能测试，见表 3-3-24。

对通信网关的测试　　表 3-3-24

模块名称	模块功能	测试操作	预期结果	测试结果
通信网关	负责船载终端与监控软件的信息交互，信息交互的方式有 CDMA1X 数据网络和 SMS 方式	监控中心以短信方式下发信息给船载终端 船载终端以短信方式上传信息给监控中心 以非法终端注册信息连接通信网关 用测试程序模拟 2000 条船舶与通信网关进行交互，并查看网关所在机器的内存占用率会不会增长	船载终端可以正确接收监控中心下发信息 监控中心可以正确接收船载终端上传数据非法终端 非法终端无法连接上通信网关 通信网关可以正常与测试程序进行通信，并在一定时间内通信网关所占系统内存不会增长	和预期结果一致

（9）应用程序测试

应用程序主要负责处理网关传递过来的终端上传信息，并将相关信息传递给监控软件的 Web 应用程序，根据条件生成相邻船信息下发给船舶；接收 Web 应用程序下发的信息进行入库，并对需要船载终端应答的信息下发 3 次。以上对监控软件的测试对应用程序与通信网关和监控软件的信息交互进行了测试，三者之间的信息交互是正确的。

三、测试结果

1. 比较实际输出与预计输出

本次测试中得到的实际输出与预计输出情况相符，说明了软件的正确性。

2. 信息处理能力

通过对应用程序和通信网关的模拟测试，说明了系统的具有很高的信息处理能力，满足了用户的需求，见表 3-3-25。

应用程序测试和结果　　表 3-3-25

模块名称	模块功能	测试操作	预期结果	测试结果
应用程序	负责处理通信网关传递的信息和监控软件传递的信息，是通信网关和监控软件的桥梁	（1）船载终端上传位置信息关闭接收终端，监控中心下发需要应答信息； （2）用测试程序模拟 2000 条船舶连接网关上传信息，通过监控软件查看信息的更新是否实时，且查看应用程序所占系统内存是否增长	（1）船载终端可以收到相邻船信息； （2）网关可以收到 3 条下发给关闭终端的信息； （3）可以看到船舶最新信息和测试程序上传信息相符，且应用程序所占内存不变	和预期结果一致

四、对软件功能的结论

在 GPS 监控平台的基础上研究开发的“三峡库区船桥碰撞预警及在线监控系统”，是一个集数据采集、查询、控制、管理、决策、服务于一体的智能交通系统。该系统可实现船舶全天候动态监控、桥区碰撞预警报警、调度指挥、应急搜救、船岸通信、辅助导航等功能，对预防三峡库区船桥碰撞安全事故，提高安全预控能力起到了很大的作用。

在研究过程中，对系统控制模型、关键技术、软件设计等问题多次召集航道工程、船舶驾驶、海事管理等专家进行咨询论证，并多次就系统监控及船桥碰撞预警功能、系统所必需信息的管理功能、系统与船载终端的信息交互功能、监控软件、通信网关和应用程序等内容进行实船测试，通过验证和优化，最终完成了系统的建设。

参考文献

[1] 杨渡军 . 桥梁的防撞保护系统及其设计［M］. 北京 : 人民交通出版社 ,1990.

[2] Sipke E.van Manen & Aksel G.Frandsen.Ship collision with bridges,review of accidents［J］.Ship Collision Analysis,Gluver & Olsen,1998,3-11.

[3] Ship Collision due to the Presence of Bridges.Report of Working Group of the Inland Navigation Commission.2001.

[4] M.A.Knott.Vessel collision design codes and experience in the United States［J］.Ship Collision Analysis, Gluver & Olsen,1998,75-84.

[5] 戴彤宇 . 船撞桥及其风险分析［D］. 哈尔滨工程大学博士论文 .2002.

[6] AASHTO.Guide Specification and Commentary for Vessel Collision Design of Highway Bridges. American Association of State Highway and Transportation Officials.Washington D.C.1991.

[7] AASHTO.LRFD Bridge Design Specification and Commentary. American Association of State Highway and Transportation Officials.Washington D.C. 1994.

[8] A.C.W.M.Vrouwenvelder.Design for Ship Impact according to Eurocode 1,Part 2.7.Ship Collision Analysis.1998.

[9] 中华人民共和国行业标准 .JTJ D60-2004. 公路桥涵设计通用规范［S］. 北京：人民交通出版社，2004.

[10] 中华人民共和国行业标准 .TB10002.1-99. 铁路桥涵设计基本规范［S］, 北京：中国铁道出版社，2000.

[11] O.D.Larsen.Ship Collision with Bridges.IABSE Structural Engineering Documents,1993.

[12] Henrik Gluver & Dan Olsen. Current Practice in Risk Analysis of Ship Collision to Bridges.Ship Collision Analysis,1998.

[13] AASHTO.LRFD Bridge Design Specification and Commentary.American Association of State Highway and Transportation Officials,Washington D.C,1991.

[14] 耿波 , 汪宏 , 王君杰 . 三峡库区桥梁船撞主要影响参数的概率模型［J］. 同济大学学报 ,2008,36(4): 477-482.

[15] 耿波 , 汪宏 , 王福敏 , 等 . 三峡库区桥梁船撞概率计算模型研究［J］. 公路交通技术 , 2008,12(6):48-54.

[16] 韩道均 , 刘孝辉 , 耿波 , 等 . 菜园坝长江大桥船撞风险分析研究［J］. 公路交通技术 , 2008,12(6):55-60.

[17] GENG Bo,WANG Hong,WANG Junjie.Probabilistic Model of Influence Parameters for Vessel-Bridge Collisions in Three-Gorges Reservoir［J］.Frontiers of Architecture and Civil Engineering in China.2009,3(9):279-285.

[18] 耿波 , 王君杰 , 汪宏 , 等 . 桥梁船撞力概率分布的随机模拟分析［C］// 中国公路学会 . 中国公路学会论文集 . 北京：人民交通出版社，2009.

[19] 翁建军 . 各种避让措施下 DCPA 与 TCPA 的变化规律及最佳避让方案研究 [J] . 武汉理工大学 ,2004.05.

[20] 毕修颖 . 船舶碰撞危险度及避碰决策模型的研究 [R] . 大连理工大学 ,2000.

[21] 王凯 . 基于 CDMA/GPS/GIS 的船舶航行监控系统 [R] . 重庆大学 ,2005.

[22] GB8566-88 计算机软件开发规范 .

[23] GB9385-88 计算机软件需求说明编制指南 .

[24] 戴彤宇 , 聂武 , 刘伟力 . 长江干线船撞桥事故分析 [J] . 中国航海 ,2002（4）.

[25] 姚杰 , 方祥麟 , 吴兆麟 . 船舶碰撞危险综合评价系统的比较研究 [J] . 大连水产学院学报 ,1999.（14）.

[26] 吴羲晖 . 内河船舶避碰决策系统研究 [R] . 武汉理工大学 ,2003.

[27] 王宏波 , 王再明 . 长江桥区通航环境危险评价指标 [J] . 中国水运 ,2006（4）.

[28] 戴彭宇 . 船撞桥及其风险分析 [R] . 哈尔滨工程大学 ,2002.

[29] 陈雪娟 . 基于模糊 BP 神经网络船舶避碰理论与方法研究 [R] . 湖南大学 ,2005.

[30] 范志鹏 . 刘家峡库区船舶碰撞危险的预测研究 [R] . 大连海事大学 ,2004.

[31] 吴晶 . 船舶—桥梁碰撞计算研究进展 [J] . 广东交通职业技术学院学报 ,2004（4）.

[32] GB8567-88 计算机软件产品开发文件编制指南 .

[33] GB9386-88 计算机软件测试文件编制规范 .

[34] 同济大学 . 南京四桥船舶撞击动力分析研究报告 [R] . 同济大学，2007.

[35] 陈国虞 , 王礼立，等 . 船撞桥及其防御 [M] . 北京 : 中国铁道出版社 .2006.

[36] 陈国虞 . 桥墩防撞设施的选择 [J] . 中国水运 ,1995,9,27-28.

[37] 黄建维 , 欧阳明 , 刘建军，等 . 汕头海湾跨海大桥桥墩对船舶航行影响的试验研究 [C] // 第八届全国海岸工程学术讨论会暨 1997 年海峡两岸港口及澳开发研讨会，1997.

[38] 辛文杰 . 珠海伶仃洋大桥通航问题工程潮流计算 [C] // 第八届全国海岸工程学术讨论会暨 1997 年海峡两岸港口及澳开发研讨会，1997.

[39] 史元熹 , 金允龙 , 徐骏 . 黄石长江大桥主墩防撞设施设计 [C] // 船撞桥论文选，2000.

[40] 同济大学 . 崇明越江通道通航船只相撞及通航船只撞击大桥的风险评估 [R] . 同济大学，2003,4.

[41] 肖荣清 , 陈楚珍 , 雷开运，等 . “液体稳压柔性消能”桥墩防撞设施试验研究 [J] . 武汉水利电力大学学报 .1997.30(4):66-69.

[42] 杨家祥 , 梁文娟 , 赵华 . 桥墩碰撞力的计算 [J] . 交通部上海船舶运输科学研究所学报 .1994,17(2):23-29

[43] 曾克俭 . 桥墩防撞设施研究及其应用综述 [J] . 中南公路工程，1996,21(4):40-44.

[44] 汪敏 , 刘东燕 . 滑坡灾害风险分析研究 [J] . 工程勘察，2001.2.

[45] 陈楚珍 . 船队撞击桥墩时能量折减系数 Ng 的探讨 [J] . 华中理工大学学报 .1996,24(6):80-82.

[46] 陈泽宏 . 船舶对大桥桥墩的撞击及其参数测试的初步研究 [D] . 南京理工大学硕士学位论文 .1995.

[47] 徐言民 . 桥区引航中对安全航速的控制探讨 [J] . 水运科技信息，1998.3 38-43.

[48] 史德亮 . 桥墩绕流流场德试验研究 [D] . 武汉水利电力大学硕士学位论文，1994.

[49] 赵劲松 . 船—桥碰撞与南京长江大桥的防碰问题 [J] . 大连海运学院学报，1992.18(1):77-81.

[50] 范鸿乔 . 船桥碰撞事故原因浅析和安全对策 [J] . 中国港监，2000.2:21-25.

[51] 戴钟奇 . 武汉长江大桥下行船舶航行安全浅谈 [J] . 湖南交通科技，1995.21(1):64-66.

[52] 李坚 . 上海黄浦江奉浦大桥水上安全防护系统设计 [J] . 中国市政工程，1994,67(4):26-30.

[53] 徐家麟 . 江阴长江大桥的建设及其在施工期船舶航行安全问题的建议 [J] . 江苏交通科技，1991.3 6-9.

[54] 陈国虞 . 关于“船撞桥”问题的几点浅见 [J] . 上海造船，1995.3:47-51.

[55] Fujii,Yetal.Some Factors Affecting the Frequency of Accidents in Marine Traffic [J] .Journal of Navigation.1974,Vol.27.235-252.

[56] Y.Fujii,N.Mizuki.Design of VTS systems for water with bridges [J] .Ship Collision Analysis.1998.

[57] 曹映泓 . 概率论原理在特大桥梁船舶撞击力计算中的应用 [C] // 第十七届全国桥梁学术会议论文集，2006.

[58] T.Macduff.The Probability of Vessel Collisions [J] .Ocean Industry,1974,9.144-148.

[59] Yahei Fujii & Reijiro Shiobara.The Analysis of Traffic Accidents.Studies in Marine Traffic Engineering. 1971.Vol 24.534-543.

[60] C.U.Kunz.Ship Bridge Collision in River Traffic [J] .Analysis and Design Practice.Ship Collision Analysis,1998.

[61] 黄平明 , 张征文 . 直航路上船舶碰撞桥墩概率分析 [C] // 第十四届全国桥梁学术会议论文集，2000.

[62] P.T.Pedersen & S.Zhang.The mechanics of Ship Impacts Against Bridge [J] .Proceeding of Int. Symposium Advances on Ship Collision Analysis.Copenhagen,1998,41-52.

[63] Menzies J.B. Bridge Failures,Hazards and Societal Risk [J] .International Symposium on the Safety of Bridges.1996,7.London.36-41.

[64] Will Duckett.Risk Analysis and the Acceptable Probability of Failure.Risk Analysis.2004,7.1-5.

[65] 中华人民共和国行业标准 .GB 50139-2004. 内河通航标准 [S] . 北京：中国计划出版社，2004.

[66] 罗荃 , 王君杰 . 钢筋混凝土桥抗震广义造价的确定 [J] . 江苏交通科技 .1999,6.

[67] 岑慧贤 , 房怀阳 , 吴群河 . 可接受风险的方法探讨 [J] . 重庆环境科学 .2000,6.

[68] 曾克俭 . 桥墩防撞设施研究及其应用综述 [J] . 中南公路工程 .1997,22(1):34-38.

第四篇

公路隧道火灾防治技术

第一章　公路隧道火灾情况与危害

第一节　公路隧道火灾事故分析

一、国内外公路隧道火灾情况

随着高速公路的快速发展，我国公路隧道建设也取得了显著成绩。截至2007年年底，全国公路隧道4673座，总长达2555.5km。据不完全统计，目前我国已建和在建的3000m以上特长公路隧道近80余座，5000m以上特长公路隧道达14座，其中秦岭终南山公路隧道达18.02km。公路隧道给人们生产、生活带来便利的同时，火灾事故也频繁发生，发生的频率呈上升趋势，成为公路隧道主要灾害之一。

在隧道火灾方面已有众多教训。波斯尼亚隧道火灾35人死亡，德国蒙特伯朗隧道火灾42人死亡，法国维尔兹隧道火灾108人死亡，奥地利陶思隧道火灾12人死亡，奥地利普方隧道火灾3人死亡，日本津靖海峡隧道火灾7人死亡，日本森北隧道火灾34人死亡；日本烧津城Nihonzaka隧道，火灾持续了159小时，1100m隧道衬砌严重损坏，7人死亡173车被毁；美国奥克兰Caldecott隧道，火灾持续了2.5小时，580m隧道衬砌严重损坏；英国莎耐尔隧道火灾维修费8700万欧元，间接经济损失2.11亿欧元。我国浙江省猫狸岭隧道火灾造成交通中断18天、甘肃省七道梁隧道重型罐车追尾，近40吨危险化学品发生燃烧爆炸，4人遇难1人受重伤。据调查统计资料显示，平均每年每30km隧道内发生一次事故，汽车大约每行车1000万公里平均发生0.5~1.5次火灾，其发生频率高，造成的经济损失和财产破坏难以估计，后果严重。

隧道火灾的毁损主要是由于不同原因引起的热量和腐蚀性燃烧气体大量扩散而造成的，火灾往往危及隧道内有关人员的安全，导致洞内车辆和车上物资的毁损，以及隧道通风设备、通信设备、照明设备、监控设备、电缆、电线等设施的损坏。隧道火灾还会严重损坏隧道衬砌结构，导致衬砌结构力学性能的降低、混凝土爆裂、开裂、垮塌等，降低隧道整体的稳定性。此外，隧道一旦发生火灾，还将影响整条线路的交通，导致交通阻塞和中断，有时恢复运输要花几周或几个月或者更长的时间，带来不良的社会影响。比如Tauern隧道的修复花费了三个月，MontBlanc隧道要花费大约三年半的时间才能恢复运输。

二、公路隧道火灾的起因、种类及特点

公路隧道火灾的起因主要有人为纵火、汽车本身系统故障起火、汽车装载的货物起火、汽车相撞起火和隧道内设施电气线路短路起火等原因。

根据隧道火灾的起因和物质燃烧的特性分析，隧道火灾种类大致有A、B、C、E类。A类是指汽车装载的可燃固体燃烧的火灾或常温下呈半凝固状态的重油燃烧的火灾；B类是指汽车装载的可燃液体燃烧的火灾或汽车本身的油箱燃烧的火灾；C类是指汽车运载的可燃气体燃烧的火灾；E类为带电物体燃烧的火灾。其中以汽车相撞引发的A、B类火灾最为常见。这些火灾由于受隧道空间的限制，火焰和烟雾无法向上发展，迫使其往纵向扩散，并且很快充满隧道。据研究，两辆货车或公共汽车相撞酿成的火灾，在起火25s后就充分发展，3min左右火源上方顶部温度已达到1000℃左右，10min内达1000℃以上。如此迅猛的火势给人员疏散和灭火造成很大的困难。

车辆火灾是隧道火灾的主要来源。据国外资料统计，隧道火灾发生的概率为10 ~ 17次/（亿车 ×km）；隧道火灾荷载主要取决于车载可燃物种类及其数量、车内装修和车载燃油类型和数量等。隧道越长，交通量越大，火灾发生的概率越大。隧道中车流量的不均衡性，车载物品、火灾荷载、起火源的不确定性，决定了长隧道火灾的不可预见性。长隧道多远离城市，无可靠的消防水源，隧道结构和设施复杂、出入口少、疏散路线长、通风照明条件差，一旦发生火灾，其危害性极为严重。

长大隧道火灾主要有以下特点：

（1）烟雾大，温度高，能见度低

长隧道呈狭长形，内部空间较小，近似于封闭空间，很难进行自然排烟。火灾发生后，隧道中空气不足，多产生不完全燃烧，烟雾较大，热量易散发，起火点附近能见度低。机械排烟设施启动后，空气流动加快，燃烧猛烈，火灾蔓延迅速并加热空气，顺风向时空气温度可达1000℃，炽热的空气在它的经过途中可把热传递到任何易燃或可分解的材料上。火能从一个燃料的火源“跳跃”相当的隧道长度，传到下一个燃料点，火灾会产生浓度很高的CO及很高的空气温度，容易造成隧道拱顶混凝土崩落。

（2）火灾的发生、发展不可预见

隧道火灾多由车辆火灾引发，车辆火灾又因车载货物的不确定，同时存在发生A类、B类、C类火灾的概率，且不可预见。因此，隧道发生火灾后，火灾的发展蔓延规律、扩散速度各不相同。

（3）车辆、人员疏散困难

长隧道近似于封闭空间，道路狭窄，火灾发生后容易造成车辆堵塞，且长隧道不同于城市道路隧道，没有相对固定的车流量和车行高峰期，火灾发生时，隧道中的人员及车辆数量、堵塞状况和疏散十分困难。

（4）火灾扑救难易程度无法估量

长隧道火灾中，由于能见度低，救援面窄，火灾扑救路线单一，且可能与人员车辆疏散路线、烟气流动方向发生冲突，加之火灾类型、发展蔓延规律不确定，消防水源有限，隧道内车辆堵塞状况不可预见，火场温度过高时，隧道拱顶混凝土有烧塌崩落的危险，这些都使灭火救援的难度无法估量。

（5）灭火救援难度较大

较长隧道近似于封闭空间，火灾发生后，隧道内烟雾大，能见度低，散热慢，温度较高，起火点附近未进行防火保护的隧道承重结构体的混凝土容易发生崩落。且隧道多远离城市，缺乏可靠的水源，隧道内灭火条件有限。双向交通隧道、特长隧道内，灭火救援路线常与疏散路线、烟气流动路线交叉，加之救援面和救援途径有限，火灾扑救难度较大。

（6）火灾会产生跳跃性蔓延

由于隧道内空气不足，火灾时可燃物主要是不完全燃烧，产生的CO等不完全燃烧产物随高温烟气流动，当有新鲜空气补充，并遇到新的可燃物时，即会引发新的燃烧，从而出现火灾从一辆车跳跃到另一辆车的“跳跃式”蔓延。

（7）易造成交通堵塞和出现二次灾害

双向交通隧道、单向单车道隧道、车流量大或处于交通高峰期的隧道发生火灾时，由于隧道内能见度低疏散通道有限，加之驾驶人员对烟火的恐惧，容易出现慌不择路而造成交通堵塞或出现新的交通事故，而严重影响车辆疏散；且隧道内昏暗，人员疏散速度必然会放慢。隧道越长，车辆疏散所需的时间越长，期间发生二次灾害的概率越大。

（8）火灾损失的不可预见性

隧道火灾损失因隧道火灾荷载和交通状况等随机性和不确定性因素而具有不可预见性。隧道火灾可能只造成一辆车的损失，也可能造成群死群伤、车损洞毁、交通中断的重大恶性火灾，产生巨大的

经济损失和恶劣的社会影响。

三、公路隧道火灾场景及火灾发展规律

弄清隧道内火灾发展的基本规律，不仅有助于合理地选择火灾检测器类型并确定其有关技术参数，从而达到及时、准确地报警，而且对于火灾救援、火灾通风、火灾灭火与隧道防灾处置设计等都有非常重要意义。

1. 公路隧道火灾场景

近 20 年来，国际上已经进行了大量的研究来确定在隧道以及其他地下建筑中的火灾场景和火灾类型，有些是在真正的、废弃的隧道中进行。研究表明，公路隧道火灾在起火后 10~15min 之内热释放速率快速增长，温度急剧上升，大部分火灾在 5~10min 之内即可达到 1000℃以上。

火灾的热量输出以热辐射为主，并决定温度；而烟气层的热散失则以对流为主，对温度影响很小。因此，在高温时得到的热量总是超过散失的热量。隧道是一种相对封闭的地下结构，高温烟气沿隧道拱部向远离火源方向流动，而低温空气从洞口向火源方向流动，导致隧道拱部温度比隧道底部温度高。大多数热量被隧道顶、壁吸收。同时，热的烟气层和顶壁通过辐射将热传递给火焰而加剧火灾的发展速率。所以，隧道火灾如果不能在引燃阶段扑灭，会很迅速地发展，并急速升温。

隧道的火灾场景，一般可以假设为多辆小汽车火灾、公共汽车火灾、载货卡车火灾、可燃液体或石油气槽车火灾。其火灾持续时间、热释放量及隧道内的温度等情况因隧道条件和车辆及其运输物品不同而有较大差异。多辆小汽车火灾，以 4 辆车为例，一般 30s 后即可达到 12MW 的最大值，持续约 60min。公共汽车火灾在 10min 后可达到 25MW 的最大值，持续约 90min。载货卡车在 5min 左右可以达到 180MW 的最大值，持续约 90min。可燃液体或石油气槽车火灾的热释放率取决于液体扩散的面积等情况，一般可达到 300MW，持续约 60min，火焰可扩展到 40~60m。隧道火灾场景主要取决于交通工具的类型，见表 4-1-1。

典型车辆的火灾热释放率及适用的火灾时间—温度曲线　　表4-1-1

交通工具类型	火灾热释放速率（MW）					燃烧时间（min）	火灾曲线类型
	荷兰	德国	英国	美国	瑞士		
小轿车	5～10	1～10	20	5	4	30～60	标准曲线/碳氢化合物曲线
公共汽车		20～30		20	30	90～120	碳氢化合物曲线
快运系统/轻轨车厢	40				35	120	碳氢化合物曲线
集装箱/旅游轿车						120+	碳氢化合物曲线/RABT
卡车	100	20～30	30～50	20	15～130	120+	碳氢化合物曲线/RABT
油罐车/载重车	300	50～100			100	120	RWS曲线或者
						240	标准曲线/碳氢化合物曲线

2. 公路隧道火灾烟雾和温度分布规律

综合分析各种公路隧道火灾的研究成果，可以得出隧道火灾温度分布具有以下规律：

（1）在隧道断面上的温度分布规律基本是拱部高，边墙和隧底低。

（2）最高温度断面在火源附近，最高温度值与燃料性质、火灾荷载、通风条件等有关，根据试验和隧道火灾案例中对混凝土烧损情况对比分析，隧道火灾时的最高温度为 1000℃左右。

（3）温度沿衬砌壁厚度方向的传导衰减幅也很大，因此，温度对混凝土衬砌厚度损伤不大，从火

灾隧道案例和模拟试验中分析得出，1000℃左右的高温，对隧道混凝土衬砌的损坏厚度约为100mm。

（4）隧道火灾温度沿隧道纵断面的分布规律是离火源越远，温度越低，其衰减幅度很大，只有在封堵隧道洞口后的燃烧情况下，隧道的热影响范围相对加大，衰减幅度减小，但由于封堵洞口有控制火势和灭火作用，隧道中的温度会缓慢降低。

（5）隧道的平、纵断面形状对火灾隧道温度沿纵断面分布规律影响很大，一般隧道有单坡、人字坡和倒人字形纵断面之分。其中人字形隧道的洞口高程还有高度差别。在单坡隧道中发生火灾，一般情况下，处于高程低一端隧道洞口是进风洞口，高洞口则是排烟口，因此，火灾高温沿隧道火源下风方向分布，烟囱效应比较明显，燃烧比较完全，温度高，烧损严重，但只要控制低端洞口进风，就能很好控制火势和顺利扑灭。若在两端洞口有高程差的人字坡隧道中发生火灾，温度沿隧道纵断面的分布情况与单坡隧道基本相似。若两洞口没有高程差的人字坡隧道中发生火灾，则温度分布以火源为中心，基本成正态分布。隧道的平面曲线对火灾隧道温度沿隧道长度方向的影响不大，只是对火灾的烟气流动和驱散有一些影响。

（6）根据试验和数值模拟，隧道中火灾风速一般可达2m/s，80℃的热力影响面在2min内可达到长约300m范围。另从火灾隧道的案例分析得出，离火源200m附近的隧道衬砌基本上严重烧损，烧坏衬砌厚度达0.1m左右，估计温度应达到800℃以上。

（7）隧道火灾中的温度与高温烟气相伴而行，高温烟气的危害性极大，过量的有毒气体含量已达瞬时至死浓度，给受灾和救援人员造成威胁。

3. 不同规模火灾场景的发展规律

（1）客车碰撞产生的火灾

客车碰撞引发的火灾可以导致大约5MW的有效热量释放。因此，由于两辆普通客车相互碰撞引起的火灾大约有20MW的热量释放，比单辆车碰撞释放热量的两倍还要多。

由图4-1-1~图4-1-4可以看出，可见度快速下降，大约3min以后下降到10m之内。若此时平均通风速度达到2~3m/s，则隧道内的温度和毒性都没有超过接受标准。因此，人员还可以生还于隧道占有空间，但是很难逃离隧道，因为3.5min以后可见度已经下降得非常严重。

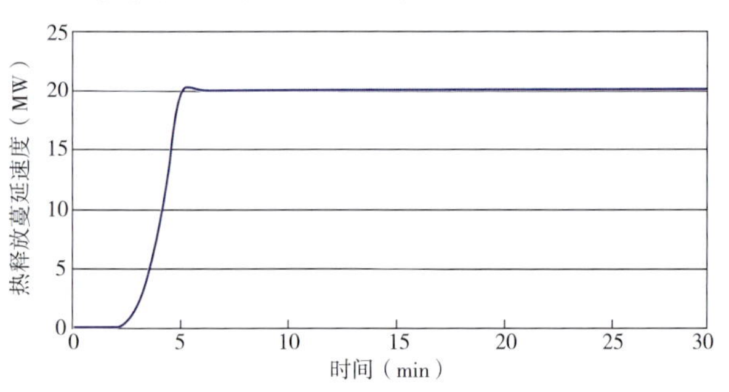

图4-1-1　在20MW火灾期间热释放蔓延的速度

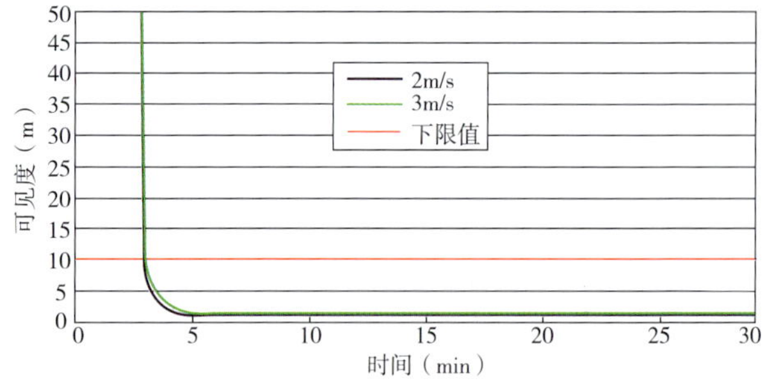

图4-1-2　火源下游125m处的穿过烟尘的可见度（20MW火灾）

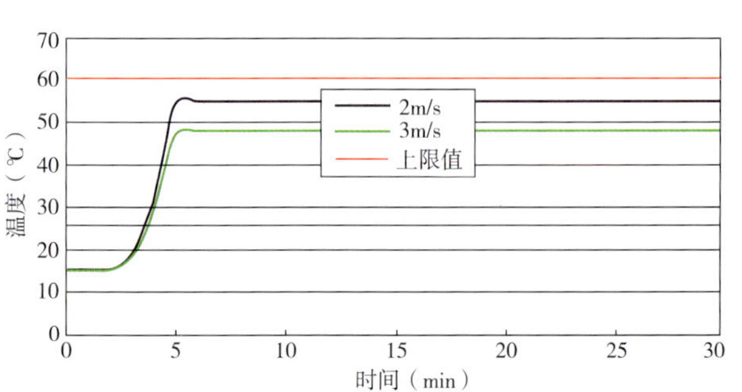

图4-1-3　下游方向125m处的烟尘的平均温度（20MW火灾）

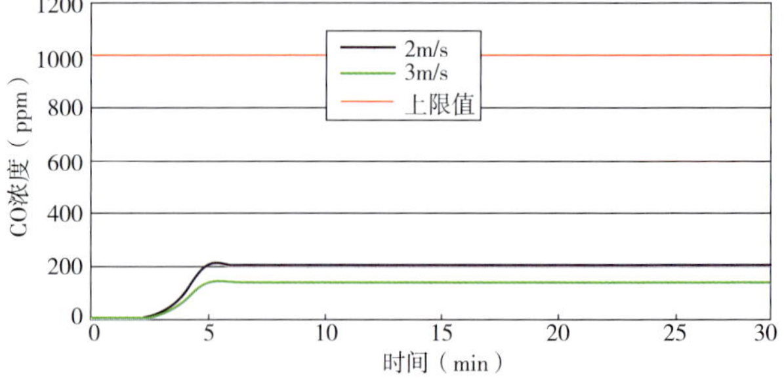

图4-1-4　火源下游125m处CO浓度达到1000ppm的时间（20MW火灾）

（2）卡车货物起火

近年来，在欧洲隧道中的火灾已经很清楚地显示了大型交通工具火灾的危险和后果。在Eurotunnel（1995 年）Mont Blanc 隧道（1999 年）、Tauern 隧道（1999 年）和 St. Gotthard 隧道（2001 年）的火灾已经显示这些火灾能够释放出高能量（150M~600MW），会影响十几个车辆。卡车货物中的火灾能量可以很容易地增长到 100MW 或更高。

由图 4-1-5~ 图 4-1-8 可见，隧道内部的可见度在 3min 以后就下降到小于 3m 以及 3.5min 以后温度超过 60℃；CO 的浓度在平均通风速度 2m/s 的情况下经过 5min 以后超过了 1000ppm 的接受标准，但是，在平均通风速度 3m/s 时，其浓度一直没有达到接受标准。

逃离隧道的时间由反应时间和移动时间两部分组成，不能超过 5min。因此，隧道内的某处 100MW 的能量对于隧道内的逃离和火灾事故的存活来说是紧急的。

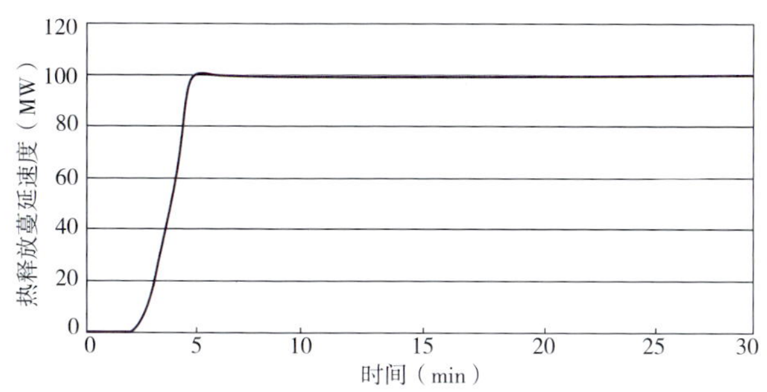

图4-1-5　火源下游125m处火灾热释放蔓延的速度（100MW火灾）

图4-1-6　火源下游125m处穿过烟尘的可见度（100MW火灾）

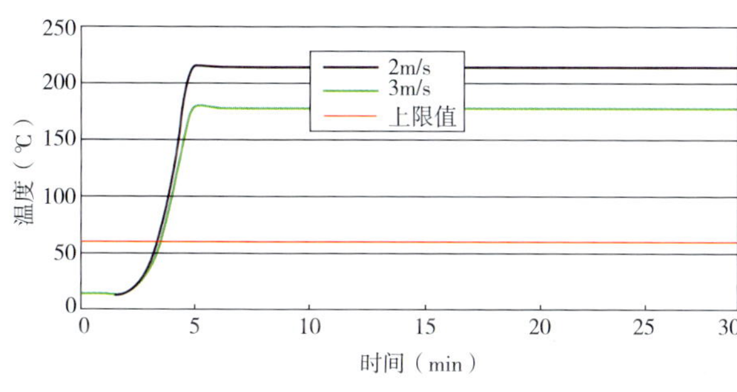

图4-1-7　100MW火灾火源下游125m处穿过烟尘的平均温度

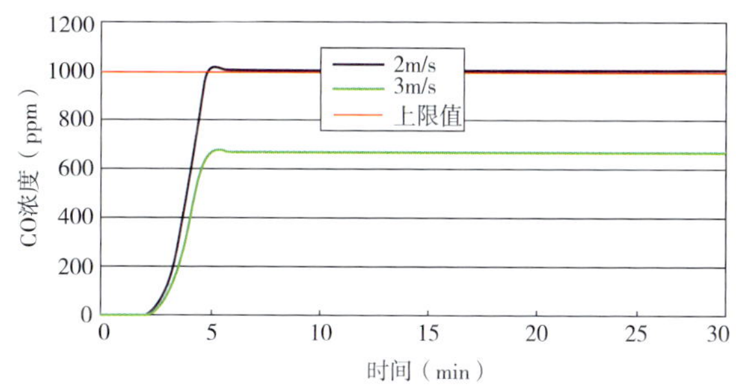

图4-1-8　100MW火灾火源下游125m处穿过烟尘的CO浓度

（3）重型卡车相撞引起的火灾（HGV）

两辆重型车辆碰撞引起的火灾热释放的能量在 200M~300MW 之间与 100MW 火灾相比较，有关烟尘堵塞、热辐射和毒性的情况变得更糟。在 100MW 火灾前 0.5~1min 时就已经达到接受标准的临界情况，如图 4-1-9~ 图 4-1-12 所示。

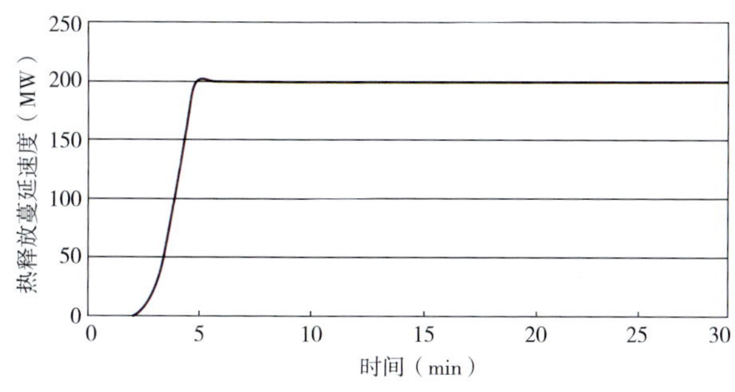

图4-1-9　火源下游125m处火灾热释放蔓延的速度（200MW火灾）

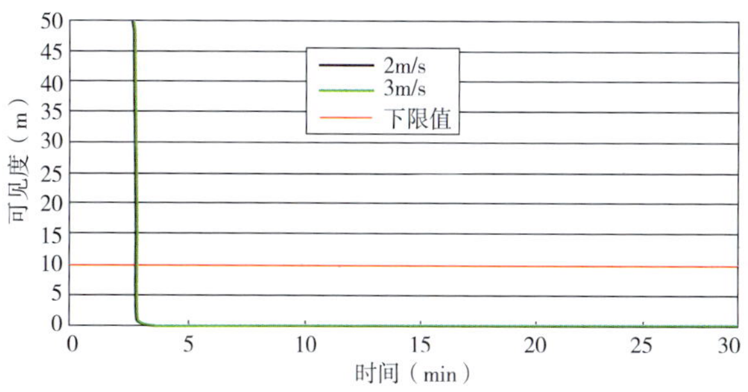

图4-1-10　火源下游125m处穿过烟尘的时间—可见度（200MW火灾）

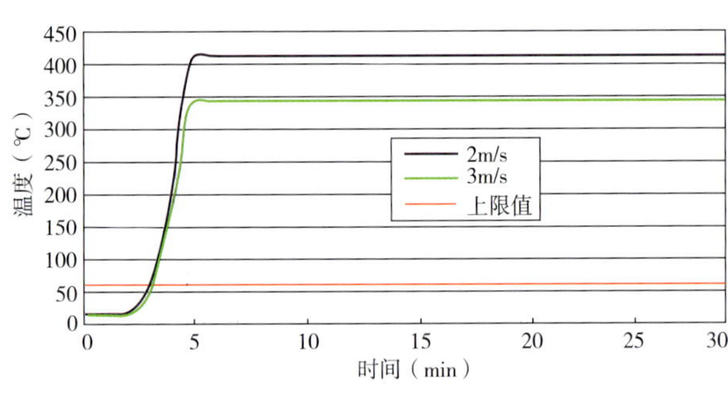

图4-1-11　火源下游125m处穿过烟尘的平均温度（200MW火灾）

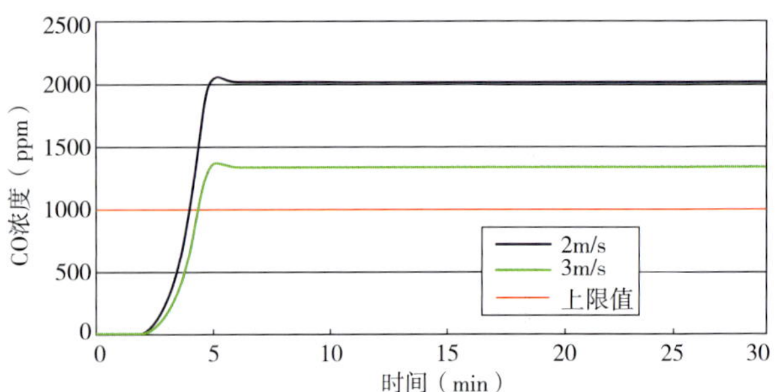

图4-1-12　火源下游125m处穿过烟尘的CO浓度（200MW火灾）

综上所述，不同规模的隧道火灾，释放能量的数量和速度等都不同，对隧道本身及隧道内人员安全带来不同的威胁，决定了火灾补救工作的开展，其燃烧技术指标见表 4-1-2。

不同规模火灾燃烧技术指标　　表4-1-2

计算火灾参数	单位	两辆车碰撞	车载货物起火	两辆载重物车辆碰撞起火	
最大热释放稳定速度（Q_{max}）	MW	20	100	200	300
这些结果都是离火灾某一距离处	m	125	125	125	125
$Q=\alpha \cdot t^2$中的系数“α”	MW/s^2	0.65	3.25	6.52	9.8
隧道内平均通风速度	m/s	2～3	2～3	2～3	2～3
达到Q_{max}的时间	min	5	5	5	5
达到可见度小于10m的时间	min	3.5	3	3	3
达到温度超过60℃的时间	min	从不	3.5	3	3
达到1000ppm CO浓度的时间	min	从不	5/从不	4～5	3.5～4

第二节　公路隧道火灾的危害

一、公路隧道火灾产生气体与烟雾危害

隧道中发生火灾，除了物质燃烧产生的高温威胁人的生命以外，可燃物质不充分燃烧放出大量烟雾及有些物质燃烧时释放出有毒气体，使人中毒窒息死亡。同时由于烟雾使人视线模糊，心理失常，失去逃生的良机，因此，查明各种物质燃烧的状况、烟雾的毒性，对于采取有效的防火措施、提高灭火救灾成效，减少火灾人员伤亡具有重要作用。

燃烧产物的成分是由可燃物的组成及燃烧条件决定的。无机可燃物多数为单质，其燃烧产物的组成较简单，主要是它的氧化物，如 Na_2O、CaO、CO_2、SO_2 等。有机可燃物（如石油、塑料等）主要组分为碳、氢、氧、硫、磷和氮。其中碳、氢、硫、磷在完全燃烧时生成二氧化碳、水、二氧化硫和五氧化二磷。在特定条件下，氮能被氧化生成一氧化氮和二氧化氮或与一些燃烧中间产物生成氰化物（HCN）等。如果空气供应不足或温度较低，发生不完全燃烧时，还会生成一氧化碳、酮类、醛类、醇类、酚类等。这些燃烧产物对人体都有较大的危害。烟灰是不完全燃烧的产物，由悬浮在空气中未燃尽的细碳粒及分解产物构成。烟灰能刺激呼吸道黏膜，引起咳嗽和流泪。烟雾由悬浮在空气中的微小液滴组成，包括水滴及不完全燃烧产物如醛类、酮类等的液滴。

隧道中烟气的危害不仅在于影响能见度，而且来自二氧化碳和一氧化碳的浓度。国外的试验机构在火灾试验中，就检测了一氧化碳和二氧化碳的值。在公共汽车火灾中，CO浓度在火灾后10~15min开始超过500ppm持续了大约2h，在载重车火灾中持续了15min。在由杉木、橡胶轮胎和塑料材料的混合火灾试验中，直到火灾开始后80min才出现500ppm和更高的CO浓度，并持续了90min（风速为0~7m/s）。试验中有毒气体的产生量见表4-1-3。

有毒气体的产生量 表4-1-3

交通工具类型	气体产生量（kg/s）	
	CO_2	CO
小轿车	0.4 ~ 0.9	0.020 ~ 0.046
公共汽车/卡车（无危险品）	1.5 ~ 2.5	0.077 ~ 0.128
载重卡车	6.0 ~ 14.0	0.306 ~ 0.714

含有各种有毒气体的烟雾在隧道环境中会造成以下危害：

（1）由于隧道中通风不良，空气供应不足，一旦发生火灾，物质的燃烧大部分是不完全燃烧，产生大量CO，对人体毒性很大。

（2）隧道、机车车辆零部件所用聚合材料品种繁多，极易燃烧。其产生烟雾的程度取决于物质的性质、添加剂的种类、燃烧状况（明火还是阴燃）以及通风情况等。其烟雾的特点为：大多数聚合材料热解后产生烟雾很浓，短时间内会使整个隧道充满烟雾，甚至使用探照灯可见光度也只有1 m，这严重影响人员疏散和消防工作。

二、公路隧道火灾对隧道结构的危害

隧道火灾不仅严重威胁人们的生命和财产安全，而且对交通设施也造成巨大损坏。尽管不是每一次火灾都会造成混凝土剥落或衬砌崩塌，但高温会导致衬砌材料以及一定范围内围岩的物理性能和力学性能的改变，承载能力降低。根据荷兰的研究资料表明，当内衬中的水分超过总质量的3%时，混凝土内的水变为水蒸气时，将膨胀1700倍，从而对拱顶产生巨大的压力，造成隧道崩塌。而根据最近在荷兰的隧道试验研究表明，建造完工10年后混凝土的平均含水率为6% ~7%。

未经保护的混凝土，质量含水率超过3%时，在遇到高温或火焰作用后5~30min内就会发生爆裂，深度可达40~50mm。一般在150℃ ~200℃时，混凝土表面开始爆裂。

混凝土的主体材料石英砂石，在剧烈升温的过程中，因晶相转变而膨胀，形成很大的内压力，使混凝土爆裂，从而破坏隧道结构。

第二章　公路隧道火灾监测技术

第一节　火灾自动报警系统的基本构成与分类

影响火灾量级并最终造成危害的主要参数是"时间"，即发现火灾的时间、发出警报的时间、确定火源的时间和实现应急反应过程的时间。探讨隧道火灾的早期灭火，将火灾扑灭于刚刚着火的初期阶段，除了有效的灭火系统外，最有效的措施就是设置灵敏、高效、可靠的火灾自动报警系统。

一、火灾自动报警系统基本构成

火灾自动报警系统一般由火灾探测器、火灾报警装置、警报装置、火灾报警控制器及其他辅助功能的装置组成。目前被广泛采用的有区域报警系统、集中报警系统和控制中心报警系统三种形式。

（1）区域报警系统由火灾探测器、手动火灾报警按钮，以及区域火灾报警控制器组成，适用于较小范围的保护。

（2）集中报警系统由火灾探测器、手动火灾报警按钮，以及区域火灾报警控制器和集中火灾报警控制器等组成，适用于较大范围内多个区域的保护。系统的容量越大，所控制程序越复杂，消防设施控制功能越全，发展到一定程度便构成为消防控制中心系统。

（3）控制中心报警系统由火灾探测器、手动火灾报警按钮、区域火灾报警控制器、集中火灾报警控制器以及消防控制设备等组成。一般情况下，在控制中心报警系统中，集中火灾报警控制器设在消防控制设备内，组成消防控制装置。

二、火灾探测器分类

物质在燃烧过程中，通常会产生烟雾，同时释放出称为气溶胶的燃烧气体，它们与空气中的氧发生化学反应，形成含有大量红外线和紫外线的火焰，导致周围环境温度逐渐升高。这些烟雾、温度、火焰和燃烧气体称为火灾参量。火灾信息探测以物质燃烧过程中产生的各种火灾参量为依据。分析普通可燃物的火灾特点，以物质燃烧过程中发生的能量转换和物质转换为基础，可形成不同的火灾探测方法，如图 4-2-1 所示。

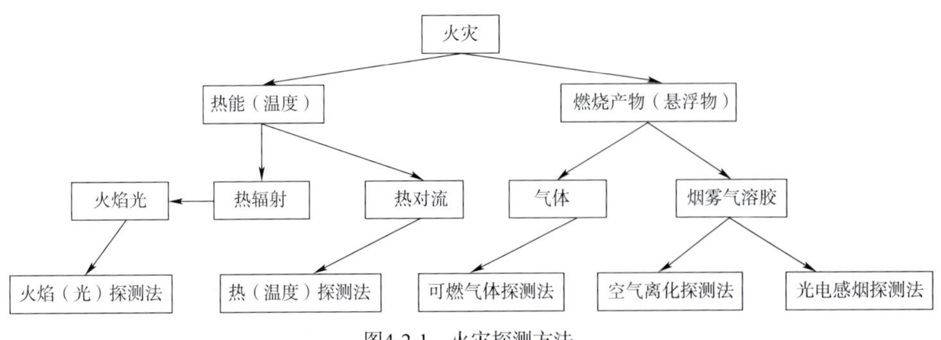

图4-2-1　火灾探测方法

火灾探测器的基本功能是通过敏感元件，将表征火灾参量的物理量转化为电信号，传输到火灾报

警控制器。按探测火灾参量的不同，可以划分为感温、感烟、感光、气体和复合式等几大类。

感温火灾探测器是一种响应异常温度、温升速率和温差的火灾探测器。又可分为定温火灾探测器——温度达到或超过预定值时响应的火灾探测器；差温火灾探测器——升温速率超过预定值时响应的感温火灾探测器；差定温火灾探测器——兼有差温、定温两种功能的感温火灾探测器。感温火灾探测器，由于采用不同的敏感元件，如热敏电阻、热电偶、双金属片、易熔金属、膜盒和半导体等，又可派生出各种感温火灾探测器。

感烟火灾探测器是一种响应燃烧或热解产生的固体或液体微粒的火灾探测器。由于它能探测物质燃烧初期所产生的气溶胶或烟雾粒子浓度，因此，有些国家称为"早期发现"探测器。感烟火灾探测器可分为离子型、光电型、电容式和半导体型等几种。其中光电感烟火灾探测器，按其动作原理的不同，还可以分为减光型（应用烟雾粒子对光路遮挡原理）和散光型（应用烟雾粒子对光散射原理）两种。

感光火灾探测器又称为火焰探测器。这是一种感应火焰辐射出的红外、紫外、可见光的火灾探测器，主要有红外火焰型和紫外火焰型两种。

气体火灾探测器是一种响应燃烧或热解产生的气体的火灾探测器。在易燃易爆场合中主要探测气体（粉尘）的浓度，一般调整在爆炸下限浓度的1/5~1/6时动作报警。探测气体（粉尘）浓度的传感元件主要有铂丝、铂钯（黑白元件）和金属氧化物半导体（如金属氧化物、钙钛晶体和尖晶石）等几种。

复合式火灾探测器是一种感应两种以上火灾参量的火灾探测器。主要有感温感烟火灾探测器、感光感烟火灾探测器、感光感温火灾探测器等。

其他火灾探测器中，有探测泄漏电流大小的漏电流感应型火灾探测器；有探测静电电位高低的静电感应型火灾探测器；还有在一些特殊场合使用的，要求探测极其灵敏、动作极为迅速的微差压型火灾探测器；以及利用超声原理探测火灾的超声波火灾探测器等。

按火灾探测器的结构造型分类，可以分成线型和点型两大类。线型火灾探测器是一种感应某一连续线路周围的火灾参量的探测器，其连续线路可以是物理位置上的连续，也可以是人为定义上的连续。点型探测器是一种响应某一点周围的火灾参量的探测器。

火灾探测器按不同的分类依据有不同的种类，详细分类见表4-2-1。

火灾探测器分类　　表4-2-1

类　别	包括的类型
感光式火灾探测器	紫外火灾探测器
	红外火灾探测器
	线形光束火灾探测器
可燃气体火灾探测器	气敏半导体可燃气体火灾探测器
	催化燃烧型可燃气体探测器(分铂丝催化型和载体催化型)
	光电式可燃气体探测器
	固定电解质可燃气体探测器
复合式火灾探测器	复合式感温感烟火灾探测器
	复合式感温感光火灾探测器
	复合式感温感烟感光火灾探测器
	分离式红外光束感温感光火灾探测器

续上表

<table>
<tr><th>类　别</th><th colspan="3">包 括 的 类 型</th></tr>
<tr><td rowspan="3">图像型火灾探测系统</td><td colspan="3">双波段图像火灾探测器</td></tr>
<tr><td colspan="3">光截面图像感烟探测技术</td></tr>
<tr><td colspan="3">激光图像早期火灾探测技术</td></tr>
<tr><td rowspan="6">感烟式火灾探测器</td><td rowspan="4">点型</td><td rowspan="2">离子感烟火灾探测器</td><td>双源式离子感烟火灾探测器</td></tr>
<tr><td>单源式离子感烟火灾探测器</td></tr>
<tr><td rowspan="2">光电感烟火灾探测器</td><td>减光式光电感烟火灾探测器</td></tr>
<tr><td>散射式光电感烟火灾探测器</td></tr>
<tr><td rowspan="2">线型</td><td colspan="2">激光感烟火灾探测器</td></tr>
<tr><td colspan="2">分离式红外光束感烟火灾探测器</td></tr>
<tr><td rowspan="2">感温式火灾探测器</td><td rowspan="2">点型</td><td rowspan="2">定温式</td><td>易熔合金定温式火灾探测器</td></tr>
<tr><td>玻璃球膨胀型定温火灾探测器</td></tr>
<tr><td rowspan="23">感温式火灾探测器</td><td rowspan="14">点型</td><td rowspan="6"></td><td>双金属定温火灾探测器</td></tr>
<tr><td>水银接点定温火灾探测器</td></tr>
<tr><td>热电偶式定温火灾探测器</td></tr>
<tr><td>金属薄片式定温火灾探测器</td></tr>
<tr><td>半导体定温火灾探测器</td></tr>
<tr><td>热敏电阻型火灾探测器</td></tr>
<tr><td rowspan="4">差温式</td><td>双金属差温火灾探测器</td></tr>
<tr><td>金属模盒式差温火灾探测器</td></tr>
<tr><td>半导体差温火灾探测器</td></tr>
<tr><td>热敏电阻差温火灾探测器</td></tr>
<tr><td rowspan="4">差定温式</td><td>金属模盒式差定温火灾探测器</td></tr>
<tr><td>双金属动圈式差定温火灾探测器</td></tr>
<tr><td>半导体差定温火灾探测器</td></tr>
<tr><td>热敏电阻差定温火灾探测器</td></tr>
<tr><td rowspan="9">线型</td><td rowspan="3">定温式</td><td>可熔绝缘物线性定温火灾探测器</td></tr>
<tr><td>半导体线性定温火灾探测器</td></tr>
<tr><td>光纤火灾探测器</td></tr>
<tr><td rowspan="2">差温式</td><td>空气管线性差温火灾探测器</td></tr>
<tr><td>热电偶线性差温火灾探测器</td></tr>
<tr><td rowspan="4">差定温式</td><td>双金属差定温火灾探测器</td></tr>
<tr><td>膜盒式差定温火灾探测器</td></tr>
<tr><td>热敏电阻差定温火灾探测器</td></tr>
<tr><td>半导体差定温火灾探测器</td></tr>
</table>

续上表

类　别	包 括 的 类 型
其他	超声波型火灾探测器
	微差型火灾探测器
	静电型火灾探测器
	漏电流感应型火灾探测器

三、火灾报警控制器分类

火灾报警控制器是火灾自动报警系统的重要组成部分，在一个火灾自动报警系统中，火灾探测器是系统的"感觉器官"，随时监视着周围环境的情况，而火灾报警控制器，则是该系统的"躯体"和"大脑"，是系统的核心。火灾报警控制器的基本功能主要有：主电、备电自动转换、备用电源充电功能，电源故障监测功能，电源工作状态指示功能，为探测器回路供电功能，探测器或系统故障声光报警，火灾声光报警，火灾报警记忆功能，时钟单元功能，火灾报警优先功能，声音报警音响消音及再次声响报警功能。它的主要作用是供给火灾探测器高稳定的直流电源，监视连接各火灾探测器的传输导线有无断线故障，保证火灾探测器长期、稳定、有效的工作。当火灾探测器探测到火灾后，能接受火灾探测器发来的报警信号，迅速、正确地进行转换和处理，并以声光报警形式，指示火灾发生的具体部位，以便及时采取有效的处理措施。

（1）火灾报警控制器按其用途不同，可分为区域火灾报警控制器、集中火灾报警控制器和通用火灾报警控制器 3 种。

①区域火灾报警控制器的主要特点是控制器直接连接火灾探测器，处理各种报警信号，是组成自动报警系统最常用的设备之一。

②集中火灾报警控制器的主要特点是一般不与火灾探测器相连，而与区域火灾报警控制器相连，处理区域级火灾报警控制器送来信号，常使用在较大型系统中。

③通用火灾报警控制器的主要特点是它兼有区域、集中两级火灾报警控制器的双重特点。通过设置或修改某些参数即可作区域级使用，连接探测器；又可作集中级使用，连接区域火灾报警控制器。

（2）火灾报警控制器按其信号处理方式不同，可分为有阈值火灾报警器和无阈值模拟量火灾报警控制器。

（3）火灾报警控制器按其系统连接方式不同，可分为多线式火灾报警控制器和总线式火灾报警控制器。

多线式火灾报警控制器的主要特点是其探测器与控制器连接采用一一对应方式。每个探测器对应 3 根线与控制器连接，因而其连线较多，仅适用于小型火灾报警控制器系统。

总线式火灾报警控制器的主要特点是控制器与探测器要用总线方式连接。所有探测器均并联或串联在总线上（一般总线数量为 2~4 根），具有安装、调试、使用方便的特点，适用于大型火灾报火灾报警装置警控制器系统。

在火灾报警装置中，还有一些如中继器、区域显示器、火灾显示盘等功能不完整的报警装置，它们可视为火灾报警控制器的演变或补充。在特定条件下应用，与火灾报警控制器同属火灾报警装置。

第二节　公路隧道火灾自动报警系统

公路隧道火灾自动报警系统是目前国内隧道机电系统中最薄弱的环节之一。如何根据工程，选择合理的火灾自动报警系统是工程设计人员必须具备的基本能力。

一、热敏合金线感温探测报警系统

以成都康达电子有限公司的 HT1901 型隧道专用火灾探测报警系统为例，阐述热敏合金感温火灾探测报警系统的特点。

1. 系统构成

热敏合金线式隧道专用火灾检测报警系统由设于中控室内的火灾报警控制器，中控室、变电站及发电机房室内的下位机、点式感烟火灾探测器、点式感温火灾探测器、手动报警按钮，以及隧道内的室外下位机、热敏合金线式线型差温火灾探测器、手动报警按钮及连接线缆等设备构成。

2. 工作原理

火灾发生后，同时伴随着热量的变换和温度的升高。本系统基于热敏合金线的物理特性，实现空间温度检测和报警。

在隧道中，每根热敏合金线（100m）对折后以环状方式安装于隧道顶部，检测隧道内 50m 的区域，它的电阻值随现场温度的变化而变化。下位机以一定的采样周期采集电阻值，并进行 A/D 转换，通过通讯总线将转换值送至火灾报警控制器，控制器通过专用软件对下位机送来的数据进行分析、比较和处理后，还原为温度值，并显示于控制器显示屏上。一旦该温度值或温升速率高于系统定温或差温报警设定值时，系统将发出相应的火灾报警声光信号。

同时，下位机还采集隧道内的手动报警按钮以及室内点式感烟、点式感温探测器、手动报警按钮的开关量等报警信号。因此，无论是隧道还是室内发生火灾，系统均能及时自动或手动发出相应的火灾报警信号。

3. 系统主要优点

（1）探测器具有差温特性，可以架空安装。

（2）传感电缆采用 4 线双绞结构，抗电磁干扰能力强，其中 2 根线为环境温度补偿导线，使探测器适应于安装环境温度变化范围较宽的场所。

（3）传感电缆的绝缘电阻在发生过热或火灾后可恢复到常温数值，探测器可重复使用。

（4）一根传感电缆的定温动作的温度在 60~160℃之间调整，差温的响应时间性能满足 10℃ /min、20℃ /min、30℃ /min 升温速率的要求。

（5）具有开路短路两种故障报警。

（6）由于传感电缆一般和被保护物品保持一定安装距离，因此安全性能大大提高，尤其用于保护高压动力电缆场所。

（7）探测器的灵敏度可随传感电缆受热长度增加而提高。

（8）可适用于大空间、高架场所。

（9）包装运输、安装没有特殊要求，抗机械损害能力很强。

4. 系统主要技术参数

热敏合金线火灾感温探测系统在标准配置下测温精度 ±1℃，分辨率为 0.1℃，报警反应时间

< 60s，一台控制器可带 125 台下位机，可监控范围为 12.5km，单回路探测器监测范围为纵向 50m，横向 11m，其熔点为 1000℃。

二、光纤感温探测报警系统

以上海华魏自动的设备有限公司的 DTS200 光纤分布式感温火灾探测报警系统为例，阐述光纤感温火灾探测报警系统的特点。

1. 系统构成

光纤火灾报警系统的基本构成非常简单，主要由探测光缆、火灾报警控制器、手动报警按钮、输入模块等部分构成。

2. 检测原理

该系统工作原理为激光光源沿着光纤注入光脉冲，脉冲大部分能传到光纤末端并消失，但一小部分拉曼散射光会沿着光纤反射回来。拉曼散射是当温度上升时，会导致光纤中的 SiO_2 分子键产生晶格振动，在分子振动过程中，若受到光的冲击，分子中的光粒子与电子会发生互动影响，导致光纤中的光散射。散射量的大小可直接反映温度的高低。光模块把来自纤维的拉曼散射光过滤，并透过光探测器变换成电子讯息，讯息最后被放大变换至低频谱范围，通过对讯息进行处理，将微小的时空差别以频率方式体现，实现报警和精确定位。

3. 系统主要优点

（1）光纤本身就是传感器，光纤放在哪里就测到哪里，温度测量是连续分布的。

（2）制造光纤的石英材料是绝缘体，光纤传感器不会受到任何电磁诱导干扰。

（3）光纤本身就是光传播的媒体，可以同时将传感的温度信号送到光纤的端部，光纤传感器测温的这一既传感又传播的特点，使火灾检测系统结构变得非常简单。

（4）光纤非常细小，加之柔软轻量且光纤属于玻璃质，使得安装施工非常简单，并且传感器不受酸碱腐蚀，无须维护保养。

4. 系统主要技术参数

光纤分布式温度监测系统具体的测温范围取决于光纤外表面涂层的材料，测量距离、温度精度、测量时间，三者之一的技术参数如发生变化，则另两个会随之变化，同时它们也会随光纤规格不同而作相应改变。主要指标为：测温精度 ±1℃，分辨率为 0.1℃，定位精度为 1m，报警反应时间 < 60s，可监控范围为 2km、4km、6km、8km 等。

三、光纤光栅感温火灾探测报警系统

以武汉理工光科股份有限公司的 TGW-100D 光纤光栅感温火灾器为例，阐述光纤光栅感温火灾探测报警系统的特点。

1. 系统构成

光纤光栅感温火灾探测系统由探测器和信号处理系统组成。探测器由感温探头、连接光缆、传输光缆组成。信号处理器由光纤光栅调制解调器和信号处理系统组成。感温探头安装在使用现场；信号处理器安装在控制室内，可进行声光报警，并能向报警控制器输入信号；现场和控制室之间采用单模光缆进行信号传输。

2. 系统工作原理

当探测光纤光栅周围的温度发生变化时，光栅周期或者纤芯折射率将发生变化，从而产生光栅 Bragg 信号的波长位移 $\Delta\lambda$，通过监测 Bragg 波长的变化情况，即可获得探测现场上光纤光栅周围温度

的变化状况。

简言之，光纤光栅 Bragg 波长的变化与环境温度的变化有着简单的线性关系，通过测量光纤光栅 Bragg 波长，可测得环境温度。当温度的变化或者温变率超过事先设定的某个门槛值时，即可给出报警信号。

$$\lambda_B=2n_{eff}\Lambda \tag{4-2-1}$$

式中：λ_B——光纤光栅中心波长；

n_{eff}——有效折射率；

Λ——光纤光栅周期。

3. 系统主要特点

（1）先进的数字式测量技术

光纤光栅感温火灾探测系统检测信号采用波长编码，不受光源功率的波动及连接或耦合损耗的影响，也不受信号远距离传输过程中电磁场的干扰，与容易受来自光源的信号的波动、光缆的不均匀性、光缆位置的微小随机振动、连接或耦合损耗等随机因素影响的检测光强的系统相比，可靠性更高。

（2）安全无电检测技术

光纤光栅感温火灾探测系统将信号处理及控制单元置于远离工作区域的控制室进行，同时光纤光栅感温探头对温度信号的采集是在无电的情况下进行的，本质更安全。

（3）灵活方便的布点措施

可根据工程需要，灵活多变地调制探头的疏密程度。另外，具有快速响应报警响应时间不超过 60s，便于迅速处理突发事件的优点。

（4）大容量

可单线多线路复用，构成传感网络和列阵，便于波分、时分复用和分布式传感。

（5）传输距离远

由于采用光纤传输，传输距离可以达到 20km。

（6）准确可靠

光纤光栅感温火灾探测系统采用数字式测量技术，测量精度达到 5℃，温度分辨率达到 1℃。

（7）温度巡检

光纤光栅感温火灾探测系统可根据用户需要，对探测器所在区域的温度情况进行巡检，实时监测其温度变化情况。

（8）线路自检

光纤光栅感温火灾探测系统使用特制的宽带光栅，实现对线路的可靠自检。

（9）仪表自检

光纤光栅感温火灾探测系统采用了有效的措施实现仪表自检。

（10）多级温度报警

光纤光栅感温火灾探测系统可以按给定的条件发出温度报警信号。比如，在温度超过 50℃时，发出报警信号，从而启动喷水降温装置，进行降温；在温度超过 100℃时，发出报警信号，启动灭火装置。

（11）多动温差报警

根据温度上升的快慢程度，给出不同的报警信号，分别启动喷水降温装置或者灭火装置。

4. 主要技术参数

光纤受环境的干扰较少，主要技术指标见表 4-2-2。

光纤光栅感温火灾探测器指标 表4-2-2

项　目	指 标 参 数
温度测量范围（℃）	0 ~ 95（B型）
报警设定范围（℃）	50 ~ 95
测量精度（℃）	± 5
响应时间（S）	≤60
传输距离（km）	≤20

四、双波长火焰探测报警系统

以美国通用电气 GS9208 双波长火焰探测报警系统为例，阐述双波长火焰探测报警系统的特点。

1. 系统构成

双波长火焰探测器探测系统主要由火灾报警控制器、火焰探测器组成。

2. 工作原理

双波长火焰探测器主要是采用光学过滤器检出火灾中辐射光闪变的两种波长，并进行比较，同时感光窗感知火焰，从而准确地判断出是否发生火灾。探测器把设定的波长范围 P~Pp 作为比较结果，必须同时捕捉到燃烧火焰特有的跳动频率，以及检测到光波特性作为判定火灾的依据。

3. 系统主要特点

（1）采用独特的捕捉火灾中辐射光的波长来感知火灾发生，可不受气流影响，能准确感知火灾发生的位置。

（2）有较好的监视视野，对火焰感知灵敏度高。

（3）不会因隧道内的钠蒸气灯、荧光灯和其他车辆灯光而动作。

（4）采用了密封结构，可防水和防腐蚀，对隧道内的渗水、废气酸碱腐蚀有出色的耐久性。

4. 主要技术指标

双波长火焰探测器的主要技术指标见表 4-2-3。

双波长火焰探测器指标 表4-2-3

项　目		指　标
输入电压		DC48V
消费电流	警戒	7mA
	动作	30mA（脉冲状）
使用温度范围		–20℃ ~ 50℃
监视范围	水平方向	受光窗口的正面左右各 90°，宽 25m 及半径 30m 包围的范围
	垂直方向	受光窗口正面各 60°，宽 10m 及半径 30m 包围范围
灵敏度		$0.5m^2$（0.7m × 0.7m试验盘）的汽油火灾（车用汽油2L以上），在30s以内发现。燃烧时风速12m/s以下，受光窗口的污损率为光学减光率50%以下

续上表

项目	指标
不动作条件	用温度2856±50K的白热电球照明5000LX 用灯照明10000LX 用荧光灯照明10000LX 用自然光照明10000LX 用回转灯照明1000LX（赤、黄、绿、青、紫）
安装间距	40～50m

第三节　隧道火灾自动报警设备评价与选型

隧道火灾自动报警系统在隧道消防中起到重要的作用。自动报警系统能否稳定、及时、准确地响应消防异常现象，是隧道消防工作能否有效顺利开展的必要前提。

一、火灾自动报警系统应具备的响应能力

火灾自动报警系统应具备以下响应能力：

（1）应答故障响应能力

随机拔下某下位机的电源插头时，控制器应发出故障报警声响信号，计算机显示器对应监测单元的柱图和按钮颜色变为黄色，状态指示灯面板上的“信号故障”指示灯亮。

（2）探测器故障响应能力

随机拔下某下位机的探测器插头时，控制器应发出故障报警声响信号，计算机显示器对应监测单元的柱图和按钮颜色变为黄色，状态指示灯面板上的“信号故障”指示灯亮。

（3）手动火灾报警按钮开路故障响应能力

随机拔下某下位机的手动报警插头时，控制器应发出故障报警声响信号，计算机显示器对应监测单元的柱图和按钮颜色变为黄色，状态指示灯面板上的“信号故障”指示灯亮。

（4）手动报警按钮短路故障响应能力

随机拔下某下位机的探测器手报插头，并接上短接插头时，控制器应发出故障报警声响信号，计算机显示器对应监测单元的柱图和按钮颜色变为黄色，显示的位置、故障类型等信息要正确，状态指示灯面板上的“信号故障”指示灯亮。

（5）自动火灾报警响应能力

在风速小于2m/s的情况下，在火盆内倒入汽油，内置少许棉纱等引燃物，将火盆置于隧道路面中间，点燃汽油，从点火时刻起控制器应在1min内发出火灾报警声响信号，计算机显示器至少要有一个相关监测单元的柱图和按钮颜色变为红色，状态指示灯面板上的“火灾报警”指示灯亮。

（6）手动火灾报警响应能力

随机按下某一个或某几个手动火灾报警按钮时，控制器应在1min内发出火灾报警声响信号，计算机显示器对应监测单元的柱图和按钮颜色变为红色，状态指示灯面板上的“火灾报警”指示灯亮。

（7）自检功能

单击监测界面上“自检”按钮，进行自检时，报警声响装置应发出各种声响信号，状态指示灯面板上的指示灯应依次闪亮，单击“确定”按钮结束自检。

（8）备电工作能力

在系统处于正常工作条件下，断开主电输入，只有备电输入时，控制器应能正常工作，并发出故障报警声响信号，同时状态指示灯面板上的“主电故障”和“备电供电”指示灯亮。

（9）主电工作试验

在系统处于正常工作条件下，关闭UPS电源开关，只有主电输入时，控制器应能正常工作，并发出故障报警声响信号，同时状态指示灯面板上的“备电故障”和“主电供电”指示灯亮。

（10）探测器表面部分污染，正常报警的能力

当污染物遮挡了探测器面积的10%、25%、50%、75%等部分表面时，发生火灾检测器可正常报警。

（11）火源移动时，正常报警能力

火源以15km/h左右的速度移动时，检测器可正常报警。

（12）高温条件下，正常报警的能力

对洞内报警设备加温时，检测器可正常报警。

（13）遮挡火源，正常报警的能力

当其他物体遮挡了火源时，检测器可正常报警。

（14）一定风速条件下，正常报警的能力

当隧道内风速在10m/s以下的范围内时，检测器可正常报警。

（15）烟雾情况下，正常报警的能力

当隧道内发生明火伴有烟雾时，检测器可正常报警。

二、几种常用隧道火灾自动报警系统的响应功能

1. 功能测试工具及材料

（1）火盆：底面积0.5~0.75m^2，火盆高度不小于150mm，火盆不得泄漏燃油。

（2）燃油料类：汽油（90号或90号以上）。

（3）点火引燃物：火盆内放置少许棉纱。

（4）红外线测温仪。

（5）直尺、皮尺。

（6）风速仪。

（7）牵引工具。

（8）秒表。

（9）照相机与摄像机。

（10）灭火器。

2. 功能测试结果

对几种常用的隧道自动报警系统响应功能进行测试，其结果见表4-2-4～表4-2-7。

光纤感温探测系统功能测试结果　　表4-2-4

编号	项　目	试验结果	备　注
1	应答故障试验	未作	无下位机
2	探测器故障试验	符合要求，控制器发出故障报警声响信号，状态指示灯面板上的“光纤信号故障”指示灯亮	

续上表

编号	项　目	试验结果	备　注
3	手动火灾报警按钮开路故障试验	未作	无手动报警按钮
4	手动报警按钮短路故障试验	未作	无手动报警按钮
5	自动火灾报警试验	从点火时刻起控制器在1min内发出火灾报警声响信号，显示的位置、报警类型等信息要正确，状态指示灯面板上的“火灾报警”指示灯亮	
6	手动火灾报警试验	未作	无手动报警按钮
7	自检功能试验	符合要求，报警声响装置发出声响信号，状态指示灯面板上的指示灯应闪亮	
8	备电工作试验	未作	无备电
9	主电工作试验	未作	无备电
10	污染试验	未作	污染因素的影响可忽略
11	漏报试验	符合要求，检测器可正常报警	
12	距离对报警时间影响试验	符合要求，检测器可正常报警	
13	耐火性	符合要求，检测器可正常报警	
14	阻挡性	符合要求，检测器可正常报警	

热敏合金线感温探测系统功能测试结果　　表4-2-5

编号	项　目	试验结果	备　注
1	应答故障试验	符合要求，控制器状态指示灯面板黄色信号故障灯亮，喇叭发出故障警示声响，计算机显示器上对应检测单元的柱图颜色变为黄色并显示下位机故障	
2	探测器故障试验	符合要求，控制器发出故障报警声响信号，状态指示灯面板上的黄色信号故障灯亮	
3	手动火灾报警按钮开路故障试验	符合要求，控制器发出故障报警声响信号，计算机显示器对应监测单元的柱图和按钮颜色变为黄色，显示的位置、故障类型等信息正确，状态指示灯面板上的“信号故障”指示灯亮	
4	手动报警按钮短路故障试验	符合要求，控制器发出故障报警声响信号，计算机显示器对应监测单元的柱图和按钮颜色变为黄色，显示的位置、故障类型等信息正确，状态指示灯面板上的“信号故障”指示灯亮	
5	自动火灾报警试验	符合要求，从点火时刻起控制器在1 min内发出火灾报警声响信号，显示的位置、报警类型等信息正确，状态指示灯面板上的“火灾报警”指示灯亮	
6	手动火灾报警试验	符合要求，按下手动火灾报警按钮后，控制器在1 min内发出火灾报警声响信号，计算机显示器对应监测单元的柱图和按钮颜色变为红色，显示的位置、报警类型等信息正确，状态指示灯面板上的“火灾报警”指示灯亮	
7	自检功能试验	符合要求，报警声响装置发出声响信号，状态指示灯面板上的指示灯应闪亮	
8	备电工作试验	符合要求，在只有备电输入时，控制器能正常工作，并发出故障报警声响信号，同时状态指示灯面板上的“主电故障”和“备电供电”指示灯亮	

续上表

编号	项　目	试验结果	备　注
9	主电工作试验	符合要求，在只有主电输入时，控制器能正常工作，并发出故障报警声响信号，同时状态指示灯面板上的“备电故障”和“主电供电”指示灯亮	
10	污染试验	未作	污染因素的影响可忽略
11	漏报试验	符合要求，检测器可正常报警	
12	距离对报警时间影响试验	符合要求，检测器可正常报警	
13	耐火性	符合要求，检测器可正常报警	
14	阻挡性	符合要求，检测器可正常报警	

双波长火焰探测器探测系统功能测试验结果　　表4-2-6

编号	项　目	试验结果	备　注
1	应答故障试验	未作	无下位机
2	探测器故障试验	符合要求，控制器发出故障报警声响信号，状态指示灯面板上的黄色信号故障灯亮	
3	手动火灾报警按钮开路故障试验	符合要求，控制器发出故障报警声响信号，状态指示灯面板上的“信号故障”指示灯亮	
4	手动报警按钮短路故障试验	符合要求，控制器发出故障报警声响信号，状态指示灯面板上的“信号故障”指示灯亮	
5	自动火灾报警试验	符合要求，从点火时刻起控制器在1min内发出火灾报警声响信号，显示的位置、报警类型等信息正确，状态指示灯面板上的“火灾报警”指示灯亮	
6	手动火灾报警试验	符合要求，按下手动火灾报警按钮后，控制器在1min内发出火灾报警声响信号，状态指示灯面板上的“火灾报警”指示灯亮	
7	自检功能试验	符合要求，报警声响装置发出声响信号，状态指示灯面板上的指示灯应闪亮	
8	备电工作试验	符合要求，在只有备电输入时，控制器能正常工作，并发出故障报警声响信号，同时状态指示灯面板上的“主电故障”和“备电供电”指示灯亮	
9	主电工作试验	符合要求，在只有主电输入时，控制器能正常工作，并发出故障报警声响信号，同时状态指示灯面板上的“备电故障”和“主电供电”指示灯亮	
10	污染试验	有影响	
11	漏报试验	符合要求，检测器可正常报警	
12	距离对报警时间影响试验	有影响	
13	耐火性	符合要求，检测器可正常报警	
14	阻挡性	有影响	

光纤光栅探测系统功能测试结果　表4-2-7

编号	项　目	试验结果	备　注
1	应答故障试验	未作	无下位机
2	探测器故障试验	符合要求，控制器发出故障报警声响信号，状态指示灯面板上的“光纤信号故障”指示灯亮	
3	手动火灾报警按钮开路故障试验	未作	无手动报警按钮
4	手动报警按钮短路故障试验	未作	无手动报警按钮
5	自动火灾报警试验	从点火时刻起控制器在1min内发出火灾报警声响信号，显示的位置、报警类型等信息要正确，状态指示灯面板上的“火灾报警”指示灯亮	
6	手动火灾报警试验	未作	无手动报警按钮
7	自检功能试验	符合要求，报警声响装置发出声响信号，状态指示灯面板上的指示灯应闪亮	
8	备电工作试验	未作	无备电
9	主电工作试验	未作	无备电
10	污染试验	未作	污染因素的影响可忽略
11	漏报试验	符合要求，检测器可正常报警	
12	距离对报警时间影响试验	符合要求，检测器可正常报警	
13	耐火性	符合要求，检测器可正常报警	
14	阻挡性	符合要求，检测器可正常报警	

3. 风速影响测试

公路隧道内由于自然气流的压力差和汽车运行产生的活塞效应，造成隧道内常年有一定的风速。根据火灾报警规范和公路隧道的实际情况，在测试中分别选取了0m/s、0~2m/s、2~6m/s、6~10m/s共4个风速段，作为公路隧道的风速工况。测试结果见表4-2-8~表4-2-11所示。

光纤感温探测系统风速影响试验结果　表4-2-8

序号	试验时间	火盆面积（m^2）	试验时洞内风速（m/s）	燃烧物体积（L）	点火前环境温度（℃）	报警类型	报警反应时间（s）
1	2006.12.25	0.75	0	3	10.2	定温	21.55
2	2006.12.25	0.75	0	3	10.4	定温	20.42
3	2006.12.25	0.75	0	3	10.3	定温	21.35
4	2006.12.26	0.75	2	3	11.2	定温	23.52
5	2006.12.26	0.75	1	3	10.8	定温	24.56
6	2006.12.26	0.75	2	3	10.6	温升	25.82
7	2006.12.26	0.75	5	3	10.5	温升	26.12
8	2006.12.26	0.75	5	3	11.3	温升	26.35
9	2006.12.26	0.75	6	3	11.4	温升	27.23

续上表

序号	试验时间	火盆面积（m^2）	试验时洞内风速（m/s）	燃烧物体积（L）	点火前环境温度（℃）	报警类型	报警反应时间（s）
10	2006.12.29	0.75	9	3	11.2	温升	31.25
11	2006.12.29	0.75	8	3	10.9	温升	31.89
12	2006.12.29	0.75	10	3	10.5	温升	40.85

注：燃烧物：90号汽油；定温报警温度：30℃；温升为8℃/min。

热敏合金线感温探测系统风速影响试验结果　　表4-2-9

序号	试验时间	火盆面积（m^2）	试验时洞内风速（m/s）	燃烧物体积（L）	点火前环境温度（℃）	报警类型	报警反应时间（s）
1	2006.12.25	0.75	0	3	10.2	温升	17.20
2	2006.12.25	0.75	0	3	10.4	温升	18.56
3	2006.12.25	0.75	0	3	10.3	温升	18.84
4	2006.12.26	0.75	2	3	11.2	温升	21.22
5	2006.12.26	0.75	1	3	10.8	温升	20.85
6	2006.12.26	0.75	2	3	10.6	温升	23.18
7	2006.12.26	0.75	5	3	10.5	温升	22.45
8	2006.12.26	0.75	5	3	11.3	温升	23.62
9	2006.12.26	0.75	6	3	11.4	温升	24.87
10	2006.12.29	0.75	9	3	11.2	温升	26.55
11	2006.12.29	0.75	8	3	10.9	温升	25.98
12	2006.12.29	0.75	10	3	10.5	温升	36.45

注：燃烧物：90号汽油；定温报警温度：30℃；温升为8℃/min。

双波长火焰探测器探测系统风速影响试验结果　　表4-2-10

序号	试验时间	火盆面积（m^2）	试验时洞内风速（m/s）	燃烧物体积（L）	点火前环境温度（℃）	报警类型	报警反应时间（s）
1	2006.12.25	0.75	0	3	10.2	—	17.25
2	2006.12.25	0.75	0	3	10.4	—	16.35
3	2006.12.25	0.75	0	3	10.3	—	18.35
4	2006.12.26	0.75	2	3	11.2	—	17.85
5	2006.12.26	0.75	1	3	10.8	—	20.85
6	2006.12.26	0.75	2	3	10.6	—	19.12
7	2006.12.26	0.75	5	3	10.5	—	18.65
8	2006.12.26	0.75	5	3	11.3	—	19.65
9	2006.12.26	0.75	6	3	11.4	—	18.98

续上表

序号	试验时间	火盆面积（m^2）	试验时洞内风速（m/s）	燃烧物体积（L）	点火前环境温度（℃）	报警类型	报警反应时间（s）
10	2006.12.29	0.75	9	3	11.2	—	20.12
11	2006.12.29	0.75	8	3	10.9	—	19.58
12	2006.12.29	0.75	10	3	10.5	—	17.65

注：燃烧物：90号汽油。

光纤光栅探测系统风速影响试验结果　　表4-2-11

序号	试验时间	火盆面积（m^2）	试验时洞内风速（m/s）	燃烧物体积（L）	点火前环境温度（℃）	报警类型	报警反应时间（s）
1	2006.12.25	0.75	0	3	10.2	—	18.18
2	2006.12.25	0.75	0	3	10.4	—	17.15
3	2006.12.25	0.75	0	3	10.3	—	16.25
4	2006.12.26	0.75	2	3	11.2	—	18.25
5	2006.12.26	0.75	1	3	10.8	—	19.80
6	2006.12.26	0.75	2	3	10.6	—	18.20
7	2006.12.26	0.75	5	3	10.5	—	20.85
8	2006.12.26	0.75	5	3	11.3	—	22.25
9	2006.12.26	0.75	6	3	11.4	—	24.18
10	2006.12.29	0.75	9	3	11.2	—	26.35
11	2006.12.29	0.75	8	3	10.9	—	23.28
12	2006.12.29	0.75	10	3	10.5	—	37.05

注：燃烧物：90号汽油。

4. 烟雾影响测试

公路隧道内的火灾往往伴随着大量的烟雾产生。采用人为制造烟雾的方法，做烟雾影响报警测试。测试结果见表 4-2-12~ 表 4-2-15。

光纤感温探测系统烟雾影响试验结果　　表4-2-12

序号	试验时间	火盆面积（m^2）	试验时洞内烟雾	燃烧物体积（L）	点火前环境温度（℃）	报警类型	报警反应时间（s）
1	2007.01.04	0.75	浓	3	10.6	—	不报警
2	2007.01.04	0.75	浓	3	11.3	定温	574.55
3	2007.01.04	0.75	较浓	5	11.8	定温	394.64
4	2007.01.05	0.75	较浓	5	11.6	定温	412.23
5	2007.01.05	0.75	浓	3	12.1	定温	241.56

注：燃烧物：90号汽油；定温报警温度：30℃；温升为8℃/min。

热敏合金线感温探测系统烟雾影响试验结果　表4-2-13

序号	试验时间	火盆面积（m^2）	试验时洞内烟雾	燃烧物体积（L）	点火前环境温度（℃）	报警类型	报警反应时间（s）
1	2007.01.04	0.75	浓	3	10.6	—	不报警
2	2007.01.04	0.75	浓	3	11.3	定温	580.26
3	2007.01.04	0.75	较浓	5	11.8	定温	491.47
4	2007.01.05	0.75	较浓	5	11.6	定温	452.23
5	2007.01.05	0.75	浓	3	12.1	定温	287.56

注：燃烧物：90号汽油；定温报警温度：30℃；温升为8℃/min。

双波长火焰探测器探测系统烟雾影响试验结果　表4-2-14

序号	试验时间	火盆面积（m^2）	试验时洞内烟雾	燃烧物体积（L）	点火前环境温度（℃）	报警类型	报警反应时间（s）
1	2007.01.04	0.75	浓	3	10.6	—	不报警
2	2007.01.04	0.75	浓	3	11.3	—	不报警
3	2007.01.04	0.75	较浓	5	11.8	—	不报警
4	2007.01.05	0.75	较浓	5	11.6	—	不报警
5	2007.01.05	0.75	浓	3	12.1	—	452.13

注：燃烧物：90号汽油。

光纤光栅探测系统烟雾影响试验结果　表4-2-15

序号	试验时间	火盆面积（m^2）	试验时洞内烟雾	燃烧物体积（L）	点火前环境温度（℃）	报警类型	报警反应时间（s）
1	2007.01.04	0.75	浓	3	10.6	—	不报警
2	2007.01.04	0.75	浓	3	11.3	定温	584.01
3	2007.01.04	0.75	较浓	5	11.8	定温	386.45
4	2007.01.05	0.75	较浓	5	11.6	定温	431.43
5	2007.01.05	0.75	浓	3	12.1	定温	235.50

注：燃烧物：90号汽油。

5. 燃烧规模对比试验测试

公路隧道内的火灾由于引起火灾的因素不同，具有不同的火灾规模。对不同的火源规模进行报警测试。测试结果见表 4-2-16~ 表 4-2-19。

光纤感温探测系统燃烧规模对比试验结果　表4-2-16

序号	试验时间	火盆面积（m^2）	试验时洞内风速（m/s）	燃烧物体积（L）	点火前环境温度（℃）	报警类型	报警反应时间（s）
1	2007.01.04	0.75	0	3	10.6	温升	22.52
2	2007.01.04	1.25	0	5	10.3	温升	18.13
3	2007.01.04	1.25	0	5	10.5	温升	17.88

续上表

序号	试验时间	火盆面积（m^2）	试验时洞内风速（m/s）	燃烧物体积（L）	点火前环境温度（℃）	报警类型	报警反应时间（s）
4	2007.01.05	0.75	0	3	11.5	温升	23.68
5	2007.01.05	1.25	0	5	11.8	温升	16.45

注：燃烧物：90号汽油；定温报警温度：30℃；温升为8℃/min。

热敏合金线感温探测系统燃烧规模对比试验结果　　表4-2-17

序号	试验时间	火盆面积（m^2）	试验时洞内风速（m/s）	燃烧物体积（L）	点火前环境温度（℃）	报警类型	报警反应时间（s）
1	2007.01.04	0.75	0	3	10.6	温升	20.45
2	2007.01.04	1.25	0	5	10.3	温升	17.63
3	2007.01.04	1.25	0	5	10.5	温升	18.08
4	2007.01.05	0.75	0	3	11.5	温升	20.05
5	2007.01.05	1.25	0	5	11.8	温升	15.55

注：燃烧物：90号汽油；定温报警温度：30℃；温升为8℃/min。

双波长火焰探测器探测系统燃烧规模对比试验结果　　表4-2-18

序号	试验时间	火盆面积（m^2）	试验时洞内风速（m/s）	燃烧物体积（L）	点火前环境温度（℃）	报警类型	报警反应时间（s）
1	2007.01.04	0.75	0	3	10.6	温升	21.65
2	2007.01.04	1.25	0	5	10.3	温升	18.78
3	2007.01.04	1.25	0	5	10.5	温升	19.68
4	2007.01.05	0.75	0	3	11.5	温升	22.15
5	2007.01.05	1.25	0	5	11.8	温升	16.85

注：燃烧物：90号汽油。

纤光栅探测系统燃烧规模对比试验结果　　表4-2-19

序号	试验时间	火盆面积（m^2）	试验时洞内风速（m/s）	燃烧物体积（L）	点火前环境温度（℃）	报警类型	报警反应时间（s）
1	2007.01.04	0.75	0	3	10.6	温升	19.55
2	2007.01.04	1.25	0	5	10.3	温升	17.20
3	2007.01.04	1.25	0	5	10.5	温升	20.18
4	2007.01.05	0.75	0	3	11.5	温升	20.40
5	2007.01.05	1.25	0	5	11.8	温升	15.80

注：燃烧物：90号汽油。

三、公路隧道火灾报警系统选择

现有的各种火灾探测器，因探测原理、安全性、长距离传输、可靠性等因素影响，应用于隧道环

境中均无法很好地解决火灾探测问题。针对不同的隧道工程特点选择合适的火灾探测器，才能真正发挥其效能，有效探测火灾，实现早期发现火灾，早期报警的目的。在实际应用中，应选用抗干扰性好、误报漏报少、费用低、响应时间短的火灾探测器。

各国隧道工程具备各自的特点，且各国相关技术的差异，国外隧道火灾探测器也各具特色，其主要代表应用见表 4-2-20，其中火焰探测器由于抗干扰性强，其使用越来越多。

国外隧道火灾探测器应用情况　　表4-2-20

国家	澳大利亚	比利时	丹麦	法国	意大利	日本	美国
火灾探测器类型	线型感温火灾探测器	点式火灾探测器	温度激发型	CO以及不透明性指示计	线型探测器	火焰探测器	线型火灾探测器

国内隧道火灾探测器种类较多，质量也良莠不齐。随着我国相关技术的进步，一些抗干扰性弱、误报漏报多、费用高、维护工作繁多的探测器已逐渐被淘汰。国内各火灾探测器的应用情况见表 4-2-21。其中光纤感温火灾探测器、光纤光栅感温火灾探测器及双波长火灾探测器抗干扰能力强、误报少、维护方便等优点被广泛应用。

国内各火灾探测器的应用情况　　表4-2-21

序　号	火灾探测器类型	应用情况
1	空气管线型感温火灾探测器	已淘汰
2	感温电缆定温火灾探测器	较少
3	热敏电阻火灾探测器	2000年以后应用较少
4	红外线感烟火灾探测器	无
5	光纤感温火灾探测器	较广泛
6	光纤光栅感温火灾探测器	较广泛
7	双波长火灾探测器	较广泛

在火灾探测器选型中，应根据隧道工程的特点，着重考虑其感应灵敏度、误报漏报情况、监测距离、抗干扰性、费用、后期维护等方面因素，选择最适宜的探测器进行火灾探测，方可发挥其效能。表 4-2-22 给出了目前国内市场中常用火灾探测器的系统指标可供读者参考。

常用火灾探测器的系统指标　　表4-2-22

参数	测温精度	灵敏性	响应时间	误报漏报	监测距离	抗干扰性	费用	其　他
空气管线型差温火灾探测器		7.5℃/min	<1min	一般	20～100m	隧道内环境因素影响大	高	空气管线路泄露，检查维修不方便
		15℃/min						
		30℃/min						
感温电缆定温火灾探测器	±10%	68℃±10%	<30s	容易	<200m	抗电磁干扰能力差	较高	不可恢复感温电缆成本高。可恢复式感温电缆抗电磁干扰能力差
		85℃±10%						
		105℃±10%						
		138℃±10%						

续上表

参数	测温精度	灵敏性	响应时间	误报漏报	监测距离	抗干扰性	费用	其　他
红外线感烟火灾探测器		60%	5～10s	容易	<100m	抗车辆尾气以及潮湿空气和电磁干扰差	较高	受到车辆排出烟雾潮湿腐蚀性的气体和严重的电磁影响大
		35%						
		20%						
热敏电阻火灾探测器	±1℃	10℃/min	<45s	少	<200m	受环境影响较小	低	后期运营维护工作量较大
		20℃/min						
		30℃/min						
光纤感温火灾探测器	±1℃	10℃/min	<35s	少	<8km	受环境影响较小	低	后期运营维护工作少
		20℃/min						
		30℃/min						
光纤光栅感温火灾探测器	±5℃	10℃/min	<30s	少	<10km	受环境影响较小	高	后期运营维护工作较少
		20℃/min						
		30℃/min						
双波长火灾探测器			<30s	少	<200m	受环境影响较小	高	后期运营维护工作量较大

第三章　公路隧道灭火与防护

第一节　消防系统现状

一、消防系统分类

消防系统主要包括固定式和移动式两类灭火系统。

1. 固定式灭火系统

固定式灭火系统是由固定安装的灭火剂供应源、管路、喷放器件和控制装置组成。按其喷射的灭火剂种类可分为以下几种类型。

（1）喷水灭火系统

按其喷头结构不同，分为闭式灭火系统和开式灭火系统。在闭式灭火系统中，按其使用场所的需要又分为湿式、干式和预作用式 3 种灭火系统；在开式灭火系统中又分为雨淋、水幕和水雾灭火系统。

自动喷水灭火系统是固定灭火系统中应用历史最久、范围最广的一种灭火系统，具有工作性能稳定、适用范围广、安全可靠、维护简便、投资少、不污染环境等优点。

（2）泡沫喷淋灭火系统

按其喷嘴结构不同，分为吸入空气型和非吸入空气型两种灭火系统。吸入型泡沫喷头能够吸入空气，泡沫混合液经过空气的机械搅拌作用，再加上喷头前金属网的阻挡作用形成泡沫；而非吸入型泡沫喷淋系统采用的喷头，没有吸空气的结构，从喷头喷出的是雾状泡沫混合液。由于没有空气机械搅拌作用，所以泡沫倍数比吸入型喷出的泡沫倍数低。非吸入型的泡沫喷头可以由水雾喷头来代替。

（3）低倍数泡沫灭火系统

按其灭火方式，分为液上喷射泡沫灭火系统和液下喷射泡沫灭火系统。按其安装形式和使用场所，液上喷射泡沫灭火系统分为固定式、半固定式和移动式 3 种灭火系统；液下喷射泡沫灭火系统分为固定式、半固定式两种灭火系统。低倍数泡沫，是目前扑救易燃液体和可燃液体火灾的主要手段，对扑救易燃和可燃液体的贮罐火灾或大面积流淌火灾尤为适宜。

（4）高倍数泡沫灭火系统

按其使用场所、安装方式，分为全淹没灭火系统、局部应用灭火系统、移动式灭火系统和高倍数泡沫与喷水联合等 4 种灭火系统。高倍数泡沫的出现，使泡沫灭火技术产生了一次较大的飞跃。既可扑救 B 类火灾又可扑救 A 类火灾。泡沫灭火方法由覆盖式发展成为覆盖和淹没两种方式，使泡沫只能用于灭火的单一用途，扩展成既能灭火，又能消烟、排除有毒气体和形成防火隔离带等多种用途。鉴于这些原因，近年来高倍数泡沫灭火技术发展很快，得到了各国消防部门的重视和应用。

（5）卤代烷灭火系统

按其灭火方式分为全淹没灭火系统和局部施用灭火系统；按其系统结构，分为固定式灭火系统和迁移式灭火系统。而固定式灭火系统根据其功能又分为一套灭火剂储存和管网系统保护一个区域的独立型灭火系统，以及一套灭火剂储存和管网系统保护两个或两个以上区域的组合分配灭火系统。

（6）二氧化碳灭火系统

按其安装形式和使用场所，分为全淹没和局部应用两种灭火系统。二氧化碳灭火系统的主要功能是通过灭火设备向保护区或保护对象释放二氧化碳灭火剂，减少保护空间空气中的氧含量，使燃烧达不到所必需的氧浓度。当空气中含氧量降低到12%以下或二氧化碳在空气中的含量达30% ~50%时，能使一般可燃物质的燃烧逐渐窒息。二氧化碳在空气中含量达43.6%时，能抑制汽油蒸气及其他易燃气体的爆炸。

（7）烟雾自动灭火系统

按其安装方式，可分为滑道式、三翼式和罐外式3种灭火系统。烟雾自动灭火系统是以烟雾灭火剂在烟雾灭火器内进行燃烧反应，产生出烟雾灭火气体，喷射到贮罐内着火液面的上方空间，形成均匀而浓厚的灭火气体层，以稀释、覆盖和化学抑制等灭火作用，自动地扑救贮罐初起火灾的灭火系统。

（8）干粉灭火系统

由干粉灭火设备部分和自动控制两部分组成。前者由干粉罐、动力气瓶、减压阀、过滤器、阀门、输粉管、喷嘴、喷枪等构成。后者由火灾探测器、起动瓶、报警器等组成。

2. 移动式灭火系统

移动式灭火系统由车载式或手提式（便携式）高倍数泡沫发生器、P H F型负压比例混合器、分水器、水带、高倍数泡沫液桶、消火栓或水罐消防车等组成。系统可以作为固定式灭火系统的补充；在无固定式灭火系统时，它可作为主要的灭火装置。该装置对于扑救建筑物火灾、地下工程火灾、局部性火灾以及地面上由于漏油而引起的流淌火灾最常用，可作为排烟装置使用，如将它安装在消防车上，既可作为高倍数泡沫消防车，又可作为排烟车。此外，移动式高倍数泡沫灭火系统还可以在建筑物内或建筑物之间喷射高倍数泡沫，作为临时防火隔断使用。

二、公路隧道消防系统分类

公路隧道消防设施是隧道内发生火灾时，用于灭火或控制火势的设施。灭火设备应选择对汽车引擎的油料火灾和普通货物火灾均有效的类型。灭火剂应选用具有对汽车油料火灾灭火能力强、不产生有害气体、不因温度和湿度的影响而变质、储存期长、容易管理等特点的类型。

现有公路隧道消防系统有人工手动灭火系统和自动灭火系统两类。

1. 人工手动灭火系统

包括隧道内设置的灭火器、消火栓、砂等。

（1）灭火器是由人工操作的、机动性很强的灭火设备。它灭火时有明确的扑救目标，具有射流密集冲击力强、能直接到达燃烧面的特点。

（2）消火栓系统是使用最广泛、最经济有效的灭火设备，主要由水源、供水设备、管道、消火栓、水枪、水带等组成。消火栓系统由洞外的高位水池和专用消防泵通过消防管道供水，消火栓每50m设置一处，水龙带长度为25m，以覆盖整个隧道。消火栓由人工操作，机动性很强；它灭火时有明确的扑救目标，具有射流密集、水力集中、冲击力强、射程远、不受风力和高温烟气影响，能直接到达燃烧面的特点；它不但能扑灭初起火灾，还可以扑灭正在猛烈燃烧的火灾；它还可以配合消防救援人员向火场进攻。

（3）砂可覆盖在油面上隔离空气，阻止油类燃烧，由于上述特点是自动灭火系统无法替代的，至今仍是最重要的灭火设备。

人工手动灭火也有其缺点：须由人员现场操作，遇油箱着火有爆炸危险或其他易爆品燃烧时，救援人员不能接近火源，就无法灭火；另外对大口径水枪，普通人员未经专业消防训练，不易操作，灭火效果降低，不易灭火。

2. 自动灭火系统

自动灭火系统包括自动喷水灭火系统、水喷雾灭火系统、CO_2 灭火系统、卤代烷烃自动灭火系统、泡沫喷淋灭火系统和细水雾灭火系统等。

自动灭火系统一般和火灾自动探测报警技术有机地结合起来，对保护对象起了双重保护作用，对火灾扑救工作具有较快的响应速度。但自动灭火系统不能像手动灭火系统那样具有明确的扑救目标，所以有时需要更长的扑救时间。

第二节　水喷雾消防系统

一、系统原理

在以水为灭火剂的自动灭火系统中，水喷雾灭火系统是唯一兼有直接灭火和防护冷却双重功能的固定灭火系统。其保护对象主要是火灾危险大、火灾扑救难度大的专用设施或设备。它能够扑救固体火灾，还可扑救液体火灾和电气火灾。虽然水喷雾灭火系统在系统构成、动作原理、设计方法等方面与自动喷水灭火系统相似，但因它是以喷水雾实现灭火和冷却，与喷水方式有较大差别。

一般认为，自动喷水灭火系统的标准喷头喷出的水滴直径，其平均直径在 1000~2000μm 之间，有的可达 4000μm。而水喷雾灭火系统的水雾喷头喷出的水雾，其平均直径不大于 1000μm。细水雾灭火系统的细水雾喷头，喷出的细水雾平均直径在 100~1000μm 之间。超细水雾，又称为水霾，其水雾直径更小，平均粒径在 300~50μm 之间。

水雾灭火的机理是：冷却、排氧、阻挡热辐射。

水雾的冷却作用体现在冷却火焰和燃烧区的气态物质。当火焰和气态燃烧区被冷却后，燃烧反应速度降低，使燃烧的氧化反应难以维持。

水雾的外表面积与高温气体、火焰产生热交换，夺取气体、火焰的热量。雾滴愈小，产生的雾滴愈多，其外表面积就愈大，进行热交换的外表面积大，吸热效率高，冷却作用明显。水在吸热蒸发后变为水蒸气，其体积是原来的 1680 倍。燃烧区的水雾吸热变气后，体积膨胀，把氧气排除出燃烧区，使可燃物缺氧而得不到助燃物的支持而熄灭。

喷向燃烧区的水雾，可以阻挡火焰的燃烧热向邻近的可燃物辐射，防止引燃；也可以阻挡燃烧热返回辐射到燃烧物，使热的辐射传递速率大为降低，防止燃烧的蔓延。

水雾灭火的效率比自动喷水灭火系统的水滴要高，而且耗水量较小，一般标准喷头的洒水量为 1.3L/s，而细水雾喷头的喷水量为 0.17L/s 左右。有资料显示，当采用细水雾全淹没保护时，其喷雾时间对于某些阻力重的空间，也仅用 4min 就可灭火。

但是不能认为雾滴直径愈小，水雾的灭火能力就愈强。水雾的灭火能力取决于保护对象的燃烧特性、保护空间的环境条件和水雾的设计参数。比如保护空间是敞开的，水雾可能被气流吹走；又如水雾直径太小，又没有足够的动量，也未到达燃烧区时，即被热气流卷走，不能发挥灭火作用。用 I 级细水雾扑灭 A 类火灾时，尤应考虑这一点。

水雾的产生有以下两种方式：

（1）水流通过喷头，靠机械力将其击破分解为细小水珠。如冲击式水雾喷头是靠水流射击在溅水盘上，被溅水盘分解成水雾，而压力射流式水雾喷头则是靠一股或多股水流高速通过小口径喷嘴形成水雾。

（2）空气雾化水雾喷头是利用压缩空气、氮气等压缩气体混合，形成气—液两相流，通过喷头的螺旋空间，气水两相流高速通过小孔时，水被气体剪切、击碎产生水雾。这类系统需要压缩气体作为气化介质。水和气化介质各自通过自己的管道输送至喷头，所以又称双管流体细水雾系统。

水喷雾灭火系统的水雾喷头所喷出的水雾粒径较大，除具有表面冷却、排氧窒息作用外，由于它是直接喷向保护对象的表面，因此还具有乳化和稀释的作用。对于非水溶性可燃液体，当水雾喷射到可燃液体表面时，由于水雾的冲击和搅拌作用，使液体表面生成不燃性的乳化层，使燃烧中断；对于水溶性可燃液体而言，水雾不断喷向可燃液体液面，由可燃液体与水雾不断混溶而得到稀释，使燃烧速度降低，而容易被扑灭。

从应用的角度看，水喷雾系统是直接向保护对象表面喷射水雾的方式实现其防护目的，而超细水雾系统、细水雾系统则是在封闭的空间内以全淹没的方式灭火，其效率较高，所以在应用时，对环境空间有一定要求。

从防护目的而言，水喷雾系统依其效果可分为两类：一类是直接灭火，另一类是冷却防护。

对于固体火灾、电气火灾和闪点在 60 ~120℃及以上的可燃液体火灾的扑救都属于直接灭火，其灭火机理是表面冷却、窒息、乳化的联合作用。

对于甲乙丙类液体的生产、输送、储存、装卸设施，甲乙丙类液体贮罐及液化石油气生产、储存、输送、装卸设施、灌瓶间、瓶库等保护对象则主要是防护冷却。这些部位发生火灾时，难以扑灭，也无法用水喷雾予以扑灭。然而水喷雾可以预防火灾，使未发生火灾然而又有火灾危险的设施得到及时的冷却降温，避免火灾发生。它可在相邻罐火灾时及时冷却未着火罐，避免火灾的威胁；它还可以在贮罐着火时及时予以冷却，为采取其他手段灭火争取时间。

二、水喷雾灭火系统的构成与特点

水喷雾灭火系统主要由雨淋阀组、水源控制阀、试验阀、回流阀、管网、水雾喷头、火灾探测器、供水设备、控制柜等设备和组件组成。在组件和设备构成及工作原理方面，水喷雾灭火系统与其他用雨淋阀作为报警阀的自动喷水灭火系统没有大的差别，特别是系统工作原理方面，与雨淋灭火系统是完全相同的。

水喷雾灭火系统与其他自动喷水灭火系统相比，具有以下不同点。

（1）保护对象不同

水喷雾灭火系统的保护对象主要是工业领域中的专用设备或设施，以及民用建筑中的燃油、燃气锅炉房、可燃油浸电力变压器、充可燃油的高压电容器、多油开关室、自备发电机房、飞机发动机试验台、规范专门指定的专用设施和设备等。其应用对象与其他自动喷水灭火系统有很大差别。

（2）适用范围不同

水喷雾灭火系统，不但能扑救固体火灾，还可以扑救闪点高于 60℃的液体火灾和电气火灾，也可用于可燃气体和甲乙丙类液体的生产储存装置或装卸设施的冷却防护。其既可灭火，也可以冷却防护。而其他自动喷水灭火系统只能用于扑救固体火灾，不能用于扑救液体火灾和电气火灾。

（3）使用功能不完全相同

水喷雾灭火系统既有灭火功能，也有冷却防护功能。而其他自动喷水灭火系统只有灭火功能，没有冷却防护功能（冷却卷帘的水幕系统除外）。

（4）喷头不同

水喷雾灭火系统使用的水雾喷头，是所有开式系统中唯一具有雾化芯的喷头；用于防护冷却的水雾喷头，其当量直径都小于 8mm，其有效流通水道都较小。为了防止喷头堵塞，在生产喷头时，已带

有滤网。当使用不带滤网的喷头时，要求在配水干管上加设过滤器。在粉尘区域或预充水的系统中，其水雾喷头上还应加装防尘蓄压罩。

水雾喷头的工作压力比其他喷头的工作压力要高。用于灭火的水雾喷头压力不应小于0.35MPa。用于防护冷却的水雾喷头，其工作压力不应小于0.2MPa。而自动喷水灭火系统的标准喷头的工作压力则为0.1MPa。

（5）具有响应时间要求

水喷雾灭火系统有响应时间的要求，而其他的自动喷水灭火系统则没有响应时间的要求。

（6）控制方式不同

水喷雾灭火系统的控制方式是由系统的响应时间决定的，而其他自动喷水灭火系统则没有响应时间的要求。即使有充水时间要求的预作用系统、雨淋系统、自动控制的水幕系统，也不以充水时间来确定系统的控制方式。

（7）喷头布置方式不同

自动喷水灭火系统的喷头，除冷却型水幕外，均按平面保护方式布置喷头。喷头洒水方向，均按所保护的地面考虑。水喷雾灭火系统在扑灭立体火灾或保护冷却大型设备时，要求水雾喷头喷出的水雾应直接喷向各燃烧面或冷却，水雾应完全覆盖保护对象表面，因而水雾喷头应沿各表面立体布置。

三、系统的重要组件——水雾喷头

水喷雾灭火系统的特点集中体现在水雾喷头上。水雾的形成完全依靠水雾喷头的特殊结构。高压水进入喷头后，这些特殊结构，使水在流动过程中经冲击、碰撞、回转、搅拌等作用，将水击碎成为细小的水雾，并以一定的速度从喷头喷出。水雾喷头的结构不同，产生水雾的机理也不完全相同，水雾的粒径和水雾锥的形状都有差别，应根据不同的防护目的和防护对象来选用与之相适应的水雾喷头。

按照水流特点，水雾喷头可以分为离心式水雾喷头和撞击式水雾喷头。

（1）离心式水雾喷头

离心式水雾喷头一般都是高速喷头，撞击式水雾喷头一般都是中速喷头。

离心式高速水雾喷头由使水流产生旋转流动的雾化芯和决定雾化角的喷口构成，水进入喷头后，一部分沿内壁的流道高速旋转形成旋转水流，另一部分仍沿喷头轴向直流，两部分水流从喷口喷出后成为细水雾。

离心式水雾喷头的体积小，喷射速度高，雾化均匀，雾滴直径细，贯穿力强，适用于扑救电气设备的火灾和闪点高于60℃以上的可燃液体的火灾。

离心式水雾喷头的喷口对一定的喷头本体而言是可以互换的。喷口的喷射角一般在30°~180°之间，有30°、60°、90°、120°、140°等7种规格。

（2）撞击式水雾喷头

撞击式水雾喷头由射水口和溅水盘组成雾化装置，水从一个渐缩口喷出，形成充实的细水柱，直射到锥形的溅水盘上，溅散成小粒径的雾滴，同时由于惯性作用，溅散成的雾滴沿锥形面射出，使雾锥的外包络线成圆锥形，圆锥内充满水滴，形成水雾锥。溅水盘的锥角不同，雾锥的雾化角也不相同，一定锥角的溅水盘和一定口径的射水口组成一定规格的喷头。

撞击式喷头从射水口射出的充实水柱，通过在溅水盘上的撞击才能雾化，因此使射流的速度减小，雾化后的水雾流速也降低，因而称为中速喷头。它的雾化性能次于离心式喷头。由于射流速度中等，所以贯穿能力也稍差，但可有效地作用在液面上，又不会产生较大的搅动，所以可以用于甲乙丙类可

燃液体及液化石油气装置的防护冷却及可燃液体的火势控制。

在设置水喷雾灭火系统时，应注意保护区的排水和排水安全。

水喷雾灭火系统的喷水强度，相对于雨淋系统、水幕系统来说要小，但是由于保护面积大，持续喷雾时间长，耗水量大，所以也必须考虑具有足够的排水能力。

四、水喷雾灭火系统水力计算

1. 计算参数

水喷雾灭火系统水力计算的设计参数有喷雾强度、持续喷雾时间、喷头工作压力、保护面积等，见表 4-3-1。

（1）喷雾强度

喷雾强度是指系统在单位时间内向每平方米保护面积上提供的最低限度的喷雾量，是达到灭火和防护冷却目的的最重要的参数，由国家根据防护目的和防护对象确定。

（2）持续喷雾时间

持续喷雾时间是指系统由全面喷雾时起至喷雾结束时不间断的喷雾时间，也是水泵向系统不间断供水的延续时间。持续喷雾时间是系统重要的参数之一，由国家依据防护目的和防护对象确定。

（3）喷头工作压力

喷头工作压力是指水雾喷头喷雾时所需的工作压力，由国家依据我国水雾喷头的产品现状和水平，按防护目的而确定的喷头最低工作压力。

（4）保护面积

保护面积是指被保护对象需要喷雾的平面或归纳完整后的平面的面积之和，其直接影响水雾喷头布置和确定喷头数量及系统供水量的重要参数，由设计人员按照被保护对象的实体，根据规范的计算规则确定。

喷雾强度、持续喷雾时间与喷头工作压力　　表4-3-1

<table>
<tr><th>防护目的</th><th colspan="2">保 护 对 象</th><th>喷头工作压力（MPa）</th><th>喷雾强度（L/min·m²）</th><th>喷雾持续时间（h）</th></tr>
<tr><td rowspan="6">灭火</td><td colspan="2">固体火灾</td><td rowspan="6">0.35</td><td>15</td><td>1</td></tr>
<tr><td rowspan="3">电气火灾</td><td>油浸式电力变压器、油开关</td><td>20</td><td rowspan="3">0.4</td></tr>
<tr><td>油浸式电力变压器的集油坑</td><td>6</td></tr>
<tr><td>电缆</td><td>13</td></tr>
<tr><td rowspan="2">液体火灾</td><td>闪点为60~120℃的液体</td><td>20</td><td rowspan="2">0.5</td></tr>
<tr><td>闪点高于120℃的液体</td><td>13</td></tr>
<tr><td rowspan="4">防护冷却</td><td colspan="2">甲乙丙类液体生产、输送、储存、装卸设施</td><td rowspan="4">0.2</td><td>6</td><td>4</td></tr>
<tr><td rowspan="2">甲乙丙类液体储罐</td><td>直径20m以下</td><td rowspan="2">6</td><td>4</td></tr>
<tr><td>直径20m及以上</td><td>6</td></tr>
<tr><td colspan="2">可燃气生产、输送、装卸、储存设施和灌瓶间、瓶库</td><td>9</td><td>6</td></tr>
</table>

2. 计算特点

水喷雾灭火系统的计算流量 Q_j 是按同时喷雾的水雾喷头流量之和确定，而不是按保护对象的保护

面积和喷雾强度的乘积确定。这是因为：

（1）按照水雾喷头数量的计算公式所得出的喷头数，是按规则的平面确定的，而实际的平面是不规则的，要两两相接或相交，还需要通过喷头实际布置时的水雾锥的交接图来确定其数量，其误差也较大。

（2）计算水雾喷头数量时，水雾喷头的流量 q 应按工作压力为 0.2MPa 或 0.35MPa 选定，即：

$$N=\frac{SW}{q} \tag{4-3-1}$$

式中：N——保护对象的水雾喷头的计算数量；

S——保护对象的保护面积（m^2）；

W——保护对象的设计喷雾强度（L/（min·m^2））。

$$q=K\sqrt{10P} \tag{4-3-2}$$

式中：K——喷头流量特性系数，取值由生产厂家提供；

P——水雾喷头的工作压力（MPa）。

第三节 自动喷水—泡沫联用系统

一、系统特点与工作原理

1. 系统特点

泡沫在扑灭可燃液体火灾方面具有较独特的优势，因此，人们设计了自动喷水灭火系统与泡沫灭火系统联用的复合灭火系统。

湿式自动喷水—泡沫灭火系统具有湿式自动喷水灭火系统的一切组件和特征，系统设计的基本数据均符合湿式系统要求。系统在启动后一定时限内，能够由喷水转换为喷泡沫，系统中设置有能够储存、供给、比例混合和产生泡沫的设备。泡沫液的储存、输送、控制、比例混合的一整套装置复合在湿式系统上。

系统可以用于使用易燃液体的场所，如候车库、汽车库、柴油发电机房、燃油锅炉房等。在火灾发生后，油虽然可以漂浮流淌，但泡沫会有更快的速度在油层上扩展堆积，特别是水成膜的扩展，使油火扑灭。

不仅湿式系统可以与泡沫灭火系统复合联用，其他类型的自动喷水灭火系统也可以与泡沫系统复合联用，形成多种类型的复合联用系统，如：

（1）干式自动喷水—泡沫联用系统；

（2）预作用式自动喷水—泡沫联用系统；

（3）重复启闭预作用自动喷水—泡沫联用系统；

（4）雨淋自动喷水—泡沫联用系统；

（5）水喷雾—泡沫联用系统。

2. 联用系统的工作原理

联用系统包含了雨淋报警阀、泡沫液控制电磁阀、供水侧信号蝶阀、系统侧信号蝶阀、排水调试球阀、泡沫液控制阀、冲洗球阀等阀组，其状态位置及作用见表 4-3-2，其结构图如图 4-3-1 所示。

控制阀组主要阀件的状态位置及作用　表4-3-2

序号	名称		常态位置	作用
1	雨淋报警器	启动电磁阀	常闭	在接收到消防电信号后开启
		紧急启动球阀	常闭	自动控制及电动控制失灵时开，或发现火灾而自动启动尚未开启时后动开
		控制腔进水球阀	常开	维修时关
		水力继动器		雨淋阀复位时使用
		水力警铃通断球阀	常开	不需要水力警铃动作的试验、调试时关
2	泡沫液控制电磁阀		常闭	在接收到消防电信号后开启，可手动开启
3	供水侧信号球阀		常开	维修时关
4	系统侧信号蝶阀		常开	试验、调试时关
5	排水调试球阀		常闭	试验、调试时开
6	泡沫液控制球阀		常开	维修时，冲洗泡沫液管路时关
7	冲洗球阀		常闭	灭火后冲洗泡沫液管路时开

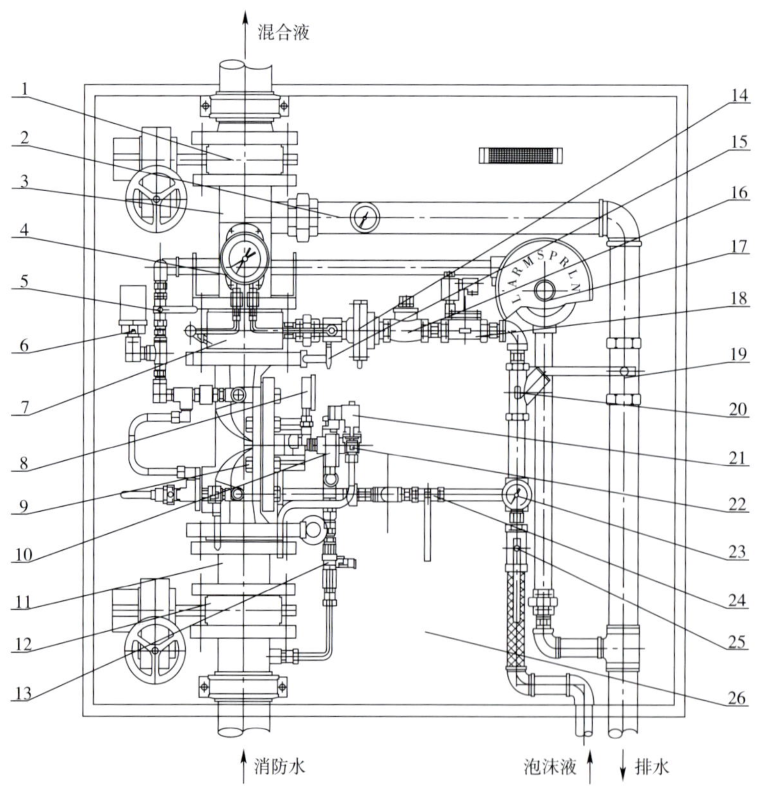

图4-3-1　联用系统结构图

1- 系统侧信号蝶阀（常开）；2- 调试管路压力表；3- 混合器外接管；4- 双针压力表；5- 水力警铃控制阀（常开）；6- 压力开关；7- 比例混合器；8- 雨淋阀控制腔压力表；9- 雨淋报警阀；10- 供水侧压力表；11- 法兰短管；12- 供水侧信号蝶阀（常开）；13- 雨淋阀控制腔球阀（常开）；14- 平衡阀；15- 滴液阀（常闭）；16- 回止阀；17- 水力警铃；18- 泡沫液控制电磁阀（常闭）；19- 排水调试球阀；20- 过滤器；21- 雨淋阀启动电磁阀（常闭）；22- 雨淋阀紧急启动球阀（常闭，雨淋阀水力继动器与其并联）；23- 泡沫液进口压力表；24- 冲洗球阀（常闭）；25- 泡沫也控制球阀（常开）；26- 阀组箱体

联用系统状态包括备用状态、工作状态、紧急状态等 3 种。

在备用状态时，控制阀组中各阀件处于常态位置，雨淋报警阀、泡沫液控制电磁阀、信号蝶阀、压力开关与消防控制中心之间的电路连接正常，且处于准工作状态。泡沫液管路压力表（显示泡沫液管路入口压力）、雨淋报警阀入口压力表及控制腔压力表（显示供水侧水压）指针位置处于正常范围内，如图 4-3-2 所示。

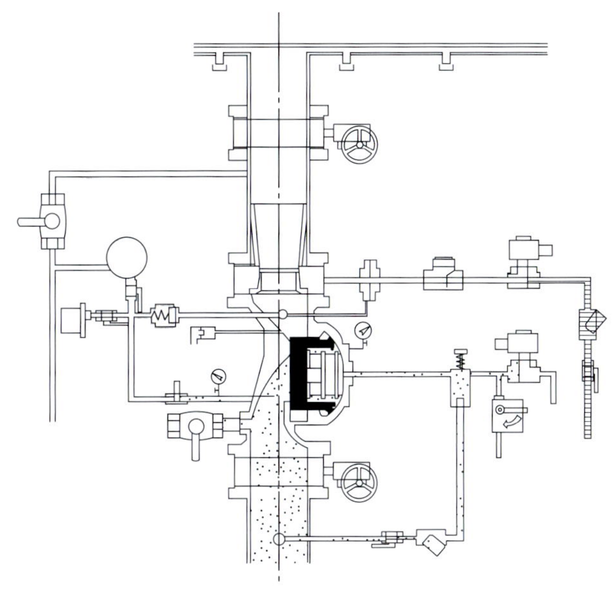

图4-3-2　联用系统备用状态

在发生火灾时，系统进入工作状态，雨淋报警阀和泡沫液控制电磁阀在接收到消防控制中心报警控制器发出的启动电信号后迅速开启，压力开关动作启动消防水泵和泡沫原液泵，水经过雨淋报警阀后进入比例混合器的进水口，泡沫液流经泡沫液控制球阀、控制电磁阀、平衡阀后流入比例混合器的泡沫液入口，比例混合器将水和水成膜泡沫液混合后送至管网，管网上喷头喷洒出泡沫水雾扑灭隧道火灾，如图 4-3-3 所示。

当远程电控制失灵或发现火灾时，自动启动尚未开启时系统进入紧急状态，可在现场手动打开雨淋报警阀紧急启动球阀和泡沫液控制电磁阀，进行手动应急启动。

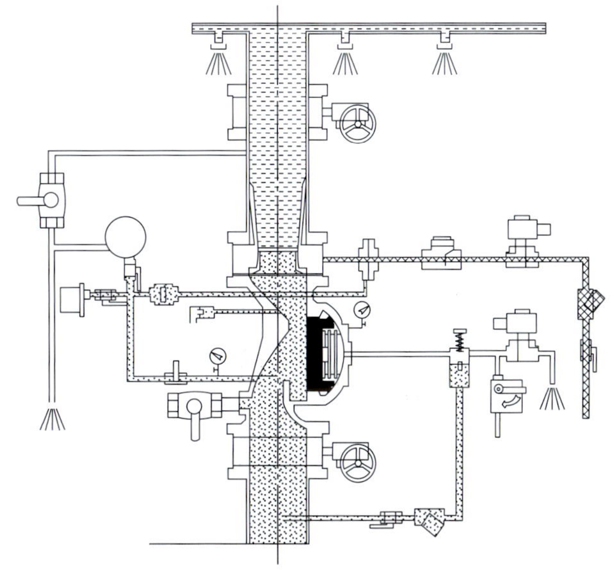

图4-3-3　联用系统工作状态

二、系统对泡沫液的要求

联用系统除要求泡沫液应具备低倍数泡沫液的性质外，应具备以下特点：

（1）联用系统使用的泡沫混合液应具有与水相近的流动特性，以保证喷头的工作压力。

联用系统的管网是按水的流动特性经水力计算确定的。泡沫混合液要借助湿式系统的管网到达喷头，而且又必须保证喷头的喷放压力，这就要求泡沫液在与水按 3% 或 6% 的比例混合后，必须具有与水相近的流动特性。

（2）泡沫液必须适应非吸气型喷头的需要。非吸气型泡沫喷头，喷出的是泡沫液滴，而不是具有一定倍数的泡沫，因此穿透火区的能力强。非吸气型泡沫喷头的造价低，普通闭式喷头开放后，就是一个非吸气型泡沫喷头。

（3）由于采用普通闭式喷头作为泡沫喷头，而且喷出的是泡沫液滴，因此，要求泡沫液生成水膜层，并能在油品上迅速扩展，发挥隔绝和降温作用，与泡沫联合共同发挥灭火作用。

（4）要求泡沫液的性质稳定，能长期储存。

（5）要求泡沫液的亲水能力强，即使与水预混也能长期保存。

根据联用系统对泡沫液的要求，在众多泡沫液中，水成膜泡沫液特别能满足这些条件。水成膜泡沫液（AFFF）由氟碳表面活性剂、碳氢表面活性剂、发泡剂、稳泡剂及泡沫改进剂等制成。

氟碳表面活性剂是成膜剂，也是发泡剂，它能降低水溶液的表面张力，提高其成膜性，使膜迅速扩展。

碳氢表面活性剂能降低水和燃料油之间的界面张力，起助膜作用。同时也起发泡作用。

泡沫稳定剂和改进剂能提高泡沫的持水性、稳定性、抗烧性、抗冻性、抗凝性，也能使泡沫均匀。

水成膜泡沫的最大优点是能在油面上生成水成膜。水成膜能迅速在油品上扩展，覆盖住油面，抑制油品蒸发，抑制易燃蒸气从油品溢出，而且水成膜还起隔绝降温作用。由于水成膜泡沫具有泡沫和水成膜的双重联合作用，因而水成膜泡沫的灭火效率比普通的蛋白泡沫高 3~4 倍，可以扑灭各类非极性溶液的 B 类火灾以及 A 类和非极性溶液的 B 类的混合火灾；燃烧时能熔化成液体的塑料 A 类火灾，分解燃烧的合成橡胶 A 类火灾及其他 A 类火灾。

水成膜泡沫液（AFFF）不能用于扑救极性溶液的 B 类火灾。如醇、酮、酯、醛、醚类的可燃液体火灾。因为这类溶液具有极性，称为极性溶液，而水成膜泡沫中的水也具有极性，当这些溶液与泡沫接触后，极性溶液将泡沫中的水拉出，泡沫脱水后，失去灭火作用。

对扑救极性溶液的火灾应选用抗溶性水成膜泡沫液。该泡沫液中含有高聚物，是水溶性的，但不溶于极性溶液，当它接触到极性溶液时，就与之反应，形成保护层，使水成膜泡沫不被极性溶液破坏，从而保证了水成膜泡沫的灭火性能。对于水溶性甲、乙、丙类液体以及含氧添加剂含量超过 10% 的无铅汽油或加醇汽油的火灾均应选用抗溶性水成膜泡沫液，同时抗溶性水成膜泡沫液也可以用于非水溶性甲、乙、丙类液体火灾。抗溶性泡沫液与水预混后易产生凝聚物，严重影响泡沫的灭火性能，因此，抗溶性泡沫液不能预混。

三、系统对组件的要求

1. 湿式泡沫联用系统对组件的要求

联用系统泡沫液的储存供给装置是复合在湿式系统上的，当湿式系统启动时，泡沫液的储存供给装置应自动向湿式系统供给；而平时，两套装置相连而相互隔绝。因此对组件有以下特殊要求：

（1）比例混合器应接在湿式报警阀的系统一侧，在比例混合器至泡沫液储罐的液囊的连管上应设置泡沫液隔膜控制阀（实际是类似雨淋阀的阀门），接收来自压力释放器的信号而开启，使泡沫液流向比例混合器。

（2）在泡沫液隔膜控制阀至比例混合器的管路上应设置止回阀，只允许泡沫液流向比例混合器，不允许湿式系统的水返向流至隔膜控制阀。

（3）启动隔膜控制阀的信号来自压力释放器，而压力释放器的动作又依赖于湿式报警阀的延迟器后的出水压力。报警阀动作后，延迟器下游有一定压力的水流出，该水流可以表示报警阀开启，可用该水流将压力释放器打开，使压力释放器至隔膜控制阀的连接管路失水，隔膜控制阀的控制腔失压而开启。压力释放器是隔膜控制阀的启闭开关。开关的信号来自湿式报警阀信号口流出的压力水。

（4）隔膜式泡沫液储罐实际是囊式钢罐，橡胶囊内盛装泡沫液，接出供液管与比例混合器连接。囊外与钢罐之间充水，水压与湿式报警阀系统侧相同。当囊的出液管关闭时，水压对胶囊的挤压作用被囊内泡沫液压力平衡；当出液管开启时，湿式报警阀系统侧的水压发挥对橡胶囊的挤压作用，起到自动供液的作用。

以上4点既是湿式—泡沫联用系统对系统组件的特殊要求，也是系统中的两套装置衔接和复合的重要条件。

不仅湿式系统可以与泡沫装置并联使用，预作用系统、干式系统都可以与泡沫装置并联使用，组成预作用—泡沫并联系统和干式—泡沫并联系统。

2. 预作用泡沫并联系统对组件的要求

预作用系统与泡沫系统联用时，需注意以下几点：

（1）预作用系统报警阀出口处应设止回阀，止回阀下游应加设放水阀和压力表。

（2）泡沫液控制阀的控制腔进液管应与雨淋阀传动腔引出的传动管连接，并与应急手动操作阀、电磁阀处于并联位置。当传动管路上任一释放压力的元件动作时，传动腔都会降压脱扣，在传动控降压时，泡沫液控制阀的控制腔也会随之降压，泡沫液控制阀会立即开启，泡沫罐中的泡沫液会在水源压力挤压下通过泡沫液控制阀流向比例混合器。

（3）当传动管路为充气传动时，泡沫液控制阀的控制腔进液管应从传动腔出口与气动开关之间的液相管段接出。只有当泡沫液控制阀的控制腔允许采用气体作为工作介质时，方可从气相管段接出。

（4）所有与气相介质接触的组件都应能满足气相介质对其性能的要求。

（5）预作用—泡沫并联系统的泡沫液贮罐，其胶囊的受压水源只能选在报警阀与水源控制阀之间的水源管道上的。

3. 干式泡沫并联系统对组件的要求

干式系统也可以与泡沫装置联用，由于干式报警阀的动作原理与湿式报警阀类似，所以其联用系统原理图与湿式自动喷水—泡沫联用系统工作原理图相同，但应注意以下几点：

（1）压力释放器的关闭信号源应来自干式报警阀的信号报警口，并宜从信号口与止回阀之间的管段上接出。当干式阀开启后，就会有一股压力水流从信号口流出，流至压力释放器的信号源入口，只要水流压力不低于0.05MPa，压力释放器都会动作，关闭切断泡沫液控制阀的控制腔水源，并使控制腔泄压，泡沫控制阀在泡沫压力下被顶开，泡沫液流向比例混合器。

若把压力释放器的关闭信号源选在干式报警阀报警信号口出水管路上、止回阀下游时，虽然压力释放器仍能正常工作，但在试验水力警铃时，一定要注意关闭通向压力释放器信号源入口的阀门，然后才能试验警铃，否则会引起误动作。

（2）平时由水源管道向泡沫液贮罐胶囊供应压力水的水源应选在干式阀与水源阀之间管道上，而不应从干式阀下游接出，因为干式阀下游管道平时充满低压气体。

（3）由于干式阀的系统侧管网平时充气，因此，凡是在充气条件下工作的泡沫装置的组件，均应能满足气体介质对组件性能的要求。

四、湿式—泡沫联用系统的设计要求

在设计上，湿式泡沫联用系统应满足以下要求：

（1）湿式系统的设计数据可按表 4-3-3 的要求执行，当实际保护面积小于作用面积时，按实际面积计算。泡沫混合液供给强度不应小于 6.5L/（min · m）^{2}。

（2）湿式系统自喷水至喷泡沫的转换时间，按流量 4L/s 计算，不应大于 3min。比例混合器应在等于和大于 4L/s 流量时，符合水与泡沫液混合的规定比例。持续喷泡沫时间不应小于 10min，宜再按 10min 喷放时间储备备用量。

（3）喷头的选型、规格及喷头布置均按湿式系统执行。

考虑到泡沫液对金属管道的影响，喷头宜直立安装，管道在喷放泡沫后，应能完全将系统余水排尽，并便于冲洗。

（4）在比例混合器下游应设置控制阀和回流阀以便于平时作系统联动试验，检验系统联动的可靠性和泡沫混合液的混合比。

（5）扑灭非极性溶液的火灾时，可选用 3% 的水成膜泡沫液混合比。扑灭极性溶液的火灾时，应选用 6% 的抗溶性水成膜泡沫混合比。

湿式—泡沫联用系统的构成与干式—泡沫联用系统相近。在联用系统中它们是比较复杂的复合系统；而预作用—泡沫联用系统，重复启闭预作用—泡沫联用系统，雨淋—泡沫联用系统及水喷雾—泡沫联用系统在组件构成上更为简单，无需设置压力释放器及相应组件，直接利用雨淋阀传动腔的传动管与隔膜控制阀的控制腔连接，当传动腔泄压时，雨淋阀脱扣开启，隔膜控制阀的控制腔也失压，泡沫液将隔膜阀顶开，进入比例混合器。由于预作用系统、重复启闭预作用系统及干式系统的系统侧都充以压缩空气；而雨淋系统和水喷雾系统的系统侧都是空管，因此泡沫液橡胶囊罐的挤压胶囊的水管就不能从系统侧接入，而应从报警阀的水源侧管道上接出。

对于湿式—泡沫联用系统的泡沫混合液供给强度，应考虑喷头的类型和设置高度。

湿式—泡沫联用系统的设计参数　　表4-3-3

喷头安装高度（m）	泡沫混合液供给强度（L/（min·m^2））		持续供给时间（min）
	吸气型喷头	非吸气型喷头	
≥10	8	6.5	10
<10	10	8	10

第四节　几种常用隧道消防灭火方案的特点

按美国标准，用钢板焊接一块 0.60m × 1.60m、深 0.20m 的试验油盘，油盘内装入深度 15mm 的 90 号无铅汽油。在重庆交通科研设计院试验隧道内，当风速 0~3m/s 时对以下几种常用的隧道灭火方案分别进行灭火验证。

一、灭火器灭火

干粉灭火器不能扑灭 90 号无铅汽油火盘，MPJ6 泡沫灭火器用两个将油盘扑灭，刮去表面泡沫后重新点火，油盘燃烧；采用 AF11 灭火器（2kg）在 4s 内将油盘火扑灭，刮去表面膜后重新点火，油盘燃烧。

试验结果表明：各种灭火器均不能彻底扑灭 90 号无铅汽油火盘。

二、喷雾灭火系统灭火

水喷雾系统设计安装按现行的水喷雾灭火系统设计规范进行设计和安装，在 100m 长隧道内设 4 段水喷雾试验段，每一段长 25m，隧道侧壁距检修道顶 4.5m 处设水喷雾配水支管，配水支管为 DN40 热镀锌给水钢管，雨淋阀前、后给水主管为 DN100 热镀锌给水钢管，雨淋阀采用四川省消防器材厂生产的 ZSTW 型 DN100 雨淋阀，水流加压采用 4 台 IS65-40-250 水泵。水喷雾系统采用两类喷头：一类离心式喷头，单个喷头流量为 80L/min、120L/min、160L/min 和 200L/min；另一类为撞击式喷头，单个喷头流量为 80L/min。喷头布置有单边布置和沿隧道顶两侧布置，设计喷水强度不小于 6.0L/（min · m^2），试验中喷水强度不小于 6.0l/（min · m^2）。

试验结果表明：各种布置方式的水雾均为大水滴水雾，对 90 号无铅汽油火盘火均不能扑灭，但火焰高度降低。

三、水喷雾—泡沫联用灭火系统灭火

水喷雾—泡沫联用系统按现行的低倍数泡沫灭火系统设计规范进行设计和安装。在 100m 长隧道内设 4 段水喷雾试验段，每一段长 25m，将其中一段长 25m 水喷雾试验段改造为水喷雾—泡沫联用系统。

水喷雾—泡沫联用系统进行多方案试验，分别采用两类喷头：一类离心式喷头，单个喷头流量有 80L/min、120L/min、160L/min 和 200L/min；另一类为撞击式喷头，单个喷头流量有 80L/min。喷头布置有单边布置和沿隧道顶两侧布置，设计喷水强度不小于 6.0L/（min · m^2），各种布置水雾均为大水滴水雾，喷射泡沫均能扑灭 90 号无铅汽油火盘火。

1. 撞击式喷头单面布置

喷头间距 3.0m，喷泡沫均匀性差，地面泡沫分布不均匀。本试验泡沫原液供给采用两套方案：方案一，雨淋阀前分出一路压力水进雨淋阀，然后进比例式混合器，雨淋阀前分出另一路压力水流进泡沫灭火系统 ZP32 泡沫罐，压力水挤压罐内泡沫液囊，泡沫液被挤出经止回阀流进比例式混合器低压区，经比例式混合器混合后分配各个喷头。方案二，雨淋阀前压力水直接进雨淋阀，然后进比例式混合器，泡沫原液经泵加压调压后经止回阀流进比例式混合器低压区，经比例式混合器混合后分配各个喷头。

试验结果表明：两个方案在流量相同，泡沫含量相同时灭火效果均较好，灭火效果与泡沫液供给方式无关，方案一调试简单，在一定压力下泡沫液浓度稳定，通过比例式混合器的水流量越大，泡沫液浓度越低，灭火效果越差。泡沫液浓度由 0.17%~0.36%，喷头喷泡沫均能灭火。泡沫液浓度 0.17%，喷水强度 7.2L/（min · m^2），灭火时间 200s。泡沫液浓度 0.35%，喷水强度 6.2L/（min · m^2），灭火时间 80s。

2. 撞击式喷头双面布置

喷头间距 3.6m，喷泡沫均匀性差，地面泡沫分布不均匀。本试验泡沫原液供给采用两套方案：方案一，雨淋阀前分出一路压力水进雨淋阀，然后进比例式混合器，雨淋阀前分出另一路压力水流进泡沫灭火系统 ZP32 泡沫罐，压力水挤压罐内泡沫液囊，泡沫液被挤出经止回阀流进比例式混合器低压

区，经比例式混合器混合后分配各个喷头。方案二，雨淋阀前压力水直接进雨淋阀，然后进比例式混合器，泡沫原液经泵加压调压后经止回阀流进比例式混合器低压区，经比例式混合器混合后分配各个喷头。

试验结果表明：两个方案在流量相同，泡沫含量相同时灭火效果均较好，灭火效果与泡沫液供给方式无关，在一定压力下泡沫液浓度稳定，通过比例式混合器的水流量越大，泡沫液浓度越低，灭火效果越差。泡沫液浓度由0.16%~0.38%，喷头喷泡沫均能灭火。泡沫液浓度0.16%，喷水强度7.5L/（min · m^2），灭火时间210s；泡沫液浓度0.36%，喷水强度5.2L/（min · m^2），灭火时间72s。

3. 离心式喷头单面布置

喷头间距3.6m，每处喷头由一个近程喷头流量80L/min和一个远程喷头200L/min组成组合喷头；喷泡沫均匀性差，地面泡沫分布不均匀。试验泡沫原液供给采用上海亚泰消防工程公司生产的泡沫灭火系统ZP32泡沫罐，DN100雨淋阀前分出一路压力水（主要部分）进雨淋阀，然后进比例式混合器，雨淋阀前分出另一路压力水流DN25进泡沫灭火系统ZP32泡沫罐，压力水挤压罐内泡沫液囊，泡沫液被挤出经止回阀流进比例式混合器低压区，经比例式混合器混合后分配各个喷头，在一定压力下泡沫液浓度稳定。

试验结果表明：通过比例式混合器的水流量越大，泡沫液浓度越低，灭火效果越差。泡沫液浓度由0.17%~0.36%，喷头喷泡沫均能灭火。泡沫液浓度0.17%，喷水强度7.2L/（min · m^2），灭火时间200s；泡沫液浓度0.35%，喷水强度6.2L/（min · m^2），灭火时间80s。

4. 离心式喷头双面布置

喷头间距3.6m，每个喷头流量160L/min，喷泡沫均匀性差，地面泡沫分布不均匀。喷头间距3.0m，每个喷头流量120L/min，喷出泡沫均匀性好，地面泡沫分布均匀。本试验泡沫原液供给采用两套方案：方案一，雨淋阀前分出一路压力水进雨淋阀，然后进比例式混合器，雨淋阀前分出另一路压力水流进泡沫灭火系统ZP32泡沫罐，压力水挤压罐内泡沫液囊，泡沫液被挤出经止回阀流进比例式混合器低压区，经比例式混合器混合后分配各个喷头。方案二，雨淋阀前压力水直接进雨淋阀，然后进比例式混合器，泡沫原液经泵加压调压后经止回阀流进比例式混合器低压区，经比例式混合器混合后分配各个喷头。

试验结果表明：两个方案在流量相同，泡沫含量相同时灭火效果均较好，灭火效果与泡沫液供给方式无关，在一定压力下泡沫液浓度稳定，通过比例式混合器的水流量越大，泡沫液浓度越低，灭火效果越差。泡沫液浓度由0.16%~0.38%，喷头喷泡沫均能灭火。泡沫液浓度0.16%，喷水强度7.5L/min · m^2，灭火时间210s；泡沫液浓度0.36%，喷水强度5.2L/min · m^2，灭火时间72s。

第五节　隧道衬砌结构防火

一、混凝土火损试验及结果分析

已有的研究资料表明，当火灾温度小于300℃时混凝土的强度没有多大损失；到400℃以上后，混凝土强度则会随温度升高急剧下降；至800~1000℃时，混凝土内部组织结构发生质变，导致结构承载力逐步乃至完全丧失。在400~1000℃的温度环境下，进行衬砌混凝土材料的火损试验；并拟定试验的温度级差为200℃。

鉴于隧道衬砌一般采用C20的混凝土，试验以强度等级为C20混凝土为主要试验材料，其中粗集料为粒径≤2cm的碎石。分批制作60块15cm×15cm×15cm的标准混凝土试块，其中50块用作烧损

试验，10块用作未烧损前的测试（6块用作抗压测试，3块用作抗拉测试）。混凝土试块的重量配合比是水泥：砂：碎石：水＝33∶88∶131∶22，并按同样的配合比制作一批75cm×15cm×15cm的混凝土盖板。试块用于测试衬砌混凝土受火损后的强度变化及火损程度的观测，盖板则用于研究衬砌混凝土受火损后的损伤检测。待试块和盖板养护3个月后，用掺有少许砂浆的耐火泥把试块和盖板砌成立方体状燃烧炉。并在顶部、中部和底部埋入热电偶。温度变化控制在±60℃范围内。单面受火，用焦炭明火加温，某一温度量级的烧蚀恒温时间为2h和4h，进行烧蚀火损试验。

混凝土衬砌材料试块火损试验后的主要量测内容有：烧损前后的抗拉（垂直受火面的劈裂抗拉试验）、压强度（受火面和侧面加压）的对比试验；超声波法的对比检测；烧损形态与损伤程度的量测。

1. 外观检测及量测

烧蚀温度在400℃时，高温引起的内部损伤深度不大；烧蚀后的受火面呈黑色，为烟熏所致，用手拍击，声音清脆；从劈裂开的立方块看损伤层呈浅红色，其余混凝土的组织结构完好。

烧蚀温度为600℃时，压试破坏时立方块基本上呈整块状，但周面有掉块现象；从受火表面到内部损伤层的颜色变化为褚红—浅红色。

温度量级升高到800℃时，受火面产生了约2.0cm的酥松层；沿内部损伤层的颜色变化为浅黄→褚红→浅红。

温度升高到1000℃时，整个立方块均受到损伤，即损失率为100%；同时冷却后产生了2.0cm的灰化层和5~6cm的酥松层；压试破坏的立方块已成散碎状，截面损伤后的颜色变化为灰白→浅黄→褚红→浅红。

在400~1000℃的温度环境下，混凝土试块损伤形态与程度测量成果见表4-3-4。

混凝土试块损伤形态与程度测量成果综合表　　表4-3-4

温度量级（℃）	恒温时间（h）	损伤形态与程度							
		总损伤层d_s		变色层d_1		酥松层d_2		剥落层d_3	
		厚度（cm）	比值（%）	厚度（cm）	比值（%）	厚度（cm）	比值（%）	厚度（cm）	比值（%）
400	2	1.6	10.5	1.6	10.5	—	—	—	—
	4	2.3	15.3	2.3	15.3	—	—	—	—
600	2	5.6	37.4	5.6	37.4	—	—	—	—
	4	6.4	42.9	6.4	42.9	—	—	—	—
800	2	9.5	63.3	7.5	50.0	2.0	13.3	—	—
	4	10.2	65.9	7.9	52.7	2.3	15.3	—	—
1000	2	15.0	100.0	9.3	62.0	3.8	25.3	1.9	12.7
	4	15.0	100.0	8.3	55.3	4.3	28.7	2.4	15.8

其中，变色层d_1表示混凝土的配合料尚未发生变质，仍保持混凝土的原状组织结构，但颜色发生变化，一般变成淡红色或褚红色的深度。

酥松层 d_2 表示混凝土的配合料（水泥浆、粗细集料）已完全变质，相互脱开，仅靠咬合、嵌结连在一起的深度，用地质锤轻轻敲击即会松动、掉块的厚度。

剥落层 d_3 表示混凝土组织结构完全破坏的深度，即试块冷却后灰化、自然脱落的厚度。

总伤层 d_s 为以上 3 层之和。比值即称作损失率。由结果看出，温度每升高 200℃时，损伤层的厚度增加 4~5cm，即损伤层加重 25% ~30%，温度越高，加重的幅度越大。其中又以 600℃为界限，小于或等于 600℃时，组织结构尚未发生质变，超过 600℃后，组织结构开始破坏，出现了酥松层、剥落层。

2. 抗压试验

由试验结果可知，无论是受火面还是侧面，温度量级在 400℃时，混凝土的抗压强度降低不超过 20%。而温度量级升高到 600℃时，整体抗压强度损伤约为 1/4~1/3，烧蚀温度继续升高到 800℃时，抗压强度降低到只有原状强度的 50%。而当温度升至 1000℃，损失 75%。

试验结果表明，当火灾温度超过 600℃后，混凝土衬砌的抗压强度会随温度的升高而加速下降。此外，当温度达到 1000℃的附近时，衬砌结构尽管还有一定的强度，但已接近破坏状态。在同一温度量级条件下，燃烧时间增加 2h，抗压强度损伤的增加幅度在 5% ~10% 范围内。由试验结果还可计算出受火面和侧面高温受损后残余抗压强度 R_{a1} 和 R_{a2} 的关系，实际应用时，可取 $R_{a2}=1.1R_{a1}$。

3. 抗拉试验

由试验结果可知，当温度量级在 400℃时，其抗拉强度便已损失了 25% ~30% ；而温度升高到 600℃时，抗拉强度只剩原来的 50% 左右，在 800℃范围内，残余强度为原状强度的 35% ~40% ；而在 1000℃，为原状的 20% ~25%。

这些现象说明，600℃同样是抗拉强度的转折点，只是强度损失的速度降低。在同一温度量级条件下，燃烧时间增加 2h，抗压强度损伤的增加幅度在 7% ~9% 范围内。

对残余抗拉和抗压强度的比较，可得出抗拉强度的损失要比抗压强度的损失降低一个温度量级。实际的火灾也表明，隧道火灾温度接近耐火极限状态时，衬砌结构首先出现破坏的区域是弯曲拉应力较大的部位，如拱顶、拱腰等处。而且两原状抗拉强度比值为 8~9 倍的物体，其残余抗拉强度比值为 11~14 倍，普遍大于原状强度的倍数关系，故等温同等条件下，混凝土材料的抗拉耐火极限时间要比抗压强度的耐火极限时间小。

高温作用后残余拉、压强度之间的关系，设 $R_t=aR_{a2}$ 且进行回归后可得：

$$a=0.1132-4.1738\times10^{-5}T-3.932\times10^{-4}t \tag{4-3-3}$$

式中：T——混凝土所处的环境温度场；

t——混凝土烧灼时间；

T>300℃，t>2h。

据此，可在隧道火灾发生后现场通过有效的检测手段，测得其残余抗压强度后由上式大致估算出抗拉强度的残余值。

4. 强度损失机理

为了分析混凝土受高温作用后的强度损失机理，对烧损前后的试件在受火表面、中部、外侧处取样，进行了组织结构的电子显微镜扫描观察分析，观察结果表明，火损后混凝土组织结构与常温下混凝土组织结构存在很大差异：

（1）温度量级小于或等于 400℃时，除与火接触的表面有轻微灼伤外，内部基本没有损伤，此时，混凝土不会产生破坏迹象。

（2）温度量级在 600℃时，试件已完全脱水，并引起内部黏结面的开裂，混凝土的内应力开始增

加，试件在受火表面到中部区域内开始出现裂缝。

（3）温度量级达到800℃左右时，混凝土的内应力持续增加，部分混凝土脱落，表明混凝土组织已有一定程度的破坏。

（4）当温度量级继续增加到1000℃时，混凝土的物质成分开始在高温下发生改变，导致混凝土的抗压强度和抗拉强度大幅度降低。

混凝土受高温作用的研究结果表明，温度达到300℃左右时，混凝土的强度降低不明显，甚至还会有所增加；300 ~400℃之间强度降低10% ~20%；400℃以上急剧降低。当温度超过400℃，混凝土表面开始产生裂纹，温度达600℃时裂纹贯通，800℃以上混同崩裂。螺纹钢筋与混凝土的黏结力在450℃时降低25%，700℃时降低80%。光面钢筋与混凝土的黏结力在100℃时降低25%，450℃时则完全丧失。

5. 超声波检测

设 η 为衬砌材料烧蚀前后的声速比。混凝土超声波速与烧蚀温度呈显著的线性关系下降。温度在400℃时声速下降24% ~27%；温度在600℃时下降39% ~42%；温度在800℃时下降约50%；温度达1000℃时下降接近甚至超过75%，表明强度损失及其严重；此外，烧蚀时间延长，声速将进一步减小，但时间对声速的影响远不如温度对声速的影响大，每小时的下降值在2%左右。根据测试结果可得到声速比与温度场 T（T>400℃）和烧蚀时间 t（t>2h）的对应关系如下：

$$\eta = 1.1289 - 8.2136 \times 10^{-4}T - 1.3263 \times 10^{-2}t \qquad (4\text{-}3\text{-}4)$$

残余抗压强度系数 β_a 为试件残余抗压强度与原状抗压强度之比。根据不同温度量级烧损后衬砌试件的试验结果，可得其与声速比的关系如下：

$$\beta_a = 0.0468 + 1.0521\eta + 0.1622\eta^2 \qquad (4\text{-}3\text{-}5)$$

式中：β_a——残余抗压强度系数；

η——声速比。

6. 矿物成分的变化

在对试件做完电镜扫描观察后，还采用X衍射法对其进行了矿物成分的变化分析，从分析结果可知，除了元素氧（O）、钙（Ca）和碳（C）外，其余矿物成分的含量变化不大，这是由于混凝土中石灰石（$CaCO_3$）作为粗集料，所占比值较大，且随温度的升高，被分解成 CaO 和 CO_2 的比例亦越大，故其含量在不同温度下的变化也较大。

7. 隧道衬砌结构火灾损伤评定方法

隧道火灾损伤评定是灾后隧道修复加固技术改造的基本依据，是保证火灾后隧道安全使用的关键，同时也是隧道管理的重要组成部分。隧道火灾受损评定包括隧道火灾后检查和隧道现场试验两个方面。隧道灾后检查是指对受火灾隧道各部分的技术状态进行详细的调查，借以评估隧道火灾后的现状。隧道现场试验是指通过火灾后隧道现场试验、量测与隧道结构性能的参数，如强度、变形、沉降、隆起、应变、裂缝、剥落等，从而分析得出其结构的强度、刚度、耐火抗裂性能及整体稳定性，据以评估火灾后隧道的支护承载能力。

表4-3-5是总结国内外大量隧道火灾实例的基础上，参考地面建筑物火灾损伤评估标准及碎石程度分类，并根据调查统计和试验分析结果而建立起来的分级评定方法。主要分级指标分为隧道火灾后检查和隧道现场测试两大类。隧道火灾后检查主要有温度指标（火灾温度和燃烧时间）、损伤特征（衬砌表面颜色和烧伤区衬砌特征）、损伤深度、酥松深度和剥落深度。损伤深度是指隧道火灾后混凝土强度降低的衬砌厚度；酥松深度是隧道火灾后衬砌混凝土强度低于原衬砌强度50%的受损衬砌厚度；衬砌剥落深度指隧道火灾后衬砌表面混凝土剥落的深度。隧道现场测试指标主要有衬砌混凝

土残余强度比、衬砌混凝土声速比和衬砌结构残余支承能力。衬砌混凝土强度的现场测定有无损检测和破损检测。

隧道衬砌结构火灾损伤评定分级建议表　　表4-3-5

损伤程度	损伤指标特征									
	损伤深度（cm）	酥松深度（cm）	剥落深度（cm）	衬砌混凝土残余强度比	结构残余支承能力（%）	混凝土衬砌声速比	温度指标		表面特征	
							火灾温度（℃）	燃烧时间（h）	混凝土表面颜色	烧伤区混凝土特征
轻度损伤（Ⅰ）	3～6	2～4	基本无	>0.7	>85	>0.8	400 500 600	5~14 1~8 0~3	混凝土烟熏黑色	表层混凝土有轻微损伤，整体结构基本无破坏。烧伤区混凝土组织结构基本保持原状
中度损伤（Ⅱ）	6～12	4～7	0～3	0.5～0.7	70～85	0.5～0.8	600 700 800 900	3~19 0～19 0～11 0～1	混凝土烟熏黑色，略带浅红色	表层混凝土剥落和烧酥，烧损的混凝土组织结构发生变化，呈褚红色。结构表面有局部0.5～2mm裂纹
严重损伤（Ⅲ）	12～20	7～12	3～7	0.36～0.5	55～70	0.3～0.5	900 1000 1100 1200	1～35 0～26 0～16 0～6	灰白色略带浅红色	表层混凝土剥落和烧酥较为严重有2～3cm厚的烧酥层。混凝土组织结构发生了显著变化。结构表面有部分0.5～2mm裂纹
极度损伤（Ⅵ）	20～30	12～30	7～15	0.2～0.36	40～55	0.1～0.3	1200 1300 1400 1500	6～49 0～39 0～30 0～20	灰白色	表层混凝土剥落和烧酥较为严重有>4cm厚的烧酥层。混凝土组织结构发生了质变。结构表面有部分>2mm裂纹
破坏（Ⅴ）	>30	>20	>15	<0.2	<40	<0.1	1200 1300 1400 1500	>49 >39 >30 >30	灰白色	大量破坏性贯穿裂纹，混凝土烧酥，结构局部失稳

二、隧道衬砌结构耐火防护方法

1. 表面隔热降温防护方法

表面隔热防护是利用防火板、防火喷涂料等隔断或者减弱施加到衬砌结构上的热荷载。根据隔热材料布置的不同，表面隔热防护可以有多种形式。

防火板、防火喷涂料对衬砌结构的保护是非常有效的方法，当达到合适的厚度后，可以降低混凝土表面的温度、避免爆裂。

尽管防火板、防火喷涂料等隔热防护方法对隧道衬砌结构的防护效果非常明显，并在隧道工程中得到了广泛的应用，但是仍存在以下的缺点和不足：

①安装了防火板和防火喷涂料后，无法及时发现隧道衬砌表面的渗漏、裂缝的出现及位置，也无法对隧道衬砌表面的状况进行直观的检查。

②为了安装防火板和防火喷涂料，需要扩大隧道开挖断面，增加了工程造价和工程量。据 Haack 估算，安装防火板、防火涂料会使得隧道直径增加 8~10cm，相应增加开挖工作量 1.5% ~2%。

③防火板和防火喷涂料的运输、安装（喷涂）增加了工程施工时间，特别是防火喷涂料，由于要求对隧道衬砌壁面进行打毛处理，技术要求高，工作量大。

④使用防火板和防火喷涂料时会影响隧道内风机、信号设施、交通灯、监控设备等的安装。

⑤现有的防火板和防火喷涂料尚难以满足工程全寿命的要求（如 100 年），一般需要在上程的全寿命期中更新 2~3 次，增加了维护成本。

⑥防火板和防火喷涂料不能保护隧道衬砌结构在施工时的火灾安全。

⑦防火板和防火喷涂料的组成材料在火灾时会产生有毒气体，影响人员的逃生和火灾救援。

⑧车辆排出的废气、活塞风、车辆振动及电腐蚀等，会导致防火板和防火喷涂料不能有效发挥功用。此外，在进行隧道清洗时，防火板和防火喷涂料可能会由于高压水、清洗剂等作用而失效。

⑨从全局的观点看，尽管防火板和防火喷涂料有效地减弱（隔断）了热量向隧道衬砌结构的传递，但是却使大量的热集聚在隧道内，使得隧道内温度迅速升高，火灾规模进一步扩大，恶化了隧道内人员逃生和火灾消防救援的条件。

在表面隔热防护方面，德国地下交通设施研究学会（STUVA) 开发了一种新的隔热方法，即在衬砌表面铺设梯形波纹钢板（用锚杆紧固），在钢板与衬砌之间填充无机矿物绝热层，并通过火灾试验证实这种方法效果良好。

为了克服防火板、防火喷涂料等会遮盖衬砌表面，难以对隧道衬砌渗漏情况及表面状况进行检查的困难，一种带孔的防火板“Perfotekt”应运而生。这种防火板由中间的带孔钢板和两侧的隔热层组成，总厚度为 1.5~2mm，具有以下优点：

①安装后隧道衬砌混凝土仍然可见，不影响对隧道衬砌的检查。

②隧道渗漏水可以通过孔排出，不会集聚到防火板、喷涂料后方。

2. 水喷淋（雾）降温的方法

为了初期控制火势和降温，可以采用在隧道内安设水喷淋的方法来保护隧道衬砌结构和隧道内的附属设备。这种防火措施在日本使用比较广泛，国内使用的案例有上海外环沉管隧道等。

Roelands 提出了采用后喷射水喷淋来保护隧道衬砌的方法，如图 4-3-4 所示，并进行了试验验证。试验中火源采用燃烧丙烷来模拟，水喷淋流量设计为 10L/（min · m^2）。试验结果表明：

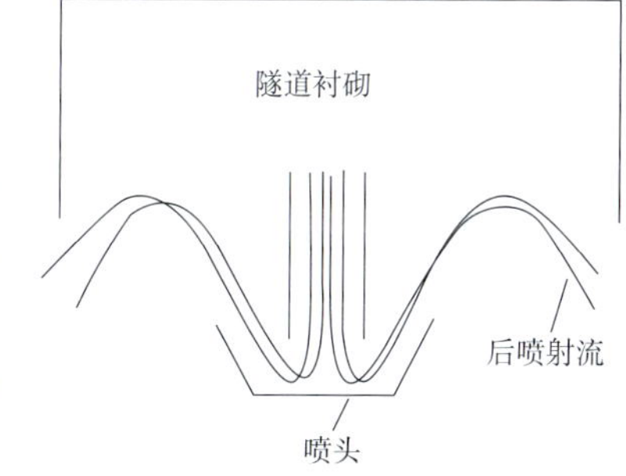

图4-3-4　后喷射式水喷淋示意图

①隧道衬砌混凝土没有发生爆裂，且衬砌内温度（距表面 2mm) 低于 100℃。

②水喷淋的流量需要精确控制。当流量下调 0.5L/(min · m^2) 时，混凝土温度迅速升高到了 100℃，混凝土开始发生爆裂；而当水量恢复到 10L/(min · m^2) 时，爆裂又立即停止。这表明如果水量充足，则后喷射式水喷淋能够保护混凝土衬砌。

③由于水喷淋的降温效果，试验炉内温度从 1100℃降到了 850℃。这表明采用后喷射式水喷淋系统能够有效降低隧道衬砌表面的温度，防止混凝土的爆裂（无须安装防火保护层）。

尽管水喷淋（雾）这种降温防护措施对于隧道早期灭火和隧道内降温效果较好，但是其功能的发挥需要有可靠、充足的水源作为保证。此外，造价及维护费用也相当高，限制了其使用范围。而且水喷淋（雾）防护措施的缺陷在于会破坏隧道内的逃生环境，表现在：

①水喷淋的降温作用使得隧道内烟气下沉，能见度降低，影响人员的逃生和消防救援。

②喷射出的水遇热形成蒸气，会损害隧道内的人员和设备。

③对于隧道内常见的油类火灾而言，水喷淋喷射出的大量水不仅会导致油的蔓延和火势扩大，同时可能会引起爆炸。

鉴于上述原因，隧道工程是否使用水喷淋（雾）防护措施应充分论证和加强运营期消防演练，水喷淋（雾）不能采用自动联动控制，应由管理人员人工确认控制。

3. 减弱(消除)混凝土爆裂的方法

（1）掺加聚丙烯纤维的方法

除了对隧道衬砌结构施加隔热防护措施外，从混凝土自身出发，提高其抗火性能也是一个重要的研究方向。为了减弱(消除)混凝土的高温爆裂，国内外学者从掺加纤维、改变混凝土配合比、钢筋布置等各个方面进行了研究。目前比较有效的方法是在混凝土中掺入聚丙烯纤维，其抗爆裂的机理是：当混凝土遭受高温时，一旦温度超过了聚丙烯纤维的熔点160℃，混凝土内高度分散的聚丙烯纤维就会熔化溢出，在混凝土中留下相当于纤维所占体积的相互连通的孔隙，使得混凝土内部的渗透性显著增大，减缓了内部蒸气压的积聚，从而避免了衬砌的爆裂。与普通混凝土、钢纤维混凝土相比，当受火温度低于聚丙烯纤维的熔点时，三种混凝土的渗透性基本接近，聚丙烯纤维混凝土的渗透性偏小。而当受火温度超过了聚丙烯纤维的熔点后，聚丙烯纤维混凝土的渗透性急剧增大，分别增大为普通混凝土、钢纤维混凝土的15.1倍和1.8倍。这表明聚丙烯纤维的熔融温度是决定其抗爆裂性能的关键因素。因此，降低纤维的熔点可以增强其抗爆裂的能力。

国内外的研究表明，聚丙烯纤维的含量越高，混凝土的抗爆裂性能越好。同时，由于聚丙烯纤维抗爆裂的性能依赖于纤维熔化后形成的孔隙的连通性，因此，纤维越长，越能够产生更多的相互连通的孔隙，抗爆裂性能也越好。

虽然在混凝土中掺加聚丙烯能够有效地避免混凝土的高温爆裂，但是同时也严重降低了混凝土高温后的抗渗耐久性。此外，聚丙烯纤维的造价相对较高，大量的使用聚丙烯纤维会较多的增加工程造价。因此，该方法在工程中的应用受到了一定限制。

（2）掺加钢纤维（钢纤维+聚丙烯纤维）的方法

与聚丙烯纤维不同，对于钢纤维抗爆裂的效果，人们的看法并不一致。有的学者认为钢纤维可以有效地抑制混凝土爆裂的发生，其理由是：

①钢纤维的掺入可以抑制混凝土内由于快速温度变化而产生的体积变化，从而减少了材料内部微裂缝的产生及发展，特别是高含量的钢纤维，不仅阻止裂缝发展的范围及能力强，而且能明显增加混凝土的抗拉能力，因此，可以有效抑制爆裂的发生。

②钢纤维具有良好的热传导性，其热传导系数是混凝土的20~30倍，因此在混凝土内分散分布的钢纤维能够减少混凝土内部由于不均匀温度而产生的热应力，减弱了混凝土的内部损伤。

（3）增设钢筋（钢筋网）的方法

研究表明，在衬砌受火侧增加额外的钢筋能够限制爆裂的扩展，减轻爆裂的损伤。德国ZTV技术标准parts（section 2）也建议在衬砌受火侧增加额外的钢筋，以限制混凝土爆裂，确保受力主筋的温度不超过300℃。

为了避免由于钢筋网与混凝土间的热不相容性而导致增加混凝土的爆裂，应选用较细的钢丝网。其原因是：由于钢材与混凝土间热膨胀率的不一致，会使得钢丝网和混凝土的界面上产生裂缝，裂缝的存在有利于集聚的水气的扩散，从而可以降低混凝土内部的蒸气压力，减弱了爆裂。此外，钢丝网的存在也在一定程度上抑制了混凝土的剥落。

（4）改善混凝土材料组成与配合比的方法

混凝土高温爆裂及力学性能的劣化除了受外部的升温速度、最高温度、荷载状况的影响，也与混

凝土自身的含水率、集料（水泥基体）特性、孔隙结构、添加料等密切相关。因此，通过优化混凝土的材料组成和配合比，能够有效地改善衬砌混凝土的抗爆裂性，并降低力学性能的劣化。

改善混凝土抗爆裂性能及力学性能劣化，可采用以下措施。

①集料选择方面

a. 选用热稳定性好的集料。不同种类集料的热稳定性从低到高依次为：燧石、石灰石、玄武岩、花岗岩、辉长岩。例如，花岗岩在600℃时仍能够保持热稳定性。此外，轻集料也能够改善混凝土的抗爆裂性能。

b. 选用热膨胀小的集料，以减弱集料与水泥基体间的热不相容性。

c. 选用表面粗糙、多棱角的集料，以提高集料与水泥基体间的结合力。

d. 选用含活性硅的集料，以改善集料与水泥基体间的化学黏结力。

e. 减小集料的尺寸。

②水泥拌和料方面

$CaCO_3$ 在温度超过400℃后会分解成 CaO 和 CO_2，而 CaO 再水化时体积会膨胀，因此，应降低水泥凝胶中的 C/S（CaO/SiO_2）比，这可通过在水泥拌和料中添加炉渣、硅灰等来实现。

（5）其他方法

除了上述各方法外，也可通过增大截面尺寸（包括增加钢筋保护层厚度等）的方法，来提高隧道衬砌结构的耐火能力（包括抗爆裂及承载力）。当温度达到400℃以后，保护层厚度较大（20mm)的试件的变形明显小于保护层厚度较小（10mm）的试件，因此，适当地加大保护层厚度，可以提高钢筋混凝土梁的耐火性能。

但由于爆裂会不断地持续下去，而设计时并不能预测到实际的爆裂深度。因此，即使加大了截面尺寸或者增加了保护层的厚度，也由于不断地爆裂仍可能使钢筋暴露在火灾高温中，导致结构的失效。

三、隧道火灾损伤修复

火灾后隧道修复加固工作，包括养护维修、加固和改建3个方面。养护维修是灾后一项经常性的工作，一旦隧道产生小的灾后损坏，就必须及时处理，对损坏缺陷进行修理。加固是通过加强（加大）隧道支护结构和对火灾重大病害进行彻底的整治来提高隧道支护承载能力的措施，分为临时性加固和永久性加固。

隧道火灾后损伤程度评估分级条件下的衬砌结构修复加固建议方案见表4-3-6。永久性加固措施可以概括为以下4大类：

（1）喷射混凝土加固。含喷浆，素喷混凝土，钢纤维混凝土，钢筋喷混凝土等。

（2）锚喷网混凝土加固。喷混凝土同（1），锚杆国内普遍采用砂浆锚杆及迈式锚杆等，钢筋网国内普遍采用A3圆钢 ϕ6~ϕ8mm、间距为150~300mm。

（3）钢架（格栅钢架）加固。国内普遍采用凿槽嵌入衬砌方式。

（4）重建（复合）衬砌加固。根据火灾模拟试验及工程调查表面，隧道火灾受损严重集中在拱部，重建加固以拱部为主，局部采用重建衬砌方法进行处理。

随着新奥法的推广应用和施工技术的发展，湿喷混凝土技术将广泛应用在火灾隧道修复加固中，大大降低劳动强度和工程成本，提高生产效率，有条件的灾后隧道修复加固工程应首选湿喷混凝土技术。

火灾后隧道衬砌结构修复加固建议方案　　表4-3-6

损伤程度	修复加固方案	支护参数
轻度损伤(Ⅰ)	素喷混凝土	清理表面或局部喷浆或喷混凝土5～8cm防护
中度损伤(Ⅱ)	钢纤维（网）喷混凝土	钢纤维喷混凝土厚度5～10cm；网喷混凝土厚度5～12cm；素喷混凝土厚度5～15cm
严重损伤(Ⅲ)	单筋喷混凝土	素喷或网喷或钢纤维混凝土，厚度为15~25cm，钢筋采用A3钢筋焊接，ϕ6～ϕ8cm圆钢，钢筋间距为100～200mm。局部设加强锚杆ϕ22@100cm
极度损伤(Ⅳ)	套拱（花拱）喷混凝土	凿除残余衬砌后，喷射混凝土厚度15～30cm；网或钢纤维混凝土厚度20～25cm；设钢架（格栅）支护，钢架间距1～2m，局部设锚杆ϕ22@100cm
破坏(Ⅴ)	局部重建	采用模筑混凝土厚度30～50cm；或采用网＋锚＋钢架＋喷混凝土＋复合衬砌；衬砌背后进行回填注浆，富水段铺设防水板

第四章　公路隧道防灾附属设施配置

第一节　公路隧道防灾附属设施配置现状

一、国外（境外）隧道防灾等级与设备配置

在国外，荷兰编制了《TNO 报告 98-CVB-R1161 隧道防火》以及 TNO 测试标准《隧道防火测试方法》，规定了隧道的火灾场景确定方法与相关消防安全工程设计方法以及隧道结构的耐火测试方法。德国 1994 年制订了《RABT 公路隧道设施及运行准则》，其中对隧道中火灾规模做出了规定；1995 年又制订了《ZTV- 隧道，关于公路隧道建设补充技术条款及准则》，其中第 10 章“建筑防火”规定了隧道内的升温曲线以及建筑结构及其内部系统所应采取的防火措施。英国制订了《BD78/99，公路及桥梁设计手册》，用于指导运用消防安全工程方法对隧道进行防火设计。美国消防协会制订了《NFPA502 公路隧道、桥梁及其他限行公路标准》，其中规定了不同类型隧道的消防要求，并要求长度超过 240m 的隧道应根据特定隧道的设计参数(如长度、横截面、分级、主导风、交通流向、货物类型、设计火灾参数等)，采用工程分析方法设计其通风设施。欧盟在 2002 年 12 月提出了关于欧洲公路网中隧道安全的议案，确定了隧道组织管理、结构、技术和运营等方面最低安全要求，指出了隧道安全的重要性，并制定出了各方面相应的标准；同时，《2010 年欧洲运输政策白皮书》中还提出了短中期和中长期两个阶段提高隧道安全的方案。日本则制订了《日本建设省道路隧道紧急用设施设置基准》，该基准按公路隧道长度及汽车交通量将隧道进行分级，并根据不同等级规定了公路隧道的火灾防护要求。在安全设施配置方面，有关国家和地区的发展情况分述如下。

1. 日本

日本隧道的等级划分，按其长度和交通量分为 5 等（AA、A、B、C、D）。在曲线半径小、纵坡特别大的隧道提高一个等级。

隧道设计交通量（辆 /d 平均一孔隧道）按隧道等级划分，根据表 4-4-1 进行选择，将基本设计交通量（辆 /d）与从开始提供使用到 20 年后的平均一孔隧道的预测交通量做比较，规定选用量小的值。

基本设计交通量　　表4-4-1

类　别	级　别	单向双车道隧道		双向双车道隧道	
		平　原	山　岭	平　原	山　岭
第1类	第1级	25000	—	—	—
	第2级	25000	19000	14000	—
	第3级	22000	18000	13000	11000
	第4级	19000	16000	12000	10000
第2类	第1级	21000	—	—	—
	第2级	16000	13000	8000	7000
	第3级	14000	12000	7000	6000
	第4级	—	—	6000	5000

表 4-4-1 所列基本交通量是按隧道和洞口不同等级公路（第一类为高速公路及相当于我国的汽车专用公路，第二类为一般收费公路）的设计交通容量对年平均日小时交通量的比率换算后的日交通量。将基本设计交通量（辆 / 日）所用的大型车混入率定为 30% 是考虑高速公路中干线特性和日本道路公团提供的使用中的公路的平均值确定的。

对于事故率高、平曲线半径为 500m 以下、或纵坡超过 3% 的下坡线型较差的隧道，其交通量设计要再提高一级，如图 4-4-1 所示。从日本东名、名神高速公路的事故主要原因分析的研究结果来看，平曲线半径 500m 以下的区段与大于此半径的区段相比，有易造成突发性事故的倾向。而纵坡超过 3% 的下坡区段，与其他区段相比，事故率很高。

隧道内一旦发生火灾或者交通事故，有酿成重大灾害的可能。为能迅速把火灾控制在最小限度，配备完善的安全设施是有效措施。表 4-4-2、表 4-4-3 是日本关于安全设施配置的要求。

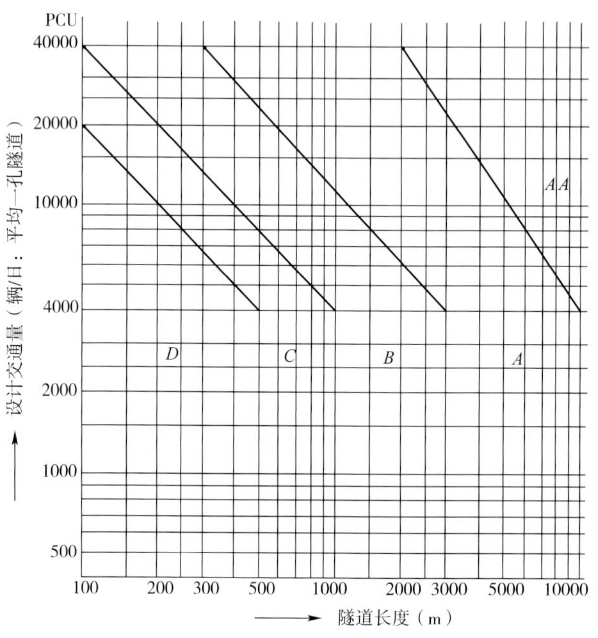

图4-4-1　隧道的等级划分

隧道安全防灾设施一览表　　表4-4-2

紧急设备		隧道等级				
		AA	A	B	C	D
通报、警报设备	应急电话	○	○	○	○	
	按钮式通报装置	○	○	○	○	
	火灾检测器	○	△			
	紧急警报装置	○	○	○	○	
消防设备	洒水装置	○	△			
	灭火器	○	○	○		
	消防栓	○	○			
避难指引设备	指引标示板	○	○	○		
	避难通道或排烟设备	○	△			

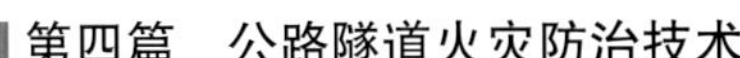

续上表

紧急设备		隧道等级				
		AA	A	B	C	D
其他设备	给水栓	○	△			
	无线电通信辅助设备	○	△			
	紧急广播设备	○	△			
	闭路电视监视设备	○	△			
	紧急供电	○	○	△		

注：①隧道内原则上必要之设施（备）；△隧道内视需要装设之设施（备）；
②表中紧急警报装置是指隧道口及隧道内可变情报板。

防灾设施的设置位置及间距　　表4-4-3

设施的种类			设置位置	设置间距	设置高度
报警设施	手动报警器[①]		侧墙单侧	50m	检查员通道面上或者车道面上1.5m
	自动报警器		原则上安装在侧墙单侧	6m左右	检查员通道面上1.0m或车道面上1.1m
	紧急电话[②]		将电话机装入侧墙上设置的电话箱内	200m	检查员通道面上1.5m
紧急警报设施	警报显示板		隧道洞口附近，隧道内紧急停车带		
消防设施	灭火器		以2个灭火器为1组，装入侧墙上设置的储藏箱内，与消火栓放置在一处	50m	
	消火栓		侧墙单侧	50m	
	给水栓		隧道两洞口附近，隧道内紧急停车		
	喷水雾装置		侧墙单侧	4～5m左右	车道面上3.7m左右
其他设备	避难设施[③]			750m左右	
	紧急停车带[③]		原则上在行驶车道侧	750m左右	
	诱导设施	显示板	避难联络通道附近及其中间侧墙		车道面上1.5m
		有线广播	侧墙上方	50m左右	
		无线广播	侧墙两侧的上方	隧道全长	
	ITV设施		原则上在行驶车道侧（检查员通道上方）顺行驶车辆方向	150～200m	检查员通道面上2.5m
	紧急照明设施		侧墙上方或者吊顶部位		

注：①手动报警器与消火栓，灭火器设置在同一箱内，安装位置不一定是1.5m；
②在隧道内，为了隔断噪声，准确地联络，需在侧墙上开孔口，在孔口处设置电话箱；
③在双孔隧道中，避难联络通道和紧急停车带应相对设置。

表4-4-2是单向行车隧道的标准，双向行车隧道的标准，必须将其防灾设施的规模以及设置计划与通风计划相结合，从造价、施工等方面综合地做出决定。图4-4-2是紧急设备等级为AA级的隧道内部布置情况。

日本在一些隧道中的应用情况见表4-4-4。

日本公路隧道紧急设备一览表

表4-4-4

隧道基本特性				设备设置状况						
隧道名称	长度（m）	交通流	通风方式	火灾检测器	灭火器（m）	洒水装置（m）	按钮通报装置（m）	应急电话（m）	警报显示板	闭路电视设备（m）
娓原隧道	914	单向	半纵流	12m×2	48	无	48	200	电光标志	无
天王山隧道	1453	单向	半纵流	12m×2	48	无	48	200	电光标志	无
蝉丸隧道	387	单向	无	无	48	无	48	200	电光标志	无
宇利隧道	958	单向	半纵流	12m×2	48	无	48	200	电光标志	132
日本板隧道	2045	单向	半纵流	12m×2	48	36	48	200	电光标志	202
清见寺隧道	780	单向	半纵流	12m×2	48	无	48	200	电光标志	无
都夫良野隧道	1672	单向	半纵流	12m×2	48	36	48	200	电光标志	140
汐留隧道	285	单向	半纵流	无	100	无	100	100	电光标志	—
羽田隧道	300	单向	半纵流	无	100	无	100	100	电光标志	—
千代田隧道	900	单向	横流	无	50	无	100	100	电光标志	—
关门隧道	3461	双向	横流	50空气管	50	50m	48	200	电光标志	173
世子隧道	2953	双向	半纵流		50		50	200	电光标志	无
金精隧道	755	双向	无	无	无	无	无	无	无	无
宇津谷隧道	840	双向	纵流	无	无	无	无	无	无	无
三国隧道	1218	双向	纵流	无	无	无	无	无	无	无
栗子隧道	2693	双向	半纵流	15m	500	无	无	400	电光标志	无

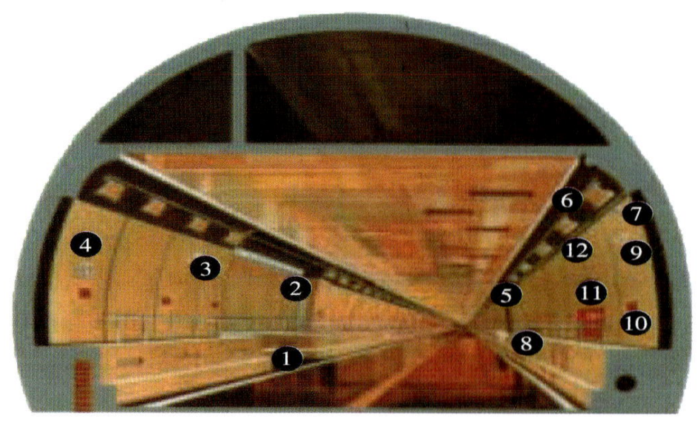

图4-4-2 紧急设备等级为AA级的隧道内部布置情况

1-紧急停车带（间隔750m）；2-可调速度限制标志；3-CCTV（间隔200m）；4-紧急电话（间隔200m）；5-逃生通道（间隔750m）；6-无线通信辅助设备；7-扬声器；8-检查通道；9-可见度测试表；10-火灾自动探测器（间隔25m）；11-消防栓（间隔50m）；12-喷水龙头（间隔5m）；

2. 我国香港地区及台湾省

我国香港及台湾等地区一些隧道监控设施的布设情况见表4-4-5、表4-4-6。

香港隧道外场设备　　表4-4-5

项目＼隧道	东区海底隧道	将军澳隧道	大老山隧道	备　注
隧道长度	1.8km	800m	4km	
隧道管理区段长度	2.3km	2.6km	6.8km	
车道数	单向双车道	双向双车道	双向双车道	
应急电话和消防洞	150m	50m	150m	
闭路电视摄像机	200m	50m	200m	180° 旋转
Loop检测器	500m	500m	500m	车速低于15km/h判定为阻塞
通信方式	有线+无线广播系统（紧急时间）	泄漏电缆交通信息广播系统	有线+无线广播系统（紧急时间）	
隧道内车道指示标志	150m	50m	150m	（双面）“×”“↓”
隧道外可变情报板	有	有	有	双向
吹风机	100m	100m	100m	
横向通道间隔	100m	100m	100m	双洞紧急通行
隧道内限速	70km/h（日） 50km/h（夜）	70km/h（日） 50km/h（夜）	70km/h（日） 50km/h（夜）	固定式
隧道外可变限速	有	有	有	
CO和火灾检测	有	有	有	
照明方式	双侧式	双侧式	双侧式	

隧道监控与安全防灾设施（备）设置准则建议　　表4-4-6

设备项目		隧道等级					设置位置	设置间距	设置高度	备　注
		AA	A	B	C	D				
通报警报设备	应急电话	○	○	○	○		紧急地点之隧道侧壁	150~175m	车道上方1.2~1.5m	隧道长度小于175m者免设
	按钮式通报装置	○	○	○	○		隧道侧壁（消防栓旁）	50m	车道上方1.2~1.5m	
	火灾检测器	○	△				视系统而定	视系统而定	视系统而定	隧道无通风设备者免设
消防设备	灭火器	○	○	○			与消防栓摆设一起（人行横坑之侧壁）	50m	车道上方1.5m	
	洒水装置						建议不设置	建议不设置	建议不设置	
	消防栓	○	○				紧急地点之隧道侧壁	50m	车道上方1.5m	
	给水栓	○	△				紧急地点、洞口	300~350m	车道上方0.5~1m	隧道洞口前150m

续上表

设备项目		隧道等级					设置位置	设置间距	设置高度	备注
		AA	A	B	C	D				
避难指引设施（备）	指引标示板	○	○	○			内车道侧壁	50m	车道上方1.5m	横坑口及横坑内
	人行横坑	○	△				—	300~350m	—	隧道长度小于350m者免设
	车行横坑	○	△				—	1400~1500m	—	隧道长度小于1500m者免设
	紧急停车弯	○	△				主隧道车道右侧设置	300~350m	—	
	人行步道	○	△				主隧道车道右侧设置	—	视隧道实际情况而定	
监视设备	闭路电视摄影机	○	△				紧急地点之隧道侧壁、隧道入口	150~200m	隧道内：3.3m 隧道外：5.4m	
交通控制设备	交通号志	○	△				紧急地点、洞口	150~300m	车道上方4.6~5.1m	仅单孔双向隧道设置
	车道管制号志	○	△				紧急地点、洞口	150~300m	车道上方4.6~5.1m	
	资讯可变标志	○	○	○	○		洞口及紧急停车弯	—	车道上方4.6~4.9m	洞口前150~220m
	速限可变标志	○	△				隧道侧壁、洞口	300~600m	车道上方4.6~4.9m	
检测设备	车辆检测器	○	△				视系统而定	视系统而定	视系统而定	
	超速检测器	○	△				洞口前、易肇事地点	—	车道上方3.3m	视需要设置
	一氧化碳检测器	○	△				隧道侧壁、洞口前	600~700m	人行步道上方1.5m	
	氮氧化物检测器	○	△				隧道侧壁、洞口前	600~700m	人行步道上方1.5m	
	烟尘浓度检测器	○	△				隧道侧壁、洞口前	600~700m	人行步道上方1.5m	
	超高检测器	○	○	○	○	○	洞口前	—	车道上方4.6m	
	限高门架	○	○	○	○	○	洞口前	—	车道上方4.6m	

注：①○表示隧道内原则上必要之设施（备）；△表示隧道内视需要装设之设施（备）；
②隧道内紧急地点包括人行横坑、车行横坑、紧急停车弯等处；
③隧道路段之易肇事地点包括弯道、下坡路段、隧道出入口等处；
④本表所列数字为原则性建议，实际设置时应考虑各设置（施）间之相互配合性。

3. 欧洲

在欧洲，不论是单洞还是双洞隧道，都要依据车流量和隧道长度分类，新的公路隧道分级标准中，根据隧道类型和交通量将隧道分成5个等级，一级隧道要求满足最严格的安全需要，对于一、二级双向隧道，强制要求具有逃亡路线和安全通道，一旦发生火灾，系统必须能将隧道内的烟雾沿同一方向排出，隧道要严格选用排风设备。双洞隧道的附加营救设施包括：在事故发生时，另一个通道用于逃生和营救。人行横洞布置要求最大间距不超过500m，每隔两个通道要求可以通过急救服务车辆，同时要防止有毒烟雾从一个洞蔓延到另一个洞。此外，所有隧道的最低安全配置标准如下（表4-4-7）：

（1）逃亡路线。要求每隔100m有指示灯指示，每隔25m有指示牌指示。

（2）消防设备。要求隧道内每隔150m及出入口处安装消防设施，每隔150m要为消防员提供水源。

（3）无线广播设备。在整个隧道内要求具有用于紧急服务的专门频道，隧道管理员和紧急救济员可以通过无线广播来传达紧急信息。

（4）视频监控系统。隧道长度超过1000m时必须安装，包括自动事件检测报警系统。

（5）道路标识。隧道中要采用专门为逃亡路线和安全设施设计的道路标识。

（6）控制中心。行政机关要确定隧道是否需要一个控制室。

欧洲各级隧道配置标准　　表4-4-7

设备分类	设备类型	Ⅰ级	Ⅱ级	Ⅲ级	Ⅳ级	Ⅴ级	说明
照明	永久照明	●	●	●	◎	◎	
	安全照明	●	●	●	◎	○	至少每100m一个
	电源供应	●	●	●	◎	◎	
通信	紧急电话	●	●	●	◎	◎	
	无线广播	●	●	◎	◎	○	
	扬声器	●	●	◎	◎	○	
交通管理	紧急停车站	●	●	●	◎	◎	至少每150m一个
	CCTV（闭路电视）	●	●	◎	○	○	1000m以上隧道配置
	可变信息板	●	●	◎	○	○	
	隧道封闭设备	●	●	◎	○	○	1000m以上隧道配置
	拦截车辆设备	◎	◎	○	○	○	
	控制车辆高度设备	●	◎	◎	○	○	
	控制中心	●	●	◎	○	○	
事件检测	自动事件检测	●	●	◎	○	○	
	火灾监测	●	●	◎	○	○	
	人工报警	●	●	●	●	◎	
	自动报警设备	●	●	◎	○	○	
	通风	●	●	◎	○	○	
事故管理	灭火器	●	●	●	◎	○	至少每150m一个
	水龙头	●	●	●	◎	○	至少每150m一个
	水源供应	●	●	●	○	○	

续上表

设备分类	设 备 类 型	Ⅰ级	Ⅱ级	Ⅲ级	Ⅳ级	Ⅴ级	说 明
预防事故设备	火灾预防结构和装备	●	●	◎	○	○	
	紧急人行道	●	●	●	◎	○	
	紧急出口	●	●	●	◎	○	至少每500m一个
	救援服务的紧急通道	●	●	◎	○	○	至少每1500m一个
	紧急走廊	●	●	◎	○	○	
结构措施	路旁停车处	●	◎	○	○	○	至少每1000m一个
	紧急行车道	◎	◎	○	○	○	
	营救避难所	◎	◎	○	○	○	
入口消防队		◎	○	○	○	○	

注：“●”为强制要求使用，“◎”为建议采用；“○”为可选。

二、我国公路隧道防灾等级与设备配置

我国对于公路隧道消防还没有专门的设计规范，隧道防灾附属设施标准按《公路隧道交通工程设计规范》(JTG/T D71—2004)执行，公路隧道交通工程分级根据隧道长度和隧道交通量两个因素划分为A、B、C、D共4级，见表4-4-8。

我国高速公路隧道交通工程设施配置　　表4-4-8

设 施 名 称		隧道交通工程分级			
		A	B	C	D
标志标线	标志	●	●	●	●
	标线	●	●	●	●
交通监控设施	车辆检测器	●	■	▲	—
	摄像机	●	●	▲	—
	可变限速标志	●	■	▲	—
	可变信息标志	●	■	▲	—
	交通信号灯	●	■	▲	—
	车道指示器	●	■	▲	—
通风与照明控制设施	VI检测器	●	■	▲	—
	CO检测器	●	■	▲	—
	风速风向检测器	●	■	▲	—
	亮度检测器	●	■	▲	—
紧急呼叫设施	紧急电话	●	●	▲	
	有线广播	●	■	▲	—

续上表

设施名称		隧道交通工程分级			
		A	B	C	D
火灾报警、消防与避难设施	火灾探测器	●	■	▲	—
	手动报警按钮	●	●	▲	—
	灭火器	●	●	●	●
	消火栓	●	●	▲	—
	固定式水成膜泡沫灭火装置	●	■	▲	—
中央控制管理设施	计算机设备	●	■	▲	—
	显示设备	●	■	▲	—
	控制台	●	■	▲	—

注："●"为必选设施；"■"为应选设施；"▲"为可选设施；"—"为不作要求。

第二节　公路隧道监控设施

本节主要对公路隧道的火灾自动报警系统、火灾应急广播及紧急电话系统、闭路电视监视系统、环境信息采集系统、消防灭火设施系统、安全疏散与避难横洞设施等的配置进行介绍。

一、火灾报警系统配置

1. 火灾自动报警系统配置

火灾自动报警系统可无间隙、不间断地、在任何时刻和无人干预的情况下对隧道内进行自动监测，能在火灾发生的最初阶段自动报警。它能将检测信息通过隧道本地控制器或直接上传到控制室，在控制室火灾报警监测单元上进行声光报警，声光报警在事故处理完毕后自动消除。

隧道内可采用点型火焰探测器、感温探测器、图像探测器等。

点型火焰火灾探测器布置在单洞两车道、三车道隧道宜单侧布设，置于隧道侧壁；单洞四车道隧道应双侧布设。同时应从隧道洞口以内10m范围内沿隧道以50m间距连续布置。

感温光纤探测器和光纤光栅探测器在单洞两车道隧道宜单排布设，置于隧道拱顶中央；单洞三车道、四车道隧道应双排布设。同时宜从隧道洞口以内20m处开始沿隧道连续布置，探测器至顶棚的距离宜为0.1~0.15m。

如第二章内容所述，各类火灾探测器均有不足之处，均不能很好满足隧道不同工况下的火灾实时报警，所以对报警精度和实时性要求高的自动喷淋灭火系统，应在隧道内采用不同类型的火灾探测器组合。

2. 手动报警按钮配置

手动报警按钮为自动火灾检测器辅助设备。正常时，隧道内火灾警报皆由自动火灾检测器发出警报信号，当自动火灾检测器仍在检测中而尚未发出警报信号，或该区火灾检测器故障时，可利用按钮式报警装置，以人为操作方式，发出警报信号。

手动火灾报警一般为按钮式，装在隧道侧壁，为防止误触，按钮由透明化学材料密封，8kg 以下的手力就能将密封罩打破而不致伤手。

按钮式报警装置设于隧道侧壁，通常与消防设备（如灭火器、消防栓）设置于同一处，以便于前往取用消防设备人员按下消防箱旁的手动报警装置，发出警报信号告知其他用路者。其间距一般为 50m，设置高度以距车道面 1.2~1.5m 为宜。

3. 门报警器配置

门报警器为恒磁接点开关。同一报警回路最多可以并接 4 只门报警器。设置门报警器可安装在消防设备洞门及人行避难通道门上。洞门开启，开关闭合，立即向中心控制室报警。

二、火灾应急广播系统和隧道紧急电话设置

1. 火灾应急广播系统

隧道内交通堵塞、交通事故和火灾等紧急情况发生时，为引导车辆及其驾乘人员进行避难、疏散和疏导交通的同时，考虑到隧道内的屏蔽效应对无线、有线通讯的影响，火灾应急广播系统可作为灭火救援时传递指挥信息的辅助设施。当隧道内由于火灾或交通事故而发生交通阻塞时，中央控制室的操作人员可通过广播向隧道内的车辆发出事故信息，引导车辆及其驾乘人员疏散的同时，指挥隧道外的车辆有序停驻，避免造成新的交通堵塞和次生灾害。平时也可利用此系统传递交通信息。因此，设有火灾自动报警系统的隧道均有必要设置火灾应急广播系统。隧道内扬声器固定在灯具下方行车方向右侧的隧道侧壁上，面向行车方向，并可垂直和水平调节扬声器的朝向。扬声器和固定设施的几何尺寸不超过隧道建筑净空限界。

2. 隧道紧急电话

隧道紧急电话是供隧道内的驾乘人员在发生行车事故等紧急情况时，向公路管理单位报警的设施，就其呼叫方式和功能来看，可作为消防专用电话使用。本着科学、合理、经济的原则，隧道紧急电话系统在满足《火灾自动报警系统设计规范》相关规定的情况下，可不再单独设置隧道消防专用电话系统。隧道工程要求紧急电话系统可作为专用呼救系统，自成体系，系统仅供紧急电话分机与紧急电话控制器之间通话，分机与分机之间，系统与其他系统之间均不能交换或转接。紧急电话分机呼叫时，紧急电话控制器具有声、光显示，并自动显示呼叫分机位置；当控制器与一台分机通话通时，有其他分机呼叫，控制器上有声、光显示，并有提示音，通知正在呼叫的分机作短暂等待。紧急电话控制器还要求具备自检功能，可自动检测系统的正常和故障状态，并能自动录音、记录和打印。中央控制室计算机可将紧急电话呼叫信号传至上级部门，再通过闭路电视控制器控制呼叫地区的摄像机工作并录像，中心计算机同时可将信号送至地图板和大屏幕显示设备，显示呼叫分机位置。

（1）系统构成

应急电话系统由应急电话主机及外围设备、传输线路和应急电话分机组成。主机及外围设备包括计算机、显示器、打印机、电话机、录音机及供电设备等。传输线路一般采用长途对称电缆或市话电缆。若采用光纤电缆具有较强的抗干扰能力，但需增设光电连接器。分机主要包括平衡网络、信号收发电路、语音收发电路和送受话器件。

（2）设置

设置间距：国际路协（PIARC）年建议都市地区高交通量隧道每 50m 设一台，山区长隧道则每 300m 设一台，日本及法国均采用 200m 间隔设置标准，瑞士及德国以 150m 为设置标准，奥地利设置间距不大于 250m。我国目前采用 200~300m 间隔。在总长不足 200m 的隧道中不设应急电话。因洞口

设有应急电话，且入洞口 200m 之内是驾驶人适应亮度变化的路段，不宜设应急电话，以免打电话停车给交通带来不便。

设置位置：应急电话设置于隧道侧壁，若单向隧道则置于车道右侧，双向隧道则置于两侧，紧急停车带应设应急电话。当隧道发生事故时，预料当事人首先会跑出洞口，因此在二方洞口外 10m 处可各设一台应急电话。洞内应急电话应有隔音洞室，以防止隧道内噪声。室内应有照明。应急电话迎行车方向安装。洞室上方，在迎车方向有表示应急电话的发光标志。为使报案者易于操作，电话高度以距车道面 1.2~1.5m 为宜。

三、闭路电视监视系统

目前隧道闭路电视系统均采用对隧道全部路段进行完全的可视性监视。平时用以掌握交通状况，便于交通控制；紧急时用以确认通报设备上传的信息，及监视消防活动、疏散行动等状况。

隧道闭路电视系统对隧道出、入口及隧道内的交通流量、车流密度及道路使用状况进行监视，可及时、直观地得到关于交通阻塞的现场情况画面，辨认事故类型及其严重程度。

通过闭路电视系统可对隧道控制信号（如车道灯、交通信号灯、可变限速标志、可变情报板等）进行直观确认。闭路电视系统还可配合 CO 检测器、能见度检测器等对隧道内空气质量进行监视。

在隧道中闭路电视系统还有一个最突出的作用就是用于监视隧道内各种防灾设备，尤其是对隧道内火灾报警予以确认。该系统从中心计算机接收来自隧道内各通报设备发出的报警信息，进行摄像机的选择控制，自动显示报警区段及相邻区段的图像，并自动录像，自动将时间、摄像机号码记录在录像带上。为值班人员提供处理事故的直接依据。如几种通报设备同时报警，设计应设定火灾报警区优先显示。

闭路电视监视器可在控制台上设 1~2 台，可切换显示任意一台摄像机的画面。在地图板上若和外场摄像机一对一设置显示器，则可得到连贯的整条隧道的画面。若长隧道摄像机数量太多，监视器可采用一对多的选择显示方式。每个摄像机的图像以预定的速度显示在监视器上或进行选择显示，监视器也可采用多画面显示方式。

国内标准规定摄像机间距为 100~150m，国外一般为 200m，并结合隧道线形考虑具体间距。事实上，间距取决于摄像机的焦距和线形间距过短，不仅带来投资的增加，更重要的是带来维护量的增加。当 CCTV 和视频车辆检测相结合时，需考虑功能要求，当交通量较小时，仅将进出口的摄像机信号送入视频处理器即可，这时仅用于交通信息统计，当要检测交通异常时，应根据交通量确定间距，一般不大于 750m，当要检测火灾时，则应将所有摄像机信号传输给视频处理器，进行无盲区检测。

1. 系统构成

（1）闭路电视系统在中控室由控制台、微处理器构成的闭路电视控制器、视频切换矩阵、视频分配器、字符、日期时间发生器、录相机、监视器、光端机、电缆等组成。

（2）在隧道口两头各设一台室外全天候、具有光圈自动调节、变焦镜头的低照度摄像机。配有云台、防护罩和解码器。用于监视隧道口交通信号灯、车道灯、可变标志及出入隧道口的车流。紧急状态下可监视车辆疏散情况。

（3）隧道洞内可设配有防护罩的数台低照度定焦距摄像机。配有自动光圈以适应光线的变化。达到连续监视全隧道各种设备及运行状况的目的。

2. 设置

隧道内摄像机的设置要使主要监视对象物（应急电话、消火栓、报警按钮等应急设备）处于摄像

机观察最佳位置上，如图 4-4-3 所示。在某些特定位置，如备用车道、交通连接道、弯道、汇合点、分叉点处，摄像头也应能提供清楚的图像。

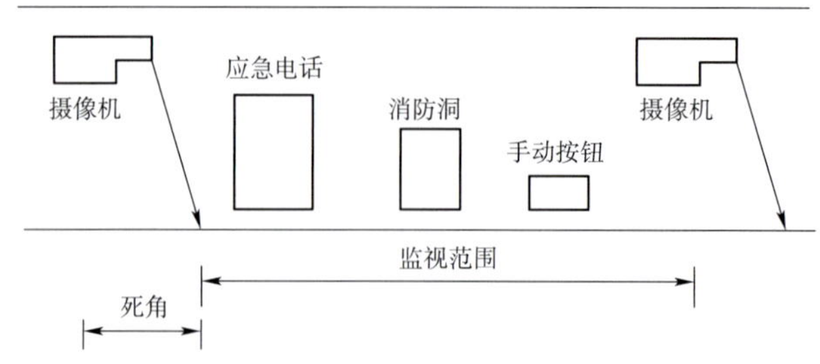

图4-4-3　摄像机设置位置与监视对象关系示意图

隧道内摄像机的设置以在全区间内无死角为目的，来确定透镜的规格和配置位置及间隔，如图 4-4-4 及表 4-4-9。一般直线隧道安装间距定为 150~200m，镜头的焦距为 50mm 或 75mm。

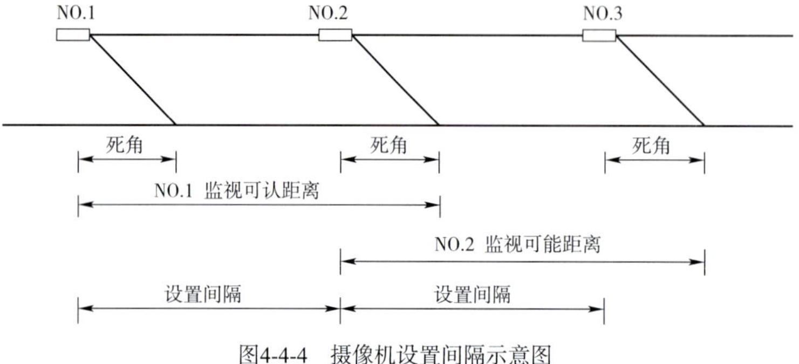

图4-4-4　摄像机设置间隔示意图

摄像机设置间距参考（日）　　表4-4-9

项目 \ f值	12.5	25	50	75	100	135
监视可能距离L（m）	42	84	165	255	330	460
死角S（m）	3.6	8.2	17.0	24.4	34.3	42.9
设置间距D=（L–S）（m）	38.4	75.8	148	230.6	295.7	417.1

摄像机视线受隧道侧壁得阻碍，发生死角，摄像机设置在曲线的内侧壁和外侧壁是不同的。设置在内侧侧壁的场合，如图 4-4-5 所示。

图中由摄像机到 A 点和 B 点的距离 l_A、l_B 通过下式求得：

$$l_A = \frac{\pi}{180} R\left(\cos^{-1}\frac{R-W}{R-d}\right) \tag{4-4-1}$$

$$l_B = \frac{\pi}{180} R\left(\cos^{-1}\frac{R-W}{R-d} + \cos^{-1}\frac{R-W}{R+W}\right) \tag{4-4-2}$$

式中：l_A——摄像机到切点A的曲线距离；

l_B——摄像机到切线与隧道曲线焦点B的曲线距离；

R——车道中线处的曲线半径；

W——单车道宽度；

d——摄像机投影位置与车道中线的距离。

设置在外侧侧壁的场合如图 4-4-6、图 4-4-7 所示。

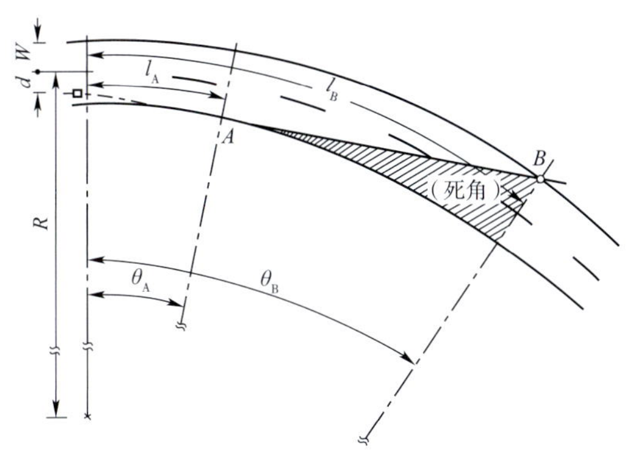

图4-4-5　摄像机在隧道内侧壁的设置

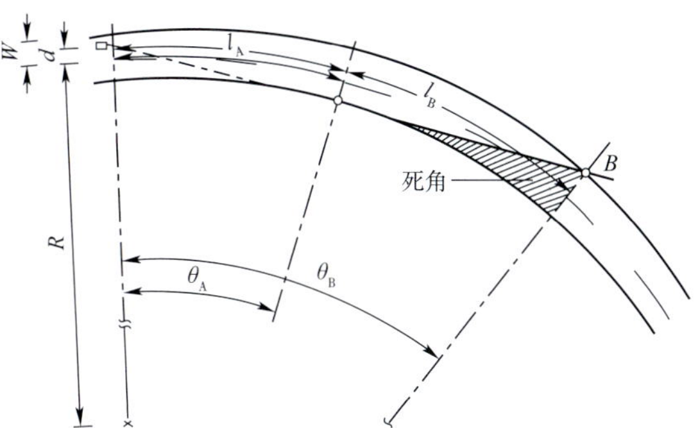

图4-4-6　摄像机在隧道外侧壁的设置

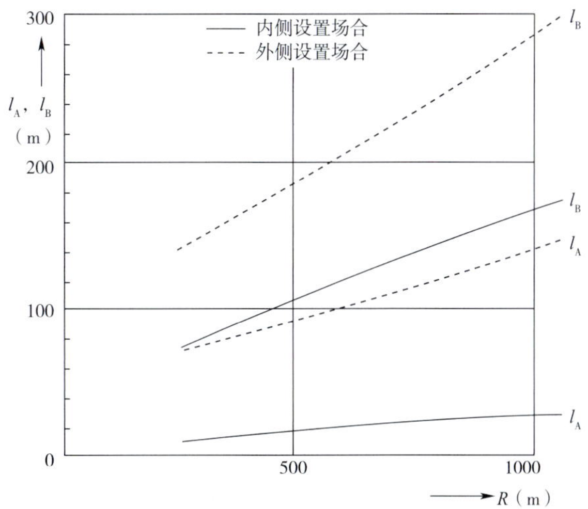

图4-4-7　摄像机视线同侧壁的交点

由摄像机到 A 点和 B 点的距离 l_A、l_B 通过式（4-4-3）和式（4-4-4）求得：

$$l_A=\frac{\pi}{180}R\left(\cos^{-1}\frac{R-W}{R+d}\right) \tag{4-4-3}$$

$$l_B=\frac{\pi}{180}R\left(\cos^{-1}\frac{R-W}{R+d}+\cos^{-1}\frac{R-W}{R+W}\right) \tag{4-4-4}$$

式中：l_A——摄像机到切点A的曲线距离；

l_B——摄像机到切线与隧道曲线焦点B的曲线距离；

R——车道中线处的曲线半径；

W——单车道宽度；

d——摄像机投影位置与车道中线的距离。

根据 R=300m、500m、700m、1000m，W=5m，d=4.7m 求出的 l_A、l_B 见表 4-4-10。

不同曲率半径隧道中摄像机的设置　　　表4-4-10

位置 / R	内侧设置		外侧设置		位置 / R	内侧设置		外侧设置	
	l_A	l_B	l_A	l_B		l_A	l_B	l_A	l_B
300	13.5	90.6	75.9	152.9	700	20.6	138.6	116.3	234.3
500	17.4	117.1	98.1	197.9	1000	24.6	165.7	139.1	280.3

由这些图表结果，可以明显看到，摄像机设置在外侧壁时死角小，摄像机利用率较高。实际上，因经济关系，设置摄像机台数有限，还要考虑和隧道其他设施的关系，要完全没有死角是很困难的，但要尽量减少死角。

S 形曲线隧道摄像机的设置如图 4-4-8 所示。

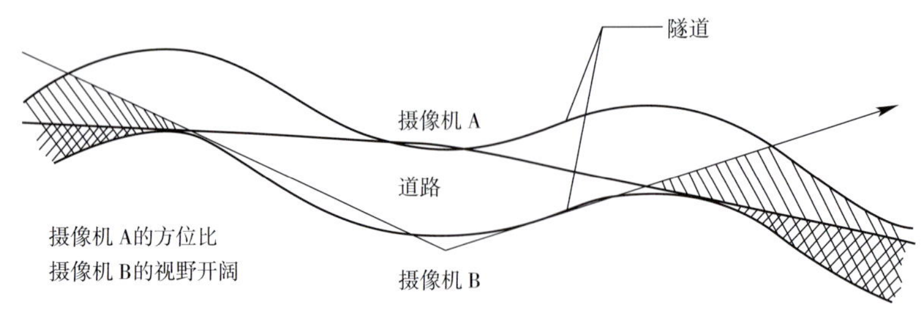

图4-4-8　S形曲线隧道中摄像机的设置

为了得到隧道内交通的总貌，每隔 250~300m 设一个摄像头已足够，但要更详细地进行观察，比如要看清楚抛锚的车辆或路上人员，则间距应减小到 150~200m。西德规定要求间距为 150~300m，日本 AA 级的隧道中以 200m 间隔设置摄像头。日本几条隧道采用的间距见表 4-4-11。

日本AA级的隧道中摄像头设置间隔　　表4-4-11

隧道名称	隧道长度	台/隧道	平均间距	隧道名称	隧道长度	台/隧道	平均间距
都夫良野隧道	1676m	12	140m	宇利隧道	958m	7	132m
日本板隧道	2045m	10	202m	关门隧道	3461m	20	173m

四、环境信息采集系统

环境信息包括能见度、CO 浓度、风速风向和亮度 4 项内容，其采集系统目的是为了了解隧道的实时环境情况是否满足规范要求。环境信息检测设备包括能见度检测仪、CO 浓度检测仪、风速风向检测仪和亮度检测仪。

隧道环境状况和交通量、隧道长度、车速和交通组成有关。环境控制工况有正常交通工况、阻塞工况和火灾工况 3 种情况，因此，环境检测设施布设应同时满足这 3 种工况环境控制的要求。

国内外在亮度检测仪布置方法上都相同，但对于能见度、CO 浓度和风速风向检测仪的布置差异较大。日本按照每 600~700m 设置一套能见度、CO 浓度和风速风向检测仪，这一间距与车行横洞间距相差不大，但没有明确按照每两个车行横洞之间设置一套。我国相关标准有《公路隧道通风照明设计规范》（JTJ026.1—1999）和《高速公路隧道监控系统模式》（GB/T 18567—2012），前者规定设置间距为 300~500m，后者规定射流风机纵向通风在弯道处及距出口 100~150m 处设置，有竖井通风的隧道在竖井处设置，两个标准不一致。前者采用均匀布置，间距远小于国外的规定，规模较大；后者规模较小，采用重点检测，测量最大浓度，但不满足火灾工况通风控制的要求，因为，发生火灾时需要开启车行横通道门，从而改变了风流组织，需要了解车行横通道门之间的环境状况，以便进行通风控制。鉴于此，能见度、CO 浓度和风速风向检测设施，应采用分段布设的方法，以车行横通道为界，将每两个车行横通道之间的范围作为一个检测单元，设置一套能见度、CO 浓度和风速风向检测设施。

第三节　公路隧道消防灭火设施配置

一、消防用水量配置

隧道消防用水量应按照室内、外消火栓用水量之和计算。隧道消防用水量应根据隧道长度、防火等级、同一时间火灾次数、火场用水量和国民经济发展水平等因素综合考虑确定。针对隧道的特点，隧道消火栓系统通常将室内、外消火栓设计在一个环状管网上，统一由消防水池或消防水泵供水。日本规范按照3个室内消火栓和2个室外消火栓同时作用算，消防用水量为35~45L/s，德国规范消防用水量为20L/s，美国规范为32L/s；国家标准《建筑设计防火规范》（GB 50016—2012）中规定，城市隧道消防用水量包括隧道内用水量和隧道洞外用水量，根据隧道类别分别为20L/s、30L/s和10L/s、20L/s。

二、消防水池的配置

公路隧道附近很少有市政供水系统，消防水源以天然水源为主。山区的公路隧道，多采用山泉水、山涧水和地下水等天然水源进行消防供水。由于地区、季节的差异，山泉水、山涧水的水量变化很大，枯水期甚至有断流的可能。所以，当采用山泉水、山涧水作为消防水源时，必须设置消防水池，并要对水源的可靠性进行认真调查，选择未出现过断流的水源作为消防水源；消防水池前要设置拦水坝等取水设施。考虑到隧道中喷雾水枪、泡沫灭火装置、静压减压装置等的使用效果，要根据水源的水质情况，设置水气分离井、沉淀池、澄清池等净化水处理设施，避免水流中夹带大量的泥沙、杂物，对水系灭火系统产生严重影响。

三、隧道消防水泵房设置要求

临时高压消防给水系统是指隧道管网最不利点消火栓平时水压和流量不能满足灭火需要，在水泵房内设有消防水泵，火灾时启动消防水泵，使管网内的压力和流量满足灭火需要。隧道临时高压消防给水系统通常有3种方式：一是消防水池设置在消防水泵房附近，消防给水管网的压力完全靠消防水泵启动获得，初期火灾的消防用水量靠高位水箱供给；二是隧道外设有高位消防水池，但消防水池的高程差不能满足最不利点灭火压力的要求，水泵房设置在隧道附近，水泵直接吸水加压；三是隧道由于受到周围环境和地形、地质条件等限制，无法设置高位消防水箱和高位消防水池，隧道管网平时由稳压泵等增压设施来保持足够的压力，水泵房内的消防水泵只在火灾时启动，以满足灭火时所需的水量和压力要求。为确保第二种、第三种方式中消防水泵、稳压泵能够及时启动，要求消防水泵和稳压泵的控制模式除应具备常规的火灾报警联动启动、现场紧急启动、控制室或消火栓启动按钮远程启动外，还应具备降压启动模式。对于隧道合用消防水泵的情况，消防水泵扬程和流量的确定应分别以隧道群中用水量最大的一条隧道的消防用水量和供水压力最大的一条隧道的压力作为确定标准。消防水泵房是水系灭火系统的中枢，其安全直接关系到水系灭火系统的灭火效果。因此消防水泵房的设置应就隧道耐火等级、隧道平面布局、安全疏散、消防应急设施等方面综合考虑。

四、隧道消防给水管道和消火栓系统设置

为保证隧道消防水系灭火系统的安全可靠性，隧道消防给水管网布置成环状，便于在某段管网维修或发生故障时，仍能保证火场用水；常高压给水系统从高位消防水池至环状管网的引水管和临时高

压给水系统从消防水泵房至环状管网的引水管不应少于 2 根。

为确保隧道环状管网在任何情况下，都能满足火场用水需要，有必要使用阀门将环状管网分成若干段，以便于管道局部损坏或检修时，关闭损坏或检修段管网两端的阀门，其他管段的消火栓仍能正常使用。隧道环状管网上的阀门应处于常开状态，考虑隧道使用管理中少人职守的特点，为防止检修后忘记开阀门，建议采用信号阀门，以便于随时观察其开启状态，防止阀门被关闭。

隧道内给水管道采用内外镀锌钢管，在其最高部位设置自动排气阀和过滤器，使管道充水时不存留空气防止水中杂质堵塞比例混合器等配件。

隧道每个出入口外应设置一组水泵接合器和室外消火栓；双向交通隧道宜在隧道中部的适当位置设置一个室外消火栓。水泵接合器和室外消火栓宜采用地上式，当采用地下式消火栓和水泵接合器时，应有明显标志。室外消火栓和水泵接合器之间的距离宜为 15~40m。隧道内应采用双口双阀室内消火栓，且应符合以下规定：

（1）隧道内的任何部位应有两个消火栓水枪的充实水柱同时到达。消火栓水枪的充实水柱可通过水力计算确定，但不应小于 13m。

（2）消火栓箱应安装在隧道侧壁上，采用双开门暗箱消火栓箱，其尺寸和质量应符合现行国家标准《消火栓箱》（GB 14561—2003）的规定。

（3）消火栓箱设置间距不应大于 50m，设置明显的反光标志；具有箱门启闭信号反馈功能。

（4）距离隧道出入口最近的消火栓设置压力显示装置。

（5）消火栓采用同一规格型号。消火栓的栓口直径应为 65mm，水带长度不应超过 30m，水枪喷嘴直径不应小于 19mm，并选用多功能水枪。

（6）消火栓栓口距离检修道地面高度宜为 1.1m，栓口出水方向与隧道侧壁垂直。

（7）消火栓栓口的出水压力要保证喷雾水枪充分雾化。消火栓栓口的出水压力大于 0.50MPa 时，消火栓还应设置减压装置；消火栓栓口的静水压力大于 0.80MPa 时，在给水管道的相应管段上应设置静压减压装置。

（8）临时高压给水系统的每个消火栓箱内设置一只直接启动消防水泵的按钮。

五、隧道其他灭火设施配置

隧道运营管理用房是人员比较集中的场所，用于扑救这类场所的灭火系统必须是无毒或低毒，且无刺激性气体释放的灭火系统，以防止灭火剂误喷射或火灾时人员撤离不及时等致使人员中毒或造成其他伤害；设备用房的灭火系统，随着卤代烷气体灭火系统被限制使用和灭火系统的不断推陈出新，可选用的灭火系统有洁净气体灭火系统、水喷雾灭火系统、细水雾灭火系统等。有的灭火系统，灭火时伴随有热量和刺激性气体放出，对人体和设备存在不同程度损伤的，附属用房内不宜使用。

隧道内发生 A 类、B 类、C 类火灾和电器火灾的可能性都存在，根据现行国家标准《建筑灭火器配置设计规范》（GB 50140—2005）规定，隧道内适合配置 ABC 干粉灭火器和其他适用于扑救 A、B、C 类火灾的通用灭火器。隧道内配置的能够扑救 A、B、C 类火灾的手提式灭火器符合下列规定：

（1）隧道内灭火器配置基准不小于最小配置灭火级别的要求。

（2）灭火器成组配置在灭火器箱内，每个灭火器箱内的灭火器数量不应少于 2 具，不宜多于 5 具。

（3）灭火器箱安装在隧道侧壁上，采用嵌墙型开门式灭火器箱，其尺寸和质量符合现行行业标准《灭火器箱》（GA 139—2009）的规定。

（4）灭火器箱设置间距不大于 50m，灭火器箱上有明显的反光标志；具备箱门启闭信号反馈功能。

（5）每个灭火器箱内灭火器数量按照下式计算：

$$N=K\times K_{L}lW/UQ_{n} \quad (4\text{-}4\text{-}5)$$

式中：N——每个灭火器箱内的灭火器数量；

l——灭火器箱的设置间距（m）；

W——单孔隧道横断面的建筑界限净宽（m）；

U——隧道内灭火器配置基准（m^2/B）；

Q_n——拟选用灭火器所对应的配置灭火级别（B）；

K——灭火设施修正系数。未设置灭火系统时，K取1.0；设置消火栓系统或水成膜泡沫灭火装置时，K取0.7；

K_L——隧道长度修正系数。特长隧道、双向交通长隧道，K_L取1.3；其余隧道，K_L取1.0。

第四节　避难联络通道设施

一、避难联络通道设置间距

1. 现有规范情况

隧道避难联络通道平时主要作为巡查、维修、养护的联络道使用，并可作为隧道局部检修时车辆转换方向、并道的过渡通道使用；火灾和其他紧急情况下，横洞的作用主要是疏导交通、临时避难、人车安全疏散和灭火救援的通道。尤其对于长度超过 1000m 以上的长大隧道避难联络通道更是隧道中能够疏散、远离灾害发生点，是进行灾害紧急救助的唯一途径。避难联络通道的设置间距，除能减少不必要的施工成本及工期的浪费，也能保证隧道行车的安全性，确保隧道使用者的安全。

人员疏散是否安全的一个很重要的标准便是人员能否在危险条件来临之前疏散到安全地点。避难联络通道作为隧道的安全地带，其间距的设置在人员疏散中占重要地位。对于避难联络通道间距的确定，目前我国还没有针对特长公路隧道出台相关的消防设计规范。我国在《公路隧道交通工程设计规范》（JTG/T D71—2004）和《公路隧道设计规范》（JTG D70—2004）相关规定如下。

（1）《公路隧道交通工程设计规范》（JTG/T D71—2004）的相关规定

①上下行分离式独立双洞的公路隧道之间应设置横向通道，人行联络通道设置间距可取 250m，且不大于 400m；隧道长度 500m 以下不设，隧道在 500~800m 之间宜设一处。

②车行联络通道设置间距可取 750m，且不大于 1000m；隧道长度 1000m 以下，不设行车横洞，长度在 1000~1500m 之间宜设一处。

（2）《公路隧道设计规范》（JTG D70—2004）的相关规定

①上下行分离式独立双洞的公路隧道之间应设置横向联络通道，人行联络通道设置间距可取 250m，且不大于 500m。

②车行联络通道设置间距可取 750m，且不大于 1000m。

③长 1000 ~1500m 的隧道宜设置一处车行联络通道。

可以看出，两个规范推荐的隧道避难联络通道的设置间距基本一致。目前，我国高速公路的人行横通道通常按照 250m 设置，车行横通道按照 500m 或者 750m 设置。根据国内外经验特长隧道的避难联络通道间距取 250m，是保守的较低值。对于特长隧道，如果能在确保人员疏散安全的基础上，适当延长横通道间距，则有可能减少横通道个数，其经济效益相当明显。

2. 避难联络通道间距设置的对目标模型

公路隧道避难联络通道的最优间距应考虑避难人员的人身安全和经济可行性，其决策变量为车行

联络通道设置间距 D 和人行联络通道设置间距 d。于是公路隧道避难联络通道间距设置的多目标规划模型为：

目标函数：

$$\text{Min } Z_1=\sum_{i=1}^{2}(T_{ei})=\left(\frac{d}{v}+\frac{Q}{N'\times B'}\right) \tag{4-4-6}$$

目标函数：

$$\text{Min } Z_2=\sum_{i=1}^{2}(C_i)=\left(\frac{L}{d}-\frac{L}{D}\right)\times c_1'+\frac{L}{D}\times c_2' \tag{4-4-7}$$

$$0\leqslant D\leqslant L/2 \tag{4-4-8}$$

$$200\leqslant d\leqslant 600 \tag{4-4-9}$$

$$d\leqslant D \tag{4-4-10}$$

$$d>0 \tag{4-4-11}$$

$$D>0 \tag{4-4-12}$$

式中：T_{e1}——被困人员由距离避难出口最远端移动到出口所需的时间，s；

T_{e2}——被困人员通过避难出口疏散所需要的时间，s；

d——人行避难联络通道设置间距，m；

D——车行联络通道设置间距，m；

v——司乘人员避难疏散的步行速度，m/s；

Q——需要疏散的避难人数，人；

N'——避难出口疏散流量，人/（m·sec）或人/（m·min）；

B'——避难出口有效总宽度，m；

L——隧道长度，m；

B'——人行避难联络通道有效宽度，m；

C_1——人行避难联络通道设置总成本，元；

C_2——车行联络通道设置总成本，元；

c_1'——人行联络通道的单位设置成本，元；

c_2'——车行联络通道的单位设置成本，元。

其中，目标式（4-4-6）表示避难人员的人身最安全，即被困人员在遭遇突发的紧急情况时离开现场所需的时间最少；目标式（4-4-7）表示避难设施的成本最低；式（4-4-8）表示将车行联络通道的最大间距控制在隧道长度的一半；式（4-4-9）表示人行避难联络通道的设置间距；式（4-4-10）表示人行避难联络通道的设置间距应小于或等于车行联络通道的设置间距；式（4-4-11）表示人行避难联络通道的设置间距需大于零；式（4-4-12）表示车行联络通道的设置间距需大于零。

为使求解结果能够单纯化并具有一定的一致性，还需进行以下假设：

（1）意外事故发生在车行联络通道洞口处，这将使得事故地点上游遭到滞留而无法疏散的车辆数最多，而再往上游的车流则可通过前一个车行联络通道疏散到对向隧道中。

（2）通过运用火灾温度场以及烟雾扩散理论分析，受火灾影响最大的应为火灾点 600m 以内的司乘人员，在救援时应当优先考虑。

（3）为方便隧道施工，将车行联络通道的间距设置为人行通道的整数倍。

（4）避难联络通道的设施配置良好，在进行人员疏散时出口处无滞留现象发生。

（5）避难总时间在 10min 以内。

（6）在维持通道以及出口设施设备正常工作的情况下，避难群众都能够保持以最大密度进行疏散，且避难疏散的步行速度为 1m/s，避难出口的疏散流量为 100 人 /（min · m）。

（7）等待疏散避难的人数是受到事故阻碍的后方车辆中的所有司乘人员数。

紧急事件疏散与救援示意图如图 4-4-9 所示。

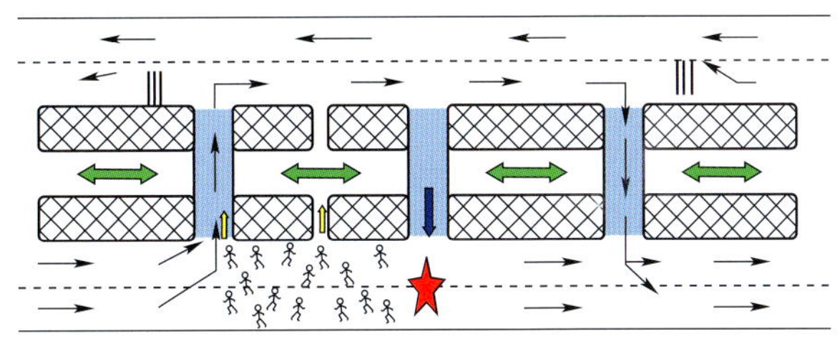

图4-4-9　紧急事件疏散与救援示意图

在综合考虑安全性与经济性等因素下，公路隧道避难联络通道设置间距通过多目标决策分析法得出：

（1）人行联络通道设置间距 300~400m。

（2）车行联络通道设置间距为人行联络通道的 3~4 倍。

二、避难联络通道防火防烟措施

火灾时有些人虽已进入安全避难所，但由于热和烟气的泄漏，最终还是导致了死亡。因此，安全避难所的最低耐火极限除应与隧道结构的耐火极限一致外，还应能够隔绝高热和阻止烟气进入，应考虑在这些区域设置独立的送风系统。《公路隧道交通工程设计规范》（JTD/T D71—2004）规定车行、人行联络通道的两端应设甲级防火门，防止火灾时，隧道内火焰和烟雾蔓延入联络通道内。

隧道中车行联络通道和人行联络通道设置的防火卷帘及其构造和施工工艺应满足以下要求：

（1）门扇各接缝处、导轨、卷筒等缝隙，有防火防烟密封措施，防止烟火窜入。

（2）在防火卷帘的两侧设置启闭装置，并能自动、手动和机械控制，保证应急使用。

（3）防火卷帘符合防火墙耐火极限的判定条件，耐火极限不低于 3.00h。

根据隧道内火灾危险性和烟火效应，为最大限度地减少火灾损失和人员伤亡，防火卷帘联动控制过程应设定为：火灾确认后，行人联络通道入口的防火卷帘应能自动、手动开启。起火点排烟方向上游行车横洞入口的防火卷帘全部开启；起火点排烟方向下游行车联络通道入口的防火卷帘，当横洞内无正压送风系统时，全部关闭；当横洞内有正压送风系统时，起火点附近的关闭，远离起火点的可开启。相邻未起火隧道横洞入口的防火卷帘全部开启，以便于空气流入横洞，在起火隧道横洞口形成正压。车辆、人员安全疏散后，根据现场指令，关闭或开启防火卷帘，以实现横洞及其防火卷帘在火灾不同阶段的安全疏散、灭火救援、防烟防火、防止火灾扩大蔓延的作用。

第五章　公路隧道管理与控制

第一节　公路隧道管理模式

一、传统公路隧道运营管理模式

公路隧道的运营管理模式将直接关系到公路隧道交通工程的初期工程投资和后期运营开支，传统公路隧道主要有常规运营管理、集中运营管理、集群运营管理等几种模式，其对比分析见表 4-5-1。

传统公路隧道运营管理模式对比分析　　表4-5-1

运营管理模式	优　　点	缺　　点
常规运营监控模式	隧道内出现突发事件时，能快速响应，并迅速处理	（1）每座长大隧道均设置管理所，人员配备多且需要全天值班； （2）各隧道均需配备全套监控设备并建设管理用房，工程投资大、运营开支大、设备利用率低、养护费用较高； （3）影响高速公路综合监控效果
集中运营监控模式	将隧道监控、道路监控合二为一，节约了投资，减少了人力，在同等投资条件下可采用更先进更现代的机电设备	（1）出现突发事件时，应急救援反应速度较慢； （2）须配备专业救援队伍和救援车辆； （3）须加强组织和管理应急救援工作； （4）路段监控中心选址须综合考虑隧道监控和道路监控的需要
集群运营监控模式	较常规监控模式节约了投资，减少了人力，降低了开支	（1）出现突发事件时，应急救援反应速度稍慢； （2）隧道管理所设在隧道群中间地带或辖区内最长的隧道附近； （3）须配备专业救援队伍和救援车辆

1. 常规运营管理模式

每座长大隧道均设置隧道管理所对其进行监控，同时将相关数据上传路段监控中心，管理所配置较为完善的监控设施。早期高速公路隧道多采用此种运营管理模式。如图 4-5-1、图 4-5-2 所示。

图4-5-1　陕西秦岭终南山公路隧道监控中心

图4-5-2　山西雁门关公路隧道监控中心

2. 集中运营管理模式

将路段全线作为一个整体区域进行集中监控管理，在长大隧道变电所设置无人值守的现场控制室，由路段监控中心直接监管全线，监控中心选址需综合考虑道路监控和隧道监控的需要。

3. 集群运营管理模式

设置若干隧道管理所对路段的多个隧道分别进行集中监控和管理，将所有隧道外场监测数据全部上传各隧道管理所，由其对辖区内的隧道实行统一监控。发生突发事件后，对应急救援工作进行统一指挥、统一调度，并向路段监控中心上传数据、图像等信息；路段监控中心对主线道路直接进行管理和控制，同时作为隧道管理所的上级管理机构，从宏观角度对全线实施协调与监管的功能，从而保证全线交通的安全和畅通。

在传统公路隧道运营管理模式下，监控范围一般仅包含隧道内及洞口前的几百米道路，即人为地将隧道与主线交通监控分离，这样的监控模式显然并非最佳。其不足之处归纳如下：

（1）高速公路监控是沿道路连续地进行的。因此，隧道监控除了应掌握隧道的交通信息外，还必须考虑其上游与下游路段的交通状况、道路状况，才能形成科学合理的交通诱导和控制方案。此外，隧道内外发生异常交通事件时，对相连道路互通立交的交通诱导和控制也是必不可缺的。

（2）传统运营管理模式将隧道监控系统作为独立系统考虑，隧道、道路交通监控数据存储在不同的数据库系统中，相互之间难以实现实时交换，不利于高速公路综合监控目标的实现。

（3）隧道、道路监控两大系统须经通信系统或传输网络互联，这就增多了监控系统的故障结点、增加了监控数据的交换时间、降低了监控系统的响应速度。

（4）“隧道与主线分离”增大了隧道管理所（站）设置规模，增多了管理人员配备和部分设备配置，增加了初期工程投资和后期运营开支。

二、公路隧道集中管理模式

传统运营管理模式将隧道与主线人为地分离，并且当隧道管理所与路段监控中心通信中断时，一旦隧道内外发生事故，路段监控中心将失去对路网交通控制与诱导的掌控力。

隧道管理所集中管理模式以长大隧道为核心，结合相邻的道路、特大桥以及互通立交（匝道）等交通情况，在长大隧道附近设置隧道管理所，对相邻的桥隧、路段、互通立交等道路交通进行监控；路段监控中心对隧道管理所上传的数据进行汇总，从宏观角度对全线进行监管。

山区高速公路沿线取水、用电十分困难，而且受地形条件限制，房屋建设缺少场地，对于隧道管理所的设置和管理人员的值班、安全、食宿等非常不利。因此，对于山岭重丘区的高速公路隧道，应尽可能地采用隧道与主线相结合的运营管理模式，其经济社会效益将是十分可观的。

山区高速公路隧道管理所统一管理模式的出发点是：根据相关标准和规范，在长大隧道附近选择一个地理位置较为适宜的A级监控隧道附近建立隧道管理所，监管包括桥隧、路段、互通立交等在内的道路交通，发生突发事件后对应急救援工作进行统一指挥、统一调度，并向路段监控中心上传数据、图像等信息。

隧道管理所统一管理模式的不同之处，不仅与监控系统的结构差异有关，而且还与外场设备的取舍相关。根据山区高速公路隧道的不同分布情况，监控系统的具体实现可以采用不同的、灵活的、合理的方案。

（1）当隧道属于A级监控隧道时，在A级监控隧道附近的适宜地点，建立整个隧道管理所，对隧道及其周边的交通环境进行统一的监控管理。

（2）当隧道属于B级监控隧道，只需在B级监控隧道附近适宜的地方，设置小规模监控站，对隧道及周边交通环境进行统一监控管理。

（3）当隧道属于C级监控或以下的隧道，即隧道监控系统规模非常小时，可以不再为隧道设置管理所，而由路段监控中心直接对线隧道进行监管。

对于公路交通而言，隧道内事故的发生与发展不仅仅对其本身的运营产生影响，更会因高速公路的封闭性，导致事故影响通过“交通流”从隧道局部扩散到整个路段，引发“多米诺骨牌效应”，对整个路段的通行产生或多或少的影响，其直接后果造成隧道上下游一定程度的交通堵塞，并影响应急驰援行动。即隧道作为高速公路的通行“瓶颈”，具有“牵一发而动全身”的影响力。

在两互通匝道间的任一隧道路段发生事故时，衔接其上下游的交通状况将受到很大的影响。在隧道管理所统一管理模式运用中，当任一隧道发生事故且必须完全封闭时，其上、下游隧道也需视情况连同封闭，再依据事故的具体情况对毗邻路段的影响，采取对应的交通控制措施，可以尽快清理交通事故，恢复正常通行。在重大隧道事故发生后，为防止发生严重的交通堵塞，应迅速就上、下游交通的诱导与控制管理方案和事故隧道的应急救援方案做出决策，以最大限度地降低异常事件所致的人和物的损失，尽快恢复高速公路的通行能力。

三、高速公路隧道管理所设置原则

综合考虑高速公路隧道长度、交通量大小、隧道集中程度、隧道位置、运营管理成本以及是否方便人员生活等因素，确定是否设置高速公路隧道（群）管理所及其设置地点。

高速公路隧道（群）管理所设置的一般原则如下：

（1）8km 以上的超长高速公路隧道应设置管理所。

（2）隧道较为集中的高速公路路段（隧道群），宜在隧道群居中点或其他合适位置（如邻近收费站）设置隧道群管理所。

（3）隧道远离互通立交、地处偏远山区、应急救援较为困难时，宜设置隧道管理所。

（4）隧道（群）管理所宜设置在隧道洞口附近，如距离隧道洞口较近（10km 以内）处设有收费站或监控（分）中心，宜与隧道（群）管理所合建，以便于集中管理。

（5）隧道（群）管理所设置地点应便于管理人员生活。

第二节　隧道救灾控制策略

一、救灾策略与交通控制

1. 救灾策略

对于隧道内人员的幸存来说，有效逃离是一个关键问题。着火以后在出现烟尘堵塞之前，靠近着火点的人员能够进行逃离的时间非常有限，只有几分钟。在隧道出现火灾的时候，依据火灾的大小程度，人员逃生面临的困难不同。

（1）对于 20MW 火灾，3min 后从隧道中逃离比较困难。

（2）对于火灾程度大于 50~100MW，由于热辐射和火灾产生的有毒气体的作用，隧道内人员将出现不同程度的失能，失能程度取决于隧道内的平均风速。

（3）对于超过 100MW 的火灾，任何情况下有效逃离时间都非常短，逃离更加困难。

（4）对于超过 200MW 的火灾，不期望任何救火组织能在最初 10min 内对火灾扑灭有所帮助。

因此，隧道内发生火灾，关键是让火灾隧道的人员逃离火灾现场，争取逃离时间。针对火灾发生的位置不同，有以下几种救灾策略：

策略 1：弃车逃生

在火灾初期，车行横通道也作为人员逃生通道。但是，由于火灾在 5min 左右就达到了热辐射的

最大值，按 1.25m/s 计算，最先开始逃离的人员只能逃出 375m，后面的人员将受到热辐射和有毒气体的严重危害，甚至会失去逃生能力。如果是客车，人员从车上争先恐后的下来，场面势必混乱，反应时间更长，甚至驾驶人会不开门自己先逃出去。该模式的优点是交通组织简单，在火灾的初期，仅考虑通风和到达正常隧道人员的安全问题，通风主要是防止烟雾串流到正常隧道，而到达正常隧道的人员，则要防止二次事故的发生，因为，隧道的检修道宽度有限，正常隧道可能还有车辆行驶。

策略 2：驾车逃生

在火灾初期，火区较远处（距离火源上游 300m 以上第一个车行横洞的上游车辆），在确认非火灾隧道车流完全驶离后，可组织火灾上游车流由车行横通道进入非火灾隧道，采用方式为：离火区最近的车行横通道附近车辆最先撤离，然后是离火区第二近的车行横通道附近车辆撤离，依此类推，直到火灾隧道车辆撤离完毕。

从控制来说，采用驾车逃生比较比较简单，但由于火灾时人员恐慌，不排除一些人跑出来逃生。该模式的缺点是若等到正常隧道没车，需要时间较长，若不等又可能与正常隧道的车辆发生碰撞，同时，由于车辆通过车行横通道时间较长，在有效逃生时间内疏散的车辆数很有限，遇到技术差的驾驶人或是拖挂车先通行，情况会更糟。

策略 3：混合逃生

在火灾初期，上游车辆通过车行横通道驶出，人员通过人行横通道逃生。该模式控制复杂，要组织车辆和人员，但实际上在火灾时基本处于无序状态。总的来说，车流组织必须在有序的情况下进行，即必须由现场指挥。

2. 交通控制

交通控制应遵照以下原则：

（1）若隧道内存在火灾，两条隧道都应关闭以阻止车辆进入。车辆应只允许驶出。

（2）车道指示器和校正信息盘应被安装在交叉道路的交叉部分。

（3）交叉道路上的防火门。在火灾出现的时候，门应及时被打开。当人和车辆都已经逃离以后，门则应关闭。

（4）若双隧道中有一条着火，另一条将暂时变成双向驾驶隧道来让车辆迅速逃离隧道。

（5）灭火和营救车辆应该从隧道入口进入火灾事故地点来进行灭火和营救运作。

（6）若火灾出现在靠近隧道入口处，则火灾后面的车辆应通过每 2km 带有的交叉道路进入另一隧道。另一条将变成双向通行隧道来让车辆尽可能快地逃离隧道。灭火和营救车辆应该从隧道入口进入火灾事故地点来进行灭火和营救运作。

（7）若火灾同时发生在两条隧道，则在现场前方的车辆应驶出隧道，而后方的车辆则应在指挥人员的指挥下逃离。

二、交通事故或异常状态应急处理预案

事故交通诱导方案在满足交通诱导条件时启动，实施时经人工确认后，切入诱导程序。在诱导程序自动实施过程中，操作人员随时可人工干预。

交通事故包括交通拥挤、堵塞事故、空气环境（CO/VI、风速计）指数超标、车流量超密、隧道内突然停电、火灾报警、需要实施夜间单洞交通时等。

为便于预案控制阐述，笔者以重庆渝长高速公路铁山坪右线隧道为例，进行预案介绍。

1. 交通事故或异常状态处理预案

交通事故或异常状态信息的获取主要依据现场控制柜 PLC 上传的车辆检测信息、隧道内环境参数

信息、现场手动报警按钮信号、火灾自动报警信号、紧急电话、CCTV 摄像机提供的监控画面信息等。

（1）中控室值班人员在地图墙监视器发现隧道内出现阻塞（或隧道内有报警信号、或有紧急电话求救），立即通知执法中队值班人员和队长，用广播告知来往车辆注意安全，通知故障车辆使用紧急电话，向中控室人员请求帮助或援助；广播前方道路交通情况。

（2）中控室值班人员通知上级领导。执法中队值班人员立即通知车辆急救服务中心或救援队，立即赶赴现场。开启工作车辆的路灯和警灯，并鸣警笛全速驶向清障区。

（3）执法中队值班人员进入清障区，按规定设置临时标牌和示警桩。执法中队执勤人员视现场交通事故的大小，或临时封闭出事故隧道的某一车道，或临时封闭整个出事故隧道。并通知中控室值班人员改变相关的交通信号灯。

以车辆横在右线隧道的车道中间为例，执法中队执勤人员视现场交通事故的大小和耽搁时间的长短而论。

耽搁时间长，可停止任何车辆进入左右线隧道（封闭两个隧道），执法人员在现场进行勘测，尽快提出结果。并通知救援人员将车辆拖出隧道，若有人员伤亡即刻通知 120 进入现场；同时左线隧道单洞单向行驶，改为单洞双向行驶的设置，然后等没有出事的隧道中间隔离带设置完成和两隧道洞口的临时标牌和示警桩设置完毕。交叉渡线（或其他可调头的地方）设置临时标牌和示警桩将车辆放入另一隧道行车。

耽搁时间短，可停止任何车辆进入右线隧道，执法人员在现场进行勘测，待入左线隧道洞内的车辆全部靠右，留一通道给救援车、急救车、120 等车辆的行驶。然后救援车将出事车辆拖出隧道。

（4）执法中队值班人员进入清障区的同时，并通知监控中心值班人员将发生事故隧道及洞外的信号灯按单洞双向行车设置。

（5）执法中队值班人员和车辆急救服务中心或救援队一起做好事故现场处理及左线隧道单洞双向行驶的交通管制工作，执勤人员协助车辆急救服务中心或救援队拖出事故车辆。

（6）若有残留物或其他物质，执法中队值班人员、车辆急救服务中心或救援队做好清理工作。

（7）清理完毕，执法中队值班人员及时搬走临时标牌和示警桩，撤走路线正好与前几步相反。并通知监控中心值班人员切换交通信号灯，使隧道内车辆通行正常。同进做好清障记录。

（8）值班人员同时通知监控中心值班人员改变交通信号灯，将可变情况板内容和可变限速标志牌速度进行重新设置。

（9）在执行过程中，中控室值班人员操作如下：

①右线隧道全封洞，而左线隧道改为单洞双向行车。

②切换右线洞口的交通信号灯：绿色灯变为红色灯。

③切换右线洞口的显示交通信号灯：绿色灯变为红色灯，绕行信号灯（红灯 + 绿箭头）亮，黄色信号灯变为黄闪烁（0~10s 可调）。

④在隧道以前路段的可变情报板应设置为："前方隧道封闭，请驾驶人改道缓慢行驶，注意安全"。沿途可变限速标志牌速度也降低为 40km/h。

⑤中控室值班人员根据车流量的大小通知本路段的各收费管理站控制进入路段的车流量。

⑥根据隧道发生交通事故发生地点，系统自动切换到相应的洞内固定摄像机，监视现场，将图像显示在大屏幕投影仪上，并将现场情况录像，以便备查。

⑦右线隧道内的车道指示器先变行车方向洞口车道指示器，经过延时后再变第二个车道指示器，再延时后变第三个车道指示器，以此类推，直至最后一个车道指示器由绿箭头变为红叉（以保证隧道内的车辆通行完）。可变限速标志牌速度为空白，隧道内车道指示器的背面红叉不变。横通道标志灯绿

箭头灭。

⑧左线隧道内的车道指示器：超车道绿箭头变为红叉，其背面红叉变为绿箭头（先变行车方向洞口车道指示器，经过延时后再变第二个车道指示器，再延时后变第三个车道指示器，依此类推，直到最后一个车道指示器）。

⑨可变限速标志牌速度为 40km/h。行车道 1 绿箭头灭，其背面红叉熄灭。行车道 2 绿箭头与背面红叉不变。变更次序与超车道一样。

⑩横通道指示信号灯由绿灯变为灭。其他指示灯（如隧道疏导标示灯、电话标示灯）均不变。

⑪左线隧道为单洞双向行车时，射流风机仍按自动模式方式进行通风。

⑫左线隧道长寿方向洞口的二显示信号灯和四显示信号灯不变。

⑬同时将洞内摄像机自动切换到现场进行监视，并投影至大屏幕。必要时，可将现场情况录像，以便备查。

⑭洞外摄像机切换到封道的隧道洞口附近，观察现场，必要时，可将现场情况录像，以便备查。

⑮在洞口用广播系统播放录制在磁带上的交通控制疏导广播内容进行播放，通知来往车辆，前方隧道有交通事故，提醒驾驶人改道行车。同时，也告知隧道内的人员如何进行疏散。

⑯打开隧道内发生事故段的基本和应急照明回路，以利车辆急救服务中心或救援队进行工作。其他入口加强和出口加强照明回路不变。

2. 火灾情况应急处理预案

引起车辆火灾的原因有电气线路短路起火、刹车过热起火、载重汽车气动系统起火等；货车上的货物有的是可燃或易燃烧物品，遇到明火发生燃烧或自燃；车辆连续相撞或相撞后油箱爆裂、汽车自燃等引发隧道内的火灾。发生火灾后，应采用以下措施：

（1）监控中心值班人员一旦发现隧道内出现火灾，先确认按火灾应急预案进行处理，然后立即通知执法中队值班人员全体出动，巡逻队首先在现场了解发生火灾具体情况。同时，通知大队队长和市公安消防支（大）队或打 119 火警电话。

（2）全体执法中队的人员立即赶赴现场，一部分人员进行左右两隧道封洞处理，另一部分人员进行交通的疏导、引导车（人）流离开事故现场，其他人员在现场利用隧道内现有的消防设施进行火灾初期的灭火工作，控制火势的蔓延。

（3）监控中心值班人员同时向上级领导汇报火灾情况。

3. 封洞及单洞双向通行具体实施方法

以右线隧道发生火灾报警为例，则先封右线隧道，左线隧道双向行车。

（1）右线封洞具体操作如下：

①监控中心值班人员：操作控制对话框。

②根据隧道火灾发生地点，系统自动切换到相应的洞内固定摄像机监视现场，将图像显示在大屏幕投影仪上，并将现场情况录像，以便备查。

③开启消防水泵，保持消防水管内有一定的水压，保证消防用水。

④渝长高速公路路段可变情报板的设置：前方隧道有火灾，请改道行车。

⑤渝长高速公路路段可变限速标志的设置：为 40km/h，在接近隧道处可变限速标志设置为空挡。

⑥隧道右洞口二显示信号灯：绿灯变为红灯。

⑦隧道右洞口交叉渡线附近的四显示信号灯：绿灯灭、红灯亮、黄灯变闪烁、红灯加绿箭头变为绿箭头可通过交叉渡线绕行进入另一个隧道行驶。

⑧洞口外摄像机切换至洞口及附近对隧道洞外通道情况进行监视，必要时，可将现场情况录像，

以便备查。

⑨确认左线隧道内确无车辆通行，右线隧道内车道指示器、可变限速标志全部关闭，开启火灾上游的车行横通道门，确认横通道门开放后，打开火灾上游的绕行控制标志箭头灯，使车辆、人员转向另一车道。

⑩风机按火灾控制模式排烟方法运转。

单向行车发生火灾时，火灾初期启动射流风机，在车辆疏散阶段其风速控制在 1.0~1.5m/s，按行车方向通风排烟。在灭火阶段风速控制在 2.5m/s 左右，加强排烟，具体风机开动台数应加强 CCTV 的监视和听从现场指挥员的指挥，按行车方向通风排烟。

若火情较小，由执法中队值班人员利用隧道内的消防设施进行灭火，此时风机仍按行车方向通风排烟。

若火情发生在右隧道重庆段洞口附近地区，则右隧道重庆段风机启动，进行反向通风。

若火情发生在右隧道长寿段洞口附近地区，则右隧道重庆段风机启动，进行反向通风。

若火情发生在右隧道长寿段洞口附近地区，则右隧道风机启动，进行正向通风，风速控制在 1.5~3m/s。

隧道风向在一般情况下，仍按原通风方向进行，特殊情况下，如火灾靠近通风方向上游洞口，且在火灾下游段留的车辆较多，而上游段较少时，应手动改变通风方向。

启动几台风机要根据隧道内检测到的环境的参数；风向是顺行车方向风机启动台数相对地较少；风向是逆行车方向风机启动台数相对地较多。火灾发生在上坡时，风机启动台数相对地较多，在下坡时，风机启动台数相对地较少。

当双向行车发生火灾时，启动风机其风速控制在 1.5~3m/s，按原通风方向继续排烟。特殊情况下，如火灾点靠近原通风方向上游时，通过管理人员的判断进行手动改变通风方向，以利救灾及减少车辆损失。

①执法中队值班人员首先要确定火情的大小，把火灾下游方向的车辆要全部清出隧道，同时不允许车辆再进入隧道，在左隧道交通标示设置、两洞口和交叉渡线交通标示设置完成后，通知监控中心值班人员开启横通道门，同时开启横通道指示绿色箭头灯，让右线隧道多余的车辆从车行横通道疏散至左线超车道。等车辆走完后才逐步放右线交叉渡线附近地区的车辆进入左线的超车道。

②当右线隧道的车辆全部放入左线隧道后，将横通道门关闭和横通道指示绿色箭头灯熄灭。

③执法中队值班人员同时将人行通道门打开，疏散隧道内的人员至另一隧道，随后关上人行通道门。

④在洞口用广播系统播放录制在磁带上的火灾疏导广播内容进行播放，通知来往车辆，前方隧道有火灾，要驾驶人改道行车。同时，也告知隧道内的人员如何进行疏散。

⑤打开所有的基本和应急照明回路，入口和出口加强照明回路仍保持原来不变。

⑥执法中队值班人员在现场请求车辆急救服务中心或救援队的救援，并进行交通管制。封闭发生火灾的右线隧道，左线隧道进行单洞双向行驶的设置，交叉渡线（或其他可换道的地方）设置临时标牌和示警桩，将车辆放入左线隧道。

⑦现场执法中队值班人员在交叉渡线附近或右线路段维持好交通秩序，出事隧道洞口的车辆全部靠右边并留一通道，使指挥车辆、消防车辆和医院急救服务中心车辆尽快进入现场。

⑧现场执法中队值班人员在消防车辆和消防人员没有进入现场时，先用隧道内的消防设施控制火灾的蔓延。

⑨现场执法中队值班人员在消防车辆和消防人员没有进入现场时，做好人员、车辆的疏散工作。

若有病人与附近医院急救服务中心联系请求支援。

⑩现场执法中队值班人员通知相关的收费站控制好车流量。

⑪消防支（大）队到场后，由现场执法中队（或大队）值班人员简明扼要地介绍火灾情况。由消防支（大）队统一进行指挥，有关人员配合。消防支（大）队利用消防设施和隧道内消防设施进行灭火，灭火后进行善后处理事宜。

⑫清理完毕，执法中队值班人员及时搬走临时标牌和示警桩，并通知监控中心值班人员切换交通信号灯、车道指示器使隧道内车辆通行正常。同时做好清障记录。

⑬执勤人员同时通知监控中心值班人员改变右线隧道交通信号灯，将可变情报板内容及可变限速标志牌的内容重新进行设置。监控中心值班人员全部恢复原来状态。

（2）左线隧道双向行车具体操作如下：

①长寿段洞口二显示信号灯和四显示信号灯：开始绿灯变红灯，等到左线隧道改为单洞双向行车时由红灯变为绿灯。

②隧道内超车道信号灯背面红叉变为绿灯，其下面绿箭头变为红叉。

③行车道 1 正面绿箭头变为红叉和背面红叉不变。

④行车道 2 正面绿箭头和背面红叉不变。

⑤先变行车方向洞口车道指示器，经过延时后再变第二个车道指示器，再延时后变第三个车道指示器，依此类推，直至最后一个车道指示器。

⑥可变限速标志牌速度为 40km/h。

⑦横通道标志灯全部熄灭。

⑧左线隧道入口处的洞外摄像机切换至洞口及附近对隧道洞外通道情况进行监视，必要时，可将现场情况录像，以便备查。

⑨利用广播系统在长寿段进行广播，通告驾驶人缓慢行驶。

⑩左线长寿段的可变情报板的设置：前方隧道双向行车，注意安全。路段可变限速标志的设置为：40km/h。

第三节　危险品管理

世界各国发生车上装载易燃物品爆炸起火而引发火灾的频率是相当高的。易燃、易爆物品燃烧猛烈、扑救困难，造成了巨大的人员和财产损失。

一、常见的引起隧道火灾的危险品

我国国家技术监督局、国家质量监督检验检疫总局、中国国家标准化管理委员会曾于 1986 年、1990 年、2007 年先后发布了“危险货物品名表”（GB 6944—86）、“危险货物品名表”（GB 12268—90）、“危险货物品名表”（GB 12268—2005/XG1—2007），将危险物品分为 9 个大类，并规定了危险货物的品名和编号。目前常见的、用途较广的有 1000 多种。公安部曾于 1994 年发布了《易燃易爆化学物品消防安全监督管理办法》（公安部 [1994] 第 18 号令），办法中对易燃易爆化学物品的生产、使用、储存、经营、运输的消防监督管理作了具体规定。

随着交通事业的发展，行车密度急剧增长，使得带有各种易燃、易爆物品的车辆通过隧道的数量和频率都在增长，由此引发的火灾事故也增多。据不完全统计，国内外已发生的公路隧道火灾事故有

30多起，其中很多与易燃、易爆物品有关，见表4-5-2。

与易燃、易爆物品有关的部分隧道火灾案例　　表4-5-2

隧道名称	长度（m）	所在国家	火灾发生时间	火灾原因及概况	伤亡人数及损失情况
荷兰特水底公路隧道	2783	美国	1949.5	载有二硫化碳的大卡车，在距洞口800m处引火爆炸	烧毁9辆汽车，使1500m地段的顶板塌落，造成电气设备重大损坏，伤66人。交通中断56小时
铃鹿公路隧道	246	日本	1967.3	载有600个苯乙烯制成的容器的大型卡车在进入隧道51m处，突然马达失火引起火灾	造成洞内停车，阻塞，使13辆卡车烧毁，伤2人
汉堡莫尔费雷特公路隧道	243	德国	1968	载有14t袋装粒状聚乙烯的卡车刹车时，后轮胎起火	损坏一辆卡车及拖车
都夫良野水下隧道		日本	1977.5.16	卡车所载的木料过热起火	一辆卡车烧毁
加利福尼亚州卡尔德科特隧道	1027	美国	1982.4.7	午夜，一辆汽车、一辆公共汽车和一辆满载汽油的油罐车发生碰撞，导致火灾	烧毁2辆货车，1辆公共汽车，4辆小汽车，死7人，伤2人
勃郎峰（Mont. Blanc）公路隧道	11600	法国 意大利	1999.3.24	比利时一辆装载8t人造黄油、12t面粉的卡车在隧道正中自燃引起大火。相近的卡车随即着火，其中3辆装载的分别是纸张、轮胎和可能是氯制品的化学物资。顷刻之间，25辆载重卡车、8辆小汽车和1辆面包车卷入火海中	41人死亡，43辆车被烧毁，交通中断一年半以上的重大损失
七道梁隧道	4003	中国	2011.4.8	甘肃省七道梁隧道重型罐车追尾，近40t危险化学品发生燃烧爆炸	4人遇难，1人受重伤

二、交通隧道危险物品运输管理措施

结合我国公路交通运输的实际情况，从经济、安全等角度综合考虑通过隧道和绕道行驶两种方案，按照最小风险原则，在保证隧道运营安全和经济运行要求的基础上，允许具有运输管理部门及公安部门核发的危险品准运证，且标注与实际载运危险品一致的车辆通过。除此之外，交通管制应采取以下措施：

（1）允许通过隧道

即允许危险品运输车辆在特定的时间段内，在高速公路路政交警车辆的护送引导下通过隧道。

（2）限制通过隧道

即根据载运危险品的种类及性质并视其所采取的安全防范措施，在达到相应要求后，在高速公路路政车辆交警的护送引导下通过隧道。

（3）禁止通过隧道

即对于某些载有特殊危险品（如液化石油气、氯、有辐射性的同位素等）的车辆或特殊车辆（如超高、超长、超宽等），经检查确定后要求其立即离开隧道、绕道行驶。

（4）危险品运输车辆在护送引导下通过隧道时，应严格限制行车速度为40km/h，与引导车保持间距200m，在行驶过程中严禁超速、超车、蛇形、掉头、随意停车，严禁行驶时打手机、吸烟；若是运输危险品车队通行，其车辆间距应控制在300m或只允许单车依次通过。对于具有危险品准运证但其标注与实际载运危险品不一致的车辆，或不具有危险品准运证但又载运危险品的车辆，应禁止通过隧道，并上报公安机关处理。

三、国内外部分隧道采取的危险品管制措施

1. 上海延安东路水下隧道

延安东路隧道不允许通过装载易燃、易爆物品的车辆或油罐车。

2. 重庆成渝公路隧道

成渝公路隧道严禁装载油罐和易燃、易爆化学物品的车辆通过隧道。同时，要求乘客和驾驶人不得在隧道内吸烟；不得携带明火物质进入隧道。

3. 厦门翔安海底隧道

厦门翔安海底隧道严禁装载易燃、易爆物品的车辆或油罐车通行。

4. 秦岭终南山特长公路隧道

秦岭终南山特长公路隧道严禁易燃、易爆化学品、剧毒、放射性危险品和超重超长车辆驶入隧道。隧道进口前方 10km 处设置危险品检查站，可对进入秦岭终南山公路隧道的货车进行不停车快速安全检查，隧道口设置武装警察岗卡，由交通武装警察指挥车辆进出，严格控制隧道内的交通量，防止阻塞和交通事故。

5. 勃朗峰（Mont. Blanc）公路隧道

勃朗峰（Mont.Blanc）公路隧道要求运送危险品的车辆只能在指定时间内由安全车辆引导通过隧道。同时以立法的形式规定小车的最小间距应为 50m，大车最小间距为 100m，并有相应车速限制与监视；大客车和重型载重车应安排距离警告设备；应在隧道内设置交通信号灯，必要时在隧道外设置可控禁行标志；强制采用车队警告电子设备等措施，提高运营的安全性。

6. 荷兰公路隧道

随着荷兰公路交通量的逐步增长，公路隧道也逐步增多，而交通事故尤其是火灾事故的危险性也逐步增多；再考虑到大量的、种类越来越多的危险品常常由公路隧道运输，尤其是当维尔塞（Velser）隧道由于火灾事故导致不可弥补的损失后。荷兰提出了一系列的安全措施和防灾方法。其中荷兰提出的判断模型具有非常重要的意义。

目前公路隧道运营管理部门对危险品运输车辆检测缺少明确的法律支持，应尽快出台、完善相应的法规。此外，应当建立危险品公路运输信息管理系统，提供信息查询、管理决策、应急救援等服务，以提升公路隧道的现代化管理水平。

第六章 火灾逃生与通风

第一节 火灾工况下人员疏散条件

一、人员安全疏散准则

火灾安全设计和评估中，通常采用比较可用安全疏散时间 ASET(Available Safe Escape Time) 和必需安全疏散时间 RSET (Required Safe Escape Time) 两者来评价建筑物的安全性能。保证建筑物内人员安全疏散的关键是 RSET 必须小于 ASET。

可用安全疏散时间 ASET 是指从起火时刻到火灾危急人员安全的极限状态的时间，主要取决于建筑结构、火灾探测、灭火设备等。必需安全疏散时间 RSET 是指从起火时刻起到人员疏散到安全区域的时间，包括火灾探测时间（t_{alarm}）、人员反应时间（t_{resp}）和人员疏散运动时间（t_{move}）：

$$RSET=t_{alarm}+t_{resp}+t_{move} \tag{4-6-1}$$

火灾探测时间主要取决于火灾发生条件、周围环境及探测系统特性，通常采用火灾蔓延模型以及探测系统的特性可以进行计算和预测。人员反应时间则与人员的心理行为特征、年龄、对建筑物的熟悉程度、反应灵敏性、集群特征相关，通常采用统计方法或者进行社会心理学方面的分析获得。人员疏散运动时间主要取决于人员密度、人员疏散速度、安全出口宽度等，早期通过简单的经验公式来计算，当然这些经验公式大多比较粗糙，对场景过分简化，而且不能反映疏散的细致动力学演化过程，通常仅适合于人数不多，场景不复杂的建筑内人员疏散运动时间的粗略估计。近年来随着计算机科学技术的发展，人们发展了很多计算模型来对人员行为和疏散时间进行模拟与预测，精度和适用性大大提高。

二、安全疏散状态方程

人员疏散和火灾发展是沿着一条时间线不可逆进行，火灾过程大体可以分为起火期、火灾成长期、全盛期、衰退期、熄灭共 5 个阶段，人员疏散过程一般包括察觉火灾、行动准备、疏散行动、疏散到安全场所等阶段。

由于人员疏散过程包括多个阶段，通常对 RSET 时间量进行更详细划分。新西兰火灾安全设计指南建议将 RSET 划分为火灾探测时间 t_d、报警时间 t_a、人员调查取证时间 t_i，决策时间 t_o、穿行时间 t_t 以及等待时间 t_q，共 6 个部分，如图 4-6-1 所示。

$$RSET=t_d+t_a+t_i+t_o+t_t+t_q \tag{4-6-2}$$

人沿疏散路线逃生过程中的穿行时间和在拥挤过道或出口处的等待时间综合起来即为人员运动时间 t_m，即：

$$t_m=t_t+t_q \tag{4-6-3}$$

同理，人对火灾线索调查取证的时间与确认火灾发生后作出决策的时间综合起来即为人员疏散预动作时间 t_{pre}，即：

$$t_{pre}=t_i+t_o \tag{4-6-4}$$

将式 (4-6-3)、式 (4-6-4) 代入式 (4-6-2) 得到：

$$RSET=t_d+t_a+t_{pre}+t_{move} \quad (4-6-5)$$

英国火灾安全标准 BSI DD240 和国际火灾安全工程标准化组织 ISO TR13386-8 都将人员疏散时间划分为人员疏散预动作时间和人员运动时间两个部分。

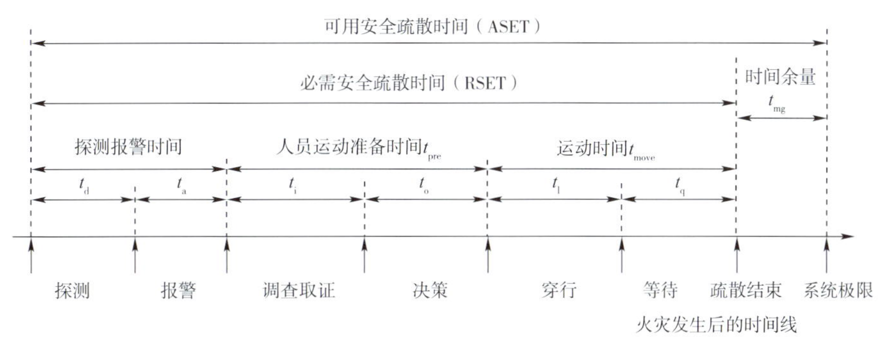

图4-6-1　人员安全疏散的时间判据

疏散预动作时间包括意识时间和响应时间，意识时间指的是从火灾报等或发觉火灾线索开始到疏散准备行为发生之前这段时间，响应时间指的是从疏散准备行为发生到正式开始逃生行动这段时间。BSI DD240 和 ISO TR13386-8 定义的人员疏散预动作时间包括意识时间和响应时间与新西兰火灾安全设计指南中给出的人员调查取证时间、决策时间属于同等概念。

ASET 和 RSET 这两个时间对研究人员安全疏散具有重要意义，在建筑火灾安全工程中，当建筑物的可用安全疏散时间大于必需安全疏散时间，即满足式 (4-6-6)，认为人员疏散是安全的。

$$ASET \geqslant RSET \quad (4-6-6)$$

根据人员安全疏散的时间判据，可建立描述人员安全疏散的状态方程：

$$t_{mg}=ASET-RSET \quad (4-6-7)$$

其中，t_{mg} 表示安全时间余量。当 ASET−RSET > 0 时，即 $t_{mg}>0$，即认为人员疏散过程是安全的；反之，在 ASET−RSET < 0 时，即 $t_{mg}<0$，认为人员疏散过程是失效的，即火灾发生后不能保证建筑内的人员在危险时刻来临前完全疏散到安全区域；ASET−RSET=0，即 $t_{mg}=0$ 时，表示人员疏散处于临界状态，即人员安全疏散临界状态方程为：

$$ASET-RSET=0 \quad (\text{或 } t_{mg}=0) \quad (4-6-8)$$

从前面的分析可以看出：ASET 和 RSET 均为多个变量的函数，根据具体情况，人员安全疏散状态方程也具有特定的形式。因此，人员疏散状态方程用通用形式表示为：

$$G=g(X) \quad (4-6-9)$$

其中（$X=X_1,X_2,\cdots,X_n$）表示影响人员安全疏散的不确定参数。

目前，对 ASET 计算主要采用区域模型或场模型，区域模型和场模型都属于确定性模型。采用区域模型计算 ASET 的影响参数主要有：火源功率 Q、火灾增长系数 α、建筑面积 A、高度 H、火源对流热分数 L_v、烟气总热损失系数 L_c、排烟风机启动时间、排烟速率 $\dot{V}_e$ 及水喷淋启动时间 t_{act} 等。另外，所选取的火灾危险判据不同，计算得到的 ASET 结果也有所差异。这些参数中除建筑面积、高度、排烟速率之外，其他参数均为不确定变量。

RSET 包括探测报警时间和人员疏散时间两个部分，影响 RSET 的参数来自探测报警时间计算模型和人员疏散计算模型。主要参数包括：对流热分数 L_v、火灾增长系数 α、探测器响应时间指数 RTI、探测器响应温度 T_s、探测器距离火源中心线距离 R、探测器距地板高度 H、人员密度 q、人员行走速度 v、出口宽度 W、出口流量系数 f 及人员预动作时间 t_{pre} 等。

三、安全疏散模型

影响 ASET 和 RSET 的很多参数具有不确定性，导致根据有关模型计算得到的 ASET 和 RSET 也具有不确定性，服从一定的概率分布，因此，不能从数值上对 ASET 和 RSET 进行简单的大小比较来判断人员疏散安全与否。如何表征人员疏散安全水平成为需要解决的重要问题。

对人员疏散安全水平表征方法的研究，主要是 Magnusson 等人引用结构工程领域的可靠度概念，用可靠概率描述人员疏散的安全水平，并做了一些基础性工作。在过去的十多年中，尽管相关成果纳入有关规范，并在防火设计与评估中得以应用。但火灾环境下人员安全疏散可靠性研究的发展仍然比较缓慢，尤其在我国，对火灾环境下人员疏散中的不确定性研究非常鲜见，因此，发展和完善不确性的分析方法，是当前防火安全与设计的重要研究内容。

ASET 和 RSET 均为受多个不确定性变量的函数，RSET 和 ASET 也因此是随机变量，服从概率分布，而不是某一个特定常数。

根据人员疏散状态方程式 (4-6-7)，可以采用可靠概率来表示人员疏散的安全水平。记人员安全疏散的可靠概率为 P_s，即 $P_s=P(t_{mg} \geqslant 0)$，同样，人员疏散失效风险概率为 P_f，即 $P_f=P(t_{mg}<0)$，由可靠概率与失效风险概率的互补关系，显然式 (4-6-10) 成立。

$$P(t_{mg} \geqslant 0)+P(t_{mg}<0)=1 \tag{4-6-10}$$

可靠性定义是指在规定的时间内，在规定的条件下，完成预定功能的概率。人员疏散可靠性是指在火灾环境下人员能够全部逃离至安全区域的概率。

RSET 的取值落入区间 $[r_0,r_0+\mathrm{d}r]$ 的概率为：

$$P(r_0 \leqslant r \leqslant r_0+\mathrm{d}r) \approx f_{\mathrm{RSET}}(r_0)\mathrm{d}r \tag{4-6-11}$$

假设 dr 足够小的情况，则随机变量 ASET 取值大于 r_0 的概率可以近似根据（4-6-12）计算。

$$P(a>r_0) \approx \int_0^{\infty} f_{\mathrm{ASET}}(a)\mathrm{d}a \tag{4-6-12}$$

假定 (4-6-11)、式 (4-6-12) 两式描述的两个事件相互独立，根据独立事件的概率乘法定理，则两个事件同时发生的概率计算如下：

$$\mathrm{d}P_s = f_{\mathrm{RSET}}(r_0)\mathrm{d}r\int_0^{\infty} f_{\mathrm{ASET}}(a)\mathrm{d}a \tag{4-6-13}$$

在整个干涉区间内，人员疏散的可靠概率可以通过对式 (4-6-13) 进行积分得到：

$$P_s=\int_{-\infty}^{\infty}\mathrm{d}P_s=\int_{-\infty}^{\infty} f_{\mathrm{RSET}}(r_0)\mathrm{d}r[\int_0^{\infty} f_{\mathrm{ASET}}(a)\mathrm{d}a]\mathrm{d}a \tag{4-6-14}$$

同理，对于一定的 ASET 值，a_0 在区间 $[a_0,a_0+da]$ 内的失效风险概率可以近似根据式 (4-6-15) 进行计算。

$$\mathrm{d}P_f = f_{\mathrm{ASET}}(a_0)\mathrm{d}a\int_{r0}^{\infty} f_{\mathrm{RSET}}(r)\mathrm{d}r \tag{4-6-15}$$

在整个“干涉”区域，人员疏散失效的风险概率为：

$$P_f = P(r \geqslant a)=\int_{-\infty}^{\infty} f_{\mathrm{ASET}}(a)[\int_a^{\infty} f_{\mathrm{RSET}}(r)\mathrm{d}r]\mathrm{d}a \tag{4-6-16}$$

根据式 (4-6-10)，人员疏散的可靠概率 P_s 也可以表示如下：

$$P_s=1-P_f=P(r<a)=1-\int_{-\infty}^{\infty} f_{\mathrm{ASET}}(a)[\int_a^{\infty} f_{\mathrm{RSET}}(r)\mathrm{d}r]\mathrm{d}a \tag{4-6-17}$$

临界状态方程 $g(X)$=0 将空间分成两个区域：可靠空间 $g(X)>0$ 和失效空间 $g(X)<0$。假定其联合概率密度函数可设为 $f_X(X)$，则人员安全疏散的可靠概率 P_s 即为 X 处于可靠空间的概率，其数学表示为：

$$P_s = P(G \geqslant 0) = \iiint\limits_{G(X)\geqslant 0} f_X(X)\mathrm{d}X \tag{4-6-18}$$

实际上，除了 RSET 和 ASST 的函数形式简单且其联合概率密度函数已知的情况，其他情况下采用式 (4-6-14) 或式 (4-6-17) 计算人员疏散的可靠概率几乎不可能。为了解决式 (4-6-14) 或式 (4-6-17) 积

分求解上的困难，有必要采用近似方法求解人员疏散可靠概率，以便在工程实际中进行应用。可通过可靠指数来间接求得可靠概率。对于人员疏散状态方程式 (4-6-9)，可靠指数 β 计算如式 (4-6-19)：

$$\beta=\frac{\mu_G}{\delta_G} \tag{4-6-19}$$

通过式 (4-6-20) 可以得到人员安全疏散的可靠概率：

$$P_s=P(G\geqslant 0)=\Phi(\beta) \tag{4-6-20}$$

其中 Φ 是标准正态分布的累积概率。μ_G、δ_G 分别为随机变量 G 的均值和标准差。

第二节　火场环境对人员疏散的影响

火灾发展过程中将释放出大量的热能与烟气，这些火灾产物能够对火场中人员的生理和心理造成极大影响，从而影响疏散准备时间和疏散路线的选择，最终导致疏散效率的降低。

一、火场烟气

1. 火灾烟气的定义

烟气是火灾的主要产物之一，是指燃料分解或燃烧时产生的固体颗粒、液滴和气相产物。燃料的化学组成是决定烟气产量的主要因素。它对火灾蔓延、人员伤亡和财产损失有显著影响，除极少数情况外，各类火灾均会产生大量烟气。统计结果表明，火灾中 85% 以上的罹难者是受烟气的影响，其中大部分是由于吸入烟尘或有毒气体昏迷后致死的。

2. 烟气浓度与遮光性

烟气浓度由烟气中含有的固体颗粒及液滴的数量与性质决定，并有多种表示方法。在火灾研究中，由于遮光性能够直接与火场中的能见度建立联系，因此，目前多利用遮光性来表示烟气浓度。

光穿过烟气时，其中的固体颗粒或液滴会降低光的强度。烟气的遮光性正是通过测量光束穿过烟场后的强度衰减而确定。

设由光源射入某一空间的光束强度为 I_0，由该空间射出后的强度为 I。若该空间内没有烟尘，则 I_0 和 I 应该几乎不变。由此，可定义烟气的光学密度为：

$$D=\lg(I/I_0) \tag{4-6-21}$$

光学密度与光束经过的距离成反比关系。设给定空间的长度为 L，则单位长度的光学密度可表示为：

$$D=\lg(I/I_0)/L \tag{4-6-22}$$

另外，根据比尔—兰勃定律，在有烟气情况下，光束穿过一定距离 L 后的光强度 I 可为：

$$I=I_0\exp(-K_cL) \tag{4-6-23}$$

式中，K_c称为烟气的减光系数。整理上式可得：

$$K_c=-\ln(I/I_0)/L \tag{4-6-24}$$

注意到自然对数和常用对数的换算关系，可得出：

$$K_c=2.303D_0 \tag{4-6-25}$$

烟气的遮光性还可以用百分减光度来描述，即：

$$B=(I_0-I)I_0\times 100\% \tag{4-6-26}$$

式中，I_0-I为光强度的衰减值。

由于烟气的遮光作用，火场中的能见度必然有所下降，并会对火灾中人员的安全疏散造成严重影响。能见度指人们在一定环境下刚刚能看到某个物体的最远距离，通常以 m 为单位。它主要由烟气浓

度决定，同时还受到烟气的散射与吸收系数、烟气颜色、物体及背景亮度、观察者视力等因素的影响。能见度与减光系数或单位光学密度的关系可表示为：

$$V=R/K_c=R/2.303D_0 \tag{4-6-27}$$

式中，比例系数R根据试验确定，它反映了特定场合下多种因素的综合影响。

此外，烟气的刺激性成分也对火场中的能见度有很大影响，这主要是因为强刺激性使人员的眼睛无法睁开足够长的时间，导致视线受阻，从而影响疏散速度。

3. 烟气毒性

烟气毒性是造成人员死亡的主要因素。美国消防协会（NFPA）对该国有毒烟气致死人数和遇难者死亡地点的研究表明：该国每年因烟气中毒致死的人数占火灾事故总死亡人数的 2/3~3/4，而其中 60%~80% 的人员死亡地点均远离火源，这说明有毒气体的传播使其具有更大的影响范围。因此，从 1970 年以来，烟气毒性一直是火灾科学的研究热点。

烟气中毒性成分多，且比例复杂。已有研究表明，CO 是最主要的致死性气体，在火灾事故中通常有 50% 的受害者死于 CO 的毒性作用。燃烧毒理学认为，烟气的毒害作用主要包括麻醉毒害和刺激毒害。其中，麻醉毒害可造成人员丧火意识或中枢神经抑制。而刺激毒害有两种：一种是刺激神经，主要是毒物在眼和上呼吸道上的反应；另一种是刺激肺，主要是指毒物在下呼吸道上的反应。

对于火灾中的人员安全疏散来说，需要引入累积剂量的概念，如式 (4-6-28) 所示：

$$\text{累积剂量}=\text{烟气浓度}\times\text{暴露时间} \tag{4-6-28}$$

4. 烟气的温度

火源附近的烟气温度可达 800℃以上，随着与火源距离的增加，烟气温度逐渐降低，但通常在许多区域仍能保持较高温度并存在灼伤人员的危险，而且随着燃烧的持续，各处的温度还会逐渐升高。

人员对烟气高温的忍受能力主要由烟气温度和空气湿度决定，此外，人员的身体状况、服装的透气性和隔热程度也有一定影响。有关试验表明，身着衣服、静止不动的成年男子处于 100℃的环境中，30min 后便觉得无法忍受；在 75℃的环境中则可以坚持 60min。

二、火场温度与维生条件

尽管大部分火灾伤亡源于吸入有毒、有害气体，但火灾产生的热量也不可忽视。除了高温烟气携带部分热量外，火焰也会直接辐射出大量热量。

火场的高温环境，会使疏散者在生理上感到浑身燥热，头昏脑胀，在心理上感到紧张和惊恐，从而被迫采取措施躲避高温的侵袭。若在火场中无路可走时，人员通常会选择退到温度较低的某个角落暂避。因此，在火灾事故中最后搜索到的被围困人员，多是在墙角等角落处。

根据国内外火灾事故的调查和研究，目前国际对隧道火灾下维生条件一般定义如下：

（1）人体高度处温度不高于 80℃；

（2）烟雾浓度低，最小通视距离 20m；

（3）空气含氧量不低于 15%（体积比）；

（4）CO_2 含量不大于 5%（体积比）；

（5）一氧化碳及碳氢化合物浓度不大于 1500ppm；

（6）氮氧化合物浓度不大于 100ppm。

三、火灾经验

根据以往对火灾时人员行为的研究发现，通常人们在做出决策之前，往往倾向于依赖过去的经验

积累对当时状态作出判断和决策。研究表明，有过火灾经验的人员做出开始疏散行动决策的时间往往有滞后现象。与没有经历过火灾的人相比，他们当中相当比例的人会首先自行采取灭火行动，而不是即时报警或尽快开始疏散行动。结合灾后调查收集到的数据，可进一步探讨火灾经验与疏散行动开始前人的疏散决策行为反应之间的关系。

四、火灾信息获得途径

火灾信息的获取一般分为直接和间接两种方式。直接获得火灾信息的情况，一般如直接受到烟气的味道、火焰等刺激或亲自发现火情，这时候人们会根据自己对火灾的认知水平、初始状态、火灾知识和经历，以及在疏散者群体中的职位和责任等迅速做出反应。间接地获得火灾信息，一般为被告知得到火灾警报。需要指出的是，人的侥幸心理也很容易造成在疏散决策上的迟缓现象。

五、逃生出口选择

在疏散过程中选择出口路线时，每个疏散者都首先观察其他人员所处的位置和所采取的行动，以便选择最快到达安全出口的路线。因此在疏散过程中，疏散者自疏散行动开始后最先考虑的问题就是出口的选择，所有疏散者都在努力选择一个最佳出口，以缩短撤离的时间。预测的疏散时间由预测的移动时间和预测的等待时间构成，通过步行速度来确定到出口的距离估算的方法，一般可用来估算移动时间。等待时间则是由其他疏散者的行动和周围环境的共同作用来决定。

疏散过程中，除了出口的位置和其他人员的行为影响，还有其他因素影响疏散者的决策。这些因素与火灾所造成的影响相关，如疏散者对于建筑物安全出口的熟悉程度以及烟气影响下的可见度等，这些因素成为影响疏散时间问题的约束条件。

六、人员应急心理

火灾是具有突发性的意外事件，常在短时间内给人以毁灭性的伤害。由于火灾的发生常常比较突然，同时又伴有浓烟、强烈的热辐射、噪声和有毒气体，所以处在这种环境中的人们往往需要承受更大的心理压力。但人在遭遇火灾等意外事件时，若能保持良好的心理状态，及时采取自救行为，常能获救或避免死亡。

研究发现，人在遭遇突发性事件时，不同人的心理和行为反应不同。心理素质较好的人，在遇到突发性事件时也会感到紧张害怕，并伴有一系列生理变化，如血压升高，心跳加快，血糖增加。但这些人的大脑却很清醒，肌肉有力，反应敏捷，行动迅速。而心理素质较差的人，如平时胆小怕事者，见灾难临头会感觉非常恐慌，往往表现出目瞪口呆，不知所措，手脚笨拙、木呐，不知赶快逃离灾害现场等行为。人对突发性事件的反应方式，既与个体特征有关，也与其受训练程度有关。平时加强人们对突发事件应变能力的训练，特别是对心理素质较差的个体进行这种训练，是非常有益的。

第三节　火灾通风

根据隧道火灾事故分析，由一氧化碳导致的死亡约占总数的 50%，因直接烧伤、爆炸力及其他有毒气体引起死亡的约 50%。通常，采用通风、防排烟措施控制烟气产物及运动可以改善火灾环境，并降低火场温度以及热烟气和火灾热分解产物的浓度、改善视线。但是，机械通风会通过不同途径对不同类型和规模的火灾产生影响，在某些情况下反而会加剧火灾发展和蔓延。试验表明：在低速通风时，对小轿车火灾的影响不大，可以降低小型油池火灾（约 10m^2）的热释放速率；在纵向机械通风下，载重货车的火灾增长率可以达到自然通风的 10 倍。

隧道通风主要有自然、横向、半横向和纵向通风 4 种方式。短隧道可以利用隧道内的“活塞风”采取纵向通风，长隧道则需采用横向和半横向通风。隧道内的通风系统在火灾中要起到排烟的作用，其通风管道和排烟设备必须具备一定的耐火性能。对于隧道通风设计，一般需要针对特定隧道的特性参数，如长度、横截面、分级、主导风、交通流向与流量、货物类型、设定火灾参数等，通过工程分析方法进行设计，并由多种场模型或区域模型对隧道内的烟气运动进行计算模拟，如 FASIT、JASMIN 等。

在隧道火灾中，烟气分布的情况决定了人员逃生的方式及存活几率。影响烟气分布情况的因素主要有以下几个方面。

一、浮力效应

隧道内着火后，其与露天火灾的重大区别在于有浮力效应如图 4-6-2 所示，热气流上升，在拱顶附近的隧洞上部形成一定厚度的热烟气流，由于着火点源源不断产生烟气，隧道顶部热的烟气流得以迅速扩大体积，向两侧扩充，同时隧道下部冷空气流向火点进行补充，此时火场两侧有对称的循环风流。

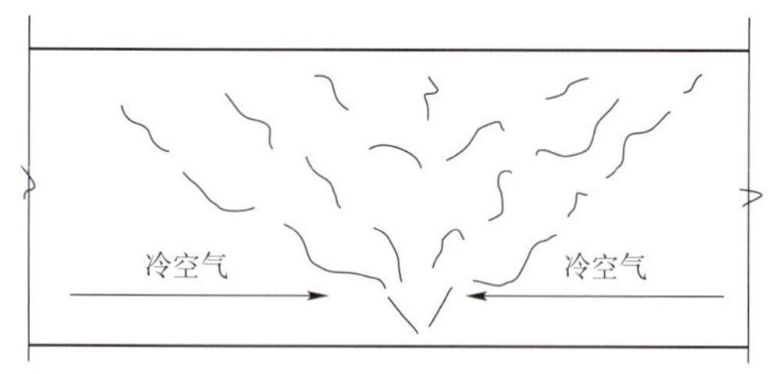

图4-6-2　浮力效应

二、回流现象

图 4-6-2 是隧道内无全隧道纵向风流情况，当有纵向通风时，火点两侧的烟气流不对称，如纵向风速 v 较小，不足以克服反向的上层热烟气流时将产生回流现象，即火点上部之烟气会逆着风向朝上风方向流动，这对于防止火灾蔓延和消防队员救火是很不利的。因此，最好使人工风的速度大于临界风速，此时火场上风方向完全无烟，仅下风方向有烟。临界风速可由按照式（4-6-29）计算：

$$v_c = K_1 K_2 \left[\frac{gHQ}{P_m C_p A \left(\frac{Q}{P_m C_p A v_c} \right) + T_m} \right]^{1/3} \tag{4-6-29}$$

式中：v_c——临界风速，m/s；

K_1——临界查得森的1/3次幂，取0.61；

K_2——坡度修正系数，K_2=1+0.0374i0.8；

I——隧道坡度，%；

g——重力加速度，取9.80kN/m；

H——隧道高度，m；

Q——火灾释放热量，W；

A——隧道横断面面积，m^2；

P_m——流向火灾区的空气密度，kg/m^3；

T_m——环境空气温度，K；

C_P——空气比热，J/kg·K。

经计算，中型火灾放热功率 20MW 时，纵坡 3% 的公路隧道临界风速为 1.55m/s。

隧道内纵向风速与烟气形态与分布关系极大，当风速小于 0.5m/s 时，相当于两辆小轿车相撞后燃

烧，烟气从着火点向下风方向扩散。在开头的8min内，在距火场700m范围内隧道的上半部完全是层状的烟雾，下半部则是由洞口流向火场的新鲜气流，这对于人员避难逃生是很有好处的。只在8min以后，隧道下风方向才形成烟雾全断面推进，如图4-6-3所示。一般情况下，人员逃生撤离速度以1.5m/s计，则8min时间可行走720m。当隧道设置供人员避难的横通道时，其间距要求不宜大于720m。我国公路隧道设计规范规定为200~300m，说明只要纵向风速不大于0.5m/s，人员逃生应当没有问题。

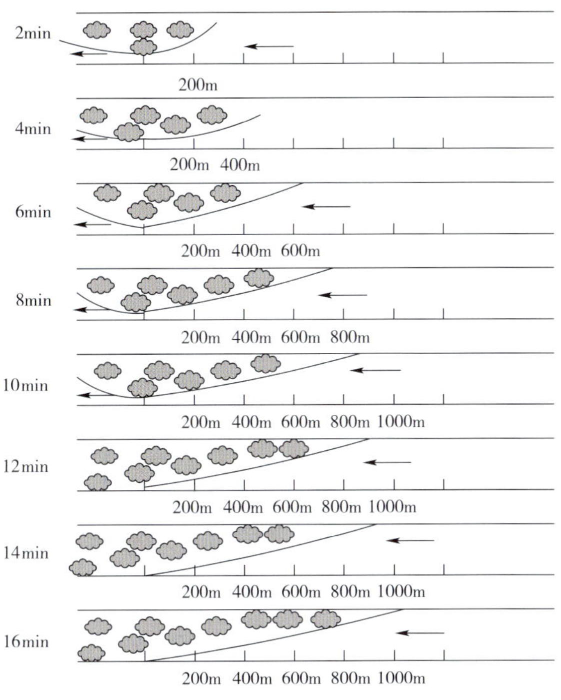

图4-6-3　不同时间的烟雾推进

如果洞内风速大于1.5m/s，则下风方向由于涡流作用整个隧道烟雾弥漫，即使烟雾浓度在5%以下，通视距离也只有几米，使人慌乱、迷失方向。而且烟气中含大量有毒成分（主要是CO）致人死命。所以，单洞双向行车时，纵向风速不得大于1.5m/s，以利于人员逃生。

三、安全疏散时的通风要求

单向行驶时洞内发生火灾后前方车辆可以向前继续行驶撤出洞外，少量破损车辆上的人员可下车向后方撤离，但如果火场不能通过，则只有向前方逃生，通过最近的横通道撤向相邻隧道。火场后方车辆及人员应尽可能通过人行及车行横通道撤离，此时两洞的风机均应由正常通风转为事故通风。进出口风机均向出口方向吹风，隧道内形成纵向风流，风机开动台数应以要求风速控制。由于洞内人员较少，本阶段通风的主要目的是防止火灾扩大，兼顾人员避难。该风速应略大于中型火灾的回流临界风速1.55m/s，但又不能过大，以利人员逃生，建议取2.0m/s。相邻隧道进出口射流风机均应向洞内吹风，使洞内形成正压，要求在所有开放的人行及车行横通道中形成吹向火灾隧道的新鲜风流，以免火灾隧道的烟气窜入，此风速必须保证能在巷道中形成稳定的紊流，其值可取为0.25m/s。当隧道较长，横通道较多，致使中部的横通道风速小于规定值时，可在该横道道中加设射流风机；当火场下风方向的人员和车辆全部撤离之后，关闭所有通道门，通风应进入消防灭火阶段。消防灭火阶段时着火隧道开动所有射流风机向隧道出口吹风，使洞内纵向风速在2.5m/s以上，消防队员从上风方向到达火场救灾。相邻隧道改为双向行车，原按单向行驶而布置的风机台数已不敷需要，此时一方面应进行交通管制，控制交通量和车速，另一方面应开动全部风机，吹风方向应与自然风方向一致。

第七章　公路隧道火灾防治技术应用案例

第一节　工程概况

尖山子（北碚）隧道是重庆至合川高速公路上的特长隧道，位于重庆市北碚区境内，自东向西横穿中梁山山脉。隧道轴线直线段相距 35m，左线隧道长 4025m，右线隧道长 4045m，设计行车速度为 60km/h。如图 4-7-1 所示。

图4-7-1　尖山子隧道

隧道洞内路面采用阻燃型复合式路面，上面层为阻燃性沥青混凝土，厚 5cm，下面层为 C35 混凝土，厚 24cm，上下面层间设玻纤格栅，垫层为 C15 混凝土，厚 16cm。如图 4-7-2 所示。

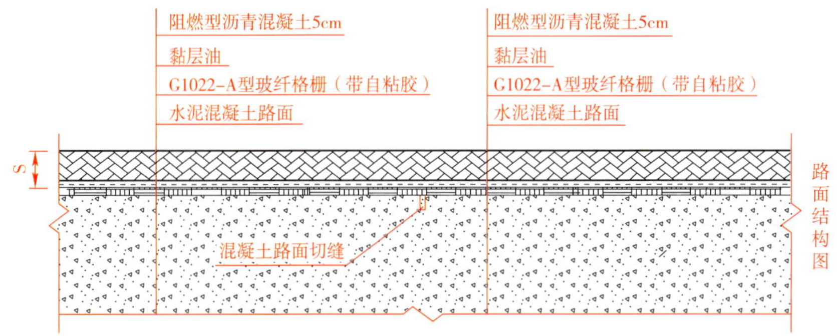

图4-7-2　路面结构图

全隧道共设人行横洞 6 道，车行横洞 5 道，紧急停车带左右线各 5 处。

洞外交叉过渡线是为洞外车辆换向而设，距洞口约 50m。

第二节　隧道防灾附属设施

一、交通监控系统

为确保洞内通风、照明、消防有效运营，并对洞内交通流实施有效监控，隧道内设有火灾报警、

闭路监视、紧急电话、车辆检测、环境数据检测、通风控制、照明控制、交通控制、防雷接地等系统，以及交通标志标线等安全设施。

二、通风系统

采用全射流纵向式通风，选用单机功率 22kW、直径 1000mm 的单向射流风机直接吊挂在隧道拱顶，每组 2 台，左洞共 28 台，功率合计 616kW。

三、照明系统

选用光通量大、光效高、穿透能力强、光线柔和的 100W 高压钠灯作为主要照明灯具，双侧壁交错布置，单侧相邻两灯间距 12m；隧道出入口段辅以 400W 和 150W 两种高压钠灯加强照明，两侧对称布置。隧道照明按晴天、云天、阴天、重阴天、夜间和深夜 6 级控制，由不同的照明配线回路和照明控制实现。

四、供配电系统

隧道进出口两端各设 1 座 10kV 隧道外变电所，在隧道左洞和右洞内靠近风机处各设有 2 座 10kV 洞内变电所，全隧道共设置有 6 座变电所。隧道用电负荷总容量为 1477kV · A，为保证隧道照明供电，每座隧道外变电所设 1 台 150kV 柴油发电机作为备用电源。同时，隧道外变电所内设有 UPS 不间断电源，供隧道和变电所内局部性紧急照明、监控。

五、火灾自动报警系统

尖山子隧道火灾报警系统由火灾自动检测系统及手动报警系统两部分组成。隧道内设置感温光纤差定温火灾检测及手动报警装置，感温光纤沿线敷设，置于隧道中心线左侧；手动报警按钮每隔 50m 设置在消防箱处，变电所设置点式感烟火灾探测器；火灾报警控制器及火灾报警检测主机设置在隧道进出口两端变电所，通过变电所的光端机接至隧道管理所。

六、消防灭火系统

尖山子隧道灭火系统由灭火器、消火栓及水成膜泡沫装置构成。消防给水系统为常高压，在隧道出口端设置高位水池，洞内消防洞沿隧道纵向间距 50m 设于行车方向右侧隧道壁，每个消防洞内设两支 MF8 干粉灭火器、两支 MPM6 泡沫灭火器、一套 30L 水成膜泡沫装置和一支自救式 SNA65 消火栓。

第三节　尖山子隧道救援控制方案

一、正常运营控制

正常运营是隧道控制中最简单的一种控制，在运营中运营者只需按照隧道机电设计中要求的控制策略进行控制，即洞外交通灯、洞内交通灯都要打开，同时隧道内的照明按照隧道照明规范中的要求打开，通风则根据交通流量，造成洞内空气质量及能见度做相应的控制运营。

二、火灾异常

1. 火灾事故检测

尖山子隧道火灾事故检测主要有：火灾自动监测报警系统、火灾手动报警系统、紧急电话报警三

种途径。火灾自动监测报警系统选用先进的报警系统，在隧道内火灾发生时到系统报警小于60s；火灾手动报警系统指隧道每隔50m设置一个手动报警按钮，当报警人员按压报警按钮时，报警信息就直接传到监控中心。紧急电话报警是指当隧道内发生火灾时，司乘人员或隧道工作人员通过就近的紧急电话及时向控制中心报警。通过以上三条途径，在隧道内发生火灾时，基本能保证控制中心的值班人员在火灾发生60s内得到火情的报警信息，从而有效地组织救援工作。

2. 火情联动确认

系统联动分为：CCTV联动和救援联动两类。

（1）CCTV联动

当有火灾报警时，CCTV系统中电视监视画面及时切换到报警信息发出路段中相邻3个摄像机监视的路况画面，在没有人员操作的情况下一直显示，不能自动切换。

（2）救援联动

通过CCTV的联动，现场值班监视人员通过电视画面确认报警是否为有效报警，如果确认是火灾发生，则值班人员首先开启消防喷淋系统，再通知隧道管理所的消防救援人员，通知119实施援助救援，通知120急救中心进行伤员救护，通知隧道管理执法人员及领导。然后实施横通道控制、通风控制、照明控制、交通信息控制、车道管制、洞口交通管理等。

3. 消防控制

当控制中心值班人员确认隧道发生火灾后，启动消防水泵向洞口消防高位水池供水。同时可通过有线广播系统通知现场司乘人员、隧道工作人员采用就近消防栓进行现场灭火，如果火势较大则通知现场人员尽快撤离。

4. 交通组织

隧道内发生火灾事故后对火灾发生路段上下游交通提供诱导和控制管理，开启相关的交通信号灯、车道控制指示器、车速控制信息等，使车辆以最佳运行速度运行，防止车辆发生相撞等二次事故。同时，也为救援人员提供交通诱导，对救援交通路线进行交通管理和控制，保证救援通道的畅通。此外，还要启动交通预警模块，在隧道外及隧道内进行事故发生情况提前警示。尖山子隧道将在理论交通组织方案的指导下，进行交通异常情况的具体组织。

（1）A类规模火灾，正常隧道交通量较大。

在确认隧道火灾事故后，首先对左右线隧道的入口信号灯发出红灯禁行指令，封闭进入隧道的交通流，如图4-7-3所示；然后向火灾着火地区上游的车道指示灯发出红灯禁行指令，开启所有人行通道的火灾事故隧道一侧的通道门，同时通过交通信息发布平台发布隧道发生火灾事故的信息，有线广播对司乘人员进行安抚，提醒逃生人员通过人行通道逃生，对下游的车辆则通过交通信息发布平台提醒驾驶人员在保证安全行车间距的情况下，尽快驶离隧道，隧道内所有顺向行车方向的车道指示灯依然是绿灯通行指示，如图4-7-4所示；在正常隧道内通过交通信息发布平台发布交通信息，提醒洞内车辆在保证行车安全间距的情况下，尽快驶离隧道；在确认正常隧道完成清道后，开启隧道内所有正常隧道一侧的人行横通道门，引导逃生人员进行逃生，同时开启着火区上游的车行横通门；向车行横通道门附近的车道指示灯发出转向指令，向正常隧道的顺向行车方向的车道指示器发出红灯禁行指令，逆向行车方向发出绿灯通行指令，如图4-7-5所示。

如果事故隧道需要较长时间排除现场障碍，在事故隧道的车辆及人员基本疏散完毕后，正常隧道的交通也基本正常时，可将正常隧道作双向交通进行交通组织，如图4-7-6所示。

在隧道灭火完成，现场障碍排除，同时事故隧道完成排烟以后，可以根据情况实施正常交通的组织，即左右线隧道实行单向双车道交通。

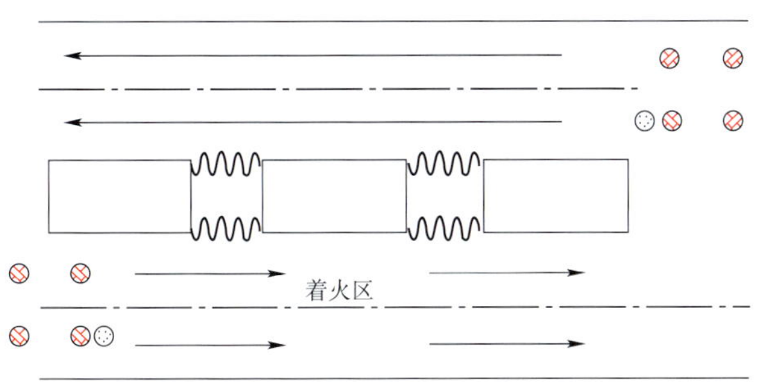

图4-7-3　洞口交通灯组织示意图

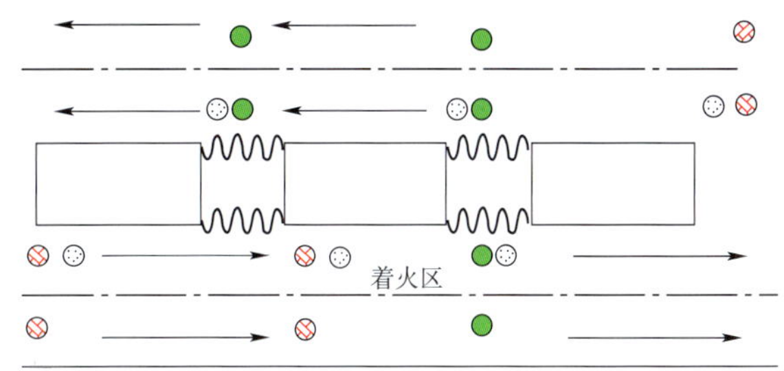

图4-7-4　异常隧道内交通灯组织示意图

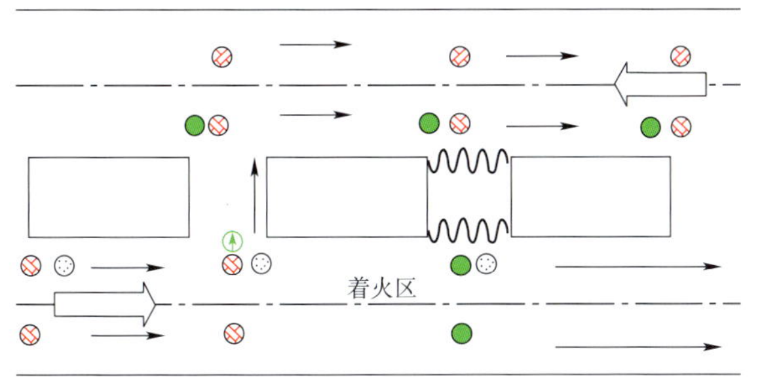

图4-7-5　隧道内车道指示灯及车行横通道门组织示意图

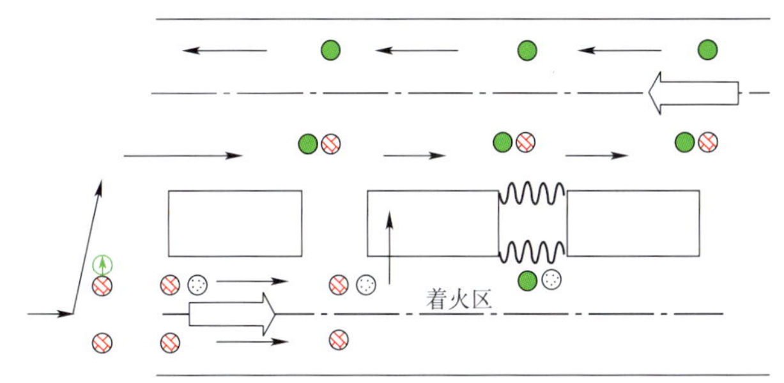

图4-7-6　洞外及洞内交通组织示意图

（2）A 类规模火灾，正常隧道交通量较小。

确认隧火灾事故以后，首先对左右线隧道的入口信号灯发出红灯禁行指令，封闭进入隧道的交通流，如图 4-7-3 所示；然后向着火地区上游的车道指示灯发出红灯禁行指令，开启所有人行通道的火灾事故隧道一侧的通道门，同时通过交通信息发布平台发布隧道发生火灾事故的信息，可变情报板发布距离着火区距离等信息，有线广播对司乘人员进行安抚，提醒逃生人员逃生，对下游的车辆则通过交通信息发布平台提醒驾驶人员在保证安全行车间距的情况下，尽快驶离隧道；向着火区下游隧道及上游最近一个车行横通道对应的正常隧道左侧车道的车道指示灯的顺行行车方向发出红灯禁行指令，进行该车道的交通清道，如图 4-7-7 所示。在正常隧道内通过交通信息发布平台发布交通信息，提醒洞内车辆在保持安全行车间距、控制车速在 30km/h 以下；在确认正常隧道完成清道后，开启隧道内所有正常隧道一侧的人行横通道门，引导逃生人员逃生，同时开启着火区上游的车行横通道门；向车行横通道门附近的车道指示灯发出转向指令，向正常隧道的顺向行车方向左侧车道的车道指示器发出红灯禁行指令，逆向行车方向发出绿灯通行指令，顺向行车方向的右侧车道车道指示器发出绿灯通行指令，逆向行车方向发出红灯禁行指令如图 4-7-7 所示。

如果事故隧道需要较长时间排除现场障碍，在事故隧道的车辆及人员基本疏散完毕后，正常隧道的交通也基本正常时，可将正常隧道作双向交通进行交通组织，如图 4-7-8 所示。

在隧道灭火完成，现场障碍排除，同时事故隧道完成排烟以后，可以根据情况实施正常交通的组织，即左右线隧道实行单向双车道交通。

在事故隧道实行交通组织时，应通过现场管理指挥人员，指挥距离着火区 30m 内的车辆优先通过横通道转移。

（3）B 类规模火灾，正常隧道交通量较大。

本着以人为本的理念，本类型工况采用“A 类规模火灾，正常隧道交通量较大”的交通组织方案实施。

（4）类规模火灾，正常隧道交通量较小。

本类型工况采用“A类规模火灾，正常隧道交通量较小”的交通组织方案实施。

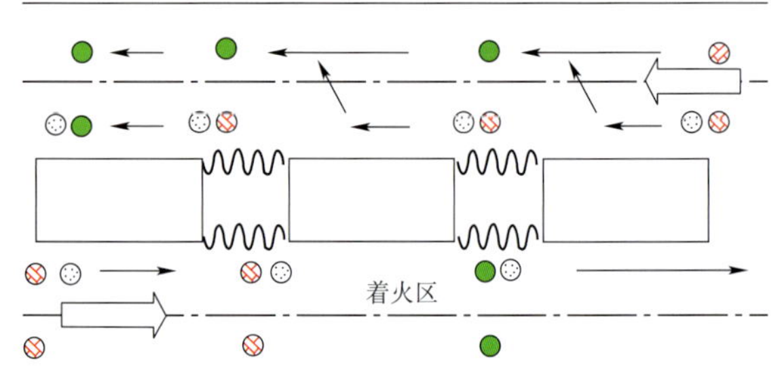

图4-7-7　异常隧道内交通灯组织示意图

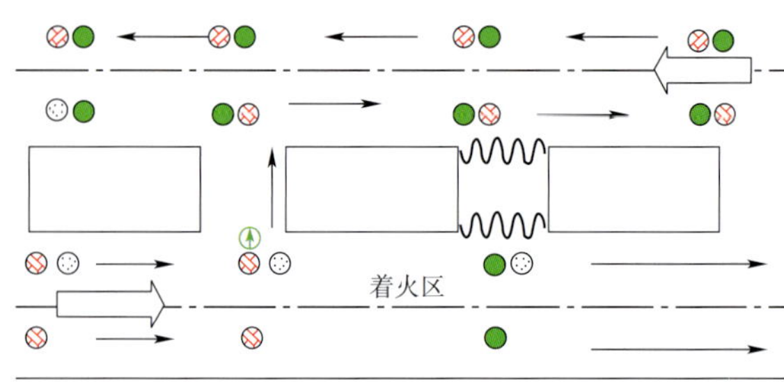

图4-7-8　隧道内车道指示灯及车行横通道门组织示意图

（5）C类规模火灾，正常隧道交通量较大。

本类型工况采用“A类规模火灾，正常隧道交通量较大”的交通组织方案实施。

（6）C类规模火灾，正常隧道交通量较小。

本类型工况采用“A类规模火灾，正常隧道交通量较小”的交通组织方案实施。

5. 通风控制

（1）射流通风

尖山子隧道采用的是全射流纵向通风，如何防止因烟雾危害而导致火灾的严重后果，是纵向式通风防灾技术中的一个关键问题。火灾烟雾在不同的隧道气流条件下，具有自由扩散、受限扩散和强制扩散3种基本形态。射流通风是一种较理想的纵向式通风，由许多方面综合形成的整体优势中，对气流状态所具有的调控能力是其显著特点之一。利用射流风机的调节作用，不仅可在大范围内进行不同幅度的速度调节，而且还可按照要求控制纵向气流的方向。同样，通过风机调节也可改变火灾气流的状态，烟雾的扩散特性也随之改变。射流通风所具有的这种烟雾控制功能，是纵向式通风隧道防灾能力的体现。

（2）事故通风原则

确认隧道发生火灾后，正常隧道通风应立即改变为火灾事故通风，通风应遵循以下原则：

①以人为本。

②通风必须有利于人员逃生避难，风速的大小应尽量减少传到人体上的热负荷，还要避免因纵向风流的湍流和涡流作用而使洞内烟雾弥漫，最大程度地保护逃生人员。

③通风应避免或尽量减少火场高温气体的扩散，防止炽热气流引燃火场以外的车辆，使火场扩大。

④通风应有利于救援人员救火，使救援人员能从上风方向接近着火区，实施灭火。

⑤在开启人行横通道和车行横通道后，通风应能防止着火隧道的烟雾进入人行横道及正常隧道。

⑥灭火完成，事故隧道内人员和车辆也疏散完毕以后，才可实施高风速排烟。

（3）实施风机控制

事故通风分为：人员疏散撤离阶段、消防灭火阶段、事故后排烟阶段三个阶段。不同的通风阶段，实施不同的通风控制。

① A类规模火灾

a. 人员疏散撤离阶段

发生火灾后，火灾上游区的车辆和人员如果距离火区15m远，则基本安全，下游区的车辆可继续向前行使，撤出洞外，如果车辆受到损坏，车辆上的人员如果距离火区不超过30m，估计火区能通过，

则立即通过火区向火区上游方向逃离，如果火势较大不能通过，则只有迅速向前方逃生，通过最近的横通道撤向正常隧道内。火区上游的车辆和人员根据上面交通组织的方案通过人行或车行横通道撤离。此时通风方案如图 4-7-9 所示，两个隧道的风机都应从正常通风转为事故通风。

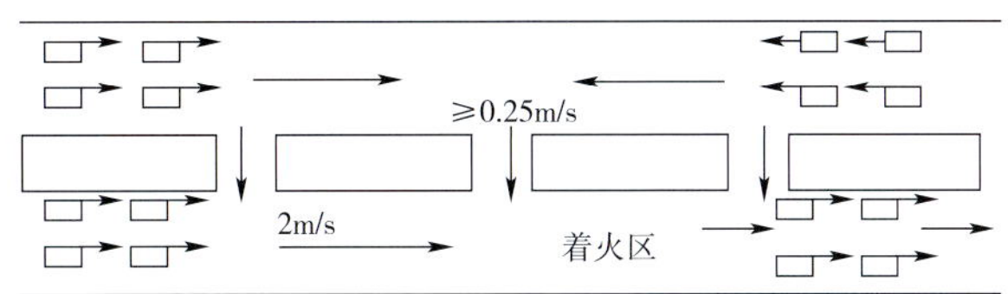

图4-7-9　火灾事故通风（人员撤离阶段）

火灾隧道：进出口风机均向出口方向吹风，隧道内形成纵向风流，风机开启台数根据通风计算能达到满足图 4-7-9 所示的风速所需台数为标准。此时的通风通过风速风向仪器检测的数据，自动控制风机的启停。本阶段通风的主要目的是防止火灾扩大，同时保护火区前方人员避难。该风速应约大于 A 类规模火灾的回流临界风速约 1.5m/s，但又不能过大，以保护前方逃生人员逃生。此处建议取值 2m/s。

正常隧道：进出口射流风机均应向洞内吹风，洞内形成正压，要求在所有开放的人行及车行横通道中形成吹向火灾隧道的新鲜风流，以免火灾隧道的烟气窜入火风速必须保证能在巷道中形成稳定的紊流，其值根据国外资料，可取为 0.25m/s。

b. 防灭火阶段

隧道内着火区的下风方向的车辆及人员都全部撤离以后，关闭所有通道门，通风控制进入消防灭火阶段。

火灾隧道：开动所有射流风机向隧道出口吹风，使洞内纵向风速在 2.5m 以上，救援人员从火区上游方向到达火场灭火救灾。

正常隧道：此时隧道已经改为双向行车，通风组织应该按双向交通进行控制，由于隧道通风设计按照单向交通设计，所以这时应通过交通管理模块进行交通管制，控制交通流量和车速，同时应开动隧道内全部风机，吹风方向应与自然风方向一致，通风组织如图 4-7-10 所示。

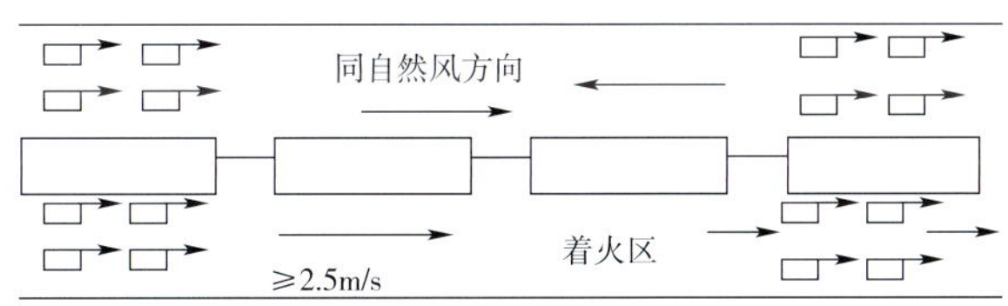

图4-7-10　火灾事故通风（灭火阶段）

c. 事故后排烟阶段

事故后的排烟通风，是持续灭火阶段的通风，直到事故隧道内达到设计要求的 CO 浓度及能见度标准等。

② B 类规模火灾

a. 人员疏散撤离阶段

发生火灾后，火灾上游区的车辆和人员如果距离火区 25m 远，则基本安全，下游区的车辆可继续向前行使，撤出洞外，如果车辆受到损坏，车辆上的人员如果距离火区不超过 30m，估计火区能通过，则立即通过火区向火区上游方向逃离，如果火势较大不能通过，则只有迅速向前方逃生，通过最近的横通道撤向正常隧道内。火区上游的车辆和人员根据上面交通组织的方案通过人行或车行横通道撤离。此时通风方案如图 4-7-11 所示，两个隧道的风机都应从正常通风转为事故通风。

火灾隧道：进出口风机均向出口方向吹风，隧道内形成纵向风流，风机开启台数根据通风计算能达到满足图 4-7-11 所示的风速所需台数为标准。此时的通风宜通过风速风向仪器检测的数据，自动控制风机的启停。本阶段通风的主要目的是防止火灾扩大，同时保护火区前方人员避难。该风速应约大于 B 类规模火灾的回流临界风速约 2m/s，但又不能过大，以保护前方逃生人员逃生。此处建议取值 2.5m/s。

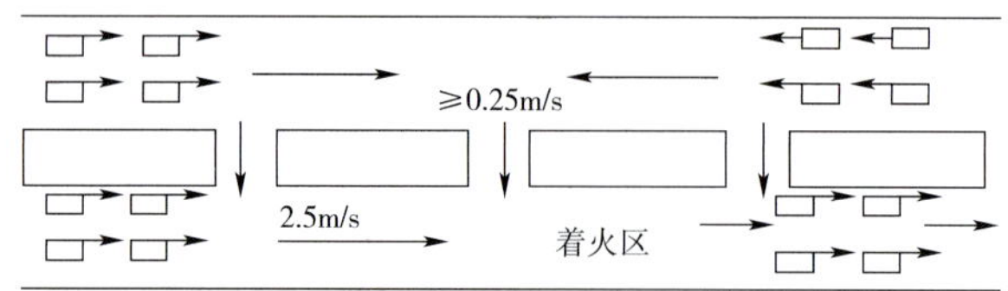

图4-7-11　火灾事故通风（人员撤离阶段）

正常隧道：进出口射流风机均应向洞内吹风，洞内形成正压，要求在所有开放的人行及车行横通道中形成吹向火灾隧道的新鲜风流，以免火灾隧道的烟气窜入火风速必须保证能在巷道中形成稳定的紊流，其值根据国外资料，可取为 0.25m/s。

b. 防灭火阶段

隧道内着火区的下风方向的车辆及人员都全部撤离以后，关闭所有通道门，通风控制进入消防灭火阶段。

火灾隧道：开动所有射流风机向隧道出口吹风，使洞内纵向风速在 3m 以上，救援人员从火区上游方向到达火场灭火救灾。

正常隧道：此时隧道已经改为双向行车，通风组织应该按双向交通进行控制，由于隧道通风设计按照单向交通设计，所以这时应通过交通管理模块进行交通管制，控制交通流量和车速，同时应开动隧道内全部风机，吹风方向应与自然风方向一致，通风组织如图 4-7-12 所示。

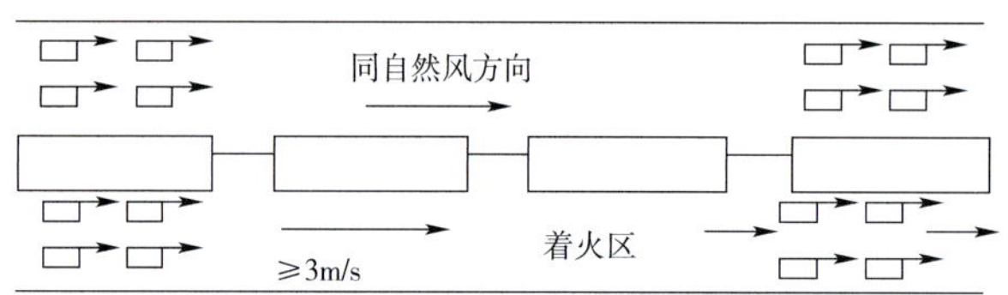

图4-7-12　火灾事故通风（灭火阶段）

c. 事故后排烟阶段

事故后的排烟通风，是持续灭火阶段的通风，直到事故隧道内达到设计要求的 CO 浓度及能见度标准等。

③ C 类规模火灾

a. 人员疏散撤离阶段

发生火灾后，火灾上游区的车辆和人员如果距离火区 45m 远，则基本安全，下游区的车辆可继续向前行使，撤出洞外，如果车辆受到损坏，车辆上的人员应立即向前方逃生，通过最近的横通道撤向正常隧道内。火区上游的车辆和人员根据上面交通组织的方案通过人行或车行横通道撤离。此时通风方案如图 4-7-13 所示，两个隧道的风机都应从正常通风转为事故通风。

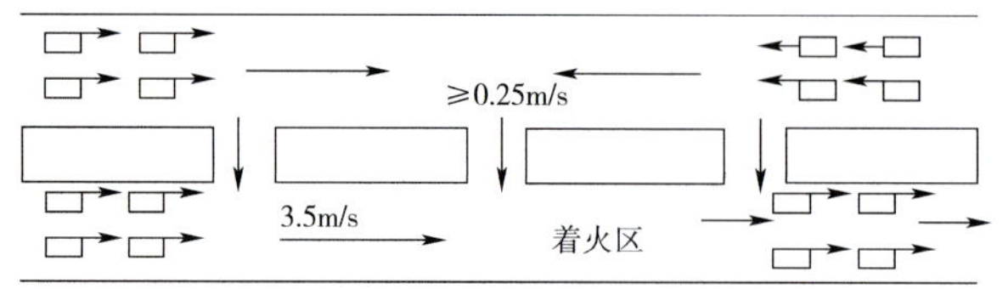

图4-7-13　火灾事故通风（人员撤离阶段）

火灾隧道：进出口风机均向出口方向吹风，隧道内形成纵向风流，风机开启台数根据通风计算能达到满足图 4-7-13 所示的风速所需台数为标准。此时的通风宜通过风速风向仪器检测的数据，自动控制风机的启停。本阶段通风的主要目的是防止火灾扩大，同时保护火区前方人员避难。该风速应约大于 C 类规模火灾的回流临界风速约 3m/s，但又不能过大，以保护前方逃生人员逃生。此处建议取值 3.5m/s。

正常隧道：进出口射流风机均应向洞内吹风，洞内形成正压，要求在所有开放的人行及车行横通道中形成吹向火灾隧道的新鲜风流，以免火灾隧道的烟气窜入火风速必须保证能在巷道中形成稳定的紊流，其值根据国外资料，可取为 0.25m/s。

b. 灭火阶段

隧道内着火区的下风方向的车辆及人员都全部撤离以后，关闭所有通道门，通风控制进入消防灭火阶段。

火灾隧道：开动所有射流风机向隧道出口吹风，使洞内纵向风速在 3m 以上，救援人员从火区上游方向到达火场灭火救灾。

正常隧道：此时隧道已经改为双向行车，通风组织应该按双向交通进行控制，由于隧道通风设计按照单向交通设计，所以这时应通过交通管理模块进行交通管制，控制交通流量和车速，同时应开动隧道内全部风机，吹风方向应与自然风方向一致，通风组织如图 4-7-14 所示。

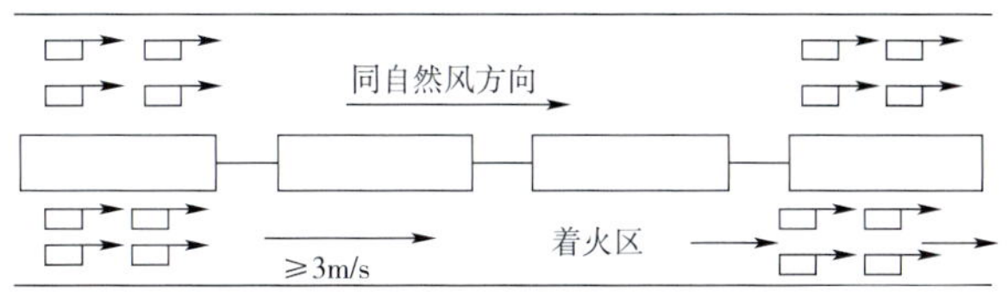

图4-7-14　火灾事故通风（灭火阶段）

c. 事故后排烟阶段

事故后的排烟通风，是持续灭火阶段的通风，直到事故隧道内达到设计要求的 CO 浓度及能见度标准等。

6. 照明控制

（1）A 类规模火灾

在控制中心确认火情后，切断火区附近的普通照明电源，以火区为原点切断其上下游 100m 以上区域的供电。打开所有应急照明，交通诱导标志灯。

（2）B 类规模火灾

在控制中心确认火情后，切断火区附近的普通照明电源，以火区为原点切断其上下游 250m 以上区域的供电。打开所有应急照明，交通诱导标志灯。

（3）C 类规模火灾

在控制中心确认火情后，切断隧道内所有普通照明电源，打开所有应急照明，交通诱导标志灯。

7. 交通预警信息发布

（1）事故隧道

在控制中心确认火情后，在隧道入口处的可变情报板发布隧道发生火灾，封闭交通等信息，隧道内着火区上游的小可变情报板发布火灾信息、限制车速、距离火场信息等信息，隧道内着火区下游的小可变情报板发布火灾信息、提示安全快速通过隧道等。有线广播进行相关信息广播，疏导车辆和撤离人员。

（2）正常隧道

确认火情后，在隧道入口处的可变情报板发布隧道发生火灾，封闭交通等信息，隧道内小型可变情报板发布限制车速等信息，有线广播进行相关信息广播，疏导车辆和撤离人员。

三、交通异常

1. 交通异常检测

尖山子隧道车辆异常检测主要有：车辆检测器、紧急电话报警、CCTV 闭路电视系统三种途径。车辆检测器通过车速、占有率等交通参数检测传送到中心控制系统软件处理分析，判断是否发生交通异常；当车辆发生异常事故后司乘人员、现场管理人员可通过隧道现场紧急电话及时向控制中心报警；控制中心监控人员也可通过 CCTV 闭路电视系统观察隧道内交通状况。通过以上三种途径，在隧道内发生车辆异常事故时，基本能保证控制中心的值班人员及时得到隧道发生车辆异常事故的报警信息，从而有效的组织救援工作。

2. 交通异常联动确认

系统联动分为 CCTV 联动和救援联动两类。

CCTV 联动：当有车辆异常情况报警时，无论是车辆检测器还是紧急电话报警进行报警时，CCTV 系统都能实现相应的联动，即电视监视画面及时切换到报警信息发出路段中相邻 3 个摄像机监视的路况画面，在没有人员操作的情况下一直显示，不作自动切换。

救援联动：通过 CCTV 的联动，现场值班监视人员通过电视画面确认报警是否是为有效报警，如果确认有车辆发生异常，停在隧道行车道上发生，则值班人员应立即通知隧道管理所的救援管理人员；如果发生车辆相撞等事故，则通知 120 急救中心进行伤员救护，通知直接主管领导。然后根据情况实施横通道控制、通风控制、照明控制、交通信息控制、车道管制、洞口交通管理等。

3. 交通组织

车辆异常的交通（表 4-7-1）按如下几种工况进行组织。

车辆异常的交通组织　　表4-7-1

工况	阻塞车道		说　　明
	异常隧道	正常隧道	
1	一车道	无	异常隧道能满足交通流量，不能满足交通流量，但排堵时间较短，<30min
2	一车道	无	异常隧道不能满足交通流量，且异常隧道交通量大于正常隧道，故障排除时间较长，>30min
3	二车道	无	异常隧道排堵时间较短，<30min
4	二车道	无	异常隧道排堵时间较短，>30min

工况 1：本工况下，洞内、洞外交通组织如图 4-7-15 所示，将异常隧道内的双车道变更为一车道行驶。

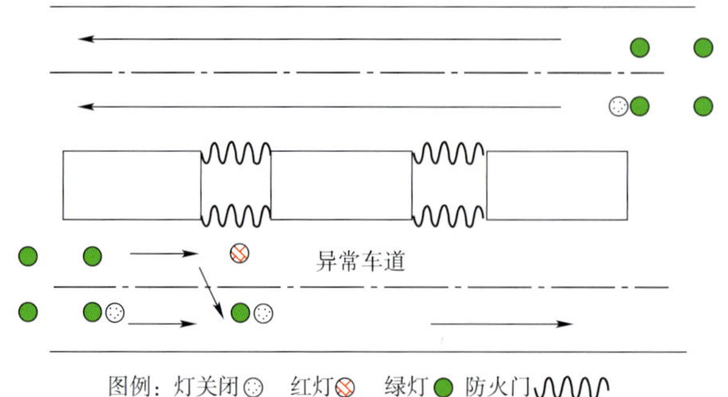

图4-7-15　洞口、洞内交通灯组织示意图（工况1）

工况 2：本工况下，洞内、洞外交通组织如图 4-7-16 所示，将异常隧道内的双车道变更为一车道行驶，同时根据正常隧道和异常隧道的交通状况，打开部分车行横通道分流异常车道的车辆，横通道门的开启必须首先对异常隧道内顺向行驶的超车道进行清道，在确认清道完成后，才能开启。

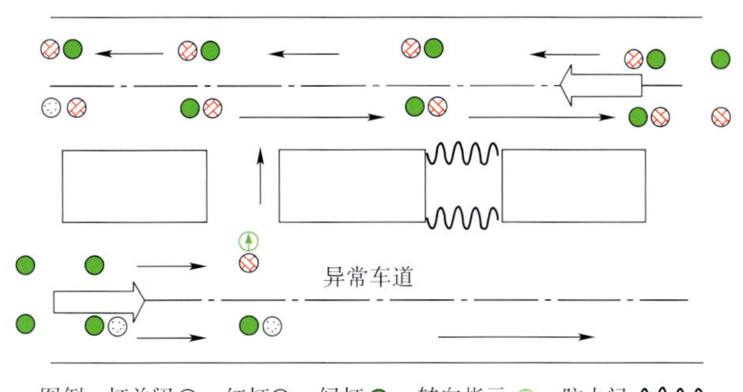

图4-7-16　洞口、洞内交通灯组织示意图（工况2）

工况 3：本工况下，洞内、洞外交通组织如图 4-7-17 所示，因为异常隧道排堵时间较短，异常隧道的车流不必分流到正常隧道，只是要关闭隧道入口的交通，限制车辆进入隧道，以保护隧道内车辆人员的安全。

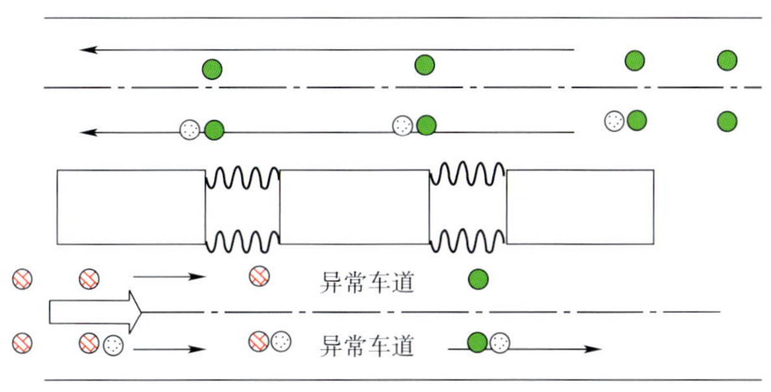

图4-7-17　两车道堵塞洞口、洞内交通灯组织示意图（工况3）

工况 4：本工况下，洞内、洞外交通组织如图 4-7-18 所示，由于异常隧道内全堵塞，首先对异常隧道入口处的车道指示灯发出红灯禁行指令，由于隧道排堵时间较长，在首先对异常隧道内顺向行驶的超车道进行清道，在确认清道完成后，可以打开隧道内车行横通道，分流异常车道的车辆。然后对隧道外信号灯的转向指示灯发出绿灯通行指令。

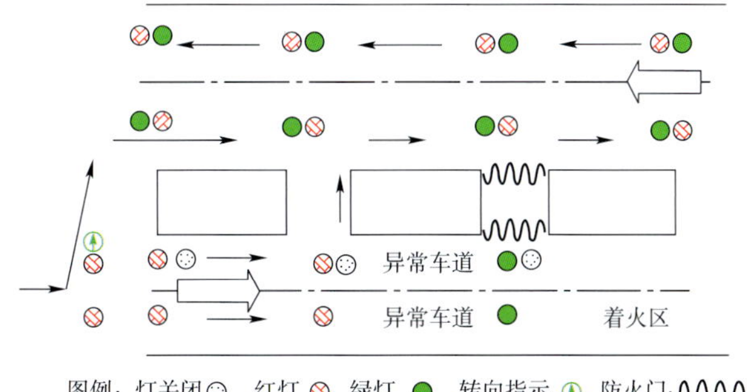

图4-7-18　洞口、洞内交通灯组织示意图（工况4）

4. 通风控制

（1）异常隧道

在隧道内发生车辆异常从而堵塞车道，可能造成大量车辆停滞在隧道，而在隧道内排放大量废气，造成 CO 浓度升高、能见度降低等，这时通风控制可根据通风控制设计的控制策略进行自动控制以降

低CO浓度，提高能见度。

（2）正常隧道

在异常工况1和异常工况3中，通风控制按照CO、VI或则其他控制方法控制其通风；在异常工况2和异常工况4中，由于单向交通该成双向交通，原来的通风策略发生变化，这时通风要根据CO、VI、TW参数进行控制，通风方向与自然风方向一致。

5. 照明控制

普通照明，不发生改变，对工况2和异常工况4，要将车行横通道的指示照明、横通道内照明打开。

6. 交通预警信息发布

（1）事故隧道

工况1：在控制中心确认车道发生一车道堵塞，洞内交通基本满足交通量后，在隧道入口处的可变情报板发布隧道发生异常情况，控制车流速度、隧道内两车道合一车道等信息，隧道内车道异常上游的小可变情报板发布限制车速、二合一车道等信息，有线广播进行相关信息广播，疏导车辆。

工况2：在控制中心确认车道发生一车道堵塞，洞内交通基本不能满足交通量后，在隧道入口处的可变情报板发布隧道发生异常情况，控制车流速度等信息，隧道内异常车道上游的小可变情报板发布限制车速、超车道的车辆通过前方车行横通道分流交通等信息，有线广播进行相关信息广播，疏导车辆。

工况3：在控制中心确认车道发生二车道堵塞，洞内交通完全堵塞，在隧道入口处的可变情报板发布隧道发生异常情况，隧道暂时封闭等信息，隧道内异常车道上游的小可变情报板发布停车、前方发生异常、多少分钟后通行等信息，有线广播进行相关信息广播，疏导车辆。

工况4：在控制中心确认车道发生二车道堵塞，洞内交通完全堵塞，在隧道入口处的可变情报板发布隧道发生异常情况，隧道暂时封闭等信息，隧道内异常车道上游的小可变情报板发布限制车速、车辆可通过前方车行横通道分流交通等信息，有线广播进行相关信息广播，疏导车辆。

（2）正常隧道

工况1：在控制中心确认异常隧道车道发生一车道堵塞，洞内交通基本满足交通量后，不作任何控制改变及信息预报。

工况2：在控制中心确认异常隧道车道发生一车道堵塞，其洞内交通不能满足交通量后，在隧道入口处的可变情报板发布隧道发生异常情况，控制车流速度、隧道内一车道通行等信息，有线广播进行相关信息广播，疏导车辆。

工况3：在控制中心确认异常隧道车道发生二车道堵塞，其洞内交通在很短时间以后就可恢复时，不作任何控制改变及信息预报。

工况4：在控制中心确认异常隧道车道发生二车道堵塞，其洞内交通不能满足交通量后，在隧道入口处的可变情报板发布隧道发生异常情况，控制车流速度、隧道内一车道通行等信息，有线广播进行相关信息广播，疏导车辆。

四、其他异常

根据对隧道工况的研究，尖山子隧道内可能还有如下几种异常：①隧道检修或其他原因造成一车道封闭其基本满足交通需求；②隧道检修或其他原因封闭不能满足其交通需求；③隧道检修或其他原因完全封闭；④两个隧道完全封闭；⑤隧道交通量远远大于另一隧道。对这几种交通异常，其中①、②、③可以分别参照车辆异常的工况1、工况2、工况4，实施相关的控制。对④则已经是事实上交通

封闭，在隧道入口发布隧道封闭信息。对⑤异常可实施如下控制。

1. 交通控制

将交通量小的隧道作双向交通组织，交通量大的作单向交通，具体组织是向隧道外的转向交通指示灯发出绿灯通行指令，分流部分车辆，正常隧道内的主车道的交通指示灯，顺行方向为绿灯，超车道的顺行方向为红灯禁行，逆行方向为绿灯通行。如图 4-7-19 所示。

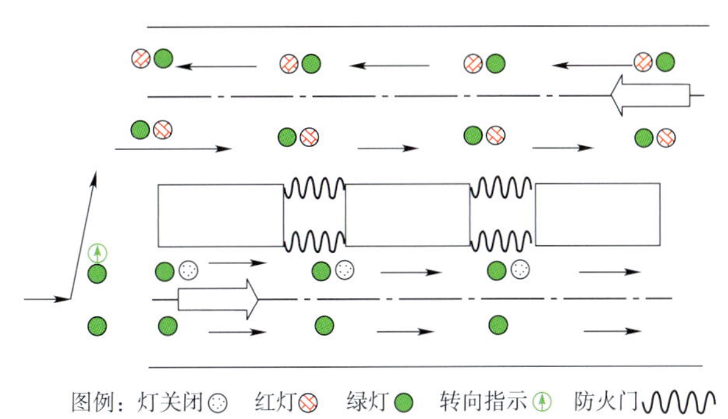

图4-7-19 洞口、洞内交通灯组织示意图

2. 通风控制

通风控制分别针对单向行驶隧道和双向行驶隧道加以说明。

（1）单向行驶隧道

这时通风控制可根据通风控制设计的控制策略进行自动控制以降低 CO 浓度，提高能见度。

（2）双向行驶隧道

由于单向交通改成双向交通，原来的通风策略发生变化，这时通风要根据 CO、VI、TW 参数进行控制，通风方向与自然风方向一致。

3. 照明控制

普通照明，不发生改变。

4. 交通预警信息发布

在交通量大的隧道入口处的可变情报板发布部分车辆分流到另一个隧道、控制车流速度等信息，在交通量小的隧道入口处的可变情报板发布隧道内车流二合一、控制车速等信息。

参考文献

[1] 林震，杨浩. 基于车速的交通事故贝叶斯预测［J］. 中国安全科学学报，2003，13（2）：23-37.

[2] 周健.公路隧道火灾探测技术.中国公路学会.2003年全国公路隧道学术会议论文集［M］，北京：人民交通出版社，2003.

[3] 周健.基于GPS / GIS / GSM的公路隧道运营管理研究［J］.中国公路学报，2004，17（3）：112-116.

[4] 周健，韩直，石丽丽.公路隧道控制技术的发展趋势［J］.公路隧道，2005（4）：44-48.

[5] 周健.基于联网控制管控一体化公路隧道控制技术发展趋势［J］.中国交通信息产业，2007（12）：88-92.

[6] 杨光. CRM 及 CRM 中的贝叶斯网络应用［D］. 北京邮电大学硕士学位论文，2000.

[7] Jensen F V. Bayesian Network Basics. AISB Quarterly，1996，94: 9-22.

[8] Moises Goldszmidt and Adnan Darwiche. Plan Simulation Using Bayesian Networks. Rockwdl Science Center, Palo Alto,CA 94301,U.S.A, 1995.

[9] David Heckerman. Learning Bayesian networks: the combination of knowledge and statistical data［J］. Machine Learning, 1995, 20: 196-243.

[10] Cheng Jie. Learning Bayesian networks from data: an information – theory based approach［J］. Artificial Intelligence, 2002, 137(1,2): 43-90.

[11] 宫秀军. 贝叶斯学习理论及其应用研究［D］. 中国科学院计算技术研究所博士学位论文，2002.

[12] 林士敏，田凤占，陆玉昌. 贝叶斯网络的建造及其在数据采掘中的应用［J］. 清华大学学报（自然科学版），2001，41（1）：49-52.

[13] F.V Jensen. An Introduction to Bayesian Networks. London: UCL Press, 1996.

[14] 沈海峰. 基于贝叶斯网络数据挖掘技术理论及算法的研究［D］. 合肥工业大学硕士学位论文，2002：16-18.

[15] Dr.Dieter Tetzner (2005). “European Tunnel Test-Methodology and Assessment.” DMT,Meeting CEDR Paris.

[16] EuroTest (2005). “Making Europe’s road tunnels safer for users-the European Tunnel Assessment Program (EuroTAP) 2005 Inspections”.

[17] EuroTest (2003)(2002)(2000). “EuroTest 2003 tunnel tests-safety of road tunnels in Europe.” EuroTAP, The AA Motoring Trust.

[18] EuroTest(2005). “EuroTAP Tunneltest List of Criteria 2005.” EuroTAP, ADAC.

[19] EuroTest(2005). “EuroTAP Tunnel Test 2005 Methodology.” EuroTAP, ADAC.

[20] EuroTest(2005). “EuroTAP Tunneltest List of Criteria 2005.” EuroTAP,ADAC.

[21] The World Road Association—PIARC(2005). “Annual report October 2004—September 2005.” PIARC Report. CO-0510-03E. La Défense Cédex, France,1—15.

[22] Von Alex Scheiwiller(2003). “Beurteilung der Tunnelsicherheit”, SSI-Bulletin.

[23] 胡锡岭，等.城市道路隧道交通事故的分析［J］.中国市政工程，2003，6.

[24] 高建平，等.基于运行车速的公路线形设计质量评价[J].同济大学学报，2004，7.

[25] 杜博英.道路交通事故与车速建模[J].公路交通科技，2002，12.

[26] 裴玉龙，等.高速公路车速离散性与交通事故的关系及车速管理研究[J].中国公路学报，2004，1.

[27] 裴玉龙.道路交通安全[M].北京：人民交通出版社，2004.

[28] RECOMMENDATIONS OF THE GROUP OF EXPERTS ON SAFETY IN ROAD TUNNELS FINAL REPORT, ECONOMIC COMMISSION FOR EUROPE INLAND TRANSPORT COMMITTEE, 2001年11月，P21~39.

[29] 王广山.高速公路设计一致性评价模型研究[D]，北京工业大学硕士论文，2000.

[30] 唐琤琤.限速、车速与安全[J].公路交通科技，2005（3）.

[31] 唐铁桥.一种改进的超车模型[J].交通运输系统工程与信息，2005（8）.

[32] 刘志强，等.基于速度的交通事故分析[J].中国安全科学学报，2005（11）.

[33] 刘浩学，等.公路隧道环境与交通肇事的有关因素分析[R].西安公路学院.

[34] 邱豪磊.台湾公路隧道安全与风险评估之探讨[J].中华技术电子文献，54.

[35] 张慧彧.公路隧道安全的人为因素[J].公路，2003（10）.

[36] 郑晋丽.道路隧道交通工况频率分析[J].地下工程与隧道，1996（4）.

[37] 韩直，等.秦岭终南山特长公路隧道安全预警研究[J].中国公路重庆交通科研设计院专刊.

[38] 冯炎明，等.北宜高速公路雪山隧道避难联络通道设置间距之研究[J].台湾：警学业刊，30（5）.

或长大隧道内的中间视觉问题等。

（1）隧道入口的黑洞（黑框）效应：在隧道入口的外部，白天自然光的照度高达 100000lx（勒克斯）；而在无电光照明的隧道内，隧道口部可能存在有几十勒克斯的外界自然光，洞内几乎一片漆黑。白天当汽车接近隧道入口时，由于洞内外亮度差别极大，对于较长的隧道在洞口处犹如一个黑洞，即“黑洞效应”，如图 5-1-1 所示，驾驶员容易出现辨认困难的状况，难以发现障碍物。对于较短的隧道犹如一个黑暗的框子，即“黑框效应”，如图 5-1-2 所示。“黑洞效应”同样可能出现在夜间，当洞内亮度较高在隧道出口看到的洞外路段即是一个黑洞。

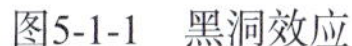

图5-1-1　黑洞效应

图5-1-2　黑框效应

（2）隧道入口段的“视觉适应滞后”现象：驾车由明亮的外部环境进入隧道后，当隧道内的亮度水平不足，由于洞内外亮度的较大差异，驾驶员需经过一定时间才能够看清楚隧道内部的情况，即“视觉适应滞后现象”。

（3）隧道出口的“亮洞效应”：当汽车穿过较长隧道接近出口时，驾驶员由于视觉基本适应了洞内的暗环境，通过出口看到的外部环境亮度极高，出口看上去就是一个亮洞，出现极强的眩光，即“亮洞效应”，如图 5-1-3 所示。车辆驶出隧道时亮度迅速由弱变强，视觉上会出现眩光而倍感不适，也会影响驾驶员的行驶。

图5-1-3　亮洞效应

上述这些现象均会对驾驶员的视觉生理产生影响，从而造成安全隐患。隧道照明的任务是不间断地为驾驶员获得足够视觉信息提供照明条件。隧道白天设置照明系统的作用是为减小或消除驾驶员对隧道内外道路因光线的明暗变化而引起视觉上的差异，因为人们的视觉系统不能对照度水平的突然变化作出同步反应。尽管视觉系统能够适应周围环境亮度较大程度的减弱，如从日光下行驶到黑暗的隧道内，这个适应过程随亮度减弱的大小，其适应时间是变化的。亮度级差越大，适应所需要的时间越长，驾驶员驾车进入隧道后视觉适应严重滞后，极易发生追尾等交通事故。因此，解决白天进入隧道的视觉“暗适应”问题是隧道照明的重点和难点，要求隧道内的亮度与隧道外自然光亮度之间有良好的过渡和衔接。

二、公路隧道照明的相关标准

（一）国外相关标准

为解决车辆驶入或驶出隧道时亮度的突变使视觉产生的“黑洞效应”或“白洞效应”，许多国家确定了相关设计原则和标准，如美国 IES、英国 BS、日本《隧道照明设计指南》、国际照明协会的 CIE 标准等。各国标准共同遵守的设计原则可以归纳为以下几点：

（1）隧道内不管是白天或夜间均需设基本照明。

（2）白天车辆进入隧道时，路面亮度应逐渐下降，使驾驶员的视觉有一个适应过程。

（3）确定引入段、适应段和过渡段的长度（S），通常按车速（v）及时间 t=2s 的适应时间来确定，可用 $S = vt/3.6$(m) 来估算。

（4）出口段也应设过渡照明，在双向交通情况下和入口段相同。

（5）夜间出入口不设加强照明，洞外应设路灯照明，亮度不低于洞内基本亮度的 1/2；隧道内应设应急照明，其亮度不低于基本亮度的 1/10。

国际照明委员会（CIE）技术报告《公路隧道和地道照明指南》（CIE No.26.1990）将隧道照明定义为 5 个照明段，即引入段、阈值区、过渡区、内部区、出口区，见图 5-1-4。我国公路隧道照明体系的构成基本参照 CIE 技术报告的成果，翻译的时候把其中的“阈值区”称为“入口段”，把“内部区”称为“中间段”、“基本段”。

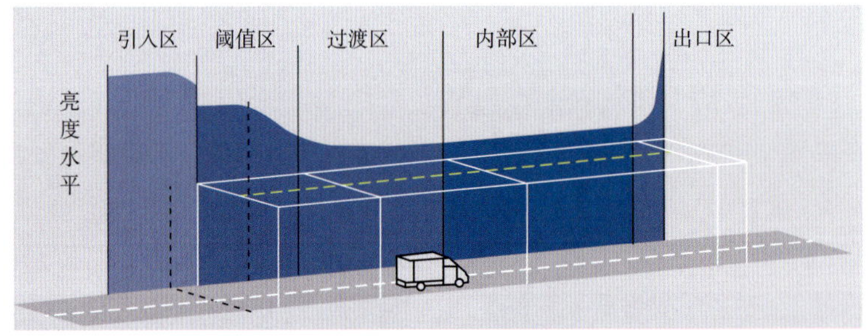

图5-1-4　隧道照明区段

（二）我国相关标准

2000 年交通部颁布实施的《公路隧道通风照明设计规范》（JTJ 026.1—1999）作为我国第一部公路隧道照明的专业技术规范，要求“长度大于 100m 的隧道应设置照明”。明确规定了将隧道照明划分为入口段、过渡段、出口段、加强照明段和中间段，并对各照明段长度及亮度作了相应规定。对于典型的双洞单向行车隧道其照明系统构成如图 5-1-5 所示，照明区段设置见表 5-1-1。

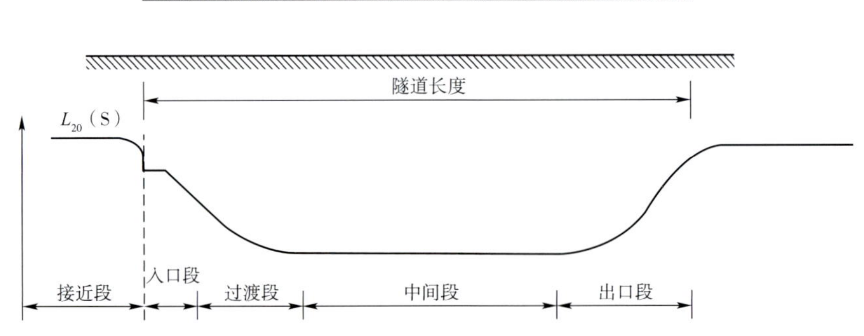

图5-1-5　单向行车隧道典型照明区段

照明区段的划分　　表5-1-1

时间	白天	夜间和深夜
段落	1.接近段； 2.入口段； 3.过渡段：过渡段1、过渡段2、过渡段3； 4.中间段：主洞照明、紧急停车带照明、横洞照明； 5.出口段	1. 洞内基本照明： 主洞照明、紧急停车带照明、横洞照明； 2. 引道照明

1. 入口段

入口段亮度可按式（5-1-3）计算：

$$L_{th}=k\cdot L_{20}(S) \quad (5\text{-}1\text{-}3)$$

式中：L_{th}——入口段亮度，cd/m^2；

k——入口段亮度折减系数，可按表5-1-2取值；

$L_{20}(S)$——洞外亮度，cd/m^2。

入口段亮度折减系数　　表5-1-2

设计交通量N（辆/h）		k			
		计算行车速度V_t（km/h）			
双车道，单向交通	双车道，双向交通	100	80	60	40
≥2400	≥1300	0.045	0.035	0.022	0.012
≤700	≤360	0.035	0.025	0.015	0.01

注：当交通量在其中间值时，按内插考虑。

入口段长度可按式（5-1-4）计算：

$$D_{th}=1.154D_s-\frac{h-1.5}{\tan 10^{\circ}} \quad (5\text{-}1\text{-}4)$$

式中：D_{th}——入口段长度，m；

D_s——照明停车视距，m，可按表5-1-3取值；

h——洞口内净空高度，m。

照明停车视距D_s表　　表5-1-3

v_t(km/h) \ 纵坡	-4	-3	-2	-1	0	1	2	3	4
100	179	173	168	163	158	154	149	145	142
80	112	110	106	103	100	98	95	93	90
60	62	60	58	57	56	55	54	53	52
40	29	28	27	27	26	26	25	25	25

2. 过渡段

过渡段由TR_1、TR_2、TR_3三个照明段组成，与之对应的亮度按表5-1-4取值。过渡段长度按表5-1-5取值。

过渡段亮度　　表5-1-4

照明段	TR_1	TR_2	TR_3
亮度	$L_{tr1}=0.3L_{th}$	$L_{tr2}=0.1L_{th}$	$L_{tr3}=0.035L_{th}$

过渡段长度 D_{tr} 表5-1-5

计算行车速度v_t（km/h）	D_{tr1}(m)	D_{tr2}(m)	D_{tr3}(m)
100	106	111	167
80	72	89	133
60	44	67	100
40	26	44	67

3. 中间段与出口段

中间段亮度按表 5-1-6 取值。出口段长度宜取 60m，亮度取中间段亮度的 5 倍。

中间段亮度 L_{in} 表5-1-6

计算行车速度（km/h）	L_{in}（cd/m^2）	
	双车道 单向交通N>2400辆/h 双车道 双向交通N>1300辆/h	双车道 单向交通N≤700辆/h 双车道 双向交通N≤360辆/h
100	9.0	4
80	4.5	2
60	2.5	1.5
40	1.5	1.5

第三节 隧道洞外亮度设计参数

一、洞外亮度的定义

隧道洞外亮度是由国际照明协会（CIE）提出并定义的，欧美、日本等国一般按照该定义制定自己的具体设计规范，我国现行《公路隧道通风照明设计规范》（JTJ 026.1—1999）也按照 CIE 技术报告制定相应规范。隧道洞外亮度 L_{20}（S）是指在距隧道洞口一个停车视距的接近段起点 S 处，距地面 1.5m 高正对洞口方向 20° 圆锥视场内对景物实测得到的平均亮度值。该圆锥视场以向隧道行驶的驾驶员的眼睛（定义为距地面 1.5m 高处）为圆锥体的视点，圆锥角为 20°，圆锥体的中心轴线为位于隧道洞口四分之一高度处与驾驶员眼睛的连线，如图 5-1-6 所示。

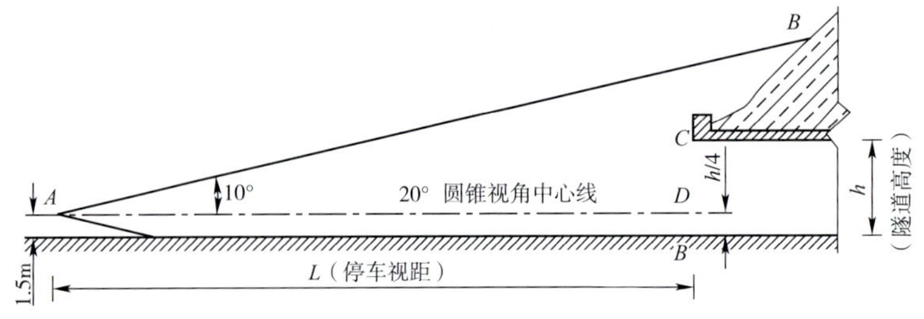

图5-1-6 $L_{20}(S)$定义图解

隧道洞外亮度是隧道照明设计极为重要的基础参数，其取值的大小，直接决定隧道进口段加强照明的设置标准和规模，关系到隧道运营的安全与节能的重大问题。对于长度 L ≤ 3000m 的中、长隧道，加强照明用电量占全隧道照明用电量的 50% 左右。

随着我国高速公路建设的不断深入和国家西部大开发政策的进一步落实，公路隧道的数量越来越多，规模也越来越大。为保证隧道洞内行车的安全性和舒适性，根据设计规范的要求，长度超过 100m 的隧道必须设置电光照明；隧道洞内电光照明按功能分为两部分，即隧道进出口段的加强照明、中间段与进出口段的基本照明。对于长度 $L \leqslant 3000$m 的中、长隧道，加强照明用电量占全隧道照明用电量的（50~70）%。

基本照明洞内路面亮度标准与设计车速有关，加强照明的设计标准主要与设计车速、洞外亮度 $L_{20}(S)$ 有关，而一条道路的设计车速是明确和固定的。这时，隧道加强照明段洞内路面的亮度标准就由洞外亮度 $L_{20}(S)$ 决定。因此，$L_{20}(S)$ 的取值大小，就决定了隧道照明系统的设置规模、长期运营费用及设计的合理性。

接近段与隧道入口紧密连接，在这段路上正在接近隧道洞口的驾驶员必须能够看到隧道内。从接近段路段上看，如果入口段上的照明不足，驾驶员在接近段的位置看道路的物体时，由于大气的漫射降低了洞内外道路上物体的亮度差，造成一时模糊不清的眩光。隧道内各段照明除与设计车速有关外，更重要的是入口段亮度 L_{th}、过渡段亮度 L_{tr} 直接由洞外亮度即接近段亮度 $L_{20}(S)$ 决定。如果入口段 L_{th}、过渡段 L_{tr} 的取值过低，路面和隧道侧壁下部的亮度不够，路面上亮度分布的均匀度不好，则会直接影响着进洞车辆驾驶人员的安全和舒适；如果入口段 L_{th} 和过渡段 L_{tr} 取值过高，则会对隧道营运照明造成不必要的浪费，对于一般中长隧道，照明灯具和营运费用主要集中在这两段中。所以有必要对隧道进口接近段的环境进行亮度测试，以结合各隧道的具体情况确定合理的 $L_{20}(S)$ 值。

二、洞外亮度的取值方法

洞外亮度的取值方法一般用理论计算和实际测量两种手段确定，计算和测量的方法主要有以下五种：

（1）查表法（经验值）。

（2）环境简图法（理论计算或者现场实测）。

（3）等效光幕法。

（4）数码照片图像分析法（现场实测）。

（5）黑度测试法（现场实测）。

本文主要介绍和研究数码照片图像分析法。

（一）测试原理

根据摄影理论和照相光度学，照相机能通过镜头将目标物成像在感光材料上，图像上每一点的密度 D 与目标物相应点的曝光量 H 存在一定关系。曝光量 H 的大小和摄像过程中所采用的光圈数 F、曝光时间 T、目标物的亮度 B 存在如下关系，如式（5-1-5）。

$$H=B\times\pi\times T^{*}\times\tau/4F^{2} \tag{5-1-5}$$

式中：τ——镜头光学投射系数，它是反映感光材料的主要特征指标。

数码相机测试法就是利用数码相机生成的数字图像的灰度 D 与曝光量 H 之间存在的线性关系，只要获取了某幅图像的灰度值后就可反求出图像拍摄时所用的曝光量 H。有了曝光量 H，根据式（5-1-5）就可推得所拍物体某点的亮度 B。

随着数码相机的普及和数码成像技术的提高，通过对数码图像的处理和分析，测量大范围的亮度分布成为可能。以下提出利用数码相机来合理确定隧道洞外亮度值的方法。

（二）测试方法

测试设备主要有尼康 8800 数码相机、美能达亮度计、标准色板、D65 标准光源等。

测试时间选在 8 月份晴天无云时连续进行实测，每日测读（3~5）次（即 11：00 至 15：00 时），数据处理方法采用数码照片图像分析法。

数码照片图像分析法是根据隧道洞口 20° 圆锥角视场照片中天空、路面及其他不同洞口物体的亮度来综合确定洞外亮度 $L_{20}(S)$ 的方法。数码照片图像分析法测试步骤如下：

（1）自洞口隧道轴线处，沿轴线用皮尺量出洞外引入段的停车视距，确定三角架位置。

（2）然后用皮尺确定三角架的高度。

（3）将反射率为 18% 的灰度板置于三角架和洞口之间。

（4）将亮度仪置于三角架上，开启后调整焦距，使测试对象在仪器观景窗中清晰。

（5）将亮度仪对准灰度板，测读亮度 5 次。

（6）换下亮度仪，用数码照相机连同灰板拍摄出洞口及周围环境的照片，拍摄时可利用鱼眼镜头拍摄，可直接得到 20° 圆锥视角范围。拍摄时，须除去相机的闪光功能，并将相机的各种参数设置为缺省值，以获得通常的效果。

（7）最后，将测试的数据和测试图像输入到计算机中，进行下一步的处理与分析。

（三）数据处理

在完成现场测试后，将数码照片转到计算机中，并对采集的数据及时归类，数据处理步骤如下：

（1）对采用的数码相机进行标定，即感光特性曲线的确定，使用待标定的数码相机在某一曝光条件下对已知亮度点 (X,Y) 进行拍摄，记录下该幅图像拍摄时所用的光圈 F 及曝光时间 T 并计算出相应的曝光量 $H(X,Y)$。再根据图像处理软件读取某已知亮度点的颜色值 R、G、B，利用 $D(X,Y)=0.3R+0.59G+0.11B$ 求出该点的灰度值。利用上述方法，通过分别改变曝光条件和拍摄对象的已知亮度点进行多次试验，就可以找到许多相对应的 $H(X,Y)$ 和 $D(X,Y)$ 值来。利用统计分析工具拟合出它们之间的关系，得到数码相机的感光特性曲线。

（2）利用图像处理软件将拍摄好的图像读入，求得 D 值。

（3）利用已知的关系式 $D=f(H)$ 即步骤（1）求得的感光特性曲线求得 H。

（4）利用 H 与 B 的函数关系式（5-1-5）求得某点亮度 B 值。

此时求得的某点亮度值可利用环境简图法直接得到隧道洞口亮度 $L_{20}(S)$，或利用光环境测试软件直接求出 20° 范围内隧道洞口的平均亮度即得到隧道洞口亮度 $L_{20}(S)$。

三、重庆高速公路隧道洞外亮度的取值

根据重庆高速公路隧道的分布情况，选取了各朝向的隧道进行了洞外亮度测试。测试的隧道口共有 3 座隧道的 6 个洞口，各隧道洞口情况见表 5-1-7。

测试隧道洞口概况表　　表5-1-7

隧道名称	所在路段	隧道方向	洞口朝向	洞门形式
真武山隧道	内环高速公路东段	南坪→界石	南/北	端墙式
		界石→南坪	南/北	
南湖隧道	界水高速公路	重庆→南川	东南/西北	削竹式
		南川→重庆	东南/西北	端墙式
永城隧道	綦万高速公路	重庆→万盛	东/西	削竹式
		万盛→重庆	东/西	

（一）洞内外亮度测试

1. 真武山隧道

（1）南坪→界石方向（北→南）

洞口 100m 外 20° 视场范围内无天空。洞口为端墙式洞门，正墙面为深色，洞顶为大型浅色广告牌，两侧为深色护坡，沥青路面。如图 5-1-7 所示。

数码照片参数：光圈 F=3.1 ；快门 T=1/554 ；L_{20}=1994.97cd/m^2。

a)

b)

图5-1-7　真武山隧道北洞口亮度图

a）洞口20° 视场环境图；b）亮度分布情况

（2）界石→南坪方向（南→北）

洞外 100m 20° 视场范围内无天空。洞门为端墙式洞门，正墙面为深色，洞顶及两侧为浅色护坡，沥青及水泥路面。如图 5-1-8 所示。

数码照片参数：光圈 F=5.8 ；快门 T=1/174 ；L_{20}=3135.31cd/m^2。

a)

b)

图5-1-8　真武山隧道南洞口亮度图

a）洞口20° 视场环境图；b）亮度分布情况

2. 南湖隧道

（1）重庆→南川方向（西北→东南）

洞外 100m 20° 视场范围内无天空。洞门为削竹式，洞顶为深色岩石，两侧为浅色植被，沥青路面。

第一次：2008 年 8 月 20 日 10:13。数码照片参数：光圈 F=6.1 ；快门 T=1/144 ；L_{20}=2349.28cd/m^2。如图 5-1-9 所示。

a)　　b)

图5-1-9　南湖隧道西北洞口亮度图一

a）洞口20° 视场环境图；b）亮度分布情况

第二次：2008 年 8 月 20 日 13:30。数码照片参数：光圈 F=5.9；快门 T=1/165；L_{20}=2048.9cd/m^2。如图 5-1-10 所示。

a)　　b)

图5-1-10　南湖隧道西北洞口亮度图二

a）洞口20° 视场环境图；b）亮度分布情况

（2）南川→重庆方向（东南→西北）

洞外 100m 20° 视场范围内无天空。洞门端墙为浅色，洞顶为水泥混凝土护坡，两侧为深色植被，沥青路面，另有其他高速公路穿越洞口。

第一次：2008 年 8 月 20 日 12:01。数码照片参数：光圈 F=6.2；快门 T=1/181；L_{20}=3220.78cd/m^2。如图 5-1-11 所示。

a)　　b)

图5-1-11　南湖隧道东南洞口亮度图一

a）洞口20° 视场环境图；b）亮度分布情况

第二次：2008 年 8 月 20 日 12:01。数码照片参数：光圈 F=5.4；快门 T=1/132；L_{20}=2228.1cd/m^2。如图 5-1-12 所示。

a)

b)

图5-1-12　南湖隧道东南洞口亮度图二

a）洞口20° 视场环境图；b）亮度分布情况

3. 永城隧道

（1）重庆→万盛方向（西→东）

洞外 100m 20° 视场范围内无天空含率。洞门为削竹式，洞顶及两侧为浅色植被，沥青路面。数码照片参数：光圈 F=6.6；快门 T=1/165；L_{20}=4309.47cd/m^2。如图 5-1-13 所示。

a)

b)

图5-1-13　永城隧道西洞口亮度图

a）洞口20° 视场环境图；b）亮度分布情况

（2）万盛→重庆方向（东→西）

洞外100m 20° 视场范围内无天空。洞门为削竹式，洞顶为水泥混凝土护坡，两侧为浅色护坡，沥青路面。数码照片参数：光圈 F=6.6；快门 T=1/173；L_{20}=4166.25cd/m^2。如图 5-1-14 所示。

a)

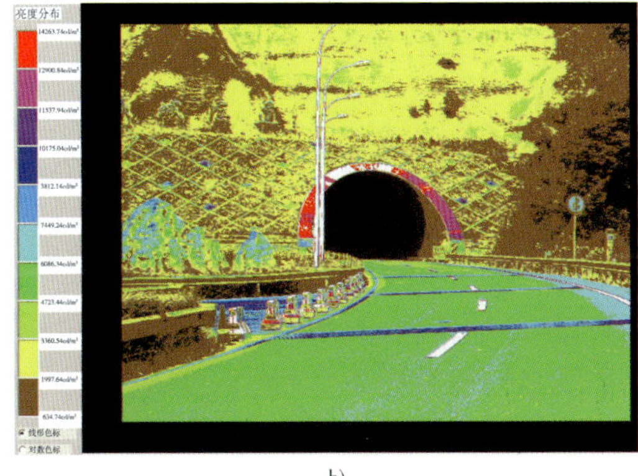

b)

图5-1-14　永城隧道东洞口亮度图

a）洞口20° 视场环境图；b）亮度分布情况

（二）测试结果分析及建议

1. 结果分析

3 座隧道 6 处洞口的最大亮度值汇总如下表 5-1-8。分析表中数据，可得到以下规律。

测试算例隧道洞口最大亮度值汇总表（单位：cd/m^2） 表5-1-8

隧道名称	隧道方向	洞口朝向	L_{20}
真武山隧道	南坪→界石	北向	1994.97
	界石→南坪	南向	3135.31
南湖隧道	重庆→南川	西北向	2349.28
	南川→重庆	东南向	3220.78
永城隧道	重庆→万盛	西向	4309.47
	万盛→重庆	东向	4166.25

（1）所测试的 6 处隧道洞口在设计行车速度 80km/h 的一个制动视距内天空含率均为 0%。随着山区高速公路隧道向边远的山岭重丘区延伸，根据现行《公路隧道设计规范》（JTG D70—2004）对隧道洞口和洞门的设计要求，以及目前洞口设计所要求的“零开挖”、“小洞门大绿化”等环保型洞门设计理念，此类新建隧道的洞口天空含率基本为 0%。

（2）隧道洞口朝向会对洞外亮度存在较大影响。东、西朝向的隧道洞口洞外亮度值远大于南、北朝向或非正东、西方向的隧道洞口洞外亮度值。

（3）隧道洞外环境是影响 $L_{20}(S)$ 的重要因素。永城隧道两个洞口外均为浅色护坡，且在 20° 视场范围内存在一定比例的浅色岩石，测试结果表明淡色植被、岩石及墙面造成亮度偏高。

挪威《道路隧道照明设计准则》中相关条款也表明：在洞口区段采取不同措施能降低所需的适应亮度等，由此降低了隧道内过渡段的亮度，从而减少了照明耗电费用。其简单的方法是洞口种植树木和灌木，或将隧道口部混凝土壁面涂成黑色，这样可使所需亮度等级下降 5%~7%；若隧道外部路面在 100~150m 范围内很暗，针对一定车速，可使所需亮度等级下降 12%~27%。

2. 有关建议

利用数码相机测试隧道洞外亮度值的方法较为简便、快捷，使大规模快速测试隧道洞外亮度成为可能。通过以上分析，建议公路隧道洞口宜通过洞口山坡绿化或对结构物进行减光处理，从根本上达到降低隧道洞外亮度的目的，具体可采取以下减光措施：

（1）从接近段起点起，在路基两侧种植深色常青树。

（2）采用削竹式洞门形式。

（3）大幅坡面深色树种绿化。

（4）洞口采用端墙形式时，墙面宜采用冷色调。

四、$L_{20}(S)$ 参数的合理取值节能效益分析

如前所述，隧道洞外亮度是隧道照明设计极为重要的基础参数，其取值大小直接决定隧道进口段加强照明的设置标准和规模，关系到隧道运营的安全与节能的重大问题。对于长度 $L \leqslant 3000$m 的中、长隧道，加强照明用电量占全隧道照明用电量的 50% 左右。

为进一步说明洞外亮度取值大小对隧道内入口段、过渡段加强照明的影响，现以单洞长 1km 的双车道、单向行车隧道为例，按不同的洞外亮度取值进行加强照明系统的效益比较分析。基础计算参数

取值见表5-1-9。

计算基础参数表　　表5-1-9

项　目	设计行车速度	设计高峰小时交通量	路面宽度	隧道净高	K值
参数值	80km/h	2400辆/h	10.79m	7m	0.035

洞外亮度值、入口段、过渡段1、过渡段2各段参数取值见表5-1-10。

各段取值对比表（沥青路面）　　表5-1-10

洞外亮度 (cd/m²)	入口段				过渡段1				过渡段2				功率合计 (kW)
	高压钠灯 (W)	长度D_{th} (m)	间距 (m)	总功率 (kW)	高压钠灯 (W)	长度D_{tr1} (m)	间距 (m)	总功率 (kW)	高压钠灯 (W)	长度D_{tr2} (m)	间距 (m)	总功率 (kW)	
5000	400	84	1.5	45.6	250	72	3	12.5	150	90	5	5.7	63.8
4500	400	85	1.7	40.8	250	72.6	3.3	11.5	150	91.2	5.7	5.1	57.4
4000	400	85.5	1.9	36.8	250	74	3.7	10.5	150	89.6	6.4	4.5	51.8
3500	400	85.8	2.2	32	250	75.6	4.2	9.5	150	94.9	7.3	4.2	45.7
3000	400	85.8	2.6	27.2	250	75	5	8	150	92.4	4.2	3.45	38.65
2500	400	84	3	23.2	250	72	6	6.5	100	92.8	5.8	3.4	33.1
2000	400	87.4	3.8	19.2	250	75	7.5	5.5	100	91	7	2.8	27.5

注：1.加强照明灯具均采用双侧壁对称/交错布置方式。
2.养护系数均取0.7。

照明系统的综合费用主要由初期投资费用、维护费用和营运电费构成。初期投资费用包括：灯具、电缆、支架等费用；维护费包括更换光源、清洁时的材料费用和人工费，本文仅讨论因洞外亮度取值不同所带来的营运电费的减少，即节能的效益。$L_{20}(S)$值以500cd/m^{2}为一档逐渐降低，当隧道内路面以沥青路面进行换算计算时，各相应的加强照明系统节能效益对比见表5-1-11。

目前国内公路隧道照明系统设计通常采用的洞外亮度值$L_{20}(S)\geqslant$4000cd/m^2。由表5-1-11可知，当隧道的洞外亮度值降低为3500cd/m^{2}时，将节能11.78%；若降低至3000cd/m^{2}时，节能达到25.39%，从而大幅地减少电能的耗费，保护了环境，也节约了隧道的营运电费，带来巨大的节能效益和经济效益。

照明系统节能效益对比表（沥青路面）　　表5-1-11

$L_{20}(S)$取值（cd/m²）	5000	4500	4000	3500	3000	2500	2000
5000	—	-10.03%	-18.81%	-28.37%	-39.42%	-45.45%	-54.70%
4500	—	—	-9.76%	-20.38%	-32.67%	-39.37%	-49.65%
4000	—	—	—	-11.78%	-25.39%	-32.82%	-44.21%
3500	—	—	—	—	-15.43%	-23.85%	-36.76%
3000	—	—	—	—	—	-9.96%	-25.23%
2500	—	—	—	—	—	—	-16.95%
2000	—	—	—	—	—	—	—

第四节　中、短隧道照明设计参数

一、公路短隧道照明的特点

短隧道对照明的要求与长隧道不尽相同，这主要与驾驶员在距隧道洞口一个停车视距处，所能看穿隧道的程度有关。影响驾驶员看穿隧道的主要因素是隧道的长度，对于短隧道还包括隧道的宽度、高度、平纵线形等。对平面线形为曲线的短隧道，需要处理好“黑洞效应”；对于平面线形为直线的短隧道，则需要处理好“黑框效应”。

对于设计时速 80km/h 的单向两车道的山区高速公路隧道，隧道加强照明段的长度约为 306m（表 5-1-12）。根据《公路隧道设计规范》（JTG D70—2004）对公路隧道分类的规定，对于长度 $L \leqslant 500$m 的短隧道，尤其是长度小于 300m 的短隧道其全长基本仅设置了加强照明段或部分加强照明段，而没有中间照明段。如此庞大的照明系统不仅不会大幅提高行车的安全性，还带来电能的巨大耗费、不利于节能。

隧道各照明段长度（m）　　表5-1-12

各照明段名称	各段长度	备　注
入口段	85	设H=7m
过渡段1	72	
过渡段2	89	
过渡段3	133	通常不设置
出口段	60	
加强段照明合计	306	未设置过渡段3时
中间段	—	由隧道全长确定

通过对全国已建成隧道的调查结果表明，到 2008 年年底，长度小于 1km 的隧道占隧道总长的 45.02%，短隧道数量占总数量的 64.96%，并且从公路隧道建设的发展趋势看，500m 以下的隧道数量增加较快。为满足安全行车和节能的共同需求，公路短隧道的照明应充分利用其所能看穿隧道程度的特点，合理设置照明系统。

二、国外公路短隧道照明技术现状

公路隧道照明是为了把必要的视觉信息传递给驾驶员，防止因视觉信息不足而出现交通事故，从而提高行车的安全性和增加舒适感。隧道照明与道路照明的显著区别是不仅夜间需要照明，白天更需要照明，而且白天照明比夜间照明更加复杂，其不只像道路照明那样仅仅提供一定的亮度，还应综合考虑设计（实际）运营车速、交通量、隧道线形等因素，并注意驾乘人员的安全性和舒适性，特别要注意隧道入口与相邻区段的视觉适应过程。国外有关短隧道的照明及节能技术研究较少，一些欧美国家和国际权威学术团体，制定了各自的设计规范、准则或指南。如美国照明学会（IES）编写的《隧道照明建议》（1970 年）；英国国家标准 BS5489/7；PIARC（国际道路会议常设协会）第十四届世界会议（1971 年）、十五届世界会议（1975 年）、十六届世界会议（1979 年）的隧道委员会技术报告和国际照明学会（CIE）《国际隧道照明建议》（1973 年），其中，以 CIE 的“No.26/1 建议”在国际上影响

最大。但在日本，从学术团体的“指南”到国家标准，一直坚持按成定康平的研究成果制定隧道照明技术标准，如《日本工业规格：隧道照明标准》（1976年）、《日本高速道路调查会的隧道照明设计指南》（1979年）均如此。

（一）CIE建议的公路隧道照明系统设置

1973年国际照明协会（CIE）首次颁布了《国际隧道照明建议书》（国际照明协会出版物No.26）。后经实践证明，1973年的建议书不能很好地对有关隧道照明问题给出一个令人满意的解答。因此，国际照明协会于1975年成立了一个专门小组，从事研究隧道照明的基本原理。经过近10年的研究，到1985年，该小组完成并发表了《No.61—1984：隧道入口处照明——确定隧道入口段亮度基本原理的论述》技术报告，该报告阐述了驾驶员白天驶入隧道入口时，洞口必须具备的基本条件经验值。由该报告和根据不同隧道照明装置而得出的有关实际经验资料一起，形成了《公路隧道和地道照明指南CIE No.26—1990》的基本依据。该指南由CIE TC4-08委员会的专家和国际道路委员会常设委员会（PIARC）下属的公路隧道照明专业工作组密切协作完成，同时取代了《国际隧道照明推荐No.26/1—1973》。

由于最近十年在隧道照明领域的技术发展非常迅速，CIE于2004年发布了《公路隧道和地道照明指南CIE No.26—1990》（CIE88—1990）的修订版，其中主要对隧道洞外设计亮度的取值方法、长和特长隧道中间段的照明亮度标准等作出了适当修改，关于隧道和地道照明的主要内容没有多大变化。

CIE《公路隧道和地道照明指南CIE No.26—1990》（2004年修订版）明确了长、短隧道对照明要求的不同取决于驾驶员能够看穿隧道的程度。隧道通常被划分为长隧道和短隧道，但根据照明的要求，隧道又可划分为以下三种类型：

几何长隧道：长度超过一定规模的隧道，比如我国《公路隧道设计规范》（JTG D70—2004）规定的长度超过1000m的隧道等。

光学长隧道：不管其几何长度，受平、纵面线形限制，凡洞口前一个停车视距，行车进口看不见行车出口的隧道。

短隧道（光学短隧道）：长度小于一定规模，比如我国《公路隧道设计规范》（JTG D70—2004）规定的$L \leqslant 500\text{m}$；同时，洞口前一个停车视距，行车进口可以看见行车出口的隧道。

在设计方面，光学长隧道根据隧道具体情况确定，参照几何长隧道设计。对于短隧道的照明设计，CIE给出了图5-1-15所示的判断标准。对于短隧道的各加强照明段的设置长度、设计标准等，CIE并没有特别规定，即除图5-1-15所示的隧道照明要求外，其余短隧道的照明系统设计仍按照CIE指南的几何长隧道的设计方法一样去做。

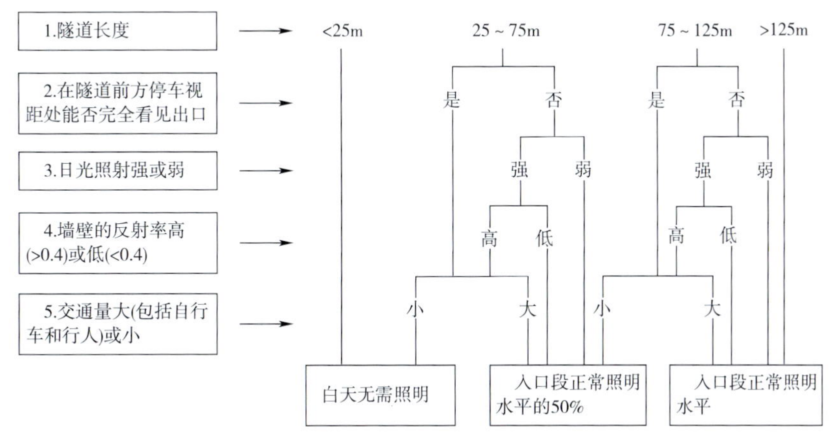

图5-1-15　CIE建议的不同长度隧道的日间照明设置

图 5-1-15 中规定的不同长度隧道白天照明要求如下：

（1）对长度＜ 25m 的隧道以及 25m ≤长度＜ 75m 的光学短隧道在交通量小时，白天无需设置照明。

（2）对长度＞ 125m 的隧道入口段按正常照明水平设置。

（3）对于 25m ≤长度≤ 125m 的隧道，是否设置照明以及入口照明水平的设置标准则需根据隧道平面线形、日照强弱、墙壁反射率和交通量大小等因素来综合判定。

（4）对于长度＜ 75m 的隧道，即使白天无需照明，也至少在日落前 1h 和日出后 1h 内，必须提供相当于长隧道基本段所要求的照明水平。

根据 CIE 规定的相关内容，则可能出现以下情况：

（1）若隧道长度在 75 ～ 160m，按照 CIE 建议的一个停车视距范围内入口加强照明（60~160m），那么入口加强照明段从隧道入口一直布置到隧道出口，其他路段则没有加强照明段。

（2）若隧道长度在 300~500m，按照 CIE 建议的一个停车视距范围内入口加强照明（60~160m）及 300~500m 的过渡段加强照明，那么过渡段加强照明一直布置到隧道出口，中间段和出口没有加强照明段。

（3）若隧道长度在 500~660m，按照 CIE 建议的一个停车视距入口加强照明 60~160m 和 300~500m 的过渡段加强照明及 60~160m 的出口加强照明，那么中间段没有加强照明段。

（二）挪威对隧道照明的规定及要求

挪威规定长度大于 100m 的道路隧道应设置照明系统，与我国类似。对于长度小于 100m 的隧道是否设置照明，必须综合考虑低照度、眩光的风险、壁面的反射等进行评估确定。对于短隧道各段亮度指标的取值等亦未作详细的规定。

（三）CEN 技术报告的相关规定及要求

1. 隧道照明一般要求

CEN（欧洲标准委员会）技术报告在欧洲可以用来指导公路隧道的照明设计，各国的相应设计规范也参照该技术报告制定及执行。CEN 的照明术语以及对隧道内不同区段的划分与 CIE 基本保持一致。CEN 在报告中提出的隧道照明要求如下：

（1）要尽量避免“黑洞效应”。

（2）要减小与其他车辆或行人碰撞的可能性；当出现危险时，驾驶员可以迅速作出反应，并且在一个停车视距的距离内将车停住。

报告中同时指出在进行隧道的照明设计时，应考虑到以下几个方面：

（1）驾驶员感觉的变化

当处在陌生的环境时，驾驶员的空间感觉会发生变化。隧道内的墙体会使驾驶员产生躲避效应，远离墙体。驾驶员的视力有限，特别是在眼睛的敏感性、对比度、距离感、周围影像和颜色辨别上。驾驶员的时间感也会发生变化，视觉周期是正常情况下的两倍。此外，一些驾驶员还会受到幽闭恐惧症的影响。

（2）整体感觉

进入隧道之前，设置相关的指示标志，让驾驶员明白正接近隧道；洞口应该采用深色材料，以减弱进入段的照明亮度；与隧道洞口衔接的路面应采用沥青路面。

进入隧道后，东西向隧道会比南北向隧道产生更多的问题；隧道洞口的建筑，墙体等应该尽量避免浅色色调；采用树木或其他遮阳装置避免阳光的直接照射。

隧道内如果在线形设计中出现中断，斜坡和交叉等情况时，应该采用特种照明加以处理；采用浅

色路面，反光更加均匀；沿线应该具有完善的指引设施；采用独立的标志照明。当隧道出口外有眩光时，应该采用遮阳装置避免阳光的直射。

2. 短隧道照明的规定及要求

（1）一般规定

CEN 技术报告中明确提出了短隧道与长隧道对照明的要求并不相同，其主要原因是根据驾驶员在距隧道洞口一个停车视距所能够看穿隧道的程度所决定，并作出了如下规定：

①隧道长度小于 25m，则不需要日间照明。

②隧道长度大于 200m 时，需设置日间照明，以使驾驶员使用周围的环境。

③当隧道长度在 25 ～ 200m 时，是否需要设置日间照明则需要根据通透率的大小来判定。

从隧道入口看去，当出口占很大一部分背景时，可以轻易地看见往来的车辆和其他物体。这是因为洞内低亮度和出口处的高亮度形成鲜明的对比。另一方面，当出口在较暗的背景下时，需要人工照明。当隧道较长，或隧道处在曲线上时，只能看见部分出口或完全看不见时，同样需要人工照明。因此，是否需要人工照明关键在于，驾驶员在停车视距处能否看清其他车辆和障碍物。

（2）短隧道是否设置日间照明的判定方法

在判断是否需要人工照明时，经常用到通透率这一概念。通透率是指出口处的可见度与入口处的可见度之比，通常用百分比来表示。

穿透率建立在隧道的几何尺寸、隧道处的平曲线和竖曲线、停车视距、入口与出口处日照的影响等基础上。如图 5-1-16 所示。其计算公式可表示为：

$$\mathrm{LTP}=100\times S_{\mathrm{EFGH}}/S_{\mathrm{ABCD}} \tag{5-1-6}$$

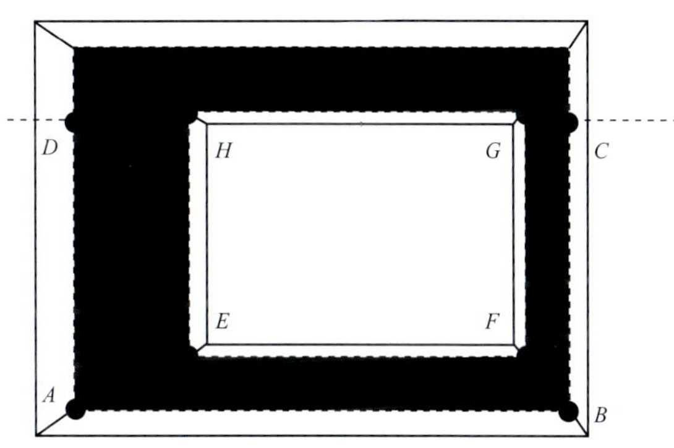

图5-1-16　穿透率计算图

通过调查，得到：当 LTP<20% 时，日间需要人工照明；当 LTP>50% 时，日间不需要人工照明；当 20%<LTP<50% 时，可能需要日间人工照明。

对于 20%<LTP<50% 的情况，在确定日间是否需要人工照明时，还应该考虑标准物体的可见度。标准物体在机动车流中代表汽车，标准物体是 1.6m × 1.4m 的矩形；而在混合交通流中，则要考虑到非机动车和人的因素，标准物体是 0.5m × 1.8m 的矩形。

根据式（5-1-6）计算得出，以下情况需设置照明系统。

①隧道长度大于 145.5m。

②图 5-1-17 代表车辆的标准物体的 30% 在易判断的出口的背景下，不可见时。

③图 5-1-18 代表行人的标准物体的 50% 在易判断的出口的背景下，不可见时。

在入口或出口处，提高日光的射入率，会缩短隧道的长度。通过加大隧道入口（或出口）的宽度和高度、对隧道墙面进行特别处理、打开隧道顶部将其分成较短的几段等措施可以达到这种效果。

无论是在实际中，还是在计算中，停车视距都是主要的影响因素，而隧道洞口的高度和宽度不是主要因素。停车视距是在车速的基础上确定的。

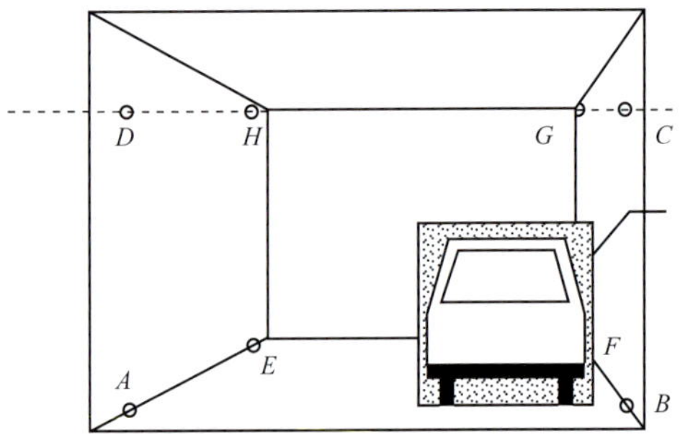

图5-1-17　车辆的可视图

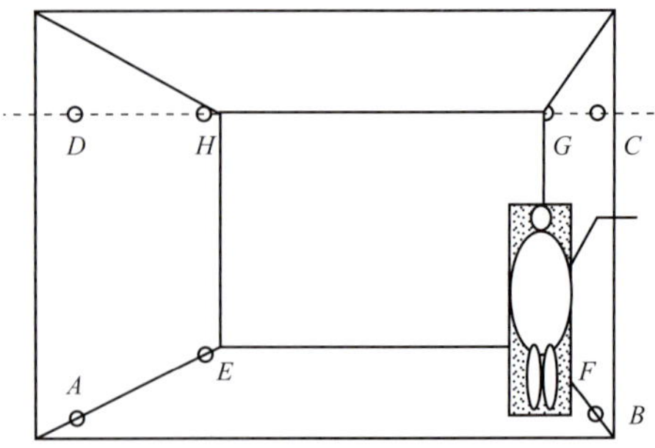

图5-1-18　行人的可视图

短隧道日间人工照明的方法主要是由特定的情形决定。可能的方法包括：

①像长隧道那样采用进入段照明。

②在纵向的一些地方使用“光场”，借助于这些光场，车辆和其他的使用者会被看成较暗的物体。

③当隧道在平曲线上时，外侧曲线的墙体应该安装照明设施，以便在墙体的对比下，车辆和其他使用者被看成是较暗的物体。

对于一些常见的情况，报告中也列出具体的参数以供使用，见表5-1-13、表5-1-14。其适用于宽度在9~12m、高度在4.5~6m，出口以后部分暴露在太阳光下的隧道。

直线形隧道　　表5-1-13

车速	停车视距离	白天人工照明	道路坡度（0°）	道路坡度（2°）	道路坡度（4°）
50km/h	50	需要	L>120m	L>100m	L>80m
		可能	50m<L<120m	50m<L<100m	40m<L<80m
		不需要	L<50m	L<50m	L<40m
80km/h	100	需要	L>200m	L>150m	L>80m
		可能	90m<L<200m	60m<L<150m	50m<L<80m
		不需要	L<90m	L<60m	L<50m
100km/h	150	需要	L>200m	L>150m	L>80m
		可能	120m<L<200m	70m<L<150m	50m<L<80m
		不需要	L<120m	L<70m	L<50m
120km/h	200	需要	L>200m	L>150m	L>70m
		可能	150m<L<200m	70m<L<150m	50m<L<70m
		不需要	L<150m	L<70m	L<50m

当短隧道日间需要人工照明时，要求满足与长隧道照明水平相当的要求。对于不需要设置日间照明的隧道，在黎明或多云的情况下，由于日光不能提供足够的高亮度背景，亮度产生负效应时，需要设置照明。

对于日间没有照明需求的短隧道，夜间也应该提供照明，照明水平应至少等于但不高于隧道连接道路照明水平的2倍。

平曲线上的隧道　　表5-1-14

车速	停车视距	白天人工照明	曲线半径		曲线半径	
50km/h	50m	需要	85m	L>20m	170m	L>50m
		可能				20m<L<50m
		不需要		L<20m		L<20m
80km/h	100m	需要	250m	L>50m	500m	L>70m
		可能		30m<L<50m		50m<L<70m
		不需要		L<30m		L<50m
100km/h	150m	需要	450m	L>55m	900m	L>90m
		可能		40m<L<55m		60m<L<90m
		不需要		L<40m		L<60m
120km/h	200m	需要	750m	L>60m	1500m	L>100m
		可能		50m<L<60m		65m<L<100m
		不需要		L<50m		L<65m

三、国内公路短隧道照明技术现状

（一）现行《公路隧道通风照明设计规范》中的短隧道照明系统设置

我国现行《公路隧道通风照明设计规范》（JTJ 026.1—1999）第 4.1.1 条规定“长度大于 100m 的隧道应设置照明”；第 4.1.4 条规定“隧道照明设计所采用的计算行车速度不宜大于 100km/h，如大于 100km/h，应作特殊设计”。

现行规范没有提出光学长隧道和光学短隧道的概念；也没有关于短隧道照明设计的任何明确说法。

根据对该规范的理解，其思路与 CIE 的基本一致。那么按照规范的要求，短隧道照明设置也可能存在规模过大等问题。

（二）当前我国短隧道照明实际设置方案

根据调查可发现，当前国内各省市对短隧道照明的设置方案主要有以下几种：

1. 普遍方案

路面亮度与长隧道取值相同，但适当减少各加强段长度。该方案目前在国内普遍采用。即：

（1）隧道照明布置区段与长隧道一样，有入口照明段、过渡照明段、中间照明段、出口加强照明段。

（2）各段的路面设计亮度和均匀度等各项指标与长隧道完全一样。

（3）各加强照明段的布置长度按规范要求折减 30%~50%，或去掉过渡段 2 和过渡段 3。

2. 其他方案

（1）路面亮度、各加强段长度均与长隧道取值相同，其入口段、过渡段和出口段的加强照明长度和短隧道长度基本相当。该设计方法完全遵照 CIE 和我国现行规范执行。

（2）全隧道按过渡段或者出口段的亮度等某一固定值均匀布置灯具，即全隧道按照一个段落设计，全隧道的路面亮度是一样的。

（3）对于长度短于 300m 或者 200m 的隧道不设置照明。

（4）加强照明路面亮度、各加强段长度均减半。

（5）增加投光灯，其余设置参数与普通方案、方案（2）、方案（3）或方案（4）相同。

（三）国内短隧道照明实际营运情况

各省市对短隧道照明的实际营运管理情况不尽相同。通过对重庆、浙江、广东、福建、辽宁等省份的公路短隧道照明进行的调查，得到以下一些成果：

（1）高速公路短隧道照明规模与其平纵线形——即行车出口是否完全可见密切相关，设计中考虑直线隧道和曲线隧道的照明要求应有所区别。直线短隧道的照明指标及规模均可较曲线短隧道有所降低。

（2）对于长度小于 200m 的直线隧道可不设置电光照明系统，但应设置相应的诱导设施，保证行车安全。

（3）短隧道对照明系统的需求可分为以下几类：

①以消除“黑洞效应”为目的设置照明系统——主要是针对行车出口不能完全可见曲线隧道，其照明标准应于长隧道相当。

②以消除“白洞效应”、“黑框效应”为目的设置照明系统——在实际营运中照明标准较长隧道有所降低，但合理的照明能消除上述效应，保证行车安全。

③设置照明仅为满足行车心理适应需求，提供一定的亮度水平，提高行车安全性。对于长度约在 300m 以下的直线短隧道，由于其通视条件较好，视觉的适应问题不是照明主要解决的问题，即使设置亮度水平较低的照明系统在实际营运中亦能满足驾驶人员的心理安全需求，由此可大大降低该类隧道的照明规模。

四、短隧道照明主要问题分析

短隧道对照明的要求与长隧道不尽相同，影响短隧道照明规模、参数指标取值的重要因素是驾驶员在距隧道洞口一个停车视距处，所能看穿隧道的程度，其取决于短隧道的长度、宽度、高度、平纵线形等，同时也取决于驾驶员对隧道恐惧、警惕心理的消除程度，以及洞内外亮度差别的适应问题。

（一）隧道看穿程度的影响

对于隧道平纵线形所决定的短隧道视线特点，需要借助合理的照明设置来消除其带来的不利影响。

（二）心理不利因素影响的消除

对于短隧道由于其几何长度较短、洞内行驶时间较短，无论其线形如何，驾驶员一旦进入隧道后能看见行车出口，在心理上减少了对隧道的恐惧。同时由于短隧道在日间能最大限度地利用洞外自然光，容易判别洞内行驶车辆及障碍物的情况，从而使得驾驶员在短隧道内行驶的心理不利影响大大降低，隧道内只要能提供相对较低的照明亮度水平，亦能满足行车安全的要求。相关研究也表明，隧道交通事故主要发生在长大隧道内，800m 以下的隧道很少发生交通事故。

（三）洞内外亮度差别的适应

对于需要处理好“黑框效应”的直线短隧道，即提供一定的亮度水平，解决驾驶员对洞内行驶车辆、障碍物的及时发现问题。

对于行车出口需要处理好的“白洞效应”，由于人眼的明适应时间极短且在洞内经历时间较短，主要是解决高交通量下，大型车后部阴影下小型车不易被发现，存在安全隐患的问题。

第二章　公路隧道照明光源的对比分析

第一节　隧道照明条件下的视觉特性

一、视觉机理

光是目前世界上已知传播速度最快的物质。从物理本质上说，可见光是能产生视觉的辐射能，它是电磁波谱的一部分。辐射能波谱范围遍布在波长为 10^{-16}~10^{5}m 的区域，而人眼所能感受的只是可见辐射部分，波长在 380×10^{-9}~780×10^{-9}m(即 380~780nm) 之间，仅是辐射能中极小的一部分，见图 5-2-1。

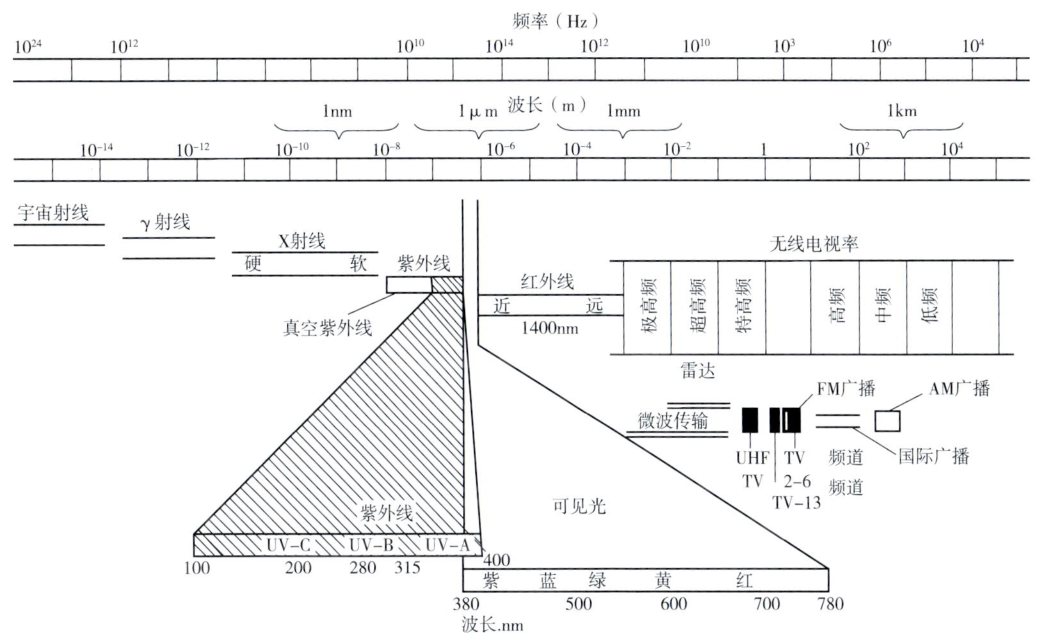

图5-2-1　辐射能（电磁能）波谱

自然光的光谱是由连续光谱混合而成，不同光谱代表不同颜色。当波长从 380nm 向 780nm 增加时，颜色以紫、蓝、绿、黄、橙、红的顺序逐渐变化。任何物体只要能发射或反射足够数量合适波长的辐射能，并作用于光接收器，该物体就能被看见。

要产生视觉，除了光以外，还必须要有光的接收器。对于人来说，光的接收器就是人眼，其构造见图 5-2-2。

人眼视网膜的构造类似大脑皮层，其厚度不超过 0.4mm，约占眼球内表面的 2/3。从映像视觉的效应看，视网膜包含两种类型的感光细胞，按其形状分别称为锥状细胞和杆状细胞，见图 5-2-3。整个视网膜上约有 1 亿 3 千万个感光细胞，其中锥状细胞约有 7 百万个。光接收器官的双重性理论认为锥状细胞是明适应条件下的接收器，它在明亮条件下能很好地分辨物体的细节和颜色，对光和色都有反应；杆状细胞是暗适应条件下的接收器，灵敏度高，能感受极微弱的光，表现为对光的数量起作用，但不能分辨细节和颜色，主要在昏暗的条件下发挥作用。

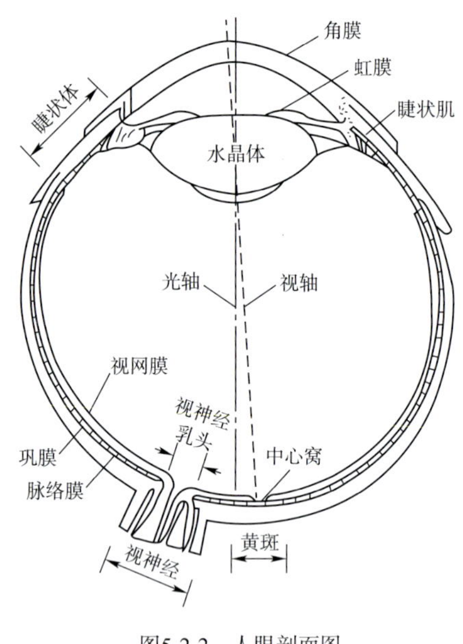

图5-2-2　人眼剖面图

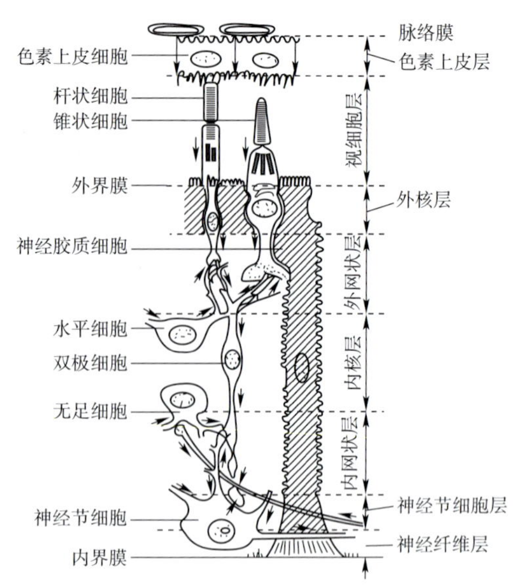

图5-2-3　锥状细胞和杆状细胞

二、视觉过程

人眼就像一个小型照相机，当受到足够的光线刺激时，先由眼睛的屈光系统使物体成像于视网膜上，感光细胞受光刺激后，产生电信号，使视神经产生兴奋，并传至视觉中枢，人便看到了外界事物，这就形成一个完整的视觉过程。

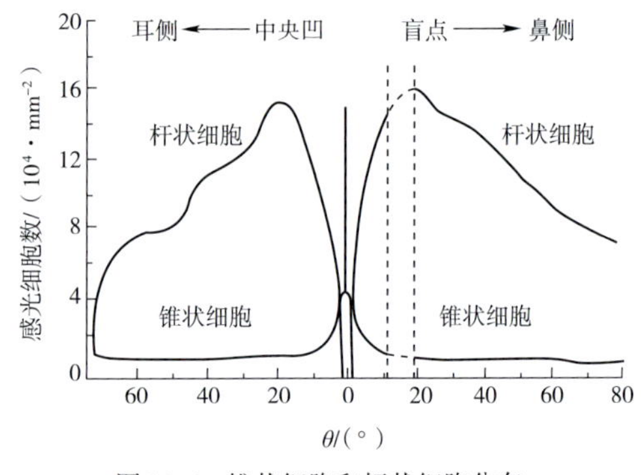

图5-2-4　锥状细胞和杆状细胞分布

感光细胞在视网膜上的分布是不均匀的。在视网膜中心，锥状细胞密度最大处形成一个椭圆形区域，称为黄斑。在黄斑的中心部位视网膜最薄，形成一个直径约为0.4mm的凹窝，称为中央窝。离中央窝越远，锥状细胞的密度越小，在视网膜上离视中心0.5°到1°的地方，开始出现杆状细胞。在大约离视中心20°的地方，杆状细胞密度增至最大，约为16万个/mm^2，锥状细胞的密度则减到最少，约为0.5万个/mm^2，见图5-2-4。

感光细胞与大脑皮层的神经纤维连接。神经纤维是由$7\times10^5 \sim 8\times10^5$个独立的神经束组成，向颞侧集中，离视中心15°的地方与视乳头相连，在视网膜的视神经入口处没有感光细胞，这个区域不感光，因此叫盲点。盲点的存在，会使人眼在某个视角看不清物体。

在视觉过程中，还有视网膜电位、视神经放电过程、光化学作用及立体感形成过程等，详细研究这些过程对于定量地测量视觉现象十分重要。所以，从发展的角度来说，作为照明技术工作者，对视觉的问题应有所了解，并且应能正确地利用其中某些结果。

三、司辰视觉

现行的道路照明设计标准都没有考虑道路照明光源的光谱特性对驾驶人员的视觉影响，特别是没有考虑人眼中新发现的第3种感光细胞对人的机敏程度等生物效应的影响。150多年来，人们一直认为人眼中只有锥状感光细胞和杆状感光细胞两种感光细胞。2002年，美国布朗（Brown）大学的David Berson等学者在人眼视网膜上发现了第3种感光细胞——神经结细胞，这种感光细胞对进入人

眼的辐射产生生物效应而获得对外界的认识，并把该视觉效应称为司辰视觉（我国把 Citopic 译为司辰视觉）。司辰视觉虽然是一种非映像的视觉效应，却控制了人的生物节律和强度，并且影响人眼瞳孔大小。研究表明，司辰视觉效应与光源中蓝光成份含量多少有着密切的关系，例如，司辰视觉照度与瞳孔大小有着很好的相关关系。在道路照明条件下，当目标的亮度、亮度对比和视角相同时，人眼的视觉功效好坏是由瞳孔大小确定的；若照明光源的辐射光谱中蓝色光含量多，则使人眼的瞳孔收缩得多，就具有较好的视觉功效，视看目标就感到清晰，朦胧感少，可见度就好；反之，当瞳孔增大时，在夜间就可能会出现视力下降等症状，可见度就差。为了正确评价照明光源辐射光谱中蓝色光的成分对视觉功效的影响，在明视觉时可采用瞳孔亮度来评价；但是，道路照明属于中间视觉范畴，为了保证行车安全、快速和舒适，应考虑道路照明和隧道照明光源的光谱分布对视觉的影响，并计算出道路和隧道照明所用光源的司辰视觉光通量。

（一）司辰视觉光度学系统

众所周知，视觉器官是由眼睛、视神经和脑的皮层视区组成的结构总体。（映像）视觉过程是外界光线进入人眼，在视网膜上形成影像，视网膜上的感光细胞将光信号转换成生物电信号，通过视神经脉冲传递到丘脑的膝弯曲叶之间的交感神经，最后传递到大脑后部的皮层视区，产生视感觉。司辰视觉过程与视觉过程不尽相同，虽然它同样是由眼睛开始的，但并不把视觉信息直接传递到脑后皮层视区，而是由视网膜上神经结细胞将光信号传递到下丘脑通路（RHT），再进入到视神经交叉上核（SCN）、脑室外神经核（PVN）和上部颈神经神经结，最后传递到松果体腺，司辰视觉过程见图 5-2-5。

图 5-2-5 中视神经交叉上核是内源性振荡器，是生物钟，振荡周期为 24.5h。在正常情况下，主要是依靠光的刺激调整生物钟，每天清晨，光照把清醒和睡眠周期调整的与白天和黑夜周期一致。而在暗光的条件下，松果体腺合成褪黑激素，并由血液吸收带至全身，有利于人休息睡觉。

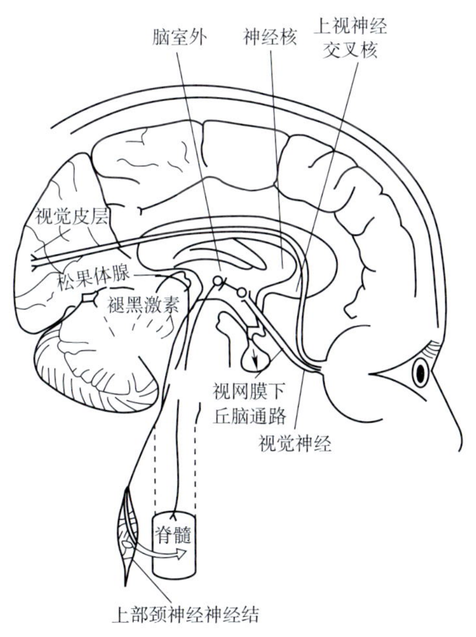

图5-2-5　司辰视觉过程的示意图

研究表明，司辰视觉对光最敏感的波长为 490nm，对应的光视效能最大值为 3850lm/W；光谱光视效率曲线见图 5-2-6。由图可见，明视觉、暗视觉和司辰视觉的光谱光视效率均在以波长为 555nm 时光视效能为 683lm/W 的条件下，进行规范化处理后获得。

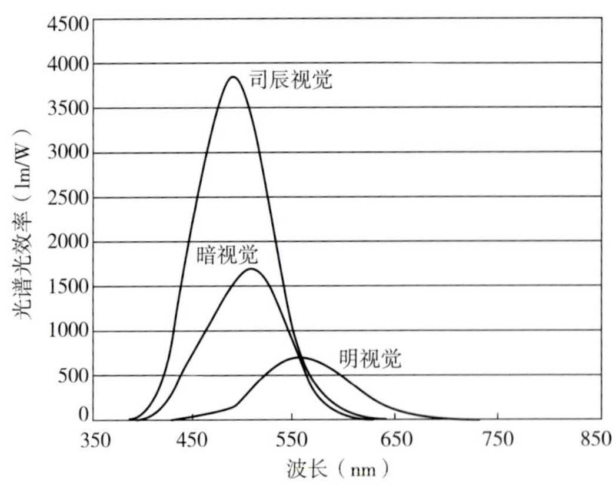

图5-2-6　明视觉、暗视觉和司辰视觉的光谱光效率

（二）光源发光效率研究

道路和隧道照明光源一般采用HPS或MH，在进行道路和隧道照明设计时，通常是在明视觉条件下计算光源的发光效率，也就是采用CIE于1924年推荐的、仅适用于2°视野的锥状感光细胞的光谱光视效率和相应的光视效能最大值683lm/W计算的。这与道路照明实际情况不相符，因为在中间视觉条件下，人眼中的锥状感光细胞和杆状感光细胞同时在起作用，此时的光源发光效率就不是一个固定值，而是随着人眼的适应水平变化而改变的一系列值。对于司辰视觉发光效率而言，如参照现行的发光效率表达式进行计算，则有：

$$\eta_c = K_{mc} \int \Phi_e(\lambda) V_c(\lambda) d\lambda / \Phi_e \qquad (5\text{-}2\text{-}1)$$

式中：η_c——光源的司辰视觉发光效率，lm/W；

K_{mc}——司辰视觉光效能最大值，3850lm/W；

$\Phi_e(\lambda)$——光源的光谱功率分布，W/nm；

$V_c(\lambda)$——司辰视觉光谱光效率；

Φ_e——光源的功率，W。

在暗视觉条件下，照明光源的发光效率按式（5-2-2）进行计算：

$$\eta' = K'_m \int \Phi_e(\lambda) V'(\lambda) d\lambda / \Phi_e \qquad (5\text{-}2\text{-}2)$$

式中：η'——暗视觉时光源的发光效率，lm/W；

K'_m——暗视觉时光视效能最大值，为1700lm/W；

$V'(\lambda)$——暗视觉光谱光视效率。

目前在进行道路照明设计时，是采用2°视野明视觉条件下的光谱光视效率并按式（5-2-3）计算光源的发光效率：

$$\eta = K_m \int \Phi_e(\lambda) V(\lambda) d\lambda / \Phi_e \qquad (5\text{-}2\text{-}3)$$

式中：η——明视觉时光源的发光效率，lm/W；

K_m——明视觉时光视效能最大值，为683lm/W；

$V(\lambda)$——明视觉时2°视野的光谱光视效率。

采用400W的MH和400W的HPS光谱功率实测值，就可由式（5-2-1）、式（5-2-2）和式（5-2-3）计算出不同视觉时MH和HPS的发光效率，见表5-2-1。

在不同视觉条件下MH和HPS的发光效率计算值　　表5-2-1

光源类型	司辰视觉（lm/W）	暗视觉（lm/W）	明视觉（lm/W）
MH	约343	181	93
HPS	约105	70	108

从表 5-2-1 中可以看出，由于光源的光谱功率分布不同，不但功率相同时不同光源的发光效率随人眼适应水平的变化而产生较大变化；而且同一个光源的发光效率大小也会随着人眼适应水平变化而改变。它们的变化规律不相同：在明视觉时，MH 的发光效率小于 HPS，但在暗视觉时 MH 的发光效率值大于 HPS 的发光效率值 1 倍多，这说明在暗视觉条件下如果采用 MH 照明，更有利于提高视觉功效，也更有利于照明节能。众所周知，在明视觉条件下，人眼最敏感的光波长为 555nm，相应的光视效能最大值为 683lm/W；但是随着人眼的适应水平降低，人眼对明暗、颜色、响应感觉特性均要发生变化，人眼中央窝的察觉和边缘部分的察觉变得一样容易，使颜色感觉逐渐减弱，同时会使人眼最敏感的波长由明视觉时的 555nm 逐渐变化到暗视觉时的 507nm，相应的光视效能最大值也由明视觉时的 683lm/W 变化到的 1700lm/W；而且整个光谱光视效率函数曲线向短波方向推移：长波端可见光波长的范围缩小，短波端可见光波长的范围略有扩大，于是就产生了浦尔金耶（Purkinje）现象。此外，MH 辐射出的能量中含有短波辐射的成份比 HPS 多，这可以从 MH 和 HPS 的光谱功率分布图（图 5-2-7 和图 5-2-8）中看出，所以造成了光源发光效率值的大小随人眼适应水平高低发生变化。

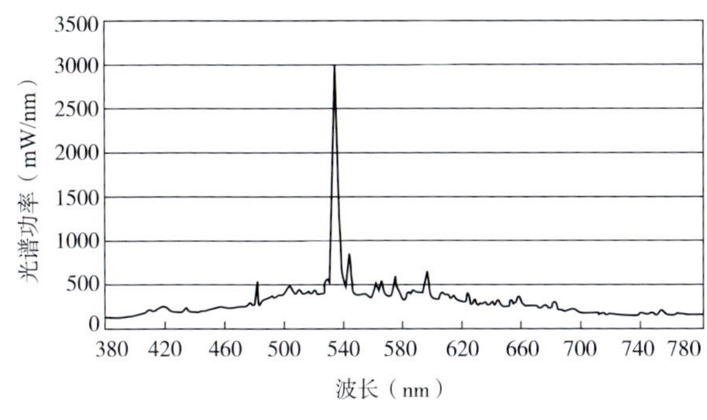

图5-2-7　MH的光谱功率分布

图5-2-8　HPS的光谱功率分布

人眼视网膜上神经结感光细胞对短波长的光辐射更为敏感，由于 MH 的短波长光（图 5-2-7）比 HPS（图 5-2-8）含量多，所以由式（5-2-1）算得的 MH 的司辰视觉发光效率比 HPS 大得多（见表 5-2-1），这会影响人眼的瞳孔大小；对于道路和隧道照明来说，瞳孔增大，就会产生影响聚焦和眩光等问题，于是影响驾驶员看前方道路上障碍物的清晰度，从而对安全、快速、舒适运行产生不利影响。因为当光源的功率相同时，发光效率大的光源辐射出的光通量多，产生的照度也就大，所以辐射成份中富含短波长的 MH 会比相同功率的 HPS 产生更大的照度，从而更有利于瞳孔收缩，更有利于提高可见度。

瞳孔大小是不断变化的，它不但依赖于心理状态、年龄大小、双眼差别等自身因素，还依赖于照明适应水平和光的辐射光谱分布的差别。但是，对于标准人眼来说，瞳孔大小仅与进入人眼的辐射所产生的光感觉大小有关，即与司辰视觉照度大小有关。Berman 分析了在一个小室内进行的瞳孔面积（mm^2）与司辰视觉照度之间关系的实验，该实验要求被试者以正常的双眼观看电视，室内照明光源的光谱组成和照明水平是可变的，17 个被试者的瞳孔大小变化用远红外瞳孔测量仪确定。试验结果表明，对瞳孔面积大小变化与司辰视觉照度进行相关处理后，获得很好的相关关系，而与明视觉照度无相关关系。但是，现行的道路和隧道照明设计是按照 2° 视野的明视觉光度学系统进行的，所以，它的光度量小变化联系起来，从而不能真实地反映道路和隧道照明的客观要求。实际上，从司辰视觉照度来看，如果将富含蓝色光的 MH 作为道路照明光源，将有利于提高道路和隧道照明的可见度水平，有利于道路和隧道照明节能。

四、中间视觉

现行的隧道照明设计规范和道路照明设计标准，都没考虑中间视觉情况，而仅按明视觉锥状感光

细胞起作用的条件进行照明计算。明视觉时的光谱光视效率函数 $V(\lambda)$ 由国际照明委员会 CIE 于 1924 年正式推荐为测光的基本函数，并于 1931 年以闪烁法得到的测量数据为基础，把它规定为明视觉 2° 视野的光谱三刺激值，之后在 1933 年被国际计量委员会正式确认。CIE 又于 1964 年规定了 10° 视野的光谱光视效率函数 $V_{10}(\lambda)$，于 1951 年 CIE 规定了暗视觉 10° 视野的光谱光视效率函数 $V'(\lambda)$，但是直到现在，CIE 还没有给出标准的中间视觉时的光谱光视效率函数。

（一）中间视觉研究

从 20 世纪 80 年代开始，中国、美国、加拿大、日本、德国、英国等国根据 CIE 的提议和制定的试验条件，开展了对光谱光视效率的测量和研究工作，尤其是对中间视觉进行了深入研究。CIE 的光度测量定义首先假定了可加性成立，即采用标准光度观察者——相对光谱响应曲线符合 CIE 规定的明视觉 $V(\lambda)$ 函数或暗视觉 $V'(\lambda)$ 函数的理想观察者，它还遵从光通量定义中所含的可加性定律。于是，对于明视觉有：

$$\Phi = K_m \int_0^{\infty} \frac{d\Phi_e(\lambda)}{d\lambda} V(\lambda) d\lambda \tag{5-2-4}$$

式中：$d\Phi_e(\lambda)/d\lambda$——辐射通量的光谱分布；

$V(\lambda)$——明视觉时光谱光视效率；

K_m——辐射的光谱光视效能的最大值；在单色辐射时，明视觉条件下的K_m值为683lm/W。

式（5-2-1）表明总光通量等于各组成单色光的光通量之和，即要求式（5-2-4）中光谱光视效率函数符合可加性定律，所以在定义它时所选择的视觉标准需要考虑的一个主要问题就是可加性的问题。因此，在研究中间视觉光谱光视效率函数时首先也要考虑可加性的问题。

研究中间视觉的方法有很多种，归纳起来主要有异色视亮度匹配法、闪烁光度测量法、基于反应时间的视觉功效法、基于暗视觉光通量和明视觉光通量比值的方法等。研究表明，在中间视觉条件下，用异色视亮度匹配法预测非单色光视亮度时，可加性就明显失效了；而闪烁光度测量法也仅在明视觉条件下可加性成立。总之，在中间视觉条件下，异色视亮度匹配法和闪烁光度测量法不满足 CIE 的光度测量定义中的可加性假设。已有人提出基于反应时间的视觉功效法是满足可加性的光度测量方法，视觉功效法对于建立一个有效的中间视觉光度学系统的重要性被人们日益认可。CIE 于 2000 年成立了 TC1-58 技术委员会进行中间视觉条件下视觉功效的研究。相关人员用试验研究了 MH 和 HPS 的发光效率的比值随亮度的变化关系，并假设在中间视觉范围内某一亮度水平时，两者的发光效率相等，再利用 CIE 的明视觉 10° 视野的光谱光视效率 $V_{10}(\lambda)$ 函数和暗视觉光谱光视效率 $V'(\lambda)$ 函数的组合后获得中间视觉光谱光视效率 $V_m(\lambda)$ 函数，如下式所示：

$$V_m(\lambda) = k_1(L)\{x(L)V_{10}(\lambda) + [1 - x(L)]V'(\lambda)\} \tag{5-2-5}$$

式中：$k_1(L)$——标准化常量；

$x(L)$——0 ~ 1之间的系数，大小取决于背景亮度L。

He 等人的方法仅用两类光源来确定 $V_m(\lambda)$，这就需要证明其具有普适性才行，即证明对其他光源也是适用的；式中系数 $x(L)$ 的大小是否与波长有关也是需要加以论证的；他们在确定 $V_m(\lambda)$ 的过程中没有与反应时间发生直接关系，这是一个需要注意的问题；此外，他们也没有给出相应的最大光谱光视效能值，这就决定了他们的研究成果不能直接用于光度学计算。

国内学者较早研究中间视觉光谱光视效率函数的是中国计量科学研究院的朴大植等人，他们于 1986 年根据 CIE 的提议和制定的试验条件，采用异色亮度匹配法测量了 $V_m(\lambda)$，使用了一套较贵重的测量装置，获得了在 9 个网膜照度水平下的平均中间视觉光谱光视效率函数；重庆大学陈仲林等人依据朴大植等人的试验数据拟合出了 $V_m(\lambda)$ 表达式，并给出了不同网膜照度下的最大光谱光视效能值，

但是异色视亮度匹配法不满足 Abney 的可加性规律。复旦大学陈大华、林燕丹、曹阳等人，研究了视锐度模型，并研究了反应时间与亮度对比的关系，但是没有具体提出中间视觉时光谱光视效率函数和光谱光视效能最大值的数学模型。

（二）中间视觉光谱光视效率函数探讨

目前，国内外道路和隧道照明设计都是在明视觉条件下评价照明效果，即根据中央窝（2° 视野）锥状感光细胞的光谱光视效率 $V(\lambda)$ 函数进行计算。事实上，在夜间行车和室外步行时，人眼中的锥状感光细胞和杆状感光细胞同时起作用，即除了中央视觉外，周边视觉也在起作用；而且对避免交通事故发生和保证行人安全最重要的早期察觉得益于周边视觉。实际上，保持合适的行车路线、判断到路边的距离和较早地发现危险现象，几乎完全是依赖于周边视觉。因此，为了保证夜间行车和行人出行安全，必须研究中间视觉。基于 2° 视野的中央窝的锥状感光细胞获得的 $V(\lambda)$，被错误地当作适合于周边视觉来使用。在中间视觉时，非轴线作业深受照明光源的光谱分布的影响。研究表明，人的反应时间与光源的光谱组成密切相关。例如，在辐射光谱中含有较多蓝、绿色光的 MH 下，人的反应时间比在 HPS 下短，而且随着适应水平下降两者差距增大，具体值见表 5-2-2。

不同适应水平时不同光源的相对反应时间（以金属卤化物灯为准）　　表5-2-2

适应水平＼光源	金属卤化物灯	高压钠灯	高压汞灯	低压钠灯
1cd/m^2	1	1.1399	1.0332	1.2524
0.1cd/m^2	1	1.3919	1.0216	1.4745

在夜晚驾驶汽车时，驾驶员察觉危险物的反应时间越短越好。研究表明：在稍微偏离视轴的情况下，亮度为 0.1cd/m^2 水平的 HPS 与 0.05cd/m^2 水平的 MH 的反应时间是相等的，即采用 HPS 照明时需要产生 MH 的 2 倍亮度才能等同于 MH 的照明效果。

在研究中间视觉时的光谱光效率 $V_m(\lambda)$ 函数时，可设任意两个不同光色的光源为 S_1 和 S_2，从反应时间与背景亮度的试验结果中，取反应时间相等时，这两个不同光色光源的亮度之比：

$$\eta(L_b)=\frac{L_{bm,S_1}}{L_{bm,S_2}} \tag{5-2-6}$$

式中：$\eta(L_b)$——在中间视觉时，两个不同光色光源在反应时间相等时光源S_1对应的亮度L_{bm,S_1}与光源S_2对应的亮度L_{bm,S_2}的比值。

因为有：

$$L=\frac{d^2\Phi}{d\Omega dA\cos\alpha} \tag{5-2-7}$$

所以，如果保证试验条件不变，即光源照射的立体角 Ω、发光面面积 A 和辐射角 α 不变，以及保证光通量 Φ 在上述范围内分布均匀，发光面亮度 L 与光通量 Φ 成正比例，因此可把式（5-2-6）变换成：

$$\eta(L_b)=\frac{\Phi_{m,S_1}}{\Phi_{m,S_2}}=\int_{380}^{780}\Phi_{e,S_1}(\lambda)V_m(E_{Td},\lambda)d\lambda\Big/\int_{380}^{780}\Phi_{e,S_2}(\lambda)V_m(E_{Td},\lambda)(\tag{5-2-8}$$

式中：$\Phi_{e,S_1}(\lambda)$、$\Phi_{e,S_2}(\lambda)$——不同光色的光源S_1和S_2的辐射通量的光谱分布。

研究表明，中间视觉时的光谱光视效率不但与波长 λ 有关，而且与网膜照度水平 E_{Td} 有关，所以宜用 $V_m(E_{Td},\lambda)$ 来代替 $V_m(\lambda)$。

与明视觉和暗视觉光谱光视效率函数用一条曲线表示不同，中间视觉的光谱光视效率函数是一组曲线；随着网膜照度（E_{Td}）水平不同，所对应的中间视觉光谱光视效率函数也不同；当网膜照度处于

明视觉时，$V_m(E_{Td},\lambda)$ 就用明视觉时光谱光视效率函数替代；而处于暗视觉时，$V_m(E_{Td},\lambda)$ 就用暗视觉时光谱光视效率函数替代，且其曲线形状与明视觉时相似，即整个光谱光视效率函数的曲线向短波方向推移；中间视觉的光谱光视效率函数，可以利用 10° 视野的明视觉光谱光视效率 $V_{10}(\lambda)$ 函数和暗视觉光谱光视效率 $V'(\lambda)$ 函数组合而成：

$$\lg V_m(E_{Td},\lambda)=k_1(E_{Td})\{x(E_{Td},\lambda)\lg V_{10}(\lambda)+[1-x(E_{Td},\lambda)]\lg V'(\lambda)\} \quad (5\text{-}2\text{-}9)$$

式中：$k_1(E_{Td})$——是一个标准化常量，用来保证在某一网膜照度水平时$V_m(E_{Td},\lambda)$的最大值等于1；

$x(E_{Td},\lambda)$——在某一网膜照度水平E_{Td}时的比例系数。

把式（5-2-9）中 $V_m(E_{Td},\lambda)$ 代入到式（5-2-8），就能利用数值计算方法求出中间视觉光谱光视效率函数。在计算过程中，为了减少计算机的计算耗时，可参考用视亮度匹配法获得的中间视觉光谱光视效率的研究成果。

实际上，如果用符号 S 表示光源在暗视觉时的光通量，用符号 P 表示光源在明视觉时的光通量，那么式（5-2-5）就可以表示成：

$$\eta(L_b)=f[P,S/P,x(E_{Td},\lambda)] \quad (5\text{-}2\text{-}10)$$

也就是说最终是利用光源暗视觉光通量与明视觉光通量的比值建立中间视觉光谱光视效率的模型。

因为基于视亮度的中间视觉模型能充分地预测单色光的视亮度，所以可以利用视亮度匹配法的光谱光视效能试验研究结果，确定中间视觉时的光谱光视效能量大值。

为了在隧道照明条件下综合考虑司辰视觉和中间视觉的综合效应，宜在反应时间试验装置里，采用不同光源在不同背景亮度（其范围为 0.32 ~ 4.5cd/m^2）、不同视标对比度（C=0.2、0.5）和不同视标偏心角（0°、10°和 20°）的条件下，对被测人员进行试验，并用韦伯—费昔勒定律和统计分析软件对试验结果进行分析，找出人的反应时间与背景亮度之间的关系，最终求出在反应时间相等时不同光源对 HPS 的修正系数，以此作为隧道照明设计依据，同时采用与国内现行隧道照明设计方法不同的新颖设计方法——可见度设计方法，使隧道照明达到节能要求。

五、视觉偏移规律——浦尔金耶效应

在从明视觉过渡到暗视觉的过程中，人眼的光谱灵敏度是逐渐变化的。适应亮度不同时，人眼的相对光谱灵敏度曲线也不同。在适应亮度逐渐由明视觉到暗视觉的过程中，光谱灵敏度曲线逐渐由长波向短波方向推移，长波端可见光的波长范围缩小，短波端可见光的范围扩大，光谱光视效率 $V(\lambda)$ 曲线的峰值也从 555nm 推移到 507nm，最大光谱光视效能从 683lm/W 逐渐变为 1700lm/W，如图 5-2-9 所示，这种现象称为视觉偏移规律或者浦尔金耶（Purkinje）效应。

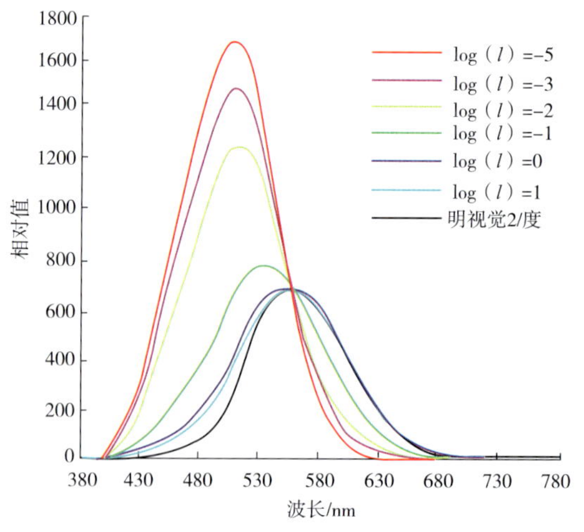

图5-2-9 不同亮度水平下的光谱光视效率函数

产生上述现象是因为锥状感光细胞和杆状感光细胞对各种波长的单色光接收的灵敏度不同。即对不同色光而言，两种感光细胞要获得相同的视觉水平（例如阈值）需要接收的光子数不同；而在不同的亮度下，两种起作用细胞的数目比例不同。克里斯通过试验得出了在各种亮度下的两种感光细胞作用的比例，见表 5-2-3。

锥状和杆状细胞的作用比例　　表5-2-3

表面亮度（cd/m^2）	10	4.8	1.6	0.32	0.095	3.2×10^{-3}
杆状细胞（%）	18	27	38	60	82	92
锥状细胞（%）	82	73	62	40	18	8

克里斯指出，在偏离视中心 8° 以外的区域，这种数值没有多大的变化；在接近视中心时，锥状细胞部分就明显地提高。克里斯还指出，当亮度大于或等于 $10cd/m^2$ 时，几乎只有锥状细胞起作用；而亮度小于 $3\times10^{-3}cd/m^2$ 时锥状细胞的作用几乎完全消失；亮度在 $3\times10^{-3}cd/m^2$ 到 $3cd/m^2$ 的范围内时，即在中间视觉范围内，锥状细胞和杆状细胞共同起作用。正是由于人类视觉器官这个特点，使道路照明的视觉功效与明视觉和暗视觉的视觉功效有很多不同点，对明暗、颜色、空间和响应感觉特性均要发生变化。

浦尔金耶效应可以用来解释光源的光谱分布不同会使不同颜色的相对明亮程度发生变化的现象。在暗适应时，人眼对黄色光和红色光的灵敏度随适应亮度下降而显著降低，而对蓝绿色光的反应却大大提高。这就是为什么在黄昏亮度较低时，我们感觉短波方向的蓝光和绿光很明亮；而在亮度很高的白天，波长较长的红光则显得明亮。

国际照明委员会 CIE 颁布的 $V(\lambda)$ 函数，是在明视觉条件下大约 2° 视野内，对非彩色背景测定的。$V(\lambda)$ 函数是 CIE 规定的进行光度学计算、测量和照明设计的依据。目前所有光度学仪器和照明电器产品质量的评价都是基于明视觉光谱光视效率 $V(\lambda)$ 的，而照明更多是应用在夜晚时间，特别是夜间道路和隧道的照明水平处在中间视觉范围，其实际视看条件与 $V(\lambda)$ 的测试条件不相符，如果仍然采用 $V(\lambda)$ 作为对道路照明和道路照明光源评价的基础，可能会导致得到不合理的结果。

第二节　视觉反应

一、反应时间

人眼的视觉反应过程包括五个阶段：纵览、发现、识别、鉴别和决定，如图 5-2-10 中的模型所示。在这个简单化的模型中，一个观察者尝试使用视觉行为来完成一项作业，通过几个步骤就可以实现。举例说明：观察者先是注意力不集中地纵览一个视野并发现一些感兴趣的东西；然后集中注意力去识别所发现的目标；在集中注意力识别物体之后，会做出一个决定。我们使用“反应时间”来表达所有的这五个步骤所花费的时间。其他的研究者也定义了视觉行为的反应时间：Plainis 等人（1999 年）描述视觉的反应时间（Reaction Time）为“刺激作用的开始与观察者在被告知尽可能快速地反应的情形下所作出的反应之间的时间间隔”。人类功效学《照明术语》（GB 5697—85）标准中将反应时间定义为从刺激开始到观察者作出反应的时间。

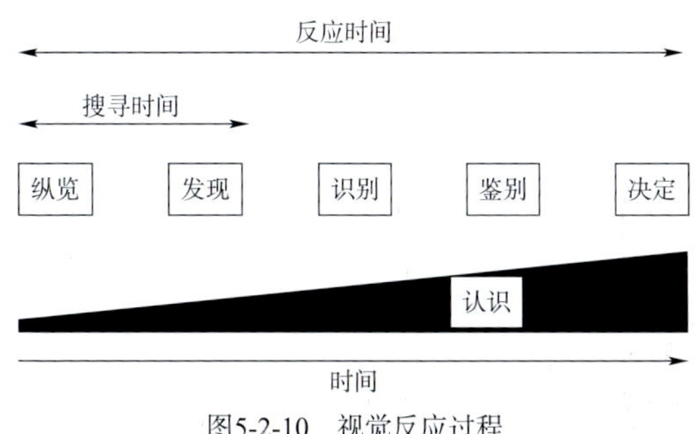

图5-2-10　视觉反应过程

Pollack（1968 年）、Lit 等人（1971 年）测量在中心视野、彩色背景条件下的反应时间，发现只有反应时间完全随亮度水平的变化而变化。Ingling（1977 年）、Ingling（1988 年）和 Tsou（1988 年）通过分析生理物理学实验和电生理学实验所得到的数据发现，视觉系统获取外界刺激可以很方便地分成两个信道来源，它们各有各的光谱、时间和空间特性。他们描述了

Magno 细胞（简称 M 信道）和 Parvo 细胞（简称 P 信道）的特征。M 信道对于时间转变和视野的改变较敏感，反应很快。这个信道是非彩色的，它并不提供颜色信号。P 信道对空间转变比较敏感，可以提供颜色信号，但它比 M 信道反应要慢些。有学者（Nilsson 和 Connolly，1997）研究彩色信息是如何从眼睛传输到大脑的，可以理解为：颜色是被视网膜中浓密群集的小神经原携带了最大的图像效果；亮度信息是被大的神经原携带用来尽可能快地传输视网膜图像的主要特性，因为神经纤维传输的速度与他们的直径成正比，彩色信息到达大脑所花的时间比亮度信息长，所以人眼对于亮度改变的反应是非常迅速的，而且比彩色信息要快。

由韦伯—费西诺定律可知，刺激的强度必须达到一定的物理量，才能使人的感觉器官形成知觉。而且只有在超过一定的阈值以后，才能引起相应的反应。一般来说，刺激较弱时人的反应时间就长；当刺激增加到中等强度或高强度时，反应时间就减短；但是有限度的，当刺激增加到一定强度以后，反应时间就不再减短。实验表明，刺激强度每增加一个对数单位，反应时间便表现一定的缩减，但缩减量却越来越小。对于道路照明来说，反应时间会随着照明水平的提高而变短，但变短量却越来越小，最后当照明水平提高到某一水平，反应时间将趋于稳定。

二、反应时间与交通事故的关系

在现实生活中，尤其是在夜间驾驶过程中，反应时间对保障道路交通安全有重要的实际意义。在大多数的工厂企业中，反应时间快意味着工作效率高，而在驾驶过程中，反应时间快就意味着视觉功效高和交通事故率的减小。

在汽车运行过程中，当行驶的前方突然出现障碍物等紧急情况时，驾驶员不可能立即使汽车停下来，而要经过一定的反应时间和过程，方能实现停车，其制动过程见图 5-2-11。图中 t_1 为驾驶员的反应时间，是指驾驶员发现前方有紧急情况，意识到必须紧急制动，并开始从油门抬起右脚这段时间。反应时间 t_1 虽然不长（一般在 1s 以下），但对高速行驶的汽车来说，影响很大。若以 t_1=0.66s 计，当车速为 80km/h 时，仅在驾驶员这个反应时间之内汽车就前进了 14m。为了安全，对于道路中出现的对象物体就需要一定的观察距离。该距离至少应该等于制动需要的距离，其本身应当包括相应的观察和反应时间，司机作出应答动作，应用车闸制动，车辆产生减速到制动后滑行的时间内车辆运行的距离。Plainis 等人（1999 年）研究了反应时间与目标对比及亮度的关系，研究的重点放在了驾驶任务中关于反应时间的问题，特别是制动距离，怎么样把反应时间数据转换成安全制动距离是非常有益的。Plainis 等人建议把不同行车速度制动的“最短制动距离”转化成“思维”和“制动”距离。“思维距离”包括视觉反应时间、制动踏板响应和制动的机械反应时间，但是后两项时间是由车辆的机械性能决定，所以对于道路照明来说，“思维距离”主要基于人的反应时间。“制动距离”是车从减速到零的时间。例如，车辆从速度 60km/h 到零的总停车距离包括了 9m 的思维距离和 14m 的制动距离，可见思维距离占的比重还是比较大的。更关键的是，从大量的测试与事故统计分析来看，反应时间一旦变长，往往就错失采取应急措施的良机，容易造成汽车没有制动或制动距离不够，酿成交通事故。

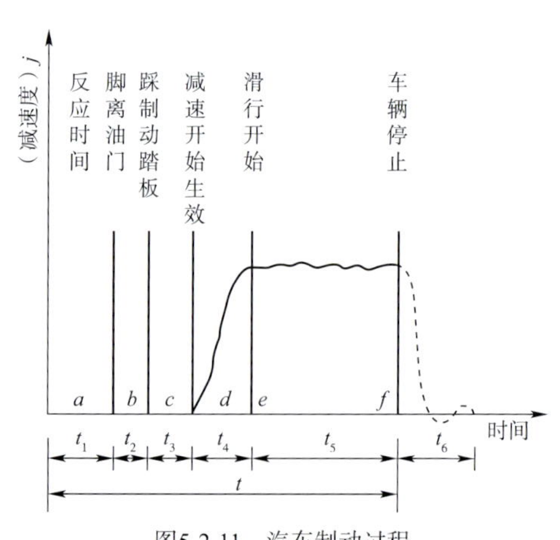

图5-2-11　汽车制动过程

日本关于交通肇事次数与反应时间关系的调查数据表明，肇事次数与驾驶员反应时间长短成正比关系，见表 5-2-4。

事故次数与反应时间关系　表5-2-4

事故次数（次）	0～1	2～3	4～7	8～9	10～12	13～17
反应时间（s）	0.57	0.7	0.72	0.86	0.86	0.89

因此，为了保证交通安全，驾驶员发现前方路面上障碍物的反应时间的长短是至关重要的。在影响夜间驾驶员反应时间的客观原因中，道路照明质量是相当重要的因素，因为道路照明为驾驶员夜间行车提供视看环境以获取必要的视觉信息，即为人眼的视觉反应提供光刺激。道路照明的目的就是为驾驶人员和行人提供安全、迅速与舒适的视看环境，但是，迅速性与舒适性都要建立在足够安全的基础上，因此，道路照明首先应保证其产生的视觉功效——反应时间能够满足要求。从反应时间与交通事故的关系可以看出，将“反应时间”作为评价道路照明光源及其光效的参数，是非常重要的，也是非常必要的。

三、周边视觉与相对运动的察觉

周边视觉对夜间驾驶的安全性同样有重要的影响，这一点从下面举的例子很容易被证明。想象在夜间驾驶汽车，但驾驶员每只眼睛前面都有一个黑色的管子，当驾驶员扫视周围的时候这个管子随着眼睛转动，始终和视线方向成一行。假设每个管子直径2cm，长50cm，每只眼睛前方有这样一个管子将使观察者的视野被限制在2°左右。如果在夜间驾驶时这样做，就会完全消除周边视觉，司机无法依靠周边视觉接受信息，将导致一个非常危险的状况。这个假设的例子只是用来直观地说明周边视觉对于驾驶作业的重要性。

周边视觉对运动目标是非常敏感的。驾驶员对进入车道的移动目标的察觉和反应能力被证明主要是一种周边视觉功能。因为察觉一个目标的运动倾向是通过人类视觉系统的“M”信道，是由杆状细胞控制的。杆状细胞在中间视觉状态下很活跃，而道路照明属于中间视觉范畴，因此由杆状细胞控制的周边视觉对于道路照明来说就显得特别敏锐，这与明视觉时中央视觉很灵敏相比是视觉反应发生的一个很重要的变化。

一个驾驶员要把他驾驶的汽车保持在安全的控制之下，不仅要求他必须能看到行车途中路上的物体，还要求他能够立刻察觉到这一物体与他物体之间的相对运动。驾驶作业中很重要的一项内容就是在车流中保持自己的位置，对这一作业的重要视觉反应就是观察因尾随而看到的前面汽车尾部的视角变化，防止撞车。

Fisher和Hall在实验室通过模拟的方法研究了这一视角变化所需的反应时间。察觉先导车视角变化的反应时间（t）是路面平均亮度（L_{av}）的函数，该函数以先导车的减速率作为参变量。先导车与背景的对比度为13%，曲线的获得是12次测试的结果，每6个观察者为一组，分两组进行测试，其结果如图5-2-12所示。观察者与先导车的初始距离为40m，以两条减速率绘出。可以看出，在较低的平均亮度L_{av}值时，反应时间（t）就要相对加长；若要使反应时间快些，必须提高L_{av}值。

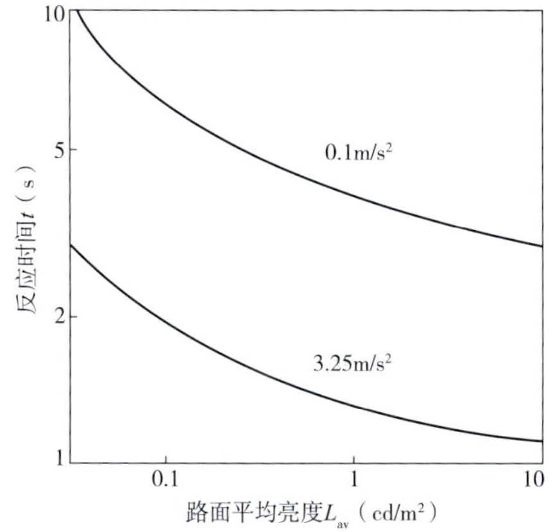

图5-2-12　反应时间与路面平均亮度的关系

如果作业的难度加大了（如前面汽车很慢地减速不易察觉），那么，在给定的L_{av}值上，反应时间将更多地延长。随着亮度水平的提高将使反应时间（t）有规律地降低，两条曲线在L_{av}值接近于10cd/m²时趋于水平。

这个试验表明，在夜间驾驶条件下，反应时间与平均亮度L_{av}有很强的相关性，并且有规律地变

化，这说明反应时间与亮度之间存在一定的函数关系。反应时间的试验研究直接反映了人眼在夜间驾驶状态下的视觉反应特性，并且体现了道路照明对视觉功效的影响。

第三节 反应时间试验

一、试验方法

道路照明属于中间视觉范畴，要对道路照明进行研究，首先需要了解中间视觉的研究方法。目前，研究中间视觉的试验方法主要有：

（1）基于视亮度（Brightness）的异色视亮度匹配法。

（2）基于亮度（Luminance）的闪烁光度测量法。

（3）基于反应时间 (Reaction Time) 的视觉功效法。

（4）基于光源的暗视觉光通量与明视觉光通量之比（S/P）的研究方法。

异色视亮度匹配法要求观察者调整彩色光的辐射强度直到观察者认为该彩色光的视亮度与一个标准光相同。这种研究方法同时涉及人眼中的锥状感光细胞的作用、杆状感光细胞的作用和颜色拮抗通道，既利用了 P 信道，又利用了 M 信道，不符合 Abney 法则。尤其在宽视野条件下，同时有来源于 P 信道的有彩信息和来源于 M 信道的无彩信息，彩色和非彩色感觉都起作用的系统被认为不适用于 Abney 的视觉条件相加性规律。Abney 法则是一个对不同光色光源的亮度混合线性表述，它等同于各组成光谱的亮度总和：

$$L = K_m \int L_{e,\lambda} \cdot V(\lambda) d\lambda \quad (5\text{-}2\text{-}11)$$

式中：L——亮度，cd/m^2；

$L_{e,\lambda}$——光谱辐亮度，W/（m^2·sr·nm）；

$V(\lambda)$——光谱光视效率函数；

K_m——最大光谱光视效能，lm/W。

在 CIE 的光度测量定义中假设了 Abney 法则的成立，光度学系统建立在式（5-2-11）的基础上。式（5-2-11）中的积分符号表明亮度是具有可加性的，也就是说，非单色光亮度等于在 $V(\lambda)$ 影响下的各组成波长光谱辐亮度之和。据已有研究表明，在中间视觉条件下，用异色视亮度匹配法预测非单色光视亮度时，可加性明显失效。这种可加性的失效被认为是锥状细胞相互作用的结果，例如两种单色或饱和光混合所产生的视亮度通常低于两种光的视亮度之和。因此，异色视亮度匹配法所研究出来的结果不能直接运用于 CIE 制定的各种标准和规范，而且研究中数据量大，数值波动也大。所以，目前这种方法还在寻找理论解释以及进一步的完善中。

闪烁光度测量法要求观察者通过调节以一定频率与标准光交替出现的彩色光的辐射强度，从而获得两种光交替出现的最小闪烁。这个方法是在非彩色条件下，用对时间改变最敏感的 M 信道进行实验的。这个方法没有违背 Abney 的加法法则，是目前最为通用的，也是 CIE 标定明视觉光谱光视效率函数 $V(\lambda)$ 的主要方法。然而，锥状和杆状细胞有不同的临界合成频率 CFF，在中间视觉条件下，闪烁光度学法只能测量要么锥状细胞，要么杆状细胞的单独响应，并依赖于亮度水平的调整，以及这个物体成像在视网膜上的位置。这种方法不能真实反映两种细胞的共同作用，但是在中间视觉条件下恰恰是两种细胞共同作用，因而闪烁光度测量法也不适用于中间视觉的研究。

基于人眼视觉系统反应的视觉功效法是测试在不同照明环境下（如改变背景亮度、背景光谱、目标偏心角），人眼对于背景上随机出现的目标的反应时间。视觉功效法直接评价了在不同照明条件下操作者进行视觉作业的能力，可以与实际的视觉作业环境相结合，因而以反应时间为基础建立的视觉模型可

以用来评价人眼真实的视觉功效。研究表明，反应时间与M信道有关，由于传输神经纤维的速度与它们的直径成正比，所以亮度信息到达大脑所花的时间比彩色信息短。因此当一个视觉作业（夜间驾驶）按照速度（反应时间）被定义的时候，大脑将以它首先接受的亮度信息为基础决定，这遵循了Abney法则。而亮度水平直接与光源的光效有关，这也说明利用反应时间评价光源光效的研究方法符合Abney法则的相加性规律。避免交通事故发生和保证行人安全的最重要的早期察觉得益于周边视觉，而通过人眼实际观察测量反应时间的研究方法也真实反映了周边视觉对道路照明的影响。因此，视觉功效法可以用来获得较为合理的道路照明光源光效的计算模型，基于人眼反应时间实验的研究方法是可行的。

视觉功效法对于建立有效的中间视觉光度学系统的重要性被日益认可，CIE于2000年建立了一个专门的技术委员会（TC1-58）进行中间视觉状态下视觉功效的研究工作。

目前，中间视觉研究采用了另外一种方法——基于光源暗视觉光通量与明视觉光通量之比（*S*/*P*）的试验研究方法。实验中一个标志性的模型就是对于一个给定的明视觉反应，较高的*S*/*P*值表示较强的暗视觉刺激（杆状细胞），在中间视觉时就体现出较为明亮的光线。工程和物理科学研究委员会（EPSRC）已经在英国Sheffield Hallam大学投资了一项为期三年的有关此方法的研究项目。但该项研究工作侧重于对行人的照明而不是对机动车的照明，最终的研究报告于2006年夏季给出。

二、实验模拟

实验旨在通过模拟夜间驾驶条件下的视看环境，测量人眼在道路照明条件下观测视标的反应时间，来获得反应时间与各种道路照明因素（试验参数）之间的变化关系。

在光屏蔽的光学实验室里，利用实验装置模拟夜间驾驶的视看环境。

（1）分别采用400W的HPS、250W的MH、30W的LED、105W的CFL和100W的LVD提供背景亮度，并可以任意调节其亮度至所需的亮度范围0.32 ~ 4.5cd/m^2，以模拟夜间道路照明水平。

（2）用随机出现的光斑模拟夜间驾车行驶过程中可能出现的障碍物，光斑直径为26mm，相对受测者的眼睛为2°视野左右。

（3）光斑作为测试的视标，其亮度与背景亮度由同一种光源提供，以保证视标亮度和背景亮度具有相同的光谱分布，不存在颜色对比；视标亮度可以任意调节，以与背景成不同的亮度对比。

（4）光斑可以在任意视角出现，以保证不仅有中央视觉，而且有周边视觉，与实际的道路照明视看环境相符。

受测者在特定的视看条件下（由不同的实验参数确定），对视标的出现作出最快的反应，并通过按钮，由电子计时仪记录其反应时间。反应时间是指对于每一种测试条件，从视标出现（电子快门打开）到受测者按下按钮的时间之差。

通过对实测的反应时间结果进行比较分析，分析出反应时间与光谱分布、背景亮度、视标对比度和视标偏心角的变化关系；最后利用拟合分析的方法得到在不同光源不同实验条件下测试者反应时间与背景亮度的函数关系式。

三、试验参数设置

试验中提出了4个在道路照明条件下影响夜间驾驶视觉功效的变量作为实验参数，见表5-2-5。

试验参数的设置　表5-2-5

背景亮度L_b（cd/m^2）	视标对比度C	视标偏心角θ	五种光源
0.32、1、1.5、2.0、2.5、4.5	0.5、0.2	0°、10°、20°	HPS、MH、LED、CFL、LVD

在 0.32 ～ 4.5cd/m^2 范围内设置 6 种背景亮度，其相应的对数值见表 5-2-6。

背景亮度对数值 表5-2-6

L_b（cd/m^2）	0.32	1.0	1.5	2.0	2.5	4.5
$L_g(L_b)$	−0.5	0.0	0.2	0.3	0.4	0.7

视标对比度 C 按式（5-2-12）确定。

$$C=(L_t-L_b)/L_b \tag{5-2-12}$$

式中：L_t——视标亮度；

L_b——背景亮度。

根据一般道路照明标准的亮度对比，本研究在实验过程中取两种视标对比度，其对应的视标亮度见表 5-2-7。

不同视标对比度对应的视标亮度L_t（cd/m^2） 表5-2-7

C \ L_b	0.32	1.00	1.50	2.00	2.50	4.50
0.5	0.48	1.50	2.25	3.00	3.75	6.75
0.2	0.38	1.20	1.80	2.40	3.00	5.40

光斑随机出现的位置造成不同的视标偏心角，分别为 0°、10° 和 20°，分为视轴和非视轴两种，对应于中央视觉和周边视觉。

实验采取对背景光谱、背景亮度、视标对比度、视标偏心角 4 个参数控制的方法，即固定其他 3 个参数，研究第 4 个参数的变化对于反应时间的影响；通过回归分析得出反应时间在不同实验条件下与背景亮度的函数关系；再对实测数据进一步的分类进行比较分析，分别计算出五种光源下测试者的反应时间与背景亮度的函数关系式。

四、试验装置

“道路照明反应时间测量系统”由观测箱、光学系统、灯箱、电子计时仪四部分组成。试验装置外形见图 5-2-13、图 5-2-14，构造图如图 5-2-15 所示。

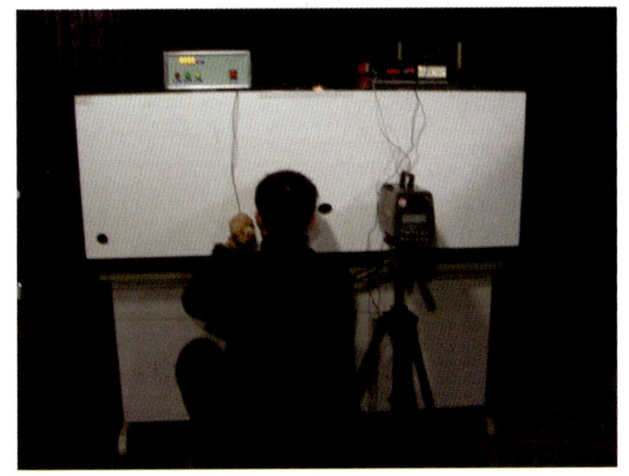

图5-2-13 道路照明反应时间测量系统正面

图5-2-14 道路照明反应时间测量系统侧面

（1）观测箱

观测箱为一个半圆柱体，半径 75cm，高 50cm。观测箱上下封闭，实验时将其置于工作台面上，其内表面用白色漫反射材料均匀喷涂三遍，以保证内表面呈均匀漫反射。在半圆柱体的圆弧面中央上下开两个

孔，由光学系统汇聚和调节后的两束平行光线通过这两个孔入射到半圆柱体内。通过上面小孔 H_1 进入的光线被两面放在后部直面上的互成角度的平面镜反射至内壁两侧，经反射后照亮半圆柱体内其余地方，见图 5-2-13，以确保背景亮度是均匀的，圆弧面上最亮与最暗处的亮度对比为 1.06 : 1。这个孔提供实验的背景亮度 L_b，范围在 0.32 ~ 4.5cd/m^2。进入下部小孔的光线被一面可以任意旋转的镜子反射到圆弧面上，形成一个圆形光斑，作为观测的视标和提供视标亮度 L_t。光斑反射镜放在相对于人眼中央窝的位置，箱顶设有调节旋钮，可以任意旋转，通过该旋钮控制光斑反射镜的旋转角度，来改变视标在圆弧面上出现的位置，产生不同的视标偏心角。视标出现的位置是随机的，但是测试在 0° 到 20° 的范围内进行。

在半圆柱体半直面的中央距底面 13cm 处开两个平行的小孔，作为观察者双眼的观察孔，孔距与人的眼睛之间的距离相等。另外，在半直面的左右两侧各开一个孔，一个是亮度计的镜头位置，另一个可放照度计。在实验时采用 Topcon BM · 5A 亮度计进行亮度测量和控制，BM · 5A 亮度计的测定范围可达到 1×10^{-4} ~ 1.2×10^{6}cd/m^2，其测量的亮度精度达到 0.01cd/m^2 以上，见图 5-2-16。

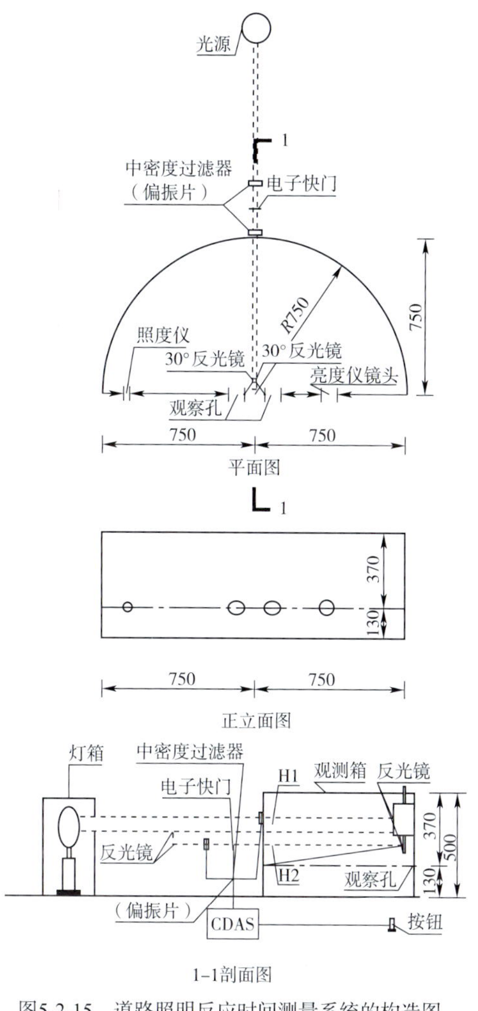

图5-2-15　道路照明反应时间测量系统的构造图（尺寸单位：mm）

（2）光学系统

如图 5-2-15 所示，由透镜、反光镜、可调光阑、中性滤光片及调节装置构成。运用几何光学的原理，将来自灯箱光源的发散光汇聚为平行光束，并以两个光路在观测箱内形成背景光和视标光斑。光路中的可调光阑和中性滤光片可以控制观测箱内的亮度变化范围（包括背景亮度和视标亮度），以满足测试的亮度范围要求。采用中性滤光片调节可以保证在改变亮度大小的同时不会改变光谱的组成。整个光学系统被封闭在暗箱内，可有效防止杂散光对测试带来的误差。通过对微光产生的光斑影像加以遮盖，可以避免视标的影像给受测者一个测试前预先的引导、暗示作用。

（3）灯箱

灯箱由开有透光孔的金属壳封闭而成，箱顶开有散热小孔，在风扇的作用下，可防止光源发热而带来的高温影响。光源发光体的中心轴线通过透光孔圆心，保证出射光有效地被透镜汇聚。

光源需要稳压供电，以避免电压不稳造成测试中背景亮度和视标亮度值的波动。实验采用上海高博电源设备有限公司生产的智能型交流净化稳压电源，输出电压为 220V。

（4）电子计时仪

电子计时仪（CDAS）由电源、微处理器、显示模块、电子快门和四个控制按钮组成，见图 5-2-17。微处理器是整个电子计时仪的核心，它响应并执行外部的各种命令。由 4 位数码管和 4 块 74LSI 集成电路构成的显示模块在微处理器的控制下，可显示出 4 位十进制的数据。电子计时仪一端与电子快门相连，另一端与受测者操纵的按钮相连。电子继电器和机械光路快门组成电子快门，利用电磁继电器的吸合，控制光路的闭合与打开。实验人员按下计时器的开始按钮，电子快门即打开，视标出现在半圆柱体的圆弧面上，受测者一旦发现视标就按下手中的按钮，电子计时仪记录反应时间，在数码管上显示出来。记录的反应时间是指从电子快门打开到受测者按下按钮的时间之差。如果 2s 后受测者还未按下手中的按钮，微处理器则认为检测无效，并自动关闭电子快门，再次按下开始按钮，电子计时仪进入下一次检测。

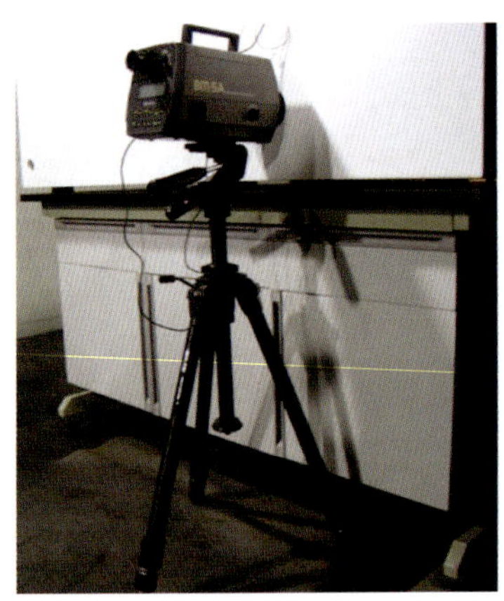
图5-2-16 Topcon BM·5A亮度计

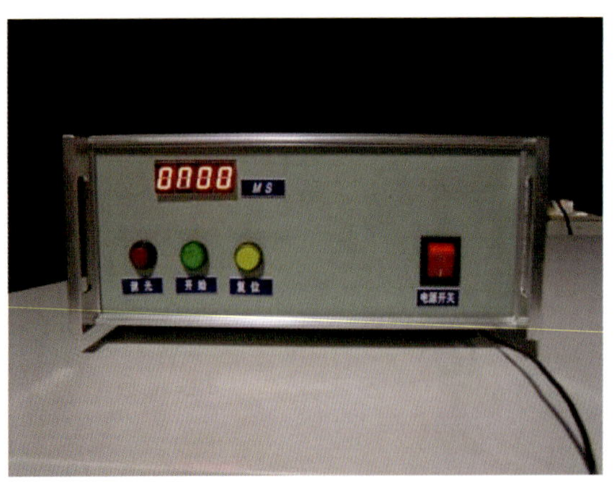
图5-2-17 微处理计时器（CDAS）

五、试验者的选取

一共有 32 名测试者（青年组 20 人，中年组 7 人，老年组 5 人）参与本试验，所有测试者都拥有正常的色觉和矫正视力，测试者在进行正式的试验测试前都经过几轮的练习，以保证熟悉试验的操作过程。

在测试者开始每组试验前，用 40min 时间来适应较暗的试验环境。测试者试验时采用双眼视看，同时必须保证眼睛一直注视正前方的十字标记，通过眼睛的余光去发现目标，不能转动眼睛对准目标，以满足周边视觉要求。试验时背景亮度是从暗到亮进行的，因为人眼对亮适应的时间要短一些。在每一次试验中，目标物出现后如果测试者无反应，目标物在持续出现 2s 后消失。在每种亮度条件开始前有 1min 的适应时间。

本研究的 32 名测试者，青年组的测试者是随机在重庆大学建筑城规学院的学生中抽取的，中年组和老年组测试者是随机在重庆大学的教师中抽取的。参与试验的所有测试者都拥有正常的色觉和矫正视力。为了避免因为测试者不熟悉试验设备的操作而造成的试验误差，测试者在进行正式的试验测试前都经过了几轮的练习，以熟悉试验设备的操作过程；测试前，测试者有足够的时间适应试验室的环境，以防止心理因素的不稳定引起的测量误差。另外，为了避免测试者反复操作该试验设备后因对设备的操作太熟悉而形成思维定式造成试验误差，要求测试者在参加本研究的试验测试前没有操作过该试验设备。因此，参与本研究试验的测试者是具有代表性的。

根据误差理论，测试者的数量越多其结果越接近正态分布。因此，本研究在确定参加测试的测试者数量时，想选取尽可能多的测试者，以减小随机误差对试验结果的影响。但由于每个测试者的测试工作量非常大，如果有太多的测试者参加测试，试验所需的时间就非常长，试验后期数据处理的工作量也非常大。因此，在选择尽量多的测试者的同时也必须考虑适可而止。英国的 Hurden 等人进行反应时间试验有 5 名测试者参与（2002 年）；美国的 He 等人进行反应时间试验有 3 名测试者参与（1997 年）；由欧盟资助的 MOVE 课题在 2002 ~ 2004 年分别在芬兰赫尔辛基技术大学（HUT）、英国城市大学（CU）、荷兰科学研究应用组织（TNO）和德国达姆施塔特技术大学（TUD）用不同的试验设备进行了反应时间试验，在他们的试验中测试者数量分别为 23 名、11 名、23 名和 7 名。本研究有 32 名测试者参与试验，比国外所有类似试验的测试者都多，因此，测试者的数量是足够的，测试结果是可靠的。

六、试验结果分析

（一）反应时间与背景亮度关系

试验共获得 8640 个反应时间的实测数据。在六个不同的背景亮度（L_b=0.32、1.0、1.5、2.0、2.5、4.5cd/m^2）、两个不同的亮度对比（C=0.2、0.5）和三个不同的视标偏心角（θ=0°、10°、20°）时，测试者MH、HPS、LED、CFL 和 LVD 下的反应时间（分别用 t_{MH}、t_{HPS}、t_{LED}、t_{CFL} 和 t_{LVD} 表示）见表 5-2-8。

测试者在五种光源的不同条件下的反应时间（ms）　　表5-2-8

C	θ	光源 \ L_b(cd/m^2)	0.32	1.0	1.5	2.0	2.5	4.5
0.2	0°	MH	434.7	409.4	395.4	379.2	376.2	368.1
		HPS	451.2	421.9	405.1	385.7	384.9	375.9
		LED	427.0	397.4	380.3	364.7	349.8	338.5
		CFL	476.1	430.8	410.5	394.7	377.5	362.1
		LVD	459.8	431.5	411.3	397.6	380.1	361.9
	10°	MH	444.4	408.6	398.9	385.7	375	375.3
		HPS	479.6	445.7	426.9	399.7	394.1	384.3
		LED	454.5	412.9	398.9	380.4	363.6	351.6
		CFL	495.9	445.1	425.0	405.7	391.6	377.9
		LVD	473.9	445.8	427.8	413.2	395.5	379.6
	20°	MH	467.1	436.6	418.1	402.6	395.8	385.9
		HPS	534.7	461.9	445.8	423.9	414.2	399.5
		LED	467.8	434.5	416.9	397.1	379.8	362.3
		CFL	517.6	463.4	438.7	419.3	405.3	392.4
		LVD	488.3	460.2	440.4	423.5	409.2	394.2
0.5	0°	MH	399.1	378.9	372.9	365.9	357.9	348.7
		HPS	432.6	395.4	389.4	379.9	371.4	364.3
		LED	380.0	361.0	345.9	337.3	328.1	316.0
		CFL	415.5	462.4	383.0	369.6	356.4	344.1
		LVD	419.0	406.0	391.6	377.5	365.4	346.1
	10°	MH	405.3	376.1	377.6	365.3	362.9	350.9
		HPS	436.3	404.5	395.6	388.0	382.6	364.0
		LED	399.2	378.3	364.7	352.2	340.9	330.4
		CFL	428.4	411.0	396.0	382.6	370.8	358.1
		LVD	431.3	418.3	404.5	390.6	378.3	361.9
	20°	MH	417.7	387.4	385.2	378.6	368	355.9
		HPS	454.7	425.8	409.5	400.3	387.8	371.6
		LED	416.6	393.3	379.6	366.4	355.3	343.0
		CFL	450.2	428.8	413.3	397.4	386.2	371.6
		LVD	445.7	430.5	417.6	403.3	388.5	374.5

在隧道照明条件下，对于不同背景亮度 0.32 ~ 4.5cd/m²、不同亮度对比（C=0.2、0.5）、不同视标偏心角（θ=0°、10°、20°）而言，由表 5-2-8 可以得出测试者的反应时间均有下述变化规律：

（1）随着背景亮度增大，反应时间变小，即反应速度变快。

（2）随着亮度对比增大，反应时间变小，即反应速度变快。

（3）随着视标偏心角变大，不管是何种亮度对比，反应时间一般会变大，即发现目标的反应速度变慢。

本研究采用试验获得的青年组测试者的 5184 个有效的反应时间数据（参加试验的 20 个青年人中有 2 人在 HPS 和 MH 下获得的共 216 个数据被判为异常数据，在对试验结果的分析过程中没有考虑）。因为反应时间实测数据不但受到测试者的视力等生理方面的因素影响，还受测试时测试者的心情、责任心等心理方面的因素影响。试验过程中虽然控制了测试者的矫正视力不低于 1.0 这个生理指标，而且尽量使测试者在测试前适应被测背景亮度，并在试验前向每一位测试者说明了测试规则，但总是无法完全避免偶然情况的发生，这就会产生异常数据。在进行数据分析时，先把这些异常数据去掉，再利用统计分析软件对表 5-2-9 所列的 6 种背景亮度时反应时间实测数据进行回归分析，分别得到在五种光源下反应时间与背景亮度之间的关系表达式。拟合结果显示，反应时间 t 与背景亮度 L_b 呈指数衰减函数关系，并可用下式表示：

$$t=t_0+ae^{(L_{b0}-L_b)/b} \tag{5-2-13}$$

式中：t_0、a、b、L_{b0}——系数，且与光源光谱分布、背景亮度、对比度、偏心角大小等参数有关，可由试验确定。

测试者在每种光源下的反应时间的平均值见表 5-2-9 和图 5-2-18。

测试者在五种光源下的反应时间（ms） 表5-2-9

光源 \ L_b(cd/m²)	0.32	1.0	1.5	2.0	2.5	4.5
HPS	464.9	425.9	412.1	396.3	389.2	376.6
MH	428.1	399.5	391.4	379.5	372.6	364.1
LED	424.2	396.2	381.0	366.3	352.9	340.3
CFL	463.9	440.2	411.0	394.9	381.3	367.7
LVD	453.0	432.0	415.5	400.9	386.7	369.7

从表 5-2-9 和图 5-2-18 可以看出：在光源 HPS、CFL 和 LVD 下，测试者的反应时间没有明显的区别，相对于 MH 和 LED，反应时间都比较长；在五种光源中，在 LED 下的反应时间最短，其次是 MH。这说明，若以反应时间作为指标，LED 的照明效果最好，其次是 MH，而 HPS、CFL 和 LVD 的照明效果没有明显差别，都比 LED 和 MH 要差一些。

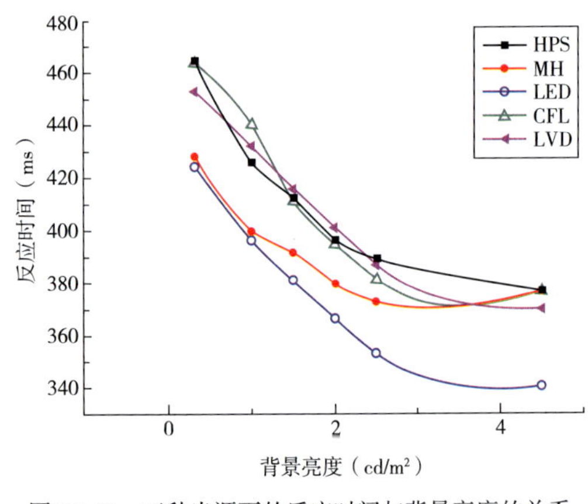

图5-2-18 五种光源下的反应时间与背景亮度的关系

测试者在光源 HPS、MH、LED、CFL 和 LVD 下的反应时间与背景亮度之间的拟合关系见式（5-2-14）~式（5-2-18），相应的曲线图见图 5-2-19。

$$t=372.712+111.876e^{(0.070-L_b)/1.287} \tag{5-2-14}$$

$$t=372.780+76.154e^{(0.038-L_b)/0.897} \tag{5-2-15}$$

$$t=329.896+107.001e^{(0.121-L_b)/1.749} \tag{5-2-16}$$

$$t=366.339+125.076e^{(0.018-L_b)/1.447} \quad (5\text{-}2\text{-}17)$$

$$t=350.930+105.403e^{(0.292-L_b)/2.312} \quad (5\text{-}2\text{-}18)$$

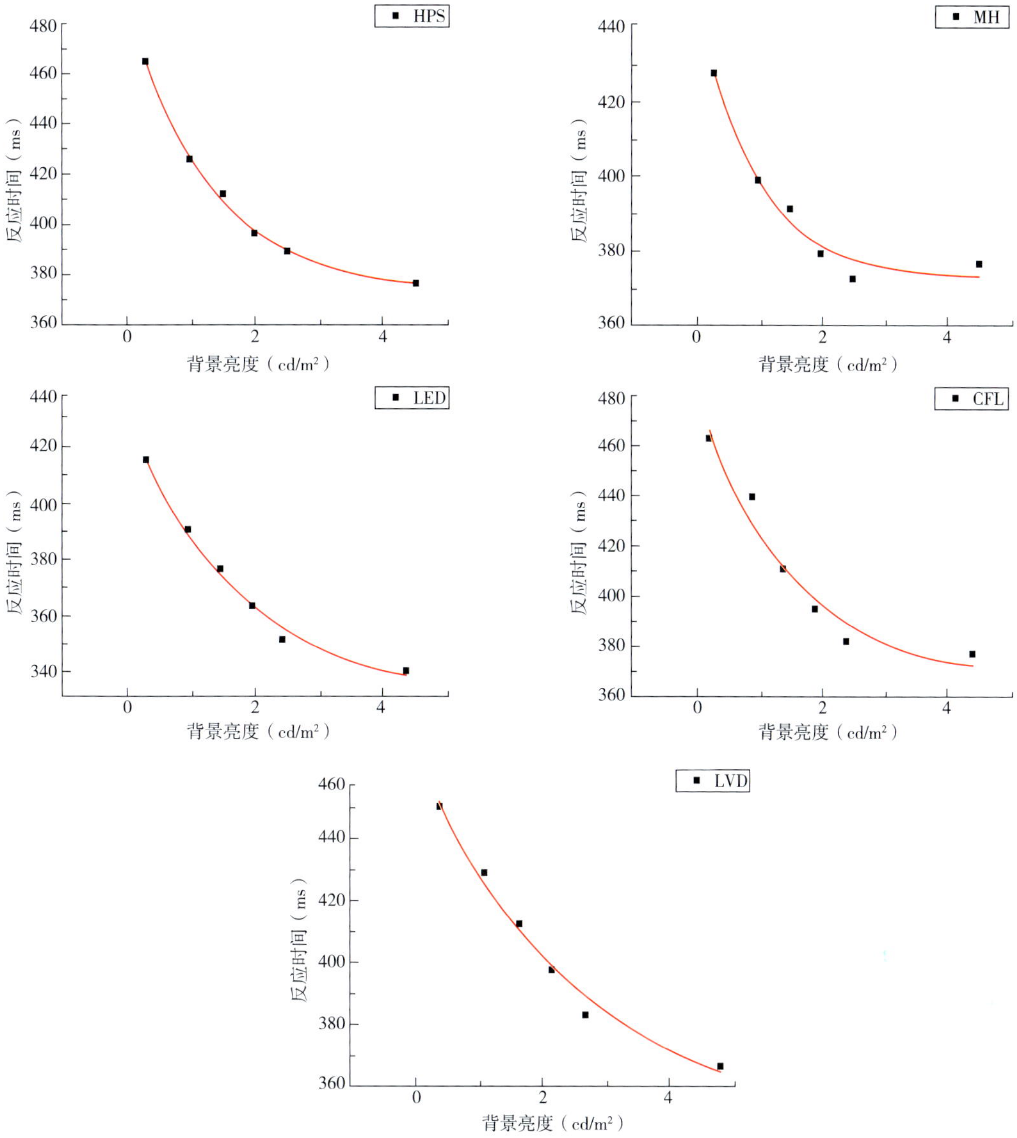

图5-2-19　不同光源下反应时间与背景亮度的拟合曲线

测试者在五种光源下反应时间与背景亮度关系的拟合结果见表 5-2-10。

测试者在五种光源下反应时间与背景亮度关系的拟合结果　　表5-2-10

光源	t_0	a	L_{b0}	b	R^2
HPS	372.712	111.876	0.070	1.287	0.998
MH	372.780	76.454	0.038	0.897	0.975
LED	329.896	107.001	0.121	1.749	0.993
CFL	366.339	125.076	0.018	1.447	0.964
LVD	350.930	105.403	0.292	2.312	0.990

上述拟合结果的判定系数 R^2 均接近 1，从图 5-2-19 也可以看出，拟合曲线与实测数据基本吻合，说明式（5-2-14）~式（5-2-18）比较准确地反映了反应时间与背景亮度之间的变化关系。

（二）视标对比度对反应时间的影响

重点研究 HPS、MH、LED、CFL 和 LVD 五种光源在视标对比度 C 为 0.2 和 0.5 时的反应时间与背景亮度的关系。C=0.2 和 C=0.5 时测试者在五种光源下的反应时间分别见表 5-2-11、表 5-2-12 和图 5-2-20、图 5-2-21。

C=0.2时测试者在五种光源下的反应时间（ms） 表5-2-11

光源 \ L_b(cd/m²)	0.32	1.0	1.5	2.0	2.5	4.5
HPS	488.5	443.2	425.9	403.1	397.7	386.6
MH	448.8	418.2	404.1	398.1	382.3	376.4
LED	449.8	414.9	398.7	380.7	364.4	350.8
CFL	496.5	446.4	424.6	406.6	391.5	377.5
LVD	474.0	445.8	426.5	411.4	394.9	378.5

C=0.5时测试者在五种光源下的反应时间（ms） 表5-2-12

光源 \ L_b(cd/m²)	0.32	1.0	1.5	2.0	2.5	4.5
HPS	441.2	408.6	398.2	389.4	380.6	366.6
MH	407.4	380.8	378.6	369.9	363.0	351.8
LED	398.6	377.5	363.4	352.0	341.4	329.8
CFL	434.0	411.6	397.4	383.2	371.1	357.9
LVD	432.0	418.3	404.6	390.5	377.4	360.9

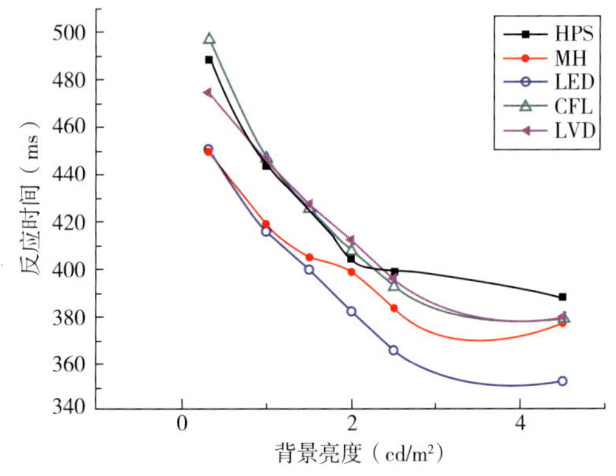

图5-2-20 C=0.2时五种光源下的反应时间与背景亮度的关系

图5-2-21 C=0.5时五种光源下的反应时间与背景亮度的关系

从这些结果可以看出，无论视标对比度 C 为 0.2 还是 0.5，在光源 HPS、CFL 和 LVD 下，测试者的反应时间没有明显的区别，相对于 MH 和 LED，反应时间都比较长；在五种光源中，在 LED 下的反应时间最短，其次是 MH。这说明，无论视标对比度 C 为 0.2 还是 0.5，若以反应时间作为指标，都是 LED 的照明效果最好，其次是 MH，而 HPS、CFL 和 LVD 的照明效果没有明显差别，都比 LED 和 MH 要差一些。

C=0.2 时测试者在光源 HPS、MH、LED、CFL 和 LVD 下的反应时间与背景亮度之间的拟合关系见式（5-2-19）～式（5-2-23），相应的曲线图见图 5-2-22。

$$t=381.744+113.323e^{(0.257-L_b)/1.189} \quad (5\text{-}2\text{-}19)$$

$$t=371.780+89.379e^{(0.121-L_b)/1.352} \quad (5\text{-}2\text{-}20)$$

$$t=339.367+126.170e^{(0.112-L_b)/1.690} \quad (5\text{-}2\text{-}21)$$

$$t=370.765+139.196e^{(0.190-L_b)/1.324} \quad (5\text{-}2\text{-}22)$$

$$t=363.400+109.179e^{(0.376-L_b)/1.954} \quad (5\text{-}2\text{-}23)$$

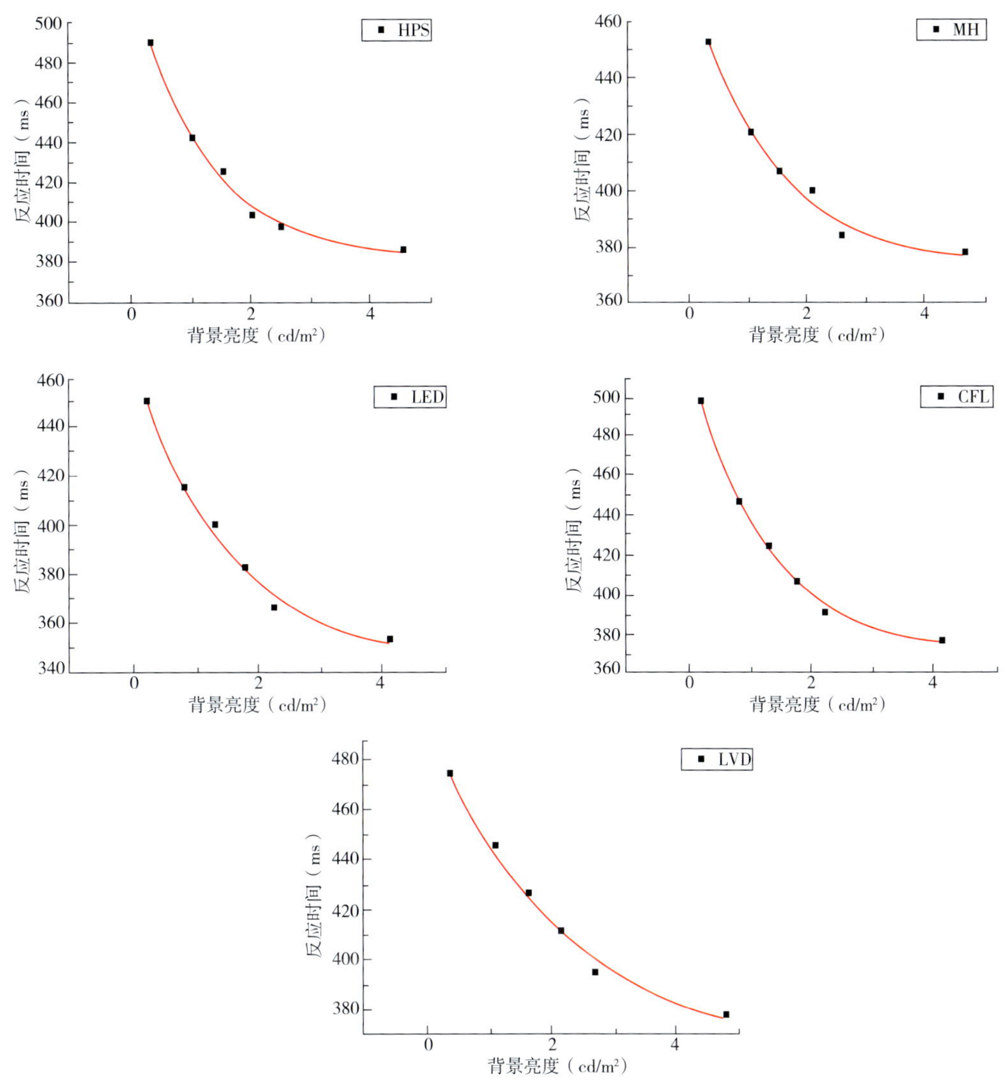

图5-2-22 C=0.2时不同光源下反应时间与背景亮度的拟合曲线

当视标对比度 C=0.2 时，测试者在五种光源下反应时间与背景亮度关系的拟合结果见表 5-2-13。

C=0.2时测试者在五种光源下反应时间与背景亮度关系的拟合结果 表5-2-13

光源	t_0	a	L_{b0}	b	R^2
HPS	381.744	113.323	0.257	1.189	0.993
MH	371.780	89.379	0.121	1.352	0.988
LED	339.367	126.170	0.112	1.690	0.992
CFL	370.765	139.196	0.190	1.324	0.998
LVD	363.400	109.179	0.376	1.954	0.992

上述拟合结果的判定系数 R^2 均接近 1，从图 5-2-22 也可以看出，拟合曲线与实测数据基本吻合，说明式（5-2-19）~式（5-2-23）比较准确地反映了 C=0.2 时反应时间与背景亮度之间的变化关系。

C=0.5 时测试者在光源 HPS、MH、LED、CFL 和 LVD 下的反应时间与背景亮度之间的拟合关系见式（5-2-24）~式（5-2-28），相应的曲线图见图 5-2-23。

$$t=362.816+93.648\mathrm{e}^{(0.040-L_b)/1.471} \quad (5\text{-}2\text{-}24)$$

$$t=348.451+69.602\mathrm{e}^{(0.016-L_b)/1.586} \quad (5\text{-}2\text{-}25)$$

$$t=320.259+88.329e^{(0.127-L_b)/1.844} \tag{5-2-26}$$

$$t=345.480+98.296e^{(0.147-L_b)/1.972} \tag{5-2-27}$$

$$t=335.190+101.811e^{(0.252-L_b)/2.940} \tag{5-2-28}$$

当视标对比度 C=0.5 时，测试者在五种光源下反应时间与背景亮度关系的拟合结果见表 5-2-14。

C=0.5时测试者在五种光源下反应时间与背景亮度关系的拟合结果 表5-2-14

光源	t_0	a	L_{b0}	b	R^2
HPS	362.816	93.648	0.040	1.471	0.996
MH	348.451	69.602	0.016	1.586	0.978
LED	320.259	88.329	0.127	1.844	0.994
CFL	345.480	98.296	0.147	1.972	0.991
LVD	335.190	101.811	0.252	2.940	0.982

上述拟合结果的判定系数 R^2 均接近 1，从图 5-2-23 也可以看出，拟合曲线与实测数据基本吻合，说明式（5-2-24）~式（5-2-28）比较准确地反映了 C=0.5 时反应时间与背景亮度之间的变化关系。

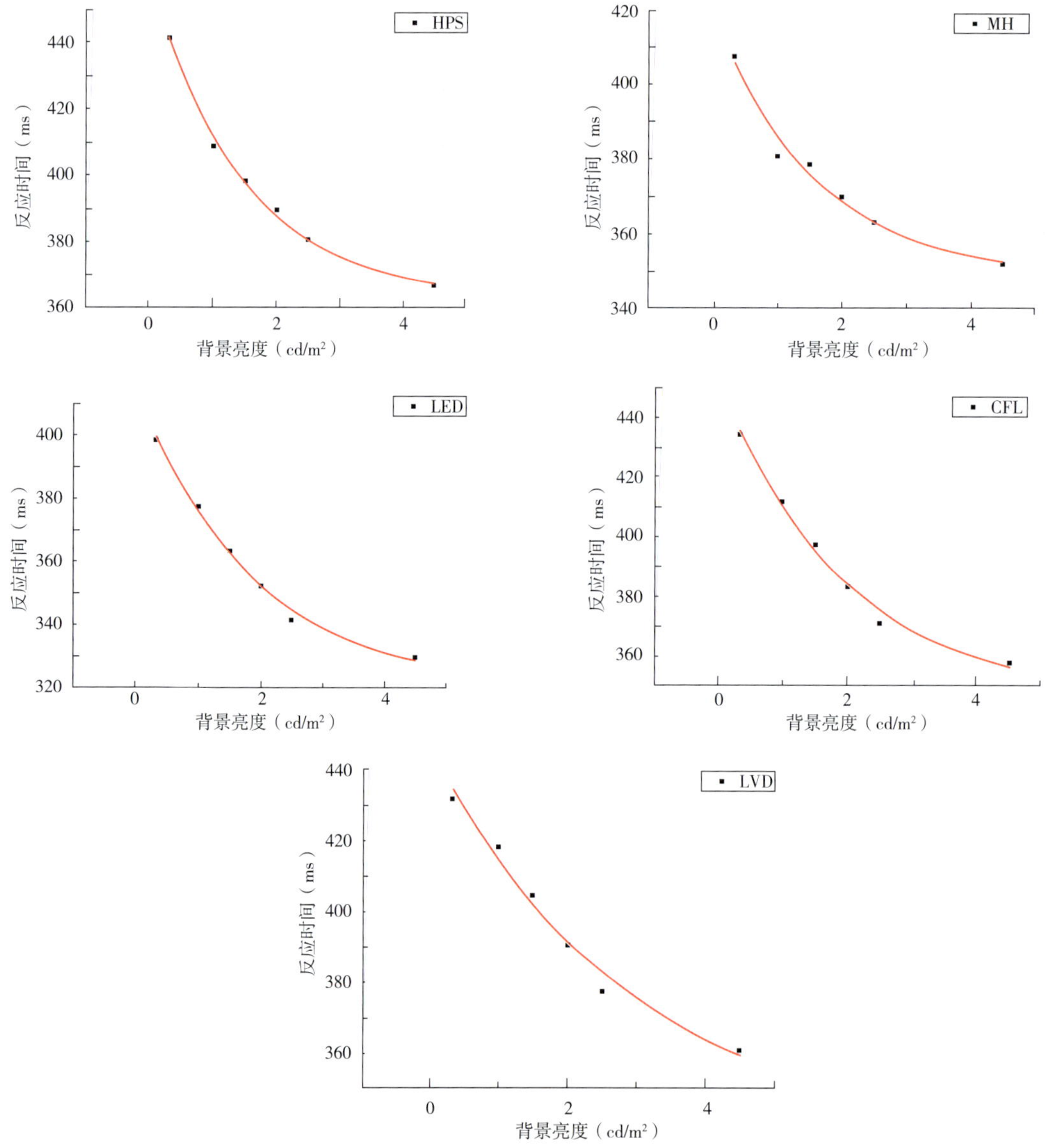

图5-2-23 C=0.5时不同光源下反应时间与背景亮度的拟合曲线

（三）偏心角对反应时间的影响

在隧道照明条件下，避免交通事故发生和保证行人安全最重要的早期察觉得益于周边视觉；而保持合适的行车路线及判断到路边距离，几乎完全是依赖于周边视觉，所以研究周边视觉条件下反应时间与背景亮度的关系是非常重要的。

试验中分别测试了视标偏心角 θ 为 0°、10°和 20°时的反应时间。视标偏心角为 0°属于中央视觉，视标偏心角为 10°和 20°属于周边视觉。

视标偏心角为 0°、10°和 20°时测试者在五种光源下的反应时间分别见表 5-2-15 ~ 表 5-2-17 和图 5-2-24 ~ 图 5-2-26。

θ=0°时测试者在五种光源下的反应时间（ms）　　表5-2-15

光源 \ L_b(cd/m^2)	0.32	1.0	1.5	2.0	2.5	4.5
HPS	441.9	408.7	397.3	382.8	378.2	370.1
MH	416.9	394.2	384.1	372.5	367.0	358.4
LED	403.5	379.2	363.1	351.0	338.9	327.3
CFL	445.8	423.6	396.7	382.1	367.0	353.1
LVD	439.4	418.7	401.4	387.6	372.8	354.0

θ=10°时测试者在五种光源下的反应时间（ms）　　表5-2-16

光源 \ L_b(cd/m^2)	0.32	1.0	1.5	2.0	2.5	4.5
HPS	458.0	425.1	411.2	393.9	388.4	374.2
MH	424.9	392.4	388.3	375.5	369.0	363.1
LED	426.9	395.6	381.8	366.3	352.3	341.0
CFL	462.2	428.1	410.5	394.2	381.2	368
LVD	452.6	432.1	416.2	401.9	386.9	370.8

θ=20°时测试者在五种光源下的反应时间（ms）　　表5-2-17

光源 \ L_b(cd/m^2)	0.32	1.0	1.5	2.0	2.5	4.5
HPS	494.7	443.8	427.7	412.1	400.9	385.6
MH	442.4	412.0	401.6	390.6	381.9	370.9
LED	442.2	413.9	398.2	381.8	367.6	352.6
CFL	483.9	446.1	425.8	408.3	395.8	382.0
LVD	467.0	445.4	429.0	413.4	398.9	384.4

从这些结果可以看出，对于周边视觉，无论视标偏心角 θ 为 10° 还是 20° ，在光源 HPS、CFL 和 LVD 下，测试者的反应时间没有明显的区别，相对于 MH 和 LED，反应时间都比较长；在五种光源中，在 LED 下的反应时间最短，其次是 MH。这说明，对于周边视觉，无论视标偏心角 θ 为 10° 还是 20° ，若以反应时间作为指标，都是 LED 的照明效果最好，其次是 MH，而 HPS、CFL 和 LVD 的照明效果没有明显差别，都比 LED 和 MH 要差一些。对于中央视觉（视标偏心角 θ 为 0° ），仍然是在 LED 下的反应时间最短，在 HPS、CFL 和 LVD 下测试者的反应时间没有明显的区别；在低亮度时

（背景亮度低于 2.5cd/m²），在 MH 下的反应时间大于 LED，但明显小于在另外三种光源下的反应时间，当背景亮度在 2.5cd/m² 及其以上时，在 MH 下的反应时间大于在 LED 下的反应时间，但已与在其他三种光源下的反应时间没有明显区别了。

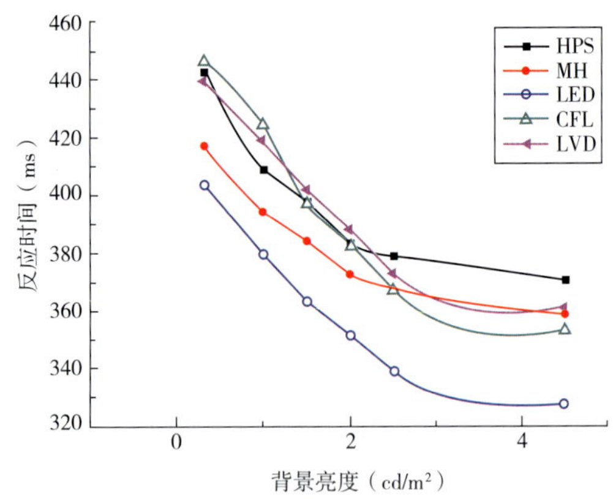

图5-2-24　θ=0°时五种光源下的反应时间与背景亮度的关系

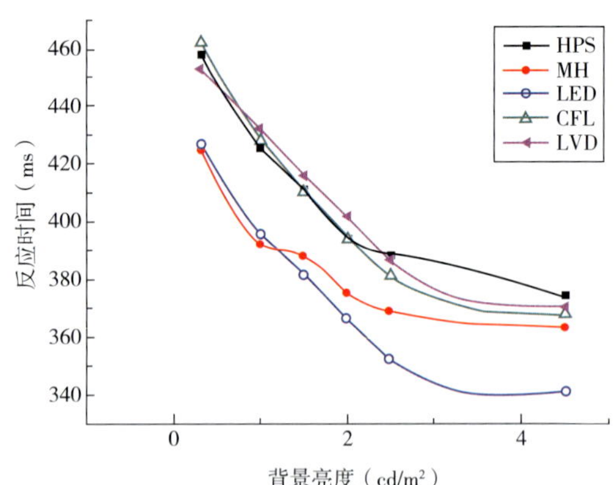

图5-2-25　θ=10°时五种光源下的反应时间与背景亮度的关系

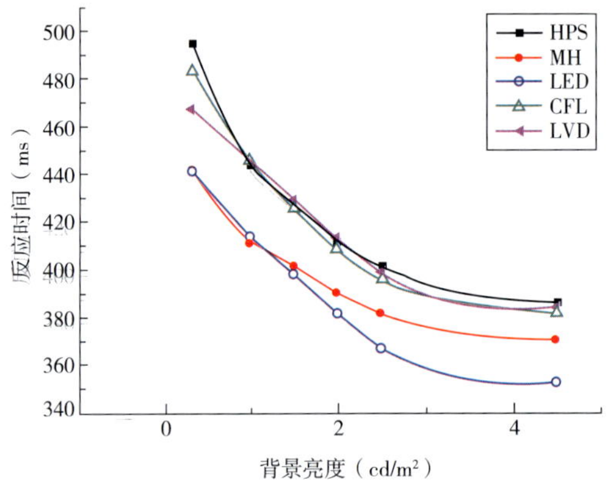

图5-2-26　θ=20°时五种光源下的反应时间与背景亮度的关系

$\theta=0°$ 时测试者在光源 HPS、MH、LED、CFL 和 LVD 下的反应时间与背景亮度之间的拟合关系见式（5-2-29）~式（5-2-33），相应的曲线图见图 5-2-27。

$$t=367.291+90.538e^{(0.097-L_b)/1.169} \quad (5\text{-}2\text{-}29)$$

$$t=354.038+76.266e^{(0.049-L_b)/1.456} \quad (5\text{-}2\text{-}30)$$

$$t=317.912+96.588e^{(0.136-L_b)/1.740} \quad (5\text{-}2\text{-}31)$$

$$t=338.673+108.491e^{(0.355-L_b)/1.856} \quad (5\text{-}2\text{-}32)$$

$$t=346.979+108.040e^{(0.058-L_b)/1.996} \quad (5\text{-}2\text{-}33)$$

当视标偏心角 $\theta=0°$ 时，测试者在五种光源下反应时间与背景亮度关系的拟合结果见表 5-2-18。

$\theta=0°$时测试者在五种光源下反应时间与背景亮度关系的拟合结果　　表5-2-18

光源	t_0	a	L_{b0}	b	R^2
HPS	367.291	90.538	0.097	1.169	0.996
MH	354.038	76.266	0.049	1.456	0.996
LED	317.912	96.588	0.136	1.740	0.993
CFL	338.673	108.491	0.355	1.856	0.980
LVD	346.979	108.040	0.058	1.996	0.984

上述拟合结果的判定系数 R^2 均接近 1，从图 5-2-27 也可以看出，拟合曲线与实测数据基本吻合，说明式（5-2-29）～式（5-2-33）比较准确地反映了 θ=0° 时反应时间与背景亮度之间的变化关系。

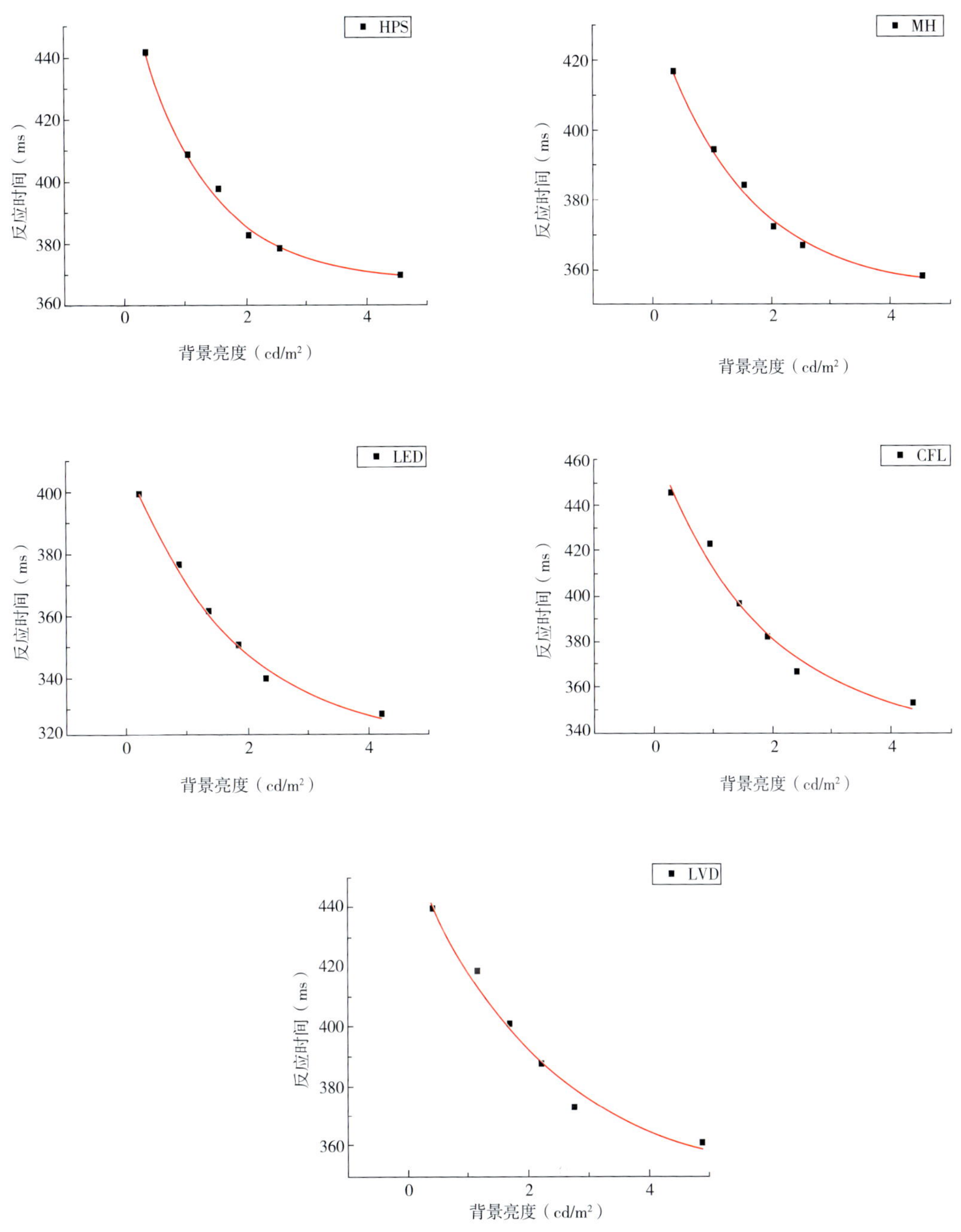

图5-2-27　θ=0° 时不同光源下反应时间与背景亮度的拟合曲线

θ=10° 时测试者在光源 HPS、MH、LED、CFL 和 LVD 下的反应时间与背景亮度之间的拟合关系见式（5-2-34）～式（5-2-38），相应的曲线图见图 5-2-28。

$$t=368.458+106.769\mathrm{e}^{(0.070-L_b)/1.457} \tag{5-2-34}$$

$$t=361.285+82.328\mathrm{e}^{(0.014-L_b)/1.141} \tag{5-2-35}$$

$$t=331.852+101.566\mathrm{e}^{(0.226-L_b)/1.635} \tag{5-2-36}$$

$$t=359.127+105.400\mathrm{e}^{(0.300-L_b)/1.568} \tag{5-2-37}$$

$$t=351.832+111.659\mathrm{e}^{(0.129-L_b)/2.335} \tag{5-2-38}$$

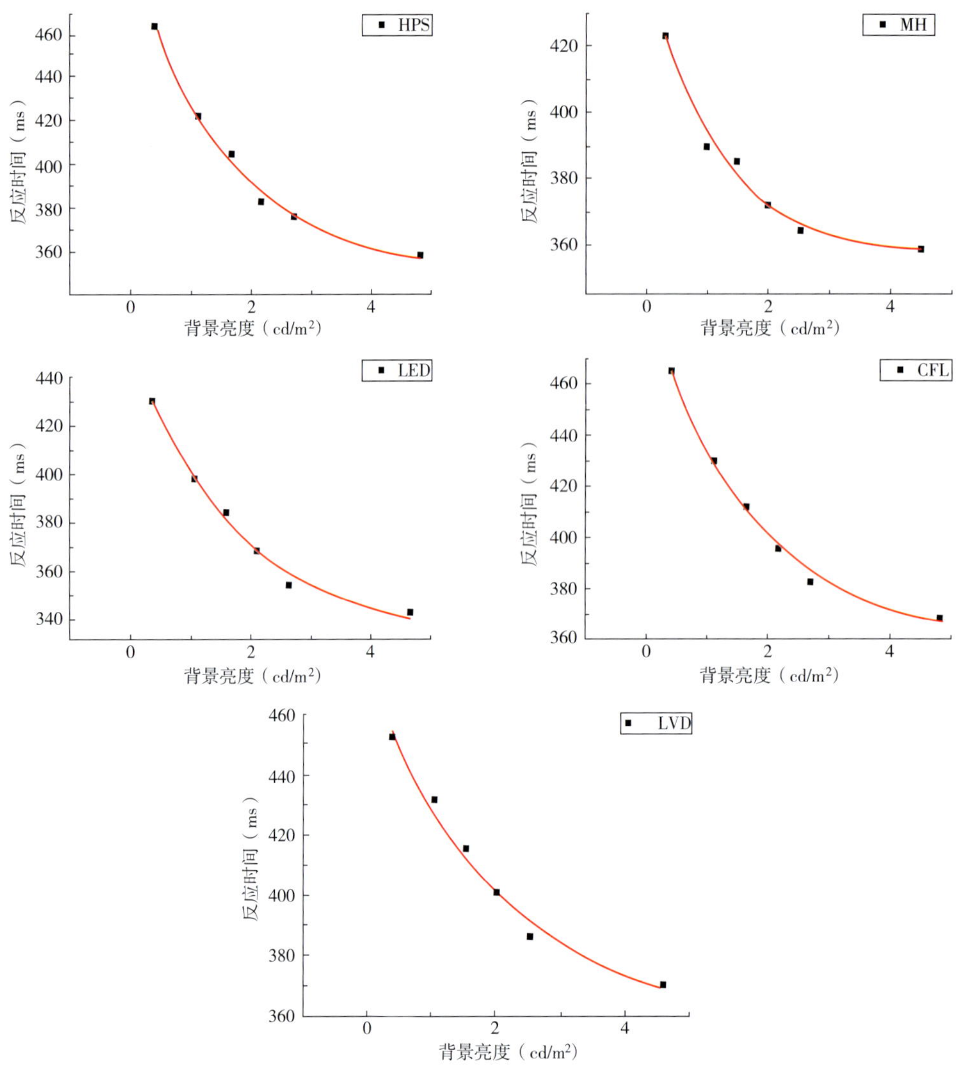

图5-2-28 θ=10° 时不同光源下反应时间与背景亮度的拟合曲线

当视标偏心角 θ=10° 时，测试者在五种光源下反应时间与背景亮度关系的拟合结果见表 5-2-19。

θ=10°时测试者在五种光源下反应时间与背景亮度关系的拟合结果 表5-2-19

光源	t_0	a	L_{b0}	b	R^2
HPS	368.458	106.769	0.070	1.457	0.996
MH	361.285	82.328	0.014	1.141	0.985
LED	331.852	101.566	0.226	1.635	0.992
CFL	359.127	105.400	0.300	1.568	0.995
LVD	351.832	111.659	0.129	2.335	0.988

上述拟合结果的判定系数 R^2 均接近 1，从图 5-2-28 也可以看出，拟合曲线与实测数据基本吻合，说明式（5-2-34）~式（5-2-38）比较准确地反映了 θ=10° 时反应时间与背景亮度之间的变化关系。

θ=20° 时测试者在光源 HPS、MH、LED、CFL 和 LVD 下的反应时间与背景亮度之间的拟合关系见式（5-2-39）~式（5-2-40），相应的曲线图见图 5-2-29。

$$t=382.100+107.226e^{(0.373-L_b)/1.244} \quad (5\text{-}2\text{-}39)$$

$$t=366.616+86.620e^{(0.123-L_b)/1.435} \quad (5\text{-}2\text{-}40)$$

$$t=339.497+105.629e^{(0.292-L_b)/1.888} \quad (5\text{-}2\text{-}41)$$

$$t=373.674+108.870e^{(0.353-L_b)/1.481} \quad (5\text{-}2\text{-}42)$$

$$t=368.049+111.204e^{(0.119-L_b)/2.134} \quad (5\text{-}2\text{-}43)$$

当视标偏心角 θ=20° 时，测试者在五种光源下反应时间与背景亮度关系的拟合结果见表 5-2-20。

θ=20°时测试者在五种光源下反应时间与背景亮度关系的拟合结果　　表5-2-20

光源	t_0	a	L_{b0}	b	R^2
HPS	382.100	107.226	0.373	1.244	0.998
MH	366.616	86.620	0.123	1.435	0.998
LED	339.497	105.629	0.292	1.888	0.993
CFL	373.674	108.870	0.353	1.481	0.996
LVD	368.049	111.204	0.119	2.134	0.986

上述拟合结果的判定系数 R^2 均接近 1，从图 5-2-29 也可以看出，拟合曲线与实测数据基本吻合，说明式（5-2-39）~式（5-2-43）比较准确地反映了 θ=20° 时反应时间与背景亮度之间的变化关系。

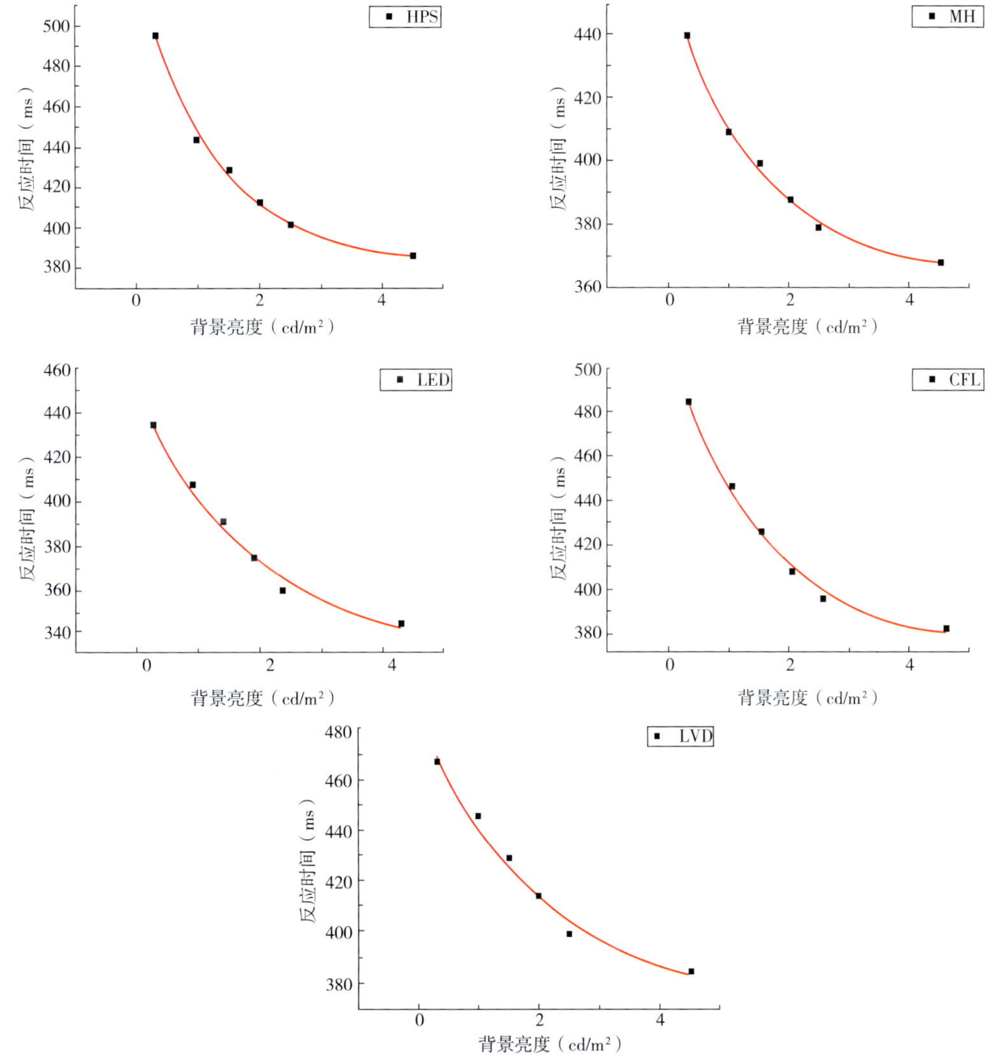

图5-2-29　θ=20° 时不同光源下反应时间与背景亮度的拟合曲线

通过对五种光源在视标偏心角 θ 为 0°、10° 和 20° 时的反应时间的比较分析，可以发现：在中间视觉条件下，视觉目标处于周边视觉时，LED 和 MH 照明产生的视觉功效要比 HPS、CFL 和 LVD 高，而周

边视觉对于夜间驾驶的安全是非常重要的，因此，将 LED 或 MH 应用于隧道照明比另外三种光源有效。

七、五种光源的光谱功率分布

在试验过程中，分别用高压钠灯（HPS）、金属卤化物灯（MH）、紧凑型荧光灯（CFL）、LED 灯、低频无极灯（LVD）五种光源在反应时间测量装置的观测箱中形成测试的背景亮度，在反应时间测试的同时用 PR650 光谱扫描色度计测量观测箱内壁的反射光谱。用 PR650 光谱扫描色度计测量光谱能量时，是在 380 ~ 780nm 的可见光区间每 4nm 取一个数据。用 PR650 光谱扫描色度计测量得到送检的五种光源提供的背景的相对光谱功率分布分别见图 5-2-30 ~ 图 5-2-34。

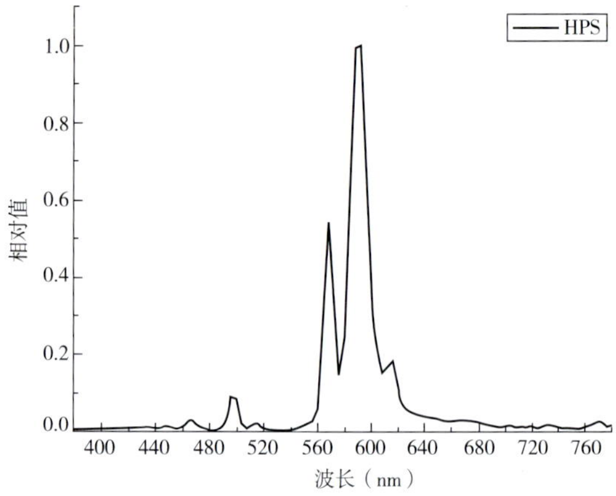

图5-2-30　HPS的相对光谱功率分布

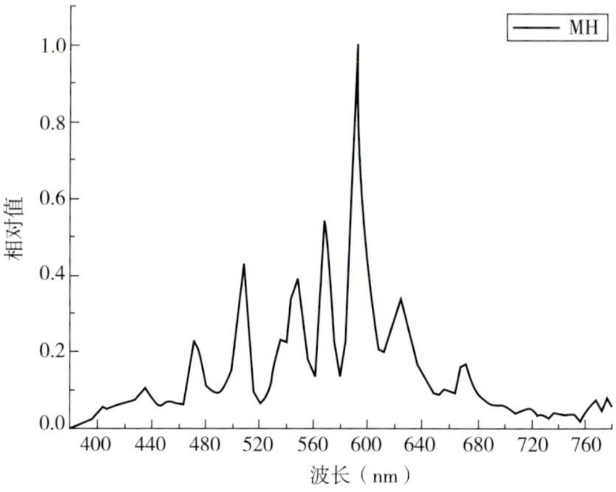

图5-2-31　MH的相对光谱功率分布

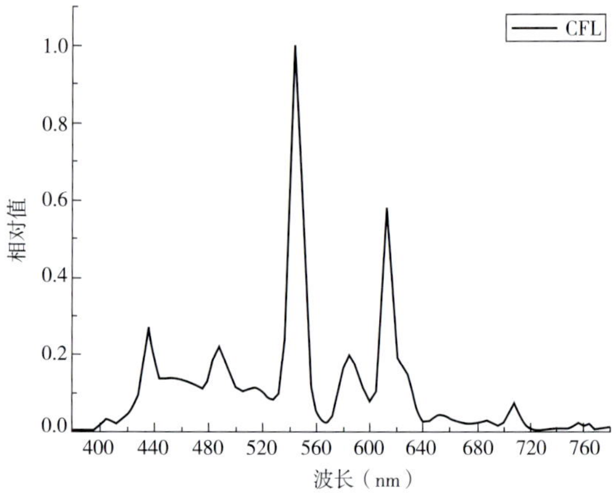

图5-2-32　FL的相对光谱功率分布

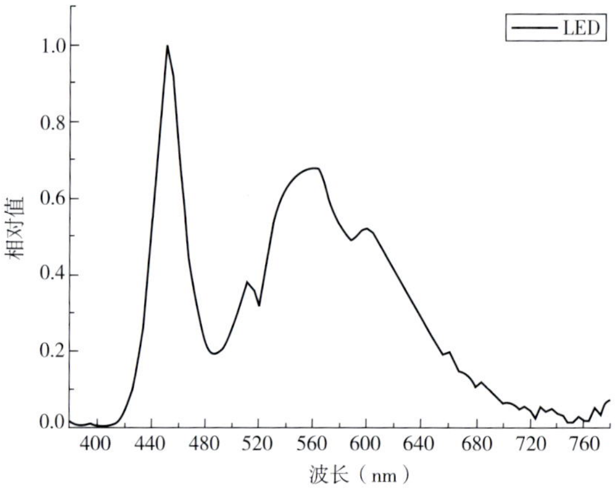

图5-2-33　LED的相对光谱功率分布

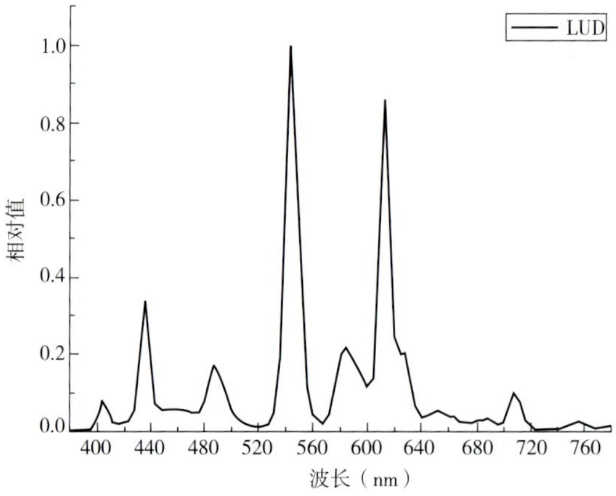

图5-2-34　LVD的相对光谱功率分布

第四节　光源在隧道照明条件下的等效亮度

一、MH、LED、CFL 和 LVD 对 HPS 的亮度对比系数

隧道照明的主要目的是使驾驶员安全、迅速和舒适地驾车通过隧道，驾驶员在隧道内驾车的视觉行为虽然包含看得见、看得清和看得快三个子工作，但是视觉的综合效果可用反应时间长短来衡量。因此，可以用驾驶员的反应时间这个指标来衡量隧道照明质量。由实验获得的测试者的反应时间反映了在隧道的不同光色光源、不同亮度水平等照明情况下，人眼的光生物效应和中间视觉等的综合视觉效果。所以可以根据拟合得到的各种照明条件下反应时间与背景亮度之间的关系式求出反应时间相等时 MH、LED、CFL 和 LVD 对 HPS 的亮度对比系数 $R(L)$。例如，计算 MH 对 HPS 的亮度对比系数 $R(L)$ 过程如图 5-2-35 所示，其余光源对 HPS 的亮度对比系数的计算过程与此相同。MH、LED、CFL 和 LVD 对 HPS 的亮度对比系数 $R(L)$ 的计算结果见表 5-2-21。

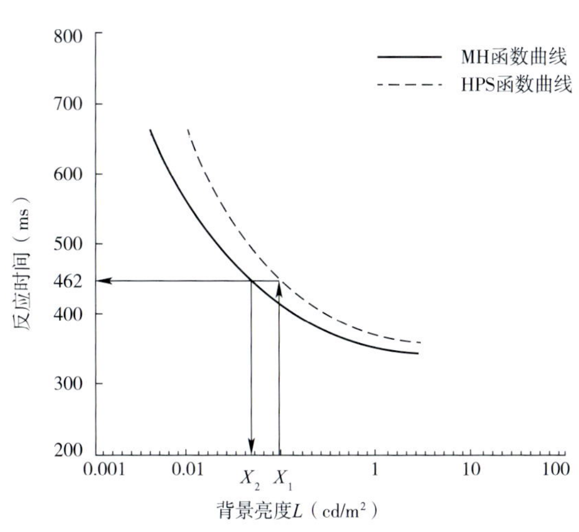

图5-2-35　$R(L)$的计算程序示意图

MH、LED、CFL和LVD对HPS的亮度对比系数$R(L)$值　　表5-2-21

背景亮度（cd/m²）		1.0	1.5	2.0	2.5	3.6*	4.5
$R(L)$	MH	0.3646	0.4230	0.5477	0.5671	0.6015	0.6057
	LED	0.3107	0.3881	0.4777	0.4613	0.4031	0.3491
	CFL	1.0916	0.9820	1.0429	0.9909	0.8975	0.8081
	LVD	1.0797	1.0334	1.1204	1.0537	0.9102	0.7906

注：*背景亮度3.6cd/m²所对应的值是根据拟合结果计算得到。

用同样的方法可以算出视标对比度 C 为 0.2 和 0.5 时 MH、LED、CFL 和 LVD 对 HPS 的亮度对比系数以及视标偏心角 θ 为 0°、10°、20° 时 MH、LED、CFL 和 LVD 对 HPS 的亮度对比系数，计算结果见表 5-2-22 ~ 表 5-2-26。

C=0.2时MH、LED、CFL和LVD对HPS的亮度对比系数　　表5-2-22

背景亮度（cd/m²）		1.0	1.5	2.0	2.5	3.6*	4.5
$R(L)$	MH	0.4243	0.5328	0.7694	0.7178	0.6619	0.5668
	LED	0.4413	0.4995	0.6331	0.5663	0.4733	0.3939
	CFL	1.0548	0.9441	1.0613	0.9458	0.8094	0.6818
	LVD	0.9885	0.9773	1.1764	1.0554	0.9012	0.7561

注：*背景亮度3.6cd/m²所对应的值是根据拟合结果计算得到。

C=0.5时MH、LED、CFL和LVD对HPS的亮度对比系数 表5-2-23

背景亮度（cd/m²）		1.0	1.5	2.0	2.5	3.6*	4.5
$R(L)$	MH	0.2475	0.3657	0.4287	0.4964	0.4982	0.4773
	LED	0.1267	0.2385	0.2893	0.3319	0.3178	0.2925
	CFL	1.0205	0.9170	0.8678	0.8706	0.7765	0.7065
	LVD	1.2136	1.1085	1.0525	1.0503	0.9201	0.8243

注：*背景亮度3.6cd/m²所对应的值是根据拟合结果计算得到。

θ=0°时MH、LED、CFL和LVD对HPS的亮度对比系数 表5-2-24

背景亮度(cd/m²)		1.0	1.5	2.0	2.5	3.6*	4.5
$R(L)$	MH	0.5339	0.5830	0.7344	0.6890	0.6026	0.5149
	LED	0.2438	0.3182	0.4141	0.3824	0.3197	0.2683
	CFL	1.1675	0.9982	1.0123	0.8916	0.7100	0.5899
	LVD	1.1755	1.0554	1.1308	1.0143	0.8313	0.6967

注：*背景亮度3.6cd/m²所对应的值是根据拟合结果计算得到。

θ=10°时MH、LED、CFL和LVD对HPS的亮度对比系数 表5-2-25

背景亮度(cd/m²)		1.0	1.5	2.0	2.5	3.6*	4.5
$R(L)$	MH	0.3046	0.3900	0.5352	0.5125	0.5106	0.4728
	LED	0.3657	0.4198	0.5159	0.4734	0.4218	0.3681
	CFL	1.0346	0.9371	1.0194	0.9235	0.8342	0.7443
	LVD	1.1128	1.0693	1.2042	1.0942	0.9788	0.8629

注：*背景亮度3.6cd/m²所对应的值是根据拟合结果计算得到。

θ=20°时MH、LED、CFL和LVD对HPS的亮度对比系数 表5-2-26

背景亮度(cd/m²)		1.0	1.5	2.0	2.5	3.6*	4.5
$R(L)$	MH	0.2885	0.4161	0.5237	0.5812	0.5542	0.5114
	LED	0.3159	0.4216	0.4999	0.5265	0.4669	0.4127
	CFL	1.0044	0.9271	0.9477	0.9623	0.8758	0.8063
	LVD	0.9383	0.9654	1.0476	1.0885	0.9919	0.9020

注：*背景亮度3.6cd/m²所对应的值是根据拟合结果计算得到。

从表5-2-22～表5-2-26可以看出：在隧道照明条件下，MH和LED对HPS的亮度对比系数$R(L)$比1小得多，这也再次印证了MH和LED照明效果比HPS好得多。例如，对实验采用的各种视标对比度和偏心角的平均效果而言，MH仅需产生0.3646cd/m²亮度值即可获得HPS产生1.0cd/m²亮度时的反应时间，即MH产生0.3646cd/m²亮度的照明效果与HPS产生1.0cd/m²亮度的照明效果是等效的；LED产生0.3107cd/m²亮度的照明效果与HPS产生1.0cd/m²亮度的照明效果是等效的。CFL和LVD对HPS的亮度对比系数$R(L)$基本都在1.0左右（个别情况下较小，最小达到0.5899；最大1.2136），这也再次印证了在隧道照明条件下CFL和LVD的照明效果与HPS的照明效果差不多。

二、隧道照明节能试验

（一）试验方法与试验结果

光源 S（MH、LED、CFL 或 LVD）对 HPS 的相对光效 ER 采用下式计算：

$$ER_S=\eta_S/\eta_{HPS}/R(L)_S \quad (5\text{-}2\text{-}44)$$

式中：ER_S——光源S对HPS的相对光效；

η_S——光源S的额定光效，lm/W；

η_{HPS}——HPS的额定光效，lm/W；

$R(L)_S$——光源S对HPS的亮度对比系数。

在反应时间相等的条件下，可用折算光效表示不同光源对 HPS 的等效亮度的视看效果，即：

$$\eta_{ER,S}=\eta_{HPS}\cdot ER_S \quad (5\text{-}2\text{-}45)$$

式中：$\eta_{ER,S}$——光源S对HPS的折算光效，lm/W；

η_{HPS}——HPS的额定光效，lm/W；

ER_S——光源S的相对光效。

试验采用的 HPS、MH、LED、CFL 和 LVD 的基本参数见表 5-2-27。

光源的基本参数　　表5-2-27

光源	功率（W）	光效（lm/W）	色温（K）	生产厂家
HPS	400	120	2000	OSRAM
MH	250	82	4000	OSRAM
LED	30	65	6000	浙江名创
CFL	105	85	6400	鸿孚国际
LVD*	100	85	4000	OSRAM

注：*本实验采用的LVD功率为100W，其镇流器为150W。

于是，根据表 5-2-21、表 5-2-27 和式（5-2-44）、式（5-2-45）可算出 MH、LED、CFL 和 LVD 对 HPS 的相对光效，以及各光源的发光效率折算成 HPS 的发光效率的折算光效，各种条件下的计算结果见表 5-2-28 ~ 表 5-2-33。

MH、LED、CFL和LVD对HPS的相对光效和折算发光效率　　表5-2-28

背景亮度(cd/m^2)		1.0	1.5	2.0	2.5	3.6*	4.5
MH	ER	1.87	1.62	1.25	1.20	1.14	1.13
	折算光效（lm/W）	224.9	193.9	149.7	144.6	136.3	135.4
LED	ER	1.74	1.40	1.13	1.17	1.34	1.55
	折算光效（lm/W）	209.2	167.5	136.1	140.9	161.3	186.2
CFL	ER	0.65	0.72	0.68	0.71	0.79	0.88
	折算光效（lm/W）	77.9	86.6	81.5	85.8	94.7	105.2
LVD	ER	0.66	0.69	0.63	0.67	0.78	0.90
	折算光效（lm/W）	78.7	82.3	75.9	80.7	93.4	107.5

注：*背景亮度3.6cd/m^2所对应的值是根据拟合结果计算得到。

C=0.2时MH、LED、CFL和LVD对HPS的相对光效和折算发光效率 表5-2-29

背景亮度(cd/m²)		1.0	1.5	2.0	2.5	3.6*	4.5
MH	ER	1.61	1.28	0.89	0.95	1.03	1.21
	折算光效（lm/W）	193.3	153.9	106.6	114.2	123.9	144.7
LED	ER	1.23	1.08	0.86	0.96	1.14	1.38
	折算光效（lm/W）	147.3	130.1	102.7	114.8	137.3	165.0
CFL	ER	0.67	0.75	0.67	0.75	0.88	1.04
	折算光效（lm/W）	80.6	90.0	80.1	89.9	105.0	124.7
LVD	ER	0.72	0.72	0.60	0.67	0.79	0.94
	折算光效（lm/W）	86.0	87.0	72.3	80.5	94.3	112.4

注：*背景亮度3.6cd/m²所对应的值是根据拟合结果计算得到。

C=0.5时MH、LED、CFL和LVD对HPS的相对光效和折算发光效率 表5-2-30

背景亮度(cd/m²)		1.0	1.5	2.0	2.5	3.6*	4.5
MH	ER	2.76	1.87	1.59	1.38	1.37	1.43
	折算光效（lm/W）	331.3	224.2	191.3	165.2	164.6	171.8
LED	ER	4.27	2.27	1.87	1.63	1.70	1.85
	折算光效（lm/W）	512.8	272.6	224.7	195.9	204.5	222.2
CFL	ER	0.69	0.77	0.82	0.81	0.91	1.00
	折算光效（lm/W）	83.3	92.7	97.9	97.6	109.5	120.3
LVD	ER	0.58	0.64	0.67	0.67	0.77	0.86
	折算光效（lm/W）	70.0	76.7	80.8	80.9	92.4	103.1

注：*背景亮度3.6cd/m²所对应的值是根据拟合结果计算得到。

θ=0°时MH、LED、CFL和LVD对HPS的相对光效和折算发光效率 表5-2-31

背景亮度(cd/m²)		1.0	1.5	2.0	2.5	3.6*	4.5
MH	ER	1.28	1.17	0.93	0.99	1.13	1.33
	折算光效（lm/W）	153.6	140.7	111.7	119.0	136.1	159.2
LED	ER	2.22	1.70	1.31	1.42	1.69	2.02
	折算光效（lm/W）	266.7	204.3	157.0	170.0	203.3	242.3
CFL	ER	0.61	0.71	0.70	0.79	1.00	1.20
	折算光效（lm/W）	72.8	85.2	84.0	95.3	119.7	144.1
LVD	ER	0.60	0.67	0.63	0.70	0.85	1.02
	折算光效（lm/W）	72.3	80.5	75.2	83.8	102.3	122.0

注：*背景亮度3.6cd/m²所对应的值是根据拟合结果计算得到。

θ=10°时MH、LED、CFL和LVD对HPS的相对光效和折算发光效率 表5-2-32

背景亮度(cd/m^2)		1.0	1.5	2.0	2.5	3.6*	4.5
MH	ER	2.24	1.75	1.28	1.33	1.34	1.45
	折算光效（lm/W）	269.2	210.3	153.2	160.0	160.6	173.4
LED	ER	1.48	1.29	1.05	1.14	1.28	1.47
	折算光效（lm/W）	177.7	154.9	126.0	137.3	154.1	176.6
CFL	ER	0.68	0.76	0.69	0.77	0.85	0.95
	折算光效（lm/W）	82.2	90.7	83.4	92.0	101.9	114.2
LVD	ER	0.64	0.66	0.59	0.65	0.72	0.82
	折算光效（lm/W）	76.4	79.5	70.6	77.7	86.8	98.5

注：*背景亮度3.6cd/m^{2}所对应的值是根据拟合结果计算得到。

θ=20°时MH、LED、CFL和LVD对HPS的相对光效和折算发光效率 表5-2-33

背景亮度(cd/m^2)		1.0	1.5	2.0	2.5	3.6*	4.5
MH	ER	2.37	1.64	1.30	1.18	1.23	1.34
	折算光效（lm/W）	284.2	197.0	156.6	141.1	147.9	160.3
LED	ER	1.71	1.28	1.08	1.03	1.16	1.31
	折算光效（lm/W）	205.8	154.2	130.0	123.5	139.2	157.5
CFL	ER	0.71	0.76	0.75	0.74	0.81	0.88
	折算光效（lm/W）	84.6	91.7	89.7	88.3	97.1	105.4
LVD	ER	0.75	0.73	0.68	0.65	0.71	0.79
	折算光效（lm/W）	90.6	88.0	81.1	78.1	85.7	94.2

注：*背景亮度3.6cd/m^{2}所对应的值是根据拟合结果计算得到。

从表 5-2-28 ~ 表 5-2-33 中可以看出，在隧道照明条件下，MH 和 LED 的发光效率折算成 HPS 的发光效率后，除个别情况外，都大于 HPS 的值；CFL、LVD 的发光效率折算成 HPS 的发光效率后，除个别情况外，均小于 HPS 的值。这说明，从发光效率的角度考虑，隧道照明光源采用 MH 和 LED 比采用 HPS 效果好，更有利于节能；而采用 CFL 或 LVD 作为隧道照明光源的效果还不如 HPS，更不利于节能。

总之，隧道照明光源的选择不但要保证隧道交通的安全、快速和舒适，还要考虑照明节能，以及各种光源的性价比，综合考虑各方面的因素之后才能最终确定不同光源在隧道照明中的适宜性。

（二）试验结果分析

从试验结果来看，在隧道照明条件下，LED 的照明效果最好，其次是 MH，这两种光源的照明效果都比 HPS 好，这说明在隧道照明中采用 LED 或 MH 比采用 HPS 更有利于节能；而 CFL 和 LVD 的照明效果还不如 HPS，这说明在隧道照明中采用 CFL 或 LVD 还不如采用 HPS 更有利于节能。

中间视觉光谱光效能最大值随着背景亮度的变化而在 555~507nm 之间变化，司辰视觉的光谱光效能最大值在 490nm。考虑中间视觉和司辰视觉的综合视觉效果，应该是光谱能量主要分布在 555nm 及其以下区域的光源的照明效果好。从图 5-2-30 ~ 图 5-2-34 也可以看出，LED 和 MH 的光谱能量分布在 555nm 及其以下区域所占比例较大，而其余三种光源的光谱能量分布在 555nm 及其以下区域所占比

例较小，这说明，从光源发出的可见光的光谱功率分布来看，上述实验结果是合理的。

另外，光源的相关色温、显色性等特性也会对照明效果产生影响。研究表明，光源的相关色温不同，产生的冷暖感不同，对人的心理作用也不相同。例如，在低亮度条件下采用低色温的光源会让人感到舒服，若在低亮度条件下采用高色温的光源，则会给人以冷的感觉；在高亮度条件下采用高色温的光源才会让人感到舒服，若在高亮度条件下采用低色温的光源，则会让人感到不自然。可见色温对人的主观感受也有较大的影响，因此，不能仅仅根据光源光通量（包括明视觉、暗视觉、中间视觉和司辰视觉光通量）的大小来判断光源的照明效果，而应该根据光源对人的综合作用效果来判断光源的照明效果。反应时间是衡量光源发出的光对人产生的综合作用效果的一个指标，同时，驾驶员的反应时间也是保证行车安全的一个重要指标。因此，用反应时间评价隧道照明光源的综合视觉效果是恰当的，根据实验得到的反应时间数据对送检的光源做出的评价能真实反映送检光源应用于隧道照明时的综合照明效果。

目前，无极灯由于其寿命长、启动快等优点而得到部分光源生产厂家和用户的青睐。但从节能的角度来考虑，其与目前常用隧道照明光源相比并不存在优势，从本研究的试验结果来看，其节能效果甚至还不如 HPS。其实，通过分析其发光的原理也不难得出该结论。无极灯发出可见光的原理与荧光灯相似，只是激发方式不同：荧光灯是通过放电管内发射电子轰击汞原子而辐射紫外线，从而使灯发出可见光；而无极灯的放电空间内没有放电电极，电流的引入也不依赖电极，而是通过线圈将高频电流引入放电管内，并使汞原子辐射出紫外线，同样使荧光粉辐射可见光，因此无极灯的寿命长、启动快。但将外部高频电流引入放电空间后，无极灯的发光原理和过程就都与普通荧光灯基本相同了。因此，从无极灯发出可见光的原理来看，无极灯的节能效果不会明显好于荧光灯。无极灯只是明显比白炽灯节能，这也是所有气体放电灯的特点。考察气体放电灯的节能效果的应该从其发光效率、发出的可见光光谱等方面综合考虑。

第五节　照明光源的对比研究

一、照明光源类型及其特点

根据发光原理可将电光源分为以下三类：

第一类是热辐射电光源，电流流经导电物体，使之在高温下辐射光能的光源，包括白炽灯和卤钨灯两种。

第二类是气体放电光源，电流流经气体或金属蒸气，使之产生气体放电而发光的光源。气体放电有弧光放电和辉光放电两种，放电电压有低气压、高气压和超高气压 3 种。弧光放电光源包括：荧光灯、低压钠灯等低气压气体放电灯，高压汞灯、高压钠灯、金属卤化物灯等高强度气体放电灯，超高压汞灯等超高压气体放电灯，以及碳弧灯、氙灯、某些光谱光源等放电气压跨度较大的气体放电灯。辉光放电光源包括利用负辉区辉光放电的辉光指示光源和利用正柱区辉光放电的霓虹灯，两者均为低气压放电灯；此外还包括某些光谱光源。

第三类是电致发光光源，即在电场作用下使固体物质发光的光源，它将电能直接转变为光能。包括场致发光光源和发光二极管两种。各种电光源的发光效率有较大差别，气体放电光源比热辐射电光源高得多。

评价光源的三个基本指标是寿命、光效及显色性。所谓节能电光源，就是发光效率高和光能利用效率高的电光源。

目前，国内公路隧道照明中使用较多的电光源主要是高压钠灯、金属卤化物灯、紧凑型荧光灯。本节主要从光源选用的角度，探讨隧道照明系统的节能措施；通过理论分析上述各种光源的特性，并开展光源的对比试验研究，分析各种光源在隧道内使用的适用性。

表 5-2-34 为隧道照明常用光源的主要特性比较。由表可以看出，光效较高的有高压钠灯、低压钠灯、金属卤化物灯、LED 灯；显色性较好的有紧凑型荧光灯、金属卤化物灯、LED 灯、无极灯等；寿命较长的有高压钠灯、LED 灯、无极灯等；能瞬时启动、再启动的光源有紧凑型荧光灯、LED 灯、电磁感应灯等。

可选隧道照明电光源主要特性比较　　表5-2-34

光源种类	高压钠灯	低压钠灯	紧凑型荧光灯	金属卤化物灯	LED灯	无极灯
额定功率范围(W)	35 ~ 1000	18 ~ 180	5 ~ 55	35 ~ 3500	几瓦	20 ~ 300
光效（lm/W）	64 ~ 140	100 ~ 200	44 ~ 87	52 ~ 130	50 ~ 200	40 ~ 80
平均寿命（h）	12000 ~ 24000	2000 ~ 3000	5000 ~ 10000	300 ~ 10000	100000	60000 ~ 100000
一般显色指数R_a	23 ~ 85	—	>80	60 ~ 90	—	>80
相关色温（K）	1900 ~ 2800	—	2500 ~ 6500	3000 ~ 6500	6000	2700 ~ 5000
启动时间(min)	4 ~ 8	7 ~ 15	10s或快速	4 ~ 10	快速	快速
再启动时间(min)	10~15	≥5	10s或快速	10 ~ 15	快速	快速
功率因数$\cos\varphi$	0.3 ~ 0.44	0.06	0.5 ~ 0.7	0.4 ~ 0.61	—	高，>0.95
频闪效应	明显	明显	有	明显	无	不明显/无
电压变化对光通输出的影响	大	大	较大	较大	小	小
耐震性能	好	较好	较好	好	好	一般
是否有附件	有镇流器	有镇流器	有镇流器	有触发器、镇流器	无	无

目前高压钠灯由于其光效高、透雾性强、使用寿命长，是目前公路隧道照明中使用最多的光源；荧光灯和金属卤化物灯由于显色性好，在公路隧道的横通道照明、检修照明和城市隧道中较常使用。低压钠灯虽然光效高于其他光源，但是它的显色性差，使用寿命短，还较少采用。

二、光源光谱特性对照明的影响

在隧道照明光源的选择和隧道照明的设计上，合理、客观地评价照明效果应将实际的测量数据和人主观感受结合在一起进行分析，这就需要利用人类功效学的理论基础进行综合考虑和研究。

（一）照度与显色性的关系

对照度与显色性的关系的研究结果表明，从视觉心理角度来看，在相同照度下，显色性好的光源比显色性差的光源在感觉上要亮。因此，采用显色指数较高的光源照明时，可以适当降低照度标准。根据赵振民主编的《照明工程设计手册》，照度降低的倍数与显色指数 R_a 的关系见图 5-2-36。

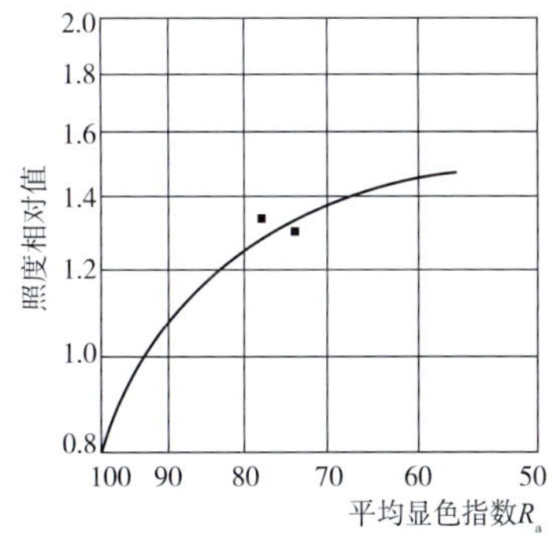

图5-2-36　平均显色指数R_a与照度的关系

对图 5-2-36 进行量化后，可以得到平均显色指数 R_a 与照度的关系见表 5-2-35。

平均显色指数R_a与照度的关系表1　表5-2-35

平均显色指数	100	90	80	70	60
照度相对值	0.9	1.07	1.27	1.39	1.44

将显色指数 R_a 为 100 的光源的照度相对值取为 1，则可以得到其他显色指数下对应的照度相对值见下表 5-2-36。

平均显色指数R_a与照度的关系表2　表5-2-36

平均显色指数	100	90	80	70	60
照度相对值	1	1.19	1.41	1.54	1.60

《工业企业照明设计标准》(GB 50034—92) 规定，对颜色识别有要求的场所的光源显色指数较低且原来使用照度在 500lx 以下时，为了有效地识别颜色，照度应当适当提高，提高的标准见表 5-2-37。

光源显色指数与相对照度系数关系表　表5-2-37

相对照度系数 / 显色指数	照　度（lx）	
	$300 \leq E \leq 500$	$E < 300$
$80 > R_a \geq 60$	1.2	1.25
$60 > R_a \geq 40$	1.30	1.40

由此可以看出，光源的显色性和照度之间存在着一定的关联，显色性较高的光源在同等条件下可以适当降低照度。因此在选择隧道照明光源时，应把光源的显色性作为条件之一。

（二）**光源的光谱特性**

一个光源发出光的光谱成分，既决定了光源的色表（以色温 T_c 表示），又决定了光源的显色性（以显色指数 R_a 表示）。不同波长的光在人眼中产生光感觉的灵敏度也不同，用光谱光视效率来评价人眼对不同波长的灵敏度。如前所述，在周围环境明暗变化时，人眼的视觉状态也随之变化。在从明视觉过渡到暗视觉的过程中，人眼的光谱灵敏度是逐渐变化的。适应亮度不同时，人眼的相对光谱灵敏度曲线也不同。在适应亮度逐渐由明视觉到暗视觉的过程中，光谱灵敏度曲线逐渐由长波向短波方向推移，长波端可见光的波长范围缩小，短波端可见光的范围扩大，光谱光视效率 $V(\lambda)$ 曲线的峰值也从 555nm 推移到 507nm，最大光谱光视效能从 683lm/W 逐渐变为 1700lm/W，如图 5-2-37 所示，这种现象称为视觉偏移规律或者浦尔金耶 Purkinje 效应。

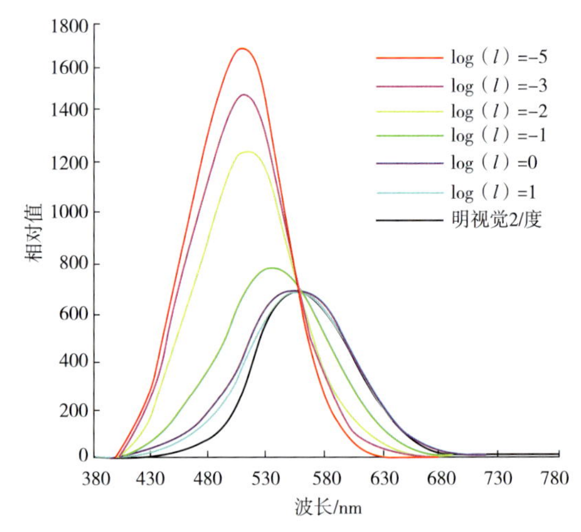

图5-2-37　不同亮度水平下的光谱光视效率函数

浦尔金耶效应可以用来解释光源的光谱分布不同会使不同颜色相对明亮程度发生变化的现象。在暗适应时，人眼对黄色光和红色光的灵敏度随适应亮度下降而显著降低，而对蓝绿色光的反应却大大提高。这就是为什么在黄昏亮度较低时，感觉短波方向的蓝光和绿光很明亮；而在亮度很高的白天，波长较长的红光则显得明亮。

这也说明对于同样光谱能量分布的光源，在中间视觉亮度水平下即中间段照明部分，短波段成分含量更多的光源其照明效果和视觉功效更好。在明视觉亮度水平下及加强照明段，则长波段成分含量更多的光源其照明效果更好。因此选用光源时若对光源的光谱特性进行了考虑，将能更大程度地达到节能的效果。金卤灯、LED 灯等高显色性白色光源的选用正是基于它们良好的显色性优点，在选择适合的隧道光源之后，即可进行照明系统的设计。

三、隧道光源的试验对比

（一）试验目的与方案

对上述各种隧道光源进行对比试验，特别对新型光源 LED 灯、无极灯能否满足隧道照明的要求进行测试。在符合照明要求的前提下，对比分析各种光源的投资性价比。

试验地点为招商局重庆交通科研设计院有限公司实验园区内“隧道建设与养护技术交通行业重点实验室”。

本试验是对四种隧道照明灯具进行基本照明段照明效果的测试。试验采用的隧道灯是经广泛调查和前期测试后，选取的高压钠灯、紧凑型荧光灯、LED 隧道灯和无极灯，每种光源布置一段长约 50m 的试验测试段，见图 5-2-38~ 图 5-2-41，分别编号为Ⅰ段、Ⅱ段、Ⅲ段、Ⅳ段。灯具防护等级均为 IP65。

图5-2-38　LED灯具照明段

图5-2-39　高压钠灯照明段

图5-2-40　荧光灯照明段

图5-2-41　无极灯照明段

Ⅰ段：LED 隧道灯（浙江明创），单灯功率 50W，本段长度约为 48m。

Ⅱ段：高压钠灯（万桥康吉），单灯功率 100W（分对称照明灯具和逆光照明的灯具），本段长度约为 48m。

Ⅲ段：荧光灯（万桥康吉），单灯功率 2×55W，本段长度约为 24m。

Ⅳ段：无极灯（欧司朗），单灯功率 100W，本段长度约为 36m。

（二）实验结果与分析

参照现行规范中隧道照明灯具布置的理论计算方法和厂家提供的灯具参数，初步计算出各种照明灯具的布置间距，并在实体隧道中进行实验测试，四种灯具的测试结果见表 5-2-38。

照明灯具主要测试结果汇总表　　表5-2-38

项　目	最大亮度(cd/m^2)	最小亮度(cd/m^2)	平均亮度(cd/m^2)	均匀度U_0	中线纵向均匀度U_1
50W LED布灯间距8.0m	4.40	2.40	3.40	0.71	0.75
	4.50	1.90	3.10	0.62	0.69
	4.20	1.70	2.90	0.59	0.69
平均值	4.37	2.00	3.13	0.64	0.71
100W无极灯布灯间距8.0m	6.00	3.20	4.90	0.65	0.88
	6.40	3.20	4.90	0.65	0.84
	6.40	2.80	4.90	0.65	0.86
平均值	6.27	3.07	4.90	0.65	0.86
100W高压钠灯布灯间距8.0m	4.50	1.10	2.30	0.48	0.60
	4.50	1.10	2.40	0.46	0.62
	4.50	1.10	2.40	0.46	0.62
平均值	4.5	1.10	2.40	0.47	0.62
2×55W荧光灯布灯间距8.0m	2.80	1.30	2.20	0.60	0.64
	2.80	1.30	2.20	0.60	0.64
	2.80	1.40	2.20	0.64	0.64
平均值	2.80	1.33	2.20	0.61	0.64

由上表的测试数据汇总表可以看出：

（1）在采用相同的灯具布置方式和布灯间距时，100W 的无极灯相比同等功率的高压钠灯、荧光灯所能达到路面平均亮度高。

无极灯的利用系数高于其余两种照明灯具。利用系数是指投射到参考平面上的光通量与照明装置中的光源的额定光通量之比。荧光灯光源与无极灯光源的光通量相差不大，高压钠灯光源的光通量甚至高于无极灯，而无极灯照明的路面亮度值大于前两者，在其余使用条件相同的前提下，说明无极灯的利用系数高于前两种。因此选用利用系数高的照明光源，更能达到节能效果。

（2）在采用相同的灯具布置方式和布灯间距时，50W 的 LED 隧道灯所产生的路面亮度值高于 100W 高压钠灯、110W 荧光灯所产生的路面亮度。

LED 的发光是平面定向光，便于根据要求进行控制。从而光源的利用系数高，很大程度利用了光源所发出的能量。LED 灯照明具有很高的节能性，随着其技术的发展应合理选用。

（3）无极荧光灯、LED 灯的照明方式可提供很高的路面亮度均匀度，更有利于保障行车安全并增加了隧道内的行车舒适性。

（三）LED 隧道灯对比试验

根据各厂家提供的 LED 隧道灯产品相关性能参数，采用理论计算、实验室测试的方法，观察其照明效果并验证产品的相关参数。三种 LED 隧道灯的测试结果见表 5-2-39。

LED隧道灯试验结果对比表 表5-2-39

项　目	平均亮度(cd/m²)	总均匀度U_0	中线纵向均匀度U_1
50W LED布灯间距5.5m	3.2	0.60	0.76
	3.6	0.61	0.75
	3.7	0.62	0.90
平均值	3.50	0.61	0.80
70W LED布灯间距5.0m	2.30	0.596	0.907
	2.29	0.59	0.899
	2.269	0.593	0.919
平均值	2.29	0.59	0.91
110W LED布灯间距7.0m	2.674	0.515	0.752
	2.647	0.516	0.752
	2.836	0.659	0.935
平均值	2.72	0.56	0.81

由表5-2-39测试数据对比可以看出：

（1）50W LED隧道灯的额定功率最小、所产生的路面亮度远大于其余两种。采用相同的路面设计亮度标准，50W LED隧道灯的总体节能效果将远大于其余两种。

（2）各厂家的LED隧道灯其产品性能相差较大，在隧道内使用的测试效果也存在较大差别。只有合理选择了LED隧道灯产品才能最大程度地达到节能目的，真正体现LED灯的高节能特性。

（3）表中数据是新光源状态下的测试结果，按厂家提供的光源、灯具参数设计的布置方式可满足隧道的照明需求。但在实验过程中，发现经过一段时间（3~6个月）的持续点亮，各种灯具的路面亮度测试结果不同程度地降低，甚至部分厂家的灯具其亮度值降低至初始亮度的50%以下。究其原因主要是灯具的散热问题未能得到很好的解决，不良散热导致光源流明输出随着LED结温的升高而降低，而LED寿命随着结温升高而缩短，结果大大影响其照明效果和在隧道内的使用，不能有效发挥LED光源超长寿命的优点。

（四）无极荧光灯对比实验

1. 不同布置方式的对比测试

进行了以下四种方案的测试，结果分别见表5-2-40～表5-2-43。

方案一：100W无极荧光灯、中央侧偏单光带布置间距8m，高度5.8m。

方案二：100W无极荧光灯、中央侧偏单光带布置间距6m，高度5.8m。

方案三：100W无极荧光灯、两侧壁交错布置间距10m。

方案四：100W无极荧光灯、两侧壁交错布置间距6m。

方案一数据处理结果 表5-2-40

测　试	最小亮度（cd/m²）	最大亮度（cd/m²）	平均亮度（cd/m²）	总均匀度U_0	路面中线最小亮度（cd/m²）	路面中线最大亮度（cd/m²）	纵向总均匀度U_1
第一次	4.08	8.93	6.82	0.60	8.13	8.93	0.91
第二次	3.92	9.60	6.76	0.58	8.05	9.60	0.84
第三次	3.97	9.67	6.96	0.57	8.18	9.67	0.85
平均值	3.99	9.40	6.84	0.58	8.12	9.40	0.86

方案二数据处理结果　　表5-2-41

测　试	最小亮度（cd/m²）	最大亮度（cd/m²）	平均亮度（cd/m²）	总均匀度U_0	路面中线最小亮度（cd/m²）	路面中线最大亮度（cd/m²）	纵向总均匀度U_1
第一次	5.92	12.12	9.23	0.64	11.04	12.12	0.91
第二次	5.68	12.53	9.14	0.62	11.09	12.53	0.89
第三次	5.76	12.86	9.41	0.61	11.33	12.86	0.88
平均值	5.79	12.50	9.26	0.62	11.15	12.50	0.89

方案三数据处理结果　　表5-2-42

测　试	最小亮度（cd/m²）	最大亮度（cd/m²）	平均亮度（cd/m²）	总均匀度U_0	路面中线最小亮度（cd/m²）	路面中线最大亮度（cd/m²）	纵向总均匀度U_1
第一次	18.36	28.21	22.58	0.81	24.05	28.21	0.85
第二次	18.55	28.82	22.72	0.82	24.29	28.82	0.84
第三次	18.18	28.76	22.58	0.81	24.11	28.76	0.84
平均值	18.36	28.60	22.63	0.81	24.15	28.60	0.84

方案四数据处理结果　　表5-2-43

测　试	最小亮度（cd/m²）	最大亮度（cd/m²）	平均亮度（cd/m²）	总均匀度U_0	路面中线最小亮度（cd/m²）	路面中线最大亮度（cd/m²）	纵向总均匀度U_1
第一次	51.41	67.70	57.79	0.89	61.25	67.70	0.90
第二次	51.92	68.38	58.42	0.89	62.85	68.38	0.92
第三次	50.38	66.35	56.71	0.89	61.25	66.35	0.92
平均值	51.24	67.48	57.64	0.89	61.78	67.48	0.92

分析测试结果，可以得到如下结论：

（1）各段亮度值除了入口段需加强外，其他各段都基本符合亮度水平和均匀度要求。为更好地达到规范要求值，可以在入口段处采用高压钠灯和无极荧光灯的混光照明，效果更佳。

（2）对路面均匀度的提高幅度很大。

（3）有效提高视觉功能并改善视觉舒适性，使驾驶员更加了解路况，可提高驾驶员的安全感。

2. 不同产品的对比测试

采用拱顶单光带布置方式，分别选用甲、乙两个厂家的无极灯进行对比测试。甲厂家提供的无极灯，单灯功率100W，布灯间距为8.0m，安装高度为5.9m。乙厂家提供的无极灯，单灯功率80W，布灯间距为5.0m，安装高度为6.0m。通过测试，得到表5-2-44的结果。

不同无极灯试验结果对比　　表5-2-44

项　目	平均亮度(cd/m²)	总均匀度U_0	中线纵向均匀度U_1
100W无极灯布灯间距8.0m	3.41	0.65	0.88
	3.40	0.65	0.84
	3.47	0.65	0.86
平均值	3.43	0.65	0.86

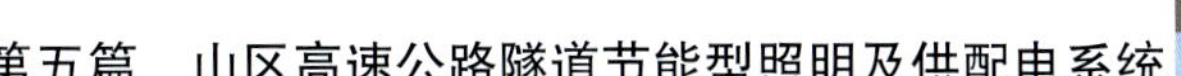

续上表

项　　目	平均亮度(cd/m²)	总均匀度U_0	中线纵向均匀度U_1
80W无极灯 布灯间距5.0m	3.12	0.59	0.97
	3.27	0.58	0.99
	3.21	0.57	0.99
平均值	3.20	0.58	0.98

现以 1km 长隧道为例，分别选用以上两种无极灯作为隧道中间段照明的灯具，设计亮度L_{in}=3.0cd/m^2，其照明系统方案见表 5-2-45。

无极灯照明方案对比　　表5-2-45

项　　目	单　　位	某甲厂家	某乙厂家
单灯功率	W	100	80
布灯间距	m	8.0	5.0
实际测试亮度	cd/m²	3.43	3.2
灯具数量	套	124	197
中间段照明功率合计	kW	12.4	15.76
灯具单价	元	3000	3000
灯具初期投资	万元	37.2	59.1
供配电系统初期投资	万元	118.5	189.8
初期投资合计	万元	155.7	248.9
10年运营电费	万元	72.4	115

从表 5-2-45 中结果可以看出：在提供基本相同的隧道路面亮度水平情况下，乙厂家的布灯间距远小于甲厂家，灯具数量增加 73 套，总功率增加了约 27%，其初期灯具投资和 10 年的营运电费分别增加约 59%。乙厂家无极灯照明的供配电系统也由于总功率的增加随之增加、灯具和系统的维护、更换、管理费用也随之增大。因此，无极灯产品性能的好坏对工程造价、营运费用影响巨大。

无极灯作为一种新型光源目前还没有对于产品制造等相关的国家及行业规范和标准，各厂家的相关技术水平参差不齐，造成生产的照明灯具产品性能相差很大。实际工程中可能会出现虽采用了无极荧光灯，却未能真正达到既节能又节钱的目的。建议对于无极荧光灯具的选用可采取经实验室测试后再行应用到实际工程。

综上所述，由于 LED 隧道灯、无极灯等新型光源缺少国家及行业的相关规范，且 LED 隧道灯还存在一些有待解决和提高的技术问题，各厂家的相关技术水平参差不齐，造成生产的照明灯具产品性能相差很大，用户无法从厂家提供的数据来准确判断该产品是否满足实际隧道工程的照明需要。因此，建议对于新型照明光源、灯具的采用应积极而慎重，在有条件的情况下应进行实验室的测试对比后，选择产品性能优良的产品应用到实际工程中。

第三章　公路隧道照明系统分期实施方案

第一节　公路隧道照明分期实施的必要性和可行性

一、分期实施的必要性

（一）交通量增长情况

要大于现行《规范》照明设计规定的交通量低值（>700 辆 /h），往往需要 5~10 年时间，大多数路段需要 8~10 年，比如：

（1）京珠高速（现更名京港澳高速公路）广东粤北段建成 5 年后。

（2）成渝高速建成 8 年后的高峰小时交通量方超过 700 辆 /h。

（3）金华段运行 6 年来，出、进单向高峰小时交通量分别为 624 辆 /h 和 645 辆 /h；丽水段运行 3 年来，出、进单向高峰小时交通量分别为 703 辆 /h 和 694 辆 /h，金华和丽水段总体仍处于现行《规范》建议的"设计近期"交通量以内；温州段运行近 8 年来，出、进单向高峰小时交通量分别为 930 辆 /h 和 968 辆 /h，温州段总体交通量处于"设计中期"交通量以内。

（4）山西雁门关隧道建成 6 年以来，目前高峰小时交通量为 670 辆 /h。

（5）汕梅高速公路已建成 7 年，目前交通量较小，年日均交通量不到 10000pcu/d。

（二）照明系统改造周期与运用现状

一般情况下，高速公路隧道照明系统在 8~10 年需要大规模的改造。也就是说，按照远期交通量超规模设计的照明系统，在营运近期根本不需要，但在施工完毕 8~10 年后，因各种原因而导致的设备老化和损坏需要改造。

国内隧道照明系统的设计通常是按照隧道的设计年限远期最大预测交通量和最大洞外亮度进行洞内亮度设计，并未针对隧道具体情况考虑照明系统的一次设计、分期实施方案。隧道照明系统在近期，甚至中期由于交通量较小，照明系统处于过亮状态，造成电能的浪费；为了节省电能，隧道的营运管理部门通常采取只开启部分照明灯具的做法，这样就使隧道照明水平达不到设计要求或形成隧道内的"斑马效应"、影响行车安全。

（三）照明分期实施节能的简单分析

以长 1000m 的两车道隧道基本段照明为例，按是否分期进行照明系统的设计和管理，对系统工程造价及营运、管理费用进行对比，结果见表 5-3-1。

隧道照明系统是否采用分期方案对比分析　　表5-3-1

项目 \ 方案	采用分期实施设计方案		未采用分期实施设计方案	备　注
	近期	远期		
路面亮度取值（cd/m^2）	2.0	3.6	3.6	
高压钠灯具型号	100W	150W	150W	
灯具间距（m）	7.0	7.0	7.0	

续上表

项目＼方案	采用分期实施设计方案		未采用分期实施设计方案	备　注
	近期	远期		
灯具数量（套）	141	141	141	分期方案采取远期换灯具方式
初期投资（万元）	12.0	0.0	12.0	灯具以每套850元计
近期营运电费（万元）	82.344	0.0	123.516	以开通后10年计算
近期总投入费用（万元）	94.344		135.516	

注：表中营运费用均是按照电费0.8元/度、1年365天计算。基本照明灯具的一半按全天开启、另一半按每天开启16小时计。

从表 5-3-1 可看出，对于长 1000m 的隧道，照明系统采用分期实施方案时的近期营运电费较未采用分期实施方案时减少了 41.172 万元，约占总电费的 30%，大大减少了电能的消耗、保护了环境。虽然未分期时近期的路面亮度按远期设置，提高了隧道近期的洞内行车舒适性，但造成了不必要的浪费。随着我国高速公路隧道建设的迅猛发展，隧道照明领域的节能降耗势在必行，在保证行车安全的条件下，合理的照明设计方案是节能的根本保证。

二、分期实施的可行性

（一）隧道基本照明

规范第 4.2.1 条规定，隧道基本照明设计标准可按照表 5-3-2 取值。

规范表4.2.1中间段亮度L_{in}　　表5-3-2

设计行车速度（km/h）	L_{in}（cd/m²）	
	双车道　单向交通N>2400辆/h 双车道　双向交通N>1300辆/h	双车道　单向交通N≤700辆/h 双车道　双向交通N≤360辆/h
100	9.0	4
80	4.5	2
60	2.5	1.5
40	1.5	1.5

显然，按照实际营运交通量，高速公路隧道基本照明至少可分两期实施，即近期和远期。对于设计车速 v_r=80km/h，在近期，当交通量 $N \leq 700$ 辆 /h 时①，洞内照明设计标准为 L_{in}=2.0cd/m²；在远期，当交通量 N>2400 辆 /h 时①，洞内照明设计标准为 L_{in}=4.5cd/m²；近期照明标准仅为远期的 44%。结合路面亮度总均匀度、路面中线亮度纵向均匀度等综合指标，近期基本照明系统总功率应该为远期的 65% 左右。

调查表明，一般情况下，国内大多数高速公路隧道在开通 8~10 年内，高峰小时交通量 $N \leq 700$ 辆 /h，仅京珠高速粤境南北段在开通 5 年左右基本达到该交通量。假若近期的基本照明标准也按照远期的设计，显然存在巨大浪费。

（二）隧道加强照明

规范第 4.3.1 条规定，隧道入口段加强照明亮度可按以下公式计算：

$$L_{th}=k \cdot L_{20}(S) \tag{5-3-1}$$

①上文所指交通量中车辆为混合车辆。

式中：L_{th}——隧道入口段亮度，cd/m^2；

k——入口段亮度折减系数，可按规范表4.3.1取值，见表5-3-3；

$L_{20}(S)$——隧道洞外亮度，cd/m^2。

隧道过渡段加强照明由 TR_1、TR_2、TR_3 三个照明段组成，与之对应的亮度可按规范表 4.4.1 取值（表 5-3-4）。当交通量在其中间值时，按内插考虑。

规范表4.3.1入口段亮度折减系数　　表5-3-3

设计交通量N（辆/h）		k			
		设计行车速度v_t(km/h)			
双车道，单向交通	双车道，双向交通	100	80	60	40
>2400	>1300	0.045	0.035	0.022	0.012
≤700	≤360	0.035	0.025	0.015	0.01

规范表4.4.1过渡段亮度　　表5-3-4

照明段	TR_1	TR_2	TR_3
亮度	$L_{tr1}=0.3L_{th}$	$L_{tr2}=0.1L_{th}$	$L_{tr3}=0.035L_{th}$

对于设计车速 v_r=80km/h，无论设计交通多大，设计者仅简单取值 k=0.035（或 0.030）。与基本照明一样，隧道加强照明也可按照相同的交通量划分为近期和远期。对于相同的隧道洞外亮度 $L_{20}(S)$，近期设计取值 k=0.025，可节省 16%~28% 的加强照明功率。

第二节　基本照明与加强段照明分期方案

一、基本照明分期方案

山区高速公路隧道通常采用的中间段亮度值，结合目前国内常用的几种分期实施方案、国内照明新技术的发展情况，综合以上照明评价指标对中间段照明分期实施提出六种方案。各方案均以目前重庆市推荐采用的“拱顶侧偏单光带”作为研究基础。采用各分期方案时，首先根据隧道的设计行车速度和近期的预测交通量确定近期的洞内中间段路面亮度，然后计算近期的灯具布置间距，并要求满足路面亮度总均匀度、纵向总均匀度等评价指标。

（一）分期实施方案一

近期采用中央侧偏单光带等间距布灯方式，远期采用在行车方向左侧壁等间距增设一排灯具。灯具的功率根据不同亮度指标进行选择。布灯方式见图 5-3-1。

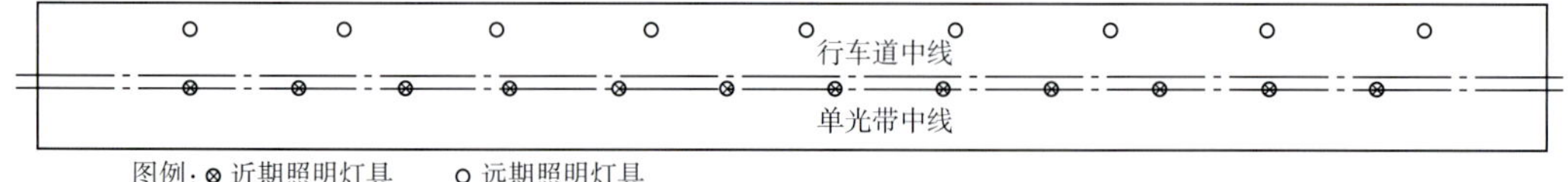

图5-3-1　分期实施方案一布灯示意图

远期方案设计时则在近期路面亮度的基础上，在行车方向左侧壁增加一排灯具以满足远期的洞内路面亮度要求；同时近期中排侧偏的灯具可作为远期深夜交通量较小时的照明灯具。根据上述方式，选用 $L_{in近}$= 2.0cd/m^2、$L_{in远}$= 3.6cd/m^2 的组合工况，按两车道隧道规模进行照明方案的实体测试。

近期布置方案为：100W 高压钠灯单光带拱顶侧偏布置方式，布灯间距 7.0m。

远期布置方案为：在近期照明的基础上，选用 100W 高压钠灯，在行车方向左侧壁增加一排灯具，布灯间距 10.0m。

近期方案现场测试效果见图 5-3-2，远期方案现场测试效果见图 5-3-3。

a)

b)

图5-3-2　测试近期方案的照明参数

a)

b)

图5-3-3　测试远期方案的照明参数

通过近远期方案的三次试验测试数据分析可知，分期方案一的近期方案：路面亮度平均可达到 $2.17cd/m^2 > 2.0cd/m^2$，路面亮度总均匀度 $U_0=0.57 > 0.3$，路面中线亮度纵向均匀度 $U_1=0.74 > 0.5$，均能满足近期的照明要求。分期方案一的远期方案：路面亮度平均可达到 $4.23cd/m^2 > 3.6cd/m^2$，路面亮度总均匀度 $U_0=0.53 > 0.4$，路面中线亮度纵向均匀度 $U_1=0.86 > 0.7$，均能满足远期的照明要求。

（二）分期实施方案二

近期采用中央侧偏单光带等间距布灯方式，远期采用在近期照明灯具间等间距增设灯具。布灯方式见图 5-3-4。

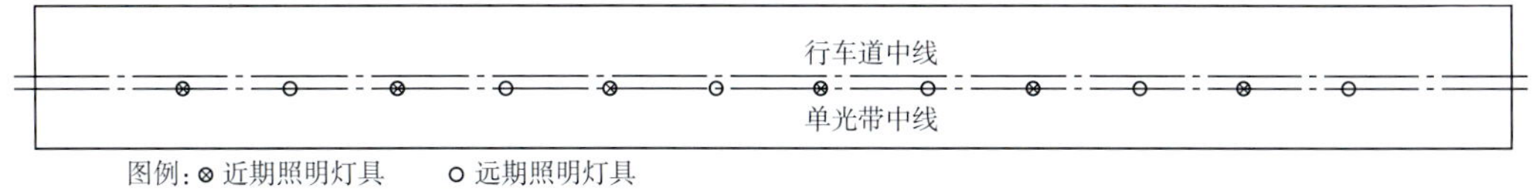

图5-3-4　分期实施方案二布灯示意图

远期方案设计时则在近期路面亮度的基础上，在近期照明灯具间等间距地增加同型号或不同型号的灯具，以满足远期的洞内路面亮度要求。根据上述方式，选用 $L_{in近}=2.0cd/m^2$、$L_{in远}=3.6cd/m^2$ 的组合工况，按两车道隧道规模进行照明方案的实体测试，测试方法同上。

近期布置方案为：100W 高压钠灯单光带拱顶侧偏布置方式，布灯间距 7.0m。

远期布置方案为：在近期照明的基础上，选用 70W 高压钠灯，等间距布置在近期照明灯具中间，即灯具间距为 3.5m。

近期方案现场测试效果见图 5-3-5，远期方案现场测试效果见图 5-3-6。

图5-3-5　测试近期方案

图5-3-6　测试远期方案

综合远期方案的三次试验测试数据分析可知，分期方案二的远期方案：路面亮度平均可达到 3.62cd/m^2 > 3.6cd/m^2，路面亮度总均匀度 U_0=0.623 > 0.4，路面中线亮度纵向均匀度 U_1=0.82 > 0.7，均能满足远期的照明要求。

（三）分期实施方案三

近期采用中央侧偏单光带等间距布灯方式，远期采用在近期照明灯具旁增设灯具的方式。布灯方式见图 5-3-7。

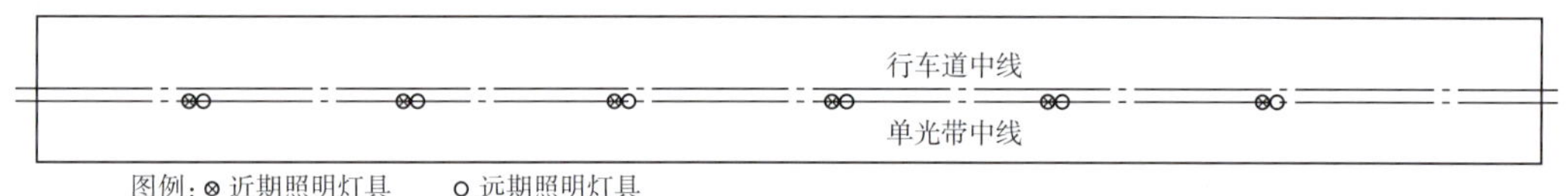

图5-3-7　分期实施方案三布灯示意图

方案三与方案二的分期实施方式基本相同。远期方案设计时则在近期路面亮度的基础上，在近期照明灯具旁增加同型号或不同型号的灯具，以满足远期的洞内路面亮度要求。两方案区别在于：远期增加的灯具布置位置不同。

根据方案二的测试数据分析可以看出，方案三的分期布灯方式亦能满足隧道近、远期的照明要求。

（四）分期实施方案四

近、远期均采用中央侧偏单光带等间距布灯方式，但远期更换更大功率照明灯具，以满足不同路面亮度的需求。

采用此方案需要在远期更换所有的中间段照明灯具，用更大功率的灯具取代近期照明所采用的较小功率的灯具，但路面亮度的均匀度不会受到影响。从目前常用隧道灯具的使用年限来看，高压钠灯光源的使用寿命约达 24000h，而灯具的使用寿命则依赖于隧道营运过程中的养护、管理水平，否则会因为灯具效率的降低而需要更换灯具或相应配件。因此只有近期的隧道灯具产品性能具有良好的一致性，同时加强照明灯具的养护、管理工作，才能最大限度地利用近期灯具的效能，从而在远期统一需更换灯具时不会造成重大的浪费，更换掉较新的、产品性能还较好的照明灯具。

（五）分期实施方案五

近、远期均采用中央侧偏单光带同等间距布灯方式，但需选用带功率转换器的照明灯具，以满足

近远期不同路面亮度的需求。

所谓带功率转换器的灯具就是采用带有功率转换功能的镇流器的灯具。变功率电感镇流器起初是为道路照明以及类似使用条件的照明节能要求而设计的，它能在预先设定的时间内根据使用条件的需要适当降低照度，具有明显的节能特点。变功率电感镇流器又称双功率电感镇流器，该镇流器全功率工作时，得到额定照度值，当在线路中接入一个控制装置，使该镇流器介入另一附加阻抗后，将灯的电流和功率降低到额定值的60%左右，使工作期间的照明系统节能40%。变功率镇流器利用气体放电灯在工作电流适当减少时，仍能正常运行的原理，通过增加镇流器电抗，从而降低光源电流，减少照明系统电耗中占主要比例的光源电耗，达到系统整体节能的目的。

根据光源制造企业提供的技术资料，针对目前高速公路隧道常用的高压钠灯，其光输出可以降至其额定值的50%，而光源的寿命不受影响；这就意味着光源的可见光输出能够降低到30%～45%，这就可以通过采用变功率的镇流器来实现。具体方法是把线性电抗器接入高压钠灯线路中，使电路的总阻抗进行变换，从而使灯的功率随之变化，这方法的最大优点是照度均匀性保持不变。

变功率电感镇流器运行稳定，可靠性高，节能效果显著，而且价格较低，由于减少了光源和镇流器满负荷运行时间，使它们的有效寿命也得到提高。表5-3-5列出了目前带功率转换高压钠灯的主要技术参数。

高压钠灯的功率转换主要技术参数表　　表5-3-5

光源	镇流器	功率降低后的光输出	总功率		灯电流		灯电压	
			全输出	功率降低后	全输出	功率降低后	全输出	功率降低后
50W	50/35	35	60.8	41	0.76	0.57	50	29
70W	70/50	45	88	58	1.00	0.80	70	45
100W	100/70	55	123	84	1.20	1.00	100	65
150W	150/100	35	181	97	1.80	1.34	150	76
250W	250/150	30	285	133	3.00	2.00	250	111
400W	400/250	40	429	215	4.60	3.25	400	192

选用$L_{in近}=2.0cd/m^2$、$L_{in远}=3.6cd/m^2$的组合工况，按带功率转换器的灯具采用“利用系数曲线图计算方法”对近远期照明方案进行了试算。利用系数曲线图计算法的路面平均水平照度按下式计算：

$$E_{av}=\frac{\eta\cdot\Phi\cdot M\cdot N}{W\cdot S} \tag{5-3-2}$$

式中：N——灯具布置系数；

η——灯具利用系数；

W——隧道路面宽度，m；

S——灯具间距，m。

试算选用150W高压钠灯光源，选用150W/100W的变功率电感镇流器，通过计算，近期中间段路面亮度$L_{in近}=2.0cd/m^2$时，光源功率为100W的布灯间距为11.0m，远期中间段路面亮度$L_{in远}=3.6cd/m^2$时，光源功率为150W的布灯间距为11.0m，即可洞内满足照明要求。

综上所述，选择合适的光源和变功率镇流器，在不调整布灯间距的情况下，可以实现近远期不同洞内路面亮度的照明要求。目前，此类灯具主要应用于路灯照明系统中，在隧道照明领域应用较

少。但对于近远期交通量增长较快、分期实施年限较短路段的隧道照明系统，综合考虑减少二期方案实施的工作量、减小对营运隧道交通通行能力的影响、最大限度利用近期灯具的效能等方面，可采用此方案。

（六）分期实施方案六

近、远期均采用中央侧偏单光带同等间距布灯方式，但需选用双光源照明灯具，以满足近远期不同路面亮度的需求。

双光源灯具就是将单光源功率“一分为二”，又“合二为一”，且集中在同一玻璃灯管内（双光源），双光源可交叉转换工作。《城市道路照明设计标准》（CJJ 45—2006）中对道路照明可采取的节能措施中，规定了“采用双光源灯具，深夜时关闭一只光源”，从而降低路面亮度、又不影响路面亮度均匀度，达到节能目的。根据此规定，目前该项技术在各级新建道路照明、已建各级道路照明节能改造中得到了广泛的应用。

对于隧道照明，由于不同时段路面亮度要求不同的特点，可通过合理选择不同双光源的功率搭配，满足不同时段路面亮度的要求。目前，隧道照明灯具的双光源技术还不大成熟，但可作为一种值得隧道照明工作者关注的分期实施方案。

（七）各方案的定性比较

隧道中间段照明由于灯具数量较多，特别对于长、特长隧道其布设长度较长，因此中间段照明的分期实施方案成为隧道照明系统分期实施的重点，分期实施方案的采用不仅要考虑隧道自身的交通流增长特性，还要考虑远期方案实施时对交通流通行能力的影响、投资性价比等综合因素。上述6种方案的定性比较见表5-3-6。

隧道管理者应加强对隧道照明系统的控制，隧道路面亮度的大小决定于隧道交通量的大小，即使在远期方案实施时，也应注意小交通量时段对洞内亮度的控制，从而在营运中实现节能。

六种分期实施方案的定性比较 表5-3-6

<table>
<tr><th>项目</th><th>方案一</th><th>方案二</th><th>方案三</th><th>方案四</th><th>方案五</th><th>方案六</th></tr>
<tr><td>适用条件</td><td colspan="4">适用于远期交通量增长较慢的隧道</td><td colspan="2">适用于远期交通量较大、增长较快的隧道</td></tr>
<tr><td>初期投资</td><td>较小</td><td>较小</td><td>较小</td><td>较小</td><td>大</td><td>大</td></tr>
<tr><td>远期方案实施的难易程度</td><td>较易</td><td>一般</td><td>一般</td><td>较难——需更换中间段照明灯具或电器附件等</td><td>容易——功率转变</td><td>容易——功率转变</td></tr>
<tr><td>维护、管理工作量</td><td>一般</td><td>一般</td><td>较大——灯具较分散</td><td>较大——确保近期灯具使用时间的一致性</td><td>较少</td><td>较少</td></tr>
<tr><td>实施远期方案对交通能力的影响</td><td>一般</td><td>较大</td><td>较大</td><td>大</td><td>无</td><td>无</td></tr>
<tr><td>小交通量下的调光便利性</td><td colspan="3">利用近期照明——路面亮度均匀度不受影响</td><td>需考虑调光方式对路面亮度均匀度的影响</td><td colspan="2">调光性能较好</td></tr>
<tr><td>对灯具一致性的要求</td><td colspan="3">无特别要求</td><td>要求良好的产品性能一致性，才能最大限度地利用近期灯具的效能</td><td>无特别要求</td><td>无特别要求</td></tr>
<tr><td>远期投资</td><td>一般</td><td>一般</td><td>一般</td><td>较大</td><td>小</td><td>小</td></tr>
<tr><td>推荐顺序</td><td>3</td><td>2</td><td>1</td><td>不推荐</td><td>不推荐</td><td>不推荐</td></tr>
</table>

二、加强段照明的分期方案

隧道加强照明段的设置主要是为了解决白天车辆驶入或驶出隧道时亮度的突变所产生的“黑洞效应”或“白洞效应”等视觉适应问题。加强段照明根据系统设计的需要通常分为入口段、过渡段和出口段。

根据实际运营隧道加强段照明亮度的计算和测试可知：加强照明段亮度通常为十几至上百个单位（cd/m^2），亮度较高、灯具较密地布置在隧道两侧壁上。因此在路面亮度满足设计要求的情况下，路面总均匀度和纵向均匀度一般均能达到设计要求。加强段照明的分期实施主要应考虑是否满足路面亮度的设计要求即可，灯具仍然是较为集中地布置在隧道一定长度的两侧壁上，与近期照明灯具相邻布置。由于各加强段的设置距离较短、灯具数量较少，较中间段照明的分期实施简单、方便。

第四章　公路隧道供配电节能设备选取

通过大量的调查研究发现，我国中西部城市在夜晚10点后，高速公路上车辆稀少，从这一时段到清晨7点洞外亮度开始增加，道路交通流量相对较低。在这段时间内，隧道内大部分照明和通风设施基本处于停运状态，由于隧道内用电负荷减少，电网电压升高，隧道照明灯具接线端子处电压升高，从而造成电力资源浪费。同时还发现，高速公路隧道所用的电网普遍存在电压偏高的情况，隧道照明灯具所承受的电压普遍高于正常供电电压，特别是在日间和午夜后用电低谷时。例如，从重庆地区已经运营的多条高速公路隧道用电情况调查中发现，各隧道外部电网电压普遍偏高10 ~ 20V，达到400V左右，这种也是用电负荷减少，造成电压偏高的现象。

由于保守的设计原则，即电源侧实际电压要高于额定电压，留有余量，同时用电侧高压钠灯从其内部放电灯管、镇流器、触发器等构件在设计上都留有余量，使得实测照度值都要大于额定照度值。这种从电源到用电设备一级一级的放大、累加导致实际的隧道照度远大于设计要求，因此也存在照明节能的空间。

随着科学技术的发展，商家相继推出各种节能电气设备，其节能效果都较为明显。为了验证节能设备在隧道内应用时的节能效果和适应性，先后对包括EPS和UPS应急电源设备可靠性与能效，以及照明节电设备节能效果进行了试验，从而对节能设备的节能效果以及在公路隧道内的适应性方面有了一个明确的认识。

第一节　EPS应急电源

一、EPS应急电源的基本原理及性能

EPS应急电源采用了单体逆变技术，集逆变器、充电器及控制器于一体，系统内部设计了电池检测、分路检测回路。主要部件的工作原理见图5-4-1。

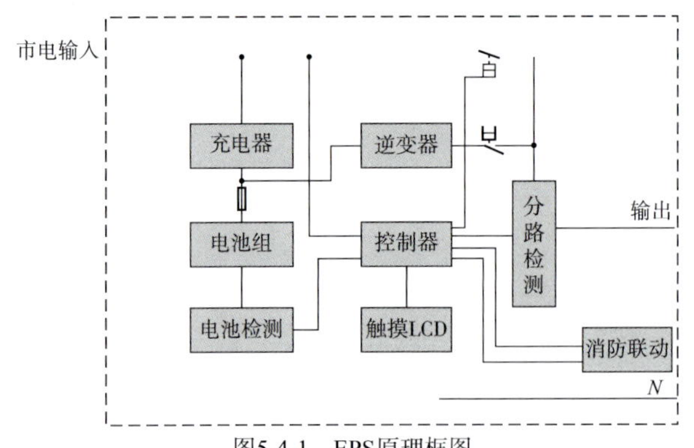

图5-4-1　EPS原理框图

当控制器检测市电正常时，市电接触器闭合经输出分路检测单元提供给负载，同时经充电器为电池充电。这时逆变器处于空载运行状态，不消耗电能。当市电停电或市电异常时，市电接触器开启，逆变接触器闭合，逆变器工作，由蓄电池放电向逆变器供电，切换控制器将输出快速切换到逆变器上，电池的直流电经逆变器后成交流电提供给负载，从而实现不间断供电。

EPS 的输出类型可分为持续型、非持续型、消防联动型，见图 5-4-2。

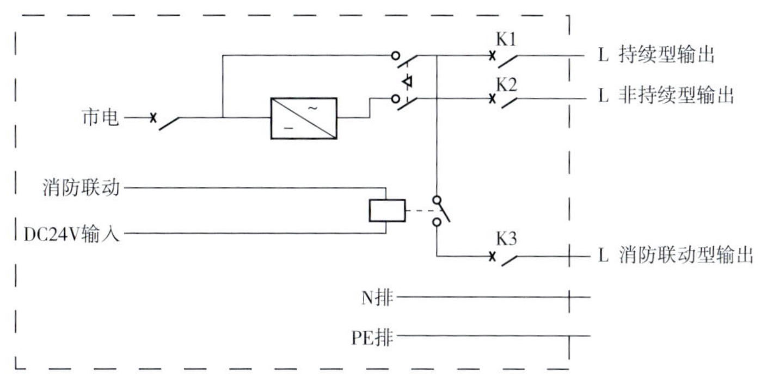

图5-4-2 EPS输出类型图

持续型：输出形式为当有市电时输出市电，当市电故障时电池经逆变输出。输出分路保持持续不断电。

非持续型：输出形式为当有市电时无输出，当市电断电时电池经逆变输出。

消防联动型：只有当消防控制中心发出消防联动信号后才有输出。

同一台 EPS 可以混合设计，即可以有若干路持续型输出，若干路非持续型输出，若干路消防联动型输出。

当负载为电动机时，由于需考虑电机的启动电流对电源的影响，通常设计要有 5~7 倍富裕量，如此 EPS 在高速公路中应用的一次投资势必加大。为降低的投资，可采用变频输出技术，在不需安装电机缓启控制箱情况下即可实现变频启动，设计冗余量大大减少。图 5-4-3 为变频输出 EPS 的原理图。

EPS 应急电源主要有以下几种工作方式：交流单相输入 / 单相输出，应急单相输出，交流三相输入 / 三相输出，应急单相输出，交流三相输入 / 三相输出，应急三相输出，交流三相输入 / 三相输出，应急三相变频输出。

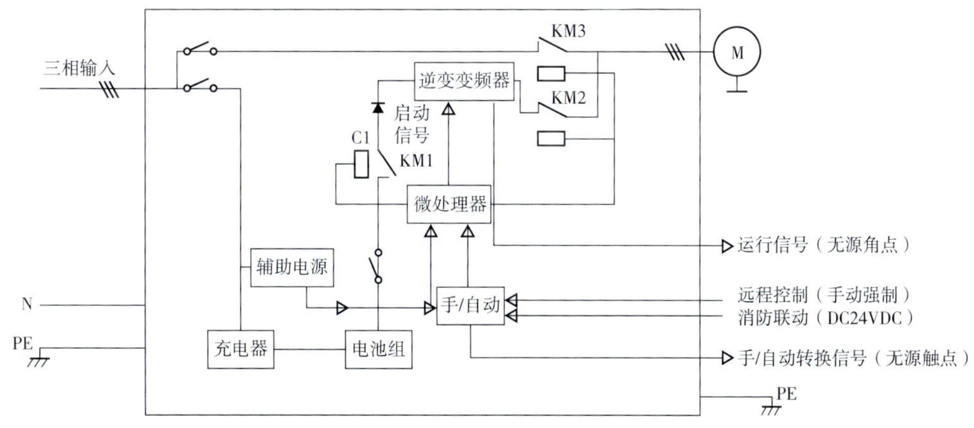

图5-4-3 电机负载原理图

其具有以下特点：

（1）电网有电时，处于静态，无噪声。有市电时，噪声小于 55dB。不需排烟、防震处理。而且具有无公害、无火灾隐患的特点。

（2）自动切换，可实现无人值守，节能。电网供电与 EPS 电源供电相互切换时间均为 0.1 ~ 0.25s，增加快速切换装置时可达到 1.2ms。

（3）带载能力强。EPS 适用于电感性、电容性及综合性负载的设备，如隧道风机、电梯、水泵、办公自动化设备、应急照明等。

（4）使用可靠，主机寿命长达 20 年以上。

（5）适应恶劣环境。可放置于地下室或配电室，甚至建筑竖井里。可以紧靠应急负荷使用场所就地设置，减少供电线路。

（6）对于某些功率较大的用电设施，如消防水泵、风机，EPS 还可直接与电机相连变频启动后，再进入正常运行状态，可省去电机的软启动和控制箱等设置。

（7）作为应急灯具电源，可以节省第二套应急灯具，正常照明灯具可兼作应急灯具使用。

（8）应急备用时间：标准型为 90min，可长可短。

二、EPS 应急电源与 UPS 应急电源的区别

EPS 应急电源是近几年才迅猛发展起来的一个新兴产业，相比于发展成熟的 UPS 而言，有相同之处，也有不同之处。其相同点在于都具备在市电故障（中断）情况下继续向负载提供交流电源的功能，均采用了 IGBT 逆变技术和脉宽调制 PWM 技术。不同之处是 UPS 除了提供不间断供电外，还兼备改善市电品质的功能，而 EPS 应急电源则主要解决市电故障时的应急供电问题；UPS 主要是为 IT 行业设备提供用电保障，EPS 应急电源则适用于各种行业；UPS 主要带计算机类负载，而 EPS 应急电源所带负载混杂；UPS 对于运行环境要求较高，EPS 应急电源则要求能适应各种环境；UPS 以一般用户监控为主，EPS 应急电源主要用于应急供电，要求与消防联动；UPS 以维护信息传输畅通为主要目的，EPS 应急电源以防范重大灾难事故为主要目的。一般 EPS 功率较大，机内的逆变器处于备用状态。

UPS 是一种双变换结构的不间断电源，主要为负载提供稳定的高质量电能，不受市电电网的影响，而且其转换时间一般在 10ms 以内，所以，UPS 被广泛应用于计算机、程控交换机、医疗设备及精密电子仪器等不能中断供电的场所。但正因为 UPS 不仅担负着应急供电外，还担负着改善电力品质的任务，所以其逆变器要连续不断地工作，使用寿命相对较短，一般为 5 ~ 8 年，尤其是电池的更换较为频繁。另一方面，UPS 的逆变器长期处于工作中，自身的损耗较大，而且对使用环境要求很高，只能放在计算机房或空调房间里，并且其负载适应能力远不及 EPS。可以形象地比喻，UPS 以“救数据”为主，而 EPS 以“救人”为主。

EPS 可以作为一种可靠的绿色应急供电电源，它尤其适用于当消防设施没有第二路市电，又不便于使用柴油发电机组的场合，既适用于可以采用类同于柴油发电机组的配电方案，也适用于一些工程在局部重要场合作为末端应急备用电源。在交通系统中主要应用高速公路、隧道、地铁、轻轨、民用机场的供电；各类建筑的工作供电和消防供电；医院安全供电；电力系统的供电；各类不能断电的生产、实验设备的供电。是一种能向负载设备提供纯净正弦波的高质量供电电源。

随着社会的进步和发展，环境要求的不断提高，消防意识也越来越被人们重视。EPS 以其特有的优越性将被人们认识和采用。在选择应急电源上，提供了一种环保型的灵活方便的设备，这将为整个社会的安全提供更有力的保障。

第二节　照明节电设备

一、照明节电设备的种类及其性能

（一）可控硅斩波型照明节能装置

1. 原理

采用可控硅斩波原理，通过控制晶闸管（可控硅）的导通角，将电网输入的正弦波电压斩掉一部分，

从而降低了输出电压的有效值，达到控压节电的目的。这类节能调控设备对照明系统的电压调节速度快，精度高，可分时段实时调整，有稳压作用。因为是电子原件，相对来说体积小、设备轻、成本低。

2. 存在的技术缺陷

该调压方式存在一致命缺陷：其无法产生高质量的正弦波，在斩波过程中将会产生还会出现大量谐波，对电力系统造成谐波污染，危害极大。因此该技术不能应用于有电容补偿的电路中（现代照明设计要求规定，照明系统中功率因数必须达到 0.9 以上，而气体放电灯的功率因数一般在 0.5 以下，所以都设计用电容补偿功率因数）。在很多国家，已有明文限制电气设备谐波含量，限制谐波含量超标的设备并入电网。若为弥补大功率可控硅斩波型节电设备存在的谐波污染缺陷而加装滤波设备，将会大大增加设备成本，并不经济，此类设备不宜用于照明电路中。

（二）自耦降压式调控装置

目前市场上最多的照明节电产品就是此类产品。

1. 原理

通过一个自耦变压器机芯，根据输入电压高低的情况，连接不同的固定变压器抽头，将电网电压降低 5V、10V、15V、20V 等几个档，从而达到降压节电的目的。这类产品的最大优点是克服了可控硅斩波型产品产生谐波的缺陷，实现了电压的正弦波输出，结构和功能都很简单，可靠性比较高。

2. 存在的技术缺陷

这类调控装置为了能做到额定电压正常启动，并在过电压和欠电压时跳到旁路（设备的安全保护），一般采用交流接触器来进行切换，这是最简单和常用的办法。但是，如果用接触器作为节电产品的电压调整装置的话，其安全性、可靠性和无故障工作寿命都不能保障，存在安全隐患，原因如下：

（1）交流接触器的工作原理是用电磁线圈吸合、断开，来控制触头开闭，属机械移动部件，只适用于不经常动作的开关场合，如灯具、电器的开启和关断，其切换次数是有限的，不适用于频繁调节切换的场合。

（2）交流接触器在切换动作时，是机械的吸合和断开，所以会有短暂的 10~20ms 的断电，电力学上称之为“闪断”，这样的断电会导致高压气体放电灯，如高压钠灯、金卤灯、高压汞灯等熄灭。这种灯的特性决定，在熄灭以后，必须等到灯管冷却，蒸气压下降后才能再点亮，此过程一般需要 5~10min，否者可能发生严重故障。综上所述，交流接触器是不能用来控制照明调控装置进行频繁切换的。现在大部分厂家生产和销售的此类节电产品一般都不能实现实时稳定电压、多时段调控等功能，这也就是这类节电产品的缺点所在。

（三）智能控制系统

从可控硅斩波型照明节能装置和自耦降压式调控装置两款节电产品来看，它们各有优劣，其自身的缺陷限制了这两类产品的大量使用。可控硅（相控）型装置优点是可实时精确控制输出电压，满足照明用电的最佳值；缺陷是电压无法实现正弦波输出，有谐波污染。而自耦控压型装置的优点正好是能做到电压正弦波输出，却不能实现电压的自动精确控制，只能固定降电压，不能升压和稳压。如果能将两者取长补短，就是相对比较理想的照明节能产品了。

智能照明调控装置在结合前两类节能产品优点的基础上，克服了其中存在的缺陷。这类照明节电产品成本略高于前两种，可实现智能照明调控、有效保护电光源、降低电能消耗的功能，使用的经济性和可靠性远远好于前两种产品，是目前国际上比较成熟的解决照明控制问题的方案。

智能控制系统是应用特殊设计的自耦降压式装置（有功率因数补偿效果），采用补偿变压器、中央处理器、控制电路、多抽头变压器、静态开关，对电网的过欠压进行快速自动补偿为负载提供稳定的、完美的正弦波电压。因此，能做到根据内外部用电条件，自动跟随、自动响应，分级对电网中的浪涌、噪声、干扰、功率因数、谐波进行抑制或优化处理；并根据设定电压曲线，稳定地供应照明设施所需工作电压，使系统的用电能效达到最佳状态。

二、照明节电设备在高速公路隧道中的应用

（一）照明节电原理

在高速公路隧道照明系统中，主要采用高压气体放电灯作为照明光源使用，常用的高压气体放电光源主要包含有：高压钠灯、高压汞灯和金属卤化物灯三大类，而项目组所研究的照明节电设备就主要针对气体放电灯的特殊电气特性来进行节能。

图 5-4-4 为智能照明节电设备，图 5-4-5 所示为照明光源的耗电功率 (线 *a*)、照度 (线 *b*) 及寿命 (线 *c*) 与供电电压的关系。

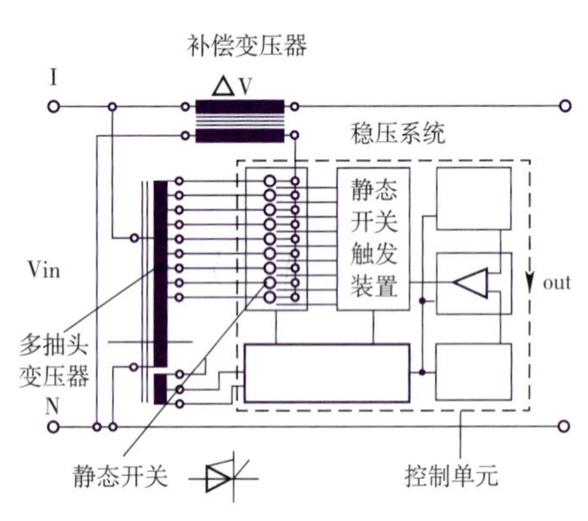

图5-4-4　智能照明节电设备

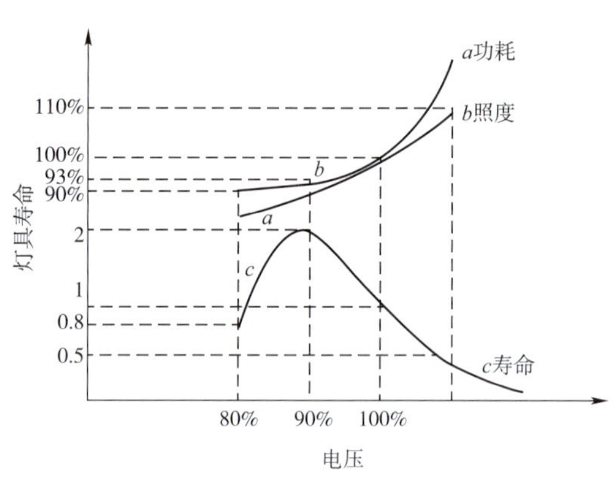

图5-4-5　供电电压与灯具照度、寿命和功耗曲线

在额定电压 100% 时，照度、功耗、寿命均为额定 100%，从三条曲线的变化趋势可见：①当电压从额定上升到 110% 时，照度会增加到 110%，功耗会增加，甚至超过 120%，灯具寿命会减少近一半。②当电压为额定电压的 90% 时，照度会降到 93%，功耗会减至近 80%，灯具使用寿命比额定寿命增加 1 倍。③进一步降低电压，功耗比照度降低快，但灯具使用寿命会缩短。因人眼对光线的感觉成对数关系，即光线照度增加 10 倍时，人能感觉到的亮度增加 1 倍；而光线照度减少 9% 时，人的视觉感觉减少不到 1%，很难觉察到。因此，在夜深人静、车量稀少时，路面对照度要求不高，即可进行节电运行。

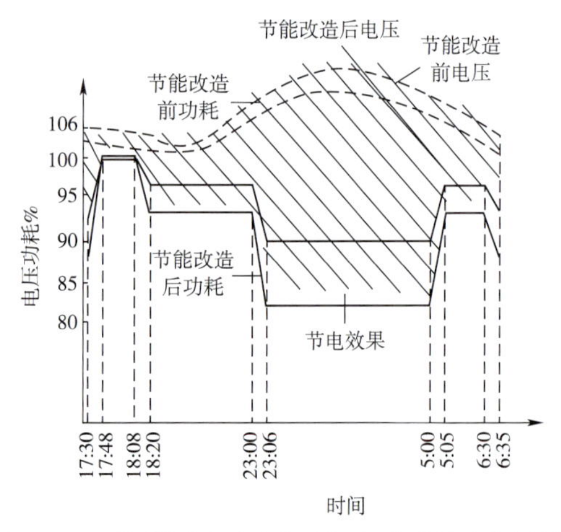

图5-4-6　照明系统节电改造前后典型运行曲线及节电效果

一般情况下，晚上电网电压是前低后高，如图 5-4-6 上半部分的曲线，其功耗曲线基本一样，这与隧道所需照明趋势正好相反。因此，在自然波动的电网电压和照明光源之间加入适当的装置，调节光源的电压，既能保证照明的需要，又能节能节电、延长灯泡使用寿命。图 5-4-6 下半部分曲线为加入照明节电设备后的电压和功耗，即前半夜功耗较高，维持在额定水平，后半夜降低照明电压，大幅度降低功耗，达到节电的目的。

通过理论分析计算，当把电压降到额定值的 88%(195V) 时，照度降低 34%，由于背景变暗，人的瞳孔放大，所以视觉只感到降低了 3.4%；在低压运行时，可延长灯具使用寿命 118 倍，节电率达 35%。如果进一步降低电压，节电率会进一步提高，但灯具寿命会缩短。

（二）高速公路隧道照明系统中的应用原则

首先是照明节电设备应选用智能照明节电设备，其采用微电脑控制系统，实时采集输出、输入电压信号与最佳照明电压比较，通过计算进行自动调节，从而保证为照明系统输出最佳的工作电压。其次，节电设备的使用应在高压钠灯启动平稳运行后，以保证钠灯的正常启动。这是因为高压钠灯一般没有辅助启动电极，启动时不进行阴极预热，需要 1000 ~ 2500V 的启动电压。最后，照明节电设备应选用带有软启动功能的设备，确保在进行节能运行电压调整时的速度要缓慢，不能有瞬时的断电现象，否则将影响到此类电光源的正常工作。同时，这个软启动过程确保光源免受冷启动大电流的冲击，减少光源的毁损率。

第三节　节能设备试验

一、EPS 和 UPS 应急电源设备可靠性与能效试验

EPS 和 UPS 应急电源设备可靠性与能效初步试验主要重点在失电切换速度和自身能耗损失分析。

失电切换速度体现在市电故障情况下应急电源设备从市电电源切换到备用电源的速度，其直接影响到隧道高压钠灯的照明。根据初步试验结果两台设备均能满足要求，高压钠灯没有熄灭情况发生。

通过原理分析 EPS 和 UPS 应急电源设备一个为后备式，一个为在线式，主要能耗在其硅整流装置。硅整流装置原理是用于交流电和直流电的相互转化。通过试验证明，UPS 应急电源设备自身能耗要大于 EPS 应急电源设备。

（一）系统构成

EPS 应急电源设备放置于实体隧道配电室内，通过 3 × 25+2 × 16 电缆将 EPS 应急电源设备串入供电系统照明回路中。当市电正常时，由市电经过 EPS 互投切换装置向负载供电，同时 EPS 充电器给备用电池进行智能充电，当市电中断或超过正常电压范围时，由 EPS 控制器提供逆变信号，启动逆变电源，同时 EPS 互投装置切换至逆变输出，继续提供标准正弦交流电给负载，当市电恢复正常时，EPS 自动恢复市电电网供电。EPS 内部原理图如图 5-4-7 所示。

受试产品系统连接框图如图 5-4-8 所示。

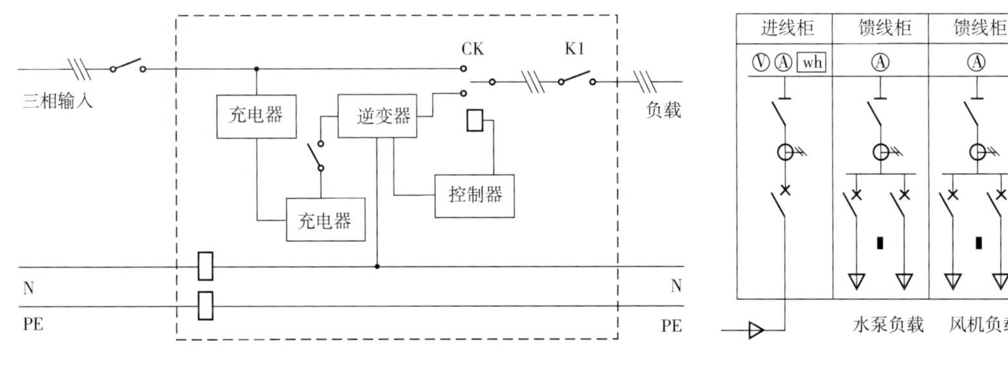

图5-4-7　EPS内部原理图

图5-4-8　系统构成示意图

（二）技术参数与试验设备

试验采用的 EPS、UPS 应急电源设备技术参数分别见表 5-4-1 和表 5-4-2。采用的试验设备见表 5-4-3。

EPS应急电源设备技术参数 表5-4-1

型　号		EA-YJS-38kW
输入	直流电压（V）	360VDC/192VDC
	交流电压（V）	380VAC ± 25%
	交流频率（Hz）	50Hz
	相数	三相
	容量	38kW
输出	电压（V）	380VAC
	电压稳定度	± 5%（电池逆变时）
	波形	正弦波
	频率（Hz）	50Hz ± 0.5%
	过载能力	负载120%时可运行，150%运行1分钟保护
切换时间		<4毫秒
电池		免维护密封电池
备电时间		60分钟（根据要求配置）
保护		短路保护、过流保护、缺相保护、电池低压保护、输出高低压保护
效率		应急供电时90%；电网供电时接近100%
运行环境		温度：-20℃ ~ 40℃；相对湿度：0 ~ 90%
适应负载		特别适应电感性和感容性混合负载
噪声		电网时，静止无噪声；逆变时，<60dB
冷却方式		温控式强制风冷

EPS应急电源设备技术参数 表5-4-2

型　号		EA8930，30kVA
输入	交流电压（V）	380VAC ± 25%
	交流频率（Hz）	50Hz
	相数	三相+N+G
	输入功率因素	0.92（带输入滤波器）
	软启动	0 ~ 100%，5sec
输出	电压（V）	380VAC ± 1%(稳态负载)，380VAC ± 5%（负载波动）
	频率（Hz）	50Hz ± 0.05%（电池供电）
	波形	正弦波
	输出功率因素	0.8（滞后）
	过载能力	负载125%可运行10分钟，150%运行1分钟保护
逆变器 / 旁路切换时间		0毫秒
电池		免维护密封电池
备电时间		60分钟（根据要求配置）

续上表

型　号	EA8930，30kVA
总谐波失真	线性负载<3%，非线性负载<5%
效率	92%
运行环境	温度：0～40℃；相对湿度：30%～90%
适应负载	特别适应精密电子设备负载
噪声	48～60dB
冷却方式	温控式强制风冷

试　验　设　备　表5-4-3

仪器名称	仪器型号	仪　器　功　能
接触式调压器	TSGC2J—50kVA	输入：380V，50Hz；输出：0~430V，62A
电能计量器	DT862—4型	3×380/220V、3×30(100)A、50Hz、30r/kW·h
钳型功率表	HIOKI3286—20	AC（A）：20/200/1000A、AC（V）：150/300/600 V、W：3kW~1200kW、Hz：100/1000Hz、功率因素、无功功率、相位角、电压／电流的20次谐波
万用表		
照度检测仪	TES—1330A	测量范围：0.01lux~20000lux
亮度检测仪	KONICA LS—110	测量角度：1/3°；测量面积：0.4mm 测量范围：0.001~299900cd/m²
温湿度检测仪	CEM DT—8820	-20℃~750℃；25%~95%RH
数字储存示波器	TDS1000B	40MHz带宽、2通道、500MS/s、时基5ns-50sec /div、时基精度50ppm
计时器		

（三）试验内容

1. EPS与UPS的对比节能试验

根据实体试验隧道现有供电系统，在整个照明回路中串入EPS和UPS应急电源设备，同时安装电能计量设备。通过等时间范围内两种设备的投入，经过实际运营效果，记录电能消耗，判断EPS和UPS应急电源设备的节能效果。

通过调压装置将电源相电压稳定在380V，在相同负载条件下，EPS和UPS应急电源设备经过3轮，每轮4个小时的通电运行。同时，每半个小时记录一次电能计量器读数和相关电参数。事后经过对记录数据的整理、对比和分析判断EPS和UPS应急电源设备在公路隧道机电系统工况下的自身能耗，来对比判断两个设备节能水平。

2. EPS切换速度试验

根据实体试验隧道现有供电系统，将EPS应急电源设备串入供电系统照明回路中。经过对进线回路电源的单次开断和频繁开断，通过①人肉眼目测实体试验隧道照明系统变化；②通过数字储存示波器抓取并储存EPS应急电源设备高速静态开关切换瞬间的电压波形来显示其切换速度；③EPS应急电源设备切换前后的实体试验隧道照明系统照度变化，上述三个方面试验内容来判定EPS应急电源设备是否适用于隧道机电系统工况的特殊要求。

（四）试验结果

1. EPS与UPS的对比节能试验

通过对记录数据的整理、对比和分析，可以初步得出EPS比UPS节能11.9%，也就是说EPS一天能

（三）试验内容

1. 电网电压正常范围（380V）节能试验

根据实体试验隧道现有的供电系统，在整个照明回路中串入照明节电设备，同时安装电能计量设备。通过接触式调压器调节照明回路的输入电压，使其稳定在380V的正常电压范围内。在此范围内节能设备的投入与不投入，经过实际运营效果，记录电能消耗，判断节能效果。

由于节能设备可设置有多个可调节的节能档位，所以在节能设备投入前后分别测量隧道照明系统的照度，并比较其变化，从而选定合适的节能范围既保证隧道运营安全又起到节约能源的作用。

2. 电网电压偏大范围（390V、400V、410V）节能试验

根据实体试验隧道现有供电系统，在整个照明回路中串入照明节电设备，同时安装电能计量设备。通过接触式调压器调节照明回路的输入电压，分别使其稳定在390V、400V、410V的电压范围内。在此范围内节能设备的投入与不投入，经过实际运营效果，记录电能消耗，判断节能效果。

模拟电网电压偏大的试验是基于对重庆市各路段现在运营隧道机电系统的普遍调查基础上展开的。根据为期三个月的调查，我们发现重庆地区，特别是高速公路隧道所在的山区地方电网电压存在普遍偏高的情况；同时在现实情况下日间和午夜后用电低峰时，电网电压也存在偏高的情况。所以模拟电网电压偏大的节能试验有着积极的现实意义。

（四）试验结果

1. 电网电压正常范围（380V）节能试验

通过对表5-4-7记录数据的整理、对比和分析，可以初步得出照明节电设备投入后可节能约17.5%。因人眼对光线的感觉成对数关系可知：当光线照度减少9%时，人的视觉感觉减少不到1%。所以隧道基本照明段照度比电网电压标准（380V）工况下降低23.8%，人的理论视觉只感到降低了2.38%。

同时，在380V正常电压下，将节能设备设置在节能15%、20%、25%、30%四个档位上，通过观察实体试验隧道照明灯具，均未发现线路末端高压钠灯熄灭现象，所有高压钠灯均可正常工作。

同负载条件下节能设备能耗　　表5-4-7

设备运行状态	运行电压（V）	试验时间（h）	用电量(kW·h)	照度(lx)
投入	356	8	113.8	343
不投入	380	8	137.9	450

2. 电网电压偏大范围（390V）节能试验

通过对表5-4-8记录数据的整理、对比和分析，可以初步得出照明节电设备投入后可节能约20.2%。隧道基本照明段照度比电网电压标准（380V）工况下降低22%，人的理论视觉只感到降低了2.2%。

同负载条件下节能设备能耗　　表5-4-8

设备运行状态	运行电压（V）	试验时间（h）	用电量(kW·h)	照度(lx)
投入	356	8	111.8	351
不投入	390	8	140	485

3. 电网电压偏大范围（400V）节能试验

通过对表5-4-9记录数据的整理、对比和分析，可以初步得出照明节电设备投入后可节能约

25.3%。隧道基本照明段照度比电网电压标准（380V）工况下降低22%，人的理论视觉只感到降低了2.2%。

同负载条件下节能设备能耗　　表5-4-9

设备运行状态	运行电压（V）	试验时间（h）	用电量(kW·h)	照度(lx)
投入	356	8	112	351
不投入	400	8	150	527

4. 电网电压偏大范围（410V）节能试验

通过对表5-4-10记录数据的整理、对比和分析，可以初步得出照明节电设备投入后可节能约30.9%。隧道基本照明段照度比电网电压标准（380V）工况下降低23.5%，人的理论视觉只感到降低了2.35%。

同负载条件下节能设备能耗　　表5-4-10

设备运行状态	运行电压（V）	试验时间（h）	用电量(kW·h)	照度(lx)
投入	356	8	114	344
不投入	410	8	165	582

第四节　照明节电设备在高速公路隧道中的应用

一、依托工程概况

重庆高速公路中渝营运分公司所辖的重庆界水高速公路南湖隧道左线隧道长1208m（K73+749～K74+957），右线隧道1216m(K73+749~K74+965)，属于长隧道。南湖隧道在南川端设置有变电所1座，装机容量400kVA，共设置高压开关柜4台，400kVA变压器1台，低压开关柜10台，原南湖隧道照明系统能耗如表5-4-11所示。

隧道照明系统能耗统计表　　表5-4-11

隧道双向长度（m）	变压器容量（kVA）	运行电流（A）	运行电压（V）	运行有功功率（kW）	单位负荷量（kW/m）
2424	400	686.18	233	139.78	0.06

二、工程应用的前期准备

为了更好地检验南湖隧道节电改造工程中使用照明节电设备的节电效率和对隧道灯具照度的影响，从2008年8月5日开始，会同重庆高速公路中渝营运分公司对南湖隧道安装的节能设备输出电压、电流、电表读数进行了为期一个月的测试，并做好测试记录，同时对南湖隧道洞内照明照度进行了四次测量和一次复核测量，以验证节电设备对隧道灯具照度的影响。测量照明度各阶段工作如图5-4-12~图5-4-15所示。

（一）试验时间及周期

试验从2008年8月6日上午10：15开始，直至2008年9月6日上午10：15结束，整个节能测试过程持续了31天，其中测试的第四天遇市电停电，影响了该天的测试结果，故该天测试数据无效。

图5-4-12 南湖隧道洞口外景

图5-4-13 南湖隧道洞内照明

图5-4-14 南湖隧道洞内照度测量点

图5-4-15 正在测量洞内照度

（二）试验及测量地点

在试测前期，经高发司机电部、重庆交通科研设计院供电节能部门、中渝公司机电部门、节能设备厂家四方协商，明确了检测地点和相关客观条件，即电压、电流、电表读数的测试地点均定在南湖隧道配电室内的编号为 3G、4G、6G-1、6G-2 的四台节能设备上；照度测量地点选在水界高速公路南湖隧道右洞（南川至重庆方向）基本段照明段参照物为 7 号消防设备箱起的三盏灯基本照明灯具之间，选择在灯具下方和灯具与灯具中间共五个测量位置进行测量，并对每个测量位置的右侧车道边缘、右侧车道中线、两车道中线、左侧车道中线、左侧车道边缘五个点分别进行测量。隧道路面照度测量计算点布设示意图如图 5-4-16 所示。

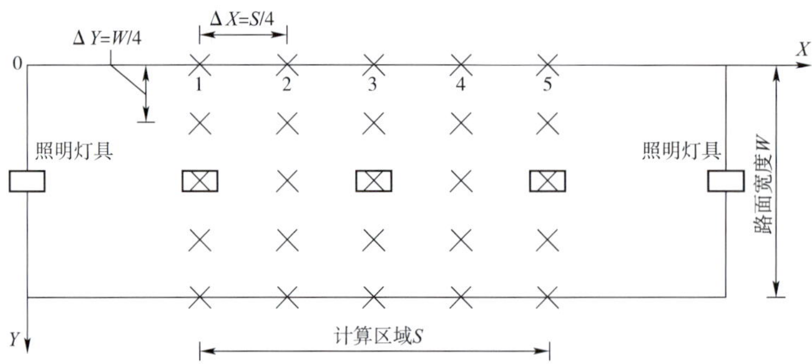

图5-4-16 隧道路面照度测量计算点布设示意图

（三）试验及测量方法

对节电效率试验采用从 2008 年 8 月 6 日 10:15 开始使用节能设备，连续运行 24h，到 2008 年 8 月 7 日 10:15 再切换到非节能设备状态，在连续 24h，由此形成每天交替转换，在两种状态下各运行 15d，每天进行数据测量，最后根据通过运行节能设备 15d 与不运行节能设备 15d 进行实际耗电度数对比得

出节电效率。其中对电压、电流的测量仪表统一采用界石管理中心机电站配备的型号为仪通 VC3267A 的万能表测量设备进行测量，电能计量仪表采用中渝公司机电部统一购买和监督安装的四块 6A 电度表和电流变比为 150/5 电流互感器组合。照明节电设备试验构成示意见图 5-4-17。

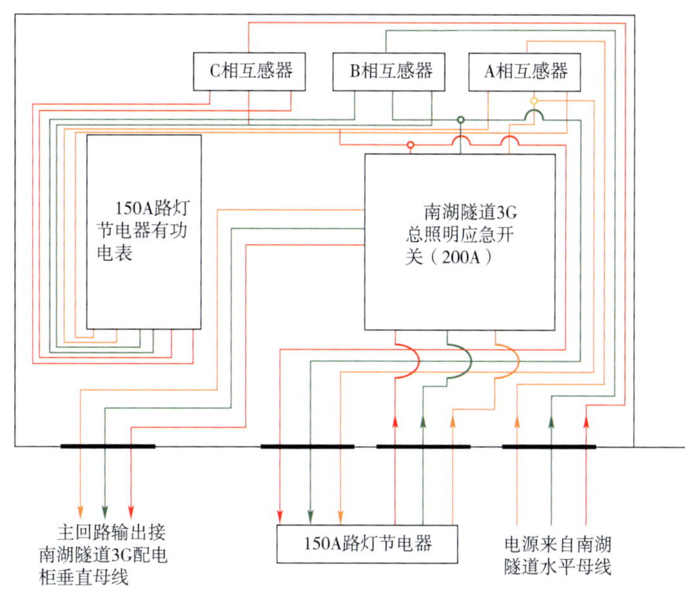

图5-4-17　照明节电设备试验构成示意图

照度测量设备统一采用数位式照度计（型号为 TES—1330A），整个测量工作分为四次进行，时间确定为：2008 年 8 月 5 日第一次原始照度测试、2008 年 8 月 6 日第二次节能状态照度测试、2008 年 8 月 18 日第三次节能状态。照度测试、2008 年 9 月 2 日第四次节能状态照度测试。而复核测量时间定于 2008 年 9 月 9 日。每次测量共得出 25 个测量数据，采用加权平均法得出平均照度（单位：lx），并算出测试平均亮度（单位：cd/m^2）。

（四）试验及测量的客观条件

为了保证测试条件的一致性，从 2008 年 8 月 6 日 10：15 开始，界水高速公路南湖隧道开启了所有基本照明和加强段照明，直到整个测试过程结束。同时根据实际情况将节能设备的输出电压调整控制在不得低于 360V。并且在整个检测过程中，检测人现场根据照度仪显示照度读数进行报数，记录人现场进行逐一记录，监测人现场监督，在检测表上进行现场签字确认，保证了整个测量过程真实有效。

（五）试验设备的主要技术参数

试验设备的主要功能及特点如下：

（1）采用高性能的微处理器控制的电磁调压技术，输出正弦波电压。

（2）采用电磁移相技术，提高功率因素，降低线损，可改善系统的用电效率。

（3）采用了电磁平衡技术能平衡三相电压，减少中线电流。

（4）由于输出正弦波电压，因此不产生谐波污染及干扰。

（5）过流、过温、缺相、欠压报警及保护。

（6）智能风扇控制功能。

（7）手动、自动转换功能，节电调节控制非常灵活。

（8）分时段定时控制节电功能。

（9）动态的输入电压跟随功能，有效提高节电率。

试验设备的主要技术参数见表 5-4-12。

照明节电设备主要技术参数　　表5-4-12

输入电源	额定电压	AC380V ± 10%
	最小工作电压	AC360V（仅适用纯灯光线路）
	频率	50Hz ± 5%
输出电源	电压范围	≥AC330V
	电压波形	无畸变
	谐波污染	无污染
环境温度	工作温度（海拔3km以下）	0℃ ~ 40℃
	储藏温度	0℃ ~ 70℃
绝缘	电源和外壳之间	2.5kV绝缘
	绝缘电阻	≥100MΩ（500VAC）
过流保护		1.3倍额定电流

（六）试验设备的安装

整个试验设备的组成主要还是将节能设备串入照明回路中，由于依托工程南湖隧道的照明回路都集中在3G、4G、6G这3面低压开关柜中，所以我们采用的是将这3面的垂直母线与主母线断开，分别用电缆引出至一台旁路开关箱，旁路开关箱内设置1台九头双向隔离刀闸作为旁路刀闸，旁路刀闸严禁带负荷拉合闸。旁路开关箱作为整个开关柜照明回路的电源切换装置，通过旁路可以向开关柜照明回路提供市电电源和经照明节电设备提供的电源。同时相关电能计量仪表都设置在旁路开关箱中，方便在不同运行模式下准确计量各种电气参数和电能损耗。照明节电设备清单见表5-4-13。

照明节电设备清单　　表5-4-13

隧道名称	布控点名称	布控设备类型
南 湖 隧 道	变压器进线柜	保护型系统安全节电器
	3G电源进线	BS3—200/L路灯节电器
	4G电源进线	BS3—200/L路灯节电器
	6G—1电源进线	BS3—100/L路灯节电器
	6G—2电源进线	BS3—100/L路灯节电器

南湖隧道照明节电设备安装主接线见图5-4-18。

三、工程应用结果分析

（一）节电率测试方法

（1）第一日不投入节电器，南湖隧道照明系统运行24h，得出电耗量A。

（2）第二日投入节电器，南湖隧道照明系统运行24h，得出电耗量B。

（3）节电率为不投入节电器电耗量A减去投入节电器电耗量B除以不投入节电器电耗量，即：

$$节电率 = (A-B)/A \times 100\%$$

（4）此步骤重复15次，即测试周期为30日，15个统计节电率数据的平均数据为最终节电率数据。

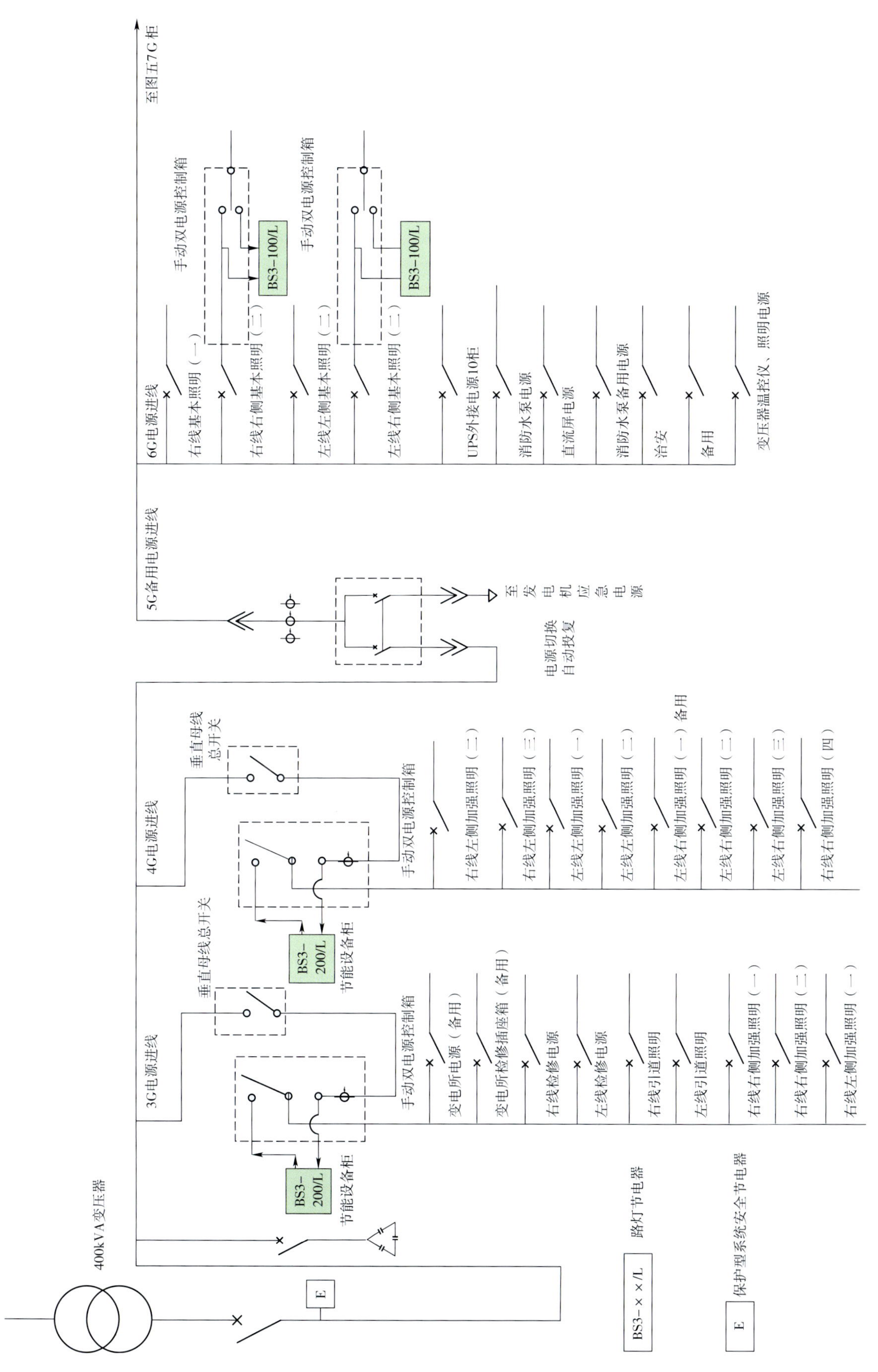

400kVA变压器

E

节能设备柜 BS3-200/L

3G电源进线

垂直母线总开关

手动双电源控制箱

变电所电源（备用）

变电所检修插座箱（备用）

右线检修电源

左线检修电源

右线引道照明

左线引道照明

右线右侧加强照明（一）

右线右侧加强照明（二）

右线左侧加强照明（一）

节能设备柜 BS3-200/L

4G电源进线

垂直母线总开关

手动双电源控制箱

右线左侧加强照明（二）

右线左侧加强照明（三）

左线左侧加强照明（一）

左线左侧加强照明（二）

左线右侧加强照明（一）备用

左线右侧加强照明（二）

左线右侧加强照明（三）

右线右侧加强照明（四）

5G备用电源进线

电源切换自动投复

至发电机应急电源

6G电源进线

手动双电源控制箱 BS3-100/L

右线基本照明（一）

右线右侧基本照明（二）

手动双电源控制箱 BS3-100/L

左线左侧基本照明（二）

左线右侧基本照明（二）

UPS外接电源10柜

消防水泵电源

直流屏电源

消防水泵备用电源

治安

备用

变压器温控仪、照明电源

至图五7G柜

BS3-××/L 路灯节电器

E 保护型系统安全节电器

图5-4-18 南湖隧道照明节电设备安装主接线示意图

（5）测试仪表：安装三相有功电度表，每台节电设备各一台，节电设备投入前后测量仪表保持一致，以减少测试误差。

（6）节电设备投入后，对不同节电档位的输出电压进行现场测量。

（7）节电设备投入后，对不同档位节电时的隧道内照度进行测量。

相关设备线路和工程图见图 5-4-19~ 图 5-4-22。

图5-4-19　照明节电设备和旁路开关箱

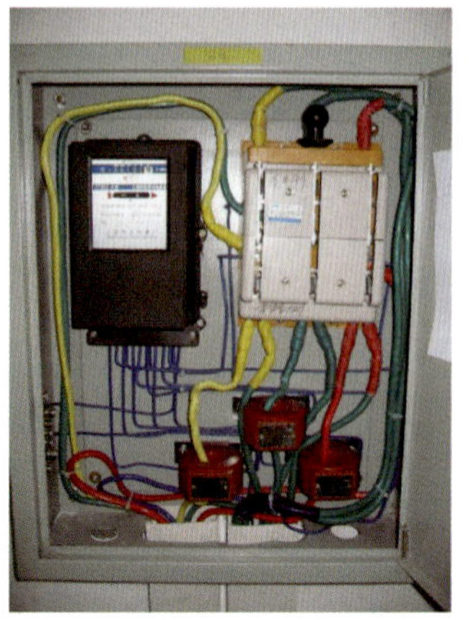

图5-4-20　旁路开关箱内部接线

图5-4-21　南湖隧道低压配电柜

图5-4-22　配电柜内主母线与垂直母线的电缆连接

（二）数据分析

通过测试得到表 5-4-14 和图 5-4-23 ~ 图 5-4-26 的数据，依照前文所述节电率测试和计算方法可得表 5-4-15 的结果。

测试原始数据表（节选）　　表5-4-14

南湖隧道测试数据记载(互感器倍率150:5)									
日　期	3G		4G		6G—1		6G—2		备注
	电表计数	耗电量（kW·h）	电表计数	耗电量（kW·h）	电表计数	耗电量（kW·h）	电表计数	耗电量（kW·h）	
8月6日	2.87	0	324.15	0	129.2	0	101.7	0	早上10：15分投入
8月7日	12.2	9.33	379.6	55.45	134.4	5.2	107.5	5.8	投入
8月8日	25.54	13.34	458.23	79.63	141.33	6.93	115.6	8.1	旁路
8月10日	38.4	12.86	538.1	78.74	147.7	6.37	121.51	5.91	投入

续上表

南湖隧道测试数据记载(互感器倍率150:5)									
日　期	3G		4G		6G—1		6G—2		备注
	电表计数	耗电量（kW·h）	电表计数	耗电量（kW·h）	电表计数	耗电量（kW·h）	电表计数	耗电量（kW·h）	
8月11日	51.2	12.8	616.84	82.74	154.9	7.2	131.35	9.84	旁路
8月12日	60.4	9.2	672.1	55.26	160.1	5.2	138	6.65	投入
8月13日	73.25	12.85	752.5	80.4	167.6	7.5	145.3	7.3	旁路
8月14日	82.53	9.28	806.9	54.4	171.9	4.3	151.14	5.84	投入
8月15日	95.45	12.92	888.2	81.3	179.4	7.5	159.3	8.16	旁路
8月16日	104.79	9.34	943.7	55.5	184.4	5	165.25	5.95	投入
8月17日	117.83	13.04	1025.46	81.76	191.85	7.45	173.51	8.26	旁路
8月18日	127.29	9.46	1081.43	55.97	196.85	5	179.47	5.96	投入
8月19日	140.68	13.39	1161.74	80.31	204.15	7.3	187.68	8.21	旁路
8月20日	150.03	9.35	1217.2	55.46	209.45	5.3	193.53	5.85	投入
8月21日	162.98	12.95	1295.72	78.52	216.87	7.42	201.74	8.21	旁路
8月22日	172.29	9.31	1350.34	54.62	221.55	4.68	207.58	5.84	投入
8月23日	185.31	13.02	1429.54	79.2	228.42	6.87	215.2	7.62	旁路
8月24日	194.58	9.27	1484.55	55.01	233.34	4.92	221.11	5.91	投入
8月25日	207.89	13.31	1565.58	81.03	240.48	7.14	228.89	7.78	旁路
8月26日	217.01	9.12	1617.71	52.13	245.5	5.02	234.62	5.73	投入
8月27日	230.03	13.02	1698.53	80.82	252.72	7.22	242.52	7.9	旁路
8月28日	239.44	9.41	1751.74	53.21	257.11	4.39	248.12	5.6	投入
8月29日	252.7	13.26	1833.34	81.6	264.27	7.16	256.17	8.05	旁路
8月30日	261.72	9.02	1885.58	52.24	268.87	4.6	261.94	5.77	投入
8月31日	274.65	12.93	1969.8	84.22	275.78	6.91	270.05	8.11	旁路
9月1日	283.98	9.33	2024.45	54.65	281.2	5.42	275.71	5.66	投入
9月2日	297.15	13.17	2103.4	78.95	288.58	7.38	284.12	8.41	旁路
9月3日	306.43	9.28	2157.1	53.7	294.39	5.81	290	5.88	投入
9月4日	319.78	13.35	2237.6	80.5	301.45	7.06	298.04	8.04	旁路
9月5日	328.85	9.07	2290.1	52.5	305.92	4.47	303.74	5.7	投入
9月6日	342.1	13.25	2369.68	79.58	312.57	6.65	311.84	8.1	旁路

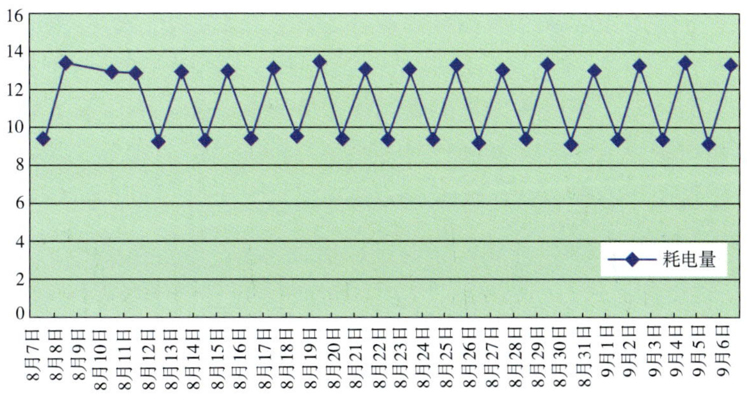

图5-4-23　3G支路日用电变化曲线

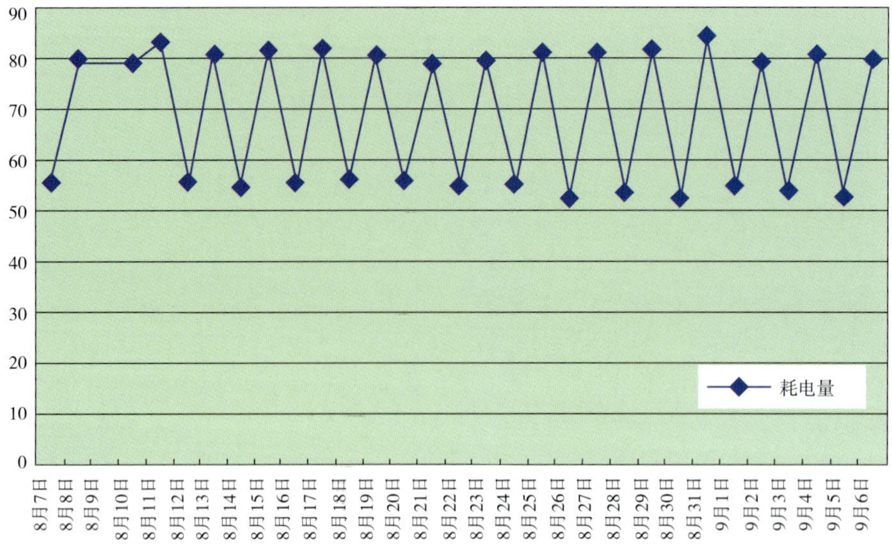

图5-4-24　4G支路日用电变化曲线

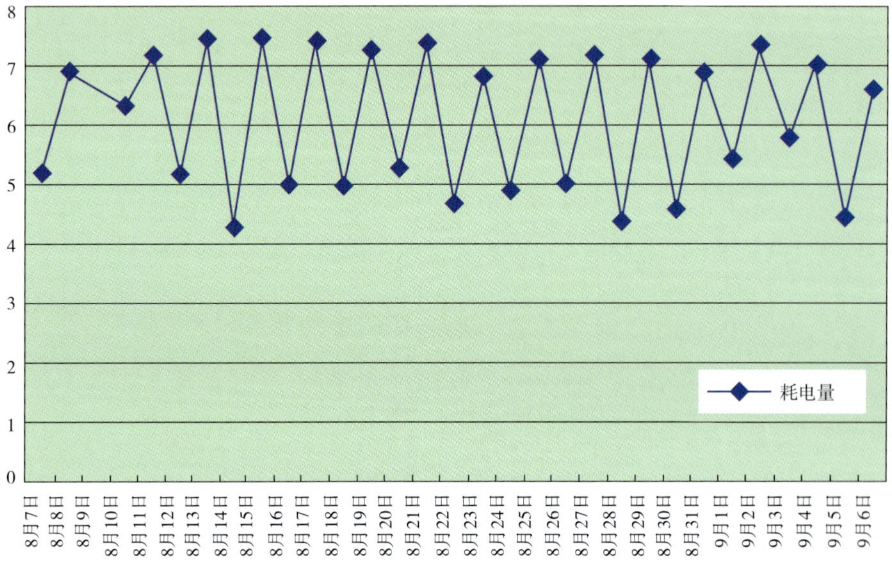

图5-4-25　6G—1支路日用电变化曲线

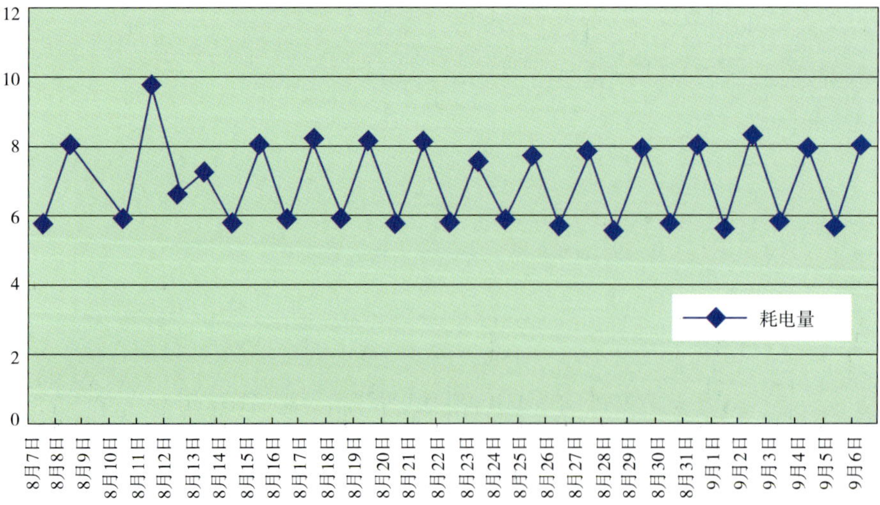

图5-4-26　6G—2支路日用电变化曲线

节电效益分析（单位：kW·h）　表5-4-15

	3G	4G	6G—1	6G—2	总和
投入15d平均耗电	278.5	1632.34	148.6	176.1	2235.54
旁路15d平均耗电	393.2	2413.12	215.38	241.88	3263.58
节电率	29.17%	32.36%	31.01%	27.20%	
日节电效益	114.7	780.78	66.78	65.78	1028.04
月节电效益	3441	23423.4	2003.4	1973.4	30841.2
年节电效益	41292	281080.8	24040.8	23680.8	370094.4

1. 电压、电流、电表读数反映的节能比

在确保南湖隧道所有照明全开的前提下，整个节能测试过程持续了31d，其中测试的第四天遇市电停电，影响了该天的测试结果，故该天测试数据无效。通过运行节能设备15d与不运行节能设备15d进行实际度数对比，各节能设备柜测试结果如下：

（1）3G柜节电设备测试结果

节电设备投入15d用电量合计4177.5kW·h、未投入15d用电量合计5898kW·h，该柜节电设备节能率为29.17%。

（2）4G柜节电设备测试结果

节电设备投入15d用电量合计24485.1kW·h、未投入15d用电量合计36196.8kW·h，该柜节电设备节能率为32.36%。

（3）6G柜左线—1柜节电设备测试结果

节电设备投入15d用电量合计2229kW·h、未投入15d用电量合计3230.7kW·h，该柜节电设备节能率为31.01%。

（4）6G柜左线—2柜节电设备测试结果

节电设备投入15d用电量合计2641.5kW·h、未投入15d用电量合计3628.2kW·h，该柜节电设备节能率为27.20%。

2. 照度检测结果

通过四次测量和一次复核测量，无论原始照度还是采用节能设备情况下的照度，其测量的亮度结果均满足规范中“计算行车速度为80km/h、双车道单向交通量小于700辆/h”的工况规范亮度标准。

由于受外部农网电压不稳定、灯具自然损耗、测量时间、洞内环境变化等多方面因素的影响，从前三次节能状态照度测量数据来看，虽然反映出亮度出现递减的趋势，但是递减的趋势也越来越小，应该是与设备适应过程有关。在最后的复核测量结果中，则又恢复到一个稳定状态，并较上次测量结果有所回升，节能设备现已基本进入稳定阶段。

（三）工程应用效益分析

1. 直接经济效益

按照数据分析结果，依托工程南湖隧道采用照明节电设备后年节约用电约370094kW·h，折合电费30余万元。照明节电设备的设计使用寿命可达15年以上，可节约555.141万kW·h。

根据目前统计的重庆高速公路中渝运营分公司所辖已运营隧道照明系统用电负荷为2352.352kW，按最低节电20%计算，则年节约电费成本可达：

$$2352.352\text{kW}\times24\text{h}\times365\text{d}\times20\%=412.132\text{万kW·h}$$

由此可知，仅隧道照明部分每年可节约412.132万kW·h，照明节电设备设计使用寿命达15年以上，可节约6181.98万kW·h。

2. 间接经济效益

（1）低压供电线路

照明节电设备可以降低谐波、浪涌引起的电缆发热，减小空开、继电器和线路接触点的接触电阻，延长其使用寿命，有效防止因电力系统中电缆过热和接触点电弧引起的火灾。

（2）电容器组

照明节电设备可以吸收谐波、浪涌，减轻电容器的负担，延长其使用寿命。

（3）照明设备

节电设备智能化地控制日光灯等照明灯具的维持电压，防止灯丝过压烧毁，提高其使用寿命。

系统为后期的信息化管理预留了通讯接口和控制接口，并已具有经纬度控制、自动光控、半夜灯控制、电缆防盗等多种功能。

第五章 隧道供配电系统分步实施

第一节 隧道供配电系统分步实施的适用范围与原理

一、分步实施的必要性

随着我国高速公路路网不断地向偏远地区延伸，高速公路隧道的数量和规模越来越大。随着这些工程逐步建成通车，隧道运营管理费用，尤其是隧道通风、照明的电力费用，将是一笔非常庞大的开支。许多高速公路运营管理部门都反映高昂的用电成本极大地制约了高速公路的健康发展，甚至出现了入不敷出的局面。同时，根据对重庆市及国内其他省市高速公路隧道实际运营情况的调查发现，由于许多高速公路隧道地处偏远地区，近期实际交通量远达不到设计交通量，而隧道供电系统最终变压器等设施的容量考虑了远期用电要求，其设计选用的容量大于投运初期需要，使得隧道供配电系统的一次投资成本过大，且变压器的负载率过低造成损耗功率与负荷功率的比值较大，电能的利用率低，造成了浪费，如图 5-5-1 所示。

重庆地区运营隧道实际运营用电情况　　表5-5-1

路段/隧道名称	变压器型号及规格	变压器负载率
重庆成渝路中梁山隧道、缙云山隧道	S_9型油浸式变压器	白天为50%，晚上为10%
重庆渝黔高速公路真武山1号、2号隧道、竹园堂、分水岭、笔架山隧道	SCB_9—10型干式变压器	真武山1号、2号隧道风机变压器负载率极低；照明变压器的负载率为26.5% 竹园堂、分水岭、笔架山隧道通风变压器负载率极低；照明变压器的负载率30%~46%
重庆上界高速公路吉庆、小泉隧道	SCB_9—10型干式变压器	风机变压器负载率极低；照明变压器的负载率为8%左右
重庆渝合高速公路北碚隧道、西山坪隧道、扬眉湾隧道	SG_{10}—10型干式变压器	北碚隧道的照明变压器负载率为10%~40%；动力变压器负载率为5%左右 西山坪隧道的照明变压器负载率为35%；动力变压器负载率为5%左右 扬眉湾隧道的照明变压器负载率为20%~28%
重庆渝涪高速公路铁山坪隧道、华山隧道、黄草山隧道、庙堡隧道、同心寨隧道	SC_R—10型干式变压器、S_7型油浸式变压器	铁山坪隧道的照明变压器负载率为32% 华山隧道的照明变压器负载率为32% 黄草山隧道的照明变压器负载率为38% 庙堡隧道的照明变压器负载率为43% 同心寨隧道的照明变压器负载率为40%

为了解决上述问题，使隧道供配电系统经济合理的运行，可以根据近期及远期交通量，在加强供、配电系统科学设计的基础上，对隧道供配电系统进行“总体设计、分步实施”。供配电系统的分步实施不仅可以降低供配电系统近期的运营成本、减小变压器及输电线路等的电能损耗，从项目总体来看，由于资金具有时间价值及设备的折旧，系统的分步实施还会带来此部分的额外资金收益。因此，制定隧道供配电系统合理的分步实施策略非常必要。

二、分步实施的适用范围

我国国土面积辽阔，东西部经济发展的不均衡，在高速公路隧道运营管理需求上也存在很大的不同。东部沿海地区经济发达，陆路物流蓬勃发展，其高速公路交通量远不是中西部地区能够比拟的，对这些地区的高速公路运营管理部门来说，高速公路的收入是“进”远大于“出”，相对于节能降损等问题，更关心高速公路设施的服务质量和水平的提高。

而对广大的中西部地区，在现阶段偏远的山区高速公路和出境通道高速公路，其近期交通量远小于设计交通量，供配电系统的分步实施则有着现实的意义。

三、分步实施的原理

首先，高速公路隧道供配电系统不是独立于整个机电系统而单独存在的，它必须同其他机电系统一起构成为高速公路隧道服务的附属设施。其次，高速公路隧道供配电系统还受到来自隧道通风系统、照明系统的制约，必须满足为其提供充足、可靠电力的要求。因此高速公路隧道供配电系统分步实施方案主要还是根据隧道通风系统、照明系统的近、远期实施方案来进行电气设备、材料选型、房屋建筑、预留预埋等方面规划。这也就要求在设计隧道通风系统、照明系统时必须根据现实交通量和可预测交通量，远近结合制定合理的通风系统、照明系统分步实施方案。

远近结合、分步实施的隧道通风、照明系统是高速公路隧道供配电系统分步实施的前提，同时也是隧道供配电系统分步实施的必要条件。高速公路隧道供配电系统分步实施的原理也就是在前文所述的隧道通风系统、照明系统分步实施的情况下，根据用电负荷的增长情况分期分步地建设和投运隧道供电系统的部分设备。大量的理论分析和实践表明根据不同时期用电负荷情况合理地分步配置型号、容量适当的供配电设备，可有效减少运营成本。

所以在供配电系统的负荷计算阶段，就根据隧道通风系统和照明系统的分步实施方案对近远期的用电设备的用电负荷进行分期处理。即统计出近期用电设备的用电负荷、远期用电设备的用电负荷。根据近、远期用电负荷制定供配电系统分步实施方案。

第二节　隧道供配电系统分步实施方案

一、高速公路隧道供配电系统构成

高速公路隧道供配电系统一般是由35kV或10kV供配电系统构成。35kV供电系统主要由35kV高压电缆附件等组成；10kV供电系统主要由10kV高压成套开关设备、10kV干式变压器、0.4kV低压成套开关设备、UPS/EPS、柴油发电机、高低压电缆附件等组成。

隧道配电系统主要由照明配电箱/照明控制柜、风机配电箱/风机控制柜、照明分线箱/穿刺线架、低压电缆、电缆桥架/电缆预埋管、电缆沟支架等组成。同时还有隧道洞口变电所/洞内变电所、隧道预留洞室及其相关预留预埋设施等附属设施为供配电系统服务。

二、供配电设备分步实施类型分类

由于某些设备不能适用于分步实施，只能在建设初期即满足远期用电负荷设计，属于建设“一步到位”类型。

某些设备可以近期选用较小容量的以满足近期用电负荷，远期更换较大容量的以满足远期用电负

荷，属于“需更换”类型。

某些设备可以近期使用较少数量以满足近期用电负荷，远期增装该设备以满足远期用电负荷，属于“需增装”类型。

（一）属于分步实施“一步到位”类型的设备

1. 配电低成本耐用设备

对于电缆桥架/电缆预埋管、电缆沟支架等长寿命、低成本的耐用配电附件应采用一次设计，“一步到位”的方案。

2. 房屋建筑和预留洞室

对于隧道洞口变电所/洞内变电所、隧道预留洞室及其相关预留预埋设施等附属设施，应按照远期供电系统要求，一次设计，一步到位。如隧道洞口变电所/洞内变电所应充分考虑高压成套开关设备、变压器、低压成套开关设备、UPS/EPS电池柜、柴油发电机等的远期扩展空间及设备基础。隧道预留洞室及其相关预留预埋设施应充分考虑低压配电系统各类配电箱/控制柜及低压电缆的远期安装空间及电缆路由。

3. 35kV和10kV外部电源

针对35kV和10kV外部电源的接入、架设和引入都必须同当地供电部门进行协调，存在建设难度大，手续复杂，后期实施困难等不利因素。所以35kV和10kV外部电源应采用一次设计，一步到位的实施方案。

（二）属于分步实施“需更换”或“需增装”类型的设备

在10kV供电系统中（包含35kV供电系统中的10kV供电系统），应根据负荷计算阶段的近期用电负荷和远期用电负荷来配置不同的供电系统和设备。

1. 35kV供电系统

高速公路隧道供电系统主要由35kV或10kV供电系统组成。二者之间的区别在于35kV供电系统比10kV供电系统多出一级变配电设备，即35kV高压成套开关设备、35/10.4kV油浸式变压器。35kV供电变压器的容量及高压开关设备的型号及数量应根据近、远期负荷大小进行配置。可考虑整体更换或新增，当技术成熟时，可采用变压器并联供电方式，节省高压开关柜的配置。

2. 10kV供电系统

10kV供电系统应根据远期用电负荷来进行总体设计，供电设备应根据近期用电负荷和远期用电负荷分步实施。也就是说在供电系统上，必须根据远期用电负荷来设计供电方式和供电网络；在供电设备的配置时根据近期用电设备和用电负荷情况配置10kV高压成套开关设备，同时预留根据远期用电设备和用电负荷需增加10kV高压成套开关设备并入原系统的接口。

近期实施的10kV高压成套开关设备的选型依据近期用电负荷；远期实施的10kV高压成套开关设备的选型依据远期用电负荷。同时应注意远期改造时对高压进线柜和联络柜中的高压开关进行调整或更换。

3. 变压器

在变压器容量选择时，应根据近、远期用电负荷来配置不同的变压器。即根据近期用电负荷配置近期变压器；根据远期用电负荷配置远期变压器。近期只实施近期变压器并预留远期变压器安装位置，远期根据近期变压器运行状况考虑采取变压器整体更换或增加远期变压器。

4. 0.4kV低压成套开关设备

在0.4kV低压成套开关设备设计时，如果隧道通风、照明系统远期方案采用整体更换模式，近期实施的0.4kV低压成套开关设备根据近期用电设备和用电负荷配置内部元器件，远期则根据远期用电

设备和用电负荷直接更换 0.4kV 低压成套开关设备的内部元器件。

如果隧道通风、照明系统远期方案采用增加模式，近期实施的 0.4kV 低压成套开关设备根据近期用电设备和用电负荷配置内部元器件并预留远期 0.4kV 低压成套开关设备并入原系统的接口；远期则根据远期用电设备和用电负荷实施远期 0.4kV 低压成套开关设备。

5. UPS/EPS

在 UPS/EPS 设计时，应根据近、远期用电负荷来配置不同的蓄电池。在近期根据近期用电负荷配置近期电池容量；远期根据远期用电负荷采用整体更换电池或增加远期电池容量。

6. 柴油发电机

在柴油发电机设计时，应根据近、远期用电负荷来配置柴油发电机。在近期根据近期用电负荷配置近期柴油发电机；远期根据远期用电负荷采用整体更换柴油发电机或增加远期柴油发电机。

三、分步实施方案经济性评价指标

如需计算隧道供配电系统分期实施带来的资金收益，并比较各分期实施方案的优劣，则需对分期实施方案具体的实施费用和收益进行详细的计算。

可以预计的实施费用包括：初期投资费用，后期追加投资费用、替换元件的残值等；同时还需要考虑资金的贴现率、元件折旧、损耗、运行维护费用等问题。以上因素涉及面广，相关原始资料收集较为困难。同时要综合考虑以上问题需要建立最优化模型并求解，其计算复杂性较高。因此需要对以上问题进行简化。现假定在投运年限内隧道的交通量已知且不因分期实施方案变化，则可认为在投运年限内隧道的收益一定，因此只需比较分期实施方案的投资费用。根据工程经济学的相关理论建模并计算隧道运行年限内各分期实施阶段上述所有的费用，并折算成等年值，该等年值可科学地反映隧道供配电系统所发生的年费用。求取隧道供配电系统一次实施及分期实施工程的费用等年值，其差值即为分期实施带来的收益，比较各分期实施方案的等年值即可比较各方案的优劣。

第三节　分步实施方案经济性评价模型

一、资金的时间价值

电力设备的使用年限往往比较长，因此在分析隧道供配电系统分步实施方案的经济性时，必须考虑到资金的时间价值。资金的时间价值，是指将一定量资金投入经济活动一段时间后所产生的增值或经济效益。如参加银行储蓄可获得利息，投资项目可获得纯收益，这些资金的利息和纯收益是资金时间价值的具体体现。由于资金时间价值的存在，发生在不同时刻的等额资金，其实际价值是不相等的。不同时间点上的现金流量不能直接加以比较。项目分步实施过程中所发生的各种费用，如初期投资费用、分期追加投资费用、系统运行维护费、系统损耗、设备残值等，因发生的时间不同，如果把现在值的投资与将来值的分期投资直接相加，就不能得出正确的结论。为了保证各分期投资方案的可比性，获得准确的经济评价，就必须把不同时间点的价值换算成相同时间点的价值，然后进行对比。

既然资金的时间价值直接体现为利息或纯收益形态的增值，那么，客观上必然存在一个资金随时间增值的速率，可以用来作为不同时间点上资金价值的换算率，这种换算率就是计算资金时间价值的尺度，在工程中也叫贴现率。这方面的尺度有两种：银行利率和动态投资收益率。

在经济分析中，工程项目有关资金的时间价值可以用以下三种方法来表示：

（1）现值 P

把不同时刻的资金换算为当前时刻的金额，此金额称为现值。这种换算称为贴现计算，现值也称为贴现值。

（2）将来值 F

把资金换算为将来某一时刻的等效金额，此金额称为将来值。资金的将来值有时也叫终值。现值和将来值都是一次支付性质的。

（3）等年值 A

把资金换算为按期等额支付的金额，通常每期为一年，故此金额称等年值。

资金的现值 P 发生在第一年初，将来值发生在将来某一时刻，等年值则发生在每年的年底。

在前述费用计算中，常需要将资金转换成同一种形式的量，以实现比较分析，现值、将来值和等年值的关系如下。

1. 现值P与将来值F的关系

第 n 年末的将来值 F 与现值 P 的关系为：

$$F=P(1+i)^{n}=P(F/P,i,n) \tag{5-5-1}$$

式中：$(F/P,i,n)=(1+i)^{n}$；

$(F/P,i,n)$——一次支付本利和系数。

由将来值 F 求现值 P 的计算称为贴现计算。其关系为：

$$P=F/(1+i)^{n}=F(P/F,i,n) \tag{5-5-2}$$

式中：$(P/F,i,n)=1/(1+i)^{n}$；

$(P/F,i,n)$——一次支付贴现系数，为一次支付本利和系数的倒数。

2. 等年值A与将来值F的关系

由等年值 A 求将来值 F 的计算叫等年值本利和计算。当等额 A 的现金流发生在从 t=1 到 t=n 年的每年年末时，在第 n 年末的将来值 F 等于这 n 个现金流中每个 A 值的将来值的总和，即：

$$F=A+A(1+i)+A(1+i)^{2}+\cdots+A(1+i)^{n-1} \tag{5-5-3}$$

可得：

$$F=A\frac{(1+i)^{n}-1}{i}=A(F/A,i,n) \tag{5-5-4}$$

式中：$(F/A,i,n)=\dfrac{(1+i)^{n}-1}{i}$；

$(F/A,i,n)$——等年值本利和系数，这个系数表达了n年的等年值A与第n年末将来值F之间的关系。

由将来值 F 求等年值 A 的计算称为偿还基金计算。

$$A=F\frac{i}{(1+i)^{n}-1}=F(A/F,i,n) \tag{5-5-5}$$

式中：$(A/F,i,n)$——偿还基金系数；

$(A/F,i,n)=\dfrac{i}{(1+i)^{n}-1}$。

3. 等年值A与现值P的关系

由等年值求现值 P 的计算称为贴现计算。由现值 P 与将来值 F、等年值 A 与将来值 F 的关系，可得由等年值 A 求将来值 F 关系为：

$$P=A\frac{(1+i)^{n}-1}{i(1+i)^{n}}=A(P/A,i,n) \tag{5-5-6}$$

式中：$(P/A,i,n)$——等年值的现值系数；

$(P/A,i,n)=\dfrac{(1+i)^n-1}{i(1+i)^n}$。

由现值 P 求等年值 A 的计算叫做资金收回计算。

$$A=P\frac{(1+i)^n i}{(1+i)^n-1}=P(A/P,i,n) \tag{5-5-7}$$

式中：$(A/P,i,n)$——资金收回系数；

$(A/P,i,n)=\dfrac{(1+i)^n i}{(1+i)^n-1}$。

综上，现值、将来值和等年值的关系如下：

现值与将来值的关系为：

$$F=P(1+i)^n \Leftrightarrow P=\frac{1}{(1+i)^n}\cdot F \tag{5-5-8}$$

等年值与现值的关系为：

$$F=A\frac{(1+i)^n-1}{i} \Leftrightarrow A=\frac{i}{(1+i)^n-1}\cdot F \tag{5-5-9}$$

等年值与现值的关系为：

$$P=A\frac{(1+i)^n-1}{i(1+i)^n} \Leftrightarrow A=P\frac{(1+i)^n i}{(1+i)^n-1} \tag{5-5-10}$$

由于隧道供配电系统的设计使用寿命及分步实施年限可能不同，故对分步实施方案的经济性评价进行建模时采用等年值法，从而避免供配电系统设计使用寿命长短的差异带来的影响。以下章节介绍分期方案经济性评价模型中各费用的计算模型。

二、费用计算方法

（一）初期投资费用

初期投资费（可包括设计费、设备购置及安装调试费）为 C_i，计算年限为 n 年（通常取隧道供配电系统的设计寿命），贴现率为 i，由于初期投资费用发生在评价的第一年初，属于资金时间价值中的现值，则根据资金时间价值，转化为等年值为：

$$C_{iA}=\frac{C_i(1+i)^n i}{(1+i)^n-1} \tag{5-5-11}$$

式中：C_{iA}——初期投资费用等年值。

（二）追加投资费用

若在第 m 年实施改造及扩容，追加的投资费用（可包括设备购置、安装、改装及调试费）为 C_{mi}，计算年限为 m 年，贴现率为 i，由于追加投资费用发生在第 m 年，属于资金时间价值中的将来值，将将来值转化为隧道供配电系统的设计寿命年限期间的等年值为：

$$C_{miA}=\frac{C_{mi}(1+i)^{n-m} i}{(1+i)^n-1} \tag{5-5-12}$$

式中：C_{miA}——追加投资费用等年值。

（三）运行与维护费用

隧道供配电系统的运行费用指设备的能耗费，设备能耗费主要指设备在运行过程中的功率损耗，包括两部分：固定功率损耗成本和可变功率损耗成本。固定损耗成本指某些设备的二次系统功率损耗，如断路器的控制系统等或变压器的空载损耗，即指不随负荷率变化而变化的损耗。可变损耗成本指线

路发热功率损耗、变压器负载损耗及其他设备的功率损耗等，其损耗大小是随负荷率变化而变化的。

设固定功率损耗为 P_f，则年固定功率损耗成本为：

$$C_f=P_f\times 8760\times C_{PE} \tag{5-5-13}$$

式中：C_{PE}——单位线损费用；

C_f——固定功率损耗成本。

假设 S_{max} 为该设备的最大负荷功率，ΔE 为可变功率损耗，τ_{max} 为最大负荷损耗时间，C_v 为可变功率损耗成本，对于可变功率损耗成本作如下计算：

$$\Delta E=\frac{S^2}{U^2}r\tau_{max} \tag{5-5-14}$$

但对于变压器，其可变功率损耗 ΔE 与负载率 K 有关系，它的一般公式为：

$$\Delta E=K_T K^2 P_k \tau_{max} \tag{5-5-15}$$

式中：P_k——变压器额定负载损耗；

K_T——负载波动系统，一般为：负载率为100%时，K_T=1.000；负载率为80%时，K_T=1.042；负载率为60%时，K_T=1.296；负载率为40%时，K_T=2.111；负载率为20%时，K_T=4.542；负载率为10%时，K_T=9.519。

则：

$$C_v=\Delta E C_{PE} \tag{5-5-16}$$

最大负荷损耗时间 τ_{max} 通过以下计算得到：

$$T_{max}=\frac{E}{P_{max}} \tag{5-5-17}$$

式中：T_{max}——最大负荷利用小时数；

E——一年内通过该设备输送的电量。

利用功率因数 $\cos\phi$ 和最大负荷利用小时数 T_{max} 查表便可得到最大负荷损耗时间 τ_{max}。表 5-5-1 所示为最大负荷损耗时间 τ_{max} 与最大负荷利用小时数 T_{max} 的关系，由表 5-5-2 可见，τ_{max} 不仅与 T_{max} 有关，还与线路传输功率的功率因数有关。

则设备年运行费和维修费为

$$C_{TL}=C_m+C_f+C_v \tag{5-5-18}$$

式中：C_m——设备年维修费。

最大负荷损耗时间τ_{max}与最大负荷利用小时数的T_{max}关系　　表5-5-2

$T_{max}(h)$ \ $\cos\phi$	0.80	0.85	0.90	0.95	1.00
2000	1500	1200	1000	800	700
2500	1700	1500	1250	1100	950
3000	2000	1800	1600	1400	1250
3500	2350	2150	2000	1800	1600
4000	2750	2600	2400	2200	2000
4500	3150	3000	2900	2700	2500
5000	3600	3500	3400	3200	3000
5500	4100	4000	3950	3750	3600

续上表

$T_{max}(h)$ \ $\cos\phi$	0.80	0.85	0.90	0.95	1.00
6000	4650	4600	4500	4350	4200
6500	5250	5200	5100	5000	4850
7000	5950	5900	5800	5700	5600
7500	6650	6600	6550	6500	6400
8000	7400		7350		7250

（四）设备残值

对设备残值进行评价时通常是根据当前市场情况进行评价，因此认为设备残值同设备投资费用一样，发生在初期投资时，属于现值。假定设备残值为 C_r，使用寿命为 n 年，贴现率为 i，则根据资金时间价值，设备残值转化为等年值为：

$$C_{rA} = \frac{C_r i(1+i)^n}{(1+i)^n - 1} \tag{5-5-19}$$

第四节 隧道供配电系统分步实施案例

一、1500m 左右隧道供配电系统分步实施案例

本案例为 1500m 左右双洞隧道，左洞长约 1323m，右洞长约 1246m。

（一）近期变电所及电源设置

在隧道进口端设置 1 座 10/0.4kV 箱式变电站，在出口端设置 1 座 10/0.4kV 洞外变电所。出口变电所向青冈隧道内所有射流风机、基本照明灯具、监控设施、消防水泵以及隧道出口的加强照明灯具供电，同时出口变电所还向龙门隧道所有用电设备供电；箱式变电站向青冈隧道进口的加强照明灯具供电。电源取自当地电力部门 10kV 变电所，按建设业主的要求，由电力部门至本隧道洞外 10kV 变电所的外线设计不在本设计范围内。

为保证一级负荷的可靠供电，在青冈隧道出口变电所内设置两台柴油发电机组作为备用电源。其中，1 台主用功率 364kW（备用功率 400kW）的柴油发电机组，用于变压器及高低压侧设备故障时，或者外部 10kV 电源停电时的隧道防灾射流风机的应急供电；另外 1 台主用功率 180kW（备用功率 200kW）的柴油发电机组，用于变压器及高低压侧设备故障时，或者外部 10kV 电源停电时的隧道基本照明（含应急照明）、监控设施以及消防水泵的应急供电。

为避免电源转换期间隧道内因停电而发生交通事故，在隧道出口变电所内设置 1 台 EPS 电源作为隧道应急照明的应急电源；为保证隧道监控系统的不间断供电，在变电所内设置 1 台 UPS 电源作为隧道监控的应急电源。

（二）车流量及计算负荷预测

由表 5-5-3 可以看出，在设计目标年份 2020 年，预测交通量小于 700 辆 · 混合车 / 高峰小时；在设计目标年份 2029 年，预测交通量超过了 1000 辆 · 混合车 / 高峰小时。

隧道所在路段交通量预测表　　表5-5-3

年限		2010年	2015年	2020年	2025年	2029年
日交通量	当量小客车	4896	8402	14115	20932	26194
高峰小时交通量（辆/h）	当量小客车	329	555	932	1382	1729
	绝对数	199	347	606	928	1186

由车流量预测，以2020年前为近期，2020年后为远期，即在2020年进行配电系统的追加建设。

隧道出口变电所近期用电负荷为 P_{js}=350kW、远期用电负荷为 P_{js}=525kW。在变电所低压侧进行无功补偿，功率因数补偿到0.92。箱式变电站近期用电负荷为 P_{js}=45kW、远期用电负荷为 P_{js}=68kW。在箱式变电站低压侧进行无功补偿，功率因数补偿到0.92。

（三）分步实施方案

近期变电站变压器采用SCB 10—500 10/0.4，箱式变电站采用CSS—W—63/10，隧道出口设置5台HXGN—12高压开关柜，10台MNS低压开关柜。

方案一：

（1）将变电站变压器更换为SCB 10—630 10/0.4，箱式变电站更换为CSS—W—100/10。

（2）增加4台MNS低压开关柜、1台低压补偿柜及相应的电缆及其他低压设施。

（3）增加1台128kW柴油发电机用于变压器备用。

预计初期投资380万元，追加投资102万元，更换的变压器残值2万元。

方案二：

（1）在变电站中新增一台型号为SCB 10—200 10/0.4的变压器为增加的风机及部分照明系统供电。

（2）增加两台HXGN—12高压开关柜、4台MNS低压开关柜、1台低压补偿柜及相应的电缆及其他低压设施。

（3）增加1台128kW柴油发电机用于变压器备用。

预计初期投资380万元，追加投资87万元。

方案三：

（1）变压器并联运行方案，新增一台型号为SCB 10—500 10/0.4的变压器，与原有的同型号变压器并联运行。

（2）增加4台MNS低压开关柜、1台低压补偿柜及相应的电缆及其他低压设施。

（3）增加1台128kW柴油发电机用于变压器备用。

预计初期投资380万元，追加投资83万元。

（四）分步实施方案经济性评价

若一次性建设为远期目标系统，投资约为450万元。

假设该隧道供配电系统在2010年建成，至2029年车流量达到最大并保持稳定，现计算2010~2029年隧道供配电系统的各项经济指标等年值。由重庆电力公司相关资料，贴现率取为8%，设备（主要为变压器）残值取为5%。由第三节所述算法，得到各项费用的等年值为116.93万元，电量损耗等年值4.85万元。

方案一：

由重庆电力公司相关资料，系统动态损耗取负荷所耗电量的1.6%（若各元件数据充分，也可由第三节公式计算，包括线路损耗和变压器负载损耗），变压器空载损耗取变压器容量的1%。设该隧道供配电系统的服务年限为20年，贴现率为8%，设备残值为5%。假设该隧道供配电系统在2010

年建成，至 2029 年车流量达到最大并保持稳定，现计算 2010~2029 年隧道供配电系统的各项经济指标等年值。

由第三节所述算法，得到各项费用的等年值为 113.74 万元，电量损耗等年值 4.03 万元。等年值较原方案节省 2.73%，电量损耗较原方案节省 16.90%。

方案二：

由重庆电力公司相关资料，系统动态损耗取负荷所耗电量的 1.6%（若各元件数据充分，也可由第三节公式计算，包括线路损耗和变压器负载损耗），变压器空载损耗取变压器容量的 1%。设该隧道供配电系统的服务年限为 20 年，贴现率为 8%，设备残值为 5%。假设该隧道供配电系统在 2010 年建成，至 2029 年车流量达到最大并保持稳定，现计算 2010~2029 年隧道供配电系统的各项经济指标等年值。

由第三节所述算法，得到各项费用的等年值为 113.14 万元，电量损耗等年值 4.08 万元。等年值较原方案节省 3.24%，电量损耗较原方案节省 15.88%。

方案三：

由重庆电力公司相关资料，系统动态损耗取负荷所耗电量的 1.6%（若各元件数据充分，也可由第三节公式计算，包括线路损耗和变压器负载损耗），变压器空载损耗取变压器容量的 1%。设该隧道供配电系统的服务年限为 20 年，贴现率为 8%，设备残值为 5%。假设该隧道供配电系统在 2010 年建成，至 2029 年车流量达到最大并保持稳定，现计算 2010~2029 年隧道供配电系统的各项经济指标等年值。

由第三节所述算法，得到各项费用的等年值为 113.41 万元，电量损耗等年值 4.54 万元。等年值较原方案节省 3.01%，电量损耗较原方案节省 6.39%。

二、3000m 左右隧道供配电系统分步实施案例

本案例为 3000m 左右双洞隧道，左洞长约 3382m，右洞长约 3386m。

（一）近期变电所及电源设置

在隧道进口端右洞外侧和出口端右洞外侧洞外各设置 1 座 10/0.4kV 变电所，共计两座，两变电所分别对隧道内外进口段和出口段约 1/2 的用电设备进行供电。

电源取自当地电力部门 10kV 变电所，按建设业主的要求，由电力部门至本隧道洞外 10kV 变电所的外线设计不在本设计范围内。

根据现场电源调查，隧道进出口变电所的 10kV 电源分别取自上级不同的变电所。因此，为保证一级负荷的可靠供电，进出口变电所 10kV 供电系统采用 1 路进线、两变电所之间 10kV 电缆联络的方式。接在 10kV 供电系统上的变压器为两台干式变压器，两台变压器分别向低压动力设施和照明设施提供低压电源。当其中一台变压器及变压器上端开关故障时，另外一台变压器只承担变电所低压配电系统上的防灾射流风机、直流屏、变电所用设施、隧道基本（含应急）照明、监控和消防设施等的供电。干式变压器设置于户内。

为避免电源转换期间隧道内因停电而发生交通事故，在隧道两变电所内各设置 1 台 EPS 电源作为隧道应急照明的应急电源；为保证隧道监控系统的不间断供电，在两变电所内各设置 1 台 UPS 电源作为隧道监控的应急电源。

（二）车流量及计算负荷预测

由表 5-5-4 可以看出，在设计目标年份 2020 年，预测交通量小于 700 辆 · 混合车 / 高峰小时；在设计目标年份 2029 年，预测交通量超过了 1000 辆 · 混合车 / 高峰小时。

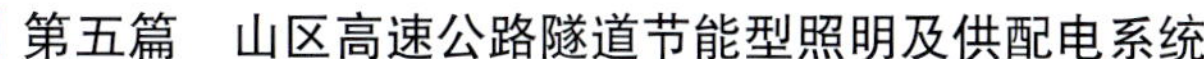

隧道所在路段交通量预测表　　表5-5-4

年　限		2010年	2015年	2020年	2025年	2029年
日交通量	当量小客车	4896	8402	14115	20932	26194
高峰小时交通量（辆/h）	当量小客车	329	555	932	1382	1729
	绝对数	199	347	606	928	1186

由车流量预测，以2020年前为近期，2020年后为远期，即在2020年进行配电系统的追加建设。

隧道进口变电所近期用电负荷为 P_{js}=361kW、远期用电负荷为 P_{js}=481kW；出口变电所近期用电负荷为 P_{js}=368kW、远期用电负荷为 P_{js}=485kW。在变电所低压侧进行无功补偿，功率因数补偿到0.92。

（三）分步实施方案

近期隧道进口及出口变电站分别采用两台SCB 10—250 10/0.4变压器，6台HXGN—12高压开关柜，10台NHS低压开关柜。

方案一：

（1）分别将进口及出口变电站中的一台变压器更换为SCB 10—500 10/0.4。

（2）进口及出口分别增加3台NHS低压开关柜及相应的电缆及其他低压设施。

预计初期投资750万元，追加投资120万元，更换的变压器残值2.5万元。

方案二：

（1）将出口变电站中的一台型号为SCB 10—250 10/0.4的变压器移到进口变电站，出口变电站新增一台型号为SCB 10—500 10/0.4的变压器。

（2）出口增加两台HXGN—12高压开关柜、进口和出口分别增加3台NHS低压开关柜及相应的电缆及其他低压设施。

预计初期投资750万元，追加投资105万元。

（四）分步实施方案经济性评价

若一次性建设为远期目标系统，投资约为845万元。

假设该隧道供配电系统在2010年建成，至2029年车流量达到最大并保持稳定，现计算2010~2029年隧道供配电系统的各项经济指标等年值。由重庆电力公司相关资料，贴现率取为8%，设备（主要为变压器）残值取为5%。由第三节所述算法，得到各项费用的等年值为212.01万元，电量损耗等年值9.57万元。

方案一：

由重庆电力公司相关资料，系统动态损耗取负荷所耗电量的1.6%（若各元件数据充分，也可由第三节公式计算，包括线路损耗和变压器负载损耗），变压器空载损耗取变压器容量的1%。设该隧道供配电系统的服务年限为20年，贴现率为8%，设备残值为5%。假设该隧道供配电系统在2010年建成，至2029年车流量达到最大并保持稳定，现计算2010~2029年隧道供配电系统的各项经济指标等年值。

由第三节所述算法，得到各项费用的等年值为205.83万元，电量损耗等年值7.45万元。等年值较原方案节省2.91%，电量损耗较原方案节省22.15%。

方案二：

由重庆电力公司相关资料，系统动态损耗取负荷所耗电量的1.6%（若各元件数据充分，也可由第三节公式计算，包括线路损耗和变压器负载损耗），变压器空载损耗取变压器容量的1%。设该隧

道供配电系统的服务年限为20年，贴现率为8%，设备残值为5%。假设该隧道供配电系统在2010年建成，至2029年车流量达到最大并保持稳定，现计算2010~2029年隧道供配电系统的各项经济指标等年值。

由第三节所述算法，得到各项费用的等年值为205.18万元，电量损耗等年值7.45万元。等年值较原方案节省3.22%，电量损耗较原方案节省22.15%。

三、5000m以上隧道供配电系统分步实施案例

本案例为5000m左右双洞隧道，左洞长约7104m，右洞长约7126m。

（一）近期变电所及电源设置

根据隧道总用电量、供电可靠性和用电负荷分布位置，在隧道进口、出口、左洞地下风机房、右洞地下风机房各设置1座10/0.4kV变电所，同时在隧道1号、4号、7号、11号人行横洞侧壁，设置4个放置地埋式变压器的小型变电洞室。

隧道进口变电所为隧道主变电所，其他变电所和变电洞室的10kV电源由该变电所提供。

隧道进口变电所负责隧道进口的射流风机和加强照明灯具的低压供电；隧道出口变电所负责隧道出口的射流风机和加强照明灯具的低压供电；左洞和右洞地下风机房变电所分别负责对应点的轴流风机、地下洞室其他电气设备、照明和就近的射流风机供电；4个放置地埋变的小型变电洞室负责隧道基本照明（含应急照明）、隧道监控设施供电。

经现场电源调查，外电源35kV变电站距进口主变电所3.0km，且其电源由两个不同的110kV变电站提供，因此，隧道主变电所的两路10kV电源分别取自外电源35kV变电站两段10kV母线上。

在隧道土建施工阶段，已架设1路10kV架空线电源作为隧道施工用电源，因此，利用该施工电源作为隧道出口变电所的1路10kV电源。

35kV变电站至隧道主变电所的10kV外线设计不在本设计范围内。为防止电源转换期间隧道内停电而发生的交通事故，4个小型变电洞室内分别设置EPS电源，作为一级负荷中隧道应急照明的应急电源，并设置UPS电源作为隧道监控负荷的应急电源。

（二）车流量及计算负荷预测

由表5-5-5可以看出，在设计目标年份2015年，预测交通量大于700辆·混合车/高峰小时；在设计目标年份2020年，预测交通量超过了1000辆·混合车/高峰小时。

隧道所在路段交通量预测表　　表5-5-5

设计目标年份		2009年	2015年	2020年	2025年	2028年
日交通量	当量小客车	7472	12112	17786	25158	32588
高峰小时交通量（辆/h）	当量小客车	493	799	1174	1660	2151
	绝对数	293	477	708	1012	1325

由车流量预测，以2020年前为近期，2020年后为远期，即在2020年进行配电系统的追加建设。

隧道近期总用电量 P_{js}=3635kW。其中，进口变电所 P_{js}=517kW；左洞地下风机房变电所 P_{js}=987kW；右洞地下风机房变电所 P_{js}=1321kW；出口变电所 P_{js}=428kW；洞内4个变电洞室均为 P_{js}=90kW。

隧道远期总用电量 P_{js}=4503kW。其中，进口变电所 P_{js}=536kW；左洞地下风机房变电所 P_{js}=1227kW；右洞地下风机房变电所 P_{js}=1688kW；出口变电所 P_{js}=448kW；洞内4个变电洞室均为

P_{js}=144kW。

对低压配电系统，采用在低压侧进行无功补偿的方式，功率因数补偿到 0.92；对带有轴流风机的高压配电系统，采用在高压侧进行无功补偿的方式，功率因数补偿到 0.90。

（三）分步实施方案

近期进口变电所 35KV 系统配置两台 S9—4000kVA 35/10.5kV 油浸式变压器，两台变压器互为热备用，设置于户外；10kV 配电系统配置的变压器为 1 台 SCB10—500kVA 10/0.4kV 和 1 台 SCB 10—315kVA 10/0.4kV 干式变压器，两台变压器分别向低压动力设施和照明设施提供低压电源。

左洞地下风机房变电所内设置 10kV、6kV、0.4kV 三个电压等级的配电系统。共配置两台 10/6.3kV1000kVA 变压器、1 台 10/0.4kV 125kVA 变压器。

右洞地下风机房变电所内设置 10kV、6kV、0.4kV 三个电压等级的配电系统。共配置两台 10/6.3kV 1000kVA 变压器、1 台 10/0.4kV 400kVA 变压器。

出口变电所内设置 1 台 SCB 10—500kVA 10/0.4kV 和 1 台 SCB10—250kVA 10/0.4kV 干式变压器，分别向低压动力负荷和照明负荷提供低压电源。

由于该系统结构复杂，故远期只采用更换大容量变压器的方式，不涉及配电网结构的改变和高压开关柜的增装。

方案一：

（1）进口变电所 35kV 系统变压器更换为两台 S9—6300kVA 35/10.5kV 油浸式变压器，两台变压器互为热备用，设置于户外。

（2）左洞变电所两台变压器更换为 10/6.3kV 1600kVA。正常情况下两台变压器分别向轴流排风机和轴流送风机供电；当一台变压器故障时，另外一台变压器只负责本段母线上的同性质（所占比例大）的轴流风机供电；当隧道发生火灾时，两台变压器负责向轴流排风机提供电源；当出现 1 台变压器故障且隧道发生火灾的极限情况时，另外 1 台变压器负责向轴流排风机提供电源。

（3）右洞变电所更换 1 台变压器为 10/6.3kV 1600kVA。远期的 1000kVA 变压器向轴流排风机供电，1600kVA 变压器向轴流送风机供电。当一台变压器故障时，另外一台变压器只负责本段母线上的同性质（所占比例大）的轴流风机供电；当隧道发生火灾时，两台变压器负责向轴流排风机提供电源；当出现 1 台变压器故障且隧道发生火灾的极限情况时，另外 1 台变压器负责向轴流排风机提供电源。

（4）进口变电所及出口变电所因考虑了故障时的备用，因而近期选择的容量也满足远期要求，不需更换。

预计初期投资 2200 万元，追加投资 200 万元，设备残值 12 万元。

（四）分步实施方案经济性评价

若一次性建设为远期目标系统，投资约为 2300 万元。

假设该隧道供配电系统在 2010 年建成，至 2029 年车流量达到最大并保持稳定，现计算 2010~2029 年隧道供配电系统的各项经济指标等年值。由重庆电力公司相关资料，贴现率取为 8%，设备（主要为变压器）残值取为 5%。由第三节所述算法，得到各项费用的等年值为 910.38 万元，电量损耗等年值 110.38 万元。

方案：

由重庆电力公司相关资料，系统动态损耗取负荷所耗电量的 1.6%（若各元件数据充分，也可由第三节公式计算，包括线路损耗和变压器负载损耗），变压器空载损耗取变压器容量的 1%。设该隧道供配电系统的服务年限为 20 年，贴现率为 8%，设备残值为 5%。假设该隧道供配电系统在 2010 年建成，至 2029 年车流量达到最大并保持稳定，现计算 2010~2029 年隧道供配电系统的各项经济指标等年值。

由第三节所述算法，得到各项费用的等年值为 885.98 万元，电量损耗等年值 86.81 万元。等年值较原方案节省 2.68%，电量损耗较原方案节省 21.35%。

四、不同长度隧道供配电系统分期实施方案经济比较

根据上述不同长度隧道分期实施方案，得到表 5-5-6 的结果。

隧道分期实施方案经济对比表　　表5-5-6

序号	隧道长度	项　目	分期实施方案			备　注
			方案一（更换变压器和新增开关柜）	方案二（增加变压器和新增开关柜）	方案三（新增同容量变压器和新增开关柜）	
1	1000m左右隧道	初期投资	380	380	380	一次性实施方案的系统投资约为450万元
		追加投资	102(全线变压器容量相互调整，费用会更低)	87	83	
		更换的变压器残值	2			
		等年值	较原方案节省2.73%	较原方案节省3.24%	较原方案节省3.01%	
		电量损耗	较原方案节省16.90%	较原方案节省15.88%	较原方案节省6.39%	
2	3000m左右隧道	初期投资	650	650		一次性实施方案的系统投资约为845万元
		追加投资	120	105		
		更换的变压器残值				
		等年值	较原方案节省2.91%	较原方案节省3.22%		
		电量损耗	较原方案节省22.15%	较原方案节省22.15%		
3	5000m以上隧道	初期投资	850	850		一次性实施方案的系统投资约为900万元
		追加投资	150	130		
		更换的变压器残值				
		等年值	较原方案节省2.68%	较原方案节省3.02%		
		电量损耗	较原方案节省21.35%	较原方案节省21.45%		

通过对上表不同长度隧道分期实施方案经济性比较，可以得出以下结论。

（1）采用分步实施经济效益显著，符合建设节约型社会目标。

（2）变压器的固定损耗（特别是变压器负荷率低时的损耗）占总损耗的比例很大，按照近期的负荷量选择合理的变压器容量是隧道供配电系统的关键。

（3）根据变压器容量按常规方法设计近期配电网络，远期再增装相应设备。可按此原则设计分步实施方案。

（4）采用分步实施不但可以节约投资运行成本，还可以提高企业资金利用率优化企业资金链的运转。

第六篇

公路隧道智能联动控制技术

第一章　绪　论

近年来，我国高速公路建设中取得了巨大的成就，但与此同时，如何充分发挥高速公路“安全好、运效高、车速快、流量大”的优势，给我们带来了新的课题和压力，尤其在重庆等西部山区省市，特长隧道及隧道群（或毗邻隧道）在整个线路中所占比例极大，给设计、施工和运营带来很大困难。

以重庆为例，目前重庆市境内已建成的特长公路隧道有中梁山隧道、北碚隧道、真武山隧道、铁山坪隧道等。正在建设的万州—开县公路，兰州—杭州公路（巫溪—奉节、奉节—云阳、云阳—万州段），渝湘公路（洪安—酉阳、酉阳—黔江、黔江—彭水、彭水—武隆、武隆—水江、水江—界石段），沪蓉国道支线（石柱—忠县、忠县—垫江），绕城高速等高速公路。在以上几条高速公路建设中，隧道长度占线路长度的比重极大，最高区段达 52%。重庆地区高速公路隧道有以下两大特点：

（1）5000m 以上特长隧道多

具到目前为止的统计，重庆市正在建设的隧道总数达 147 座，其中 3000m 以上的特长隧道达 32 座，其中 5000m 及以上的特长隧道有 13 座。

（2）隧道群多

隧道进出口距离较近，隧道间距在 100m 以下占隧道 7.6%，隧道间距在 100 ~ 500m 占隧道 14.4%，隧道间距在 500 ~ 2000m 占隧道 33.3%，隧道间距在 2000 ~ 5000m 占隧道 23.5%。可见，隧道间距在 5000m 以下占隧道 78.2%。

采用智能联动控制技术是解决特长隧道及隧道群通风、防灾救援的有效手段。

1. 特长隧道智能控制

对于特长高速公路隧道的运营通风方式，国外从 20 世纪 80 年代，国内从 90 年代已基本从全横向方式或半横向方式演变到纵向通风方式。国内外大量研究及工程实践表明，采用纵向通风方式与其他方式相比有利于降低工程造价，缩短建筑周期，节约运营开支。但纵向通风方式有一定的适应长度，从目前我国长大公路隧道运营通风设计来看，5000m 以上的特长隧道，一般都考虑采用竖井分段纵向式通风。竖井分段纵向式通风和全射流纵向式通风相比，前者比后者多了一个竖井，因此，前者比后者的工程投资和运营费用都会极大地增加。

实际上，根据我国 5000m 以上特长隧道的设计经验，一般前期交通流量都较小，采用全射流纵向式通风，完全能够满足通风要求。即使在远期，如果单纯从通风角度考虑，也可以采用全射流纵向式通风方式。但对于 5000m 以上特长隧道来说，防灾救援特别重要，如果采用全射流纵向式通风，在现有的控制技术条件下，防灾救援将难以满足要求。随着交通控制技术的发展，通过特长隧道机电设备的优化配置，采用智能联动控制策略，可以解决 5000m 以上特长隧道的防灾救援问题，从而保证 5000m 以上的特长隧道在采用全射流纵向通风下的运营安全。这不但极大地节约工程投资，而且也可极大地降低运营费用。特长隧道智能控制技术中的关键问题是防灾救援问题。

2. 隧道群智能控制

隧道群在运营控制中，必须考虑隧道之间的相互影响，与单体隧道相比，隧道群运营控制更加复杂。主要表现在两个方面：

（1）在正常运营情况，对于相距较近的毗邻隧道，通风、照明相互影响很大，特别是采用前馈式

通风和照明时，这种影响更大。主要表现在：对于前馈式通风而言，后面隧道的交通流数量及其特性，将为前方隧道交通流预测创造条件；同时，后方隧道出口污染空气的排出对前方隧道的影响必须提前被预知，从而保证前方隧道前馈通风输入的准确性。对于隧道群照明，后方隧道出口照明与前方隧道进口照明将有明显的相关关系，只有解决好这种关系，隧道群运营才是安全的。由此可见，只有采用智能联动技术，才能解决好隧道群正常运营情况下的通风照明问题。

（2）在事故情况下，特别在火灾情况下，隧道群必须采用联动技术才能防止事故规模的扩大和次生灾害的发生。由于每个隧道都有各自独立的控制系统，当一个隧道发生事故后，事故隧道和非事故隧道如何联动，这是一个需要认真研究的问题。一旦联动方案确定以后，网络构架必须要与其相适应。

3. 路段整体式联动及联网控制

在隧道或普通路段发生灾害情况下，需将隧道—路段视为一整体并采用联动技术才能防止事故规模的扩大和次生灾害的发生。这种路段整体控制模式以特长隧道及隧道群为救援核心、以整个路段为救援对象，虽然每个隧道及普通路段单元都有各自独立的控制系统，但当一个隧道或某个路段单元发生事故后，需要解决事故隧道和非事故隧道、隧道与普通路段、事故路段与非事故路段、事故路段与非事故隧道等之间的联动问题。同样，一旦联动方案确定以后，其对应的软硬件及网络构架必须要与其相适应。

其次从宏观层面上看，路段的整体式联动及联网控制技术也构成了路网的联动及联网控制的核心。基于路段的联动及联网控制平台技术，通过路段间的联网整合，可以实现对多个路段的区域联动及联网监控，以及实现对重庆市整个路网的监控与管理。

可见，在西部山区省市，路段的整体式联动与联网控制核心是隧道群的智能联动控制问题，关键技术则是隧道群之间的交通流关系、隧道群之间的通风问题、隧道群之间的照明问题、隧道群之间的事故控制问题。

第二章　联动控制的硬件框架与软件流程

第一节　联动控制的硬件框架

公路隧道智能联动系统设计采用双环光缆冗余结构的工业以太网结构为主干通讯控制网络，速率10~100Mb/s，控制部分采用RS—485总线网络与各子站通信，速率最大56Mb/s，管理部分采用以太网连接大屏幕、公路MIS、GIS、GPS、收费系统及各监视操作站，速率10~100Mb/s，实现信息的共享：模块化结构，WINNT友好中文人机界面，方便的人机对话模式，是世界各国普遍采用和认可的领先设计方式。其系统主要包括主站配置的总体架构、服务器的配置、工作站的配置、网络架构及可靠性问题和区域中心的接口以及对现场控制体系的构成与关系等。

一、主要系统架构

监控主站由双机热备服务器、以太网交换机、运营管理工作站、网络管理工作站、隧道监控工作站、路段监控工作站、电力监控工作站、火灾报警工作站、视频传输管理工作站、模拟培训工作站、网络视频存储服务器、事件检测服务器、图像事件检测工作站、紧急报警和广播管理工作站、地图板、电视监视显示等设备组成TCP/IP局域网，以及综合控制台和电源系统。

服务器采用双重配置，冗余结构，互为热备用状态，切换时间 $<15s$。两套系统服务器通过网络适配器同时接收或发送网上数据，具有相同功能，但仅在线机具备数据流控制及管理功能，主、备后台处理机支持数据校验以保证完整一致的数据库，同时提供对双机工作状态的在线检测。

主存储系统采用RAID5磁盘阵列。采用两个通信服务器，冗余配置，利用RS—485控制总线与子站通讯，利用冗余的光纤环网与中央控制器通讯；利用以太网与公路的主控系统或MIS、GIS、GPS、收费系统等通讯；同时利用以太网将系统的运行状态送入LCD大屏幕进行显示，大屏幕控制器采用分时画面分割功能轮换显示视频检测器传入的隧道运行的交通监控图像信息和交通数据（车速、车流量、占有率等），发现交通事故以声、光两种方式报警，同时回放事故录像，对停车系统、电话系统、呼救系统、消防火警系统作出相应的联锁响应；电力监测；CO、SO_2、NO_2 等污染物的监测；可见度、能见度及风速、风量测量；地下水位、通风系统控制；水泵控制；照明的控制；报警控制；车刀的开启控制；视频检测及呼救电话控制；电话通信；报警及报表的打印等。

监控软件采用当今世界先进技术、系统的配置和画面组态方便、系统结构灵活和开放，运行WindowsNT平台，通过策略和画面组态在上位机上实现对工业控制系统的监视和控制，具有动态画面、事件触发、报警、趋势、报表输出，历史数据存储等功能，能体现良好的通用性、灵活性、开放性、可靠性和性能价格比，有中文操作模式。

操作站选用国际著名品牌工业控制计算机，适用于工业环境。操作站画面显示包括：电源分布及使用参数显示／照明系统显示／通风系统显示／监控系统显示／泵站显示／交通信息显示／交通视频图像显示／报警画面／呼救画面／专业设备的运行状态／隧道的总貌图等。

管理站按照操作权限，根据隧道运行情况，及时调整隧道运行参数和控制参数，对系统的资源、通讯和设备进行设定、修改等。

指挥中心可以根据当时的情况编辑和发送交通信息、运营指令、路况资料、报警信息等多幅信息循环播放显示，同时在大屏幕上进行循环显示。

二、现场监控（站）系统

对于隧道众多且相连成群的路段，应加强现场监控功能，并兼顾特长隧道的现场管理。隧道现场监控站应尽可能在隧道洞口或与就近收费站等管理设施合建。

（一）现场监控系统构成

系统由现场控制室计算机系统以及火灾报警、CCTV 系统、紧急电话和广播各子系统部分功能构成。

隧道现场监控系统由设于隧道内的现场工业控制以太网和现场监控室构成，现场控制室为无人职守站，主要由现场控制工作站、视频工作站、火灾监控工作站或紧急电话分控台等构成。在特殊情况下，经上级监控单位授权后，可进行现场控制。数据及图像存储由上级监控单位负责，本地无需长时间保存。现场监控总体构成如图 6-2-1 所示。

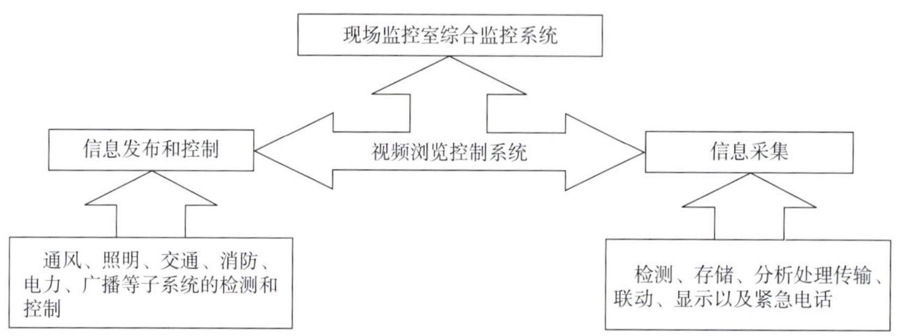

图6-2-1　现场监控总体构成

（二）隧道现场监控功能

在现场控制室能实现对现场对各子系统的终端控制和浏览。现场各功能工作站均安装有数据 / 视频通信应用软件和数据库软件，可作为降档控制时的临时数据服务器，存放降档控制期间产生的数据。视频工作站通过以太网交换机和通信系统接入视频传输、控制网以实现对图像的网络浏览。

现场控制级监控设施的主要软件包括安装在现场控制工作站上的操作系统、数据库服务器端以及监控应用软件；安装在现场视频工作站上的操作系统、监控应用软件；在以太网交换机上运行的网络管理软件。

工作站均要求工业级，并具有可靠的双电源系统、机房环境控制系统、防雷接地系统、防盗系统及措施。

隧道现场监控站具有现场计算机、火灾报警、CCTV 系统、紧急电话和广播各子系统部分功能，以满足现场监控功能。主要包括信息采集、信息分析、处理、信息查询、报文处理、系统自诊断等功能

（三）设备配置与接口

主要设备有区域控制器、工业以太网交换机、隧道控制服务器、交通监控工作站、火灾报警管理工作站、视频监控工作站、事件检测分析仪、变电所移动报警网络硬盘录像机、火灾报警控制器以及光纤探测系统控制器。

在小于 2km 的隧道一端变电所内设置一台交通监控工作站，在大于 2km 的隧道两端洞口变电所内各设置一台交通监控工作站。

隧道监控网络应采用 TCP/IP 方式，变电所的综合控制柜和现场的 PLC 控制装置组成的现场控制网络统一采用工业以太网交换机，通信的机电设备采用统一规范开放的网络协议，符合国际标准通信规约 IEC 870—5—101 规约。而且应具有相应优先级网络处理通讯能力和多层网络通讯架构，能提供稳定可靠的、安全的隧道监控体系。

三、软件要求

监控主站的应用软件功能：数据通信、事件输入、数据处理、事故检测、设备状态监视、统计、报表生成、数据存储、图形、显示控制、视频图像控制、隧道监控软件功能。

系统运行的操作系统、网络管理软件、通讯软件、数据库以及开发平台等，应符合国际开放式标准，符合 IEEE802.3U 标准，网络通信采用 TCP/IP 通信规约；服务器采用 Windows 2003 简体中文标准版操作系统，并配置相应的服务器管理软件；工作站采用 MS Windows XP 专业版；数据库可采用 ORACLE8、Sybase、Informix、DB2 或 MS SQL Server。如为 MS SQL Server，应采用 MS SQL Server 2000 简体中文企业版，开放式许可＋ 2 年软件升级保障。

开发编程软件宜采用 MS VC++6.0，MS VB 6.0，C++ Builder、Delphi 5.0。另外，还需要配置杀毒软件如瑞星、Nonton、金山毒霸等。

具有电子地图平台功能、数据管理及备份功能和系统的安全性。

四、联动控制网络拓朴结构及网络管理

（一）网络拓扑结构

按照重庆市高速公路监控系统运营管理模式，交通监控系统的网络总体结构为：中西部区域由三级结构组成，第一级为重庆市监控总中心（中西部区域监控中心），第二级为公司监控中心，第三级为监控外场设备和隧道监控站。东北部和东南部区域由四级结构组成，第一级为重庆市监控总中心，第二级为区域监控中心，第三级为监控管理站，第四级为监控外场设备。

监控系统网络总体结构中的各级均由局域网构成。重庆市监控总中心、区域监控中心、公司监控中心及监控管理站由以太网交换机组成各自局域网。

各级局域网之间通过通信系统提供的传输平台组成广域网。在局域网之间，监控数据采用通信系统提供的 10~100Mbps 以太网电路进行传输，网络拓扑结构为树形。对于视频图像，监控图像与收费图像共同传输，采用弹性分组环（RPR）技术，所有图像均为数字化，由各级监控管理单位中的视频监控工作站通过以太网交换机实现控制和切换调用。

（二）网络管理

网络监控管理系统是对运营管理网络平台及其承载的各类信息系统的监控、管理和保障。在保障运营管理平台高可靠性运转的同时，确保各监控、收费、通信、办公自动化、信息共享等业务子系统具有的高可靠性，并易于管理。最终达到主动监控、自动化维护、流程化管理和服务支持的目的。具体实现的功能如下：

（1）实现全网的综合监控管理：对网络基础设施、服务器、数据库、摄像机、编解码器、电力检测设备、UPS 等重要设施实现统一的监控管理。

（2）主动监控和预测防护：对重要的网络基础设施，如交换机、服务器、数据库、电力检测设备、UPS、摄像机、编解码器等能够实现主动的监控，自动采集、分析故障、预测故障，并能及时发送告警给相关技术人员进行及时处理。对计算机数据库系统、操作系统实施主动的、自动化的不间断防护，减少故障发生率。

（3）建立运维保障体系：通过 ITIL 标准化流程，建立健全运维保障体系。做到故障事件能主动告警给规定的值班人员，故障事件有明确的任务分配和记录，故障处理过程可以监控追踪，故障处理结果有完整记录，服务支持级别可按规定升级处理。确保发生故障有人知道，故障有人明确负责，故障处理过程和结果有考核标准。

（4）支持集中管理和分权分级能力：做到重庆市市监控总中心统一管理，区域中心及各运营公司联合运维的模式。

（5）配置管理：实现高效、安全、可控的软件分发。管理计算机系统配置信息并进行控制，确保其符合应用系统要求的配置标准。

（6）补丁管理：自动发现、下载、定位和安装补丁包并实现基于策略的自动化的补丁管理。支持 Windows，Linux，UNIX and Macintosh 等主流操作系统平台。

（7）漏洞管理：不间断的监控被管理系统，自动发现并修复系统安全漏洞，保证系统安全。

（8）资产管理：及时了解现有计算机资产信息及其安全状况和使用情况，实现资产的统一管理。对应用系统的自动部署，升级提供准确的环境信息。

（9）终端设备安全配置管理：实现移动计算机及远程终端的安全配置管理，在系统接入网络前进行自动的、基于策略的系统安全评估及加固。

（10）防病毒软件客户端管理：管理防病毒软件客户端，保证软件的正确安装和使用，没有被卸载或停用以及病毒定义文件的及时更新。

（11）远程维护支持：具有远程维护服务功能。技术支持人员可在用户监控下远程修复故障，或指导用户使用某种功能或软件。监控中心人员可以和区域中心，各路运营公司共享管理支持中心，联合实施计算机的维护服务。

五、现场控制总线的构成

（一）现场总线网的构成和规模配置

目前国内对隧道的现场设备控制主要通过 PLC 实现，在隧道内各 PLC 之间架构现场总线，主要有两种表现形式：

（1）各 PLC 构成主从控制环，各 PLC 与主 PLC 通讯，通过主 PLC 和主站进行信息交换。各 PLC 之间，主 PLC 和主站之间采用各 PLC 厂家私有协议进行通信。

（2）各 PLC 之间通过工业以太网构成以太网环网，各 PLC 直接和主站进行通讯，其通讯协议随 PLC 厂家不同而不同，有的厂家公开通讯协议，有的厂家进行保密。

以上两种现场总线架构模式各有其优缺点，方式（1）构成相对简单，造价较为低廉。但缺点是：协议不公开，组网困难，对主 PLC 可靠性要求高，一旦主 PLC 发生故障，则整个系统瘫痪。方式（2）造价相对较高，但系统简单透明，当协议公开时，便于系统集成，是目前国内隧道监控系统研究应用的发展方向。

现场总线网一般包括光纤网络，工业以太网交换机，PLC 等设备，通常采用环形拓扑结构，在实际工程中通常采用工业以太网双光纤冗余环网拓扑结构，各 PLC 之间及 PLC 与监控中心均采用标准的 TCP/IP 协议。如图 6-2-2。

现场总线网的可靠性通常由光纤网络、工业以太网交换机和 PLC 三部分决定。在光纤网络部分，采用的方法包括：采用双光纤环网冗余自愈结构、预留光纤。在工业以太网交换机和 PLC 部分，采用的方法包括：采用成熟稳定的产品，定期进行维护。

现场总线网的规模和配置由现场设备的数量和位置分布决定，通常将位置分布比较集中的设备用

一台 PLC 控制，在现场实际情况中，隧道变电所、洞口、车行横通道与两个车行横通道之间通常是设备比较集中的地方，需要设置 PLC。而 PLC 所需模块类型和数量通常由该 PLC 所控制的设备决定。

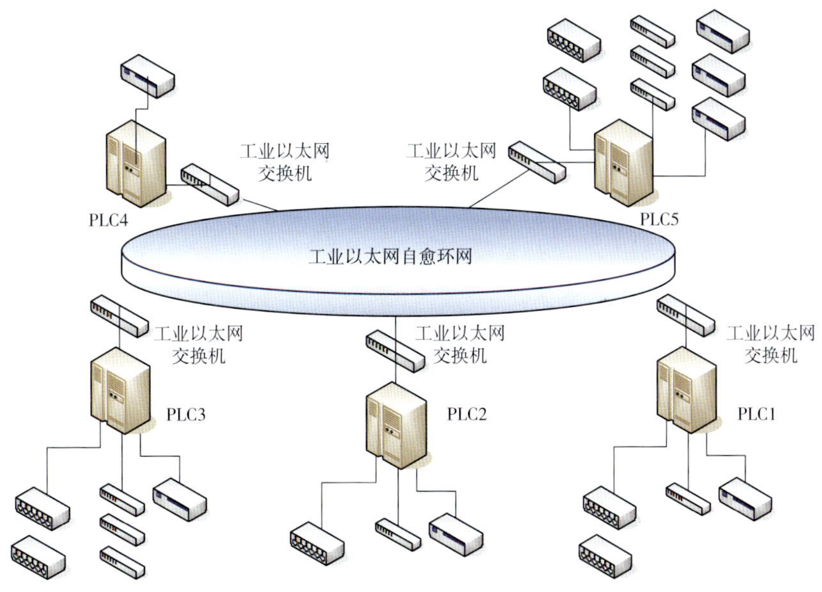

图6-2-2　现场总线网的构成

（二）现场总线网与现场图像监控数据和监控中心的传输

现场图像监控数据采用编解码方式点对点直接上传到监控中心，独立于现场控制总线。监控中心通过视频监控软件对图像进行识别，然后通过隧道智能监控软件、现场总线网对相应设备进行控制，并进行联动控制。现场总线网通过三层交换机进入通信系统（综合业务传输平台），通过通信系统将数据传输到监控中心，如图 6-2-3。

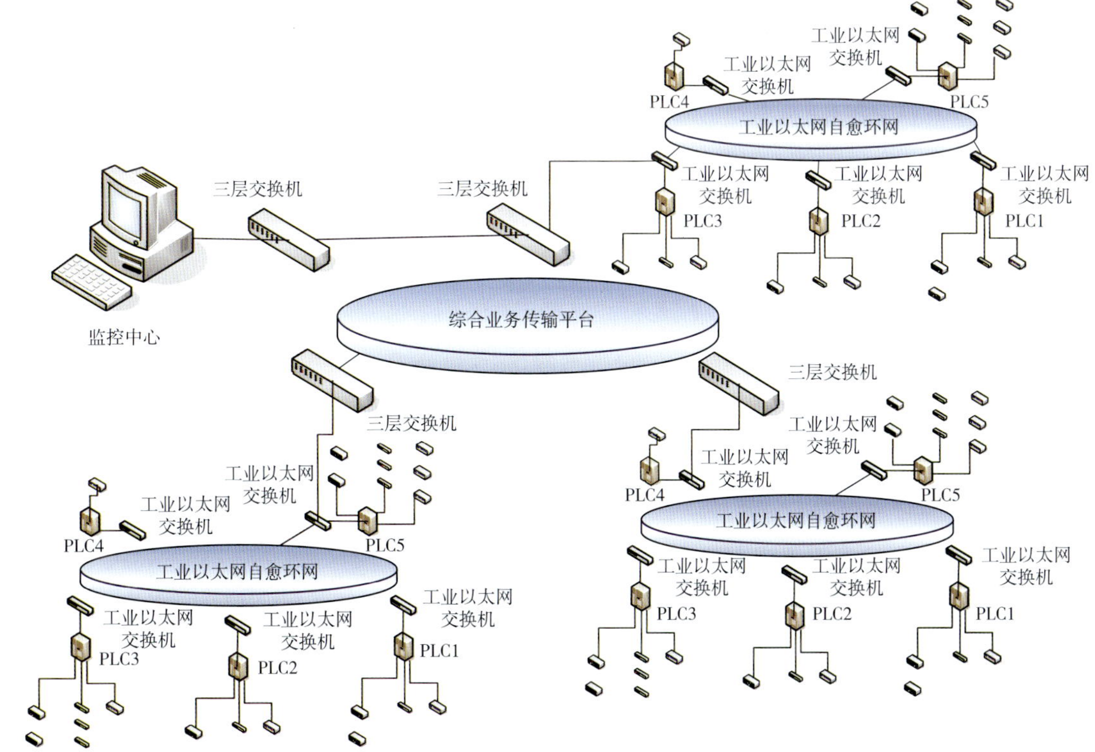

图6-2-3　现场总线网与隧道监控中心的传输

第二节　联动控制的软件流程

一、系统软件流程

（一）子系统的软件流程

联动控制软件涉及软件架构、通信模块、控制模式、控制实施步序、火灾处理、数据查询等子系统。

联动控制软件统采用多层架构体系，其逻辑结构如图 6-2-4。软件通信模块控制如图 6-2-5，软件控制模式如图 6-2-6。

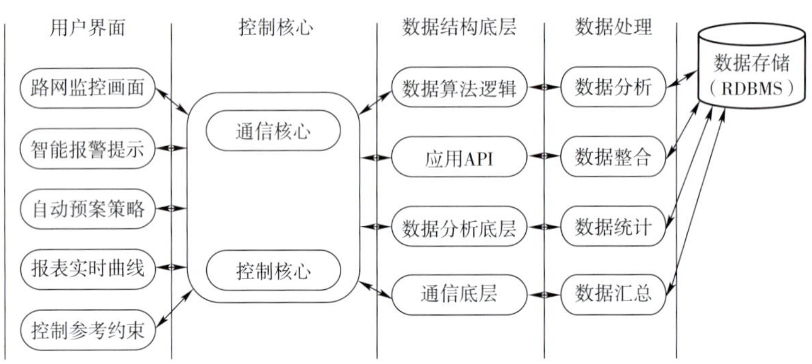

图6-2-4　联动控制软件多层架构体系图

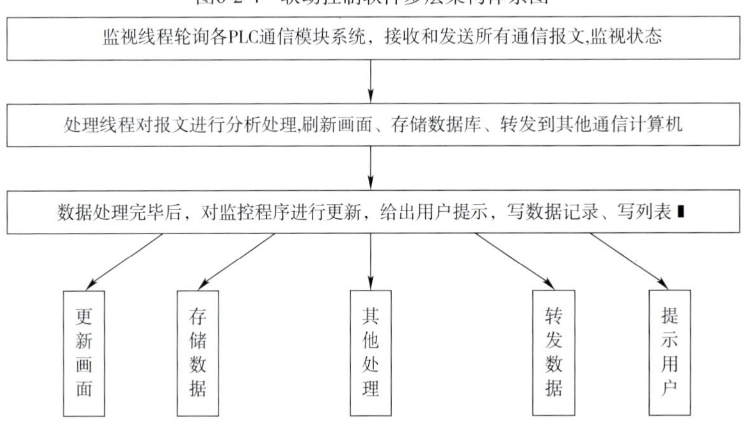

图6-2-5　联动控制软件通信模块控制图

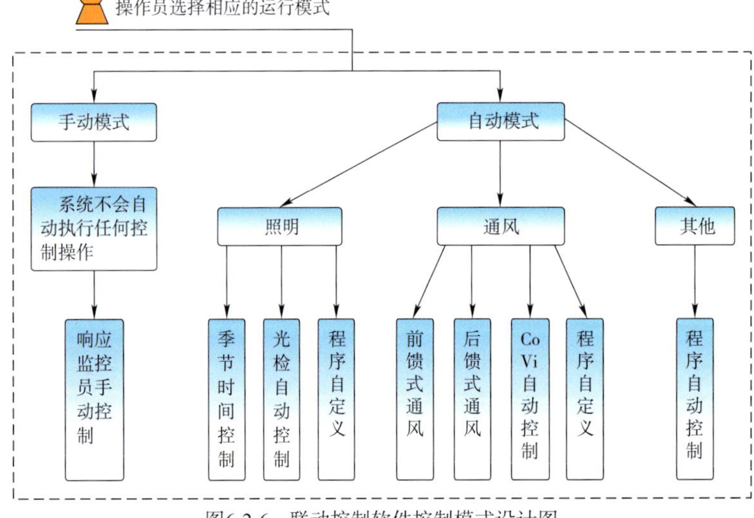

图6-2-6　联动控制软件控制模式设计图

监控系统的控制实施过程，对单控，联动控制软件 RIMS 的步骤如图 6-2-7；联动控制软件 RIMS 的预案，具有如图 6-2-8 的分类，RIMS 的预案执行步骤如图 6-2-9 所示，RIMS 的自动控制策略的执行步骤如图 6-2-10。

当火灾发生时监控系统 RIMS 的联动控制步骤，如图 6-2-11 所示。

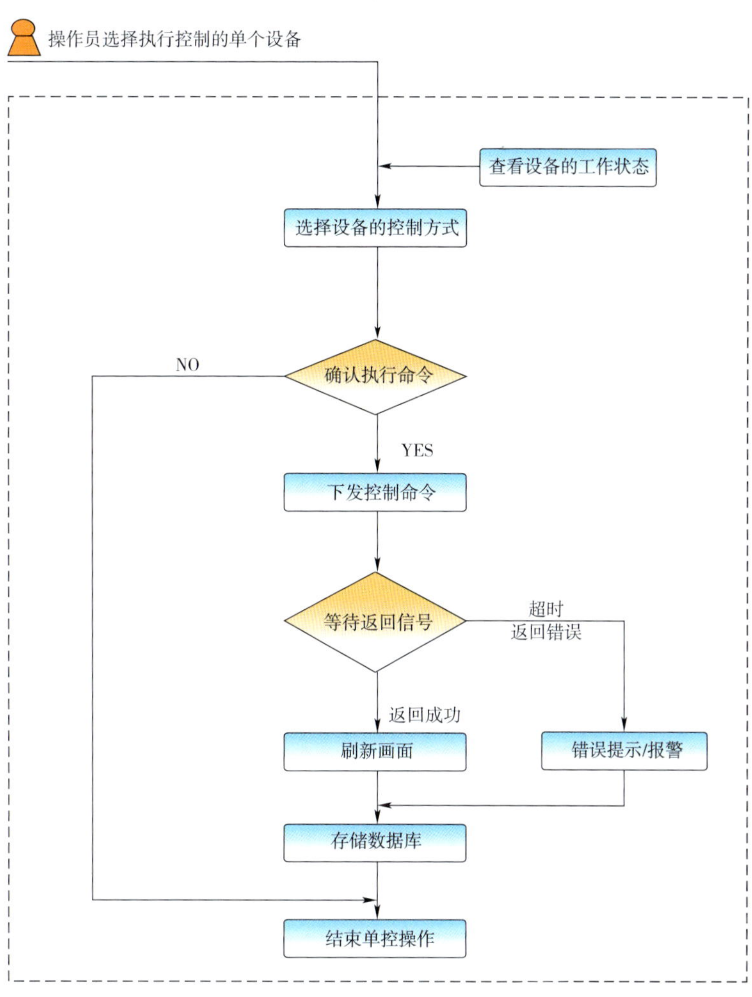

图6-2-7 联动控制软件RIMS的单控流程

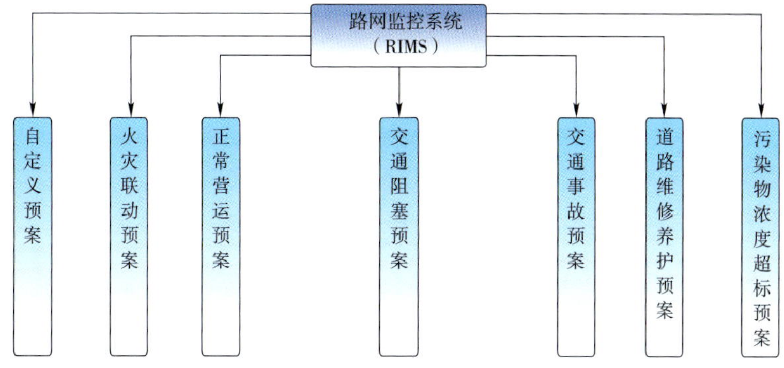

图6-2-8 联动控制软件RIMS的预案

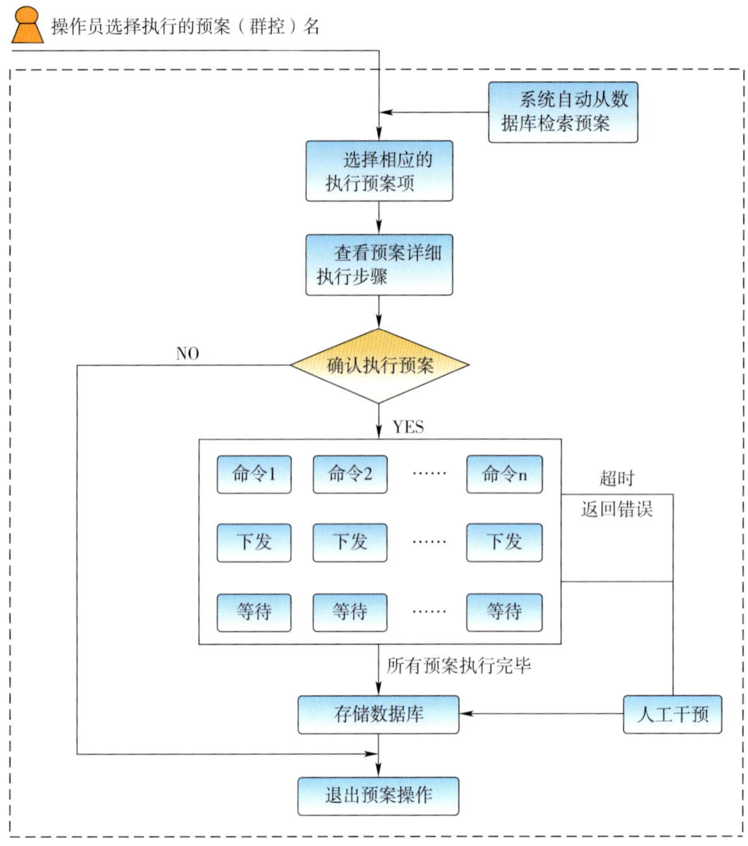

图6-2-9　联动控制软件RIMS的预案执行流程

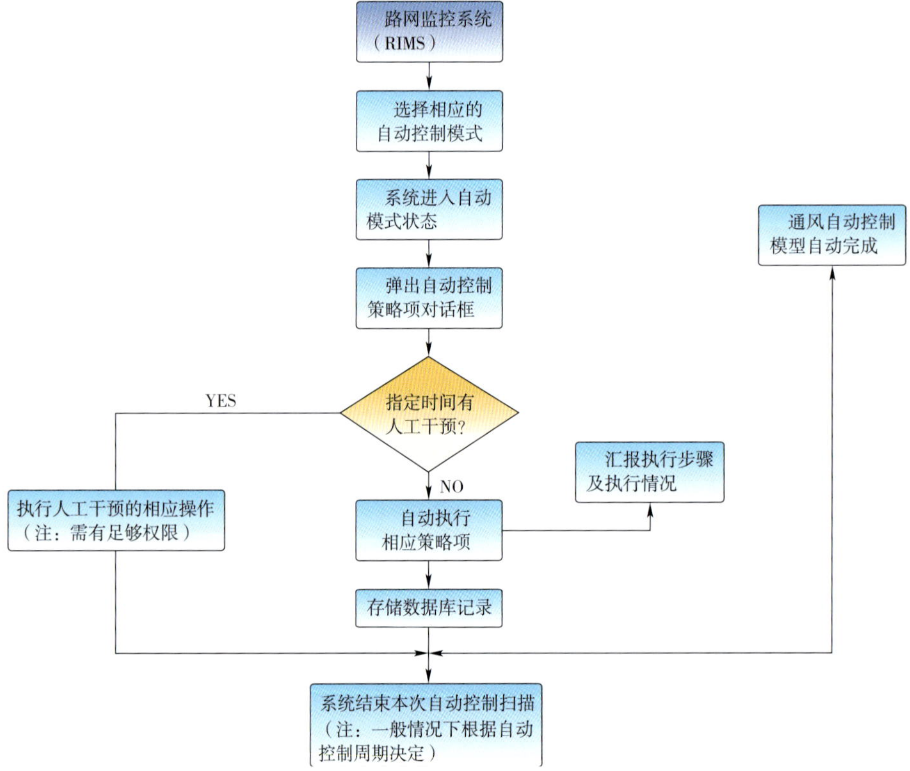

图6-2-10　联动控制软件自动控制流程

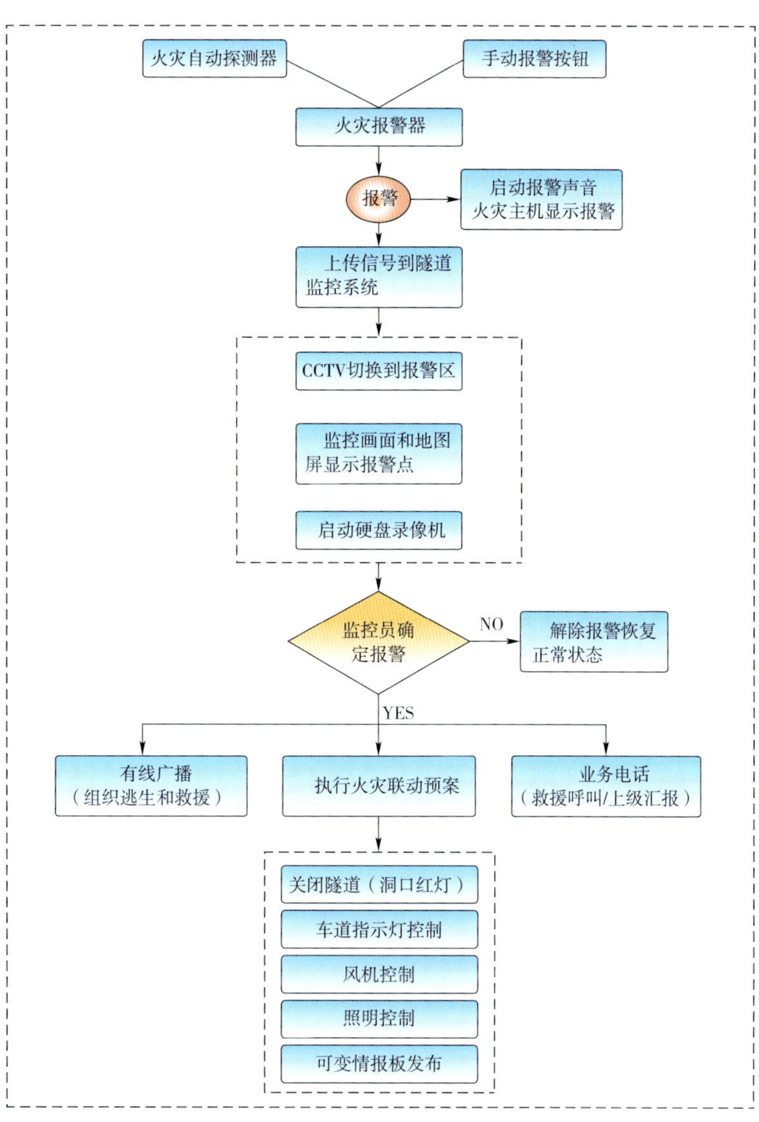

图6-2-11　联动控制软件火灾处理控制流程

数据查询分析软件是对监控系统 RIMS 的数据进行分析、查询、统计、汇总的工具软件，软件界面如图 6-2-12，主要包括如图 6-2-13 所示的功能。

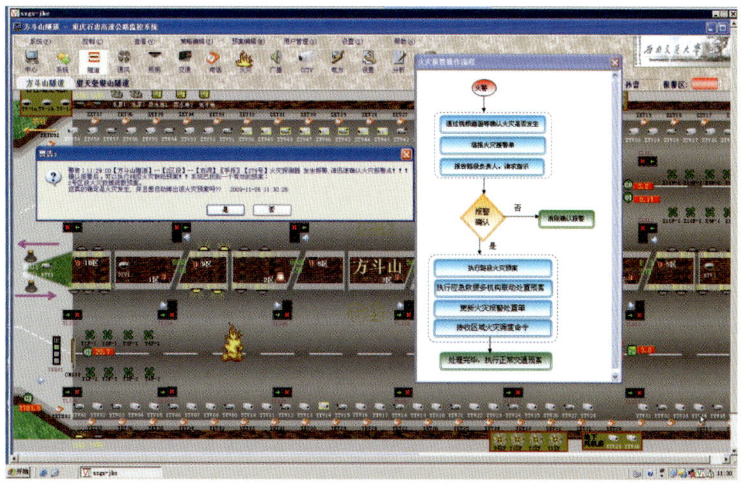

图6-2-12　联动控制软件火灾处理流程软件界面

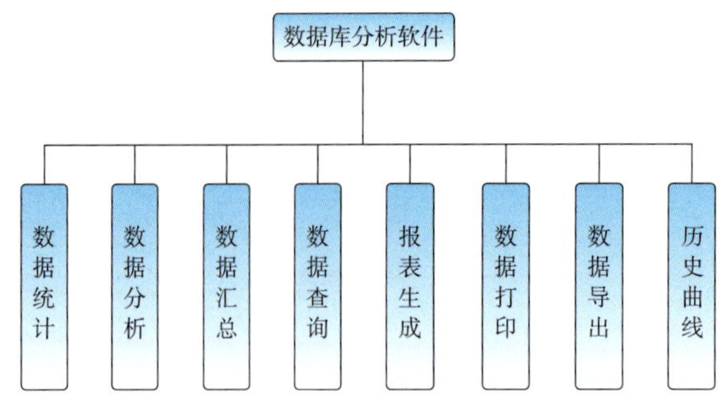

图6-2-13　联动控制软件数据查询分析功能图

（二）联动控制软件与其他子系统的联动关系

监控系统与其他子系统的联动控制，如图 6-2-14。

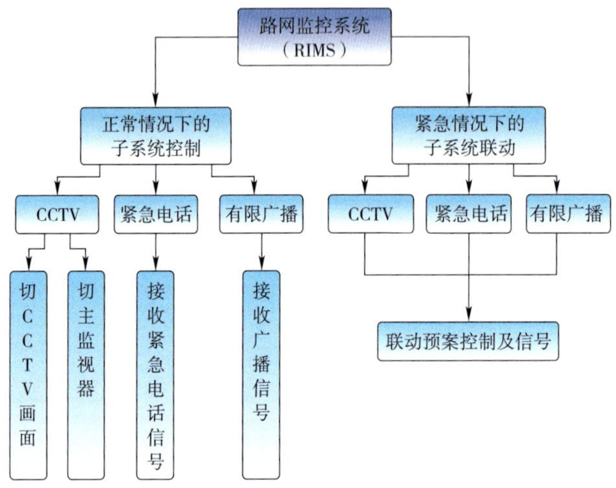

图6-2-14　联动控制软件子系统的联动图

（三）与区域监控中心数据传输流程

除数字图像数据直接通过网络传输到点以外，其他原始数据传输有两条路径：上行数据采集传输和下行数据传输。

上行数据指数据从原始设备采集点至路公司监控中心、区域分中心、区域总中心逐级传输的数据，其数据采集过程路径如图 6-2-15 所示。

描述为：基础原始数据从原始设备采集，由路公司监控中心或路公司隧道监控站所属各系统采集到，通信路公司设立的区域中心通讯管理系统将数据进行集中汇总，根据原始数据的属性和特征将数据进行分类，将分好类的数据进行直接传输或进行汇总统计，将紧急数据直接传输至区域分中心的区域管理系统或者将定时统计数据汇报至该系统，区域分中心区域管理系统处理和统计这些报警数据及统计数据，同样根据数据的属性和特征，进行再次统计和筛选，直接传输必要的报警数据至区域总中心或者将再次统计和过滤的数据汇总至区域总中心。

下行数据是指调度、指挥、管理命令从区域中心逐级下发的数据，它指示了调度和指挥命令的下发路径，如图 6-2-16 所示。

描述为：区域总中心根据所获得的数据进行统一分析和考虑，将调度和指挥、管理和协调命令下发相应的区域分中心，由区域分中心的区域管理系统对调度指挥命令进行分析，同样根据这些命令的属性和特征，对这些命令进行响应，并在区域监控人员响应下发送控制命令至各路公司监控中心设立

的区域中心通讯管理系统，由该系统将命令进行响应调度指挥命令，或将紧急控制命令下发至各子系统，最终完成区域中心的调度指挥和紧急控制命令。

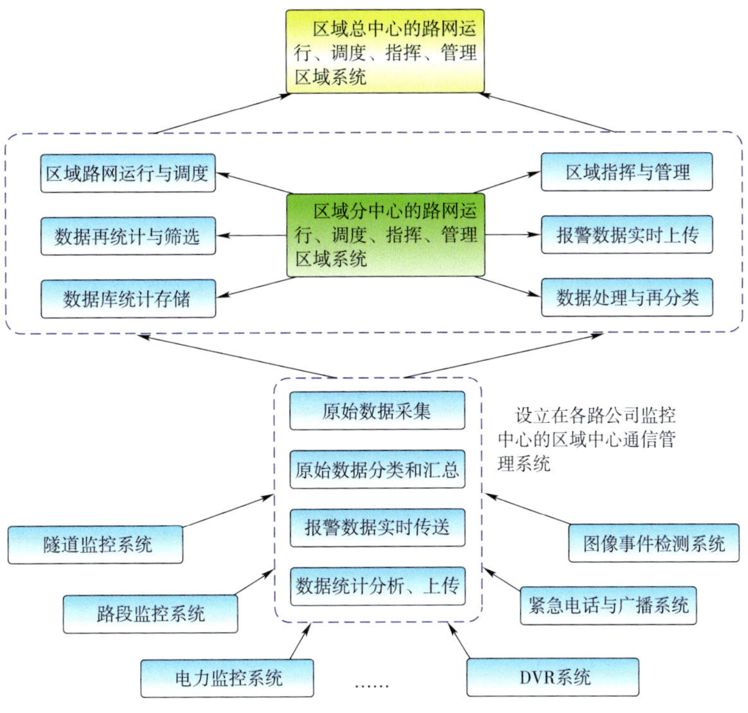

图6-2-15　联动控制软件与区域监控中心数据传输流程图

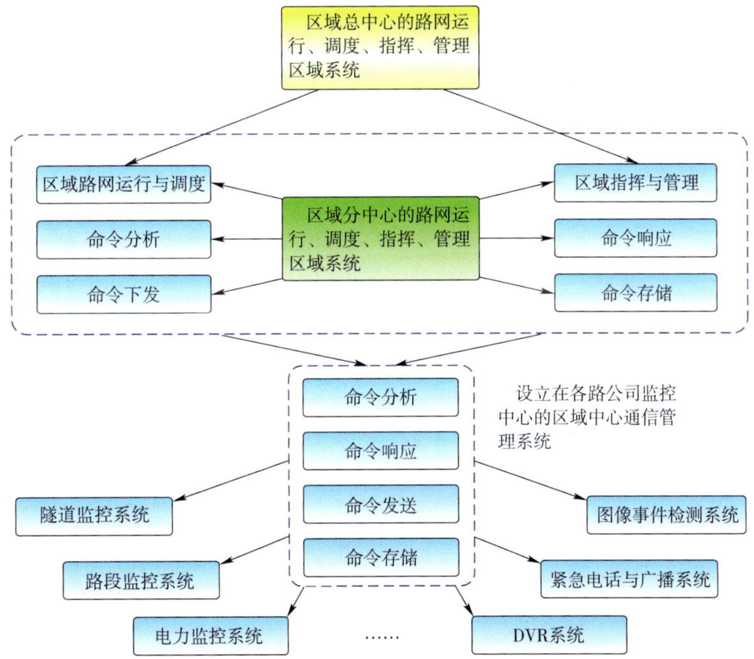

图6-2-16　联动控制软件与区域监控中心数据处理流程图

二、子系统联动流程

利用全新的模式和理念，路网智能监控系统与各子系统的联动具有如下特点：

（1）除紧急电话和广播子系统使用UDP外，其他路段监控系统与其他子系统的联动均采用有连接可靠传输入方式TCP，保证了数据的可靠传输。

（2）网络协议定义简单、可靠、易用，同样的协议适用于其他各子系统。

（3）各子系统之间由路网智能监控系统统一联动，高效、快速地体现了各系统的协作能力，极大地方便了监控和运营管理，提高了管理运营效率和管理水平。

（一）路网智能监控系统与图像事件检测系统联动

联动控制软件与图像事件检测系统联动框图，如图 6-2-17 所示。

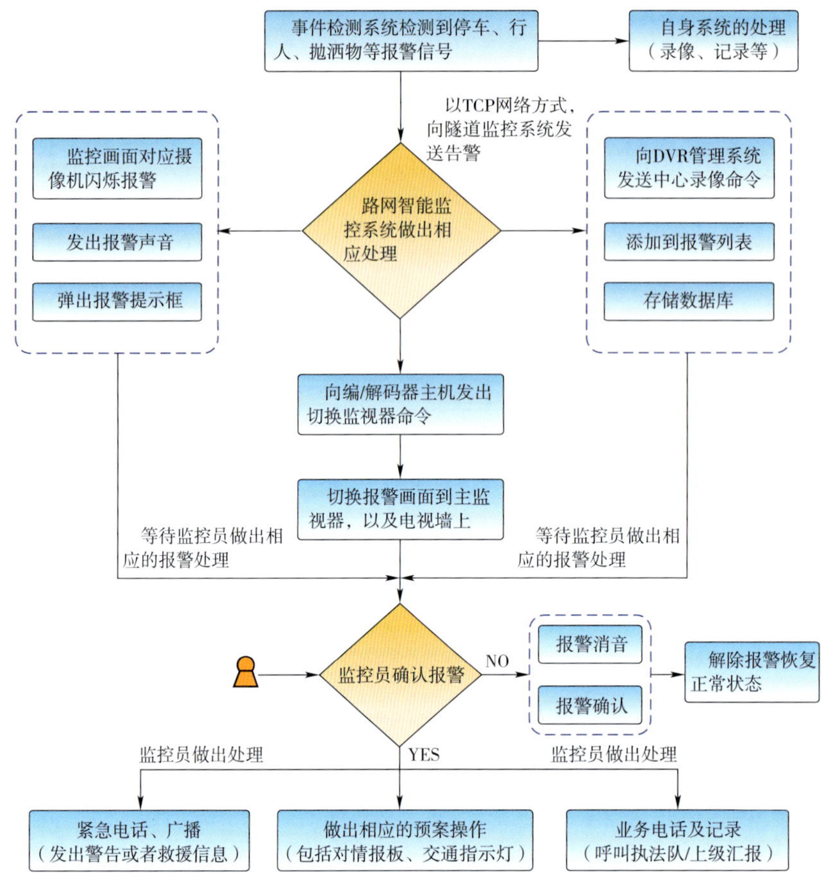

图6-2-17　联动控制软件与图像事件检测系统联动

描述如下：

（1）图像事件检测系统为根据原始数字视频信号、图像事件检测仪及一套科学的复杂算法进行分析检测，当隧道或路段内有违规停车、行人、交通堵塞、抛洒物、摄像机故障等事件发生时，能及时做出报警并录像。

（2）当图像事件检测系统检测到上述报警时自身进行 1min 的事件录像，增加事件报警到列表中，同时，通过“报警输入代理”模块，通过网络通讯把图像事件及时传给监控系统的各个监控机。

（3）路网智能监控的监控机收到报警信息后，及时对报警信息进行分析并处理，以信息框形式显示相应的报警信息时间及位置（已报的重复事件报警不再弹出报警框，直到操作员复位报警前），自动切换监控画面到相应报警画面，自动切换报警的摄像机画面到电视墙（要自动切换的监视器可事先设置，且可设定多个监视器并可修改以便同时处理多个事件报警），发送相应的该摄像机录像命令给 DVR 网络视频存储服务器系统进行录像（在中心录像，以便长期保存，同时弥补 DVR 本身存储会自动覆盖的不足），同时，监控系统画面相应摄像机闪烁，把相应的报警信息加入报警列表中，驱动监控系统报警灯闪烁，并伴有声音提示显示报警（报警声音可进行选择），提示操作员有事件报警发生并及时做出处理。

（4）图像事件报警发生时路网监控系统除上述操作和追加报警列表外，监控系统会把报警及其信

息存入数据库中，以便日后通过监控系统自带的数据分析模块进行查询及报表打印，帮忙操作员分析和追忆报警事件。

（5）操作员在没有确认报警条目前，报警始终存在于报警列表中，这时相同隧道或路段相同摄像机重复的报警事件不再以消息框形式提示，待操作员确认报警后，监控系统画面上相应的摄像机停止闪烁提示，直到报警条目全部确认完成，报警音消失。考虑到如某一已知报警始终存在或是持续明确的误报，操作员可以通过消音来屏蔽该项报警，避免烦燥的提示（事实上报警信息框在指定时间内会自动关闭，避免显示多个报警提示框，影响监控画面），但如果系统收到新的报警，仍会追加上相应声音提示，防止新报警条目被忽略。

（6）操作员进行相应的图像事件报警确认、查看视频画面、进行必要的广播、通过执行队、做好记录等一系列工作。

（二）路网智能监控系统与火灾子系统的联动及双备用

1. 与火灾子系统的联动

与火灾子系统的联动框图，如图 6-2-18 所示。

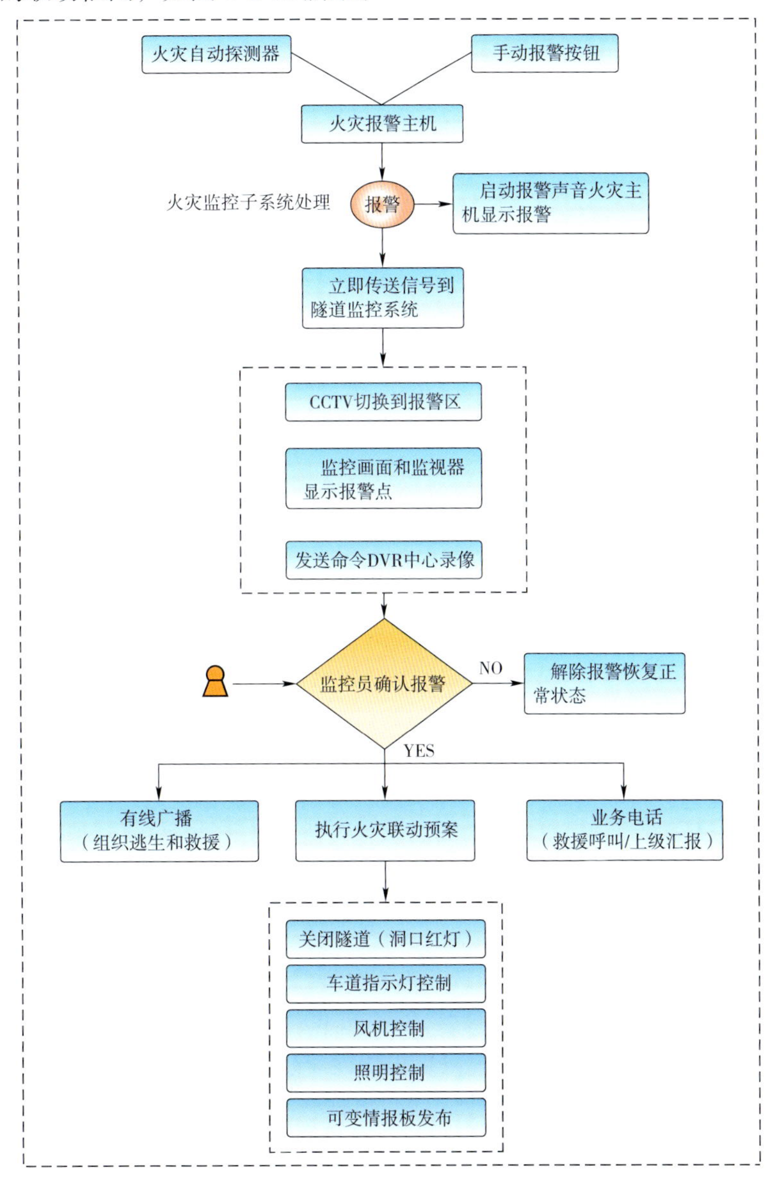

图6-2-18 联动控制软件与火灾子系统的联动流程

描述如下：

（1）当火灾子系统收到火灾报警信号后，在相应的画面上显示火灾报警点的位置、区段、报警类型等，驱动火灾声光报警器发出带声光的火灾报警，同时把火灾信号传送至路网智能监控系统。

（2）路网智能监控系统收到火灾子系统给出的火灾信号后，自动切换相应的监控画面，自动切换监视器画面到电视墙（切换的摄像机个数定为5个，可修改，要切换的监视器也定为5个，也可动态设定），向DVR视频网络存储系统发出录像命令，存储数据库，同时弹出让操作员确认的火灾提示信息框，显示报警点位置（以动画火效果显示），增加报警列表，驱动监控系统上的报警灯，发出声音报警。

（3）操作员根据报警的位置及区段提示，迅速确认报警的真实性及报警位置，确认后执行相应区段的火灾联动预案，并且通知消防、执行法队、做出记录等。

（4）火灾消除后，操作员在路网智能监控系统上执行正常交通预案即可，同时复位本地火灾控制柜，火灾监控系统和路网监控系统。

2. 双备用形式

为保障监控系统能更加可靠和及时地采集火灾信号，建议路网智能监控系统在设计上考虑双备用形式，如图6-2-19所示。

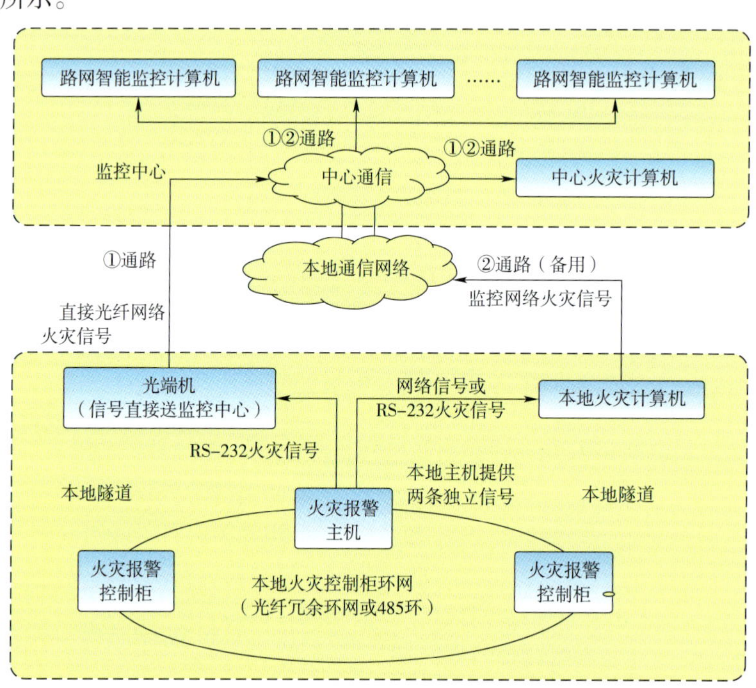

图6-2-19　联动控制软件与火灾子系统的联动配置示意图

（1）隧道一端的火灾报警主机必须能提供两条独立的火灾信号输出，从火灾报警主机输出两个RS—232串口或1个RS—232串口和1个以太网接口。这样做以增强火灾信号的安全性，因火灾信号可以从两条独立的通路输出。

（2）1条隧道能从一端的火灾报警主机输出整个隧道内及变电所所有火灾信号，包括：手报、烟感、感温电缆等。尽量避免从1条隧道的两端变电所的火灾主机各自输出火灾信号，因这样信号不集中、不便于统一记录、隧道一端不能查看见另一端的火灾。

（3）火灾信号经过火灾控制柜有两条通路可以向监控中心上报火灾信号，第一条通路为火灾控制柜的输出串口信号通过光端机直接至监控中心（直接传输），相当于使用专用的通道来传输火灾信号，保障安全，避免数据冲突，符合火灾独成系统的原则，责任也比较好界定。第二条通路为火灾控制主

机柜将另一火灾信号输出给本地火灾监控计算机，由本地火灾监控计算机处理本地火灾信号，同时把火灾信号通过本地监控网络传送至监控中心的火灾和中心的隧道监控计算机。

（4）两条通路降低了火灾信号丢失的可能性，以保证火灾信号可以准确传达。同时要求本地至监控中心增加一条独立通道用于传输火灾主信号，同时要求监控中心的火灾监控计算机能提供多串口服务器（多串口卡），方便接收和处理各隧道的火灾信号。同时火灾监控计算机接入中心监控网络，方便接收第二通路的火灾信号，同时向隧道监控计算机发出火灾联动信号。

（三）路网智能监控系统隧道模块与路段模块的联动

与路段监控系统的联动框如图 6-2-20。描述如下：

（1）监控系统路段模块主要对路段的静态信息及各机电设备，如：路段的公里标、路标、立交、详细进出口等静态信息，以及提示路段门架可变情报板、危险路段的 F 型情报板、收费站入口的诱导标志、气象检测仪、路段上的可变限速标志、车辆检测仪等路段设备进行控制、状态显示。

（2）隧道监控模块向路段监控模块发送隧道交通的信息，以便路段监控模块能全方位掌握隧道交通状况，以便向路段发布准确的交通诱导信息。

（3）路段监控模块发送可参考的信息，如：路段车流量检测、气象检测值等给隧道监控模块，以便隧道监控模块能做出辅助参考和决策。

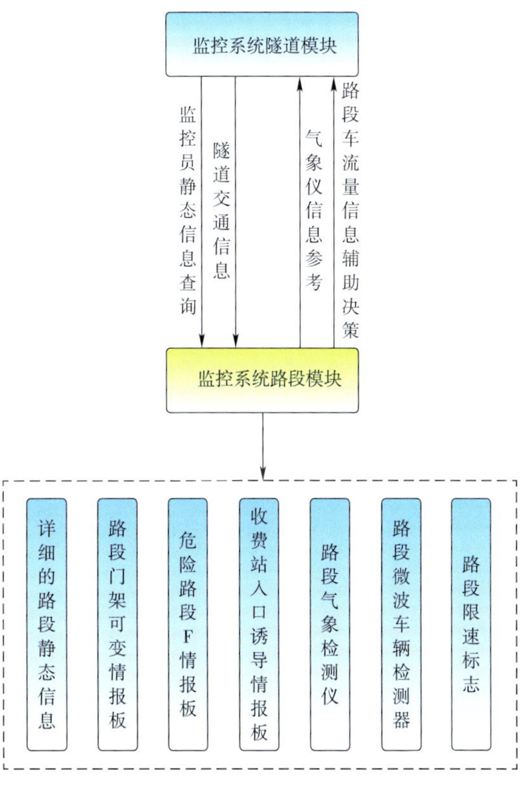

图6-2-20　联动控制软件与其他子系统的联动流程

（四）路网智能监控系统与数字图像编／解码器视频系统联动

与数字图像编 / 解码器视频系统的联动如图 6-2-21 所示，描述如下：

（1）数字图像编 / 解码器视频系统是以编 / 解码器为核心的数字化图像软件系统，它提供对编 / 解器图像的软解码、虚拟矩阵切换、云台控制等功能。

（2）数字图像编 / 解码器视频系统能接受路网智能监控系统发出的监视器切换命令，当路网监控系统收到相应的报警信号时如：图像事件检测报警、紧急电话、DVR 变电所移动报警、火灾时，能自动向该系统发出切换监控器命令，让指定的摄像机画面切换到监视器上。同时，该系统也能响应路网监控系统发出的手工切换监视器的操作。

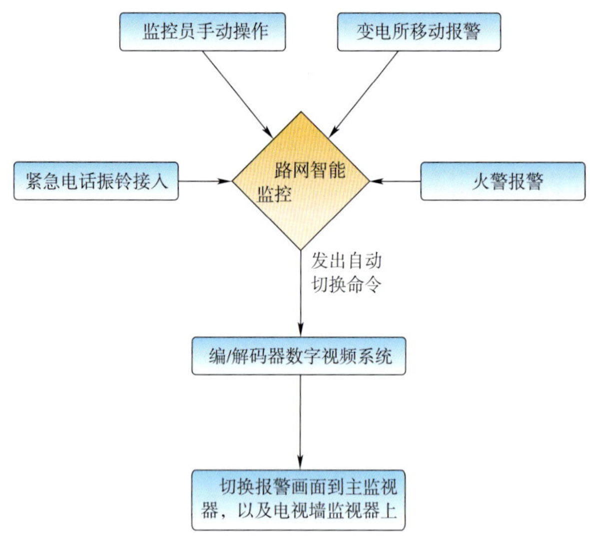

图6-2-21　联动控制软件与数字图像编/解码器视频系统联动流程

（3）因数字图像编/解码器视频系统本身不能录像，故设计上数字图像编/解码器视频系统能向DVR网络存储服务器系统发出录像命令，响应操作人员的人工录像操作。

（五）路网智能监控系统与紧急电话和广播子系统的联动

与紧急电话和广播子系统的联动，如图6-2-22所示，具体描述如下：

（1）当隧道内有紧急电话线路进入监控中心时，紧急电话和广播子系统收到信号，由该系统把相应的信号传送至路网智能监控系统。

（2）监控系统在收到振铃、通话、摘机信号时在监控画面上的紧急电话会做出相应的响应，提示操作员相应位置有紧急电话进入，同时自动把紧急电话旁最近的3台摄像机图像切换到监视器上。

（3）当操作员在紧急电话和广播子系统开始广播时，该系统会把广播信号送至监控系统，在监控系统画面上可以查看当前正在广播的位置。

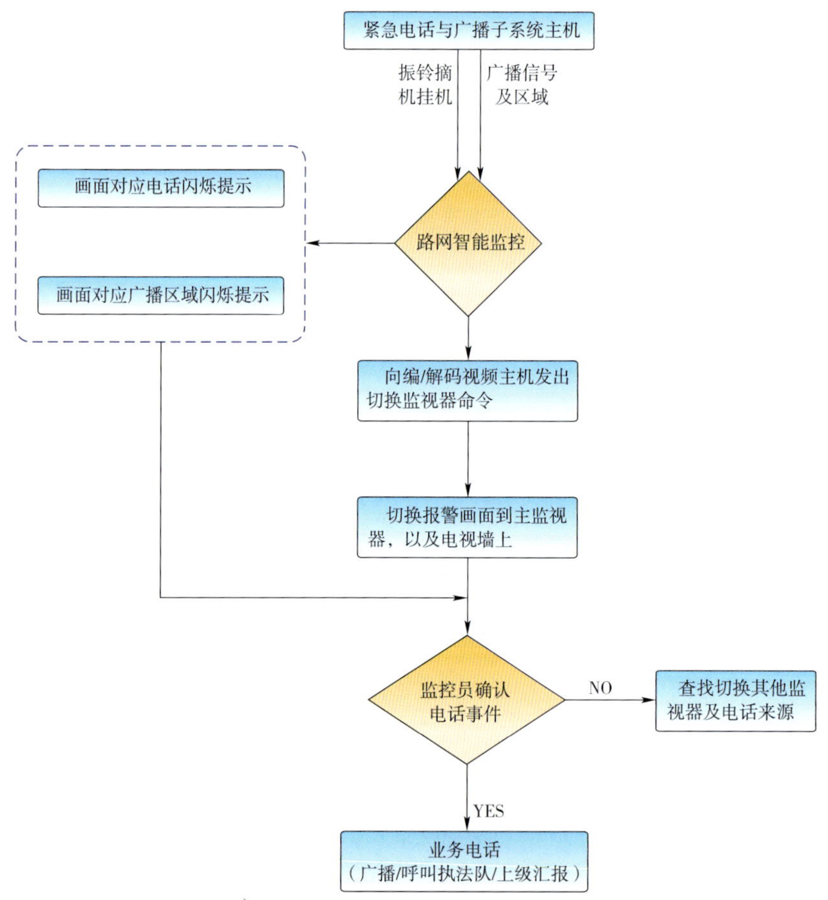

图6-2-22　联动控制软件与紧急电话和广播子系统联动流程

（六）路网智能监控系统与 DVR 网络存储服务器系统的联动

与 DVR 网络存储服务器系统的联动，如图 6-2-23 所示，具体描述如下：

（1）DVR 网络存储服务器系统设计上为管理所有 DVR，远程多路检索、多路查看回放本地各 DVR 录像文件，控制 DVR 中心录像，接收变电所本地 DVR 移动报警等功能。

（2）当路网监控系统检测到有报警事件发生或操作员手动录像，如上所述，监控系统会自动把该摄像机的录像命令发送给 DVR 网络存储服务器系统，由该系统负责在中心网络存储服务器进行录像，并在指定时间内停止录像，以便报警录像资料可以长期保存在监控中心备查。

（3）当 DVR 网络存储服务器系统收到本地变电所 DVR 的图像移动侦测报警时，由 DVR 网络存储服务器系统首先做出响应，发出声音报警，同时把报警信号传送至路网智能监控系统，由监控系统做出报警提示，同时做出加入报警列表，自动切换该报警摄像机的画面到监视器，录像等一系列联动操作，具体操作同收到图像事件检测报警类似。

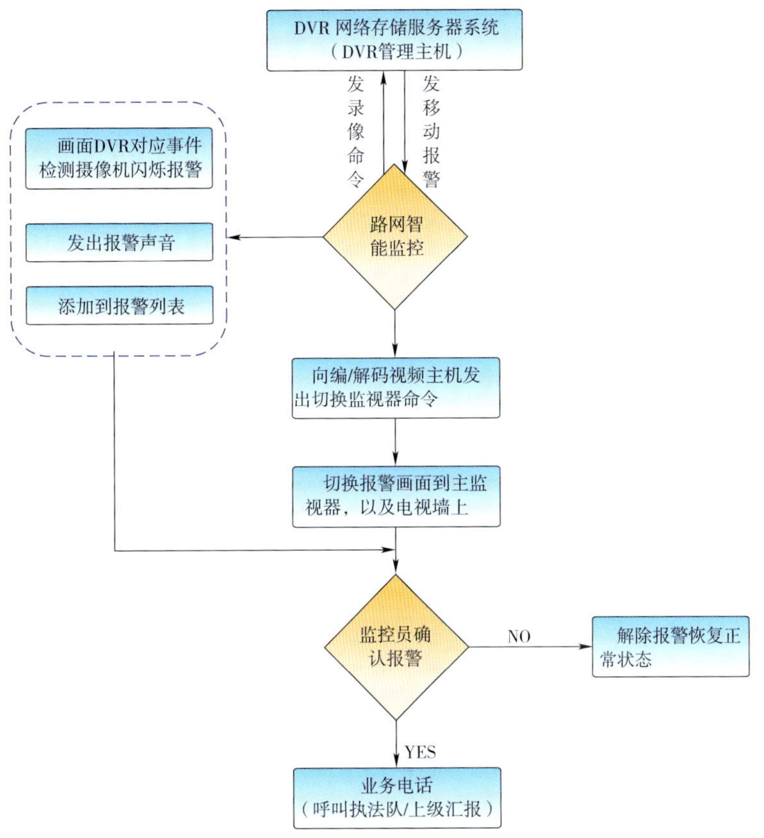

图6-2-23　联动控制软件与DVR网络存储服务器子系统联动流程

（七）隧道群及路段联动流程

路网监控系统融合隧道监控和路段监控，并制定了它们之间相应的联动预案，把整个路网监控整合成了一个整体。隧道群及路段联动，如图 6-2-24 所示，单系统隧道系统事件处理软件流程如图 6-2-25 所示，多隧道系统事件处理软件流程如图 6-2-26 所示。

（1）当隧道或者路段发生特殊情况，如火灾、严重交通阻塞、交通事故等，本隧道监控系统将执行相应的应急预案，实现交通管制。

（2）通知临近的隧道执行相应的隧道群联动预案、交通管制或者发出告警信息。

（3）通知附近的路段（收费站、立交桥、危险路段）执行路段联动预案，通过路段情报板发布告警信息，通过收费站实行交通管制等。

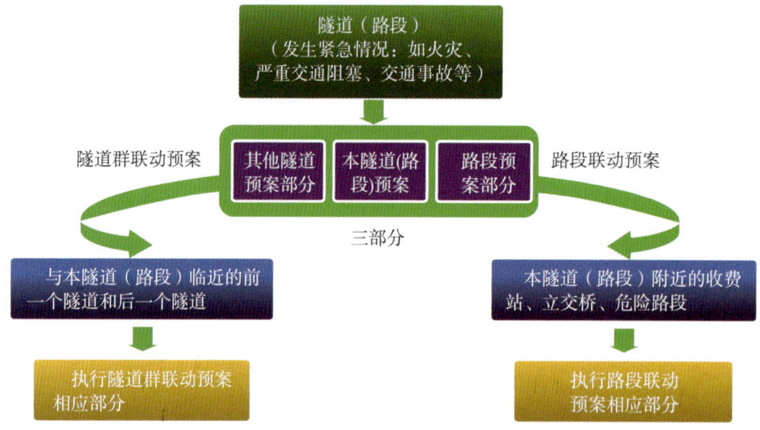

图6-2-24　联动控制软件隧道群及路段联动流程

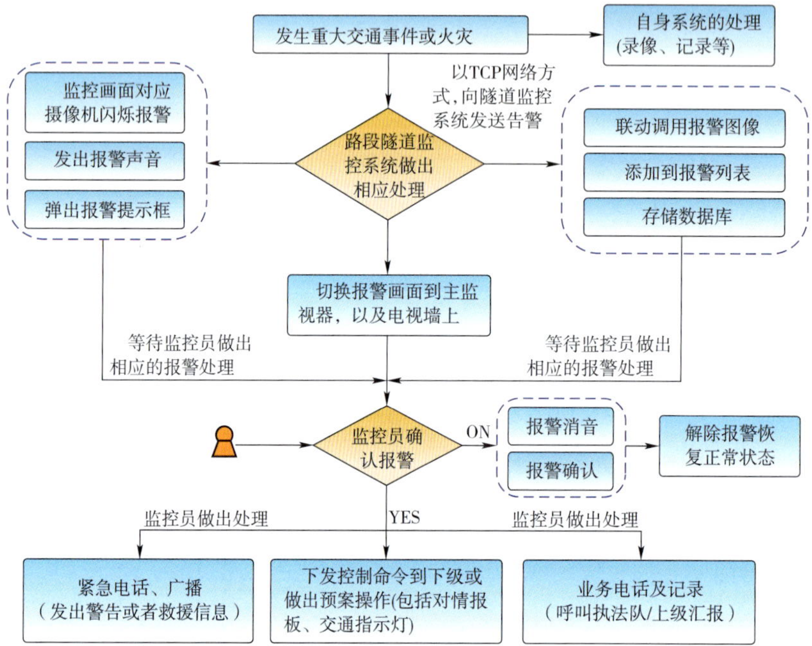

图6-2-25　单系统隧道系统事件处理软件流程

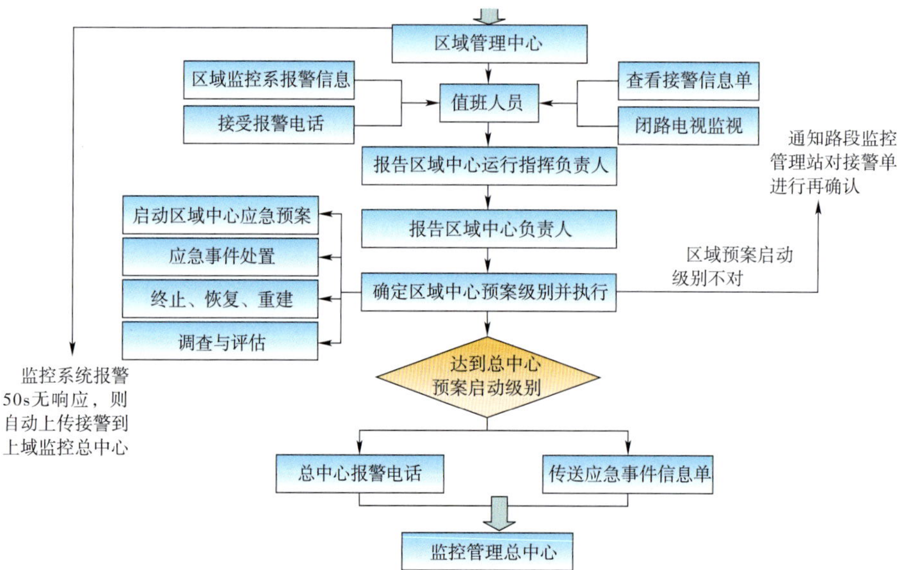

图6-2-26　多隧道（隧道群及毗邻隧道）系统事件处理软件流程

第三章　公路隧道群及毗邻隧道智能通风控制

第一节　隧道通风控制计算模型

一、需风量的计算

如前章所述，公路隧道通风系统的主要作用之一是用新鲜空气稀释隧道中车辆排放的污染物，使其浓度保持在允许限度内。影响长、大公路隧道需风量的因素很多，如隧道的长度、断面、纵坡、交通量及其交通组成等。隧道需风量主要以有害气体的排放量为依据的，计算有害气体的排放量是一个重要环节，也是整个隧道通风系统设计的基本依据。而有害气体排放量计算中又以交通量 N 和有害气体基准排放量 q 为最主要参数。污染物排放量的计算需综合考虑这两因素以及它们之间的匹配关系。

（一）**稀释 CO 的需风量**

《公路隧道通风照明设计规范》（JTJ 026.1—1999）（以下简称《规范》）规定，CO 的排放量按下式计算：

$$Q_{CO}=\frac{1}{3.6\times10^{6}}\cdot q_{CO}\cdot f_{a}\cdot f_{d}\cdot f_{h}\cdot f_{iv}\cdot L\cdot\sum_{m=1}^{n}(N_{m}\cdot f_{m}) \quad (6\text{-}3\text{-}1)$$

式中：Q_{CO}——隧道全长CO排放量，m^3/s；

q_{CO}——CO的基准排放量，m^3/辆·km，可取0.01m^3/辆·km；

f_a——考虑CO的车况系数，对于高等级公路取值为1.0；

f_d——车密度系数；

f_h——考虑CO的海拔高度系数；

f_m——考虑CO的车型系数；

f_{iv}——考虑CO的纵坡–车速系数；

L——隧道长度，m；

n——车型类别数，在第二章将车型分为大、中、小三类，故n取3；

N_m——相应车型的设计交通量，辆/h。

以上各参数可参考《规范》取值，《规范》规定 CO 基准排放量 q_{CO}（以及后面的烟雾基准排放量）是以 1995 年为起点，并按每年 1%~2% 的递减率计算获得的排放量作为实际年限的基准排放量。20 世纪 50 年代以来，各国汽车制造业技术水平都在激烈的竞争中迅速提高。随着我国实行改革开放以来，德、法、日、美、意、韩等国已在我国合资建厂制造新型车辆，每年将有大量的新车走上公路，而且车辆的排放标准越来越高，这些因素都造成 q_{CO} 的锐减。

从国内外汽车排放因子研究结果来看，我国汽车排放因子的基准排放量是国外同期水平的 8~10 倍，反映了我国汽车在未实行欧洲 I 号标准之前，其排放控制技术水平与国外相比具有明显的差距。因此，研究我国现行公路行驶汽车污染物排放因子的基准排放量及环境修正系数，对于我国道路汽车污染物排放量计算是十分重要的。在《规范》中，车速为 60km/h 时，CO 的基准排放量取值为

0.01m³/ 辆 · km，这一取值比日本 1985 年版的隧道设计规范取值 0.007m³/ 辆 · km 和瑞士 1987 年的取值 0.0065m³/ 辆 · km 要高。国内也有学者对 CO 基准排放量进行研究，结果表明公路隧道的 CO 基准排放量与汽车技术状况、发动机负荷、隧道所处的海拔高度等因素具有密切关系，而且《规范》中规定的基准排放量取值偏高。

在计算出 CO 的排放量后，可以根据下式计算稀释 CO 的需风量：

$$Q_{\mathrm{req(CO)}} = \frac{Q_{\mathrm{CO}}}{\delta} \cdot \frac{p_0}{p} \cdot \frac{T}{T_0} \times 10^6 \tag{6-3-2}$$

式中：$Q_{\mathrm{req(CO)}}$——隧道全长稀释CO的需风量，m^3/s；

Q_{CO}——由式（6-3-1）计算求得；

δ——CO的设计浓度；

p_0——标准大气压，kN/m^2，取$101.325kN/m^2$；

p——隧址设计气压，kN/m^2；

T_0——标准气温，K，取273K；

T——隧道夏季的设计气温，K。

（二）稀释烟雾的需风量

工程实践表明，在目前的规范规定的标准下，多数情况下长、大公路隧道需风量的确定时常以稀释烟雾的需风量起控制作用。由于烟雾基准排放量的折减系数对远期隧道需风量的影响很大，因此有必要对烟雾基准排放量的折减系数做一定的考虑，从而得出可靠、经济的烟雾基准排放量。柴油机车排放的高浓度黑烟，降低了能见度，影响视野，是烟雾污染物的主要来源，而汽油车的烟雾排放量只有柴油车的几十分之一，所以考虑烟雾排放一般只考虑柴油车。《规范》规定的烟雾排放基准也以中型柴油货车为例，其取值与 PI—ARC 近期推荐值一致。柴油汽车排放的尾气中主要污染有黑烟颗粒物，其成分主要为细微颗粒物（PM）、一氧化碳（CO）、氮氧化物（NO_x）、碳氢化合物（HC）、二氧化硫（SO_2）等，其中影响基准排放量的最主要因素是 PM 的排放量，所以可以通过考虑柴油汽车 PM 量排放的变化趋势来考察柴油汽车基准排放量的变化。

《规范》给出的烟雾排放量按下式计算：

$$Q_{\mathrm{VI}} = \frac{1}{3.6 \times 10^6} \cdot q_{\mathrm{VI}} \cdot f_{\mathrm{a(VI)}} \cdot f_{\mathrm{d}} \cdot f_{\mathrm{h(VI)}} \cdot f_{\mathrm{iv(VI)}} \cdot L \cdot \sum_{m=1}^{n_D} (N_{\mathrm{m}} \cdot f_{\mathrm{m(VI)}}) \tag{6-3-3}$$

式中：Q_{VI}——隧道全长烟雾排放量，m^2/s；

q_{VI}——烟雾的基准排放量，m^2/辆·km，可取$2.5m^2$/辆·km；

$f_{\mathrm{a(VI)}}$——考虑烟雾的车况系数，对于高等级公路取值为1.0；

$f_{\mathrm{h(VI)}}$——考虑烟雾的海拔高度系数；

$f_{\mathrm{iv(VI)}}$——考虑烟雾的纵坡—车速系数；

$f_{\mathrm{m(VI)}}$——考虑烟雾的车型系数；

n_{D}——柴油车车型类别数，因分大、中、小三种车型故取3。

对于烟雾基准排放量的年递减率往往还存在一些分歧，实际应用中对烟雾的排放递减率取值偏保守。我国的包括柴油车在内的所有机动车辆的排放体系都是采用欧盟的排放标准，根据欧盟关于柴油车 PM 排放标准的实施进度，每隔 4 年将进行一次标准的加严，柴油汽车的 PM 排放量的快速降低使得烟雾基准排放量也呈快速下降趋势。我国实行改革开放以来，汽车发达国家已在我国合资建厂制造新型车辆，且已大量投入生产和使用。我国将于 2012 年实施等效欧 IV 的排放标准，到 2022 年所有柴油车（包括在用车）都将达到等效欧 IV 标准。另外科技的进步也为柴油车烟雾的排放下降提供了有力的保证。综合考虑各型柴油车烟雾排放的下降比列，从 2000~2022 年的 22 年间，柴油车的烟雾排放

将累计下降至少76%，年平均3.45%。基于以上认识，可以看出无论是从国内、国外的环保要求，还是从柴油机本身的性能提高以及汽车工业的发展、技术的进步，都将使柴油车的烟雾排放量大幅降低，公路隧道 q_{vi} 的年折减系数按1%~2%的递减的这个范围是适合的。

其次烟雾年折减系数在一个具体的公路隧道通风系统设计中如何取值，还应由设计人员根据隧道的长度、纵坡、交通量及其交通组成等因数综合考虑，使隧道需风量的大小在一个合理的水平，在满足隧道营运安全的前提下能够有效地控制隧道通风系统规模，减少营运费用。

得到烟雾的排放量后，可以根据下式计算稀释烟雾的需风量：

$$Q_{req(VI)}=\frac{Q_{VI}}{K} \tag{6-3-4}$$

式中：$Q_{req(VI)}$——隧道全长稀释烟雾的需风量，m^3/s；

K——烟雾设计浓度，m^{-1}/s。

二、隧道空气流动的力学模型

（一）基本假定

本节研究的对象重点为隧道内的空气流动问题。隧道内气流流动的过程为黏性流体的三维紊流非定常流动，求解三维紊流非定常流动时普遍使用的是标准的紊流双方程模型（k-ε模型），该模型控制方程有连续方程、运动方程、紊流能量传递方程（k方程）、紊流能量耗散传递方程（ε方程）、能量方程（T方程）、浓度方程（C方程）。若按三维紊流非定常流动数学模型来进行求解的话，则需要联立求解这些控制方程组成的偏微分方程组，这样处理起来非常复杂。目前在公路隧道纵向通风设计计算中，通常采用一元流理论。严格地讲，用一维理论计算出的隧道内沿程风速和压力，不能真实地反映隧道内空气的速度和压力分布。车辆排入隧道内的污染物会在隧道的横截面上快速扩散均匀。因此，虽然污染物分布在隧道横断面的平面上，但它所代表的问题的性质和点源的一维扩散是相同的。因此，对于有一定长度的隧道而言，其内的污染物，无论是有毒气体还是悬浮物，都可以由一维扩散方程来描述。

在建立空气流动的力学模型前，还需进行下面一些假定：

（1）流体是不可压缩的

在隧道通风计算中，由于通风压力一般都在常压范围内，隧道内的温度和压力变化也不大，流体体积的变化不足以影响计算结果的精度，故简化为计算将隧道内的气体通常均假定为不可压缩体。

（2）流体的流动为稳定流。

（3）流体服从连续性定律。

对于任何一种流体来说，一维连续性方程为：

$$\frac{\partial(\rho\cdot A)}{\partial t}+\frac{\partial(\rho\cdot uA)}{\partial x}=0 \tag{6-3-5}$$

考虑公路隧道的特点：隧道横断面有效通风面积 A 可取为常数，且在隧道内空气虽受汽车排放废气污染，但它与洞外新鲜空气常混为一体，难以分开，因此可忽视空气性质的变化，而作为纯空气考虑。隧道内通风风速一般均在30m/s以下，因此可以不考虑空气压缩性影响，在隧道通风计算中可把空气作为不可压缩流体对待。则一维连续性方程简化为：

$$\frac{\partial u}{\partial x}=0 \tag{6-3-6}$$

即沿隧道纵向（x方向）任意截面任何时刻的速度为定值。可见，隧道内的空气可作为不随时间变化的恒定流处理。

（4）流体的流动遵守能量守恒定律

在隧道中任意取两个断面 1-1 和 2-2，则恒有：

$$\frac{p_1}{\rho}+gz_1=\frac{p_2}{\rho}+gz_2+h_{f1-2}+l\frac{\mathrm{d}u}{\mathrm{d}t} \tag{6-3-7}$$

式中：l、h_{f1-2}——从1-1断面到2-2断面间的距离和压力损失。

（二）作用在隧道内空气上的力

作用在隧道内空气上的力主要有自然风压力、交通通风力、射流风机的增压力以及各种通风阻力。

1. 自然风压

隧道内形成自然风流的的因素有：隧道内外的温度差（热位差）、隧道两端洞口的水平气压差（大气压梯度）和隧道外大气自然风作用，如图 6-3-1 所示。

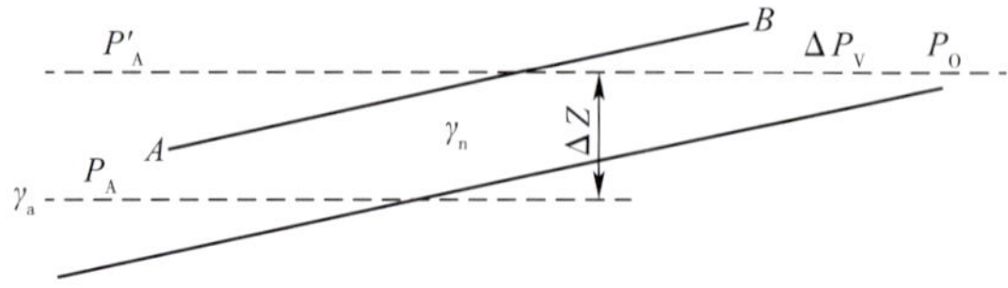

图6-3-1　自然风压图

（1）热位差

当隧道内外温度不同时，隧道内外空气的容重就不同，从而产生空气的流动，用压差来表示称为热位差。热位差压头计算式为：

$$\Delta p_t=(\gamma_a-\gamma_n)Z \tag{6-3-8}$$

式中：γ_n——隧道内的空气容重，kg/m^3；

γ_a——隧道外的空气容重，kg/m^3；

Z——隧道两洞口间的高差，m。

（2）大气压梯度

大范围的大气中，由于空气温度、湿度等的差别，同一水平面上的大气压力也有差别，这种差别在气象上以气压梯度来表示，气压梯度是指在每一个单位距离内气压变异的大小，其数值可从气象资料获得。

此外，隧道两洞口外温度湿度等的差别，会产生空气容重的差别而导致洞口间的水平压差产生，该压差也可说是隧道位置的局部气压梯度。

（3）隧道外大气自然风

隧道外吹向隧道洞口的大气风，遇到山坡后，其动压头的一部分可转变为静压力，此部分动压头的计算方法，根据隧道外大气自然风的风向与风速按下式计算：

$$\Delta p_v=\frac{\gamma_a}{2g}(V_a\cos\alpha)^2 \tag{6-3-9}$$

式中：V_a——隧道外大气自然风速，m/s；

α——自然风向与隧道中线的夹角，（°）。

有的资料介绍按下式计算：

$$\Delta p_v=\delta\frac{\gamma_a}{2g}V_a^{\,2} \tag{6-3-10}$$

系数 δ 由风向、山坡倾斜度与表面形状、附近地形以及洞口形状、尺寸而定。

（4）自然风压差计算

隧道内自然风压差 Δp_m 即为前面三项形成隧道内自然风的压差之和，它作用在隧道两端洞口之

间。若以洞口 A 为基准，如图 6-3-1 所示，则 BA 方向的自然风压差为：

$$\Delta p_m=p_{nBA}=\Delta p_v+(P_B-P'_A)+(\gamma_n-\gamma_a)\Delta Z \tag{6-3-11}$$

当参数难以确定从而无法用上式计算时，可以通过测量在自然风压下隧道内的风速来确定自然风压。由能量守恒原理可得：

$$\Delta p_m=\left(1+\xi_e+\lambda_r\cdot\frac{L}{D_r}\right)\cdot\frac{\rho}{2}\cdot v \tag{6-3-12}$$

式中：ζ_e、λ_r——分别为隧道入口损失系数和壁面摩阻损失系数；

D_r——隧道断面当量直径，m；

v_n——由自然风引起的洞内风速，m/s，一般可取2~3m/s。

实际工程中，自然风压主要受到天气、季节等因素的影响，有的情况下自然风与行车方向一致，则视其为通风动力，而在另一些情况下，自然风又与行车方向相反，此时就成为通风阻力。对于双洞单向行驶的高速公路隧道而言，必然会在一个隧道中自然风为动力，而在另一个隧道中自然风为阻力。在通风设计中，把自然风压视为通风阻力是一种偏于安全的做法。

2. 交通通风力

当车辆在隧道内行驶时，由于活塞效应，将会带动隧道内的空气沿车辆行驶方向流动。通常情况下交通通风力比自然风阻力大得多，交通通风力与隧道的长度、车速、车流量密切相关，充分利用交通通风力，有利于节省投资和提高公路隧道营运管理经济效益。

由车辆的活塞效应产生的通风力可按下式计算：

$$\Delta p_t=\frac{A_m}{A_r}\cdot\frac{\rho}{2}\cdot n_+\cdot(v_{t(+)}-v_r)^2-\frac{A_m}{A_r}\cdot\frac{\rho}{2}\cdot n_-\cdot(v_{t(-)}+v_r)^2 \tag{6-3-13}$$

式中：Δp_t——交通通风力，N/m^2；

n_+——隧道内与v_r同向的车辆数，辆，$n_+=\dfrac{N_+\cdot L}{3600\times v_{t(+)}}$；

n_-——隧道内与v_r反向的车辆数，辆，$n_-=\dfrac{N_-\cdot L}{3600\times v_{t(-)}}$；

v_r——隧道设计风速，m/s，一般情况$v_r=\dfrac{Q_{req}}{A_r}$；

$v_{t(+)}$、$v_{t(-)}$——与v_r同向和反向的各工况车速，m/s；

N_+、N_-——与v_r同向和反向的小时交通量，辆；

A_m——汽车等效阻抗面积，m^2，可按式（6-3-14）计算：

$$A_m=(1-r_l)\cdot A_{cs}\cdot\zeta_{cs}+r_l\cdot A_{cl}\cdot\xi_{cl} \tag{6-3-14}$$

式中：A_{cs}——小型车正面投影面积，m^2，可取2.13m^2；

ζ_{cs}——小型车空气阻力系数，可取0.5；

A_{cl}——大型车正面投影面积，m^2，可取5.37m^2；

ξ_{cl}——大型车空气阻力系数，可取1.0；

r_l——大型车比例。

对于单向交通的隧道，当车辆速度大于隧道内风速时，交通流产生通风力为：

$$\Delta p_t=\frac{A_m}{A_r}\cdot\frac{\rho}{2}\cdot n\cdot(v_t-v_r)^2 \tag{6-3-15a}$$

若车辆速度小于隧道内风速时，交通通风力则为负，起阻碍作用：

$$\Delta p_{\mathrm{t}} = -\frac{A_{\mathrm{m}}}{A_{\mathrm{r}}} \cdot \frac{\rho}{2} \cdot n \cdot (v_{\mathrm{r}} - v_{\mathrm{t}})^2 \tag{6-3-15b}$$

式（6-3-13）和式（6-3-15）为交通通风力的理论表达式，实际上车辆产生通风力还受到车辆在隧道内的行驶状态、射流风机的运行情况等有关，鉴于它们之间的影响相当复杂，而且风机的影响仅为局部范围内，故仍然采用该式计算交通通风力。由式（6-3-15）可知，交通通风力与交通量、行车速度及隧道内风速密切相关，它随交通量和行车速度的增大而增大，随隧道内风速的增大而降低。当交通量较小时，隧道的行车速度较大，风速较小，此时交通通风力的产生效率较高。随着交通量的增加，行车速度降低了，同时隧道内风速增加了，交通通风力的产生效率大大降低，反而会引起隧道内风速的降低，增加污染物浓度超标的可能性。

3. 射流风机的增压

在隧道的通风系统中，射流风机根据其作用的不同可以分为动力增压和阻力降压两种方式，本文只考虑动力升压作用。在隧道内将多组风机按一定间距串接，利用射流诱导效应和增压效应，在隧道中形成空气的纵向流动，满足隧道通风的要求即为动力增压。射流风机的理论升压为：

$$\Delta p_{+\mathrm{jt}} = \beta(1-\alpha)\frac{2-\beta(3-\alpha)}{(1-\beta)^2}\frac{1}{2}\rho v_{\mathrm{j}}^2 \tag{6-3-16}$$

式中：α——速度比，$\alpha=\dfrac{v_{\mathrm{r}}}{v_{\mathrm{j}}}$，$v_{\mathrm{j}}$和$v_{\mathrm{r}}$分别为射流出口速度和隧道通风速度；

β——面积比，$\beta=\dfrac{A_{\mathrm{j}}}{A_{\mathrm{r}}}$，$A_{\mathrm{j}}$和$A_{\mathrm{r}}$分别为射流出口面积和隧道断面面积；

ρ——空气密度。

隧道中的风机射流是一种具有伴随流的、近壁、并列的复杂射流，由于流动之间的剧烈碰撞和掺混，壁面摩阻对高速射流的作用，以及涡流、湍流存在等原因，使射流必然产生不可逆的能量损失，这使得射流的实际升压比理论升压少。这种受限射流的流动情况非常复杂，理论研究尚未成熟，因此实际升压可采用根据实验数据整理的经验修正系数修正，修正后射流风机的实际增压力可表示如下：

$$\Delta p_{+\mathrm{ja}} = K_{+\mathrm{j}} \Delta p_{+\mathrm{jt}} \tag{6-3-17}$$

式中：$K_{+\mathrm{j}}$——射流能量损失修正系数，取值范围为0.831~0.952；

$\Delta p_{+\mathrm{ja}}$——射流风机的实际增压。

影响 $K_{+\mathrm{j}}$ 值的因素有许多，如风机的安装高度、同组风机间的水平距离、一组风机的台数等，$K_{+\mathrm{j}}$ 值的确定一般采用试验的方法，也可以采用数值模拟的方法定。此外，纵向射流通风效果还与纵向风机的位置有关。为了尽可能多地取得使用空间，风机通常安装于隧道的顶部，从风机出口喷出的高速气流是从顶部开始发展的。要取得好的通风效果，必须让射流充分发展，最好是充满整个隧道断面。因此，深入研究射流的发展规律，确定合理的机位间距就显得非常重要。与自由射流不同，隧道射流通风中的射流属有限空间射流。建筑通风模型实验表明射流将在无因次距离 x=0.6 处消失，在超过 0.6 的长度上将形成一个或多个涡流区，这是在封闭空间内的现象。而隧道的两端是敞开的，加之有交通风和自然风的联合作用，射流的发展过程更加复杂，影响因素更多，射流的长度不仅与风机的出口风速 v_{j}、交通风风速 v_{t}、自然风风速 v_{m}、隧道横断面尺度等有关，而且与射流的消失长度与风机的口径也有关（与风机的流量有关）。射流长度目前尚无精确的计算方法，只能用模型实验确定，文献通过模型试验得出：

$$l_{\mathrm{s}} = \left(7.16 + 62.93\frac{v_{\mathrm{j}}}{v_{\mathrm{r}}} - 108.2\frac{A_{\mathrm{j}}}{A_{\mathrm{r}}}\right)d_{\mathrm{e}} \tag{6-3-18}$$

式中：l_{s}——风机射流长度；

d_{e}——隧道当量直径。

那么两组风机间的距离为：

$$l=l_s+l_m+l_j \tag{6-3-19}$$

式中：l_m——风机吸入段长度，通常取3m；

l_j——风机及消声器长度，若两组风机的设置距离小于l，则风机的实际升压力还会降低。

若有 n 台风机开启时，它们产生的增压为：

$$\sum \Delta p_{+\mathrm{ja}} = n_+ \Delta p_{+\mathrm{ja}} = n_+ K_{+\mathrm{j}} \Delta p_{+\mathrm{jt}} = \frac{1}{2} n_+ K_{+\mathrm{j}} \beta (1-\alpha) \frac{2-\beta(3-\alpha)}{(1-\beta)^2} \rho v_\mathrm{j}^2 \tag{6-3-20}$$

4. 通风阻力

空气在隧道内流动时，所遇到的阻力为入口、出口处的局部压力损失阻力，以及全程的摩阻损失引起的通风阻力。其中入口损失系数及壁面摩阻损失系数应根据隧道的断面当量直径和壁面粗糙率取值，出口处损失阻力一般可以近似认为取 1。这些阻力损失系数也可由现场测试确定，而且所得值更加准确，适用于运营期间的通风系统控制。隧道通风的总的阻抗力为：

$$\Delta p_\mathrm{r} = \left(1 + \xi_\mathrm{e} + \lambda_\mathrm{r} \cdot \frac{L}{D_\mathrm{r}}\right) \cdot \frac{\rho}{2} \cdot v_\mathrm{r}^2 \tag{6-3-21}$$

式中：v_r——隧道内风速，m/s；

ξ_e——入口阻力系数；

λ_r——隧道壁面摩阻损失系数；

L——隧道长度；

D_r——隧道断面的当量直径。

（三）**力学平衡方程**

在只考虑一维流动的情况下，根据前面的空气不可压缩假定，设隧道内空气流速为 vr（t），即流速是时间的函数。作用在空气上的合力为：

$$F=\sum \Delta p_{+\mathrm{ja}}+\Delta p_\mathrm{t}-\Delta p_\mathrm{m}-\Delta p_\mathrm{r} \tag{6-3-22}$$

由牛顿第二定律可以得到下面的等式：

$$\frac{\mathrm{d}v_\mathrm{r}(t)}{\mathrm{d}t} = \frac{F}{M} \tag{6-3-23}$$

式中：M——隧道内空气的质量，$M=\rho A_rL$，A_r为隧道横断面面积。

在风机的一个控制周期内，可以认为隧道内的风速为定值，即 $\mathrm{d}v_{\mathrm{r}(t)}/\mathrm{d}t=0$，此时便有 $F=0$，即

$$F=\sum \Delta p_{+\mathrm{ja}}+\Delta p_\mathrm{t}-\Delta p_\mathrm{m}-\Delta p_\mathrm{r}=0 \tag{6-3-24}$$

此式即为隧道内空气的静力平衡方程。

三、污染物扩散模型

（一）**传热与流动的控制方程**

研究一个物理现象，必须对事物的传热和流体流动的过程机理有着深刻的认识，并建立相应的数学描述，即控制方程。这里简单列举有关传热和流体流动的控制方程。

1. 质量守恒方程

典型的质量守恒方程如下：

$$\frac{\partial \rho}{\partial t} + \mathrm{div}(\rho \cdot \vec{V}) = C \tag{6-3-25}$$

式中：ρ——密度；

$\vec{V}$——速度矢量；

C——内部的质量源。

对于无内部质量源的流体流动而言，C=0，故质量守恒方程也就是连续性方程。

2. 能量方程

以最通用的形式表示的能量方程含有相当数量的各种不同的影响因素。对于一般的可以忽略黏性耗散作用的低速流，能量方程可以写成如下形式：

$$\mathrm{div}(\rho \cdot \vec{V} \cdot h) = \mathrm{div}(K \cdot \mathrm{grad}\,T) + S_h \tag{6-3-26}$$

式中：h——比焓；

K——导热系数；

T——温度；

S_h——容积发热率。

3. 动量方程

以 X 方向为例：

$$\frac{\partial}{\partial t}(\rho \cdot u) + \mathrm{div}(\rho \cdot \vec{V} \cdot u) = \mathrm{div}(\mu \cdot \mathrm{grad}\,u) - \frac{\partial P}{\partial x} + B_x + V_x \tag{6-3-27}$$

式中：u——X方向的分速度；$\vec{V}$——速度矢量；μ——黏度；P——压力，B_x——沿X方向的单位容积内的体积力；V_x——除去以$\mathrm{div}(\mu \cdot \mathrm{grad}u)$所代表的黏性力项之外是其他所有黏性力项。

4. 紊流动能方程

现今普遍流行的紊流“双方程模型”把紊流脉动动能 k 的方程作为其中的方程之一，形式为：

$$\frac{\partial}{\partial t}(\rho \cdot k) + \mathrm{div}(\rho \cdot \vec{V} \cdot k) = \mathrm{div}(\Gamma_k \cdot \mathrm{grad}k) + G - \rho\varepsilon \tag{6-3-28}$$

式中：Γ_k——k的扩散系数；

G——紊流能量的生成率；

ε——动能的耗散率。

ε 方程与此方程的形式相同。

5. 传热与流动的通用方程

由于以上各方程在形式上存在相似性，所有因变量都服从一个通用的守恒原理。因此，将以上方程归纳为一个通用的微分方程

$$\frac{\partial}{\partial t}(\rho \cdot \phi) + \mathrm{div}(\rho \cdot \vec{V} \cdot \phi) = \mathrm{div}(\Gamma \cdot \mathrm{grad}\phi) + S \tag{6-3-29a}$$

式中：Γ——扩散系数；

S——源项；

1 个对于特定意义的因变量 Φ 有特定的 Γ 和 S。上述通用微分方程中的四项分别为不稳态项、对流项、扩散项和源项。

通用微分方程又可以用直角坐标系的张量表示：

$$\frac{\partial}{\partial t}(\rho \cdot \phi) + \frac{\partial}{\partial x_i}(\rho \cdot u_j \cdot \phi) = \frac{\partial}{\partial x_i}\left(\Gamma \cdot \frac{\partial \phi}{\partial x_i}\right) + S \tag{6-3-29b}$$

建立通用微分方程对数值计算的意义是：编制计算程序时，不必针对某个具体的，而只需写一个求解通用程序即可，人们可以对不同的 ϕ，重复使用该程序。

（二）隧道内污染物扩散的一般形式

车辆在隧道内行驶过程中对隧道内空气的污染主要包括汽车扬起的灰尘、发动机排放的烟雾、炭氧化合物（主要是 CO）、碳氢化合物（HC）等，在通风计算中主要考虑的是 CO 和烟雾，而且两者通常独立考虑，故长隧道风流中的气体都可简化地归于污染物和空气二元混合气体（其实它是多元体

系）。车辆通过隧道时所排放的污染物首先与空气相混合，随后在与空气混合和流动的过程中不断运移和扩散。污染物运移过程是指污染物在风流中运动的过程，即污染物在隧道空气中的扩散运动或衰减转化；而污染物在隧道风流中的扩散运动十分复杂，它不仅决定于污染物和空气的物理力学性质，而且与隧道内空气流动状态、车辆运行速度、车辆数量等密切相关。隧道通风过程同时也是污染物在风流中的运移和扩散过程，其形式主要包括分子扩散、对流运移、紊流扩散、衰减转化等四种。在分析公路隧道风流中污染物浓度分布时，由于污染物在风流中的分子扩散和衰减相对于其他两项来说可以忽略，污染物在风流中的运移主要通过对流和紊流扩散的形式。

根据式 6-3-29 可以写出隧道内污染物扩散的一般形式如下：

$$\frac{\partial c}{\partial t}=\frac{\partial}{\partial x_{\mathrm{j}}}\left(K\frac{\partial c}{\partial x_{\mathrm{j}}}\right)-\frac{\partial}{\partial x_{\mathrm{j}}}(c\cdot v_{\mathrm{j}})+q_{\mathrm{c}} \tag{6-3-30}$$

式中：c——污染物的质量浓度，kg/m^3；

K——扩散系数，m^2/s；

v_{j}——气流在x_{j}方向的速度分量；

q_{c}——污染物产生率，kg/（m^3·s）。

对于长隧道的通风而言，可以认为风流只在洞内做一维运移和扩散，并且根据不可压缩假定，气流速度沿隧道长度方向是不变的，故一维情况下的隧道内污染物的扩散方程可根据式 6-3-30 改写如下：

$$\frac{\partial c(x,t)}{\partial t}=\frac{\partial}{\partial x}\left(K\frac{\partial c}{\partial x}\right)-v_{\mathrm{r}}\frac{\partial c}{\partial x}+q-q_{\mathrm{s}} \tag{6-3-31a}$$

式中：v_{r}——隧道内的气流速度；

q——由车辆引起的污染物产生率，kg/（m^3·s）；

q_{s}——由风机引起的污染物运移率，kg/（m^3·s）。

对于长隧道而言，风机的影响只在局部范围内，故可取 $q_{\mathrm{s}}=0$，式（6-3-31a）变为：

$$\frac{\partial c(x,t)}{\partial t}=\frac{\partial}{\partial x}\left(K\frac{\partial c}{\partial x}\right)-v_{r}\frac{\partial c}{\partial x}+q \tag{6-3-31b}$$

式（6-3-31b）中左边项为污染物浓度的不稳定项，右边第一项为污染物扩散项，第二项为对流作用引起的污染物运移项。从物理过程来看，扩散作用与对流作用在传递信息或扰动方面的特性有很大的区别。扩散过程可以把发生在某一地点扰动的影响向各个方向传递。对流是流体微团宏观的定向运动，带有强烈的方向性。在对流的作用下，发生在某一地点上的扰动只能向其下游方向传递而不会逆向传播。扩散与对流在传递扰动方面的这种区别，示意性地表达于图 6-3-2 中。其中 ε 表示对某一物理量的扰动，t_0 是初始时刻，t_1，t_2 表示相继时刻，虚线所示图形表示在扩散或对流作用下扰动的传递情形。

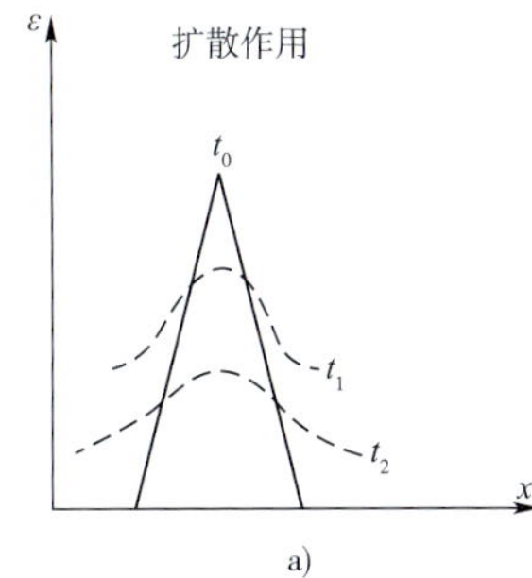

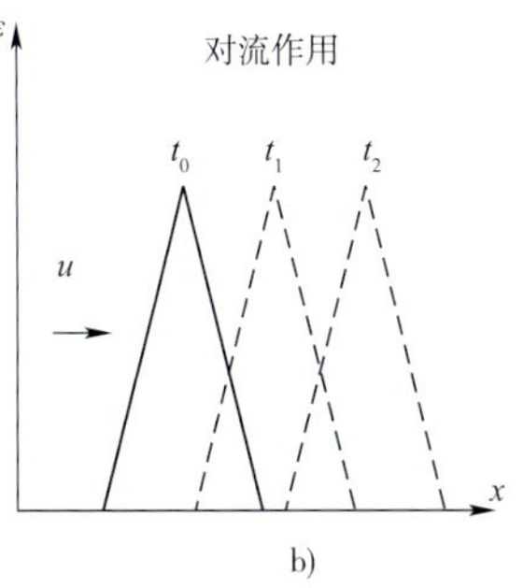

图6-3-2　扩散与对流作用在传递扰动性能方面的差别

对流与扩散作用在物理本质上的这种差别，应在其各自的差分格式的特性中有相应的反映。如果

对流项的某种差分格式仅能使扰动沿着流动方向传递，则此种格式称为具有迁移特性。

（三）稳态扩散模型

按污染物浓度是否随时间（一个控制周期内）变化可以分为稳态模型和动态模型。在稳态扩散模型中，污染物浓度不随时间而改变，隧道通风系统的设计基本上都是基于稳态模型的。在隧道的通风控制中，在一个控制周期内，也可以认为污染源项是一个与时间和位置无关的常数，即在污染物模型中也不考虑污染物浓度随时间的变化。

稳态模型中，污染物浓度分布不随时间而改变，即：

$$\frac{\partial c(x,t)}{\partial t}=0 \tag{6-3-32}$$

同时假定扩散常数在隧道全长范围内保持恒定，此时方程（6-3-31b）简化为：

$$K\frac{\partial^2 c}{\partial x^2}-v_{\mathrm{r}}\frac{\partial c}{\partial x}+q=0 \tag{6-3-33}$$

该方程即为一个常微分方程。实际上车辆较多时，隧道内的风速通常大于 3m/s，此时风速引起污染物运移的影响比扩散的影响大许多，即：

$$K\frac{\partial^2 c}{\partial x^2}<<v_{\mathrm{r}}\frac{\partial c}{\partial x}$$

那么方程（6-3-33）可进一步简化为：

$$\frac{\partial c}{\partial x}=\frac{q}{v_{\mathrm{r}}}\quad 或者\quad c(x)=\frac{q}{v_{\mathrm{r}}}x+c_0 \tag{6-3-34}$$

其中，c_0 为隧道入口处污染物的初始浓度。该式表明，污染物浓度沿隧道呈线性分布，且在隧道出口处到达最大值，如图 6-3-3 所示。

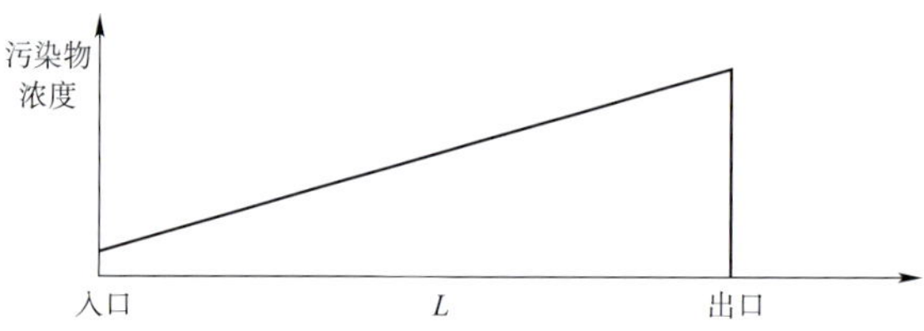

图6-3-3　稳态模型污染物浓度分部

（四）动态扩散模型

稳态模型中假定在一段时间内污染物浓度分布是不变的，且在出口处达到最大。这与实际情况有很大出入，我们知道隧道内车辆是离散的，且不断的有车入洞和出洞，它们的位置、速度、车型等都是瞬时变化的。这必然导致隧道内污染物浓度的分布是时时刻刻变化着的，且某时刻的最大值也不一定在出洞的地方，因而若要更为准确地计算出隧道内的污染物浓度分布，必需考虑污染物浓度随时间的变化，即采用污染物的动态扩散模型。

在动态模型中有：

$$\frac{\partial c(x,t)}{\partial t}\neq 0 \tag{6-3-35}$$

同时，为了计算的准确性，还需考虑污染物的扩散影响，因而研究污染物在隧道内的动态分布就需要求解方程（6-3-31b）。

根据对污染物源项的处理方式不同，动态模型也分为两类：

1. 源项的大小和位置恒定

当源项的大小和位置恒定时，方程式（6-3-31b）中 q 的大小为一常数，且 q 在隧道长度方向上的位置不改变。在该类模型中，隧道内污染物浓度的分布情况仅在开始的一段时间内动态变化，但当一段时间后（该时间受隧道风速大小控制）污染物浓度在洞内的分布就开始稳定了，因而该模型实际上

不是一个完全的动态模型。此外在该模型中，若源项的大小不变，只改变源项的位置，那么由于污染物的总排放量是固定的，那么若不考虑隧道内风速的改变，出口处的污染物浓度最大值也是恒定的，只是污染物浓度在隧道内的分布形态不同。

2. 源项的大小和位置实时变化

实际上隧道内的真实情况是：由于车辆的连续行进以及不同车辆的进洞和出洞，污染物源项的位置和大小都是不断变化的，此式方程（6-3-31b）中的 q 不再是一个常数，而为 $q=q(x,t)$，此时方程（6-3-31b）变为：

$$\frac{\partial c(x,t)}{\partial t}=\frac{\partial}{\partial x}\left(K\frac{\partial c}{\partial x}\right)-v_{\mathrm{r}}\frac{\partial c}{\partial x}+q(x,t) \tag{6-3-36}$$

该方程不仅考虑了污染物浓度随时间的变化，也考虑了源项的大小和位置随时间的变化，因而是真正意义上的污染物动态扩散方程。

同时也可以看到，由于在该方程中源项的位置、大小、个数是随时间不断变化的，故一般只能采用数值解法求解，而且源项的位置和大小的确定还需和交通流仿真技术结合起来，因而求解过程异常复杂，这里不再进行详细讨论。

第二节　智能模糊通风控制

一、智能模糊控制的基本思想

控制理论的发展与数学有着密切的关系，尤其是现代控制理论的发展，这种关系就更为密切。无论是采用经典控制理论还是采用现代控制理论去设计一个自动控制系统，都需要事先建立被控对象的数学模型，需要知道模型的结构、阶次、参数等等。在此基础上合理地选择控制策略，进行控制器的设计。然而大量的实践告诉我们，在许多情况下，被控制对象由于其过程复杂，机理有不明之处，缺乏必要的检测手段或者测试装置不能进入被测试区域等等各种原因，致使无法建立被控过程的数学模型。有人称这种对象为“黑盒子”、“灰盒子”。

智能模糊控制的基本思想就是避开复杂数学模型的建立，利用计算机来实现人的控制经验，而人的控制经验一般是用语言来表达的，这些语言表达的控制规则又带有相当的模糊性。如人工控制水槽水位的经验可以表达为：

（1）若水槽无水或水较少时，则开大水阀。

（2）若水位和要求的水位相差不太大，则把水阀关小。

（3）若水位快接近要求的水位时，则把阀门关得很小。

这些经验规则中，“较小”、“不太大”、“接近”、“开大”、“关小”、“关得很小”这些表示水位状态和控制阀门动作的概念都带有模糊性。这些规则的形式正是模糊条件语句的形式，可以使用模糊数学的方法来描述过程变量和控制作用的这些模糊概念及它们之间的关系；又可以根据这些模糊关系及某时刻过程变量的检测值（需化成模糊量）用模糊逻辑推理的方法得出此时刻的控制量。这正是智能模糊控制的基本思路。

由于模糊控制器的模型不是由数学公式表达的数学模型，而是由一组模糊条件语句构成的语言形式，因此从这个角度上讲，模糊控制器又称为模糊语言控制器。也由于模糊控制器的模型是由带模糊性的有关控制人员和专家的控制经验和知识组成的知识模型，是基于知识的控制，由此模糊控制属于智能控制的范畴。由此可以说，模糊控制是以人的控制经验作为控制的知识模型，以模糊结合、模糊语言变量以及模糊逻辑推理作为控制算法的数学工具，用计算机来实现的一种智能控制。

近 30 年来，智能模糊控制从理论和技术上都得到了长足的发展，成为自动控制领域内一个非常活跃的分支。从 20 世纪 70 年代末期开始，我国学者也在智能模糊控制理论及应用方面积极展开研究工作，并取得了丰硕的成果。

二、智能模糊控制系统与控制器结构

（一）智能模糊控制系统的组成

智能模糊控制系统的结构与一般的数字控制系统基本类似，只不过它的控制器为智能模糊控制器（FLC）。它也是一个计算机数字控制系统，控制器由计算机实现，需要模数（A/D）、数模（D/A）转换接口，以实现计算机与模拟环节的连接。一个典型的智能模糊控制系统的框图，如图 6-3-4 所示。

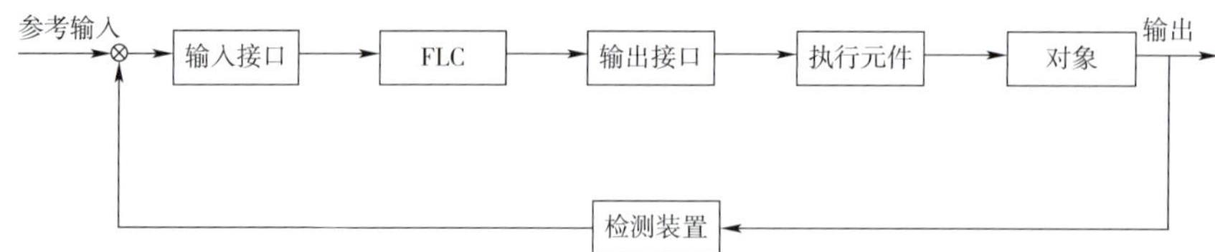

图6-3-4　智能模糊控制系统构成

由图 6-3-4 可见，智能模糊控制系统也是一个闭环反馈控制系统，被控制量要反馈到控制器，与设定值相比较，根据误差信号进行控制。智能模糊控制系统由以下几个部分组成：智能模糊控制器、输入输出接口、检测装置、执行元件和被控对象。

1. 被控对象

被控对象是一种设备或装置或是若干个装置或设备组成的群体，它在一定的约束条件下以实现人们的某种目的。在隧道通风的智能模糊控制系统中，被控对象即为隧道内空气中的污染物浓度。

2. 检测装置

检测装置一般包括传感器和变送装置，用于检测各种非电量如温度、速度、压力、浓度、成分等并变换放大为标准的电信号，包括模拟的或数字的等形式。在隧道通风的智能模糊控制系统中，检测装置主要为车检计（TC）、CO 计、VI 计、风速计（TW）四种，它们为智能模糊控制器提供数据的实时在线检测。一般检测装置的精度级别应该高于系统的精度控制指标，但是，在通常认为以高精度为控制目标的控制系统中不宜采用智能模糊控制方案，因此在智能模糊控制系统中检测装置的精度应视具体的控制指标要求来确定。

3. 执行元件

执行元件是智能模糊控制器向被控对象赖以施加控制作用的装置，其实现的控制作用常常表现为使角度、位置发生变化，如工业过程控制中应用最为普遍的各种调节阀。在通风控制系统中，执行元件即为射流风机。

4. 输入输出接口

输入输出接口是实现模糊控制算法的计算机与控制系统连接的桥梁。由图 6-3-4，输入接口主要与检测装置连接，把检测信号转换为计算机能识别处理的数字信号并输入给计算机，输出接口把计算机输出的数字信号转换为执行元件所要求的信号，输出给执行元件对被控对象施加控制作用。通风控制系统中，各种检测装置和执行元件的信号都是模拟信号，因此输入输出接口为模数转换电路（A/D）和数模转换电路（D/A）。

5. 智能模糊控制器

智能模糊控制器是智能模糊控制系统的核心，也是智能模糊控制系统区别于其他自动控制系统的

主要标志。在通风的智能模糊控制系统中，智能模糊控制器由计算机实现，用计算机程序和硬件实现智能模糊控制算法，程序设计语言采用 C++ 语言。

（二）智能模糊控制器的结构

智能模糊控制器（FC）又称为模糊逻辑控制器（FLC），因为模糊规则是用模糊条件语句来描述，是一种语言型控制器，故也称为模糊语言控制器。模糊语言控制器的结构，如图 6-3-5 所示。它主要由 4 个部分组成，即模糊化接口、规则库、推理机及反模糊化接口。

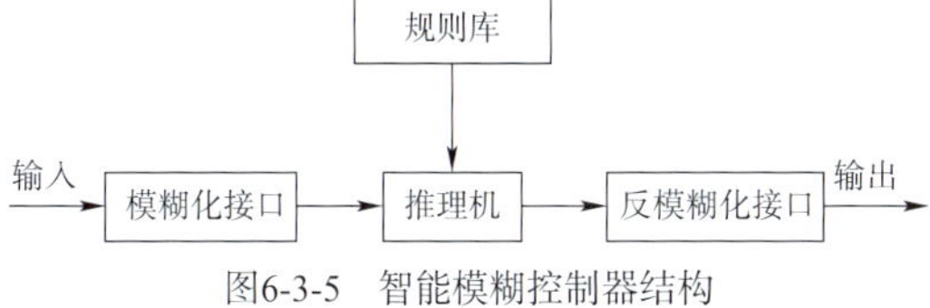

图6-3-5 智能模糊控制器结构

1. 模糊化、反模糊化接口

计算机仿照人的思维进行模糊控制，模糊控制器由输入通道得到的采样值是精确量，而推理机进行的模糊推理也是运用输入量的模糊值和输入输出间的模糊关系进行模糊推理，因此需要一个把输入量由精确量转换为模糊子集的过程，即模糊化过程。同样推理机的输出为模糊量，而执行元件的输入值为精确量，因此也需要一个把模糊量转换为精确量的过程，即反模糊化过程。

模糊化接口的功能包括两方面：量程转换和模糊化。量程转换是把输入信号的数值映射到相应的输入论域上，模糊化则是在输入信号映射到相应论域上的一个点后把它转换为该论域上的一个模糊子集。反模糊化接口功能也包括两方面：量程转换和反模糊。量程转换是把输出作用的论域转换为输出物理量的变化范围。

2. 规则库

规则库一方面存放模糊控制规则，另一方面还包含了规则库里面所需的定义，如所有输入、输出变量所对应的论域以及这些论域上所定义的规则库中所使用的全部模糊子集的定义等。模糊控制规则是基于手动操作人员长期积累的控制经验和领域专家的有关知识，它是对被控对象进行控制的一个知识模型，该模型的正确性将决定控制器性能的好坏。

3. 推理机

推理机采用某种推理方法，由每个采样时刻的输入，依据模糊控制规则导出控制作用，而模糊控制规则这一组模糊条件语句可以导出一个输入输出空间上的模糊关系，推理机按着模糊推理的合成规则进行运算从而求得控制作用。

第三节 前馈式智能模糊控制的系统构成

一、公路隧道通风系统采用前馈智能模糊控制的优越性

由于隧道内的风速小于车速，当高的交通流已经持续一段时间后，被严重污染的空气才被检测到；同样，当高的交通流已经结束一段时间，污染程度较低的空气才被检测到。因而，在以普通后馈式控制方法为代表的传统通风控制方法对隧道内的污染物浓度的控制会产生延迟现象（时滞性），在交通形态变化大，不良车辆行走时，控制效果较差，这种控制方法适用于中短隧道。前馈式通风控制方法是由根据进入隧道前区段的交通量信息及洞内的车辆检测器，实时了解隧道内交通量、行车速度、车辆构成等，通过检测交通流状况，对以后的交通量进行预测，并分析交通流特征，计算出以后一段时间内的污染浓度作为前馈信号，并考虑由 VI 传感器、CO 传感器测出来的污染物浓度后馈信号，由前馈信号和反馈信号共同完成对风机的风量，运转台数等进行控制。它与后馈控制相比，可从一定程度上解决后馈控制方法中存在的时滞性问题，并节省电力消耗，适用于风机台数较多的中长隧道。

但在前馈控制法中，前馈信号不是一个精确信息，它是由交通流预测模型、空气动力学模型和污染物扩散模型确定的，而这三类模型都有各自的缺陷或不足。在交通流预测模型中，预测车型比时误差较大，对于汽油车、柴油车的区分更是无能为力；在空气动力学模型中，没有考虑自然风压的变化，计算车辆活塞风时对车型的划分过于笼统，射流风机的能量损失系数也因影响因素复杂而难以准确计算；在污染物扩散模型中，没有考虑射流风机以及源项本身的扰动对污染物分布的影响，也忽略了污染物在横向上的扩散。另外前馈式通风系统中，输入信号包括前馈信号和反馈信号。反馈信号中的CO/VI 计检测值为点浓度，而前馈信号中的 CO/VI 值则为一段时间内的平均浓度，二者之间的关系也是模糊的。

由于上面这些因素，在通风系统中，被控对象（下一时段隧道内的 CO、VI 值）与控制器输入量（CO/VI 计检测值与预测值）之间难以建立精确的数学模型，有必要采用智能模糊控制器。前馈式智能模糊控制即是在这种情况下提出的，该方法进一步将前馈控制和智能控制相结合，充分利用两者的优点，是目前通风控制中最为先进的一种控制方法。该方法将前馈信号与后馈信号输入 AI 控制器，采用智能控制理论进行推演，对多种模拟通风方案进行评价，最后用 AI 控制器演算出最优方案。

二、前馈式智能模糊控制系统的设备需求

（一）控制目标与控制周期

1. 控制目标

根据工程设计文件及我国现行通风照明设计规范，同时考虑到安全系数，制定了在正常情况下隧道内空气污染的控制目标如下：

（1）烟尘允许浓度：烟尘允许浓度与隧道内的行车速度有关，当隧道内行车速度为 60km/h 时，k=0.0075m^{-1}；当隧道内行车速度为 80km/h 时，k=0.0070m^{-1}；当隧道内行车速度为 100km/h 时，k=0.0065m^{-1}。

（2）CO 允许浓度：150ppm。

（3）隧道内风速：$V_r \leqslant 10$m/s。

前馈式智能模糊通风控制系统的作用就是将隧道内的污染物浓度水平控制在以上目标附近，使最大污染物浓度不超过规范规定值。

2. 控制周期

控制周期将影响隧道内的通风效果和风机寿命，从理论上讲，控制周期越小，控制精度越高；但实际上，控制周期越小，风机开启 / 关闭越频繁，将会缩短风机寿命，且从风机开启 / 关闭后到形成稳定气流还有一段迟滞时间。鉴于这些原因，本文取前馈式通风系统中的控制周期 10min。

（二）设备配置

前馈式智能模糊控制系统，主要包括如下一些硬件设备：

1. CO/VI检测器

公路隧道工程中，通常采用一体式的 AQM 型 CO/VI 检测器，它能自动检测隧道内的 CO 浓度值及烟雾透过率。该 CO/VI 测量仪由发射 / 接收头和反射头组成，通过测量特定红外波和光波的衰减分别测量 CO 浓度和能见度值。在默认情况下，CO 检测器的测量范围为 0~300ppm，精度为 ±1ppm；VI 检测器的测量范围为 0~0.015m^{-1}，精度为 ±0.0002m^{-1}。隧道内 CO/VI 检测器一般按三个断面布设，即进口 100~200m、隧中和距出口 100~200m 处，且布设在行车方向右侧壁人行道上方 3.5m 处，检测头收、发之间的间距为 10m。对于长度在 3000m 以下的隧道中，只需在出口布置一处即可；对于长度大于 3000m 的特长隧道宜在出口和中间各布置一处；对于分段纵向式通风的隧道，宜在各段的结束处

布置；对于毗邻隧道中的下游隧道而言，宜在入口处另外布置一处，一边检测进入下游隧道的初始污染物浓度。

2. TW检测器

TW 检测装置用于自动检测隧道内的风向、风速，以公路隧道工程通常采用的 CODEL 公司 AFM 型风速测试仪为例，它采用超声波技术来测量空气流速，测量范围为 -20~+20m/s，精度为 ±0.1m/s。该设备也安装于隧道侧壁上，并具有防水、防潮、防尘功能。对于全射流通风的隧道而言，只需在中间布置一处即可；对于分段纵向通风的隧道而言，每段均需布置。

3. 车辆检测器（TC）

车辆检测器用于检测常规交通数据，它的每一个通道可以检测出两轮大型摩托车以上的所有类型的机动车，并提供以下交通参数（每车道的小型车、中型车、大型车分别计数）：每一车道的车辆数、车辆平均速度和车辆占有率。目前的车辆检测器主要包括电磁感应线圈车检计和微波车检计两种，都具有采集当前数据、保存历史数据、设置采样周期等功能，且具有较高的检测精度。

4. 射流风机（JF）

对隧道通风控制而言，射流风机属于通风控制系统的最终执行元件，用于将控制对象（隧道内的污染物浓度）控制在运行的营运水平范围内。在火灾情况下，隧道内的射流风机也用于控制烟雾的蔓延。

三、前馈式智能模糊控制系统布局

（一）单体隧道

单体公路隧道的前馈式智能模糊控制系统布局，如图 6-3-6 所示，该系统包括交通流预测模型、污染物扩散模型、模糊控制器（FLC）、检测元件、执行元件和控制对象等部分。

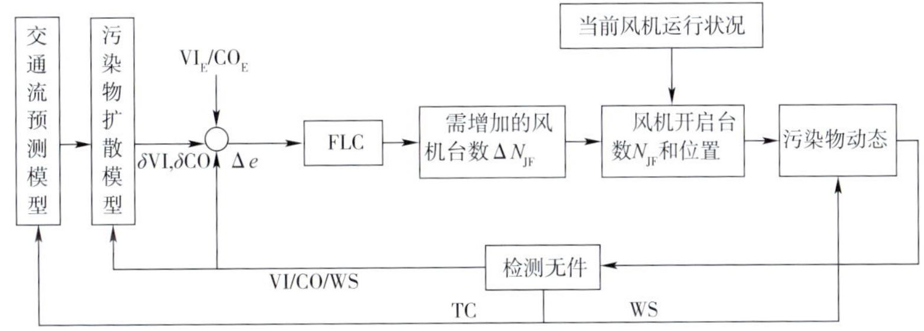

图6-3-6　单体隧道前馈式智能模糊控制系统构成

首先由车辆检测计（TC）测得数据，利用交通流预测模型得到下一个控制周期的交通流数据，并结合检测计测得的 VI、CO、WS 值，通过污染物扩散模型计算出下一个周期的污染物浓度增量 δVI、δCO；然后，由污染物的反馈量、预测增量和控制目标量三者确定 FLC 的控制偏差 Δe，经过模糊推理后得到风机的变化量；最后，结合风机当前的运行状况确定风机开启 / 关闭的台数和位置，从而得到新的污染物动态。

单体隧道的前馈式智能通风控制系统是隧道群及毗邻隧道通风控制系统的核心，以此为基础，公路隧道群和毗邻隧道结合自身的特点，对该方法进行了改进，从而获得更好的控制效果。实际上，对于公路隧道群和毗邻隧道中最先通过的隧道而言，由于其上游无其他隧道，故也应按单体隧道进行通风控制。

（二）隧道群

在前面章节中，根据对隧道群上下游交通流关系的分析，从通风控制角度得出了隧道群的定义，即只要上下游隧道间的交通流相似系数大于60%，就可以认为通风控制时该相邻隧道可以作为隧道群进行考虑。根据此定义可以得出，对于隧道群而言，可以直接将上游交通流数据作为下游交通流的将来数据进行通风控制。故对于隧道群的下游隧道而言，与单体隧道最大的区别在于交通流预测中采用了上游隧道的实测数据。公路隧道群的前馈式智能模糊控制系统布局，如图6-3-7所示。可以看出，公路隧道群通风系统的控制流程与单体隧道基本一致，其中交通流预测模型可以采用前面建立的基于交通流特征的预测模型或基于权重的预测模型，也可以直接将先行隧道的实测交通流作为预测交通流。

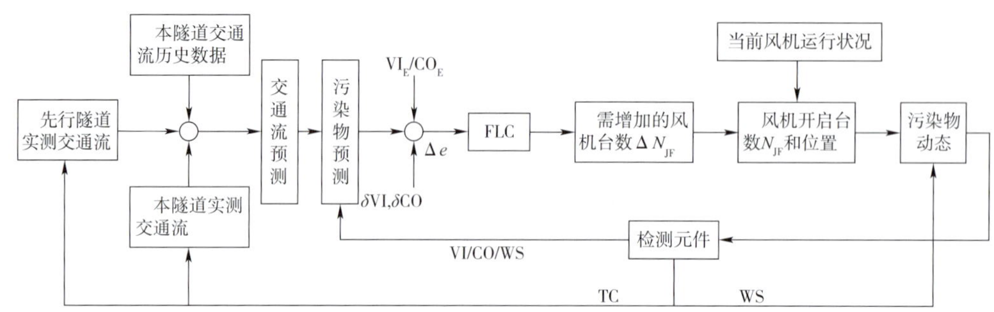

图6-3-7　公路隧道群前馈式智能模糊控制系统构成

（三）毗邻隧道的前馈式智能模糊控制系统

在前面章节中，根据对隧道洞口污染物扩散影响范围的分析结果，从通风控制角度得出了毗邻隧道的定义，即只要认为上游隧道出口污染物有窜入下游隧道的可能，则两隧道构成了毗邻隧道，计算表明满足该条件的隧道间距在300m以内。相对于隧道群，毗邻隧道间距更小，隧道间的交通流相似性更大。故对于毗邻隧道，其通风控制的不同之处在于：一方面可以将上游交通流数据作为下游交通流的将来数据进行通风控制；另一方面，下游隧道入口处的初始污染物浓度水平也对通风效果产生影响。基于此，在单体隧道和公路隧道群通风控制系统的基础上，提出了毗邻隧道的前馈式智能模糊控制系统构成，如图6-3-8所示。可以看出，毗邻隧道通风系统的控制流程与单体隧道、隧道群基本一致，其中交通流预测模型可以采用前面建立的基于交通流特征的预测模型或基于权重的预测模型，也可以直接将先行隧道的实测交通流作为预测交通流。

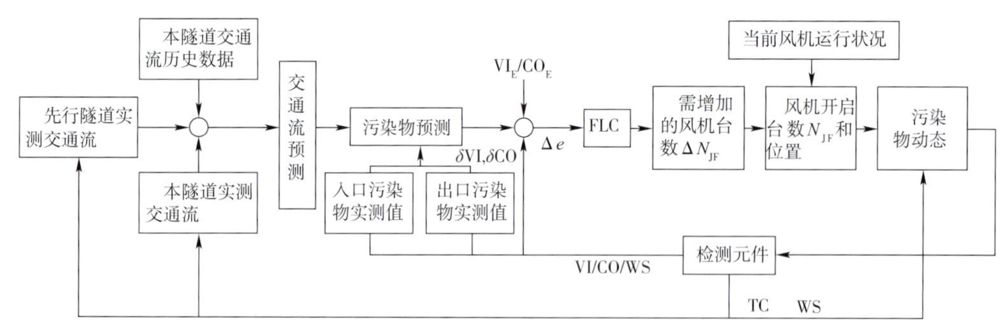

图6-3-8　毗邻隧道前馈式智能模糊控制系统构成

第四节　前馈式智能模糊控制器

为了节约电能消耗并延长风机寿命，射流风机的控制不是连续的，而是基于一段时间隧道内污染水平的改变。这也是将模糊逻辑应用于通风系统控制的另外一个重要原因。

一、FLC 输入量的确定

FLC 有三个输入量：控制目标量、预测增量和后馈量。控制目标量是隧道内 VI 浓度、CO 浓度的期望值；预测增量是由交通流预测模型和污染物扩散模型计算出的 VI 浓度、CO 浓度的增加值即前馈信号；后馈量是由 VI/CO 检测器测得的隧道内 VI、CO 的当前浓度值。FLC 的输出量为增加 / 减少风机的台数 ΔN_{JF}。VI/CO 的控制偏差可由下式得到：

$$\Delta VI=(VI_B+VI_I)-VI_E$$
$$\Delta CO=(CO_B+CO_I)-CO_E \quad (6\text{-}3\text{-}37)$$

式中：VI_B、CO_B——后馈值；

VI_I、CO_I——预测增量值；

VI_E、CO_E——期望值。

（一）后馈值的确定

由于后馈值由 VI、CO 检测计测得，它们为某时刻的点浓度，而 FLC 的输入量应代表该段时间内的污染物浓度水平，故应将当前时段内 VI、CO 计测得的所有数据进行统计分析，以处理后的数据作为后馈信号 VI_B、CO_B。

（二）前馈信号的计算

前馈信号即为污染物浓度的预测增量 VI_I、CO_I，由预测的交通流计算得到。在当前时段交通流（已测得）作用下的理论污染浓度为 VI^t_n、CO^t_n，实测的污染浓度为 VI_B、CO_B，下一时段交通流作用下的理论污染物浓度为 V^t_{n+1}、CO^t_{n+1}，那么 VI_I、CO_I 可由下式计算：

$$VI_I=VI_B\times(VI^t_{n+1}-VI^t_n)/VI^t_n$$
$$CO_I=CO_B\times(CO^t_{n+1}-CO^t_n)/CO^t_n \quad (6\text{-}3\text{-}38)$$

在计算 VI^t_{n+1}、CO^t_{n+1} 时，通常假定隧道内风速与当前时段相同，该风速由风速检测器测得。

（三）表征风速参量的确定

由式（6-3-4）可知，在 n 时段，有：

$$Q^n_{VI}=Q^n_{req(VI)}\times K \quad (6\text{-}3\text{-}39)$$

假定在 n+1 时段（预测时段）风速与 n 时段相同，且存在控制偏差 ΔVI 时，则 n+1 时段的烟雾排放量为：

$$Q^{n+1}_{VI}=Q^n_{req(VI)}\times(K+\Delta VI) \quad (6\text{-}3\text{-}40)$$

因而 n+1 时段的需风量为：

$$Q^{n+1}_{req(VI)}=Q^{n+1}_{VI}/K=Q^n_{req(VI)}\times(1+\Delta VI/K) \quad (6\text{-}3\text{-}41)$$

即：

$$v_r^{n+1}=v_r^n(1+\Delta VI/K) \quad (6\text{-}3\text{-}42)$$

所增加的通风阻抗力为：

$$\delta p_r=C_r\cdot\rho\cdot(v_r^n)^2\cdot[\Delta VI/K+(\Delta VI/K)^2/2]$$
$$\approx C_r\cdot\rho\cdot(v_r^n)^2\cdot(\Delta VI/K) \quad (6\text{-}3\text{-}43)$$

其中，$C_r=1+\xi_e+\lambda_r\cdot L/D_r$，对于某个隧道而言 C_r 为常数。同时假定自然风阻力和交通通风力不变，这样增加的阻力就只能由增加风机的升压力平衡，故需增加的风机台数为：

$$\Delta N_{JF}=\delta p_r/\Delta p_j \quad (6\text{-}3\text{-}44)$$

在一般情况下，风机升压 Δp_j 近似为定值，因此由 ΔVI 引起的风机变化不仅和 ΔVI 有关，还与上一时段风速 v_r^n 有关。

对于 ΔCO 可得出类似关系式。由此可见，ΔN_{JF} 与 ΔVI、ΔCO 和上一时段隧道内风速（用 *WS* 表示）有关，由它们共同确定 ΔN_{JF}，*WS* 由风速检测器测得。FLC 的控制目标就是将 VI、CO 的浓度控制在规范规定的水平上。

二、隶属函数的设定

正确设定隶属函数是解决模糊控制问题的关键，在设计一个语言变量的隶属函数时，所需考虑的因素有：隶属函数的形状、位置分布和相互重叠程度等。隶属函数的形状对控制性能影响不大，一般取三角形状的隶属函数即可。只是当需要在某一量值范围内控制器响应灵敏的话，那么相应位置的三角形隶属函数曲线的斜率可取大些，反之，此处的曲线则变化平缓，甚至成水平线状。隶属函数总体的位置分布与一个模糊控制器的非线性性能密切相关，隶属函数在整个论域可以均匀对称分布，也可以非均匀或不对称分布，因而，一般做法是将三角形模糊子集“零”固定在“工作点”上，其他模糊子集则向“零”靠拢，这样有助于提高系统的控制精度。隶属函数之间的重叠程度直接影响到控制系统的性能，选择合适的重叠，正是一个模糊控制器相对于参数变化时具有鲁棒性的原因所在，而隶属函数之间不恰当的重叠，就可能导致模糊控制系统产生随意的混乱行为，因而重叠率一般在 0.2 ~ 0.6 取值。初始隶属函数的设定直接借鉴文献的研究成果，全部模糊变量取五级，即“正大、正中、零、负中、负大”，隶属函数曲线选取灵敏性较好的三角形状函数。

（一）ΔVI 的隶属函数

根据对北碚隧道和中梁山隧道通风系统的实测表明，对于没有吸尘器的长、大公路隧道而言，若采用全射流纵向式通风，隧道内的烟雾浓度将是通风控制的最主要因素，而 CO 浓度不起决定性作用。取 ΔVI 的真实论域为 {–0.0015 0.0015}，离散论域取 {–6,–5,–4,–3,–2,–1,0,1,2,3,4,5,6}。模糊语言变量的各值定义如下：

NB= 负大（≤ –0.001）

NM= 负中（–0.0015 ~ –0.005）

NS= 负小（–0.001 ~ 0）

Z= 零（–0.0005 ~ 0.0005）

PS= 正小（0 ~ 0.001）

PM= 正中（0.0005 ~ 0.0015）

PB= 正大（≥ 0.001）

用 $\underset{\sim}{A}$ 表示该语言变量，A_i（i=1,2,⋯,7）代表其取值。用 X 表示离散论域，那么 $X=\{x_i|i=1,2,\cdots,13\}$。ΔVI 的隶属函数如图 6-3-9。

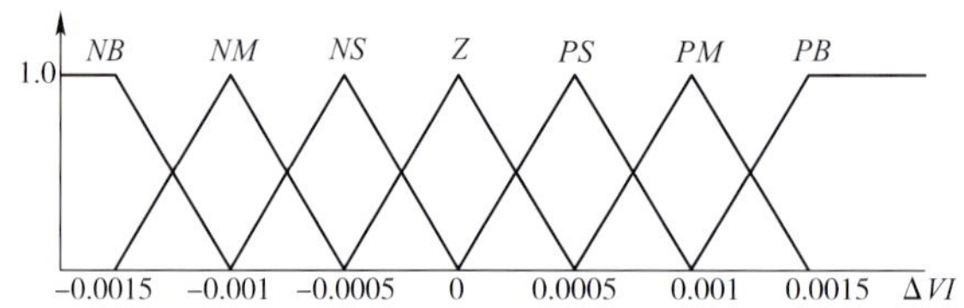

图6-3-9　Δ*VI*的隶属函数

（二）*WS* 的隶属函数

取 *WS* 的真实论域为 {0 8}，离散论域为 {0,1,2,3,4,5,6,7,8}，用 Y 表示，即 $Y=\{y_i|i=1,2,...,9\}$。模糊语言变量取值为 *Z*、*S*、*M*、*SB*、*BB*，用 B_i（i=1,2,⋯,5）表示。*WS* 的隶属函数如图 6-3-10。

（三）ΔCO 的隶属函数

由于 CO 浓度在通风控制中不起主要作用，故在模糊推理时为考虑的次要因素。因而，对 ΔCO

隶属函数的划分可粗糙一些。取 ΔCO 的真实论域为 {−50,50}，离散论域为 {−3,−2,−1,0,1,2,3}，用 Z 表示，即 $Z=\{z_i|i=1,2,...,7\}$。模糊语言变量取值为 NB、Z 和 PB，用 C_i（i=1,2,3）表示。ΔCO 的隶属函数，如图 6-3-11 所示。

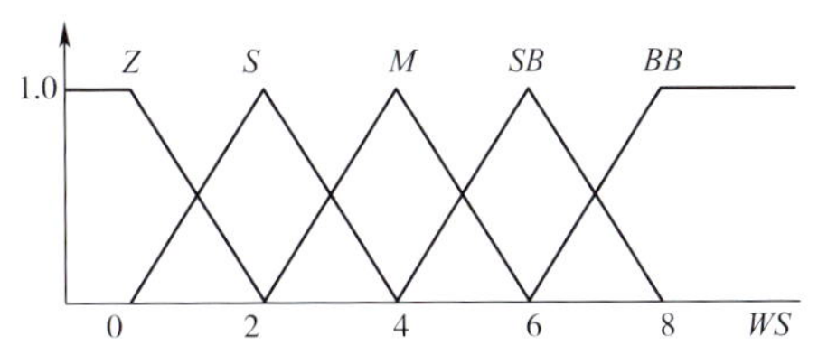

图6-3-10　*WS*的隶属函数

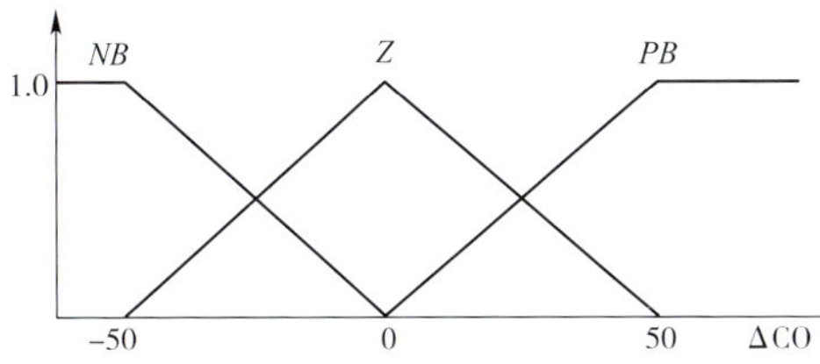

图6-3-11　ΔCO的隶属函数

（四）ΔN_{JF} 的隶属函数

ΔN_{JF} 真实论域和离散论域时主要考虑隧道风机总台数的影响，一般而言，隧道越长，风机总台数越多，那么 ΔN_{JF} 论域越大。如对于风机台数较少的隧道而言，ΔN_{JF} 真实论域可取为 {−2,2}，对于风机台数较多的特长隧道，ΔN_{JF} 真实论域可取为 {−8,8}，如万开高速公路南山隧道、铁峰山 2 号隧道等。这里以 ΔN_{JF} 真实论域为 {−8,8} 为例进行说明，其对应的离散论域为 {−8,−7,−6,−5,−4,−3,−2,−1,0,1,2,3,4,5,6,7,8}，并用 P 表示，即 $P=\{p_i|i=1,2,...,17\}$。模糊语言变量取值为 NB、NM、NS、Z、PS、PM 和 PB，用 D_i（i=1,2,···,7）表示 ΔN_{JF} 的隶属函数如图 6-3-12。

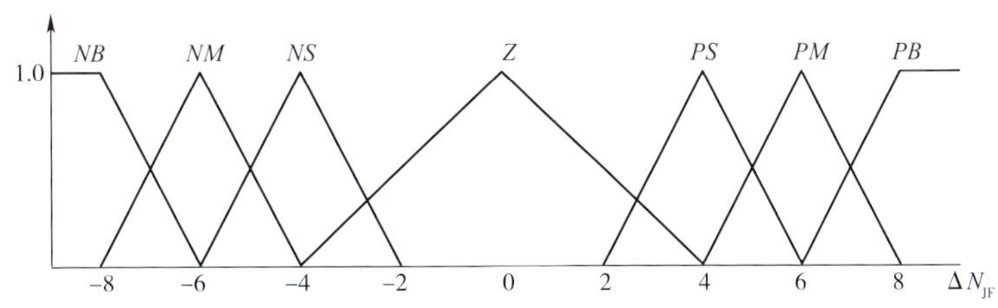

图6-3-12　ΔN_{JF}的隶属函数

三、FLC 模糊推理

（一）模糊规则及其制定方法

隧道通风系统的控制模型是一个多输入单输出（MISO）系统。因为 CO 的污染浓度水平不是通风控制的主要影响因素，故在一些情况下，可以不考虑 CO 的污染浓度水平。

表 6-3-1 列出了 FLC 的全部 105 条规则，现列举规则 $R1$ 和 $R2$ 来说明 FLC 的推理过程如下：

$R1$:IF ΔVI is PB and WS is BB and ΔCO is PB THEN ΔN_{JF} is PB；

$R2$:IF ΔVI is NB and WS is PB and ΔCO is NB THEN ΔN_{JF} is NB；

FLC 控制规则　　表6-3-1

ΔVI	WS				
	Z	*S*	*M*	*BS*	*BB*
NB	Z,Z,PS	NS,Z,Z	NM,NS,Z	NB,NS,Z	NB,NM,Z
NM	Z,Z,PS	NS,Z,Z	NM,NS,Z	NM,NS,Z	NB,NS,Z
NS	Z,Z,PS	Z	Z	NS,NS,Z	NM,NS,Z
Z	Z,Z,PS	Z	Z	Z	Z
PS	Z,Z,PS	Z,Z,PS	Z,Z,PS	Z,Z,PS	Z,PS,PS
PM	PS	PS	PS	PS,PS,PM	PS,PM,PM
PB	PS	PS,PS,PM	PS,PM,PM	PM,PM,PB	PM,PB,PB

注：从左至右分别为 ΔCO is NB, ΔCO is Z, ΔCO is PB.

模糊规则是前馈式智能模糊通风控制系统的核心组成部分，它与通风控制系统的控制效果密切相关。模糊规则的制定大致分为以下3个步骤：

（1）根据经验初步确定模糊控制规则：这里的经验主要是指通风专家或具有丰富经验的风机监控人员的经验，实施时主要采用问卷的方法向有关专家调查不同情况下的风机开启/关闭规则。

（2）采用室内仿真的手段对其控制效果进行测试，仿真测试方法见本章第四节的内容，然后根据测试的结果对模糊控制规则进行调整，直到满足要求为止。

（3）通风控制系统在依托工程中实施后，根据隧道自身的实际情况，或风机开停中出现的一些具体问题，进一步对模糊控制规则进行修正。甚至在将来，根据中期或远期交通流的实际情况，还可以对模糊控制规则做进一步调整，以满足实际需求。

此外，模糊规则也不是唯一的，它还与使用者的要求有关。以前面的规则 *R*1 为例，若使用者更在乎隧道内的环境情况，那么直接采用目前的 *R*1 规则即可；若使用者更在乎节能和省电，对隧道内的污染状况要求较低，那么，规则 *R*1 可改为：

*R*1:IF ΔVI is *PB* and *WS* is *BB* and ΔCO is *PB* THEN ΔN_{JF} is *PM*。

可以看出，模糊控制规则的制定既不是唯一的，更不是一成不变的，它应随着人们的需求、隧道交通流的实际情况等因素的改变而不断地被修正，即一个合理的模糊控制规则应该具有“与时俱进”的功能。

（二）模糊推理

1. 输入变量为离散论域

由于控制输出为离散论域，故可将输入变量的论域也进行离散，得到其离散论域，如前面所述。在离散论域情况下进行推理时，可用矩阵来表示模糊关系。这样由规则库中的控制规则得到输入和输出之间的模糊关系矩阵，再根据每个采样时刻的输入，依据模糊关系进行推理得到控制作用。

（1）模糊关系矩阵 *R*

设模糊关系$\underset{\sim}{R}_{\mathrm{ijk}}$为：

$$\begin{aligned}\underset{\sim}{R}_{\mathrm{ijk}} &= \underset{\sim}{R}_{\mathrm{ijk}}((\underset{\sim}{A}_{\mathrm{i}}) and (\underset{\sim}{B}_{\mathrm{j}}) and (\underset{\sim}{C}_{\mathrm{k}}) \longrightarrow (\underset{\sim}{D}_{\mathrm{ijk}})) \\ &= \underset{\sim}{R}_{\mathrm{ijk}}(A_{\mathrm{i}}, B_{\mathrm{j}}, C_{\mathrm{k}}; D_{\mathrm{ijk}})\end{aligned} \tag{6-3-45}$$

若采用 Max-Min 推理有：

$$\begin{aligned}&R_{\mathrm{ijk}} = \mu_{\underset{\sim}{A}_{\mathrm{i}}(x)} \wedge \mu_{\underset{\sim}{B}_{\mathrm{j}}(y)} \wedge \mu_{\underset{\sim}{C}_{\mathrm{k}}(z)} \wedge \mu_{\underset{\sim}{D}_{\mathrm{ijk}}(p)} \\ &\forall x \in X, \forall y \in Y, \forall z \in Z, \forall p \in P\end{aligned} \tag{6-3-46}$$

其中$\mu_{\underset{\sim}{A}_{\mathrm{i}}}(\mathrm{x}),\mu_{\underset{\sim}{B}_{\mathrm{j}}}(\mathrm{y}),\mu_{\underset{\sim}{C}_{\mathrm{k}}}(\mathrm{z}),\mu_{\underset{\sim}{D}_{\mathrm{ijk}}}(\mathrm{p})$分别为模糊语言变量值 $A_{\mathrm{i}},B_{\mathrm{j}},C_{\mathrm{k}},D_{\mathrm{ijk}}$ 在各自论域上的隶属度，因本文 *X*、*Y*、*Z*、*P* 为离散的有限论域，故它们为一个向量，且模糊关系$\underset{\sim}{R}_{\mathrm{ijk}}$可用模糊矩阵来表示：

$$\underset{\sim}{R}_{\mathrm{ijk}} = [r_{\mathrm{ijk}}]_{\mathrm{q \times r \times s \times t}} \tag{6-3-47}$$

q、*r*、*s*、*t* 表示 *X*、*Y*、*Z*、*P* 离散论域所含元素的个数，分别取13、13、7、17。

总的模糊关系为：

$$\underset{\sim}{R} = \bigcup_{i=1,j=1,k=1}^{l,m,n} \underset{\sim}{R}_{\mathrm{ijk}}(A_{\mathrm{i}}, B_{\mathrm{j}}, C_{\mathrm{k}}; D_{\mathrm{ijk}}) \tag{6-3-48}$$

其中，*l*、*m*、*n* 为语言变量 *A*、*B*、*C* 所含值的个数，分别取7、5、3。

（2）输入信号的模糊化及控制输出

因为FLC的输入信号为精确量，还不能直接用于FLC推理，需将其模糊化。在离散论域情况下通常采用单点模糊化方法，将论域中的某一精确点模糊化为离散论域上的一个模糊单点（Fuzzy Singleton）。模糊单点实际上为一种模糊子集，该点对它的隶属度为1，而论域中其余所有点对它的隶

属度均为 0。

设某一时刻的输入经过量程转换后为 e_1,e_2,e_3，模糊化为模糊单点集$\underset{\sim}{A}'$、$\underset{\sim}{B}'$、$\underset{\sim}{C}'$，有：

$$\underset{\sim}{A}'(x)=\begin{cases}1, & x=e_1\\ 0, & x\neq e_1\end{cases}$$
$$\underset{\sim}{B}'(y)=\begin{cases}1, & y=e_2\\ 0, & y\neq e_2\end{cases} \quad (6\text{-}3\text{-}49)$$
$$\underset{\sim}{C}'(Z)=\begin{cases}1, & z=e_3\\ 0, & z\neq e_3\end{cases}$$

由推理合成规则输出控制作用$\underset{\sim}{D}'$为：

$$\underset{\sim}{D}'(p)=\bigvee_{x\in X,y\in Y,z\in Z}(\underset{\sim}{A}'(x)\wedge \underset{\sim}{B}'(y)\wedge \underset{\sim}{C}'(z)\wedge \underset{\sim}{R}) \quad (6\text{-}3\text{-}50)$$

2. 输入变量为连续论域

在连续论域情况下，模糊关系不能再用矩阵来表示，此时应根据具体情况推导出较为简洁的算式，算式中一般不再显示计算模糊关系矩阵$\underset{\sim}{R}$。与第二章中模糊预测交通流的方法类似，对于模糊输入$\underset{\sim}{A}'$、$\underset{\sim}{B}'$、$\underset{\sim}{C}'$，输出模糊变量的表达式为：

$$\underset{\sim}{D}'(z)=\bigvee_{i=1,\,j=1,\,k=1}^{l\quad m\quad n}[\alpha_{ijk}\wedge \underset{\sim}{D}_{ijk}(z)] \quad (6\text{-}3\text{-}51)$$

其中：

$$\alpha_{ijk}=\Pi(\underset{\sim}{A}'\mid \underset{\sim}{A}_i)\wedge\Pi(\underset{\sim}{B}'\mid \underset{\sim}{B}_j)\wedge\Pi(\underset{\sim}{C}'\mid \underset{\sim}{C}_k) \quad (6\text{-}3\text{-}52)$$

称为匹配度，它反映了输入$\underset{\sim}{A}'$且$\underset{\sim}{B}'$且$\underset{\sim}{C}'$和规则$\underset{\sim}{A}'$且$\underset{\sim}{B}'$且$\underset{\sim}{C}'\to\underset{\sim}{D}'_{ijk}$的匹配程度。特别引起注意的是，当对输入量采用单点模糊化策略时有：

$$\alpha_{ijk}=\underset{\sim}{A}_i(x_0)\wedge \underset{\sim}{B}_j(y_0)\underset{\sim}{C}_k(z_0) \quad (6\text{-}3\text{-}53)$$

这样就得到了一个相当简洁的计算式，避开了模糊矩阵的运算，可以很好地应用于实时控制，该推理过程如图 6-3-13。

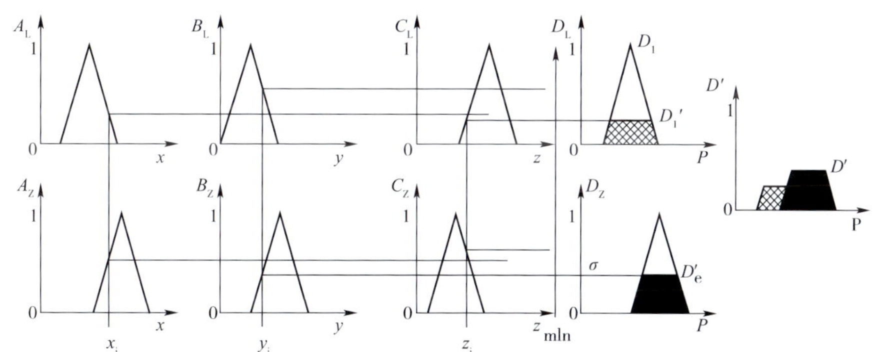

图6-3-13　Mamdani模糊逻辑推理过程

（三）解模糊

控制作用$\underset{\sim}{D}'$是一个模糊解，在转换为执行机构所能接受的精确量之前需进行解模糊。常用的解模糊方法有最大隶属度法、平均最大隶属度法和重心法（或称加权平均法），本文采用重心法进行解模糊运算。

将控制作用论域上的点 $p\in P$ 对控制作用模糊集的隶属度$\underset{\sim}{D}'(p_i)$ 作为权系数进行加权平均而求得解模糊结果。在离散论域情况下，因 $P=\{p_i|i=1,2,...,17\}$，故精确解为：

$$p_0=\frac{\sum_{i=1}^{17}\underset{\sim}{D}'(p_i)p_i}{\sum_{i=1}^{17}\underset{\sim}{D}'(p_i)} \quad (6\text{-}3\text{-}54)$$

连续论域时

$$p_0=\frac{\int_D \underset{\sim}{D}'(p)p\mathrm{d}p}{\int_D \underset{\sim}{D}'(p)\mathrm{d}p} \tag{6-3-55}$$

将 p_0 转换为真实论域上的值，并对该值按 2 的倍数取整（因风机为两台一组），最后就得到了风机的变化量 ΔN_{JF}：

$$\Delta N_{JF}=2\times INT[(p_o+1)/2] \tag{6-3-56}$$

第五节　公路隧道群及毗邻隧道的通风控制策略

一、通风系统分级控制策略

对于公路隧道群和毗邻隧道通风系统而言，前馈式智能模糊控制并不是唯一方法，其他的通风控制方法还包括后馈式模糊控制、普通后馈式控制、时序控制等。实际上正常情况下采用前馈式智能模糊控制时需要较多的输入参数，这些都对环境及车辆检测设备提出了较高要求，一旦某种设备出现故障，则预期效果难以达到；而后其他控制方法对设备的依赖相对较少，如后馈式控制方法只需输入出口污染物浓度检测值即可；甚至完全不依赖检测设备，如时序控制方法。故对于单体特长隧道、公路隧道群及毗邻隧道而言，有必要采用分级式控制方法。第一级控制，即最优先考虑的控制方案，为前馈式智能模糊控制；第二级控制为后馈式智能模糊控制方案，在交通流数据不能正常获取时采用该方案；第三级控制为普通后馈式控制方案，作为后馈式智能模糊控制的一个补充；第四级为时序控制方案，在以上控制方案完全失效的情况下采用，如设备全部故障、采用换气频率控制等。

1. 前馈式智能模糊控制

当采用前馈式智能模糊控制时，系统可以根据当前交通状况和隧道内的污染水平，通过模糊推理得到下一控制周期内风机变化数量。当隧道通风系统采用前馈式智能模糊控制时，其基本控制方法为：

（1）根据 CO/VI 检测仪、风速检测仪获取当前隧道内的污染状况。

（2）由车辆检测计测得当前的交通流状况及其变化率。

（3）由 CO、VI、WS 值及当前的交通流数据，前馈式智能模糊控制器推理得到风机变化台数。

（4）最后结合当前风机的运行状况确定需要开启或关闭风机的台数和位置。

2. 后馈式智能模糊控制

当采用后馈式智能模糊控制时，系统根据当前隧道内的污染水平，通过模糊推理得到下一控制周期内风机变化数量。后馈控制不需要交通流检测数据，在无法正常获得道路交通流信息时可以采用该控制方法，其基本流程为：

（1）CO/VI 检测仪、风速检测仪获取当前隧道内的污染状况。

（2）根据 CO、VI 及风速检测值，控制器通过智能模糊推理得到风机变化台数。

（3）最后结合当前风机的运行状况确定需要开启或关闭风机的台数和位置。

3. 普通后馈式控制

普通后馈式控制不需要模糊推理，系统根据当前隧道内的污染水平，与预先设定的控制阈值进行比较，以确定风机是否开启或关闭，其基本控制方法为：

（1）CO/VI 检测仪获取当前隧道内的污染状况。

（2）当 CO 的反馈值高于阈值（如 150pp）或 VI 的反馈值高于阈值（如 $0.006m^{-1}$）时，在现有风机的基础之上开启一组风机；当 CO 的反馈值低于阈值且 VI 的反馈值低于阈值时，在现有风机的基础之上关闭一组风机。

（3）最后结合当前风机的运行状况确定需要开启或关闭风机的位置。

普通后馈控制的控制规则（以控制目标为阈值）如表 6-3-2。

普通后馈控制的控制规则　　表6-3-2

正常情况	CO>150ppm或VI>$0.006m^{-1}$	在已有风机基础之上，增开一组风机
	CO<150ppm且VI<$0.006m^{-1}$	在已有风机基础之上，关闭一组风机

对于单向行驶的隧道，当风速超过 10m/s 后，不能在继续启动风机，按污染物浓度严重超标时的控制方法进行控制。

4. 时序控制

根据规范要求，从洞内舒适性出发，需保证隧道内一定的换气频率，若洞内风速过小，则达不到该换气频率。而这种情况下往往交通量也很小，此时洞内污染物水平远远低于控制目标值，前馈式智能模糊控制及后馈式控制均不会开启风机。在这种情况下，需采用时序控制方法对隧道内风机进行强制开启。

另外，当隧道内的各种环境检测设备均失效时，采用前馈式智能模糊控制及后馈式控制均不能获得预期效果，此时也需采用时序控制对隧道内的风机进行开启或关闭。

二、降低设备依赖性策略

对于公路隧道群及毗邻隧道的前馈式智能模糊通风控制系统而言，其输入参数是依靠各种环境检测设备获得的，这些参数包括：本隧道的风速、交通量及构成、出口污染物浓度水平、入口污染物浓度水平（毗邻隧道）、上游隧道交通量等，一旦某个设备出现故障，不能正常获得相关数据，就会影响到控制结果。而隧道营运者期望的是，即使在设备出现故障时，隧道通风控制系统也能给出合理的控制效果。对此，项目研究提出了降低设备依赖性策略，即充分利用各参数之间的相关性，来实现不同数据间的互为补充，如图 6-3-14 所示。

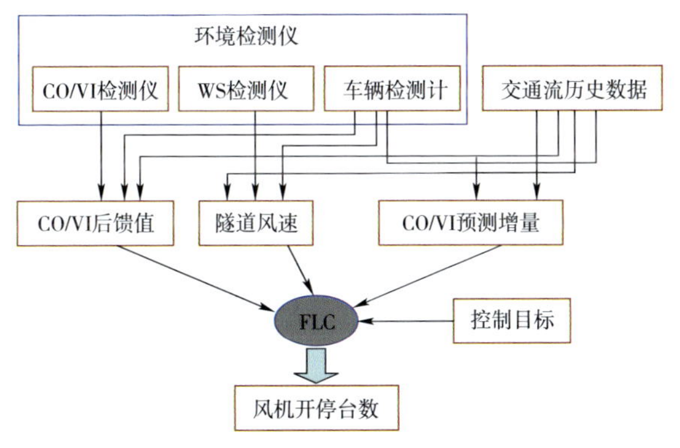

图6-3-14　降低设备依赖性示意图

三、风量分担及风机保护

1. 风量分担策略

虽然通风采用了前馈式智能模糊控制，但控制周期短，对交通流的敏感性强，极易产生风机的开停频繁。因而，在获得预测时段的风机开停台数后，有必要对下下个时段的交通流状态、隧道内污染物浓度的分布和隧道风速等参数进行预测，进而对下下个时段的风机开停台数进行二次预测。将两次预测的结果进行优化组合分析，获得最终的风机开停台数，即进行邻近控制时段的风量分担。

基本的优化措施有下面两点：

（1）若预测 $n+1$ 时段的风机台数的变化为正（开启），且在此基础之上预测 $n+2$ 时段的风机变化

台数为负（关闭），则适当减少 $n+1$ 时段开启风机的台数。

（2）若预测 $n+1$ 时段的风机台数的变化为负（关闭），且在此基础之上预测 $n+2$ 时段的风机变化台数为正（开启），则适当减少 $n+1$ 时段关闭风机的台数。

2. 风机保护策略

对于射流风机而言，累计使用时间和开停频度是两个决定风机剩余寿命的重要参数。由于采用了前馈式智能模糊控制系统，隧道所有风机总的使用时间和总的开停频度得到了降低，但并不能保证每一台风机的使用时间和开停频度都降低。实际上，在随机进行风机开停时，各台风机的使用时间和开停频度相差很大。设计一个良好的风机保护策略可以使所有风机具有相近的累计使用时间和开停频度。

最简单的风机保护策略为：

（1）优先开启使用时间最短且开停频度最小的那组风机。

（2）优先关闭使用时间最长的那组风机。

第四章　联动控制软件预案的控制策略

第一节　预案联动控制原则

一、预案的定义

本联动控制预案是针对重庆高速公路在正常运营及在火灾、重大交通事故、交通管制等突发或异常交通事件情况下高速公路监控软件系统的应对及应急救援组织工作。

（一）正常运营控制预案

正常工况下的预案，是在道路正常运行情况下，为了优化道路运行的交通指标、环境指标和能耗指标而预先设置的设备控制方案。

（二）应急控制预案

应急控制预案，是针对可能的重大事故（件）或灾害，为保证迅速、有序、有效地开展应急与救援行动、降低事故损失而预先制订的有关计划或方案。它是在辨识和评估潜在的重大危险、事故类型、发生的可能性及发生过程、事故后果及影响严重程度的基础上，对应急机构职责、人员、技术、装备、设施（备）、物资、救援行动及其指挥与协调等方面预先做出的具体安排。

应急预案可以分为广义预案和狭义预案，广义上，应急预案涉及对人员和设备等多方面的指挥和协调而预先做出的计划安排。狭义上，由于隧道监控系统主要是对各类设备的监视和控制，狭义应急预案是预先设定好的、用于处理某类事件的设备控制方案。狭义应急预案是广义应急预案的子集。本次的应急救援控制预案为广义预案。

二、预案区段及单元的概念

预案将高速公路划分为若干区段、区段内划分若干单元；单元监控系统又由若干监控子系统构成，各监控子系统又包括若干监控设备。

（一）预案区段划分

高速公路以互通立交为界划分预案区段，每相邻互通立交之间的距离作为一个预案区段，基于该原则将高速公路划分为相互联动的若干预案区段。如图 6-4-1 所示。

（二）预案单元划分

每一个区段内，以隧道为界，沿行车方向将互通立交到隧道之间的路段、隧道、隧道到隧道之间的路段以及隧道到互通立交之间的路段作为预案单元。基于该原则将预案区段划分为相互联动的若干预案单元。如图 6-4-1 所示。

（三）单元监控系统构成

预案通过单元内的监控系统实施高速公路突发交通事件时的整体联动控制。预案单元分为路段单元和隧道单元。

隧道单元监控系统主要包括：通风控制子系统、照明控制子系统、交通诱导与控制子系统、闭路电视子系统 CCTV、火灾报警子系统、有线广播子系统等。

路段单元监控系统主要包括：交通诱导与控制子系统、闭路电视子系统 CCTV 等。

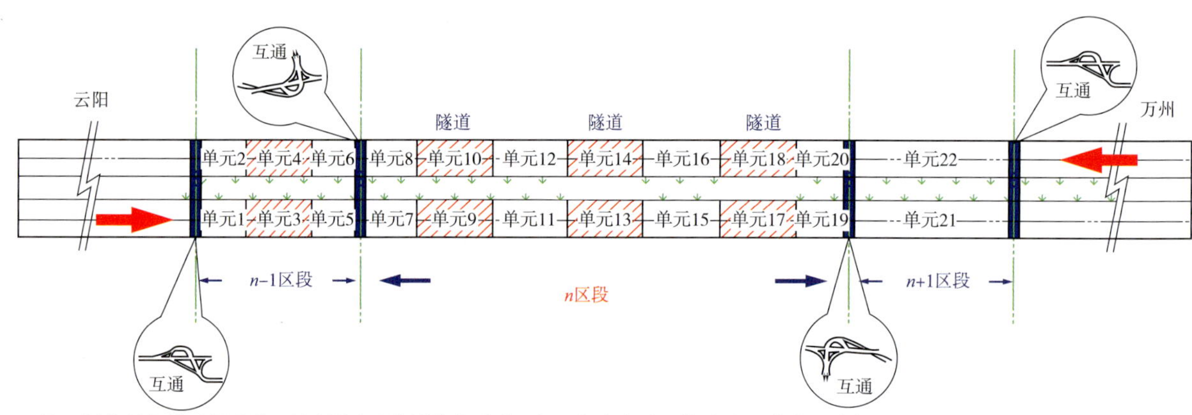

注：划分预案单元的隧道必须为设有监控设施的隧道；如区段内未设监控设施的隧道，则该区段内划分为一个路段单元。

图6-4-1　联动预案区段及单元划分

三、联动控制的主要思想

本联动控制主要思想是：单元联动控制是基础，区段联动控制是辅助的主导思想。单元联动控制坚持先内后邻的控制理念；区段控制坚持由近及远的控制理念。单元联动控制重点解决事故发生地及其附近的逃生、救援、交通组织的问题；区段联动控制重点解决交通疏解。

根据交通事件发生位置，预案对沿线划分的区段确定 3 种执行区：控制区、影响区、无影响区。对这 3 种执行区，应分别采取不同的联动控制措施及策略。

（一）控制区

当互通立交之间的某预案区段发生交通事件时，该预案区段立即被确定为控制区，控制区即为交通事件的发生区段；该区段内应积极组织实施交通事件控制及交通管制，同时有序组织人员和车辆撤离、疏散，避免灾害事故扩大。

控制区内的控制策略是以预案区段内的单元为基础，实施单元联动，单元内部实施各监控设备联动。单元联动坚持先内后邻的控制理念，即先实施发生在事故地点单元的控制，再依次实施事故地点相邻单元的联动控制。

（二）影响区

影响区为控制区的相邻区段内的左右线驶向控制区的路段，该区域不进行交通控制，但进行相应前方区段发生交通事件的安全提醒。

（三）无影响区

无影响区为控制区和影响区之外的区域，该区域内交通监控设施按正常运营无交通事件影响控制。图 6-4-2 所示，为交通事件影响范围划分。

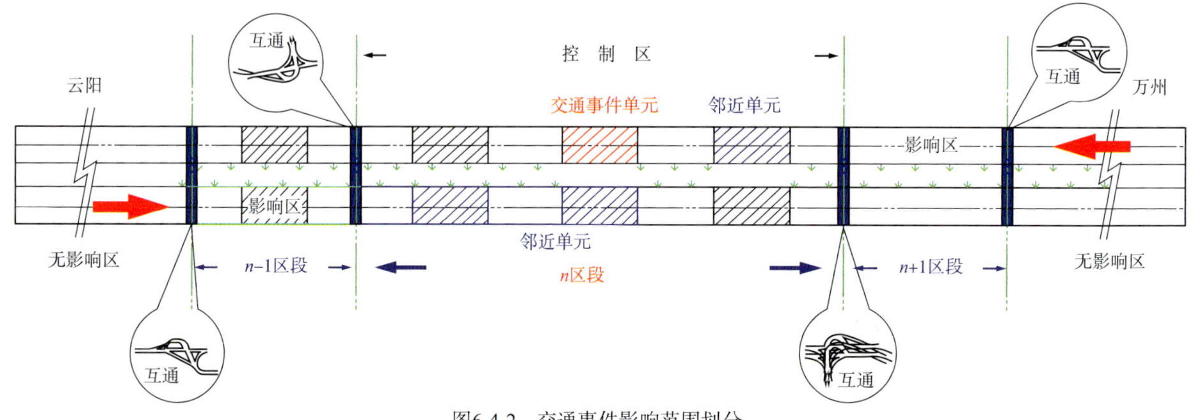

图6-4-2　交通事件影响范围划分

四、交通事件联动控制策略

针对上述总体层次，预案的具体执行顺序为：单元监控子系统的各设备控制—单元监控系统的联动控制—单元联动控制—区段联动控制。

（一）单元监控子系统的各设备控制

针对不同交通事件以及发生位置，单元监控子系统内的各设备执行相应的控制顺序。

（二）单元监控系统联动控制

针对不同交通事件以及发生位置，单元监控子系统执行相应联动控制顺序。

（三）单元联动控制

控制区和影响区有若干个单元（路段单元和隧道单元），根据交通事件的发生位置，单元联动控制的执行顺序如下。

1. 当交通事件导致事件发生路段交通中断时

首先，执行交通事件发生单元及对面线路单元的交通控制设施；

其次，执行交通事件发生地点控制区内上游单元的交通控制设施；

再次，执行交通事件发生地，非交通事件线路控制区内上游单元的交通控制设施；

最后，执行影响区的交通控制设施。

根据图 6-4-3，执行顺序为：

（1）控制区：单元 14→单元 13→单元 16→单元 18→单元 20→单元 11→单元 9→单元 7。

（2）影响区 2：单元 22。

（3）影响区 1：单元 5→单元 3→单元 1。

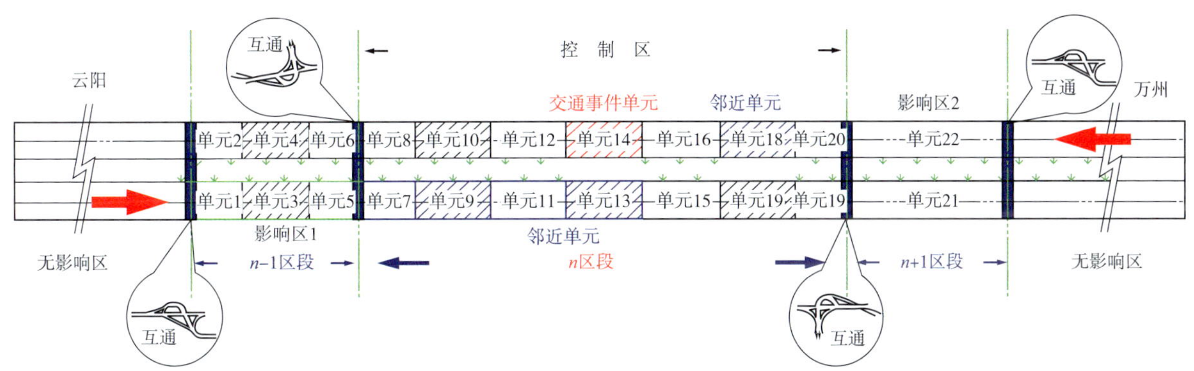

图6-4-3　单元执行布置图

2. 当交通事件使非事件路线改为双向交通时

首先，执行交通事件发生单元及对面线路单元的交通控制设施；

其次，执行交通事件发生地，非交通事件线路控制区上游单元的交通控制设施；

再次，执行交通事件发生地点控制区内上游单元的交通控制设施；

最后，执行影响区。

（1）控制区：单元 14→单元 13→单元 11→单元 9→单元 7→单元 16→单元 18→单元 20。

（2）影响区 1：单元 5→单元 3→单元 1。

（3）影响区 2：单元 22。

（四）区段联动控制

一旦发生交通事件，应首先对控制区内各单元监控系统进行控制，然后进行影响区内安全交通提醒，实现区段联动。区段联动控制的执行顺序如下。

1. 当交通事件导致事件发生路段交通中断时

执行顺序为：控制区→影响区 2 →影响区 1。

2. 当交通事件使非事件路线改为双向交通时

执行顺序为：控制区→影响区 1 →影响区 2。

第二节　应急组织体系

一、应急救援的内容

应急预案实际上是标准化的反应程序，以使应急救援活动能迅速、有序地按照计划和最有效的步骤来进行，它有六个方面的含义：

（1）事故预防：通过危险辨识、事故后果分析，采用技术和管理手段控制危险源、降低事故发生的可能性。

（2）应急响应：发生事故后，明确分级响应的原则、主体和程序。重点要明确政府、有关部门指挥协调、紧急处置的程序和内容；明确应急指挥机构的响应程序和内容，以及有关组织应急救援的责任；明确协调指挥和紧急处置的原则和信息发布责任部门。

（3）应急保障：是指为保障应急处置的顺利进行而采取的各种保证措施。一般按功能分为人力、财力、物资、交通运输、医疗卫生、治安维护、人员防护、通讯与信息、公共设施、社会沟通、技术支撑以及其他保障。

（4）应急处置：一旦发生事故，具有应急处理程序和方法，能快速反应处理故障或将事故消除在萌芽状态的初期阶段，使可能发生的事故控制在局部，防止事故的扩大和蔓延。

（5）抢险救援：采用预定的现场抢险和抢救方式，在突发事件中实施迅速、有效的救援，指导群众防护，组织群众撤离，减少人员伤亡，拯救人员的生命和财产。

（6）后期处置：是指突发公共事件的危害和影响得到基本控制后，为使生产、工作、生活、社会秩序和生态环境恢复正常状态所采取的一系列行动。

二、应急组织体系框架

高速公路隧道突发事件应急处置组织体系框架，如图 6-4-4 所示。隧道应急指挥部要按照“集中统一、政令畅通、指挥有力、条块结合、资源共享”的原则，认真负责地开展应急处置工作；各部门成员应服从领导，按照既定预案和现场机动处理的原则积极响应，确保在应对突发公共事件时形成紧密对接、上下贯通、高效有序的应急运作机制。

三、工作机构及职责

（1）高速公路运营管理公司和交通行政执法总队高速公路支队是高速公路隧道突发事件应急管理工作的领导机构；应急情况下运营管理公司和执法大队联合成立高速公路隧道突发事件应急指挥部（以下简称“隧道应急指挥部”）。

隧道应急指挥部，在运营管理公司和执法大队的领导下全面负责高速公路隧道突发事件应急管理工作，指挥协调隧道突发事件应急处置工作。

（2）隧道应急指挥部指挥协调组。在隧道应急指挥部负责人或其援权应急指挥人员到达前负责隧道突发事件的初期处置，同时负责各类突发事件信息的收集、整理、报送和授权发布。积极做好现场

处置人员与指挥部的联系沟通以及对外协调工作。

（3）隧道应急指挥部现场处置组。分为交通组织疏散小组和应急救助抢险小组，在隧道应急指挥部的统一指挥下负责事故现场的交通组织、疏散，应急救助和在保障自身安全的前期下开展抢险工作。

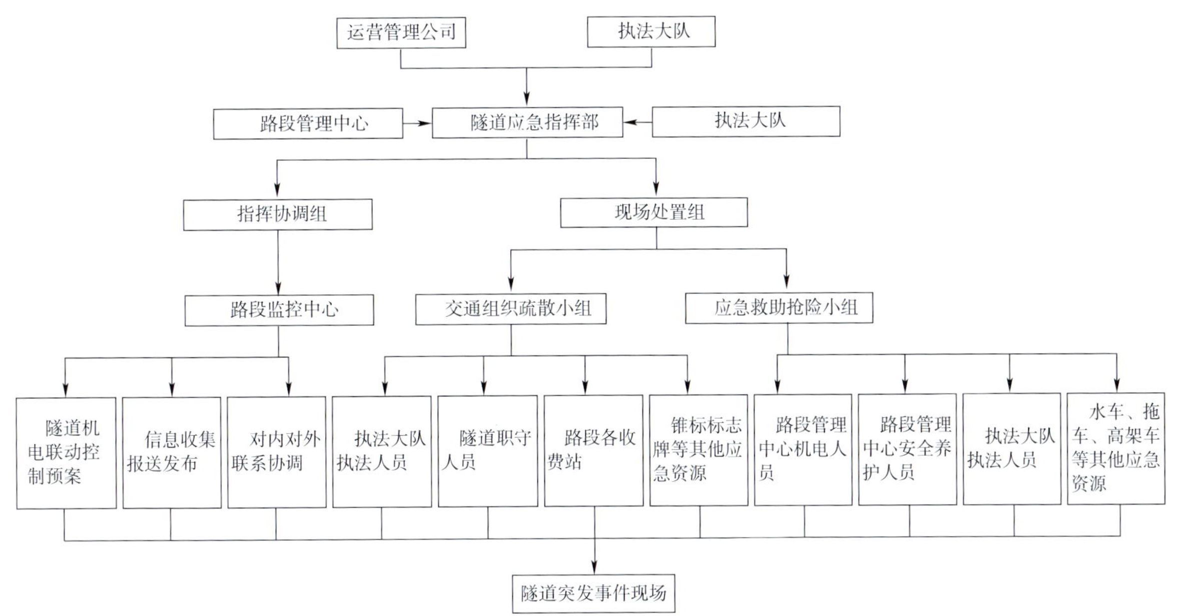

图6-4-4　高速公路隧道突发事件应急处置组织体系框架图

（4）交通组织疏散小组。在隧道突发事件发生后，根据事故性质和影响范围立即制定交通管制方案并组织实施，划定警戒区域；当发生隧道火灾等严重事故时，应阻止洞外车辆进入洞内，组织疏散洞内的车辆驶离洞外，组织隧道内滞留人员有序疏散和撤离；指挥相关收费站适时关闭或开启车道实施交通管制措施，为各类应急救助抢险队伍顺利到达现场提供交通保障。

（5）隧道应急指挥部应急救助抢险小组。在隧道突发事件发生后，监控人员应迅速启动隧道机电系统联动控制方案，机电人员赶赴隧道现场配电室及机房，使隧道机电系统设施设备运行正常，为整个应急救助抢险工作提供保障；应急救助抢险小组应组织力量疏散滞留隧道内的驾乘人员，同时调用水车、清障车、隧道消防器材等应急资源在保障自身安全的前提下开展救助抢险工作；在医疗、消防等专业救援抢险部门到达后为其提供技术支持和帮助，全力配合医疗、消防等部门专业救援抢险工作的开展。

四、应急响应流程

路段的防灾救援流程为图 6-4-5，当发生火灾或事故时，路段的救援组织形式如下：

（1）通过事故现场人工报警、个别路段闭路电视系统等形式发现并确认火灾或事故。

（2）监控中心通知执法大队和消防大队，启动火灾或事故应急预案。

（3）执法大队通过监控中心实施交通管制，并尽快到达现场。

（4）执法大队到达现场，进行现场交通组织，执法大队与高速公路运营管理人员进入现场引导避难。

（5）执法大队引导消防大队到达火灾现场，消防大队进入现场救援灭火。

隧道的防灾救援流程图 6-4-6，当发生火灾或事故时，隧道的救援组织形式如下：

（1）通过火灾自动报警、火灾手动报警紧急电话报警、闭路电视系统发现并确认火灾或事故。

（2）监控中心通知执法大队和消防大队，启动火灾或事故应急预案。

（3）执法大队通过监控中心实施交通管制，并尽快到达现场。

（4）执法大队到达现场，进行现场交通组织，执法大队与隧道运营管理人员进入现场引导避难。

（5）执法大队引导消防大队到达火灾现场，消防大队进入现场救援灭火。

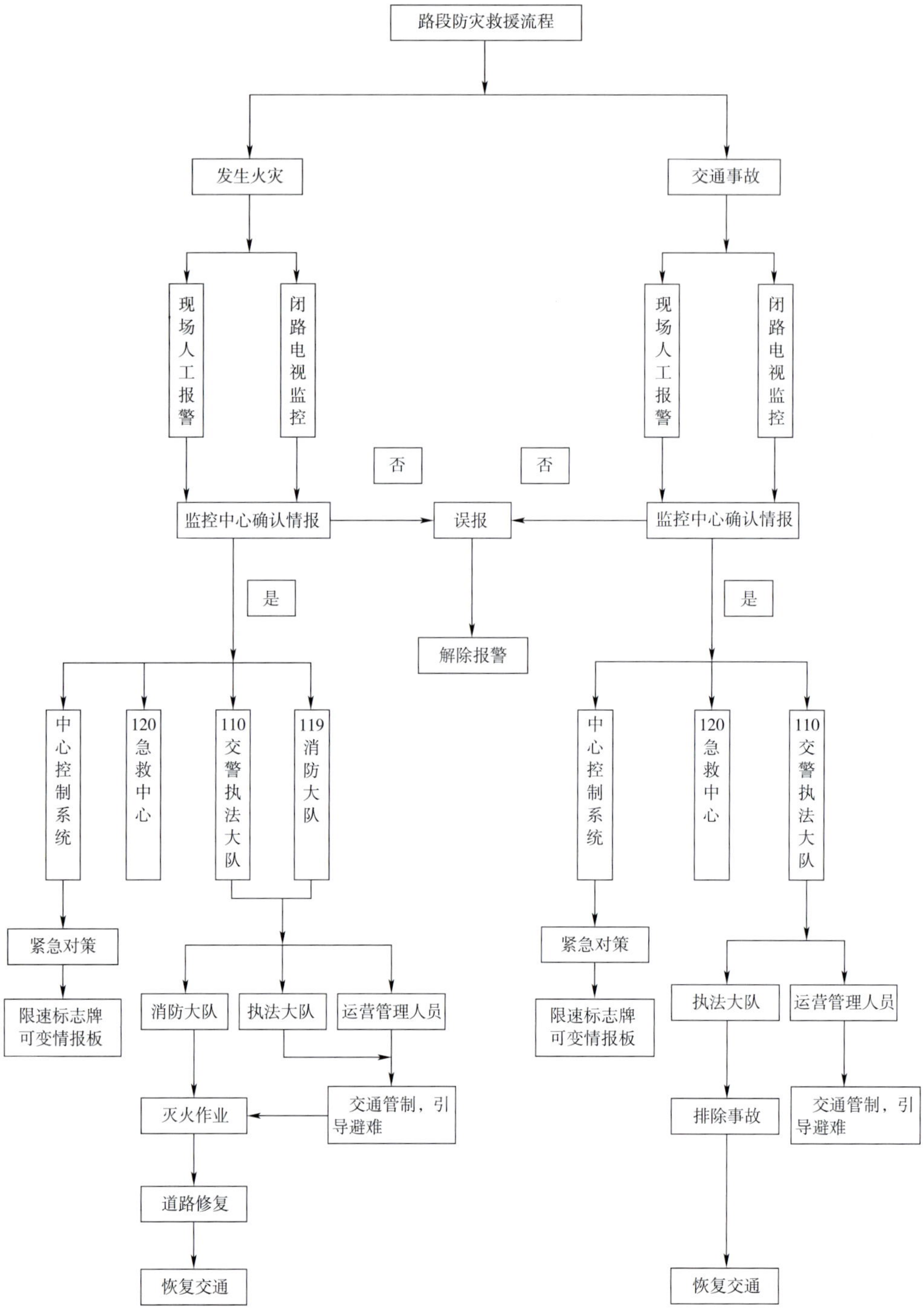

路段防灾救援流程
发生火灾
交通事故
现场人工报警
闭路电视监控
现场人工报警
闭路电视监控
否
否
监控中心确认情报
误报
监控中心确认情报
是
是
解除报警
中心控制系统
120急救中心
110交警执法大队
119消防大队
中心控制系统
120急救中心
110交警执法大队
紧急对策
紧急对策
限速标志牌可变情报板
消防大队
执法大队
运营管理人员
限速标志牌可变情报板
执法大队
运营管理人员
灭火作业
交通管制，引导避难
排除事故
交通管制，引导避难
道路修复
恢复交通
恢复交通

图6-4-5　路段防灾救援流程

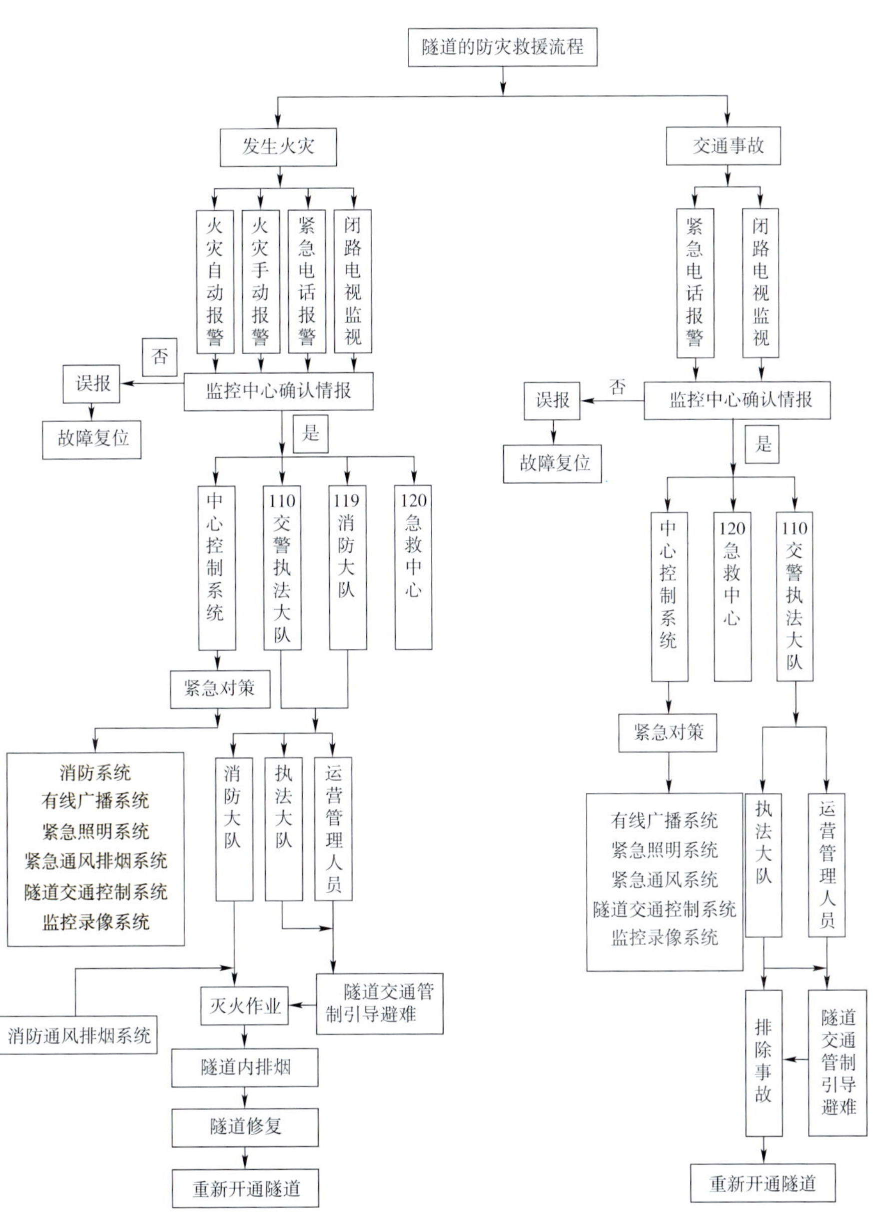

图6-4-6 隧道的防灾救援流程

第五章　联动控制软件预案的控制流程

第一节　路段交通事件控制预案

一、火灾控制预案

（一）总原则

高速公路路段火灾事故处理预案，必须制定贯彻如下总原则：

（1）以人为本，预防为主，防消结合。

以对人员危害最小为防灾救援预案的最高原则，建立行车安全的保障体系以及火灾报警、救援和灭火的防范体系，在软、硬件上要作以下考虑：

管理措施：制定正常行车规章制度、载有危险品车辆的检测和行车管理办法、日常监控管理制度、监控系统的检查和维护制度等。

硬件包括：加强监控系统、危险品车辆检测设备等。

（2）联动控制，措施有力，疏散有序，助救与自救相结合。

火灾后整个路段应作为一个整体联动控制。发生火灾时，相邻各区段交通管制信号及限速标志联动控制；同时建立高标准的人员助救、自救的设施和办法。其在软、硬件上主要作以下考虑：

管理措施：进行火灾救援宣传，制定火灾情况下的交通组织预案。

硬件包括：设置监控设施、交通信号设施等。

（3）早期发现，及时灭火。

侧重早期灭火，尽可能早地将火灾扑灭，最大程度地降低损失。其在软件上主要作以下考虑：

管理措施：制定灭火预案、组织消防演习。

本火灾预案适用于高速公路单向交通路段，且仅考虑路段内只有一处发生火灾。

（二）控制原理与控制基准

路段发生火灾时，对火灾所属控制区和影响区内的交通管制信号进行联动控制：火灾区域下游方向车辆快速开走，控制区内火灾上游车辆禁止通行；路段影响区内可变情报板显示火灾提醒信息，车辆减速行驶，非火灾线路正常运营。

（1）控制区内火灾上游交通信号设施显示禁止通行。

（2）影响区内交通信号设施显示提醒信息，并限速行驶。

（三）控制顺序

当路段闭路电视发现或火灾区域人工发出火灾报警时，“监控中心值班人员”确认发生火灾后，立即向“监控中心负责人”报告火灾案情，请求执行火灾预案。得到“监控中心负责人”授权后，“监控中心值班人员”立即执行相应的火灾预案，路段控制系统由正常情况下的系统控制方式转入相应火灾情况下系统控制预案，进行相关交通系统联动控制。同时报告高速公路执法大队交警 110、火警 119、

急救120等相关单位，并请求相关单位派专业人员到现场负责指挥、调度以及进行人员救援和火灾灭火工作。火灾预案如下：

（1）控制区内火灾上游禁止车辆继续行驶，并发布火灾信息。即小型情报标板与F型可变情报板均显示“前方火灾、禁止通行”；可变速度牌显示速度“0”；隧道洞口交通信号灯改显红灯；隧道内车道指示器显示绿灯，让车辆开出隧道；隧道内广播系统提示驾驶人：“前方路段火灾，车辆靠右减速驶出洞外停车。”

（2）影响区内发布火灾信息。即小型情报标板与F型可变情报板均显示“前方火灾、减速行驶”。

（3）火灾发生后，外部救援人员到达之前，人员自行疏散，驾驶人和男乘客自救灭火，等待专业消防队到来；当火势不能控制时，再撤离。

（4）外部救援人员到达，引导人员疏散。

（5）专业消防队灭火。

（6）灭火后，由高速公路执法大队和高速公路管理部门进行现场勘察，共同研究决定采用何种交通控制模式。

二、重大交通事故控制预案

本重大事故预案适用于高速公路单向交通路段，且只有一处发生重大事故造成该路段交通瘫痪。

（一）总原则

高速公路路段重大事故处理预案制定，必须贯彻以下总原则：

（1）以人为本，预防为主，防治结合。

（2）联动控制，各负其责，综合治理。

（3）保护现场，及时施救。

（二）基本功能

当路段发生严重交通事故造成交通系统瘫痪时，需要对路段进行交通管制。此时系统应具备如下基本功能：

（1）控制区内事故路线关闭，保护现场，进行事故处理。

（2）尽快疏导交通，保证交通基本畅通。

（3）影响区提示事故情况，进行限速。

（三）控制基准

（1）控制区内事故区域上游交通信号设施显示“禁止通行”。

（2）影响区内交通信号设施显示事故情况，并限速行驶。

（四）控制顺序

当路段闭路电视发现或事故区域人工发出事故报警时，“监控中心值班人员”确认发生重大交通事故、报告“监控中心负责人”，请求执行重大交通事故预案。得到“监控中心负责人”授权后，“监控中心值班人员”立即启动相应事故应急预案。同时报告高速公路执法大队交警110、火警119、急救120等相关单位，并请求相关单位派遣专业人员到事故现场负责指挥、调度以及进行人员救援和事故处理工作。火灾预案如下：

（1）控制区内事故上游禁止车辆继续行驶，并发布重大事故信息。即小型情报标板显示“前方事故、禁止通行”；F型可变情报板显示“前方重大事故，禁止通行”；可变速度牌显示速度“0”；隧道洞口交通信号灯改显红灯；隧道内车道指示器显示绿灯，让车辆开出隧道；隧道内广播系统提示驾驶

人:“前方路段有重大事故，车辆靠右减速驶出洞外停车。”

（2）影响区内发布重大事故信息。即小型情报标板显示“前方事故、减速行驶”；F型可变情报板显示“前方重大事故，减速行驶”。

（3）事故发生后，外部救援人员到达之前，人员自行疏散。

（4）外部救援人员到达后，引导人员疏散。

（5）由高速公路执法大队和高速公路管理部门进行现场勘察，共同研究决定采用何种交通控制模式。

三、一般交通事故控制预案

（一）基本功能

当路段发生一般交通事故并对正常交通造成影响时，需要对路段进行交通管制。此时系统应具备如下基本功能:

（1）事故路段仅允许单车道通行。

（2）尽量减少事故对路段正常运营的影响，保证在事故区域外的其他区段或车道正常使用。

（3）尽快疏导交通，保证交通基本畅通。

（4）控制区事故路线内事故区域上游提示事故情况，进行限速。

（5）影响区提示事故信息。

（二）控制基准

（1）控制区事故路线内事故区域上游交通信号设施显示事故信息，并限速行驶。

（2）影响区内交通信号设施显示事故信息。

（三）控制顺序

当路段闭路电视发现或事故区域人工发出事故报警时，“监控中心值班人员”确认发生一般交通事故，报告“监控中心负责人”，请求执行一般交通事故预案。得到“监控中心负责人”授权后，“监控中心值班人员”立即启动相应事故应急预案。同时报告高速公路执法大队交警110、火警119、急救120等相关单位，并请求相关单位派遣专业人员到事故现场负责指挥、调度以及进行人员救援和事故处理工作。火灾预案如下:

（1）控制区内事故上游对车辆进行限速，并发布一般事故信息。即小型情报标板显示“前方事故、限速40”；F型可变情报板显示“前方一般事故，限速40”；可变速度牌显示速度“40”；隧道内广播系统提示驾驶人:“前方路段一般事故，车辆靠右限速40。”

（2）影响区内发布一般事故信息。即小型情报标板显示“前方事故、减速行驶”；F型可变情报板显示“前方一般事故，减速行驶”。

（3）事故发生后，外部救援人员到达之前，人员自行疏散。

（4）外部救援人员到达后，引导人员疏散。

（5）由高速公路执法大队和高速公路管理部门进行现场勘察，共同研究决定采用何种交通控制模式。

四、维修控制预案

（一）基本功能

当路段需要进行养护维修且仍可继续使用时，需要对路段进行交通管制。此时系统应具备如下一些基本功能:

（1）路段养护维修区段仅允许单车道通行，保证维修作业的正常进行。

（2）尽量减少养护维修作业对路段运营的影响，保证在作业外的其他区段或车道正常使用。

（3）控制区维修路线内维修区域上游提示维修信息，进行限速。

（4）影响区提示维修信息，进行减速。

（二）控制基准

（1）控制区维修路线内维修区域上游交通信号设施显示维修信息，并限速行驶。

（2）影响区内交通信号设施显示维修信息。

（3）由高速公路管理部门进行现场勘察，研究决定路段采用何种交通控制模式。

（三）控制顺序

（1）控制区内维修区域上游对车辆进行限速，并发布维修信息。即小型情报标板与F型可变情报板均显示“前方维修、限速40”；可变速度牌显示速度“0”。

（2）影响区内发布维修信息。即小型情报标板与F型可变情报板均显示“前方维修、减速行驶”。

五、正常情况控制预案

路段信号和监控系统的最大目的是提高高速公路服务水平，提高交通安全等级，增强对突发事件的快速处理能力，以真正体现“以人为本、安全第一”的服务宗旨，实现高等级公路“高速、高效、安全、舒适”地运营。

（一）基本功能

正常情况下路段交通系统主要用于保障车辆在路段内行驶的安全性，提高高速公路的服务水平。其基本功能主要有：

（1）通过小型、F型可变情报板向驾驶人传达当前路段的有关信息。

（2）通过可变速度牌显示当前路段的允许车速及相关信息。

（二）控制原理

路段交通系统采用手动控制策略。手动控制策略主要包括成组控制、单控以及现场控制。

成组控制时，操作人员在监控中心手动控制一组或多组情报板、限速标志等，单控时操作人员在监控中心手动控制一个或多个交通信号灯，修改小型情报标板或F型可变情报板所显示的内容；现场控制时由操作人员在现场工作站进行手动控制，可人工修改小型情报标板或F型可变情报板上显示的内容，对其进行开机、关机、复位操作，也可人工控制一个或多个交通信号灯。

第二节　隧道火灾情况下控制预案

一、总原则

高速公路隧道火灾时的防灾救援预案，贯彻如下总原则：

（1）以人为本，预防为主，防消结合。

以对隧道内人员危害最小为最高原则，建立防止火灾隐患的检测、管理、行车的安全保障体系，以及火灾报警、救援和灭火的防范体系，在软、硬件上要作以下考虑：

管理措施：制定正常行车规章制度、载有危险品车辆的检测和行车管理办法、日常监控管理制度、报警和消防系统的检查和维护制度等。

硬件包括：强化设备和电缆的耐火设计，合理设计行车横通道的布置间距和与主隧道的连接方式，合理设计人行横通道的布置间距和与主隧道的连接方式，优化设备布置方式，加强监控报警系统、消防设备、危险品车辆检测设备等。

（2）监控有效，联动控制，措施有力，疏散有序，助救与自救相结合。

对隧道的运营状态进行连续监控，火灾后整个路段应作为一个整体联动控制。隧道火灾时对控制区和影响区交通管制信号和相关设备进行联动控制。同时建立高标准的人员助救和自救设施和办法。其在软、硬件上主要作以下考虑：

管理措施：进行隧道火灾救援宣传，制定火灾情况下的通风、照明、交通组织预案。

硬件包括：设置监控设施、报警设施、交通信号设施、逃生通道标志、紧急诱导设施、自救设备、助救设施、灭火设施等。

（3）早期发现，及时灭火。

侧重早期灭火，尽可能早地将火灾扑灭，最大程度地降低损失。其在软、硬件上主要作以下考虑：

软件包括：制定灭火预案、组织消防演习。

硬件包括：提供有效的灭火设施，并维护良好。

本火灾预案适用于双洞单向交通隧道，且仅考虑隧道内只有一处发生火灾。

二、控制原理

隧道内发生火灾时，关闭左右线控制区内火灾上游隧道及路段，左右线火灾下游车辆直接开走，控制区和影响区的交通管制信号和相关设备要联动控制；火灾后，除火灾隧道外，在隧道间距允许的情况下，车辆尽量停在路段上，不停在隧道内；若隧道间距不允许，车辆停在隧道内，应开启该隧道内的风机。

隧道内火灾防火分区划分：由于纵向通风隧道阻止火灾蔓延和烟雾扩散非常困难，故只能根据火灾时人员疏散组织进行隧道防火分区划分。当隧道发生火灾时，火灾点下游人员自行驾车由隧道出口快速撤离隧道，火灾点上游人员弃车通过横通道进入非火灾隧道撤离。由于隧道火灾点是随机的，因此，防火分区的划分应根据人员疏散和人员救助的可能性进行划分，根据本隧道特点，结合人行横通道门的设置方式及隧道内信号灯的设置情况，将两条车行横通道之间的隧道长度作为一个防火分区是比较合理的，这也符合设备的布置和控制要求。根据这一思想：云阳至万州段高速公路庙梁隧道具体火灾分区，如图 6-5-1 所示。

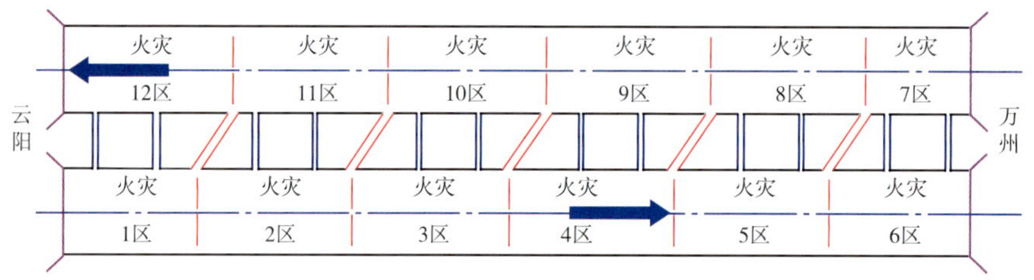

图6-5-1　庙梁隧道火灾分区图

隧道发生火灾后，由于火灾点上游横通道被打开，两隧道通风系统不再单一，而变为一个相互影响、相互作用的连通的复杂多变的通风网络系统。此时，隧道内失去交通风力，但火风压、火焰节流效应对隧道通风影响巨大。在这种情况下，常规通风计算理论已不能解决实际问题，必须采用网络通风理论进行设计，远期射流风机的开启预案就是根据这一理论制定的。

三、控制基准

（1）开启火灾隧道上游所有的车行横通道门（人行横通道门为平开门，逃生人员可自行推开），以利于人员利用非火灾隧道疏散。

（2）阻止烟雾逆流，考虑火灾下游温度扩散速度，保持火灾点附近风速 2.5 ~ 3m/s。

（3）根据火灾时期的参数，应用网络通风理论确定风机开启的台数，及风机正、反转（风机所形成的风流方向与车行方向一致时为正转，否则为反转）。

（4）开启所有照明灯具，以便进行疏散救援。

（5）根据火灾点位置开启相应的控制区和影响区的交通管制信号和相关设备。

四、控制顺序

（1）当隧道内火灾检测器、手动报警按钮、紧急电话发出火灾报警信号时，“监控中心值班人员”立即将监测画面切换至相应的摄像机监测区段进行火灾验证并录像（火灾自动报警系统只要发生火灾报警信号，系统就立即自动进行录像，无须人工确认）。当确认发生火灾后，立即向“监控中心负责人”报告火灾案情，请求执行火灾预案，得到“监控中心负责人”授权后，“监控中心值班人员”立即执行相应的火灾预案，即隧道控制系统由正常情况下的系统控制方式转入相应火灾情况下系统控制预案，进行通风、照明、交通系统联动控制。同时报告高速公路执法大队交警 110、火警 119、急救 120 等相关单位，并请求相关单位派专业人员到现场负责指挥、调度以及进行人员救援和火灾灭火工作。

（2）关闭隧道禁止车辆继续驶入隧道，并发布火灾信息。即，两隧道洞口的信号灯均显示“红灯”，禁止车辆通行，小型情报标板显示为“0”，F 型可变情报板显示为“隧道火灾，禁止通行”。

（3）按照火灾情况下开启相应的风机，进行火灾通风，阻止烟雾逆流。开启隧道内所有的照明系统便于救火及人员的逃生。

（4）火灾上游的车道指示器正面改显红灯，禁止车辆继续前行，火灾隧道下游的车道指示器不变，引导隧道内车辆开出隧道。非火灾隧道右车道正面为绿灯，反面为红灯，引导隧道内车辆开出隧道；非火灾隧道的左车道的车道指示器正面改显红灯，反面为红灯。

（5）开启火灾隧道上游所有车行横通道门，车行横通道指示灯为红灯，广播提示受困驾驶人弃车，经横通道疏散到非火灾隧道。开启非火灾隧道相应数量的风机，保证紧靠火灾点的两条横通道的风流是由非火灾隧道流向火灾隧道，避免烟雾污染正常隧道的环境，从而对人员的逃生造成影响。横通道照明与横通道门联动控制，即门开灯亮。

（6）控制区内，火灾上游 F 型可变情报板显示“× × × 隧道火灾，禁止通行”，小型可变情报板显示“前方火灾，禁止通行”，可变速度牌显示速度“0”，上游隧道内车道指示器显绿灯，结合洞内广播系统，引导车辆靠右驶出隧道并停止。

（7）影响区内火灾上游的 F 型可变情报板显示“× × × 隧道火灾，减速行驶”，小型可变情报板显示“前方火灾、减速行驶”，相应隧道的广播系统提示火灾信息。

（8）在人员疏散完成后，组织相关人员进行灭火；当火势不能控制时，等待专业消防队。

（9）专业消防队进行灭火。

（10）灭火后，由高速公路执法大队和高速公路管理部门进行现场勘察，共同研究决定两隧道采用何种交通控制模式。

第三节　隧道交通管制情况控制预案

当隧道需要进行维修、发生交通堵塞、发生交通事故、隧道内污染物浓度严重超标且开启所有风机后仍然超标时，需要对隧道进行交通管制。

一、隧道事故控制预案

本事故预案适用于双洞单向交通，且只有一处发生重大事故造成该隧道交通瘫痪。

（一）总原则

高速公路隧道事故处理预案制定贯彻如下总原则：

（1）以人为本，预防为主，防治结合。

（2）监控有效，联动控制，各负其责，综合治理。

（3）保护现场，及时施救。

（二）基本功能

当隧道内发生严重交通事故造成隧道交通系统瘫痪时，需要对隧道进行交通管制。此时系统应具备下面基本功能：

（1）事故隧道关闭，保护现场，进行事故处理。

（2）尽快疏导交通，保证交通基本畅通。

（3）事故隧道开启所有照明以保证事故处理顺利进行。

（4）控制区内事故隧道左右线上游隧道及路段限速；影响区内的隧道及路段须警示事故信息。

（三）控制原理

事故时隧道内的事故区划分：依据事故时尽快疏导交通流，同时便于保护事故现场为原则，现将隧道内每相邻两条车行横通道之间的隧道长度作为一个事故区进行预案制定。依据事故发生地点，分别制定了每个事故区发生交通事故时通风、照明、交通等组织预案。庙梁隧道分区，如图 6-5-2 所示。

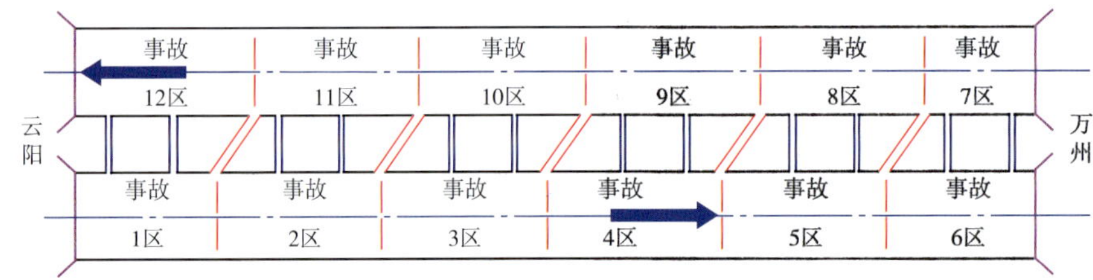

图6-5-2　庙梁隧道交通事故分区

（四）控制基准

（1）保证隧道内 CO/VI 浓度不超标，即，CO ≤ 250ppm，VI ≤ $0.0075m^{-1}$。

（2）事故隧道照明全部开启，非事故隧道按照正常情况进行控制，便于进行事故救援。

（3）单向交通风速≤ 10m/s。

（4）隧道内行车速度限制为 40km/h。

（五）控制顺序

（1）当隧道发生事故或“监控中心值班人员”接到报警后，进行监视确认。得到确认后，报告“监控中心负责人”，请求执行事故预案。得到“监控中心负责人”授权后，“监控中心值班人员”立即启动相应事故应急预案。同时报告高速公路执法大队交警 110、火警 119、急救 120 等相关单位，并请

求相关单位派遣专业人员到事故现场负责指挥、调度以及进行人员救援和事故处理工作。

（2）事故隧道关闭，并发布事故信息。执行动作如下：

事故隧道洞口交通信号灯显“红灯”，洞口F型可变情报板显示为“前方事故、禁止通行”，可变速度牌显示速度“0”。

事故隧道内，事故上游车道指示器改显红灯，禁止车辆继续前行；事故下游车道指示器仍为绿灯，让车辆驶出隧道。洞内广播系统辅助其疏散。

开启事故隧道内所有风机正吹；开启事故隧道所有照明，便于专业人员组织现场事故救援。

事故上游控制区内，F型可变情报板显示“×××事故，禁止通行”，小型情报板显示“前方事故，请稍候”，可变速度牌显示速度“0”。影响区的F型可变情报板显示“×××事故，减速行驶”，小型情报板显示“前方事故、减速行驶”；非事故隧道正常运营。

（3）等执法大队到达现场，经高速公路执法大队和高速公路管理部门进行现场勘查，共同研究决定非事故隧道是否改为双向行驶。如改双向行驶，需摆好路标后再执行双向行驶预案。双向行驶的隧道通风控制采用普通反馈式控制或手动控制方法。以下为双向行驶预案的执行动作：

非事故隧道洞口可变速度牌显示为“40”，洞口可变情报板显示为“隧道双向行驶，走右车道”，交通信号灯仍为绿灯。

非事故隧道内，左车道车道指示器改显红灯，让车辆从右车道驶出隧道。通过CCTV确认左车道无车后，将其车道指示器反面改显为绿灯，同时打开事故上游车行横通道门，疏散事故隧道内堵塞车辆。洞内广播系统辅助其疏散。

非事故隧道的射流风机按反馈式控制；非事故隧道的照明按正常情况开启，但隧道两端的加强照明都应按入洞考虑。

事故隧道洞口可变情报板显示“前方事故、请绕行”，洞口交通信号灯显示“红灯+绿箭头”绕行信号，引导车辆进入非事故隧道。

控制区内事故上游的F型可变情报板显示“×××事故，限速40”，小型可变情报板显示“前方事故，限速40”；影响区内事故上游的F型可变情报板显示“×××事故，减速行驶”，小型可变情报板显示“前方事故、减速行驶”，相应隧道的广播系统提示事故信息。

二、隧道堵塞控制预案

隧道内交通堵塞主要由隧道内发生轻微交通事故或者隧道内的车流量过大造成。具体表现为监控人员通过摄像机发现隧道两个或两个以上横通道之间行车速度均小于10km/h，或连续两个车行横通道的车辆检测器线圈测得的车速小于10km/h时，则判定为该隧道发生交通堵塞。交通阻塞时，隧道内平均CO设计浓度可取300ppm，经历时间不超过20min。

本堵塞预案适用于双洞单向交通，且只有一条隧道发生堵塞。

高速公路交通堵塞预案的制定贯彻“尽早发现、及时疏导”的总原则。

（一）基本功能

当隧道内发生交通堵塞时，需要对隧道进行交通管制。此时系统应具备下面一些基本功能：

（1）堵塞隧道关闭，进行交通疏导。

（2）非堵塞隧道正常运营。

（3）控制区内堵塞路线上游隧道及路段限速，对影响区内的隧道及路段警示堵塞信息。

（二）控制原理与控制基准

隧道内堵塞分区划分：依据堵塞时尽早发现，及时疏导的原则，隧道内无论何处发生堵塞都要将堵塞隧道关闭，限制车辆进入，故将每条隧道按左右线划分为一个整区进行预案编制，云阳至万开隧道群各隧道分别分为两个区。分别制定每个区发生交通堵塞时的通风、照明、交通组织预案。

（1）两条隧道的风机均按照普通反馈式进行控制，保证隧道内CO/VI浓度不超标，即CO ≤ 300ppm，VI ≤ 0.009m^{-1}。

（2）按照正常情况开启照明灯具。

（3）单向交通风速≤ 10m/s。

（三）控制顺序

当隧道发生堵塞，“监控中心值班人员”接到堵塞报警或监视到堵塞情况，监控人员通过摄像机确认隧道两个或两个以上横通道之间行车速度均小于10km/h后，报告“监控中心负责人”，请求进行执行堵塞预案；得到“监控中心负责人”授权后，“监控中心值班人员”立即启动相应堵塞应急预案。同时报告高速公路执法大队交警110等相关单位，并请求相关单位派遣专业人员到事故现场负责指挥、调度以及车辆疏导工作。具体执行预案如下：

（1）关闭堵塞隧道，并发布堵塞信息。即堵塞隧道洞口交通信号灯显示“红灯”，禁止车辆通行；洞内车道指示器显示绿灯，让车辆驶出隧道；可变速度牌显示速度“0”，F型可变情报板显示为“隧道堵塞，请稍后”。非堵塞隧道正常运营。

（2）风机按照普通反馈式进行控制，照明仍按照正常情况控制。

（3）控制区堵塞路线上游对车辆进行限速，并发布堵塞信息。即小型情报标板显示为“前方堵塞，限速40”，F型可变情报板显示为“×××隧道堵塞，限速40”，相应隧道内广播设施提示堵塞信息。

（4）影响区内发布堵塞信息，即小型情报标板显示为“前方堵塞、减速行驶”，F型可变情报板显示为“前方堵塞、减速行驶”，相应隧道内广播设施提示堵塞信息。

（5）由交警部门和高速公路管理部门，共同研究决定两隧道是否恢复正常交通控制模式。

三、隧道维修控制预案

（一）基本功能

当隧道需要进行养护维修且仍可继续使用时，需要对隧道进行交通管制。此时系统应具备下面一些基本功能：

（1）隧道养护维修区段仅允许单车道通行，保证维修作业的正常进行。

（2）尽量减少养护维修作业对隧道运营的影响，保证在作业外的其他区段或车道正常使用。

（3）开启所有基本照明和应急照明以保证作业的顺利进行。

（4）烟雾浓度指标严格控制在VI ≤ 0.0035m^{-1}范围内。

（5）控制区内维修路线上游限速，开启影响区隧道及路段内相关设备警示维修。

当隧道因全线维修而关闭时，系统基本的功能如下：

（1）将另一条隧道改为双向行驶，并按相应的控制基准对该隧道进行通风照明控制。

（2）关闭维修隧道，禁止车辆驶入，诱导车辆绕行到另一条隧道。

（3）控制区内维修隧道左右线上游限速，小型情报标板显示为“前方维修限速40”，开启影响区隧道及路段内相关设备警示维修信息。

（二）控制原理

1. 隧道运营时维修

当隧道维修但仍继续使用时，一方面既要保证养护维修安全作业的顺利进行；另一方面又尽量避免隧道的服务水平大幅下降，因而需对维修隧道分区段管制（见图6-5-3）。分区的依据有如下两点：

为了便于交通管制，考虑交通信号灯的位置。

保证维修地点的前方和后方有足够的缓冲距离，该缓冲距离为两信号灯之间的距离。

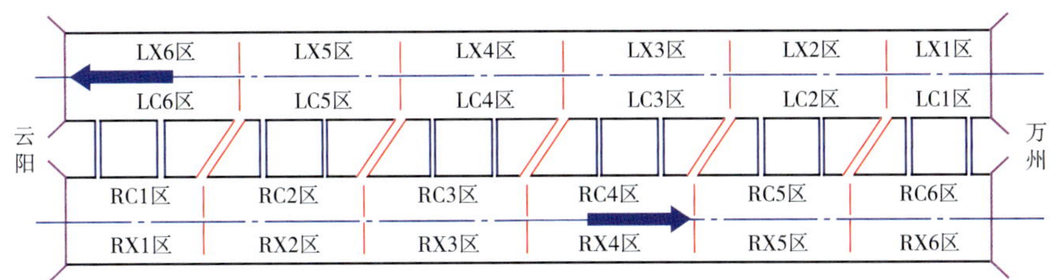

图6-5-3　维修时庙梁隧道区段划分

维修时的通风控制采用普通后馈式控制或手动控制方法；照明控制同正常情况下的控制。

2. 隧道双向行驶

当隧道关闭进行维修时，此时，风机和照明根据实际需要开启。

双向行驶的隧道通风控制采用普通反馈式控制或手动控制方法，照明控制同正常情况下的控制，但原隧道出口按隧道入口同样考虑。

隧道进行全洞维修时，正常运营隧道需改双向交通，当执法大队到达现场，摆放好警示路牌、路标，才执行双向交通预案。双向交通需遵循以下原则：

（1）先将正常运营的隧道交通信号及指示灯改为双向行驶信息。

（2）间隔1.6~2min后，将另一条隧道关闭，提示车辆绕行。

（3）等到车辆全部驶出隧道后，维修隧道全线关闭。

在由双向交通转为正常运营时，交通流的诱导需遵循以下原则：

（1）开启维修完毕的隧道，允许车辆进入，进行正常运营。

（2）双向行驶隧道交通信号及指示灯改为单向行驶信息。

（3）等待一段时间，通过人工（摄像机目视或现场人员）确认双向行驶隧道内没有逆行车辆后，双向行驶隧道转为正常运营。

（三）控制基准

两种不同维修状态对应的通风控制基准也略有差别，现分述如下。

1. 隧道运营时维修

（1）通风控制基准

对于维修隧道而言，CO浓度根据正常情况下的标准进行控制，CO允许浓度：在采用纵向通风的情况下，正常行车时的CO允许浓度为250ppm。

烟雾浓度按维修时允许的烟雾浓度进行控制，维修时烟尘允许浓度：k=0.0035m^{-1}。

单向交通时隧道内风速：$V_r \leq 10$m/s。

对于运营时维修的隧道通风控制采用普通后馈式控制或手动控制，它们基本控制方法都一样。根据CO/VI检测器获取当前隧道内的污染状况，然后根据表6-5-1确定风机是否开启或关闭，最后结合当前风机的运行状况确定需要开启或关闭风机的位置。

运营且维修时风机开启规则　　表6-5-1

隧道维修	CO>250ppm或VI>0.0035m^{-1}	在已有风机基础之上，增开一组风机
	CO<250ppm且VI<0.0035m^{-1}	在已有风机基础之上，关闭一组风机

当风速超过 10m/s 后，不能在继续启动风机，按污染物浓度严重超标时的控制方法进行控制。

（2）照明控制基准

照明控制基准，按照正常情况下进行控制。

（3）行车速度

控制区内维修路线上游情报板提示“限速 40”信息，影响区内提示“减速”信息；非维修线路正常运营。

2. 隧道关闭维修

当隧道关闭进行维修时，风机、照明根据实际需要开启。

另一条改为双向行驶的隧道控制基准如下：

（1）通风控制基准

对于双向行驶隧道而言，CO 浓度和烟雾浓度根据正常情况下的标准进行控制，即 CO 允许浓度：250ppm；烟尘允许浓度：k=0.0075m^{-1}。

双向交通时隧道内风速：$V_r \leq$ 8m/s。

对于双向行驶的隧道通风控制采用反馈式控制或手动控制，它们基本控制方法都一样。根据 CO/VI 检测器获取当前隧道内的污染状况，然后根据表 6-5-2 确定风机是否开启或关闭，最后结合当前风机的运行状况确定需要开启或关闭风机的位置。

双向行驶时风机开启规则　　表6-5-2

隧道维修	CO>250ppm或VI>0.0075m^{-1}	在已有风机基础之上，增开一组风机
	CO<250ppm且VI<0.0075m^{-1}	在已有风机基础之上，关闭一组风机

当风速超过 8m/s 后，不能在继续启动风机，按污染物浓度严重超标时的控制方法进行控制。

（2）照明控制基准

改为双向交通后，原隧道出口变为入口，因而需在正常情况基础之上，提高原出口处加强照明的等级，使之与入口加强照明等级相同。

（3）行车速度

控制区内维修隧道左右线上游情报标板提示“限速 40”信息；影响区内维修隧道左右线上游情报标板提示“减速”信息。

（四）控制顺序

1. 运营维修控制顺序

（1）当隧道需要维修时，“监控中心负责人”向“监控中心值班人员”传达执行维修预案指令，同时报告路政执法大队、交警 110 等相关单位，请求他们派出专业人员到现场负责指挥、调度工作；“监控中心值班人员”启动相应维修预案。

（2）运营维修时，非维修线路正常营运，维修线路发布维修信息。执行动作如下：

①维修隧道洞口 F 型可变情报板显示“隧道维修，限速 40”，可变速度牌显示速度“40”。

②维修隧道内，距离维修区前、后各两组车道指示器改显红灯，其余车道指示器仍为绿灯，洞内广播系统辅助交通。

③维修上游控制区内，F 型可变情报板显示“×××隧道维修，限速 40”，小型情报板显示“前方维修，限速 40”，可变速度牌显示速度“40”。影响区的 F 型可变情报板显示“×××隧道维修，减速行驶”，小型情报板显示“前方维修、减速行驶”；非维修线路正常运营。

2. 全洞维修控制顺序

（1）当隧道需要维修时，“监控中心负责人”向“监控中心值班人员”传达执行维修预案指令，同时报告路政执法大队、交警110等相关单位，请求他们派出专业人员到现场负责指挥、调度工作；“监控中心值班人员”启动相应维修预案。

（2）全洞维修时，等执法大队摆好路标后，对非维修隧道执行双向行驶预案。具体执行动作如下：

①维修隧道洞口F型可变情报板显示“隧道维修、禁止通行”，交通信号灯显红灯，可变速度牌显示速度“0”。经CCTV确认车辆全部开出隧道后，洞内所有车道指示器正面改显红灯，关闭隧道。

②非维修隧道洞口可变速度牌显示为“40”，洞口F型可变情报板显示为“隧道双向行驶，走右车道”，交通信号灯仍为绿灯。

③非维修隧道内，左车道车道指示器改显红灯，让车辆从右车道驶出隧道。通过CCTV确认左车道无车后，将其车道指示器反面改显为绿灯。

④维修隧道、非维修隧道的射流风机按反馈式控制。维修隧道开启所有照明，便于专业人员组织现场维修；非维修隧道的照明按正常情况开启，但隧道两端的加强照明都应按入洞考虑。

⑤维修隧道洞口可变情报板显示“前方维修，请绕行”；洞口交通信号灯显示“红灯+绿箭头”绕行信号，引导车辆进入非维修隧道。

⑥控制区内维修上游的F型可变情报板显示“×××隧道维修，限速40”，小型可变情报板显示“前方维修，限速40”；影响区内维修上游的F型可变情报板显示“×××隧道维修，减速行驶”，小型可变情报板显示“前方维修、减速行驶”，相应隧道的广播系统提示维修信息。

四、污染物浓度严重超标控制预案

（一）基本功能

当遇到下面两种情况之一时，也需要对该隧道进行交通管制，此时可以按污染物浓度严重超标时的控制方法进行控制：

（1）当隧道内的交通流量过大，开启所有风机后仍然不能将污染物（CO、VI）浓度降低到许可范围内时。

（2）当隧道内风速已经达到或超过单向交通隧道所限制的风速（10m/s）时，污染物浓度仍然严重超标时。

实行交通管制后，暂时禁止后面车辆驶入隧道，随着隧道内车辆的驶出，洞内污染物浓度必然降低，当CO、VI值当降低到允许值时，再允许车辆进洞。

（二）控制原理

污染物浓度严重超标时的控制方法是一种特殊的控制方法，此时通风控制系统将终止当前正在进行的自动控制（或前馈式智能模糊控制，或普通反馈式控制），对该隧道的风机进行手动控制（风机的自定义群控策略），且当开启所有风机后仍不能将污染物（CO、VI）浓度降低到许可范围内时可以对隧道进行交通管制。其基本控制原理如下：

（1）在对风机进行自动控制前，检测该周期内的平均CO和VI值，根据下面的控制基准判断处于正常、预报警或报警状态。

（2）当系统处于报警状态时，该控制方法（手动控制）获得对风机控制的优先权，并开启所有风机。

（3）当开启所有风机后污染物（CO、VI）浓度仍然严重超标时，系统发出封洞预案，开始进行交通管制，禁止车辆入洞。

（4）当隧道内污染物浓度低于正常情况下的控制目标时，系统提示该隧道应转入正常运营状态。

污染物浓度严重超标时的照明控制与正常运营时相同。

（三）控制基准

（1）当隧道内 CO 平均浓度低于 250ppm 且 VI 值低于 $0.009m^{-1}$（对应设计车速为 40km/h）时，系统处于正常的控制状态。

（2）当隧道内 CO 平均浓度大于 250ppm 或 VI 值大于 $0.009m^{-1}$（对应设计车速为 40km/h）时，系统能给出预报警信号。

（3）当 CO 平均浓度大于 300ppm 且历时超过 20min 或 VI 值大于 $0.012m^{-1}$ 时，系统能给出报警信号。

（4）当开启所有风机后，或超过最大风速（10m/s）时，隧道内 CO 平均浓度仍高于 250ppm 或 VI 值仍高于 $0.012m^{-1}$ 时，该隧道应进行交通管制。

（5）当隧道内 CO 平均浓度低于 250ppm 且 VI 值低于 0.0075m-1 时，系统提示该隧道应转入正常运营状态。

（四）控制方法

（1）当隧道“监控中心值班人员”接受到隧道污染物浓度超标报警信号后，报告“监控中心负责人”，请求进行执行污染物浓度超标预案，得到“监控中心负责人”授权后，“监控中心值班人员”立即启动相应污染物浓度超标应急预案。同时报告路政执法大队、交警 110 等相关单位，并请求相关单位派遣专业人员到现场负责指挥、调度工作。

（2）将环境恶劣隧道中的风机全部开启，待风机运行稳定后，根据 TW 测得的风速值，判断隧道内风速是否大于 10m/s，若超过，则停止一组风机，直到风速不大于 10m/s 为止。

（3）风机启动后，延时 10min（包含风机运行稳定时间），判断环境是否好转，若指标下降，则维持现状，直到 CO<250ppm 且 VI<$0.0075m^{-1}$ 时，可以关闭一组风机，进而转为自动控制（前馈式智能模糊控制或反馈式控制）。

若指标不下降（CO 浓度仍超过 300ppm，或 VI 值仍超过 $0.012m^{-1}$），系统将向监控中心发出封洞预案提示，人工确认后（得到“监控中心负责人”授权后），对该隧道进行交通管制，禁止车辆入洞。

（4）当隧道内 CO 平均浓度低于 250ppm 且 VI 值低于 $0.0075m^{-1}$ 时，该隧道转入正常运营状态，允许车辆进洞。

第四节　隧道正常情况下控制预案

隧道机电与监控系统的最大目的是提高隧道的服务水平，提高交通安全等级，增强对突发事件的快速处理能力，以真正体现“以人为本、安全第一”的服务宗旨，实现高等级公路“高速、高效、安全、舒适”地运营。

一、隧道通风控制预案

（一）隧道通风的基本功能

在纵向式通风中，通风控制需要根据隧道内的交通状态、当前的污染物浓度水平，以最小的电力消耗，按需求供给隧道内充分的通风量，将 CO 浓度、烟雾浓度稀释到允许值。

正常情况下隧道通风控制系统，主要包含以下两个基本功能：

（1）检测隧道内当前污染物浓度水平。

（2）根据隧道内当前污染物浓度水平控制风机的运转，使 CO 和烟雾浓度达到《公路隧道通风照明设计规范》（JTJ026 1—1999）（简称《规范》）所允许值。

理论计算表明，通风中所需的电力消耗与通风量大约呈 3 次方的关系，通风耗电在隧道的日常运营开支中占极大的比重（一般约占 80%以上）。采用先进的通风控制系统能明显改善了通风效果，增加行车安全性及舒适度，还大量节约电费。

正常情况下隧道内的污染物主要是 CO 和烟雾，它们的浓度可由 CO 仪、VI 仪测得。同时，为了对风机进行更有效的控制，还需获得隧道内的风速及交通流参数。隧道内风速和风向可由风向风速仪（风速风向检测器）测得，交通流数据可由车辆检测计获得。

1. CO/VI的检测

由于 CO/VI 测得值为某时刻的点浓度，而自动控制（包含前馈式智能模糊控制、后馈式控制等）的输入量应代表该段时间内的污染物浓度水平，因而在通风系统的一个控制周期内，CO/VI 检测器采集数据的次数不能太少，采集周期不超过 60s。取一个控制周期内采集到的所有 CO/VI 值的平均值作为隧道内当前的污染物浓度水平。

通常在隧出口处放置有 CO/VI 检测器，对于特长隧道而言，在隧道中部也设有 CO/VI 检测器，将出口处的 CO/VI 检测值作为反馈信号；或将中间处的 CO/VI 检测值乘以一系数后作为反馈信号，取二者的较大值进行风机控制。

当中间处的 CO/VI 检测器发生故障时，则直接将出口处的 CO/VI 检测器测得的数值作为反馈信号。

当出口处的 CO/VI 检测器发生故障时，将中间处的 CO/VI 检测值乘以其对应的系数作为反馈信号。

2. 风向风速的检测

风速风向检测器通常放在隧道中部，测得值仍为某时刻某点处的风速，而通风系统自动控制要求的输入风速值代表该段时间内隧道内的平均风速，因而在通风系统的一个控制周期内，风速风向检测器采集数据的次数不能太少，采集周期最大为 60s。取一个控制周期内采集到的所有风速的平均值作为智能模糊控制系统的输入量。

3. 车辆检测器（TC）

车辆检测器用于检测常规交通数据，它的每一个通道可以检测出二轮大型摩托车以上的所有类型的机动车，并提供以下交通参数（每车道的小车、大车、拖车分别计数）：每一车道的车辆数、车辆速度和车辆占有率。此外车检器还具有采集当前数据、保存历史数据、设置采样周期等功能，且具有较高的检测精度。车辆检测器的检测数据一方面可以用于判断道路上的交通流情况，另一方面也可用于通风系统的自动控制。

（二）隧道通风系统的控制基准

1. 控制目标

隧道通风系统的目的就是稀释 CO 和烟雾，保证它们的浓度值在规范允许范围内，同时避免隧道内风速过大。根据《公路隧道通风照明设计规范》（JTJ 026 1-1999）确定的 CO 浓度、烟雾浓度和风速的控制目标如下：

（1）一氧化碳浓度

正常情况下 CO 允许浓度：在采用纵向通风的情况下，正常行车时的 CO 允许浓度为 250ppm。已有的研究成果表明，公路隧道中在烟雾浓度达到或超过控制目标时，CO 浓度水平还很低，综合这些

因素将通风控制程序中控制目标取为200ppm。

（2）烟雾浓度

《公路隧道通风照明设计规范》（JTJ 026 1—1999）规定：正常情况下，在设计时速为60km/h时，烟尘允许浓度 k=0.0075m^{-1}；在设计时速为80km/h时，烟尘允许浓度 k=0.0070m^{-1}。故取烟雾浓度的控制目标为 k=0.0070m^{-1}。

（3）隧道内风速

单向交通时隧道内风速：$V_r \leqslant$ 10m/s。

2. 控制周期

控制周期将影响隧道内的通风效果和风机寿命，从理论上讲，控制周期越小，控制精度越高，但实际上，控制周期越小，风机开启/关闭越频繁，将会缩短风机寿命，而且从风机开启到形成稳定气流还需一段迟滞时间。鉴于这些原因，并根据以往的设计惯例，取通风系统中风机的控制周期10min。

3. 风机开启规则

风机的启闭次数不应过频，防止风机出现振荡现象。

通过累积风机的运行时间，可以使所有风机达到基本相同的劳逸程度。

为了延长风机寿命，应平衡每台风机的开启频度，这可以通过建立风机队列的方法来实现。在程序中分别建立两个风机队列，其中一个用于存储正在运行的风机称为“开启”队列；另一个存储处于关闭状态的风机，称为“关闭”队列。当需要开启风机时，把“关闭”队列中处于队首的风机开启，同时将该风机从“关闭”队列中删除，将其加入到“开启”队列的队尾中。同理，当需要关闭风机时，把“开启”队列中处于队首的风机关闭，同时将该风机从“开启”队列中删除，将其加入到“关闭”队列的队尾中。

（三）隧道通风系统的控制原理及方法

长度在3km以下隧道的通风系统控制采用二级式控制方案。

第一级为自动控制方案。自动控制方案为最优先考虑的控制方案，该控制方案融合了前馈式智能模糊控制方法、后馈式智能模糊控制方法、普通后馈式控制方法、基于检测交通流的控制方法、基于历史交通流数据的控制方法等，并根据实际情况选用其中的一种或多种控制方法进行计算，根据计算结果进行风机控制。

第二级控制为手动控制方案。手动控制方案为自动控制方案的补充。但控制命令的执行优先级与控制方法的选择优先级相反，执行控制命令时手动控制具有最高优先级，其次为自动控制。

1. 前馈式智能模糊控制方法

在自动控制中，前馈式智能模糊控制方法具有国际先进水平，据目前的研究资料表明，采用该方法的通风控制系统可以节约20%～30%的电力消耗。当采用前馈式智能模糊控制时，系统可以根据当前交通状况和隧道内的污染水平，通过模糊推理得到下一控制周期内风机变化数量。当隧道通风系统采用前馈式智能模糊控制时，其基本控制方法为：

（1）根据CO/VI检测器、风速检测仪获取当前隧道内的污染状况。

（2）由车辆检测计测得当前的交通流状况及其变化率。

（3）由CO、VI、TW值及当前的交通流数据，前馈式智能模糊控制器推理得到风机变化台数。

（4）最后结合当前风机的运行状况确定需要开启或关闭风机的台数和位置。

前馈式智能模糊控制系统的布局如图6-5-4所示，它由6个子系统组成：交通流预测模型、污染物扩散模型、模糊控制器（FLC）、检测元件、执行元件和控制对象。

首先由TC计测得数据，利用交通流预测模型得到下一个控制周期的交通流数据，并结合检测计测得的VI、CO、WS值，通过污染物扩散模型计算出下一个周期的污染物浓度增量 δ_{VI}、δ_{CO}；然后，由污染物的反馈量、预测增量和控制目标量三者确定FLC的控制偏差 Δe，经过模糊推理后得到风机的变化量；最后，结合风机当前的运行状况确定风机开启/关闭的台数和位置，从而得到新的污染物动态。

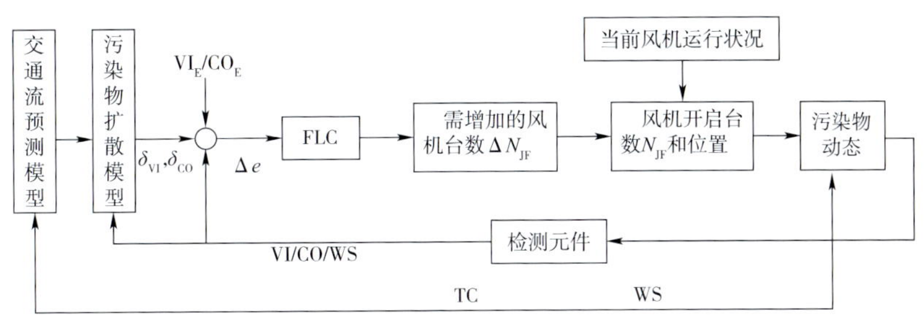

图6-5-4 前馈式智能模糊控制系统构成

为了节约电能消耗并延长风机寿命，射流风机的控制不是连续的，而是基于一段时间隧道内污染水平的改变，这也是将模糊逻辑应用于通风系统控制的另外一个重要原因。

FLC有三个输入量：控制目标量、预测增量和反馈量。控制目标量是隧道内VI浓度、CO浓度的期望值，预测增量是由交通流预测模型和污染物扩散模型计算出的VI浓度、CO浓度的增加值即前馈信号，反馈量是由VI/CO检测器测得的隧道内VI、CO的当前浓度值。FLC的输出量为增加/减少风机的台数 ΔN_{JF}。VI/CO的控制偏差可由下式得到：

$$\Delta VI=(VI_B+VI_I)-VI_E$$
$$\Delta CO=(CO_B+CO_I)-CO_E \quad (6\text{-}5\text{-}1)$$

式中：VI_B、CO_B——反馈值；

VI_I、CO_I——预测增量值；

VI_E、CO_E——期望值即控制目标。

（1）反馈值的确定

由于反馈值由VI、CO检测计测得，它们为某时刻的点浓度，而FLC的输入量应代表该段时间内的污染物浓度水平，故应将当前时段内VI、CO计测得的所有数据进行统计分析，以处理后的数据作为反馈信号 VI_B、CO_B。

（2）前馈信号的计算

前馈信号即为污染物浓度的预测增量 VI_I、CO_I，由预测的交通流计算得到。在当前时段交通流（已测得）作用下的理论污染浓度为 VI_{tn}、CO_{tn}，实测的污染浓度为 VI_B、CO_B，下一时段交通流作用下的理论污染物浓度为 VI^t_{n+1}、CO^t_{n+1}，那么 VI_I、CO_I 可由下式计算。

$$VI_I=VI_B\times(VI^t_{n+1}-VI^t_n)/VI^t_n$$
$$CO_I=CO_B\times(CO^t_{n+1}-CO^t_n)/CO^t_n \quad (6\text{-}5\text{-}2)$$

在计算 VI^t_{n+1}、CO^t_{n+1} 时，通常假定隧道内风速与当前时段相同，该风速由风速检测器测得。

ΔN_{JF} 与 ΔVI、ΔCO 和上一时段隧道内风速（用WS表示）有关，由它们共同确定 ΔN_{JF}，WS由风速检测器测得。FLC的控制目标就是将VI、CO的浓度控制在规范规定的水平上。

在前馈式智能模糊控制方法中，前馈信号的计算中需要的一个主要参数就是预测交通流，交通流预测是在当前交通流实测数据的基础上通过预测模型获得的。当前交通流数据由隧道内的车辆检测计测得，也可由先行隧道的车检计获得。但车检计发生故障时，可以采用历史交通流数据替换，或者采用下面的控制方法。

2. 后馈式智能模糊控制方法

采用后馈式模糊控制法时，系统根据隧道内的环境检查设备（一氧化碳浓度检测仪、烟雾浓度检测仪和风速仪）来实时的获取当前隧道内的污染物浓度及风速水平，将该检测信号作为后馈量输入到智能模糊控制器（FLC）中进行运算，从而确定风机是否开启或关闭或维持现状。

（1）根据一氧化碳浓度（CO）检测仪、烟雾浓度（VI）检测仪及风速（WS）仪获取当前隧道内的污染状况及风速大小。

（2）将上述环境检测值作为后馈量（VI_B、CO_B、WS），同时结合隧道内的污染物控制目标值（VI_E、CO_E）及风速情况，获得通风控制系统的控制偏差量 Δe。

（3）将该控制偏差量输入到设计的智能模糊控制器（FLC）中，通过模糊推理运算，获得隧道通风系统需增加或减少的风机台数。

（4）结合当前的风机运行状态，在考虑风机运转时间平衡的基础上，确定开启风机的位置和台数。

（5）风机发生变化后，隧道内的污染物状态将会发生改变，从而进入下一个控制周期。

后馈式智能模糊后馈控制的基本流程，如下图 6-5-5 所示。

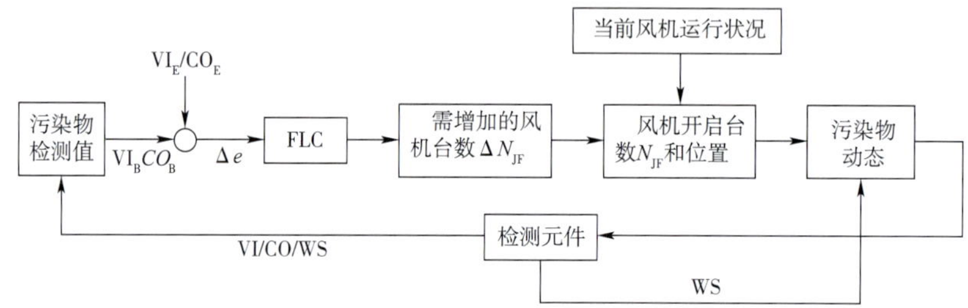

图6-5-5　后馈式智能模糊控制的基本流程

在后馈式智能模糊控制方法中，FLC 有两个输入量：控制目标量和反馈量。控制目标量是隧道内 VI 浓度、CO 浓度的期望值；反馈量是由 VI/CO 检测器测得的隧道内 VI、CO 的当前浓度值。FLC 的输出量为增加 / 减少风机的台数 ΔN_{JF}。VI/CO 的控制偏差可由下式得到：

$$\Delta VI=VI_B-VI_E$$
$$\Delta CO=CO_B-CO_E \tag{6-5-3}$$

式中：VI_B、CO_B——反馈值；

VI_E、CO_E——期望值即控制目标。

ΔN_{JF} 与 ΔVI、ΔCO 和上一时段隧道内风速（用 WS 表示）有关，由它们共同确定 ΔN_{JF}，WS 由风速检测器测得。FLC 的控制目标就是将 VI、CO 的浓度控制在规范规定的水平上。可以看出，就 FLC 而言，前馈式智能模糊控制与后馈式智能模糊控制的输入参数都是 ΔVI、ΔCO 和 WS，其差别在于 ΔVI、ΔCO 的计算方法不同。

后馈式智能模糊控制中，FLC 的设计方法基本相同。

3. 普通后馈式控制方法

在后馈控制法中，除了采用智能模糊推理的计算方法外，也可采用阈值控制的方法，即普通后馈式控制方法。

在普通后馈控制中，同样以出口处的 CO/VI 检测器检测值作为反馈信号，或将中间处的 CO/VI 检测器检测值乘以一系数（同前文）后作为反馈信号，取二者的较大值进行风机控制。

当 CO 的当前实测值高于风机开启阈值或 VI 的当前实测值高于风机开启阈值时，在现有风机的基础之上开启一组风机；当 CO 的当前实测值低于风机关闭阈值且 VI 的当前实测值低于风机关闭阈值时，在现有风机的基础之上关闭一组风机；在其他情况下则维持风机的运行现状不变。其控制流程，

如图 6-5-6 所示。

风机开启阈值或风机关闭阈值的设定值，根据控制目标和隧道具体情况采用。风机的操作阈值，如表 6-5-3 所示。

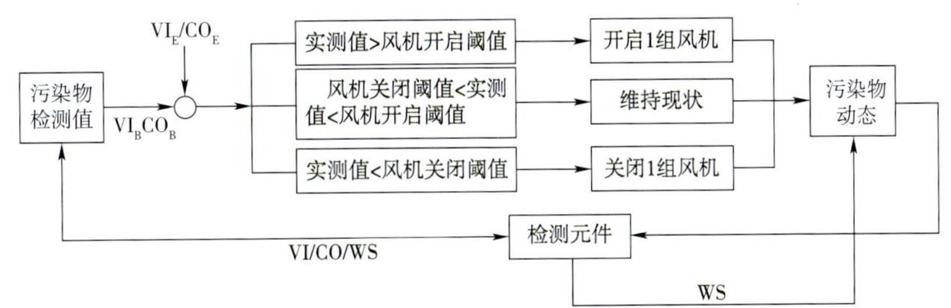

图6-5-6　普通后馈式控制的基本流程

正常情况下反馈控制法中风机开启规则　　表6-5-3

环境参数阈值	风机操作
CO>200ppm或VI>0.0070m^{-1}	在已有风机基础之上，增开一组风机
CO<150ppm且VI<0.0050m^{-1}	在已有风机基础之上，关闭一组风机
其他情况	维持现状不变

4. 基于交通流实测数据的控制方法

当隧道的环境检测仪器发生故障时，前馈式智能模糊控制方法、后馈式智能模糊控制方法、普通后馈式控制方法或失效，或控制效果不理想，这种情况下可以根据车辆检测器的交通流实测数据根据理论公式计算出污染物排放量，从而计算出污染物浓度值。根据该值对风机进行控制，控制方法与前面相同，其控制方法可以采用 FLC 控制，也可以采用阈值控制，其中采用 FLC 控制的流程如图 6-5-7 所示。

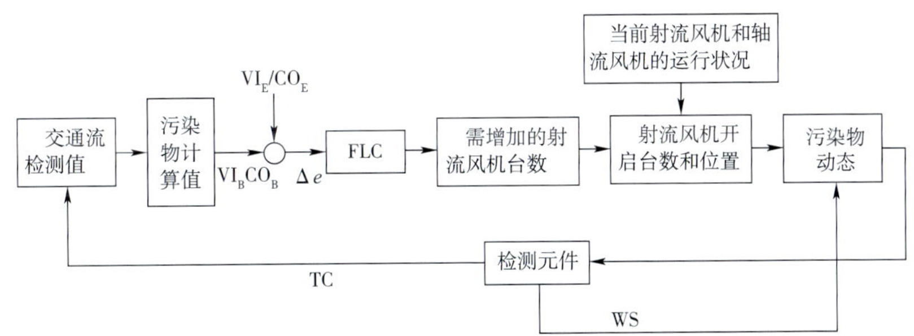

图6-5-7　基于当前交通流数据的通风控制流程

5. 基于交通流历史数据的控制方法

当隧道的环境检测仪器、交通流检测仪器均发生故障时，前面的前馈式智能模糊控制方法、后馈式智能模糊控制方法、普通后馈式控制方法、基于当前实测交通流的控制方法将会失效，或控制效果不理想。这种情况下可以根据历史交通流实测数据采用理论公式计算出污染物排放量，从而计算出污染物浓度值，根据该值对风机进行控制。同样，其控制方法可以采用 FLC 控制，也可以采用阈值控制。其中采用 FLC 控制的流程，如图 6-5-8 所示。

6. 手动控制

当由于设备故障或其他突发因素导致模糊后馈式控制不能得出预期结果时，可以对通风系统进行手动控制。

值班员可根据隧道内实际的交通流量、烟雾浓度和隧道内风速，自行判断应增加或关闭的风机投入数量，同时结合风机当前的运转状态，确定风机开启或关闭的位置和台数，在现场工作站上进行手动控制。手动控制命令的执行级别优于自动控制。操作员也可在控制柜面板上通过手动按钮控制一组或多组风机的正转、反转或停机，包括紧急停机。

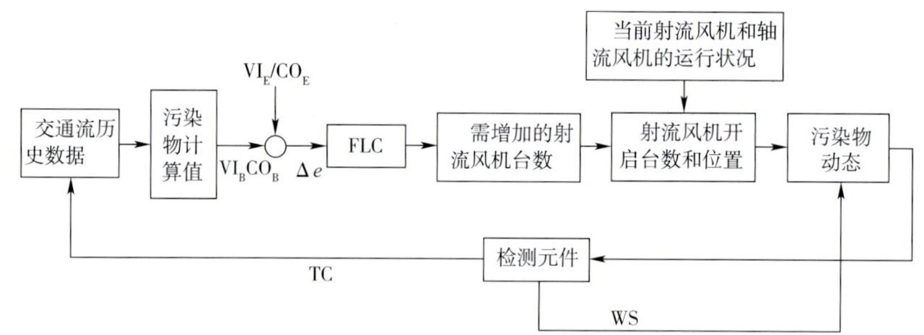

图6-5-8　基于历史交通流数据的通风控制流程

手动控制包括以下两种情况：

（1）当 CO/VI 检测计和 WS 计都能正常工作，可以反映隧道内的污染状况时，此时手动控制的依据与普通反馈控制相同，根据表 6-5-1 的控制规则进行。

（2）当 CO/VI 检测计和 WS 计不能正常工作，操作人员智能通过观察交通状况、出口处烟雾浓度或洞内摄像机显示内容来确定风机开启或关闭的台数，同时结合当前风机的运行状况确定需要开启或关闭风机的类型和位置。

对于单向行驶的隧道，当风速超过 10m/s 后，不能在继续启动风机，按污染物浓度严重超标时的控制方法进行控制。

7. 控制效果优化策略

在实际工程中，通常还需添加一些优化策略，从而进一步节约能源消耗和延长风机使用寿命。常用的优化策略主要包括风量分担策略和风机保护策略两种。

（1）风量分担策略

虽然通风采用了前馈式智能模糊控制，但控制周期短，对交通流的敏感性强，极易产生风机的开停频繁。因而，在获得预测时段的风机开停台数后，有必要对下下时段的交通流状态、隧道内污染物浓度的分布和隧道风速等参数进行预测，进而对下下个时段的风机开停台数进行二次预测。将两次预测的结果进行优化组合分析，获得最终的风机开停台数，即进行邻近控制时段的风量分担。基本的优化措施有以下两点：

①若预测 n+1 时段的风机台数的变化为正（开启），且在此基础之上预测 n+2 时段的风机变化台数为负（关闭），则适当减少 n+1 时段开启风机的台数；

②若预测 n+1 时段的风机台数的变化为负（关闭），且在此基础之上预测 n+2 时段的风机变化台数为正（开启），则适当减少 n+1 时段关闭风机的台数；

（2）风机保护策略

对于射流风机而言，累计使用时间和开停频度是两个决定风机剩余寿命的重要参数。由于采用了前馈式智能模糊控制系统，隧道所有风机总的使用时间和总的开停频度得到了降低，但并不能保证每一台风机的使用时间和开停频度都降低。实际上，在随机进行风机开停时，各台风机的使用时间和开停频度相差很大。设计一个良好的风机保护策略可以使所有风机具有相近的累计使用时间和开停频度。

最简单的风机保护策略为：

①优先开启使用时间最短且开停频度最小的那组风机。

②优先关闭使用时间最长的那组风机。

二、隧道照明控制预案

（一）隧道照明基本功能

《规范》规定长度大于100m的隧道应设置照明，隧道照明的目的在于保证行车安全。隧道照明系统主要由入口段照明、过渡段照明、中间段照明、出口段照明和应急照明组成。其中中间段照明为基本照明，即保证在一定交通量的条件下所必需的洞内亮度值（由《规范》确定）；入口段和过渡段由入口加强照明灯具进行照明，目的在于减轻驾驶人从亮度较高的洞外驶入洞内时的不适应感；而出口段加强照明的目的在于减轻驾驶人从洞内驶入亮度较高的洞外时的不适应感，出口加强照明和入口加强照明在隧道外亮度不高时可以关闭；应急照明目的在于保证隧道突然断电时的照明。

正常情况下隧道照明控制系统主要包含以下三个基本功能：

（1）检测隧道外当前光强

隧道外光的强弱可以通过天空的亮度来表示，其值可以通过光强检测仪测得，亮度的单位为cd/m^2。

光强度检测仪的检测周期不大于60s，照明控制周期不大于10min，光强度取前一段控制周期内检测器所有测得值的平均值。每次照明灯具的增加或减少变化为一级。

（2）根据检测到的隧道外亮度值控制隧道内的照明，在保证行车安全的同时节约电能。

（3）在停电情况下，启用UPS保证紧急照明不中断。

（二）隧道照明控制原理

在正常情况下，照明系统分二级进行控制。

第一级为自动控制，自动控制为默认的控制方案，也是最优先考虑的控制方案。自动控制包括两种控制方法：光强检测值自动控制和时序自动控制。

第二级为手动控制，手动控制为自动控制的一个补充。控制命令的执行优先级与控制方法的选择优先级相反，执行控制命令时手动控制的具有最高优先级，其次自动控制。

1. 照明的光强检测值自动控制

在正常情况下，照明自动控制的优选方案为光强检测值控制。该方案根据洞外光强检测仪测得的实际亮度值，判断对应的照明开启等级，再根据该照明等级开启或关闭相应照明。

2. 照明的时序自动控制

当光强检测仪损坏或其他原因导致采用光强检测值自动控制方法不能取得预期效果时，可以采用照明的时序自动控制。

因为每一天内各时序的光线强度是不同的，为达到节约能源和有效利用资源的目的，其照明控制也采用按不同时序的控制方案。

在该方案中，照明的控制不受光强检测仪的限制，将一天大致分为黎明、白天、傍晚和夜间四个时序，对这四个时序分别进行相应的照明控制。因这四个时序的起始和终止时刻还与季节有关，故根据不同的季节进行时序划分可以更进一步提高划分精度，进而节约电能。

3. 照明的手动控制

当自动控制方法失效时，隧道内的照明控制还通过监控中心和现场工作站由操作人员进行人工手动控制。手动控制时，操作人员根据光强检测仪的读数，或实际的天气状况自行判断开启/或关闭照明。

照明的手动控制策略主要包括监控中心处成组控制（自定义群控）以及现场就地手动控制。

（三）隧道照明控制基准

1. 光强检测值分级

正常情况下，隧道照明系统根据洞外光强检测仪测得的天空亮度（cd/m^2）值进行控制，根据《规范》中规定不同区段的亮度范围值，求出其对应的洞外亮度，同时结合后面的照明开启分级方案，将光强检测值分级（见表 6-5-4）。

光强检测值分级　　表6-5-4

照明开启级别	定性描述	对应的光强检测仪读数（cd/m^2）
1	晴天光强	>1200
2	晴天光弱 阴天光强	140 ~ 1200
3	阴天光弱	114 ~ 140
4	光弱	68 ~ 114
5	弱	<68

注：该表中的数值为理论计算值，需要根据现场实际情况进行修正。

2. 照明灯具的开启等级

正常情况下，照明应根据洞口外部亮度的强弱、入口灯光的加强部分进行控制。照明分为基本照明、紧急照明、加强照明，如表 6-5-5 所示。

照明分类与分级　　表6-5-5

照明分类	照明分级	
紧急照明	第1级	紧急照明
基本照明	第1级	基本照明1
	第2级	基本照明1+基本照明2
加强照明	第1级	加强照明1
	第2级	加强照明1+加强照明2
	第3级	加强照明1+加强照明2+加强照明3

（四）隧道照明控制方法

1. 照明的光强检测值自动控制

当照明系统采用光强检测值自动控制时，基本控制方法如下：

（1）读取光强检测仪的测得值。

（2）由该测得值确定其对应的照明开启级别。

（3）根据照明开启级别找出对应的加强照明等级和基本照明等级。

（4）最后根据照明开启等级确定需要开启的灯具路数。

全线隧道照明的开启级别、灯具的开启等级与光强检测仪测定范围的对应关系，如表 6-5-6 所示。

全线隧道照明的光强检测值控制　表6-5-6

光强检测仪测定值范围（cd/m^2）	开启级别	照明灯具的开启等级		
		基本照明	紧急照明	加强照明
>1200	1	2	1	3
140 ~ 1200	2	2	1	2
114 ~ 140	3	2	1	1
68 ~ 114	4	2	1	0
<68	5	1	1	0

2. 照明的时序控制

当照明系统采用照明的时序控制时，基本控制方法如下：

（1）根据当前系统时间，判断系统所属季节和所处时序。春季：2 月、3 月、4 月；夏季：5 月、6 月、7 月；秋季：8 月、9 月、10 月；冬季：11 月、12 月、1 月。

（2）由该季节、该时序确定对应的照明开启级别。

（3）根据照明开启别级找出对应的加强照明等级和基本照明等级。

（4）最后根据照明开启等级确定需要开启的灯具路数。

全线隧道的照明按时序控制的具体策略，如表 6-5-7 所示。

3. 照明的手动控制

当采用手动控制时，操作人员根据光强检测仪的读数，或实际的天气状况自行判断开启 / 或关闭照明灯具数。

隧道照明的时序控制　表6-5-7

季　节	一天时序	开启时间	开启级别	照明灯具的开启等级		
				加强照明	基本照明	紧急照明
夏季	黎明	5:00—6:00	5	0	1	1
		6:00—7:00	4	0	2	1
	白天	7:00—8:00	3	1	2	1
		8:00—9:00	2	2	2	1
		9:00—17:00	1	3	2	1
		17:00—18:00	3	1	2	1
	傍晚	18:00—19:00	4	0	2	1
		19:00—20:00	5	0	1	1
	夜间	20:00—5:00	5	0	1	1
春季 秋季	黎明	6:00—7:00	4	0	2	1
	白天	7:00—8:00	3	1	2	1
		8:00—9:00	2	2	2	1
		9:00—17:00	1	3	2	1
		17:00—18:00	2	2	2	1
	傍晚	18:00—19:00	3	1	2	1
		19:00—20:00	4	0	2	1
	夜间	20:00—6:00	5	0	1	1

续上表

季　节	一天时序	开启时间	开启级别	照明灯具的开启等级		
				加强照明	基本照明	紧急照明
冬季	黎明	6:00—7:00	4	0	2	1
	白天	7:00—8:00	3	1	2	1
		8:00—17:00	2	2	2	1
		17:00—18:00	3	1	2	1
	傍晚	18:00—19:00	4	0	2	1
	夜间	19:00—6:00	5	0	1	1

三、隧道交通控制预案

（一）隧道交通基本功能

正常情况下隧道交通系统，主要用于保障车辆在隧道内行驶的安全性，提高隧道的服务水平。其基本功能主要有如下几个方面：

（1）通过风速风向检测器，采集交通流数据来判定隧道内的交通状态。

风速风向检测器采集的数据，不仅为前馈式智能模糊控制系统服务，同时还作为判断隧道内交通状态的指标。风速风向检测器的采集周期不能太长，暂定为1min。

（2）通过F型可变情报板向驾驶人传达当前隧道的有关信息。

（3）通过小型情报标板显示当前隧道的允许车速。

（4）通过信号灯表明当前隧道是否允许通行。

（5）隧道内的交通信号灯正确诱导车辆行驶，保证行车安全。

（二）隧道交通系统的控制原理

隧道交通系统采用手动控制策略。手动控制策略主要包括成组控制、单控以及现场控制。

成组控制时，操作人员在监控中心手动控制一组或多组交通信号灯；单控时操作人员在监控中心手动控制一个或多个交通信号灯，修改小型情报标板或F型可变情报板所显示的内容；现场控制时由操作人员在现场工作站进行手动控制，可人工修改小型情报标板或F型可变情报板上显示的内容，对其进行开机、关机、复位操作，也可人工控制一个或多个交通信号灯。